THE BEATLES TUNE IN

Belas Letras.

MÚSICA CULTURA POP ESTILO DE VIDA COMIDA
CRIATIVIDADE & IMPACTO SOCIAL

MARK LEWISOHN

Todos esses anos

THE BEATLES TUNE IN

Volume 1

Tradução: Fernando Scoczynski Filho
Revisão Técnica: Gilvan Moura

BelasLetras

Um registro de catálogo CIP para este livro está disponível na British Library.

Este livro é o resultado de um trabalho feito com muito amor, diversão e gente finice pelas seguintes pessoas:
Gustavo Guertler (*publisher*), Fernanda Fedrizzi (coordenação editorial), Germano Weirich (edição), Fernando Scoczynski Filho (tradução), Vivian Miwa Matsushita (preparação), Maristela Deves (revisão) e Celso Orlandin Jr. (adaptação da capa e projeto gráfico).
Obrigado, amigas e amigos.

2022
Todos os direitos desta edição reservados à
Editora Belas Letras Ltda.
Rua Antônio Corsetti, 221 – Bairro Cinquentenário
CEP 95012-080 – Caxias do Sul – RS
www.belasletras.com.br

Impresso no Brasil

Dados Internacionais de Catalogação na Fonte (CIP)
Biblioteca Pública Municipal Dr. Demetrio Niederauer
Caxias do Sul, RS

L677b Lewisohn, Mark
The Beatles: todos esses anos. Parte 1: Tune In / Mark Lewisohn; tradutores: Fernando Scoczynski Filho e Henrique Guerra. - Caxias do Sul, RS: Belas Letras, 2022.
2 v.

Título original: The Beatles: All these years. Tune In
ISBN BOX: 978-65-5537-254-0
ISBN brochura volume 1: 978-65-5537-253-3
ISBN brochura volume 2: 978-65-5537-252-6

1. Rock (Música). 2. Beatles (Conjunto musical). 3. Músicos de rock - Inglaterra – Biografia. I. Scoczynski Filho, Fernando. II. Guerra, Henrique. III. Título.

22/68 CDU 784.4(420)

Catalogação elaborada por Rose Elga Beber, CRB-10/1369

FSC
www.fsc.org
MISTO
Papel produzido a partir de fontes responsáveis
FSC® C125132

Para Richard, que entende tudo,
e Neil, que entendeu, mas partiu cedo demais,
e liverpudlianos de todo lugar, a quem este patrimônio pertence

SUMÁRIO

Introdução 11
Explicação sobre o sistema monetário britânico pré-1971 16

PRÓLOGO: Outra Composição Original Lennon-McCartney (janeiro de 1958) 17

VELHOS ANTES DE NASCERMOS 33
1 Na minha casa em Liverpool (1845-1945) 34
2 Garotos (1945-54) 57
3 "Tá olhando o quê?" (1954-55) 95
4 Dos socos ao skiffle (1956) 122
5 Garantia contra rachaduras (janeiro a junho de 1957) 151
6 Vem comigo (6 de julho de 1957) 179
7 "Ele vai te meter em encrenca, filho" (julho a dezembro de 1957) 188

ANO 1, 1958: PENSANDO EM LIGAR 217
8 "Aonde vamos, Johnny?" (janeiro a maio de 1958) 218
9 "Esta é minha vida" (junho a dezembro de 1958) 249

ANO 2, 1959: TRÊS RAPAZES DESCOLADOS 281
10 "Um Teddy Boy meio violento" (janeiro a julho de 1959) 282
11 "Vem comigo pro Casbah" (julho a dezembro de 1959) 300

ANO 3, 1960: COMPETÊNCIA, CONFIANÇA E CONTINUIDADE 335
12 O abrir da cortina 336
13 "*Hi-yo, hi-yo Silver – away!*" (janeiro a maio de 1960) 374
14 "Cadê o maldito dinheiro?" (18 a 30 de maio de 1960) 414
15 Dirigir e bater (31 de maio a 15 de agosto de 1960) 430
16 "*Mach Schau!*" (15 de agosto a 30 de setembro de 1960) 472
17 Um porão de arruaceiros (1º de outubro a 31 de dezembro de 1960) 497

Notas 537

HANNOVER

INTRODUÇÃO

De vez em quando, a vida cria algo definitivo.

Pode-se afirmar sem medo de hipérbole: é isso que os Beatles eram, e são; 50 anos após seu surgimento – *mais de 50* –, parece que vão continuar assim por um bom tempo. Tantos supostos sucessores já surgiram e desapareceram que há um consenso de que ninguém conseguirá ser maior ou melhor. John Winston Lennon, James Paul McCartney, George Harrison e Richard Starkey continuam firmes, universalmente reconhecidos como uma força cultural, surpreendentemente atual e ligada à nossa realidade moderna. *John*, *Paul*, *George* e *Ringo*, os quatro rapazes de Liverpool que fizeram bater o coração da década que nunca calou a boca, os anos 1960.

Se fosse necessário "vender" os Beatles, muitas conquistas poderiam ser elencadas, mas sua música está na base de tudo: um disco inovador atrás do outro, e um single inovador atrás do outro, 214 músicas gravadas em sete anos ocupadíssimos, passando por um caleidoscópio de estilos. A música deles é conhecida, amada, respeitada, discutida, imitada, apreciada e estudada; os títulos das canções e suas letras são adaptados para manchetes na mídia do século XXI, citados e incluídos no vocabulário comum, cantados em estádios de futebol. Numa fusão com a energia e as personalidades dos Beatles, sua música ainda alimenta a alma e passa alegremente de geração para geração.

Obviamente, algo especial aconteceu aqui – mas *o quê? Como?*

Também é preciso levar em consideração:

- como os Beatles frequentemente uniam sua originalidade vanguardista a uma popularidade comercial, sendo que esses dois fatores são, em geral, mutuamente exclusivos; e como (e por que) eles abandonavam suas ideias de ouro toda vez que o resto do mundo se apressava para copiá-los;

- como eles faziam tudo com um humor pé no chão, honestidade, otimismo, estilo, carisma, irreverência, inteligência e um desdém particularmente ferrenho pela falsidade; como eram articulados, ousados, curiosos, diretos, instintivos, desafiadores, obtusos, afiados, educados, rudes, destruidores da pomposidade, rompedores das regras, nunca intimidados pelas convenções;
- como criaram uma conexão profunda e contínua com seu público, e como resistiram a rótulos, patrocínios comerciais, afiliações corporativas e exageros midiáticos: os Beatles estavam livres de artifícios e não eram produto de uma pesquisa de mercado, grupo focal ou programa de talentos na TV – eles eram originais e se desenvolveram organicamente enquanto ninguém prestava atenção.

Eu queria que fizessem o livro que essa história avassaladora exige, uma leitura que encarasse, sem medo, a forma como tudo aconteceu, e como realmente era – um livro que injetasse mais adrenalina em eventos extraordinários que foram esmagados pelo peso de 50 anos de relatos (que, frequentemente, não eram dos melhores). Eu queria uma história de indagações profundas, em que a informação fosse testada até ser exata, livre de adivinhações, retoques ou embelezamentos, escrita com uma mente aberta, até com mãos abertas, desdobrando vidas e eventos de maneira contextualizada, sem o benefício da retrospectiva, da forma como ocorreram, colocando os Beatles ao lado de seus contemporâneos – eles *nunca* existiram de modo isolado, e sempre foram parte de cenas musicais com amigos e rivais, jovens revolucionários que passavam o tempo juntos em clubes.

Eu também queria um livro que explicasse como foi a recepção da sociedade que moldou os Beatles, e depois foi moldada *por* eles. Uma leitura que mostrasse de que maneira John, Paul, George e Ringo lidavam uns com os outros enquanto amigos e colegas de banda, e como habilmente lidaram com a mídia e um nível tão fenomenal de fama. Eu queria que mostrassem como eles transformaram a indústria musical mundial, acordaram a cultura jovem global e induziram uma revolução na forma como as pessoas ouviam e tocavam música. Os Beatles não inventaram a guitarra elétrica, nem foram a primeira "banda de guitarra", mas toda banda de rock desde 1963 segue o legado deles, especialmente se compõe suas próprias músicas.

Em 2003, eu decidi tentar escrever este livro. Como um pesquisador e historiador profissional que trabalhou próximo dos Beatles (e, às vezes, para os Beatles) por 30 anos, eu tinha amplo acesso às pessoas e aos recursos perfeitos. Além disso, eu estava ciente de que montanhas de conhecimento inédito – cores vibrantes, detalhes vitais – estariam disponíveis se alguém procurasse no lugar certo.

Mas *um* livro? *Muita* coisa relevante e interessante aconteceu com os Beatles para encaixar em apenas um livro. Este é um conto épico, rico em detalhes; enfiar tudo em um único volume implicaria cortes de resmas de materiais essenciais para a compreensão. Este livro, *Tune In*, é o primeiro de uma trilogia chamada *Todos esses anos*, que, espero eu, fará jus ao tema (de qualquer forma, é minha melhor tentativa de alcançar isso). É uma série objetiva e independente de três volumes que começa no princípio e continuará até atingir o fim. As fontes primárias são centrais: uma gama de descobertas de pesquisas e toda forma imaginável de documentos arquivais encontrados tanto em mãos públicas quanto privadas – cartas, contratos, fotos, gravações e muito mais, pois esta história tem um rastro documental fantasticamente rico –, incrementados inteiramente por citações diretas. Eu rastreio qualquer coisa que foi dita pelos Beatles (e pelas pessoas próximas a eles) para qualquer pessoa, a qualquer momento – e há centenas de entrevistas francas e reveladoras que nunca foram utilizadas desde o momento de seus registros. Eu também localizei e falei com centenas de testemunhas autênticas, muitas das quais tinham sido ignoradas até então. O aviso de George Harrison sempre me fez companhia – "No seu desejo de falar o que sabem, às vezes, as pessoas falam *mais* do que sabem"* –, mas os contos fictícios são os mais facilmente peneirados.

Tem sido uma experiência continuamente repleta de surpresas. Eu comparei o desafio (que ainda não acabou) com a montagem de um quebra-cabeça de milhões de peças, representando as vidas e os momentos das pessoas: quanto mais peças você coloca no lugar certo, onde se encaixam *mesmo*, mais clara fica a imagem, tanto num close-up vívido quanto num contexto amplamente detalhado.

Tune In começa com os Beatles antes de suas infâncias e vai até a última noite de 1962, quando, após viver diversos anos nos últimos três, eles sabem que o sucesso está praticamente em suas mãos, mas não têm ideia de que estão prestes a atingir

* Declaração feita durante coleta de provas nas Royal Courts of Justice, Londres, 6 de maio de 1998.

uma nova forma de fama, tornando-se celebridades incandescentes e ilustres. Estes, então, são os anos que formaram os Beatles, os anos menos visíveis, os anos antes da loucura – e, de certa forma, o período mais imersivo e divertido de todos (o mesmo pode ser dito dos outros períodos, é claro).

O que a pesquisa afirma em voz alta é que os Beatles não começaram a ser extraordinários quando eles conquistaram a Inglaterra ou (mais surpreendentemente) os Estados Unidos e o resto do mundo, e que não se tornaram engraçados de uma hora para a outra quando filmaram *A Hard Day's Night* (*Os reis do iê-iê-iê*), ou cativantes quando gravaram *Rubber Soul*. Afirma que sua urgência de se mover rápido, de inovar e progredir não começou com *Revolver* ou *Sgt. Pepper* – nem quando, nos últimos capítulos deste livro, seu primeiro disco saiu. Tudo isso já estava a todo vapor nos corredores, nas casas e ruas de uma cidade excepcional, o único lugar de onde essas pessoas poderiam ter vindo, o único lugar onde esses eventos poderiam ter acontecido: Liverpool, o grande berço da alquimia anglo-céltica. Nas áreas que foram bombardeadas durante a Segunda Guerra Mundial surgiu uma cena musical próspera, sem igual, uma cena na qual os Beatles eram mais afiados, espertos, rápidos e engraçados que seus muitos rivais – e foi lá que eles poliram, muito antes de qualquer sucesso, a estreita relação de proximidade com seu público. Ou seja, aqueles Beatles que mudaram o mundo são *estes* Beatles, mas menos populares – locais, não globais. São os mesmos rapazes, com o mesmo humor e originalidade, de forma intuitiva e instintiva, a mesma franqueza e repulsa à falsidade, vivendo ao máximo, no presente... e plantando sementes que dariam frutos no futuro.

Mas, novamente, *como?* Eu tentei entrelaçar as vidas e os relacionamentos de John, Paul, George, Richy, Stuart, Pete, Brian Epstein, George Martin e outros personagens essenciais. Todo mundo estava em seu próprio contexto, com mundos avançando de forma paralela, ocasionalmente se encontrando, até que, por fim, se conectaram – personagens que criaram as circunstâncias geradoras de um resultado. A parceria entre Lennon e McCartney é uma de muitas explorações profundas, relatada detalhadamente por suas palavras e ações. George e Ringo eram essenciais para os Beatles, mas John e Paul conduziam o veículo e compunham o catálogo, e a história deles é especialmente fascinante – dois meninos geniais, que estudaram em escolas de gramática e se tornaram jovens imersos na cultura britânica pós-guerra, mas que tinham uma paixão pelos Estados Unidos e sua ótima música, amigos próximos com uma admiração profunda pelo talento um do outro, bem como uma compreensão de seus humores e suas personalidades. Sua determinação, seus egos e sua rivalidade criativa os transformaram nos maiores compositores de sua era – e eu tentei mostrar como isso começou.

Os Beatles manifestavam repúdio a rótulos e categorizações em tudo o que faziam, então não importa se você os chamar de a maior banda de rock ou o maior grupo pop, ou qualquer outra coisa. Eles apenas *eram*, e a história deles é a melhor que há. Todo artista, banda, produtor ou empresário tem uma, e muitas delas são ótimas e merecem belas biografias, mas não há nada como a história dos Beatles para legitimamente ir a todo lugar e fortemente conectar todas as coisas a todas as pessoas. É uma história de sucesso com surpresas a cada momento, muitos heróis e alguns vilões, triunfos sem paralelo, grandes alegrias e tragédias genuínas, os vaivéns das vidas humanas – além de uma avalanche de eventos fortuitos e coincidências que desafiam as leis da probabilidade.

Desde o início do projeto, eu o tratei como a história dos Beatles no tempo deles – eles em seu mundo, e o mundo ao redor deles. E agora, virou tudo isso...

Mark Lewisohn
Inglaterra, 2013

Explicação sobre o sistema monetário britânico pré-1971

Até mudar para o sistema decimal em 1971, a moeda britânica era em libras (*pounds*), xelins (*shillings*) e *pence* – denominações muitas vezes abreviadas em textos impressos como L.S.D. ou l.s.d., do latim *librae, solidi, denarii.* Uma libra (£ 1) era dividida em 20 xelins, e cada xelim tinha 12 *pence*, então havia 240 *pence* por libra.

A libra tinha apelidos, e o mais comum deles era "*quid*"; as cédulas de £ 5 e £ 10 eram conhecidas como "*fiver*" e "*tenner*". Um xelim era um "*bob*": a nota de dez xelins era "*ten bob*"; um compacto poderia custar 6 *bob*; uma libra e dez xelins podiam ser escritos como £ 1 10s, ou 30s, e falado como "trinta *bob*". Moedinhas também ganhavam apelidos: a de 2 *pence* era chamada de "*tuppence*", a de 3 *pence*, "*threppence*" ou "*thruppence*"; a de 6 *pence*, "*tanner*". As pessoas chamavam de "*half-crown*" ("meia-coroa") a grande moeda de prata que valia "2 xelins e 6 *pence*". Frações de 1 *penny* eram chamadas de "*ha'penny*" (meio penny) e "*farthing*" (um quarto de penny, descontinuada em 1960).

Na fala, 8 xelins e 6 *pence* era enunciado como "oito e seis"; por escrito, era abreviado como 8s 6d, 8/6 ou 8/6d. Exceto quando cita documentos originais que adotam grafia diferente, esta tradução adotará a escrita 8s 6d ou por extenso, oito xelins e seis *pence*.

O valor de £ 1 comparado a 2021

1850	£ 93,99	**1930**	£ 45,64	**1947**	£ 27,32	**1955**	£ 18,36
1860	£ 84,90	**1940**	£ 39,09	**1948**	£ 25,39	**1956**	£ 17,49
1870	£ 83,11	**1941**	£ 35,25	**1949**	£ 24,67	**1957**	£ 16,91
1880	£ 83,99	**1942**	£ 32,90	**1950**	£ 23,90	**1958**	£ 16,44
1890	£ 89,72	**1943**	£ 31,84	**1951**	£ 22,06	**1959**	£ 16,34
1900	£ 85,82	**1944**	£ 30,96	**1952**	£ 20,23	**1960**	£ 16,18
1910	£ 82,24	**1945**	£ 30,13	**1953**	£ 19,59	**1961**	£ 15,68
1920	£ 31,21	**1946**	£ 29,24	**1954**	£ 19,19	**1962**	£ 15,07

Fonte: Banco da Inglaterra

PRÓLOGO

Outra Composição Original Lennon-McCartney (janeiro de 1958)

Jim McCartney não podia deixar Paul faltar a mais aulas, assim como não podia deixar *aquele menino* passar mais tempo em sua casa, então era essencial ter um subterfúgio. Sessões à tarde, das duas até as cinco, acabavam com fumaça no ar e louças sendo lavadas... mas, até lá, eles provavelmente já tinham composto outra música.

"Ele vai te causar problemas, filho", Jim avisava Paul. Pais diziam isso sobre John Lennon desde seus 5 anos de idade – e com razão, porque era isso que ele fazia. Mas isso não impediu uma gangue de amigos – meninos da escola de gramática,* tão inteligentes quanto Paul McCartney – de idolatrar Lennon como seu líder. Em retribuição, ele proporcionou momentos histericamente divertidos.

Em 1956-57, quando John tinha 16, ele transformou sua gangue em seu grupo, os Quarry Men. Por algum tempo, eles se aproveitaram da loucura que era o gênero skiffle, subindo ao palco para cantar músicas de prisão do sul estadunidense. John cantava e tocava guitarra, sempre um líder de banda. Mas ele era – do começo ao fim, sempre – um roqueiro, e seu grupo estava indo firmemente naquela direção; anúncios nos jornais para os bailes em que eles tocavam os chamavam de "Rock'n'Skiffle", mas já tocavam puro rock. Depois, quando John tinha 17 anos, já o garoto mais legal do bairro, ele generosamente convidou Paul para a banda. Paul, com 15 anos, estava tão ansioso para se tornar uma parte essencial do grupo que enganar seu pai foi o menor dos obstáculos.

---

* As *grammar schools* eram parte do sistema tripartido que vigorava à época. Aos 11 anos de idade, o aluno prestava o exame *Eleven Plus*, que o direcionava para o ensino secundário de acordo com suas aptidões em diferentes áreas. Eram escolas de gramática, por exemplo, Quarry Bank e Liverpool Institute. [N.T.]

Paul estava ciente da diferença de idade entre os dois. Para ele, John era "o herói do parque de diversões, o rapaz crescido nos carrinhos bate-bate",[1] um Teddy Boy que xingava, fumava, brigava, transava, bebia e fazia faculdade; que desfilava suas costeletas de Elvis Presley, seu colarinho levantado, seus ombros curvos e seu olhar intimidador (que, Paul logo descobriu, era devido à insegurança e miopia aguda). Lennon irradiava uma força vital que fazia cabeças virarem em todo lugar: ele era perversamente divertido, afiado, abrasivo, incisivo e terrivelmente rude; também era um apreciador de música e literatura, e fascinava com sua criatividade. Fosse pintando, criando poemas estranhamente cômicos, ou colocando desenhos cruéis e histórias estranhas em uma folha de papel, ele era um menino além das convenções e do controle, um cavaleiro solitário. Ele era tudo o que seus amigos queriam ser e dizia tudo o que eles queriam dizer, mas não tinham coragem. John Lennon sempre tinha coragem.

Ele já tinha se livrado havia muito tempo de um dos tabus da infância, fazendo amizade com qualquer pessoa que quisesse, mesmo se fosse mais jovem que ele. Um de seus amigos mais próximos, Ivan Vaughan, nasceu no mesmo dia que Paul McCartney, em junho de 1942 (e Ivan apresentou um ao outro). A idade não importava para John, desde que o amigo contribuísse com algo interessante. Se alguma pessoa se incomodasse de ver um universitário de 17 anos passando seu tempo com um estudante de 15 anos, o problema era só dela – mas, se decidisse fazer algum comentário, arriscaria levar uma surra. Enquanto isso, Paul, no seu primeiro encontro com John, seis meses antes, achou que era jovem demais para ser amigo dele. No entanto, após conseguir impressioná-lo, foi convidado para o círculo de amizades, e não deixaria a oportunidade passar. Ele seria – e sempre foi – esperto, seguro e impressionante o suficiente para manter John interessado.

Havia pouco tempo, Paul tinha cantado em um coral de igreja, chegado em casa ensopado de um acampamento com os escoteiros e recebido permissão para usar calças compridas na escola – mas, instantaneamente, tudo aquilo ficou no passado. No fim de 1957, ele cresceu rápido. "Quando eu conheci John, tudo mudou", ele lembrou, uma década depois. "Eu fui em uma direção completamente diferente."[2] Paul tinha muito a oferecer, e John percebeu isso. Ele possuía um grande talento musical, um dom instintivo, que não precisou ser treinado; tocava piano e era um guitarrista confiante, com suas próprias características, e sempre soube mais acordes que John, além de ser muito melhor para lembrar letras de músicas.

Aos 13 anos de idade, antes do rock'n'roll mudar sua vida, Paul compôs duas músicas contagiantes no piano, para bandas de baile, como as que seu pai tocava em salões de dança de Liverpool nos anos 1920, com sua própria banda, a Jim Mac's Band. Então, quando a guitarra apareceu em 1957, Paul foi fisgado.

Ele também era bom em fazer mímica, contar histórias, criar desenhos e caricaturas. Filho mais velho de pais singulares, Paul sabia como se comportar socialmente. John, que também teve uma boa educação, não se incomodava tanto com bons modos sociais. Paul gostava de causar uma boa impressão e falar as coisas certas, exibindo uma confiança descontraída, um desejo de ser aceito pelos outros. Ele era encantador, astuto, tinha uma mente forte e raramente deixava alguém passar à sua frente. John via tudo isso e aprovava: apesar de precisar dominar a relação, ele não respeitava ninguém que não o defendesse. Paul o defenderia, apesar de ser 20 meses mais novo; mas John também sabia que, se Paul viesse a desafiar sua supremacia natural, antes que Lennon estivesse pronto para abdicar seu trono, ele seria enxotado.

Quanto mais horas John e Paul passavam juntos, mais eles descobriam essas coisas, revelando seu humor e sua harmonia. Ambos leram *Alice no país das maravilhas* e *Just William* – enquanto Paul lera *Alice* apenas uma ou duas vezes, John ainda se deliciava com a obra relendo-a de poucos em poucos meses e tinha incorporado o vocabulário de Lewis Carroll ao seu próprio. Eles também compartilhavam um forte interesse pela televisão, e conheciam personalidades e comediantes da rádio BBC, sabendo recitar bordões recentes e clássicos. Ambos amavam *The Goon Show*, e falavam o linguajar particular que só era conhecido por quem ouvia o programa; um fazia o outro rir, o tempo todo. Começaram a desenvolver um estilo de humor improvisado que estava além da compreensão de qualquer outra pessoa.

E havia a questão das garotas. Paul, apesar da diferença de idade, tinha a mesma luxúria incansável de seu amigo. John já era um aventureiro sexual, mas Paul não estava muito atrás. Ambos já tinham perdido a virgindade e estavam à procura de qualquer encontro que aparecesse. Caçar garotas era uma atividade que consumia a vida de ambos; em muitos casos, tinha se tornado uma busca conjunta. Eles também compartilhavam as mesmas deusas, as figuras fantasiosas que deixavam os homens acordados à noite no fim dos anos 1950, mulheres como Anita Ekberg, Juliette Gréco e Brigitte Bardot. Nascida em Paris, Bardot era uma atriz e modelo, o maior exemplo das *pin-ups*. Quando *E Deus criou a mulher* e *Desfolhando a margarida* passavam nos cinemas locais, Liverpool poderia ter sua energia abastecida apenas pelo calor gerado nas sessões. John e Paul estavam lá. No teto acima de sua cama, John tinha o pôster original de *Et Dieu... Créa la Femme*, um desenho de Bardot, de *topless*, com seu longo cabelo loiro sobre os seios avantajados.

Mas o que mais motivava os garotos era, sempre, o rock'n'roll americano – ouvi-lo e tocá-lo. Dois anos antes, eles nem sabiam do que se tratava; agora, era a razão de suas vidas. Não havia sequer uma centena de discos disponíveis para audição, mas John e Paul já conheciam todos. Quando não estavam ouvindo os álbuns ou tentando tocar suas músicas, estavam falando sobre eles, discutindo seus detalhes. "Venerando" é a palavra que Paul usou.[3] Eles admiravam Little Richard, o cantor dinâmico de Macon, Georgia, que, de acordo com os semanários musicais britânicos, tinha desistido de tudo e entrado para uma igreja. Mas eles sempre teriam "Long Tall Sally", "Tutti Frutti", "Slippin' and Slidin'" e "Lucille", e John ficava abismado com a habilidade que Paul tinha de imitar aquele estilo de grito com sua voz. *Todo mundo* ficava impressionado com aquilo. Ian James, o melhor amigo de Paul antes de John aparecer, dizia que Paul frequentemente fazia aquela voz sem avisar ninguém, como se Little Richard estivesse preso no corpo dele e precisasse pegar um ar de vez em quando.

Havia outros heróis – Carl Perkins, Gene Vincent, Eddie Cochran, Jerry Lee Lewis etc. – mas, para os dois rapazes, não havia ninguém maior que Elvis, que já tinha feito a trilha sonora de sua juventude. Elvis Presley era Deus, era simples assim. John e Paul ouviam seus discos como apenas fãs apaixonados fariam: tentando analisar todos aqueles pequenos sons inexplicáveis, como a risada que ele não conseguia segurar no fim de "Baby Let's Play House", e as palavras faladas ao fim de "Hound Dog".[4]

Recentemente, os Crickets também tinham entrado em suas vidas, uma revelação quase tão essencial quanto as anteriores. Com seu líder, Buddy Holly, os Crickets apresentaram o "som de grupo": vocal, guitarra elétrica, baixo e bateria. Três singles – "That'll Be the Day", "Peggy Sue" e "Oh Boy!" – chegaram ao Reino Unido num momento perfeito, músicas fáceis de serem tocadas, encorajando milhares de grupos de skiffle que estavam entediados, mas começaram a fazer sua transição para o pop e o rock. Era o princípio de tudo. John e Paul amavam os

Crickets (até o nome chamou sua atenção) e se inspiraram para escrever músicas no estilo vocal e musical de Buddy. Com 1957 quase acabando, John compôs "Hello Little Girl", e Paul fez "I Lost My Little Girl"; a semelhança de seus estilos era aparentemente uma coincidência, mas ambos estavam impregnados com o som dos Crickets.

A paixão de John e Paul pelo rock'n'roll deu a eles um coração e uma alma, e o comitê de educação da Liverpool Corporation também ajudou um pouco. A não ser que os Quarry Men tivessem um show marcado em algum lugar, Jim McCartney continuava rejeitando John, impedindo Paul de ver seu amigo à noite. Eles precisavam ser sagazes. Subindo a colina do centro da cidade ficava o Liverpool College of Art – onde John, recentemente matriculado, já estava dando trabalho – que, por acaso, era vizinho do Liverpool Institute, a escola de gramática de Paul. Antigamente, os dois prédios eram interligados. Com uma breve corrida, John e Paul saíam de suas respectivas escolas e chegavam à mesma rua, no mesmo momento, e podiam matar aula a tarde toda. John precisava estar com seu violão pronto.

Eles embarcavam no ônibus de um ponto na Catharine Street. Era o ônibus 86, verde, de dois andares, como o que era dirigido por Harry Harrison, pai de um colega de escola de Paul chamado George. Eles subiam ao andar de cima e fumavam, tocando as cordas enquanto o ônibus os levava até os subúrbios ao sul, pela Upper Parliament Street – Toxteth, com seu gueto de imigrantes do oeste indiano –, passando pelo Sefton General Hospital, até a rotatória na Penny Lane, e indo além, para Allerton. Trinta minutos após sua fuga, eles estavam dentro da casa de dois andares de Paul na 20 Forthlin Road, que ficava vazia durante o dia. Apenas seis meses após a mudança dos McCartney para lá, Mary, a mãe de Paul, faleceu; agora, Jim, com 55 anos, lidava com a situação, com seus dois rapazes adolescentes, tentando manter os altos padrões e princípios de sua esposa. Seus irmãos e suas irmãs ajudavam – eram uma família próxima, forte, na qual as mulheres eram boas com conselhos maternais, e os homens forneciam conselhos sobre Liverpool. Eram todos personagens marcantes. As tias de Paul, Gin e Mill, vinham ajudar com a limpeza, além de cozinhar e passar roupa, se alternando nas segundas-feiras à tarde – logo, as sessões de Paul e John eram apenas possíveis de terça a sexta-feira. Aí estava a ironia. Só porque Jim queria que Paul ficasse longe do problemático Lennon, ele decidia faltar às aulas, cortejando a encrenca como nunca antes. (Então, era "culpa do pai".)

Eles entravam no que os McCartney chamavam de "sala de entrada" (*front parlour*), um típico e básico cômodo no estilo dos anos 1950: um sofá com panos decorativos de crochê feitos pelas tias de Paul, cobertas de algodão escondendo as molas soltas na poltrona de Jim, uma pequena TV preto e branco no canto, um toca-discos, um piano e passadeiras finas no piso de madeira, que faziam as vezes de um carpete. Como Paul era canhoto, seus violões também eram; John era destro, então os jovens podiam desfrutar de um efeito espelhado quando um encarava o outro tocando à sua frente. Posteriormente, Paul chamaria essas tardes de "sessões olho no olho", nas quais ele tinha o privilégio de presenciar algo que pouquíssimos já tinham visto: John usando seus óculos. Raramente saíam de seu bolso, mas ele mal conseguia enxergar algo sem eles. John e Paul, um quase na cara do outro, logo desenvolveram uma proximidade incomum, na qual não escondiam quase nada. Paul percebeu que "John tinha mãos lindas".[5]

Paul ajudou John a ir além dos acordes de banjo que ele havia aprendido com sua mãe, Julia. John também tinha música na família, mas era de uma forma mais rústica que a de Paul: John tocava banjo, violão e gaita de boca, frequentemente com mais agressão que precisão. As tardes eram passadas tocando violão enquanto ouviam discos, cantando, se deleitando com acordes, descobrindo como quase toda música de rock que eles conheciam podia ser tocada com Dó, Fá e Sol, ou Sol Maior com sétima. Eles davam risada de um adesivo que era visível pela boca do violão de John: "GARANTIA CONTRA RACHADURAS", e *não rachava mesmo*. Eles gastavam horas, semanas, tentando aprender como Buddy Holly tocava a introdução de "That'll Be the Day", até que John finalmente descobriu e comemorou com uma tragada no cachimbo de reserva de Jim. Não tinham tabaco, então uma rápida passagem pelos suprimentos de chá rendia um punhado de Twinings ou Typhoo; eles se alternavam nas tragadas e concordavam que o gosto era horrível.

Buddy Holly foi o trampolim para as composições de John e Paul. Como John disse, posteriormente: "Praticamente todas as músicas de Buddy Holly tinham apenas três acordes, então por que não poderia fazer minhas próprias?".[6]

De um ponto de vista lógico, compor músicas próprias parecia ser um avanço óbvio para eles, mas não foi assim. Em todo o Reino Unido, adolescentes gostavam de Buddy Holly e rock'n'roll, mas apenas uma fração deles se dava ao trabalho de pegar um violão e tentar tocar aquelas músicas; um número ainda menor – quase ninguém – usava isso como inspiração para fazer suas próprias canções. John e Paul não conheciam ninguém que tivesse feito isso, ninguém da escola ou da faculdade, nenhum parente ou amigo... e mesmo assim, como se fosse obra do destino ou do acaso, um encontrou o outro, descobriram que ambos faziam canções e decidiram tentar compor juntos. Paul lembra como era o método: "Nós nos sentávamos e dizíamos, 'OK, o que vamos fazer?', aí começávamos a tocar, um de nós apresentava alguma ideia, e desenvolvíamos aquilo, trocando sugestões".[7]

Levaram apenas alguns segundos para descobrir que ambos tinham vozes fortes e distintas para o rock – em todos os seus estilos e andamentos – e que soavam ótimos juntos. Eles podiam se combinar numa harmonia perfeita, em que Paul geralmente pegava os tons mais altos e John os mais baixos. A influência dos Crickets, novamente, foi forte, assim como as melodias cuidadosamente construídas dos Everly Brothers, cujo primeiro single, "Bye Bye Love", foi lançado na Inglaterra um dia antes de John conhecer Paul, em 5 de julho de 1957 (no decorrer desta história, tudo acontece no momento perfeito). Agora, na última semana de janeiro de 1958, a lista dos mais vendidos produzida pela mais nova loja de discos em Liverpool, a Nems – com dados da edição mais recente da *The Record Mirror*, publicada no mesmo dia em que John e Paul levaram os Quarry Men para tocar rock'n'skiffle no Cavern – trazia "Peggy Sue", de Buddy Holly, na primeira posição; "Oh Boy!", dos Crickets, na segunda; e "Great Balls of Fire", de Jerry Lee Lewis, na terceira. Era inspiração pronta para consumo.

A primeira composição que fizeram juntos foi "Too Bad about Sorrows". Nunca foi gravada de forma apropriada, talvez nem tenha sido terminada, e John e Paul apenas divulgaram seus dois primeiros versos:

Too bad about sorrows, too bad about love,
There'll be no tomorrow, for all of your life.[8]

(Que pena esses lamentos, que pena o amor
Não haverá amanhã, pelo resto da sua vida.)

Eles cantavam o vocal em uníssono, da mesma forma que faziam com a maioria dessas músicas. Eles chamaram sua segunda canção de "Just Fun".

They said our love was just fun
The day that our friendship begun
There's no blue moon that I can see
There's never been in history

(Eles disseram que nosso amor era só por diversão
No dia que nossa amizade começou
Não há lua brilhante que eu possa ver
Nunca teve uma na história)

Eles sabiam que o último verso era uma porcaria e não terminaram a música, pois não conseguiram achar nada melhor. Paul tendia ao perfeccionismo, enquanto John ficava inquieto e queria ir em frente, tentar algo novo.

Outra música, aparentemente, era chamada "Because I Know You Love Me So". A letra era sobre um homem que acorda se sentindo triste, pois é maltratado pela pessoa que ama, mas acaba lendo as cartas dela e descobre que ela se importa com ele. Era interessante na maneira que se assemelhava a Buddy Holly, com suas mudanças, e John e Paul a cantavam em harmonia, como os Everly Brothers, um incentivando o outro a criar música boa.[9]

Eles não tocavam essas canções com os Quarry Men. Os três outros integrantes do grupo (Eric, Len e Colin) não ficaram sabendo delas: surgiu uma divisão na banda, e John e Paul se encontravam para compor sem seus colegas. Poucas pessoas tinham ouvido essas novas músicas – amigos seletos, o pai e o irmão de Paul e alguns outros parentes. É possível que John não as tivesse tocado para ninguém, mas Paul gostava de demonstrá-las e aproveitava os elogios que geravam. Seus críticos mais severos sempre foram eles mesmos. Paul já disse que os dois se recusavam a reconhecer as composições como deles, mesmo naquela época; eles sabiam que não eram sofisticadas, que eram apenas um degrau.[10] John não perdia tempo e logo dizia se algo era uma "porcaria", mesmo que viesse dele.

As duas primeiras vezes que John tentou compor algo, um ano antes, já tinham escapado de sua memória, e nunca mais voltaram. Logo, ele e Paul sabiam que precisavam registrar suas ideias. Eles não tinham uma forma de gravar e não sabiam ler ou escrever em partituras, então Paul se apropriou de um livro de exercícios do Liverpool Institute, com aproximadamente 48 páginas com linhas, em que cada música nova era uma página nova. Em sua bela escrita de canhoto, geralmente usando uma caneta-tinteiro, ele escrevia as letras (ele sempre se referia a elas como "*words*", não "*lyrics*"), mostrando os acordes com sua letra alfabética. Incapazes de colocar suas melodias no papel, eles logo decidiram que, se não conseguissem lembrar de algo no dia seguinte, seria difícil esperar que outra pessoa o fizesse – nesse caso, era "porcaria" e precisava ser descartada. Mas, às vezes, Paul escrevia instruções de ambiência. Para uma música, era "Oh, ah, vozes angelicais".

No topo de cada página, acima do título da canção, Paul escrevia:

OUTRA COMPOSIÇÃO ORIGINAL LENNON-MCCARTNEY

A influência disso não vinha do rock'n'roll, mas de grandes duplas de compositores estadunidenses de gerações passadas, como Rodgers e Hammerstein, Rodgers e Hart, Lerner e Loewe, e outras duplas famosas que compunham para Hollywood e Broadway.[11] Desde o princípio, John e Paul decidiram que Lennon-McCartney seria uma parceria, nessa ordem de nomes. Lennon vinha antes de McCartney alfabeticamente, era quase dois anos mais velho, o convite foi dele, e, acima de qualquer outra consideração, as coisas simplesmente eram assim: John *sempre* vinha primeiro. Enquanto Paul era um igual em termos de contribuições, ele tinha que aceitar que um deles era um pouco mais igual que o outro. Mas o segundo lugar não era algo natural para ele. Paul aceitou esse papel com seu herói de parque de diversões, e nenhum outro ser humano depois disso. "Nós queríamos mesmo que fosse como Rodgers e Hammerstein, e duplas famosas sempre tinham seus nomes daquela maneira. Você não ouvia 'Hammerstein e Rodgers', não soava tão bem. Então, sempre quisemos ouvir pessoas dizendo 'Ah, essa canção é uma Lennon-McCartney'."[12]

Nenhum dos dois planejava fazer qualquer coisa com aquelas canções (como enviá-las a cantores, editores ou gravadoras), mas concordaram – por meio de uma breve discussão – que cada um continuaria a operar de forma independente, compondo músicas por conta própria e trazendo-as para a aprovação do outro, formando o crédito Lennon-McCartney. "Decidimos isso logo no começo", diz Paul. "Era para manter as coisas simples mesmo e evitar aquela situação de ego. Éramos muito puros com tudo aquilo."[13]

De qualquer forma, a competição era um componente essencial. John sempre admirava a facilidade que Paul tinha com harmonias e melodias, sua musicalidade e criatividade. Paul respeitava o talento musical de John e invejava seus reflexos autênticos. Quando combinavam suas habilidades, como um time, eles ainda eram indivíduos competitivos, cada um tentando superar o outro. Isso se tornou um ímpeto artístico vital: John se referia a isso como "uma rivalidade fraterna... uma rivalidade criativa", enquanto Paul falava de "uma competição na forma como rebatíamos nossas ideias".[14] Um tentava impressionar o outro, com base no medo que eles tinham da reação um do outro. Eles geralmente eram sinceros, e o pensamento de que uma música nova poderia ser considerada "porcaria" era mais que o suficiente para continuar a elevar o nível do trabalho.

John e Paul tinham ambição de sobra, e no topo de suas listas estava *ser rico*. A tia de John, Mimi, que o criou desde os 5 anos de idade, dizia para ele: "Posses materiais não trazem felicidade, mas fazem a tristeza passar bem mais fácil", o que servia de algum conforto, mas o principal motivo para John querer dinheiro era evitar trabalho.[15] A faculdade de artes foi apenas uma forma de adiar o inevitável por mais quatro ou cinco anos; apesar de que, mesmo após esse período, ele provavelmente continuaria sem ideia de como trabalhar para se sustentar. Ele só conseguia ver a si mesmo como um pintor, poeta, escritor ou músico, e esse tipo de trabalho não estava disponível na agência de emprego. John Lennon e a conformidade nunca se deram bem – ele não tinha disciplina, nem o desejo, para trabalhar numa fábrica ou num escritório, e tinha sua própria expressão para desdenhar desses empregos: "*brummer striving*".*

Antes de falecer, Mary McCartney queria que Paul se tornasse um médico; Jim esperava que ele fizesse faculdade e se tornasse um professor ou escritor... mas

---

* Apesar de o próprio Lennon admitir que a expressão não tem significado específico, pode ser entendida como "sem aspiração". [N.T.]

Paul queria ser uma estrela, e tinha a confiança e o talento para tentar. E, com o estrelato, ele seria rico. Cerca de £ 75.000 dariam conta de tudo o que ele queria. Como Paul disse, posteriormente: "Se você me perguntasse quais eram minhas fantasias quando tinha 16 anos, enquanto esperava pelo ônibus 86 para Garston, eu diria 'guitarra, carro e uma casa', nessa ordem. Era só isso, nada mais".[16]

Esses eram os pensamentos na cabeça de Paul enquanto ele andava de Allerton até Woolton, para visitar John. Pela estrada, eram cerca de dois quilômetros e meio; a pé, ou de bicicleta, era possível pegar um atalho pelo Allerton Municipal Golf Course, passando pelos campos até uma área acima da Menlove Avenue, diagonalmente oposta à casa de John. Ambos os garotos usavam suas bicicletas para se locomover, mas geralmente andavam quando precisavam levar seus violões, pois ainda não tinham cases. Longe de qualquer lâmpada de rua, o campo de golfe ficava totalmente escuro à noite. Quando Paul voltava para casa no fim das tardes de inverno, ele tentava se acalmar tocando violão e cantando o mais alto possível. Se alguém aparecesse, ele parava imediatamente e fingia que não era ele. Certa vez, ele foi parado por um policial; Paul tinha certeza de que seria preso por perturbar a paz, mas o policial só queria pedir aulas de violão.[17]

A casa de John, numa rua movimentada de duas mãos, era uma *villa* suburbana geminada, chamada de Mendips pelos seus moradores anteriores. Paul ia lá com menos frequência que as visitas de John a Forthlin Road, aparecendo principalmente nos fins de semana. As condições em Mendips eram diferentes: não precisavam se esconder, mas Mimi deixava claro o que podia e não podia ser feito em sua casa. Após a primeira visita, Paul sabia que não podia usar a porta da frente – tinha que chegar pela lateral e bater na porta dos fundos, que dava para a cozinha (a porta da frente raramente era usada). Mimi chamava John, no andar de cima: "John, seu amiguinho chegou". Ela sempre inferiorizava seus amigos e não media palavras se os considerasse de uma classe inferior, ou achasse que não mereciam a companhia do sobrinho. Quando Mimi disse isso pela primeira vez, John garantiu a Paul: "É só o jeito dela, não se ofenda".[18] Paul observou os dois com um fascínio curioso:

> Eu achei que John e Mimi tinham uma relação muito especial. Ela sempre ria dele, e ele nunca levava a sério; ele gostava muito dela, e ela dele. Me pareceu ser

> uma mulher honesta que cuidava dos interesses de John e tirava sarro dele, mas também dizia essas coisas [que o inferiorizavam], para diminuir, de propósito. Eu nunca liguei para aquilo; na verdade, acho que ela gostava de mim. Quando ela me criticava, eu imaginava que era porque gostava de mim.[19]

O marido de Mimi (o tio George) tinha falecido, e a combinação de uma renda modesta de aluguel e sua pensão de viúva mal bancava as despesas para criar John. Logo, ela começou a receber inquilinos, estudantes da Liverpool University. Sempre tinha pelo menos um morando lá (às vezes, eram três ou quatro), e sua necessidade de silêncio para estudar significava que Mimi precisava frequentemente lembrar John de fazer menos barulho. Assim como seu sobrinho, ela era uma leitora voraz, e adorava silêncio e tranquilidade.

Mimi não negava espaço para John e Paul tocarem seus violões, mas insistia que eles usassem a varanda envidraçada da frente da casa. Só tinha espaço para ficar de pé lá, um rapaz com as costas para a frente da casa, outro apoiado na porta da frente, um quase na cara do outro[20] (apesar de Mimi se referir a ele como "amiguinho", Paul e John tinham a mesma altura, e já estavam terminando de crescer). A varanda não era um problema porque, com seu telhado alto estilo *art nouveau*, janelas chumbadas e piso de lajotas quadriculadas em preto e branco, proporcionava um eco valioso. Roqueiros inexperientes dariam qualquer coisa para ter aquela reverberação e ficar mais próximo daquele eco divino dos grandes discos de Elvis. Se não fosse pelo barulho do trânsito na Menlove Avenue – ônibus e carros passando rápido –, eles poderiam muito bem estar no Sun Studio, em Memphis, Tennessee.

Foi na varanda ("vestíbulo", no vocabulário de Paul) que John e Paul descobriram os acordes de "Blue Moon", de Elvis, uma de suas primeiras e melhores gravações para a Sun. Em um repentino momento de alegria, eles descobriram que eram os mesmos acordes do recente sucesso de Paul Anka, "Diana": Dó – Lá menor – Fá – Sol, que eles chamavam de "os acordes Diana". "Blue Moon", originalmente de Rodgers e Hart, foi regravada por Presley como um blues misteriosamente minimalista e era perfeita para aquele pequeno espaço cheio de eco. A varanda também era boa para assobiar; Paul, que assobiava bem, dava valor a qualquer outra pessoa que conseguisse fazer isso de forma afinada, e John era um dos melhores nisso. Muitas vezes, ele usava o som para acompanhar, enquanto Paul tocava ou cantava.

Quando Mimi saía para fazer as compras, eles subiam até o pequeno quarto de John – o "quarto caixa" sobre a frente da casa – e ouviam discos. No começo de 1958, John já tinha acumulado uma bela coleção (alguns comprados, outros roubados) de Elvis e Lonnie Donegan. Paul lembra como eles passavam o tempo tentando adivinhar qual seria a próxima tendência musical, para tentar compor uma música naquele estilo. Estavam certos de que o rock'n'roll morreria a qualquer momento, que as corporações dos Estados Unidos o estavam tentando matar; para economizar tempo, apenas lançariam a próxima moda louca. John e Paul também refletiram sobre as possibilidades, criando fusões esquisitas como rock latino, rock-rumba, até que... desistiram da ideia. Eles aprenderam que forçar uma ideia nunca daria certo, que as canções teriam que vir naturalmente. Muitas vieram: eles esperavam compor pelo menos uma por sessão; nesse período inicial, conseguiram criar aproximadamente vinte.

Da maioria, só os títulos são conhecidos. "I've Been Thinking That You Love Me", "If Tomorrow Ever Comes", "That's My Woman" e "Won't You Please Say Goodbye". Uma canção chamada "Years Roll Along" ("*It might have been winter when you told me...*" – Talvez já fosse inverno quando você me disse...) nunca foi terminada. Uma que foi concluída e ambos reconheceram como a melhor dessa primeira leva de Composições Originais Lennon-McCartney é "Love Me Do". Paul lembra que o esforço foi dividido meio a meio, escrito na sala da Forthlin Road, mas John disse que Paul fez quase toda a composição. Não existe qualquer gravação de "Love Me Do" anterior às suas mudanças de formato e direção musical, após quatro anos, mas John e Paul disseram que tudo o que eles escreviam nessa época era fortemente influenciado por Buddy Holly, inclusive o estilo vocal.[21]

Outra canção daquele início de parceria, majoritariamente composta por John, é "I Call Your Name", que ele descreveu como "minha tentativa de fazer um tipo de blues".[22] Entrou no caderno como Outra Composição Original Lennon--McCartney, mas a contribuição de Paul talvez fosse uma mera crítica construtiva; ele lembra de trabalhar na música no quarto de John.

Para Paul, Mendips era uma janela para outro mundo. John usava uma máquina de escrever portátil para registrar as letras e sua poesia. Como ele era um datilógrafo impaciente e impulsivo, seus erros inevitavelmente deixavam os textos mais engraçados.[23] John já escrevia havia anos, além de criar seus próprios desenhos, quadrinhos e jornais, com trocadilhos e ideias extravagantes; compor músicas era apenas uma adição recente às suas atividades. Ele fazia tudo de forma paralela, sem interseções – *estas* ideias são para serem impressas, e *aquelas* ideias são para canções. Paul, que não conhecia nenhuma outra pessoa com uma máquina de escrever, e não tinha nenhum outro amigo poeta, ficava bem impressionado. John era uma pessoa *profunda*, e havia poucos elogios maiores que esse. Paul nunca se esqueceria (e sempre daria risada) dos últimos versos de "The Tale of Hermit Fred", um poema que John o deixou ver, publicado na revista da escola Quarry Bank, pouco tempo antes de ele sair de lá:

I peel the bagpipes for my wife
And cut all negroes' hair
As breathing is my very life
And stop I do not dare.

(Eu toco minha gaita de fole pela minha esposa
E corto todos os cabelos dos negros
Pois respirar é minha vida
E não ouso parar.)

Os McCartney sempre residiram em casas de moradia social, colados com a classe trabalhadora. Isso os situou firmemente naquela realidade, apesar de a mãe de Paul, sempre ambiciosa, ter deixado claro que considerava a família deles um pouquinho acima da média local. Na definição pessoal de Paul, John era da classe média – apesar de haver muito que ele ainda não soubesse ou entendesse sobre a situação doméstica de seu amigo, era assim que Paul o via, e o admirava. "A família do John era bem classe média, e isso o tornava ainda mais interessante para mim. Eu me sinto atraído por esse tipo de pessoa, principalmente com pessoas britânicas. John tinha parentes em Edimburgo e um deles era dentista – ninguém mais conhecia pessoas assim. Então eu me sentia atraído por isso. Não era uma forma de subir na escala social, eu apenas achava interessante."[24]

Paul viu vários outros sinais que indicavam o *status* superior de John. Na sala de entrada de Mendips havia uma estante de livros cheia, que continha os quatro volumes de *Uma história dos povos de língua inglesa* e os seis volumes de *A Segunda Guerra Mundial*, ambos de Sir Winston Churchill – dez edições de luxo encadernadas em couro, que John dizia ter lido, e tinha mesmo. Eles não tinham apenas gatos, eram gatos *com pedigree*. Paul tinha suas titias, mas Mimi era a *tia* de John. E a própria residência, Mendips, era "uma casa com um nome, aquilo era muito chique; de onde eu vinha, ninguém tinha casas com nomes, só com números".[25]

Tudo aquilo era irresistivelmente atraente, mas o problema de Paul nunca se resolveu: seu pai não aprovava a amizade com John. Isso não o impediria, mas ele amava seu pai e dava valor demais à sua própria reputação de bom rapaz para ser tão abertamente rebelde quanto John. Isso irritava John, e o deixava ainda mais determinado a ser o encrenqueiro que Jim disse que ele era.

> Paul sempre quis uma vida caseira. Ele gostava daquilo, com seu papai e seu irmão... e, obviamente, sentia falta de sua mãe. E seu pai era tudo. Coisas simples, [como] não contrariar seu pai, não usar calças justas. Ele tratava Paul como uma criança, o tempo todo, cortava seu cabelo e dizia o que ele tinha que vestir, até os 17, 18 anos. Eu sempre dizia: "Não ature essas merdas dele!". Eu fui criado por uma mulher, então talvez isso tenha sido diferente – mas eu jamais deixaria um pai *me* tratar daquele jeito.[26]

Por pura força de sua personalidade, John Lennon mudou a vida das pessoas, e muitas entraram nessa jornada por livre e espontânea vontade. Para Paul McCartney, que tinha uma necessidade fundamental de ser notado pelos outros, ir adiante com John era uma escolha natural – ele estava se alinhando com alguém que as pessoas não conseguiam evitar, e que mostrava dois dedos* para as coisas de uma forma que ele invejava, mas que raramente fazia na frente de qualquer um. Ao mesmo tempo, Paul conseguia maquiar, quando necessário, os danos causados por John. Seu grupo musical foi formado com base na imagem de John e levado adiante por sua inquietude; no entanto, sem Paul, ele teria irritado as pessoas de

* Na Inglaterra, o ato de mostrar o dedo indicador e o dedo médio, com a palma da mão voltada para quem faz o gesto, é análogo ao ato de mostrar apenas o dedo médio. [N.T.]

uma forma que os impediria de ter o progresso que tanto desejavam. As outras qualidades de Paul estavam em seu grande talento, sua ambição ardente e sua elevada autoestima... e quando John sentia que tudo isso estava saindo de controle, ele baixava a bola de Paul, como apenas ele sabia fazer.

Então, Lennon-McCartney estavam equiparados, como iguais, conectados em todos os níveis, com seus talentos consideráveis harmonizados, suas personalidades entrelaçadas, seus impulsos desenfreados, seu objetivo em foco. Eles eram uma união, mais forte que a soma de suas partes, e tudo era possível.

VELHOS ANTES DE NASCERMOS

1
Na minha casa em Liverpool (1845-1945)

O significado do local era desconhecido para os que estavam presentes naquele dia escuro em 1962, quando quatro jovens estavam em frente a um enorme armazém de chá, ao lado da estrada do cais de Liverpool, posando para fotos que divulgariam seu primeiro disco. John Lennon certamente não tinha ideia de que o pedaço de terra na Saltney Street sobre o qual seus pés estavam era o local onde sua família tinha começado a vida na cidade, um pequeno grupo entre a multidão de irlandeses famintos e, na maioria, analfabetos, que tinham fugido da Grande Fome na Irlanda.

Pelo menos um milhão e meio de homens, mulheres e crianças chegaram de barco a Liverpool, entre 1845 e 1854. Muitos continuaram viajando, até os EUA, o Canadá, o México e a Austrália, mas um número enorme ficou, e poucos desses chegaram longe: Saltney Street ficava perto do cais desse grande porto global, com navios passando pelo rio Mersey, logo ao fim da rua. Ainda está lá, mas os horrores de suas habitações infestadas por cólera já não existem mais. Em Liverpool, a história está por todo canto.

John Lennon – histórico familiar

James Lennon foi o primeiro a plantar suas raízes. Nasceu por volta de 1829 em County Down, um dos nove condados que formavam a província de Ulster. Casou-se em 1849, na Scotland Road, o coração da comunidade católica imigrante de Liverpool, cheio de favelas. Ele teve pelo menos oito filhos antes de sua esposa morrer enquanto dava à luz mais um; provavelmente o terceiro deles, em janeiro de 1855, era John Lennon, o avô.

John (às vezes chamado de Jack) Lennon se tornou uma pessoa inteligente e animada, que cantava alegremente em cervejarias, trabalhava sobretudo como auxiliar de cargas e tinha uma vida intrigante, cheia de mistérios, becos sem saída e mentiras. Após se casar duas vezes, seu relacionamento mais longo foi com uma mulher protestante, Mary "Polly" Maguire. Seus primeiros sete bebês morreram; dos sete que vieram em seguida, o quinto foi Alfred Lennon, nascido em dezembro de 1912, no lar da família na Copperfield Street, Toxteth. Depois disso, se casaram.*

Quando a cirrose matou seu pai em 1921, Alf tinha 8 anos de idade. A desnutrição levou o garoto a ter raquitismo, uma condição comum entre os mais pobres, e ele usou suportes de ferro para suas pernas durante boa parte da infância. Três anos depois, lhe ofereceram uma vaga na excelente Blue Coat School, no distrito de Wavertree, a mais antiga fundação de caridade voltada para a educação gratuita de órfãos e crianças sem pai da cidade. Mas tinha uma condição: apenas protestantes eram aceitos, e muitos certificados foram buscados para provar uma meia-verdade. Lá, Alf recebeu uma boa educação, e como todo rapaz da Blue Coat, ele era frequentemente levado à barbearia Bioletti, na rotatória Penny Lane, para um corte austero.

Ao sair de lá, em 1929, ele conseguiu um emprego no escritório de uma empresa de transporte. Três semanas depois, enquanto caminhava, com certa dificuldade, pelo Sefton Park - uma das muitas e belas áreas verdes de Liverpool -, ele conheceu Julia Stanley, de 15 anos.

A família materna de John Lennon era, essencialmente, protestante. Seu bisavô, William Stanley, nasceu em 1846, em Birmingham, e se mudou para Liverpool em 1868. Com sua esposa Eliza (nascida em Omagh, County Tyrone, outro dos condados de Ulster), estabeleceu seu lar em Everton, ao norte da cidade; em 1874, nasceu seu terceiro filho, George - o "vovô" que John Lennon conhecia, até o perder quando tinha 8 anos de idade.

* O primeiro de seus 14 filhos foi outro John Lennon, que nasceu em 1894 e morreu em 1895, acometido de diarreia. John e Polly alegavam sempre terem sido casados, mas não havia nenhum impedimento legal aparente para sua união, além do comum (e considerável) problema de misturar católicos e protestantes.

Em 1898, George Stanley, um mercador marítimo, já tinha se unido a Annie Milward (nascida Chester, em 1873) e começado a sua família. Por motivos tão inexplicáveis quanto a situação de John Lennon e Polly Maguire na mesma época, eles fizeram isso sem se casar, e suas experiências foram similarmente trágicas - seus dois primeiros filhos morreram. A terceira criança, porém, sobreviveu: Mary Elizabeth Stanley, conhecida como Mimi, nasceu na Windsor Street, Toxteth, em 1906, perto dos Lennon, na Copperfield Street.

John Lennon aparentemente não sabia que tanto seu pai quanto sua tia Mimi, pessoas importantes em sua vida, eram, no sentido literal da palavra usada na época, bastardos. O que ele sabia era que os Stanley sempre acreditaram estar bem acima dos Lennon, alegando superioridade em sua linhagem familiar, educação, nacionalidade, religião, requinte, recursos e ambições - pelo menos algumas dessas coisas são discutíveis.

Após o casamento, George e Annie tiveram quatro outras garotas, todas as quais tiveram vidas longas e produtivas; com Mimi, formavam um grupo de cinco irmãs, cuja lealdade se manteve forte nas décadas seguintes, e cuja influência sobre John Lennon foi significativa. A terceira dessas últimas quatro, Julia - nascida em março de 1914, na proverbial véspera da Primeira Guerra - era a mãe de John. Ela era vista pela família como a selvagem, livre, com esperteza notável, cujas travessuras eram motivo de alegria para todos. Seu pai - as garotas o chamavam de Dada - a ensinou a tocar banjo, e ela era talentosa a ponto de aprender músicas de ouvido. Ela logo tocava e cantava músicas populares da época, como "Girl of My Dreams" e "Ramona", que vieram dos EUA em 1927, primeiro na forma de partituras musicais, depois pelas invenções que progrediam rapidamente naquela época: as transmissões sem fio, o gramofone e os filmes sonoros.

Julia saiu da escola em 1929 e conheceu Alf Lennon pouco tempo depois de iniciar seu primeiro emprego. Ele não era o tipo de jovem que se incomodava se alguém o achasse esquisito. O que importava era causar uma impressão, mesmo se estivessem rindo dele - e estavam. "Você parece um bobo", foram as primeiras palavras que Julia disse a ele, atraída naturalmente pelas bobeiras. "Você parece ser adorável", ele respondeu, e um relacionamento se iniciou.

*

No começo dos anos 1930, Alf largou seu emprego no escritório e tornou-se um mercador marítimo, começando uma longa e animada carreira náutica. Conhecido por seus colegas marinheiros como Lennie (às vezes era Freddie; geralmente ele se referia a si mesmo como Alf), o mar era para ele. A camaradagem de seus colegas marinheiros era maravilhosa e havia um mercado negro próspero que lhes permitia ganhar uns trocos a mais. Ele teve a oportunidade de ver o mundo, e o trabalho era algo que ele fazia bem o suficiente para conseguir diversas promoções: os registros indicam que ele foi de camareiro a despenseiro, dentre outras posições similares.

A primeira década de Alf no mar foi sua melhor. Seu amigo próximo, Billy Hall, dá boas risadas ao se recordar:

> Ele era um malandro. Uma *figura* mesmo. Não dava nem para pensar em sair sem levar o Lennie junto. Ele era parte da diversão – se não houvesse nada divertido, ele inventava algo.
>
> Ele bebia cerveja, mas, assim que começava a beber, ele bebia qualquer coisa. Se tivesse uma garrafa, ele ficava com ela. Ele era um bêbado feliz, só fazia coisas estúpidas espontaneamente. Na maioria das vezes, ele se safava do que fazia, e ria até não poder mais.[1]

Alf já tinha chegado à sua altura máxima, 1,60 metro; para encantar o sexo oposto, compensava a altura com brincadeiras cômicas. Ele assobiava, tocava gaita de boca e amava cantar: gostava, em particular, de "Red Sails in the Sunset", mas cantava um pouco diferente: "*Red suns in the sailset, all blue I feel day*", após descobrir que palavras trocadas rendiam ainda mais risadas.

Apesar de seus retornos a Liverpool serem esporádicos, Alf sempre alegava que era fiel a Julia. Ela, no entanto, ficava indiferente com suas ausências, raramente reagindo quando ele partia e nunca comparecendo à doca para se despedir dele. Alf lembrava como, mesmo quando escrevia para ela, nunca recebia respostas; e como era tratado friamente quando estava em casa, em Liverpool. Ele parecia ser um brinquedinho dela, um amigo divertido que repetidamente cambaleava de volta para sua vida, e partia de novo. Ela, com sua natureza rebelde, sua atração forte por homens e sua atitude exuberante, fazia o que queria nessas ausências.

Com sua autoestima inflada, a maioria dos Stanley (ou todos) via Alf como "inferior". Também havia a dissidência religiosa, protestantes contra católicos, um abismo que violentamente dividia Liverpool naquela época.

Durante os anos 1930, Julia trabalhou como lanterninha no Trocadero, um dos vários cinemas suntuosos recentemente construídos no centro da cidade. Com sua personalidade animada, apelo irresistível para os homens e um emprego que a deixava em contato constante com eles, não é crível (apesar das alegações) que Julia tivesse resistido a todas as investidas masculinas por considerar Alf o amor de sua vida. Quando se casaram, foi como um desafio, uma brincadeira. Posteriormente, ele se lembrou de como Julia o alfinetou, dizendo que ele era covarde demais para a pedir em casamento.[2] Aquilo foi o suficiente. Alf pediu, e Julia aceitou. Ele marcou o casamento no cartório de Liverpool para 3 de dezembro de 1938, logo antes de partir para o Caribe. Sua primeira tarde como casados foi passada no cinema (assistindo a uma comédia horrível de Tommy Trinder, chamada *Almost a Honeymoon*); depois, Alf levou a esposa de volta à 22 Huskisson Street e voltou para sua casa, na 57 Copperfield Street.*

A notícia não foi bem recebida pelos Stanley, como Mimi recordou posteriormente:

> Todos nós ficamos chocados. Ela achava que seria esperto desafiar a família daquele jeito. Ela logo se arrependeu quando viu que não era tão esperto assim. Julia era uma garota linda, mas teimosa. Eu amava a Julia. Ela era tão espirituosa e divertida, sempre rindo. Todos nós cometemos erros. O erro de Julia foi não perceber quão séria podia ser uma "pegadinha" desafiadora. A única coisa boa a sair daquilo tudo foi John.[3]

* Os Stanley tinham recentemente se mudado da 71a Berkeley Sreet para a Huskisson Street.

Paul McCartney - histórico familiar

McCartney não é um nome inglês, mas os esforços para tentar descobrir quando essa linhagem específica da família chegou à Inglaterra não trouxeram resultados. Logo, as possibilidades são múltiplas. Genealogistas atribuem o início da jornada do nome à Escócia, com o clã Mackintosh, seguido por uma migração à Irlanda, durante a qual eles mudaram de religião, de católicos para protestantes.

Uma linhagem clara e rastreável em Liverpool começa em 1864, quando James McCartney (o bisavô de Paul) se casou com Elizabeth Williams. Ele era o filho de um estofador de móveis que talvez tenha fugido da Grande Fome; ela era a filha de um fabricante de caldeiras. Eles viviam na Scotland Road, a rua agitada com imigrantes católicos e protestantes amontoados em imóveis sujos, de porões sem ventilação a sótãos com vento em excesso, onde o máximo que acontecia era uma vista grossa. Seu primeiro filho foi Joseph (Joe); quando ele nasceu, em 1866, eles tinham o infortúnio de morar na habitação coletiva deplorável da Great Homer Street, rua paralela à Scotland Road.

Desde o momento em que saiu da escola até o fim de sua vida, Joe McCartney trabalhou para a Cope Brothers & Co, que importava tabaco e manufaturava todos os seus produtos derivados. Ele trabalhou cortando e secando o tabaco por quase 50 anos - uma função pesada, em condições de calor extremo. Um homem quieto e agradável, não bebia álcool e tocava uma tuba em Mi bemol enorme na banda de metais da empresa - música acolhedora do norte do país, tocada em festas de igreja e coretos de parques. Joe foi o primeiro de uma linha familiar que continua até hoje: homens McCartney, músicos, que tocam em público.[4]

Em 1896, Joe se casou com Florence (Florrie, Flo) Clegg, cuja família era de Onchan, na Ilha de Man, e o casal se estabeleceu em Everton. Sofreram com as tragédias de costume: dois de seus nove filhos morreram na infância. O pai de Paul McCartney, James - conhecido por todos como Jim - foi o quinto, nascido em julho de 1902. Os McCartney eram uma família unida, pragmática, e sempre se mantiveram assim. Os sete filhos que sobreviveram - conhecidos como Jack, Jim, Joe, Eddie, Mill (ou Milly), Annie e Gin (ou Ginny) - cuidavam uns dos outros e compartilhavam a esperteza e sabedoria de Liverpool entre si.

Muitos cantavam bem, e o instrumento favorito de Jim era o piano. Por volta de 1916, os McCartney compraram um piano vertical usado de uma loja de música próxima, chamada Nems, e Jim – autodidata, apesar de ser quase surdo de um ouvido – tinha um talento natural, bom ritmo e a habilidade de aprender todas as músicas populares.*

Jim McCartney exalou cortesia e civilidade durante toda a sua vida – era o tipo de pessoa que não precisava se esforçar para ser charmoso. (Paul lembra do seu hábito de erguer o chapéu para mulheres no ônibus, falar "Bom dia" e insistir que Paul fizesse o mesmo com seu boné do uniforme escolar. "Ah, pai, eu preciso mesmo?"; "Sim, filho, você precisa."[5]) Leitor sagaz e gênio autodidata das palavras cruzadas, ele conseguiu emprego aos 14 anos de idade, tornando-se responsável por amostras na A. Hannay & Co, uma empresa que negociava algodão e que integrava a gigante Cotton Exchange, que unia diversas outras companhias do comércio do algodão em Liverpool.

Foi numa festa para funcionários da Hannay que Jim tocou música em público pela primeira vez. O ano era 1919, e a mais recente explosão musical nos Estados Unidos tinha cruzado o Atlântico e pousando diretamente em Liverpool, porque era lá que os grandes navios chegavam. A popularidade imensa do ragtime, logo seguido pelo jazz, alimentou e propagou um aumento das danças, e levou à evolução do disco de gramofone para um formato padrão – tipicamente de dez polegadas, feito de goma-laca e rodando a 78 rotações por minuto, limitando a duração de uma música a cerca de três minutos. Com membros da família e amigos, a Jim Mac's Band tocou em muitos clubes de dança e música em Merseyside até 1924, apesar de os shows serem infrequentes. Eles tocavam bem? Jim tinha uma resposta autodepreciativa na ponta da língua. "Banda?", ele dizia. "Banda? Eu já vi bandas melhores ao redor de chapéus."

Eles tocavam todas as músicas incríveis que vinham da gloriosa Tin Pan Alley, em Nova York, e também uma música mais modesta que Jim criou, a primeira

---

* A loja Nems terá um papel importante nesta história. No entanto, nessa época, ainda não era propriedade da família Epstein. Paul comprou de volta o piano de seu pai em 1981 (tinha sido vendido) e ainda o toca. Jim passou a ter problema de audição na infância, quando caiu de um muro num beco estreito ("*jigger*") atrás de sua casa, na 3 Solva Street.

composição McCartney da história, uma instrumental de piano que ele chamava de "Eloise". No entanto, encontrar uma esposa para o Cavalheiro Jim não era tão fácil. Ele só a encontrou com quase 40 anos de idade.[6]

A mãe de Paul McCartney era Mary Patricia Mohin, nascida em Fazakerley (ao norte de Liverpool) em 1909. Ela era predominantemente irlandesa, católica apostólica romana dos dois lados da família; apesar de ter se casado com alguém de uma religião diferente, o catolicismo foi importante em sua vida.

Por parte de pai, a genealogia dela é quase cômica, passando por três versões praticamente iguais de um mesmo nome, em sucessão. Seu pai, Owen Mohin, nasceu Owen Mohan, e seu avô era chamado Owen Moan. Nascido em 1880 e conhecido apenas como "Ownie", Owen Mohin foi uma de nove crianças que nasceram em uma pobre família rural de fazendeiros, em County Monaghan. Aos 12 anos, o menino fugiu e chegou em Glasgow, na Escócia, onde morou em um cortiço próximo ao centro da cidade e trabalhou como entregador de carvão – o que deve ter sido bastante árduo. Em 1905, ele se casou com Mary Theresa Danher em uma igreja católica da cidade onde ela morava: Liverpool. Não se sabe exatamente como eles se conheceram. Nascida em 1877, Mary era a filha de John Danher, que tinha chegado à Inglaterra vindo de Limerick (na costa oeste da Irlanda) na década de 1860.

Ownie e Mary trouxeram quatro (quase cinco) filhos ao mundo. Quando o quinto estava nascendo, Mary sucumbiu à pneumonia e morreu com o bebê. Mary Patricia foi a segunda. A tristeza de perder sua mãe aos 9 anos de idade foi agravada por seu pai levando a família, com seus dois irmãos, à Irlanda, onde ele fez uma tentativa fracassada de voltar à vida de fazendeiro. Quando todos retornaram a Liverpool, falidos, ele tinha uma nova esposa e filhos – Mary e os irmãos discordavam veementemente de tudo isso.

A primeira vez que as famílias Danher e McCartney se encontraram foi em 1925, quando o primo de Mary, Bert (que tocava na Jim Mac's Band) se casou com a irmã de Jim, Annie. Mary e Jim devem ter se conhecido no casamento, mas levariam 16 anos até começarem seu relacionamento. Mary conhecia todos os McCartney, e gostava deles como eles gostavam dela; até o fim dos anos 1930, ela tinha se mudado para morar com Gin, a mais jovem da família, mas que logo se tornaria uma matriarca. Já com mais de 20 anos, Mary estava determinada a trabalhar duro e elevar seu *status* social. Ela seguiu firme no caminho do crescimento pessoal e começou a estudar enfermagem, se especializando em obstetrícia. Ela chegou aos 30 anos como chefe da enfermaria e como o que comumente chamavam de "solteirona".

George Harrison – histórico familiar

Pelo menos no que diz respeito aos homens da família, os Harrison eram totais produtos de Liverpool: protestantes, espertos, da classe trabalhadora e, desde o fim do século XIX, cidadãos de Wavertree. O local, que já tinha sido um distrito que se autogovernava, com sua própria história e belos edifícios municipais em estilo gótico, conseguia unir fábricas com áreas verdes. Apesar de muitas de suas casas serem básicas e sem graça, havia lugares piores para se morar em Liverpool.

Apesar de ser analfabeto – como muitos outros, sua assinatura era um X –, Edward Harrison (o bisavô de George) era um habilidoso artesão e praticava cantaria em prédios públicos. Em 1868, ele se casou com uma garota de Manchester chamada Elizabeth Hargreaves, e tiveram uma família numerosa. Um dos meninos era Henry, conhecido como Harry, que também entrou para o ramo da construção. Seu neto George explicou de forma elogiosa: "O pai do meu pai, que eu nunca conheci, construiu casas vitorianas incríveis, ou talvez eduardianas, na Prince's Road, em Liverpool, onde todos os médicos moravam. Naquela época, eles sabiam construir: pedras boas, tijolos bons, madeira boa".[7]

Quando Harry foi morto, lutando pelo seu país na Grande Guerra, isso limitou a presença dos Harrison na arquitetura de Liverpool, deixou uma esposa viúva e sete crianças sem pai, além de todo o transtorno financeiro causado para a família. Ele tinha se casado em 1902 com Jane Thompson, cujo pai era escocês e a mãe viera da Ilha de Man. O quarto de seus sete filhos, nascido em sua casa, em Wavertree, no ano de 1909, foi Harold Hargreaves Harrison, o pai de George. Sem assistência para famílias que perderam entes queridos na guerra, a situação era precária.

Harold, conhecido por todos como Harry, era quieto por natureza, forte, determinado e tinha um senso de humor sarcástico. Após sair da escola, aos 14 anos, ele mentiu sobre sua idade e começou a trabalhar como mercador marítimo. Em

1926, ele já era um despenseiro na White Star Line, viajando pelas mesmas rotas e realizando o mesmo trabalho que Alf Lennon. Visitou os EUA pela primeira vez em 1927; a América era vista com inveja, como "a terra da abundância" – porque era mesmo –, e a casa dos Harrison logo começou a acumular produtos americanos, incluindo um rádio, um gramofone movido a corda, discos e um violão. Um dia, entre suas viagens, Harry conheceu uma garota exuberante de 18 anos, chamada Louise French; em 1930, suas vidas já estavam entrelaçadas.

A família da mãe de George era irlandesa – há registros históricos datados da época dos cavaleiros normandos, que velejaram da França até a Irlanda, por volta de 1169, e se estabeleceram como latifundiários católicos (e poderosos) em County Wexford. Os camponeses locais se referiam a eles como franceses, ou "*French*", que poderia ser escrito incorretamente como "*Ffrench*". Esses latifundiários tiveram um choque brutal em 1649, na forma da invasão empreendida pelo parlamento de Londres. Quando a conquista sanguinária de Oliver Cromwell foi concluída, a Irlanda tinha se tornado parte do Império Britânico, propriedades gigantes foram confiscadas e, pelos 250 anos que se seguiram, os "*Ffrench*" tiveram que trabalhar arduamente na terra da qual já tinham sido proprietários.

O avô de George, John French, nasceu em 1870, em uma família que não parecia ser tão destituída quanto as que estavam ao seu redor, nem tão afetada pela fome. Ainda assim, ele se mudou para Liverpool, no fim dos anos 1890, onde conheceu a mulher com quem dividiria suas últimas quatro décadas.

Louise Woollam, a avó que George via até ter quase 6 anos de idade, era protestante, em vez de católica, e sua família não era de Liverpool, mas de Shropshire – jardineiros e fazendeiros. Seus pais viviam num ambiente rural – em Little Crosby, ao norte de Liverpool –, e Louise, nascida em 1879, foi a terceira criança que tiveram. De 1905 a 1924, ela e John French tiveram sete filhos, todos criados como católicos convictos, apesar de não terem se casado. "Sr. e Sra. French", pessoas pobres, porém respeitáveis, de Wavertree, eram os famosos azarões – livres para se casar, mas não se davam ao trabalho. Nascida em março de 1911, a quarta das sete crianças recebeu o nome da mãe, Louise.

Não está claro se todos esses fatos eram conhecidos pelos filhos, mas os esforços de John e Louise para manter seu *status* de relacionamento em segredo tinham origem longínqua, facilmente esquecida. Eles estavam tão preocupados em não expor sua situação que mantinham uma suspeita notória em relação a qualquer "vizinho intrometido" e protegiam suas informações pessoais. Sua filha Louise – a mãe de George Harrison – sempre teve um ressentimento de pessoas que soubessem mais sobre sua família do que ela desejava, e passou isso para seus filhos.

Louise e Harry Harrison sempre disseram que se casaram em 1930, colocando um espaço de tempo entre a união e a data do nascimento de sua primeira filha, outra Louise, em 1931. O verdadeiro intervalo entre os dois eventos foi de três meses. As circunstâncias domésticas certamente estavam difíceis. A mistura de católico e protestante, como água e óleo, sempre foi problemática, sem contar o fato de que claramente houve "relações" antes do casamento. Eles assinaram o contrato para obter uma casa da Liverpool Corporation, mas sabiam que teriam de esperar. Enquanto isso, alugaram uma pequena casa de dois andares na 12 Arnold Grove, uma típica "dois-acima-dois-abaixo" britânica: no andar de baixo, uma pequena sala de entrada (usada, talvez, três vezes ao ano) e uma cozinha; no andar de cima, dois quartos pequenos. Sem aquecimento, sem banheiro e sem vaso sanitário, com exceção da "casinha" no quintal minúsculo e frio.

Louise teve um segundo filho, em 1934, chamado Harold (conhecido como Harry, perpetuando uma confusão de nomes que durou por gerações). Em seguida, Harry largou a White Star Line, em 1936, para que sua esposa não tivesse que criar as crianças por conta própria. Por quase dois anos, ele sofreu para encontrar um emprego: era o período da Depressão, e as condições estavam cada vez mais difíceis para os Harrison. O violão foi penhorado e nunca o pegaram de volta. No entanto, no fim de 1937, Harry foi aprovado em um concurso para se tornar cobrador de ônibus da Corporation ("Corpy"); em 1939, ele já estava habilitado para ser motorista – uma figura quieta, firme e pontual, dando seu sorriso genuíno para os passageiros.

Richard "Richy" Starkey – histórico familiar

Acima das últimas docas em Liverpool, nas ruas que seguem a colina a partir do Mersey, o século XIX trouxe consigo postos de gasolina, refinarias de gás, fábricas, chaminés e uma centena de outros artefatos da produção em massa, igualmente desagradáveis aos olhos, logo acompanhados pelas quadras de ruas estreitas e becos entupidos de pequenas casas de dois andares, construídas com materiais precários. A área era conhecida como Dingle. Nem tudo lá era ruim – havia uma comunidade autêntica, forte, na qual pessoas se ajudavam como podiam, e as donas de casa eram tão orgulhosas de seus lares quanto podiam ser. Mas não tinha como se esconder das infestações, da umidade, da degradação e da subsidência, ou das crianças desnutridas e descalças. Uma grande proporção da população adulta de Dingle – em geral, protestantes, raramente irlandeses, e totalmente da classe trabalhadora – estava desempregada e sem dinheiro, passando a vida em pubs, bebendo e cantando. Em Liverpool, onde você nunca está muito longe de uma área decrépita, o Dingle – o "South End" – tinha sua própria reputação de alcoolismo e dureza.

A família de Richy Starkey estava em Dingle havia gerações. Marque num mapa os endereços de seus antepassados, e todos ficam a, no máximo, um quilômetro e meio um do outro. Em documentos oficiais, esse não é Dingle, mas Toxteth, ou Toxteth Park, Liverpool 8, e esses lugares estão no mesmo entorno de pobreza que os Lennon na Copperfield Street e os Stanley na Berkley Street... mas Dingle é um pouco mais ao sul, e mais deprimente. Essa palavra, "Toxteth", não era usada em conversas do dia a dia. Rapazes eram "Dingle boys" – uma expressão que podia botar medo em muitas pessoas, tamanhos eram o vandalismo e a violência de suas gangues de jovens sem futuro. Outros habitantes de Liverpool geralmente mantinham distância.

Havia uma diferença marcante entre os homens de Dingle: os que estavam desempregados e os avessos ao emprego; os que queriam trabalhar, contra os que não queriam. A família de Richy Starkey, de ambos os lados, era de trabalhadores, e geralmente conseguiam empregos. O pai de seu pai, um caldeireiro viajante, nasceu John (Johnny) Parkin, em 1890. Em algum ponto entre 1903 e 1910, sua mãe começou a "viver no pecado" com um homem casado chamado Starkey, uma situação considerada tão sórdida que, para evitar dificuldades e fofocas, a mamãe Parkin decidiu adotar o sobrenome de seu novo companheiro; a fim de manter a ilusão, alterou também o sobrenome de seu filho. Johnny Parkin virou Johnny Starkey, da noite para o dia, assim.

O pai de Johnny Parkin era um marinheiro que trabalhava num navio-farol em Formby, um pouco ao norte do litoral de Liverpool. Ele também era chamado John Parkin, nascido em 1865, e seu pai também era um marinheiro, que nasceu por volta de 1823, em Hull, do outro lado da Inglaterra. Esse homem, que também se chamava John Parkin (houve pelo menos três gerações com esse nome), era casado com uma mulher de Hull, e eles se mudaram para a outra costa, a fim de se estabelecer em Dingle, por volta de 1862.

O jovem que mudou de Johnny Parkin para Johnny Starkey se casou, em 1910, com Annie Bower, nascida em 1889, cujo pai era um latoeiro. Eles tiveram quatro filhos juntos, e o segundo deles – Richard Henry Parkin Starkey – chegou em outubro de 1913. Conhecido como Richy, 27 anos depois ele seria o pai do menino que, de forma absurdamente improvável, conseguiria sair da escuridão sem futuro que era seu destino em Dingle, traçando um novo e espetacular caminho.

Johnny Starkey teria papel crucial na criação de seu neto; pelo que diziam dele, era um verdadeiro "*wacker*" (termo coloquial para se referir a homens e garotos da classe trabalhadora de Liverpool), já que bebia, trabalhava, apostava e brigava. Annie não ficava atrás e era praticamente uma bruxa do século XX, invocando o nome do demônio e criando seus próprios remédios e poções quando cuidava dos doentes. Os Starkey tinham um lar e tanto – barulhento e pobre. Seu menino, Richy, tornou-se um confeiteiro, fazendo doces e bolos. Enquanto trabalhava numa padaria, em 1935, ele conheceu a mulher com quem se casaria, uma valente garota de Dingle chamada Elsie Gleave.

Os Gleave já estavam em Dingle mais de 50 anos antes do nascimento de Elsie, em outubro de 1914. Eles moravam em todas as mesmas ruas, e sua família também era repleta de fabricantes de caldeiras – uma indústria paralela suja, porém vital em uma cidade portuária. Seu pai, John, trabalhava com isso; o pai dele também;

assim como o pai deste último (aqui, os documentos já estão se estendendo aos meados do século XIX).

A mãe de Elsie tinha uma variedade maior entre seus ancestrais. Catherine "Kitty" Johnson tinha pais de Dingle, mas seu pai era o filho de um marinheiro nascido nas Ilhas Shetland, ao norte da costa da Escócia, e sua mãe era a filha de um jardineiro de Mayo – o único rastro de genes irlandeses na família. Eles poderiam ter sido católicos, mas é improvável: os Gleave eram protestantes que iam às ruas de Liverpool para se manifestar, incluindo Elsie.

John e Kitty se casaram em 1914. Dos sete irmãos mais jovens de Elsie, três não passaram da infância. A vida era sombria para os Gleave, especialmente após John combater na linha de frente das trincheiras na Grande Guerra; Elsie foi cuidada por sua avó durante parte de sua infância (ou mais que isso), e saiu da escola aos 14 anos, quando começou a trabalhar. Ela teve diversos empregos, um dos quais foi na padaria onde Richard Starkey trabalhava.

Durante um período caótico em sua vida, Elsie foi receptiva quando Richy lhe ofereceu estabilidade por meio do casamento; em outubro de 1936, os sinos tocaram na St. Silas Church. Ele tinha 23, e ela, 22. Sem economias, eles se mudaram para a residência lotada e barulhenta dos Starkey, na 59 Madryn Street. Como todas as gerações que os antecederam, eles tentavam fazer o melhor possível.

Todo mundo sabia que uma guerra com Hitler era iminente, e todo mundo sabia que Liverpool seria devastada, mas as preparações da cidade foram escassas e inadequadas. Não que as primeiras bombas a explodir por lá, em 1939, fossem alemãs. O Exército Republicano Irlandês (conhecido como IRA) começou uma nova onda de terrorismo no território britânico naquele verão. Apesar da enorme população irlandesa que morava lá, Liverpool foi um alvo, por diversas vezes. Em 3 de maio, uma bomba de gás lacrimogênio explodiu debaixo de um assento no cinema Trocadero. Não era uma bomba letal, e nenhuma vida foi perdida, mas só perceberam esse fato depois; houve uma explosão alta, muito pânico, e 15 pessoas foram levadas, às pressas, ao hospital. O jornal *Evening Press* trazia uma foto de três mulheres, lanterninhas do cinema, com seus uniformes e chapéus *pillbox*, recebendo os primeiros socorros na rua. Julia Lennon não apareceu na imagem, mas é provável que ela estivesse trabalhando naquele dia e fosse mais uma funcionária abalada que, apesar de tudo, calmamente conduziu os clientes até um local seguro. O jornal *Daily Mirror* do dia seguinte trazia a manchete: "Três mil fogem de gás do IRA".*

Quatro meses depois, em 3 de setembro, a Inglaterra decidiu se defender contra a agressão da Alemanha e declarou guerra. O sinal de tempo de Merseyside – a arma disparada à uma da tarde, todos os dias, em Birkenhead – foi silenciado. Desde a longínqua vila mineira de Woolton até as favelas da Scotland Road, de Toxteth e Dingle até Everton e Wavertree, toda a cidade de Liverpool – chocantemente mal equipada e despreparada – prendeu sua respiração e esperou, praticamente sem proteção, por um bombardeio impiedoso dos nazistas.

O documento do governo britânico National Service (Armed Forces) Act tornava compulsório o alistamento de homens entre 18 e 41 anos de idade. No entanto, como mercador marítimo, motorista de ônibus e confeiteiro, respectivamente, Alf Lennon (26), Harry Harrison (30) e Richy Starkey (37) estavam em "ocupações reservadas" e não precisavam servir, e Jim McCartney (37) foi poupado por conta de sua audição prejudicada. Ele se tornou um vigia de incêndios de meio expediente, e Harry Harrison talvez tenha participado da guarda de seu emprego. O acesso que Richy Starkey tinha aos meios de produção significava que sua família teria açúcar – algo que era severamente controlado para o resto da população.

Elsie ficou grávida cerca de quatro semanas após a guerra ter sido declarada. Ela e o marido, então, saíram da casa dos avós Starkey, na 59 Madryn Street, e foram para uma residência própria. Apesar da certeza de que o local sofreria nos bombardeios – as docas ao lado eram claramente um alvo –, eles não foram longe: levaram suas posses a 25 casas de distância, para uma residência alugada, de dois andares, no número 9.

George e Annie Stanley também se mudaram quando a guerra foi anunciada, passando a alugar uma casa de três quartos na 9 Newcastle Road, em Wavertree, uma área geralmente chamada de Penny Lane, por conta do terminal de ônibus e

* A revista *Kinematograph Weekly* relatou (em 11 de maio de 1939) que, quando o gás se dissipou e o Trocadero voltou com sua programação, o organista tocou a música "Dancing With Tears in My Eyes" ("Dançando com Lágrimas nos Meus Olhos").

bondes que ficava perto, e trazia o mesmo nome.[8] As três filhas que ainda viviam com eles se mudaram também – Mimi e Anne, que não eram casadas, e Julia, agora aos 25 anos, cujo marido ("o tal Alf Lennon") estava no mar. Essa residência foi a casa de Mimi por tão poucos dias que ela provavelmente nem desfez as malas: ela foi uma das muitas que se apressaram para se casar quando a guerra foi declarada. Em 15 de setembro, aos 33 anos, ela se uniu a George Smith, de 36 anos, um produtor de leite de Woolton que ela conhecia havia uma década. Com isso, Mimi se separou do pai impositor, ganhou um marido dedicado, se mudou para um pequeno chalé herdado em Woolton e passou a ter um pouco de dinheiro – experiências novas e compreensivelmente bem-vindas em momentos tão incertos.

Posteriormente, Mimi diria que Julia logo se arrependeu de casar-se com Alf, reconhecendo que a vontade de desafiar a família fez com que desprezasse seu bom senso. No entanto, provavelmente não foi o desafio que a levou a ter um filho com Alf. O navio *Duchess of York* estava no porto entre 5 e 13 de janeiro de 1940, e Alf tinha tirado suas luvas brancas de garçom para uma semana de diversão sem limites na 9 Newcastle Road. Com sua franqueza habitual, se gabou de terem feito o bebê no chão da cozinha.[9] Então, ele partiu novamente, ajudando a manter a rota comercial do norte do Atlântico, cada vez mais perigosa. Anos antes, era um trabalho divertido; agora, era um pesadelo infernal, com *U-boats* passando abaixo deles, nas profundezas.

Aos dez minutos do domingo, 7 de julho de 1940, em um quarto no andar de cima da 9 Madryn Street, Elsie Starkey deu à luz um menino. Ele nasceu uma semana após o previsto, e o parto foi difícil, mas ele parecia ser um menino saudável e gorducho, de 4,5 kg, gritando o máximo que podia com seus pequenos pulmões. Catorze dias depois, Richy e Elsie estavam de volta ao local em que se casaram, na St. Silas Church, para batizar seu filho como protestante pela Igreja Anglicana. Na tradição da classe trabalhadora, ele foi batizado com o mesmo nome de seu pai – agora, havia dois Richards, um Big Richy e um Little Richy.

Ter filhos naquela época era complicado, como Louise Harrison também descobriu. Em julho, nasceu seu terceiro, Peter... então, pouco depois da meia-noite, em 17 de agosto, os alemães finalmente começaram seu ataque a Liverpool. As primeiras bombas caíram nas docas ao sul; quando as sirenes tocaram, Elsie e Big Richy pularam da cama, pegaram o bebê e correram no escuro, em pânico, até o seu abrigo patético: o pequeno closet embaixo das escadas. Quando Elsie percebeu que o bebê não parava de gritar, ela se deu conta de que o estava segurando de cabeça para baixo. Anos depois, quando ele já tinha idade para entender, Elsie contou ao seu filho que a Segunda Guerra Mundial começou por causa de seu nascimento – foi a única forma de celebrá-lo.[10]

Julia Lennon não deu à luz durante um ataque aéreo. Quarta-feira, 9 de outubro de 1940, foi um raro intervalo entre bombardeios. Seu bebê nasceu no Liverpool Maternity Hospital, na Oxford Street, acompanhado por Mimi, que foi a primeira a reparar que era um menino – algo muito bem-vindo em uma família com tantas mulheres. A chegada de John Winston Lennon foi registrada por Alf em 11 de novembro. O nome John pode ter sido uma sugestão de Mimi; Alf, o declarante, poderia tê-lo mudado, se quisesse. Mas talvez tenha sido ideia dele. Era, afinal de contas, o nome de seu pai, e o bebê o conectava à memória do John Lennon original de Liverpool (1855-1921). O nome do meio foi uma homenagem a Churchill, em uma época de patriotismo fervoroso – mas o momento do registro talvez tenha sido uma influência adicional: 11 de novembro é Dia do Armistício, sempre uma data sóbria na Inglaterra, quando todos usam a "papoula da lembrança" em suas roupas, e lembram o fim da Grande Guerra. Agora, no meio de outra disputa de vida ou morte contra os alemães, a ocasião trazia uma comoção mais pontual.

O lar do bebê John foi em Newcastle Road, com seus pais (apesar de Alf estar prestes a partir de novo), sua tia Anne e seus avós (Pop e Mama). Eles podiam rapidamente correr para um abrigo quando as sirenes de ataques aéreos soavam. Faziam visitas frequentes a sua tia Mimi e seu tio George, a três quilômetros de distância, em Woolton, onde os não-tão-recém-casados já tinham se estabelecido, sem planos de ter seus próprios filhos, mas já se apegando de forma singular ao pequeno John.

Ao norte da cidade, em Norris Green, Jim McCartney também via muita atividade inimiga. Ele passava suas noites como vigia de incêndios e, quando o dever chamava, se tornava um bombeiro. Sua rotina, no entanto, estava um caos. Durante a guerra, o governo britânico decidiu, repentinamente, estatizar a compra de algodão, forçando a Cotton Exchange a fechar; o trabalho lá acabou, e ele precisava encontrar um novo emprego. Sua vida pessoal também estava passando por mudanças repentinas. Uma noite, Mary Mohin estava visitando Florrie Mc-

Cartney; quando as sirenes tocaram, ela foi forçada a passar a noite na residência da família. Jim e Mary já tinham conversado muitas vezes, mas, se houve qualquer sinal de interesse entre eles, não foi levado adiante. Dessa vez, conversando por muitas horas, finalmente aconteceu. Não se sabe por quanto tempo eles se cortejaram, mas relacionamentos são acelerados durante a guerra – como seus entes queridos certamente os lembravam, nenhum deles estava ficando mais jovem.

Em 15 de abril de 1941, duas semanas após perder seu emprego, Jim Mac se casou com Mary Mohin. Ele tinha 38, e ela, 31. Ele era protestante de nascimento, e agnóstico por opção. Porém, como religião era importante para Mary, eles se casaram numa capela católica. Jim conseguiu emprego numa fábrica, montando motores de pistão para aviões de combate britânicos; depois, tornou-se um torneiro mecânico numa linha de produção. Eles moravam numa casa alugada na 10 Sunbury Road, em Anfield (ao lado de um casal chamado Lennon), e Mary trabalhava na maternidade do Walton Hospital, perto da casa.

Toda a área de Merseyside continuava a sofrer gravemente com as bombas, sobretudo na semana da Blitz, em maio de 1941, quando a Alemanha tentou tirar Liverpool do mapa, como um prelúdio a uma invasão terrestre. Naquela semana, 3.966 pessoas foram mortas e 3.812 ficaram gravemente feridas; 10.000 lares foram destruídos e 184.000 foram danificados – como se muitos deles já não estivessem deteriorados o suficiente antes da guerra. Os liverpudlianos, que já viam a dureza como um estilo de vida, enterraram seus mortos, fizeram pilhas com os destroços e continuaram com suas vidas. Eles eram tão resistentes quanto seus humores. Uma loja de *chips* ("*chippie*") que ficava em uma esquina simplesmente colocou uma placa que dizia: "Devido a Hitler, nossas porções estão menores", e continuou fritando suas batatas.

Os meses que seguiram foram mais quietos. No meio da pausa, em setembro, Mary McCartney engravidou. Como trabalhava na maternidade do Walton Hospital, ela teve o luxo de um quarto privado, onde deu à luz um menino na terça-feira, 18 de junho de 1942. Ainda bem que ela estava lá, porque houve uma complicação. Interpretando sinais de que o parto poderia ser difícil, a parteira (que havia treinado Mary) chamou um médico com urgência. Na terminologia da época, o bebê nasceu em estado de "asfixia branca", uma condição que tipicamente exigia massagem cardíaca direta e respiração boca a boca. Era uma emergência, porém breve: o bebê logo começou a berrar e tudo terminou bem. Jim e Mary o chamaram de James Paul – o primeiro nome de Jim, e o segundo, talvez, do avô de Jim, Paul Clegg (*c.* 1815-1879). Para evitar o tipo de confusão que era comum em muitos lares, eles o chamavam pelo seu nome do meio. O bebê foi batizado como católico, no Dia da Batalha de Boyne (12 de julho), a data mais importante do calendário protestante, quando Liverpool estava cheia de pessoas comemorando nas ruas.

Cerca de um mês antes desses eventos, Louise Harrison engravidou mais uma vez. Ela e Harry ainda estavam em sua pequena casa em Arnold Grove, a mesma que eles tinham decidido alugar temporariamente, 11 anos antes. Apesar de não terem a intenção de criar uma família com dez ou mais crianças (como era comum na região), eles queriam que Peter tivesse um irmão ou uma irmã de idade próxima, assim como Louise e Harry tinham um ao outro. Como Liverpool já estava livre dos bombardeios, e os jovens estavam voltando de uma evacuação temporária ao País de Gales, a casa do motorista de ônibus Harry Harrison tinha espaço para mais uma pessoa.

O bebê estava atrasado, quase três semanas além do previsto, quando ele finalmente nasceu no quarto do andar de cima, da frente da casa, aos dez minutos da quinta-feira, 25 de fevereiro de 1943.[11] Ninguém na casa conseguia dormir por causa das dores que Louise sentia durante o parto, então todos foram convidados para conhecer o mais novo (e último) membro da família, outro garoto. Harry logo percebeu as semelhanças entre pai e filho. Posteriormente, ele disse: "Lá estava ele, uma versão em miniatura de mim. 'Ah, não', eu pensei. 'Não tem como sermos tão parecidos assim'".[12] No dia seguinte, ele logo foi registrar o nascimento. Ele e Louise não tinham conversado sobre um nome, então Harry pensou no assunto enquanto percorria o curto caminho até a prefeitura de Wavertree. Quando ele voltou, Louise perguntou que nome tinha escolhido. "George." "Por que George?" "Se é bom o suficiente para o rei, deve ser bom o bastante para ele." O bebê foi batizado como católico. Após um tempo no quarto de seus pais, encontraram um espaço para ele no quarto das crianças – ele passou a ter um pequeno berço de madeira, enquanto Harry e Peter dividiam uma cama, e Louise tinha outra. Além de uma pequena cômoda com gavetas, não havia como colocar mais nada naquele espaço minúsculo.

Paul e George tiveram sorte com seus lares estáveis. O mesmo não podia ser dito do jovem Richy Starkey, cujos pais se separaram algum tempo após seu terceiro aniversário. Eles estavam casados havia sete anos, e simplesmente acabou. O divórcio (ainda) não existia, então foi só uma separação, em que a criança ficou com sua mãe. Enquanto Johnny e Annie Starkey sempre mantiveram um relacionamento próximo com sua ex-nora e seu neto, Richard deu pouco apoio à ex-esposa e ao filho; Elsie foi forçada a criar Richy com os poucos xelins que ela conseguia juntar. A partir de 1943, ela começou a aceitar qualquer emprego que aparecesse, mas eles continuavam firmemente na pobreza. Anos depois, Elsie disse que Little Richy não parecia se importar muito com a situação, mas ele reclamava de não ter companhia. "Quando chovia, ele olhava pela janela e dizia: 'Eu queria ter irmãos e irmãs. Não tem ninguém para conversar quando está chovendo.'"[13]

John Lennon também sentia os efeitos dos atritos matrimoniais. O maior período que ele passou com uma unidade familiar tradicional foi, provavelmente, dois meses, quando Alf estava de volta à cidade por um tempo, e Mimi e George deixaram ele, Julia e John ficarem em seu lar, na 120a Allerton Road, o chalé que George herdara de seu pai. Era a primavera de 1943, após Alf ter completado uma sequência de viagens de ida e volta a Nova York, a bordo do *Moreton Bay*. John tinha dois anos e meio.

Posteriormente, Alf comentou como ele ficou chocado ao descobrir que, durante seu tempo no mar, Julia saía quase todas as noites, indo a pubs e bailes locais, onde se entrosava e cantava com homens das forças armadas. Era uma mulher casada aproveitando uma vida de solteira. Sua ausência seguinte foi muito mais longa, porque Alf se envolveu em encrenca: primeiro, ele desertou um de seus navios; em sua viagem seguinte, ele foi preso por portar carga perdida, acabando numa corte naval em Bône (atual Annaba), ao nordeste da Argélia, onde ele foi sentenciado a passar um mês na prisão. Em Liverpool, Julia talvez não tivesse ideia do que acontecia com seu marido. Nos escritórios da Marinha Mercante, não havia pagamento ("cota familiar") esperando por ela. As cartas de Alf pararam de chegar e a comunicação se silenciou. Ali, acabaram quaisquer vestígios de fidelidade que ela ainda mantinha.

Não é difícil imaginar o sucesso que Julia fazia quando começou seu emprego como atendente no pub Brook House, na Smithdown Road. Logo, ela iniciou um relacionamento com um soldado do País de Gales – os documentos registram seu nome apenas como Taffy Williams –, e ele evidentemente passava muito tempo na Newcastle Road enquanto John estava lá, porque o menino se lembrava dele. John também guardou uma memória particular de Julia daquela época, quando ela cantava para ele "I'm Wishing", do filme animado *Branca de Neve e os Sete Anões*, de Walt Disney: "*Want to know a secret?/ Promise not to tell?/ We are standing by a wishing well*" (Quer saber um segredo?/ Promete não contar?/ Estamos ao lado de um poço dos desejos). Pode ser algo que ela cantava no pub, porque, assim como Alf, Julia gostava de entreter os clientes.

Em novembro do ano seguinte, quando Alf bateu na porta da 9 Newcastle Road, fazia 18 meses que ele tinha partido. "Dê-me um beijo", ele pediu, inocentemente, sugerindo que sua longa ausência poderia ser esquecida com um beijo, um abraço e um conto épico sobre a Argélia. Mas Julia o interrompeu e anunciou: "Tenho outra família agora". Ela despejou uma história para explicar como estava grávida (já de dois meses) do filho de Taffy Williams, e uma briga doméstica logo explodiu, envolvendo todas as pessoas da história. John, com apenas 4 anos de idade, presenciou a discussão e se lembraria dela, mesmo que nunca a entendesse completamente. Mimi assistia ao evento, sem participar, preocupada com o impacto que aquilo poderia ter, marcando a mente fértil de seu sobrinho.

Em dezembro daquele ano, Alf levou John embora, para Maghull, 16 quilômetros ao norte de Liverpool, para morar com seu irmão Syd, a esposa deste, Madge, e a prima de John, Joyce. Eles foram embora após cerca de três semanas; depois, fizeram um retorno surpreendente e, no caso de John, por tempo indefinido: Joyce diz que ele morou com a família por vários meses – talvez três – em sua pequena casa geminada na 27 Cedar Grove. Ele ficou lá por tempo suficiente para Madge fazer sua matrícula na escola local, no mês de setembro seguinte. Também foi o bastante para ela e Syd se apegarem tanto ao garoto que esperavam se tornar seus guardiões legais. Julia nunca o visitou, o que causou uma péssima impressão neles. Em abril de 1945, Alf apareceu de novo e levou John embora. Joyce, que se dava muito bem com seu primo mais novo, nunca o viu novamente. Ela recorda: "Meus pais ficaram arrasados quando ele foi embora – e não era só porque gostavam dele. Eles sabiam que John voltaria a ser arrastado de uma família a outra".[14]

Enquanto isso, os McCartney tinham começado uma sequência de mudanças: Jim conseguiu um novo emprego numa fábrica de armas e Mary engravidou novamente. Paul ganhou um irmão em janeiro de 1944 – Peter Michael, conhecido como Michael ou Mike, e Mick pelos seus pais. A diferença de idade era de um ano e meio, deixando a distinção entre irmão mais velho e mais novo bem clara. Então, Mary tornou-se uma parteira municipal para a Corporation, fazendo partos de bebês ao norte da cidade, o que permitiu à família alugar um apartamento em um conjunto habitacional em Everton.

"*VE Day*", dia da vitória na Europa. O pequeno Richy Starkey, que havia perdido um de seus pais, mas não como resultado da guerra, aproveitou algumas guloseimas antes severamente racionadas numa festa ao ar livre na Madryn Street, e George Harrison, o mais jovem numa família de seis, fez o mesmo em Arnold Grove.[15] Alf Lennon, de volta a Liverpool no intervalo de suas viagens, estava morando com a mãe, na Copperfield Street, após o fim de seu casamento bizarro. Julia cuidava de John, à época com 4 anos de idade, e estava prestes a ter o bebê de outro homem.[*] Mimi e seu marido, George, tinham financiado uma casa geminada na Menlove Avenue, uma avenida cheia de árvores, porém movimentada, em Woolton. Para a família McCartney, o dia da vitória da Europa seria eternamente marcado pela tristeza. Poucas horas antes, a mãe de Jim, Florrie, morreu vítima de um ataque cardíaco. Paul e Mike eram muito novos para guardar lembranças dela; quando Florrie faleceu, eles perderam a última de suas avós. No seu lugar, eles tinham suas tias, seus tios e seus primos, em número elevado, para fornecerem a vida familiar mais animada e memorável possível.

Boa parte da Liverpool onde essas pessoas moravam estava em ruínas, e os líderes da cidade fizeram esforços mínimos para tentar fechar suas feridas abertas

* Uma garota, Victoria Elizabeth Lennon, nasceu em junho de 1945 em uma maternidade do Exército da Salvação, no distrito Mossley Hill, perto de Penny Lane. Julia permitiu que essa organização encontrasse uma família adotiva para o bebê, que acabou sob a custódia de uma moradora local e seu marido, um marinheiro originário da Noruega. A menina passou a infância ao norte de Liverpool e nunca conheceu sua mãe, seu pai ou seu meio-irmão, John. Sua identidade foi tornada pública em 1998 – seu nome tinha sido alterado para Ingrid Pedersen, filha adotiva de Peder e Margaret. A família aparece em listas telefônicas da década de 1950, no endereço 88 The Northern Road, Crosby, Liverpool 23.

durante os quatro anos após a Blitz – certamente menos esforços que as outras cidades bombardeadas na Inglaterra. No entanto, naquele grande dia, 8 de maio de 1945, todos deixaram para trás o trauma dos últimos seis anos, desejando um futuro melhor. Nas escolas, as crianças tiveram o dia de folga. Flâmulas decoravam as ruas, bandeiras eram agitadas e multidões se juntavam em frente à prefeitura de Liverpool para ouvir a transmissão de Winston Churchill na rádio BBC e um discurso do prefeito – uma quantidade enorme de pessoas, algo que só seria visto de novo naquele local 20 anos depois.

2
Garotos (1945-54)

Pouco tempo depois do fim da guerra, Julia Lennon arranjou um novo homem para si. Começou a trabalhar em outro grande pub da cidade, o Coffee House, em Wavertree, onde conheceu o cliente John Dykins. Ele tinha sido dispensado de serviço ativo durante a guerra por conta de um problema que tinha em seu peito, desde a infância, época em que desenvolveu um tique nervoso e começou a pigarrear com frequência. Ele trabalhava como vendedor em domicílio e estava envolvido no mercado negro local. Ele e Julia começaram a ter um caso – estranhamente, ela o chamava de Bobby – e, novamente, a família dela desaprovou. Como ocorreu antes, John Lennon com frequência ficava sob os cuidados de Mimi, que expressava muita preocupação com seu bem-estar.

A dois quilômetros de distância, na região de Dingle mais próxima de Toxteth, Johnny e Annie Starkey estavam ajudando a cuidar de seu neto Richy (ou Dicky, "aquela criança que só dorme", como seu avô dizia) – especialmente quando ele ficava doente. Annie fazia para ele um cataplasma de pão (fatias de pão branco encharcadas em água fervente, enroladas com tecido musselina e aplicadas à pele) ou um "*hot toddy*" (alguma bebida alcoólica, geralmente uísque, com água quente). Richy era fã dos *hot toddies*, sem contar toda a confusão que acontecia quando ele ficava doente. Annie ficou chocada ao descobrir que seu netinho era canhoto; ela anunciou que ele tinha sido possuído por bruxas, ou pelo demônio, e decidiu exorcizá-lo por conta própria. Após um longo tempo, porém persistentemente, ela derrotou o mal, forçando a criança a deixar de lado sua tendência natural e usar a mão direita. Independentemente do amor que sentia pela vovó Starkey, Richy tinha seus motivos para descrevê-la como "a rainha do vodu de Liverpool".[1]

Como foi concebido cerca de quatro semanas após o início da guerra, Richy começou a escola dez dias depois de ela oficialmente acabar, em 25 de agosto de 1945. Ele foi matriculado na St. Silas, um grande edifício de tijolos vermelhos, da era vitoriana, anexado à igreja onde seus pais tinham se casado, mas que foi bombardeada durante a guerra. Elsie levou o garoto lá e disse: "Vá em frente, filho". De imediato, ele odiou. Elsie contava a história da vez que Richy voltou para casa na hora do almoço e anunciou que todas as crianças tinham sido dispensadas do período da tarde. Ingenuamente, ela acreditou nele, até ver as outras crianças passando pela janela, voltando para a escola. Richy quase a enganou daquela vez, mas teria sucesso em centenas de outras ocasiões.

Com muito esforço, Elsie conseguia ganhar três libras por semana – limpando escadas e trabalhando em um mercadinho, fazendo qualquer coisa decente para ganhar uns centavos – e foi por volta dessa época que seu ex-marido saiu da casa dos pais e daquela região, provavelmente se mudando para Crewe, cerca de 65 quilômetros ao sul de Liverpool. Ele raramente viu Richy depois daquilo, guardou poucas memórias boas e simplesmente parou de ajudar a esposa e o filho. Incapaz de pagar o aluguel da casa na 9 Madryn Street, Elsie colocou suas posses em um carrinho e as levou pela High Park Street, depois pela estreita "rua de lazer" que era a Admiral Grove, até sua nova casa – uma pequena "dois-acima-dois-abaixo", geminada de ambos os lados. Richy sempre dizia que o lugar já estava marcado como condenado dez anos antes de eles chegarem lá. Sua memória mais antiga seria de estar sentado na parte de trás do carrinho, com as pernas penduradas na lateral.[2]

Alugada por 10 xelins por semana, a casa na 10 Admiral Grove tinha um V de madeira (simbolizando "vitória") recentemente pregado na porta... mas, do lado de dentro, não havia muito a comemorar. Elsie estava brava com o comportamento do ex-marido e não escondia suas opiniões de seu filho, que posteriormente usou o termo "lavagem cerebral" para descrever o que ouvia; ele expressava seu sofrimento de forma incoerente, isso quando era capaz de expressar.[3] Havia pubs nas esquinas da rua, e Elsie trabalhou como garçonete em pelo menos um deles, precisava da companhia e das risadas.

A vida domiciliar era muito mais estável para Paul McCartney, agora com 3 anos de idade, e um canhoto natural (sem qualquer tentativa de "correção"). Jim e Mary pareciam ter rapidamente estabelecido o tipo de domesticidade equilibrada que só algumas famílias conseguiam: Jim era educado, falava num tom apropriado, não se exaltava e era atencioso; se ele sentia a necessidade de ser grosseiro, ele só o fazia dentro de casa. Mary – quieta, firme, apresentável e respeitável – era mais séria, no entanto demonstrava mais afeto, porém nunca de forma exagerada. Ela dava uns tapas em Paul ou Mike quando necessário, mas sua maior ameaça era a verbal: "Seu pai vai lhes dar um tapa na bunda".[4]

George Harrison também estava sendo criado em uma família unida, liderada pela indomável Louise e pelo firme Harry, honestos, tipicamente liverpudlianos. Harry tinha se tornado um servidor público na Transport & General Workers Union (TGWU), o Sindicato de Transportadores e Trabalhadores Gerais, atuando na garagem de ônibus. Apesar de ser considerado um homem quieto pelas outras pessoas, de vez em quando ele discursava para seus colegas de trabalho, expondo suas ideias e crenças, e como acreditava que suas vidas podiam ser melhores.[5]

Ainda esperando que a Corporation lhes concedesse um lugar maior para viver, os Harrison passavam a maior parte de seu tempo na cozinha apertada em Arnold Grove. Geralmente tinha fogo na grelha, adjacente ao forno no qual Louise assava pães; lampiões a gás funcionavam com moedas de xelins; e o fogão era de duas bocas, acima de um armarinho de ponta-cabeça – era ali que Louise fazia mágica com esses equipamentos e as rações limitadas recebidas do governo, e conseguia, de alguma forma, preparar três refeições por dia para seis pessoas. Ali, uma vez por semana (assim como em Madryn Street, Newcastle Road e alguns dos lugares onde os McCartney viveram), uma banheira de zinco era colocada na cozinha, e todos – adultos e crianças – se banhavam, ou eram banhados, com água quente despejada de uma jarra, em seu "banho de bangalô". Fotos de George nessa idade mostram um garoto de cabelo loiro, bochechudo, com o meio sorriso de seu pai, e todas as histórias de sua infância demonstram que ele era alguém que dependia apenas de si próprio. "George sempre foi um garoto muito independente", Louise explicou. "Ele gostava de fazer as coisas por conta própria, sem a ajuda de ninguém. Ele também era muito inteligente e divertido, e ajudava bastante em casa."[6]

John Lennon começou a escola em 12 de novembro de 1945, na Mosspits Lane Primary, uma típica escola suburbana. Ficava perto de Newcastle Road, e Julia o levava lá pela manhã, buscando-o à tarde; enquanto isso, ela trabalhava no horário de almoço do Coffee House, e às vezes cantava em seu palco. Como

Richy Starkey na St. Silas, John começou na pré-escola; diferentemente de Richy, John via claramente como ele não era igual aos outros. Ele era excepcional, tendo habilidades avançadas de leitura, escrita, desenho e pintura, além de pensar de forma criativa e se comunicar bem. Mas essa mente dotada e vivaz estava em um redemoinho perpétuo, causado pelos adultos ao seu redor. Problemas além da compreensão e do controle de John eram arremessados em sua direção desde o útero – e agora a situação chegava ao episódio decisivo.

No fim de março de 1946, Julia foi morar com Bobby Dykins e levou John consigo. Não era apenas um apartamento de um quarto em Gateacre Village (próximo a Woolton), era um apartamento *de uma cama* – uma cama de casal, na qual Julia dormia com seu companheiro e seu filho de 5 anos.[7] Considerando o fervor e a frequência com que, em geral, ocorre o sexo para casais que passaram a morar juntos, a exposição de John a tais intimidades era verdadeiramente chocante, independentemente do quão discreto os adultos tentassem ser. Mimi foi direto ao local para expressar sua opinião; Dykins mandou ela embora. Mimi voltou com um funcionário do Public Assistance Committee (Comitê de Assistência Pública). Esse departamento do Liverpool City Council – os serviços sociais da época – fazia tudo de forma direta. Não estava interessado em separar uma mãe de seu filho, a não ser que houvesse um bom motivo. Um casal sem laços matrimoniais, dividindo a cama com uma criança, era um bom motivo. Como consequência, pelo menos naquele momento, Mimi tornou-se a tutora primária de John. Ele foi morar com ela e o tio George em sua casa na Menlove Avenue.

Enquanto tudo isso acontecia, Alf finalmente percebeu que tinha sido feito de idiota. Seu trabalho seguinte era no *Queen Mary*, o principal navio da Cunard White Star, designado como RMS (navio de entrega do serviço de correio nacional). Ele viajava de Southampton a Nova York – com mais 1.600 noivas de soldados, que trocavam seus cartões de ração por recompensas infindáveis. Mas isso contrastava de forma marcante com a crise pela qual Alf passava. Antes de partir, ele colocou um anúncio no *Liverpool Echo*: "Eu, Alfred Lennon, recentemente saído da 9 Newcastle Road, NÃO SEREI RESPONSÁVEL por quaisquer DÍVIDAS, a não ser que seja contatado em pessoa."[8] Era praticamente um anúncio de que o extraordinário casamento de sete anos de Alfred Lennon e Julia Stanley tinha terminado. Não há registro de uma foto sequer retratando os dois juntos.

Uma das primeiras ações de Mimi foi tirar John de Mosspits Lane e matriculá-lo em outro lugar, na escola Dovedale Road para crianças – os registros indicam que ele começou a estudar lá em 6 de maio de 1946. O *Queen Mary* estava de volta à Inglaterra três semanas depois; ao saber que seu filho estava morando com Mimi, Alf visitou a casa na Menlove Avenue – ao que tudo indica, foi razoavelmente cordial. No dia seguinte, ele disse que levaria John a algumas lojas, mas fez outra coisa: eles pegaram o trem para Blackpool e ficaram lá. O "livro de desistências" da Dovedale Road registra o fato: "Deixou o distrito em 31/05/1946".

Alf foi a Blackpool porque era lá que estava seu amigo Billy Hall, também do mercado marítimo, morando com seus pais (a casa ainda está lá, na 37 Ivy Avenue). Nascido em 1923 – dez anos mais jovem que o homem que ele conhecia como "Lennie" –, Hall foi, por muito tempo, a única testemunha viva do que aconteceu lá, e a única pessoa a relatar os eventos de forma imparcial (ele chama John de "Johnny" porque foi assim que Alf o apresentou na época).

Todos os relatos do tempo de Alf e John em Blackpool se apoiam no fato vital de que Alf levara o filho para lá a fim de emigrar com ele para a Nova Zelândia – o plano seria que os pais de Billy emigrariam e levariam John com eles; posteriormente, Alf se juntaria ao grupo e trabalharia lá por um tempo. Billy Hall insiste que isso é pura ficção:

> Não há qualquer verdade nisso. Eu disse que *eu* iria à Nova Zelândia, e Lennie disse que ele talvez fosse também, assim como outro amigo nosso. Em algum momento, foi mencionado que seria um ótimo lugar para criar Johnny – mas nenhum plano foi feito. Além de os meus pais não terem qualquer plano de se mudar para lá, eles nem sabiam que *eu* iria.
>
> O único plano que envolvia Johnny era a ideia de talvez ele ficar com meus pais por dois ou três meses, até Lennie arranjar alguma coisa. Mas minha mãe nasceu em 1894 – ela já tinha 52 anos. Apesar de ela cuidar de Johnny durante o curto período em que ficamos por lá, ela não queria ser responsável por uma criança pequena na idade dela, e Lennie teve que voltar ao mar. Ele *tinha* que voltar. Estávamos apenas de folga.

A cena final – provavelmente em 22 de junho de 1946 – foi relatada vividamente em documentários sobre John Lennon e considerada como a maior mágoa de sua infância: o garoto inocente preso no meio de um cabo de guerra, forçado a escolher entre sua mãe, que tinha vindo de Liverpool para buscá-lo, e seu pai, que estava prestes a despachá-lo para a Nova Zelândia. Reza a lenda que o menino, lacrimejando, primeiro escolheu Alf, depois mudou de ideia, correndo em câmera lenta, como em um filme, pelas ruas de Blackpool, enquanto Julia andava, abatida, em direção a um pôr do sol sépia. Billy Hall lembra do que aconteceu de verdade:

> A esposa de Lennie chegou com seu namorado. Eu nunca vou me esquecer dele: parecia um vendedor de contrabando, com um chapéu *trilby* inclinado, num ângulo de 45º, e um bigode bem fino, como uma versão menor de Terry-Thomas. Ele provavelmente veio junto para o caso de haver algum problema.
>
> Eles precisavam de privacidade, então deixamos eles ficarem na sala de entrada – dificilmente alguém ia lá, e minha mãe mantinha o lugar sempre limpo. Eles conversaram por cerca de meia hora, até que Lennie disse: "Eu deixo o Johnny voltar a ficar com a mãe dele – ela vai cuidar dele direito". Eu lembro de ele dizer "direito" porque Lennie se sentia satisfeito de ter consertado a situação. Ninguém ergueu a voz – se isso acontecesse, eu teria entrado correndo na sala, porque não conhecia aquele cara que parecia o Terry-Thomas, e meu amigo Lennie era pequeno. Eu não consigo lembrar se Johnny também estava lá, talvez ele só tenha entrado depois, mas certamente não teve nenhum cabo de guerra. A esposa de Lennie não saiu da casa até Lennie nos contar o que eles tinham decidido.[9]

A "escolha" de John não foi entre a mãe e o pai dele, mas entre os pais do amigo de seu pai ausente – em cujas vidas não havia espaço para ele – e o retorno a Liverpool, para sua casa e sua escola. Na realidade, não havia uma escolha. Mas houve uma despedida, em que John se separou, decididamente, de seu pai. A partir do momento em que os bares abriram naquela tarde até o momento em que eles fecharam à noite, Alf encheu a cara. Então, em 29 de junho, ele embarcou no navio *Almanzora* e partiu da Inglaterra, e continuou a aventura desordeira que era sua vida... enquanto Julia e Bobby voltavam a Liverpool, e ela (que estava grávida de novo) entregava John a Mimi, sem que houvesse qualquer dúvida de quem o criaria.

John Lennon passou a ser uma criança de Woolton, aquele vilarejo autossuficiente que era o menos irlandês, e mais inglês, de todos os subúrbios de Liverpool. Com muitas outras crianças locais, ele foi matriculado na escola dominical da bela igreja na colina, St. Peter's. O arenito do qual ela era feita tinha vindo da pedreira Woolton Quarry, onde explosões de escavações regularmente faziam a região tremer.

Como Mary McCartney e tantas outras pessoas, Mimi Smith tentava ir além de suas raízes rústicas da classe trabalhadora. George tinha um emprego com um salário baixo: ele fazia a limpeza de bondes e ônibus do turno da noite na garagem em Woolton. No entanto, sua habitação beirava a abastada classe média baixa – uma casa geminada com um banheiro e um vaso sanitário do lado de dentro, um telefone, suportes para colocar quadros nas paredes, um par de janelas com vitrais e jardins com gramados na frente e atrás da casa, além de árvores e um galpão. Os moradores anteriores tinham pretensões de grandiosidade: além de dar à casa um nome, Mendips, eles chamaram a sala do andar de baixo de "sala da manhã" e instalaram campainhas para chamar os empregados – componentes elétricos que continuavam na parede, mas não eram utilizados nos anos em que John morou lá. Os Smith tinham feito um financiamento; viram que as parcelas mensais eram elevadas, mas conseguiram pagar, parcialmente graças à renda de aluguel (de um chalé que George herdara – e que, no momento, era o lar da irmã de Mimi, Harriet, e sua família), mas, principalmente, graças ao seu orçamento prudente. Mimi conseguiu dar conta de acrescentar uma criança ao lar por meio de seu pragmatismo engenhoso. Apesar de ela receber o cartão de ração de John, ela nunca teve ajuda financeira: não há qualquer indicação de que Alf ou Julia tenham auxiliado a bancar os custos da criação de seu filho.

A partir de junho de 1946, Mimi passou a ser a principal influência parental de John Lennon. Seu caráter, que ajudou a formar o dele, foi posteriormente avaliado por Mike Hennessey, um jornalista que a conhecia:

> A tia Mimi é uma mulher notável. Esbelta, vestida de forma muito simples, observa o mundo com seus olhos castanhos, caridosos e inquisitivos. De alguma maneira, ela transmite grande firmeza e força interna, e uma independência de espírito, adoçadas por um irresistível senso de humor. De acordo com a própria, ela vem de uma família que fala pelos cotovelos, e tia Mimi certamente tem um estilo de conversa livre e inteligente... Ela é extremamente culta, absolutamente

> autossuficiente, desafiadoramente franca e, às vezes, maliciosamente irreverente. Suas prateleiras são forradas de biografias. Ela tem um respeito especial por Osbert Sitwell, mas não tem tempo algum para histórias românticas bobas. "Jamais poderia ler aquelas bobagens", ela diz. "Quando leio um livro, quero terminar a leitura mais sábia." Livros são a única coisa a que ela se entrega. Ela faz uma refeição simples por dia, nunca foi ao salão de beleza em sua vida e nunca usa maquiagem ou joias. "Mas se eu for à livraria Smith's, estou perdida. Não resisto a livros."[10]

Já um leitor ávido, John se tornou uma traça em Mendips, digerindo o melhor da literatura juvenil quando ainda era criança, e progredindo para a ficção clássica, biografias, livros de história e de memórias – além de dois jornais diários, geralmente o *Daily Express* e o *Liverpool Echo*, devorados logo que eram entregues (as habilidades de leitura de John foram inicialmente aperfeiçoadas por seu tio George, que o colocava sobre seus joelhos e lia o *Echo* com ele). John e Mimi frequentemente liam os mesmos livros e discutiam sobre seu conteúdo. Mimi era ferrenha, teimosa, abertamente esnobe, obstinada, franca e não se deixava enganar por ninguém – John estava ciente disso e sempre "respondia". Ela era capaz de repentinamente começar a dançar o Charleston para o fazer rir (algo que John copiava com frequência), mas ela nunca demonstrava seu amor, optando por ocultar seu afeto por trás de uma série de repreensões verbais codificadas. Ela nunca bateu nele: sua pior punição era ignorá-lo, porque John sempre tinha muito a dizer e precisava ser ouvido. Quando ela fazia isso, ele implorava: "Não me ignore, Mimi!".[11]

Ela nunca foi "mamãe" para John, apenas Mimi, ou (quando ele queria provocá-la) Mary – e ele continuou Lennon, nunca se tornando John Smith. Mas John sabia onde ele estava. E se beneficiou muito da determinação que Mimi tinha, fornecendo aquilo que o menino não tivera em sua vida anterior e tumultuada: estabilidade, segurança e certeza. Ela dizia que sempre estaria em casa, que ele nunca voltaria para uma casa vazia; ela dizia que nunca sairia à noite e o deixaria aos cuidados de uma babá; e matriculou John novamente na escola Dovedale Road, onde ele brilhou, e onde ela o levava e buscava todos os dias. Seu objetivo era criar o rapaz como um indivíduo. Ambos eram incisivos como pregos, ele a provocava, e ela o irritava, mas o relacionamento deles sempre foi de duas mãos, com os pés firmes no chão, onde ambos podiam crescer.

Por um tempo, Julia ia à casa e visitava John, mas as visitas pararam, e Mimi incentivou o aumento da distância entre o menino e a mulher que ele sempre chamava de Mamãe. Se ela estava certa ou errada, é um julgamento subjetivo, mas seus motivos estavam além de qualquer questionamento. Se ela seria a estabilidade na vida de John, não poderia, ao mesmo tempo, o sujeitar a mais terremotos emocionais, sendo que ele já havia passado por alguns. Isso deve ter sido traumatizante para Julia (e para Mimi) em algumas ocasiões, mas ela nunca entrou com nenhuma ação judicial para tentar recuperar o filho, e nenhuma de suas três irmãs tagarelas falou qualquer coisa sobre o fato.

Mimi foi uma das duas âncoras adultas na nova vida de John, porque o tio George também era importante. Apenas três anos mais velho que sua esposa – tinha 43, e ela 40 –, ele parecia, de alguma forma, um ancião nas fotos, idoso antes da hora. George era alto, com um bom tanto de cabelo grisalho, um homem gentil que, após servir no exército, tinha visto um pouco do mundo; ele conseguia conversar sobre coisas diferentes, enquanto se sentava para acender seu cachimbo e pensar a respeito de seu ponto de vista; ele gostava de piadas picantes com sua cerveja, e tornava o orçamento de Mimi mais difícil porque gostava de apostar nos cavalos. Ele e John formaram um laço familiar próximo e compartilhavam segredinhos sem importância. Ele ensinou o menino a andar de bicicleta e tentou demonstrar as técnicas mais avançadas de críquete e futebol, mas John não tinha muita aptidão para esportes com bola. Ele também permitia afeto: John insistia em dar "*squeakers*" – palavra com que se referia a "beijos" – nele antes de George o colocar na cama.

No Natal de 1946, Mimi, George e John pegaram o ônibus até a loja de departamentos Lewis na cidade, e cada um se sentou para uma série de Polyfotos. John Lennon demonstrava um conforto físico extraordinário, levando em consideração sua vida conturbada. Ele agiu naturalmente na frente da câmera, com seu blazer e quepe da escola, sorrindo com facilidade, aparentando estar feliz.*

* As Polyfotos estão disponíveis na casa autenticamente recriada pelo National Trust na 251 Menlove Avenue, e aberta ao público.

A rede de conforto de John em Woolton também incluía outros familiares e amigos. Logo atrás de Mendips estava a Vale Road, onde ele encontrava Pete, Nige e Ivan, seus amigos de infância mais próximos – sobrenomes Shotton, Walley e Vaughan. Ele formou uma gangue com eles, quatro jovens réprobos que persistentemente (às vezes, perigosamente) aterrorizaram a comunidade por anos. John era o líder, porque *ele simplesmente era*. Era uma posição praticamente profetizada, por um processo natural e não verbal, pela força de sua personalidade e, quando necessário, por brigas. Pete Shotton, um menino de cabelo loiro cacheado, tinha a coragem de ferro de constantemente desafiar isso, logo, se tornou o melhor amigo de John. O jovem Lennon gostava de ser confrontado; de acordo com seus princípios, se ele descobrisse que você era fácil de empurrar, ele o empurrava.

Os três meninos eram mais jovens que John – mais um motivo para ele ser um líder –, mas isso demonstrava outro aspecto de seu caráter incomum: se você fosse diferente, como um pensador original, algo fora do convencional, a idade não seria um problema. Os amigos que John escolhia também eram inteligentes, especialmente Ivan, e estavam ansiosos para seguir seu líder, aonde quer que ele os levasse.

No início do verão de 1947, Richy Starkey ficou perigosamente doente. Ele nunca fora a criança mais resistente do mundo, mas agora estava doente além da eficácia dos compostos medicinais de Annie. Uma ambulância o levou ao Royal Liverpool Children's Hospital, e veio o diagnóstico de apendicite. No entanto, quando o abriram, o quadro era muito pior: o apêndice tinha se rompido e causado peritonite. Richy estava quase inconsciente enquanto era levado à sala de cirurgia, mas conseguiu pedir à enfermeira uma xícara de chá. "Vamos lhe dar uma quando você acordar", ela respondeu – isso levaria cerca de dez semanas.

Em três ocasiões, os médicos disseram a Elsie que o menino não sobreviveria àquela noite. Ela ainda trabalhava em todos os períodos, em todo tipo de emprego, mas pegava o ônibus para o hospital todo dia; às vezes, só podia ver o filho através de um painel de vidro. Uma dessas três noites desesperadas foi em 6 de julho, a véspera do aniversário de 7 anos de Richy. Mas o menino era um guerreiro nato e não se renderia. Quando ele finalmente acordou de seu coma, ele passou algo em torno de 16 semanas entrando e saindo de um estado de consciência.

Quando isso passou, no começo de 1948, ele finalmente começou um longo e doloroso período de recuperação.

Ele ficou restrito a um berço com laterais altas, para permitir a cicatrização pós-cirurgia. Foi um período de tédio absoluto, no qual não havia *nada* para fazer. Apesar dos dois anos que já tinha passado na escola, seu progresso não foi dos melhores; aos 7 anos de idade, ainda não sabia ler ou escrever, logo, ele nem podia se dar ao luxo de passar o tempo com um livro. A instrução das enfermeiras - *não se mexer* - foi seguida até o dia que Richy quis mostrar para o menino na cama ao lado um ônibus de brinquedo que ele tinha ganhado. Enquanto se inclinava para pegar o brinquedo, Richy perdeu o equilíbrio, caiu do berço e arrebentou as suturas, atrasando sua recuperação em mais alguns meses. "Sempre tenha em mente, quanto mais rápido você melhorar, mais rápido você sairá daqui", eram as palavras que diziam para ele, repetidamente, até Richy perder a conta de quantas vezes as tinha ouvido.[12]

Em agosto de 1947, um ano após John Lennon ter sido realocado mais ao sul de Liverpool, Paul McCartney chegou lá. A mudança - aparentemente a primeira vez que um McCartney morou fora da região norte - veio graças ao trabalho de Mary. Seus empregadores, o Municipal Midwifery Service (Serviço Municipal de Parteiras), da Liverpool Corporation, precisava de uma parteira residente em uma nova área domiciliar, e o emprego fornecia uma casa livre de aluguel.

Speke era o ponto mais ao sul de Liverpool, e já tinha um pequeno aeroporto e uma área industrial; agora, sua função era acomodar um grande projeto habitacional público - efetivamente, uma cidade nova. Quando os McCartney se mudaram para a 72 Western Avenue, eles foram uma das primeiras famílias a chegar: a estrada ainda estava sendo construída, a grama e as árvores ainda estavam sendo plantadas... mas nada do sonho britânico utópico badalado pelo governo sairia do projeto do arquiteto para a realidade. O lugar se tornou, instantaneamente, *um bairro* - nada para fazer, nenhum lugar para ir, problemático.

Sra. M. P. McCartney, SRN (State Registered Nurse - Enfermeira Registrada do Estado), SCM (State Certified Midwife - Parteira Certificada do Estado), com o nome gravado numa placa de bronze no portão, era uma integrante de valor na comunidade crescente de Speke. Paul tinha acabado de completar 5 anos, e sua memória mais antiga é de alguém dando um cachorro de gesso para sua mãe – Mary recebia presentes de muitas das mulheres que ela ajudava. Mary trabalhava o dia todo (bebês nunca foram muito bons em respeitar relógios) e, apesar do emprego não pagar muito bem, ela era dedicada e profissional. Sua atitude, de acordo com Jim, sempre foi excessivamente consciente.[13]

A mudança aconteceu quase ao mesmo tempo que Jim Mac recebeu uma boa notícia: um retorno ao algodão. Ele conseguiu um emprego na nova Cotton Exchange (muito menor que a antiga), e teve ainda mais sorte de voltar à Hannay's. Infelizmente, não era como nos tempos antigos, e ele tinha que se contentar com o que era chamado de "meio dinheiro", ganhando cerca de dez libras por semana, sem contar deduções. Ele sentia uma "vergonha" aguda de não ser um provedor melhor para sua família (um sentimento que apenas ele impunha a si próprio), mas Jim estava, de qualquer forma, de volta à carreira que tinha escolhido, um cavalheiro trabalhando entre amigos, no distrito comercial da cidade.

Mary fez com que a mudança coincidisse com o início da vida escolar de Paul. Jim não queria que o filho frequentasse uma escola católica, sentindo que eles gastavam muito tempo com religião e pouco com educação.[14] Speke tinha uma nova escola da Igreja Anglicana, a Stockton Wood Road para crianças, e ficava logo atrás da casa dos McCartney. Paul começou a estudar lá assim que a família se mudou.

Ele aprendia as coisas com uma certa facilidade. Ele era, naturalmente, uma das crianças mais espertas – alerta, animado, inteligente, talentoso e engraçado. Ao mesmo tempo, como Speke já era um lugar ótimo para jovens mandões, ele conseguia se defender, brigando para manter sua posição. A única dificuldade de Paul aparecia quando alguém o mandava fazer algo. Ele sempre colaborou de forma gentil e bem-disposta, mas assim que alguém – professor, pai, amigo – usava a palavra "deve" ou "precisa" para dirigir suas ações, geralmente só conseguia um resultado: ele fazia o oposto, sem duvidar de seu direito ou de sua habilidade para isso. Como Paul diz: "Eu nunca gostei da palavra 'deve'. No momento que escuto alguém dizendo 'você deve fazer isso', eu quero ir na direção oposta."[15]

Os domingos eram os melhores dias na casa da família, Mary assobiava enquanto preparava os melhores almoços com carne assada que suas rações podiam fornecer, e Jim se sentava em frente ao seu piano vertical da Nems, com o cachimbo na boca, e permitia que suas mãos encontrassem as melodias de seu passado – algumas antigas da década de 1920 com a Jim Mac's Band, e outras mais recentes. O efeito disso sobre seus filhos pequenos, especialmente Paul, foi eletrizante e permanente. "Eu deitava no carpete e escutava meu pai tocando coisas como 'Stairway to Paradise' ou uma outra que eu adorava chamada 'Lullaby of the Leaves', e algumas que ele tinha composto. Ele brincava no piano, e era maravilhoso escutar aquilo. Ele tinha um amigo na Cotton Exchange, outro vendedor chamado Freddie Rimmer, que vinha até nossa casa para tocar, então sempre tinha uma atmosfera musical lá."[16]

Jim relutou em ensinar Paul a tocar o piano, como se não quisesse transmitir maus hábitos para o filho, por conta de seu próprio aprendizado sem um tutor profissional. Mas isso não importava, porque Paul escutava, assistia e *absorvia*, e seus dedos faziam o resto. "Eu comecei com três dedos no acorde de Dó – Dó, Mi e Sol – e percebi que, se você mudasse a posição um tom acima, você tinha Ré menor, e se você mudasse mais uma vez, tinha Mi menor, e se mudasse mais uma vez tinha Fá, com o mesmo formato."[17]

John Lennon tocou seu primeiro instrumento por volta da mesma época. O custo de criar o sobrinho, sem apoio dos pais, fez Mimi começar a receber inquilinos em Mendips. A partir do outono de 1947, ela estabeleceu um acordo recorrente com a Liverpool University para hospedar estudantes. Eles geralmente vinham em pares, dormiam no quarto extra e usavam a sala de jantar no térreo para refeições e para estudar, em silêncio. Por conta disso, a infância de John foi testemunhada de perto por uma série de jovens adultos inteligentes. Eles pagavam £ 3 por semana para receberem café da manhã e uma refeição à noite, e Mimi pedia para receber estudantes de Veterinária, pois tinha um cachorro e dois gatos (os quais John adorava), e os inquilinos os tratavam de graça, já que precisavam praticar.

Foi um dos primeiros inquilinos, Harold Philips – ex-integrante da Marinha Real Britânica, de volta à faculdade como um estudante de Literatura Inglesa – que acendeu a fagulha musical em John. Ele tinha uma gaita de boca em que John não parava de mexer; um dia, Philips segurou o instrumento na mão e disse que John poderia ficar com ele se conseguisse aprender a tocar uma música até a manhã seguinte. Havia uma chance mínima de aquilo ocorrer, mas o menino tinha talento musical em seu sangue. Será que ele sabia que seu pai, assim como todos os seus tios Lennon, tocava gaita – ou "*gob iron*", na gíria de Liverpool? John aprendeu *duas* músicas até o dia seguinte, e Philips cumpriu sua palavra.[18] Agora, o instrumento era do garoto, mas Mimi o fez esperar até o Natal para recebê-lo. John sempre conseguia se lembrar do quão animado estava naquela manhã de Natal em 1947: "Eu senti a meia com o presente em minha mão, e sabia que tinha uma gaita de boca dentro dela. Uma harmônica. Aquele foi um dos melhores momentos da minha vida, quando ganhei minha primeira gaita".[19]

No verão de 1948, um ano após ter quase morrido três vezes, Richy Starkey estava pronto para se recuperar, em casa. Elsie estava muito animada de o ter de volta – naturalmente, ficou mais possessiva. Para o avô Starkey, Richy não era mais "aquela criança que só dorme", ele era Lázaro, o menino que enganou a morte. No entanto, quando Richy finalmente voltou à escola, ele estava perdido, muito atrás das outras crianças, e não havia uma forma de aliviar o fato. Se tivesse que nadar ou afundar, ele afundava.[*] Era muito mais fácil matar aula do que ir à escola: Richy e alguns amigos iam até o Prince's Park, nos arredores da escola, ou desciam até o "*Cazzy*" (a área litorânea Cast Iron Shore) e se tornavam *desertores*.[20]

A educação decisiva de Richy em inglês não veio de professores, mas de uma amiga, Marie Maguire, quatro anos mais velha que ele. Sua mãe, Annie, recentemente viúva, já era a melhor amiga de Elsie havia anos. Os Maguire moravam na 10 Madryn Street, em frente à antiga casa de Elsie e Richy, no número 9, e Marie sempre ajudava a cuidar do menino. Meticulosamente, durante um bom tempo, nas mesas das cozinhas da 10 Madryn Street e da 10 Admiral Grove, mesmo quando Richy *não* prestava atenção e jogava coisas nela, Marie repetia, diversas vezes, os contos sobre um cavalo na série de livros *Dobbin*, apontando para cada palavra e explicando como as letras formavam sons. Embora estivesse atrasado em sua educação formal, Richy certamente não era burro e falava melhor que muitos na região, sem cortar letras de palavras e sem adotar o sotaque "*scouse*" de Liverpool; ele só precisava daquelas aulas particulares para avançar. Sua ambição

---

* Após passar vários meses no hospital, a escola talvez tivesse achado que ele não voltaria mais: os documentos da escola St. Silas registram "21/11/47" como a data de sua saída por motivo de "doença".

com a leitura continuaria limitada – ele não progrediu muito além das revistas em quadrinhos, por anos, e nunca foi muito bom em ortografia: tendia a escrever as palavras foneticamente, confundindo "*wood*" e "*would*" ("madeira" e "faria"), "*stake*" e "*steak*" ("estaca" e "filé") – mas, com muito trabalho e dedicação, e graças a Marie, ele teve um avanço vital.

Como as gerações que vieram antes dele, a vida de Richy estava em Dingle: casa, família, amigos, igreja, diversão. Quando ele ficou grande demais para tomar "banho de bangalô" na frente do fogão, começou a frequentar as casas de banho da Steble Street, onde pagava alguns *pence* por uma banheira quente. A música ainda não tinha um papel importante. Há uma foto em que Richy aparece segurando um pequeno acordeão, mas ele não sabia tocá-lo. Seus avôs Starkey tocavam bandolim e banjo (ou uquelele) em reuniões familiares e ofereciam instrumentos para o neto, mas ele não demonstrava interesse. Aos 7 anos de idade, o menino ganhou uma gaita – mas o resultado foi o mesmo. Tinha até, de acordo com Richy, "um piano em casa, eu andava em cima dele". O gatilho ocorreu com um filme, quando ele assistiu a Gene Autry, em seu cavalo Champion, cantando "South of the Border", com seus três compadres mexicanos adicionando os "*ai-ai-ai-ai*" enquanto ele cavalgava com seu chapéu branco de caubói em imensas pradarias. Esse momento "heureca" na vida de Richy Starkey aconteceu na forma de som e imagens. Ele nunca se esqueceria daquilo, e se referiria a Autry como "a força musical mais significativa da minha vida".[21]

A partir da descoberta de Autry, Richy passou a ser um grande fã de caubóis, dos EUA e seus artefatos históricos, de música country e canções piegas ou melódicas que contam uma história de amor perdido e reconquistado. Ele trazia consigo o mesmo sonho de tantos filhos de Liverpool: tornar-se um mercador marítimo e navegar para os EUA, *a terra prometida*.

Para um garoto britânico intrigado pela música country americana, Liverpool era certamente o melhor lugar para estar. Mercadores marítimos (às vezes conhecidos como "*Cunard Yanks*") traziam produtos que eram impossíveis de comprar em lojas britânicas – botas de caubói, jeans e discos que não eram lançados pelas gravadoras em Londres – e isso gerou um pequeno (porém significativo) grupo de fãs do estilo de música "*country & western*" (C&W) em Merseyside. O primeiro violão que John Lennon viu estava nas mãos de "um caubói vestindo o traje completo, no meio de Liverpool, com seu violão havaiano... Ele tinha todos os acessórios".[22]

A música country também foi uma forte influência para George Harrison – as primeiras gravações com um violão que ele ouviu foram "Waiting For a Train" e "Blue Yodel No 4 (California Blues)", por Jimmie Rodgers, o primeiro *country star* dos EUA, popularmente conhecido como Singing Brakeman – um praticante do canto tirolês. O gramofone a corda e os discos que Harry trouxera de Nova York em seus dias de "comércio" colocaram uma ponte sobre um oceano de descobertas mágicas para seus filhos. A mente impressionável de George estava girando a 78 rotações por minuto com Hank Williams, Stéphane Grappelli, os Ink Spots, Cab Calloway, Hoagy Carmichael e Josh White, e todos os Harrison amavam os discos que eles compravam nas lojas de Liverpool, de autoria de George Formby, o dentuço do norte da Inglaterra, que tocava seu banjulele em comédias e filmes musicais. Aquelas eram as verdadeiras músicas inglesas, rítmicas e picantes, e George estava encantado. "Aquelas canções de George Formby sempre estiveram presentes na minha vida", ele explicou, 50 anos depois. "Estavam tocando ao fundo, ou minha mãe as cantava, quando eu tinha 3 ou 4 anos de idade."[23]

John Lennon também amava Formby, e o viu ao vivo, no palco do Liverpool Empire, na temporada de pantomima de 1948-49. Uma ida anual ao Empire era um dos dois grandes mimos que ele recebia de Mimi e George. O outro acontecia durante o verão, quando eles iam ao cinema para ver a animação mais recente de Walt Disney. No entanto, na maior parte do tempo, John lia. Em 1965, ele foi convidado a listar os livros que tinham causado um grande impacto nele – e para a faixa etária "até os 11 anos de idade", ele especificou *Alice no país das maravilhas* e *Alice através do espelho*, de Lewis Carroll, e *O vento nos salgueiros*, de Kenneth Grahame.[24] John recebeu os livros de Carroll como presente de aniversário, e os relia uma vez por ano – mas ele nunca se deu ao trabalho de descobrir se o autor tinha escrito outra coisa. Ele também estava apaixonado pela série de livros *Just William*, de Richmal Crompton, nos quais se identificava com William Brown, o líder de gangue maltrapilho e malandro.

Quando o assunto era arte, o favorito de John era Ronald Searle, criador da série de livros didáticos da St. Trinian School. As ilustrações bem caracterizadas de Searle aprofundaram John ainda mais no mundo dos desenhos, algo que ocupava boa parte de seu tempo, a partir dos seus 8 anos de idade, aproximadamente. Apesar de serem difíceis de classificar, suas obras se encaixavam em duas categorias gerais. A primeira era desenhar, com atenção aos detalhes, e depois colorir, boas cópias de obras conhecidas, como todos os personagens de *Alice* e outras personalidades fictícias e históricas; ele usava isso para ilustrar os poemas que escrevia no estilo de *Jabberwocky*,[25] de Carroll. A outra categoria eram os desenhos ao estilo Searle, que tinham um aspecto bruto, mas com olhos "mortos". Nesses, John raramente desenhava detalhes, mas apresentava a característica decisiva – e mais humorística – em poucos traços rápidos de sua caneta-tinteiro, chegando à essência do que o desenho queria dizer, comunicando tudo em poucos traços. Ele desenhava rapidamente e logo ia para o próximo desenho.

Os estudantes que moravam em Mendips se acostumaram a ver John e Mimi juntos, em silêncio, fosse na sala de entrada ou na "sala da manhã", ela lendo, e ele lendo ou criando. John precisava usar óculos, tendo se tornado míope por volta dos 7 anos de idade (assim como sua mãe). Mimi o levou à cidade, e fez John testar um par de óculos fornecido gratuitamente pelo National Health Service (serviço de saúde britânico), a armação era metálica e tinha formato arredondado, com alças cujas extremidades curvadas se encaixavam atrás de suas orelhas (e machucavam sua pele). A miopia de Julia ficou sem tratamento por cerca de 20 anos, e John estava indo na mesma direção: seus óculos eram apenas para uso *interno*, como seu amigo Nigel Walley lembra. "Ele não queria ser visto em público com eles, então os guardava num bolso interno de sua roupa, ao lado de sua gaita. Ele talvez os colocasse para enxergar algo, mas os tirava de novo em um instante."[26]

Em agosto de 1948, John passou para a seção *junior* (alunos entre 8 e 13 anos) da escola Dovedale Road. Até então, todas as crianças ficavam juntas; agora, os meninos estudavam apenas com outros meninos, e John não perdeu tempo, nem teve vergonha, de garantir o domínio de que ele necessitava, brigando com qualquer pessoa que não o aceitasse como líder. Ele também disse a Mimi que ela não podia mais levá-lo à escola, que ele iria sozinho... e praticamente as mesmas palavras estavam sendo ditas, no mesmo local e no mesmo momento, por George Harrison, para sua mãe. Louise tinha mandado suas duas crianças mais velhas para escolas católicas, mas deixou as duas mais novas irem a escolas da Igreja

Anglicana. Peter foi transferido para a Dovedale Road em abril de 1948, e George também foi para lá, para começar sua educação. No entanto, em razão da diferença de idade (e do fato de que os *juniors* tinham um playground separado dos demais alunos), ele e John não se conheciam. Posteriormente, eles passaram a ter os mesmos professores, e se lembravam de experiências semelhantes.

Graças a Peter, George já tinha alguém para levá-lo à escola e buscá-lo na volta, à tarde, e não queria que sua mãe fizesse isso. Ela o levou no primeiro dia, mas ele bateu seu pé de 5 anos de idade: a entrada da escola não era um lugar para ela. Louise recordou: "George sempre se opôs a mães xeretas e costumava odiar os vizinhos que ficavam fofocando."[27]

Julia Lennon, Bobby Dykins e a filha que tiveram juntos – Julia Lennon, também conhecida como Julia Dykins, nascida em março de 1947 – já tinham saído de seu apartamento de uma cama em Gateacre, e voltaram a viver na Newcastle Road. Então, George Stanley (avô de John) faleceu, e os três tiveram que se mudar. Eles se inscreveram no sistema da Liverpool Corporation para tentar conseguir uma casa. Como Julia estava grávida de novo, eles receberam tratamento prioritário, e conseguiram uma agradável casa geminada, de três quartos, na região Springwood, perto de Garston, na 1 Blomfield Road. Ficava a menos de três quilômetros de Mendips, mas dizem que Mimi ocultou essa informação de John. Para conseguir essa casa, Julia e Bobby tiveram que fingir que eram casados, e havia pouca chance de isso ir além de uma encenação, porque Alf Lennon não parecia disposto a conceder o divórcio, nem estava no país para discutir a possibilidade. Eles aparecem em documentos eleitorais como John Dykins e Julia Dykins, e nenhum vizinho imaginava que seus nomes poderiam ser diferentes. Além disso, enquanto o marido oficial de Julia trabalhava como garçom, a bordo de navios, seu "marido" já trabalhara como vendedor de porta em porta e agora tinha conseguido um emprego como garçom em um hotel de Liverpool.

Julia tinha uma vida estável pela primeira vez em anos. O nascimento de John não a impediu de ter uma vida alegre, e seu segundo bebê já tinha sido adotado havia muito tempo. Porém, com a terceira criança, ela largou o emprego para se tornar dona de casa e mãe em tempo integral. Ela continuava insaciável, é claro: ainda fazia as pessoas vibrarem com seu encanto e sua voz melodiosa, e saía para fazer compras com seus sapatos de salto stiletto de 15 centímetros, andando pelas ruas como uma boneca. Quando, inevitavelmente, um homem assobiava para ela, Julia assobiava de volta, ou gritava: "Você também, nada mal!", apesar de que, com sua vista prejudicada, ela não tivesse ideia do quão atraente era seu admirador.[28]

Julia tinha um quarto livre em Blomfield Road, mas John ficava em Mendips. Ele chegou a ver sua mãe – há fotos de uma reunião de família no verão de 1949, na casa de sua tia Anne em Rock Ferry, na outra margem do rio Mersey: duas fotos de John com seus primos e sua meia-irmã, e uma dele com Julia. É a única foto conhecida de John com sua Mamãe. Ele está de calças curtas, rindo, enquanto ela faz cócegas debaixo dos braços do filho. Julia aparece com um vestido largo, sob o qual está grávida de quatro ou cinco meses. Naquele outubro, ela deu à luz o seu segundo bebê com Bobby – Jacqueline Gertrude Lennon, também conhecida como Jacqueline Gertrude Dykins. Então, John passou a ter duas meias-irmãs mais novas – na verdade, três.

Talvez fosse por conta dos problemas enfrentados por Julia que Mimi decidiu apoiar o abrigo para filhos de famílias desestruturadas organizado pelo Exército da Salvação. Strawberry Field – a maioria das pessoas chamava o lugar de Strawberry Fields – era uma mansão gótica com torres, pequenas e grandes, um exagerado edifício de arenito, em Woolton, situado num terreno particular de tamanho considerável.[29] Houve diversão e fundos foram angariados em sua festa anual no jardim, um arquétipo da vida britânica durante o verão. Garotas do abrigo – conhecidas como "Strawbs" – andavam pelo distrito, com seus vestidos azuis listrados, vendendo ingressos de porta em porta. Quando o dia chegava, uma banda de metais tocava, as crianças faziam performances de dança e ginástica, e havia cabines com jogos, um brechó de itens usados e refrescos caseiros sujeitos ao racionamento: chá, limonada e bolos. Mimi sempre levava John lá, até ele começar a ir por conta própria.

Ele conhecia bem o lugar. Para John, Pete, Nige e Ivan, Strawberry Fields era o terreno, não a mansão. Era um de seus principais lugares para passar o tempo: eles pulavam o muro em Vale Road e desapareciam nas árvores, com oportunidades infinitas de encontrar encrenca, aventura e perigo. Um perigo conhecido era o vigia do terreno – John o chamava de "*the Cocky Watchman*" ("o Vigia Metido") ou "*Cocky Watchtower*" ("Torre de Vigia Metida") –, um indivíduo azedo, às vezes cruel, que odiava todos os jovens que invadiam o terreno, especialmente a gangue de Lennon. Ele não pensaria duas vezes na hora de dar uns bons tapas neles, mas precisaria pegá-los antes. "Imagino que vocês saibam que isto aqui é propriedade particular!", ele gritava, enquanto os meninos fugiam como o vento...

A Liverpool de todas essas infâncias estava em um estado lamentável na passagem dos anos 1940 para os anos 1950. Pouca coisa tinha dado certo lá, por décadas; era apenas depressão sobre recessão. Observando a região como uma pessoa de fora faria, um escritor da revista *Liverpolitan* relatou: "O que eu vi me fez quase ter vergonha de minha cidade natal. Era um lugar progressivo e orgulhoso, mas, agora, está dilapidado e sujo; malcuidado e derrotado".[30] Era verdade que os sons do lugar não tinham mudado – o tiro da uma hora da tarde, para indicar o intervalo do almoço, tinha sido restabelecido; as gaivotas; os apitos; os risos saindo de pubs – mas sua aparência era outra: a paisagem estava cheia de locais bombardeados, ainda sem reparo, feridas abertas que tinham se tornado playgrounds para crianças ("*bommies*"), ou estacionamentos supostamente temporários para carros. A cidade tinha muitos prédios públicos maravilhosos, mas tudo estava preto, com uma crosta de fuligem; lojas arruinadas eram substituídas por garotos vendendo, ilegalmente, direto de seus carrinhos de mão; e pessoas esperavam em filas enormes para quase qualquer coisa. O ar estava úmido, mesmo quando não chovia – ao invés do ar fresco e saudável, direto do mar irlandês, a atmosfera da cidade estava (como John Brophy, escritor de Liverpool, mencionou em 1946) "carregada de fumaça, fuligem e gordura, trazendo odores de curtumes de couro, cervejarias, fábricas de bolo, de margarina, cheiros das salas de máquinas de navios, de estaleiros, de milhares de armazéns onde todo tipo de carga é armazenada".[31]

Pessoas de fora que tinham negócios em Liverpool estavam perdendo a paciência. Um guia de viajantes publicado pela grande Thomas Cook & Son se esforçou para tentar melhorar as aparências, mas não foi fácil. "Vamos reconhecer que Liverpool sofreu uma surra na semana da blitz. Outras cidades também tomaram uma surra, mas parece que Liverpool nunca se reergueu como elas." Nos jornais londrinos, Liverpool tinha se tornado uma palavra tão suja quanto seus prédios encardidos, e até a *Liverpolitan* teve que admitir que as muitas críticas eram verdadeiras: "cidade desleixada, bondes imundos, prédios dilapidados e ruas poluídas", enquanto o povo era "selvagem e sem educação", e suas mulheres eram "feias, malvestidas, sem cuidado com a aparência".[32] Pois, então, deixe-os dizerem o que quiserem: liverpudlianos não gostavam e não confiavam em londrinos mesmo – eles eram uns "moles", "aqueles malditos sulistas". Eles que se ferrem.

O êxodo de mentes brilhantes de Liverpool, que acontecia desde os anos 1930 (ou até antes), estava se acelerando. Muitos com talento e ambição saíram e seguiram suas vidas em outros lugares. Aqueles que não podiam, ou não iriam, se isolaram ainda mais na panelinha protetiva dos liverpudlianos, deixando os habitantes locais dentro e o resto fora. Liverpool, um enclave dentro de si próprio, um lugar sem igual, de costas para o resto do país, seu povo unido – apesar de seu humor autodepreciativo, os liverpudlianos eram muito sensíveis às críticas externas. No fundo, praticamente todo mundo sabia por que as pessoas iam embora, mas aqueles que ficavam na cidade só tinham ressentimento e menosprezo por quem partia.

Mesmo os seus novos condomínios habitacionais dos sonhos, como aquele em Speke, logo perderam a ambição. E foi lá que, em 1º de janeiro de 1950, os Harrison se tornaram os primeiros residentes da 25 Upton Green. Fazia 18 anos que Harry e Louise, então com apenas uma criança, tinham se inscrito para uma casa do programa – tanto tempo que a criança já tinha crescido e partido. Todos os participantes da mudança – Harry (40), Louise (38), Harry (15), Peter (9) e George (6) – tinham vivido suas vidas inteiras em Wavertree, naquela residência compacta, porém aconchegante. Após tanto tempo procurando um lugar novo, eles logo queriam se mudar de volta para a casa antiga.

A novidade de estar em uma casa nova durou um bom tempo – a residência na 25 Upton Green não tinha aquecimento, mas possuía eletricidade, encanamento (finalmente, um vaso sanitário dentro de casa e até uma banheira), jardins na frente e atrás da casa e, apesar de o lugar ser pequeno, tinha algo que George identificava como *espaço*. Ele recordou: "Depois de [morar em] uma casa 'dois-acima-dois-abaixo', você podia ir do corredor para a sala de estar, daí para a cozinha, de volta ao corredor e de volta à sala de estar. Eu ficava só correndo em círculos no primeiro dia".[33]

O principal problema em Speke – que os McCartney também estavam descobrindo, a menos de um quilômetro de distância, na Wester Avenue – estava nos vizinhos indesejáveis. Upton Green era uma rua sem saída, que terminava num formato oval, cercada de casas construídas pelo governo, todas idênticas, com crianças mais novas brincando nos gramados e crianças mais velhas passando tempo perto dos portões dos jardins. Quando Louise tentava cultivar alguma planta, delinquentes logo a destruíam – plantas assassinadas em seus canteiros. Isso irritou George. Como ele explicou, posteriormente: "Assim que chegamos a Speke, percebemos que tínhamos que sair de lá, rápido. O lugar era amedrontador e cheio de pessoas quebrando coisas. Entramos em outra lista".[34] Quanto à escola, Louise foi contra transferir George para Speke, então ele ficou na Dovedale Road, precisando fazer um longo trajeto de ônibus, toda manhã e tarde.

Alf Lennon também não começou a década muito bem. O *Dominion Monarch* atracou em Tilbury antes do Natal e logo em seguida ele saiu para se divertir com seus companheiros do mar, esperando até o navio zarpar novamente, no meio de janeiro. Álcool certamente era algo comum, da hora que os bares abriam até fecharem, com garrafas extras entre as sessões. No domingo, 8 de janeiro, tarde da noite, eles estavam rindo e gritando pela Oxford Street, quando pararam em frente a uma loja de vestidos femininos. Passado algum tempo, a vitrine foi quebrada. Alf e John Murphy (outro marinheiro de Liverpool) começaram a dançar pela Oxford Street com seus belos e caros vestidos... e rodopiaram até os braços dos policiais. Na manhã seguinte, após dormirem e ficarem sóbrios – Alf provavelmente se cortou também, porque está registrado que ele precisou de um médico –, o juiz de Marlborough Street olhou para Lennon e Murphy com austeridade, ambos "sem endereço fixo". Eles se declararam culpados pelos crimes de arrombamento e invasão de propriedade privada e pelo roubo de dois vestidos, no valor de £ 42 8s 6d, e cada um foi sentenciado a seis meses. O registro da prisão do oeste de Londres, Wormwood Scrubs, traz detalhes do encarceramento de Alf: ele chegou lá após seu julgamento, em 9 de janeiro, e foi transferido para Brixton, ao sul de Londres, em 13 de fevereiro, onde habitou até ser liberado antes do prazo, na segunda semana de maio.[35]

Esse comportamento não era incomum para Alf – era, pelo menos, sua terceira vez atrás das grades. Sempre gostou de diversão e a bebida o levou a uma vida alegre, sobre a qual ele aparentava não ter controle algum. Billy Hall, seu amigo, lembra de estar com ele na Nova Zelândia, em 1944 ou 1945, quando estavam bebendo e Alf gritou algo sobre quebrar a vitrine de uma joalheria. Eles não fizeram isso, mas roubaram uma bicicleta, na qual passearam berrando pelas ruas de Wellington até a polícia agir, e depois liberá-los com apenas uma advertência.[36]

Quando o *Dominion Monarch* voltou ao mar, Alf foi classificado como AWOL ("*absent without leave*", uma forma de deserção). Ele não conseguiu se explicar até sair da prisão em Brixton, quando a Marinha Mercante – com uma visão desanimadora dos eventos – o dispensou de seu trabalho. Após 20 anos cheios de aventuras no mar, Alf Lennon não era mais um marinheiro; desempregado aos 37 anos, afastado dos mares, mas raramente longe da bebida.

Seus irmãos sentiram pena dele, mas Alf recebeu apoio e compreensão de uma fonte improvável: Mimi. Usando toda a gramática e o vocabulário que tinha adquirido na escola Blue Coat, e assinando como "Alfred", ele escreveu uma carta para ela (chamando-a, educadamente, de "Mary"), e admitiu sua situação. Primeiro, ele se correspondeu com ela da prisão, depois, de Copperfield Street, e Mimi – apesar de seu julgamento consistente, agora reforçado, a mencionar "aquele Alf Lennon" – respondeu no mesmo tom respeitoso, e ainda encaminhou a primeira de pelo menos duas cartas de John, palavras amigáveis e descontraídas de um menino de 9 anos de idade para um pai que ele não encontrava havia quatro anos. Ela também encaminhou algumas fotos recentes, para que Alf pudesse ver seu menino novamente. O que Alf chamava de "mentiras inofensivas" era algo necessário entre os adultos, para prevenir que John descobrisse um certo problema constrangedor, mas as cartas deixaram claro que Mimi estava tentando aproximar o pai do filho. Eles estavam, naquele momento, a 6,5 quilômetros de distância, de Toxteth até Woolton, mas foi um desejo que causou o retorno de Alf. Logo em seguida, ele ficou sabendo que havia uma vaga no Middleton Tower – um acampamento de verão em Morecambe, subindo pelo litoral de Liverpool – e tentou conseguir um emprego. Seu trabalho era "*KP duty*" (*kitchen porter*, ou lavador de louças), atolado até os cotovelos de pratos sujos. Quando a temporada acabou, em setembro de 1950, Alf pegou a estrada e se tornou um nômade, indo aonde o vento o levasse.

O jovem Lennon, após esse contato repentino e inesperado com seu pai, passou a ter dois personagens, ainda em construção: um para o interior da casa, onde lia, escrevia e desenhava; e outro para o exterior, um menino que Mimi raramente via, e nem reconheceria. Era o John Lennon das pegadinhas e dos desafios, das brigas e cicatrizes, das brincadeiras e gargalhadas, tudo para se divertir. Havia muito da crueldade típica de meninos, mais verbal que física (apesar de John não ter vergonha de usar seus punhos), e era ótimo estar na gangue dele, mesmo quando ele te forçava a roubar. Agora, John furtava coisas pequenas, sempre que possível, em qualquer lugar. Ele chamava a prática de "*slap leather*" (saque rápido), e toda a gangue era obrigada a fazer. Roubar lojas era algo comum, carrinhos de brinquedo ou doces eram colocados nos bolsos sem chamar a atenção dos atendentes. Se houvesse qualquer encrenca, se um plano de Lennon desse errado, ele tinha o dom de desaparecer. Os membros da gangue se viravam para olhar e seu líder não estava mais lá.

O vocabulário "exterior" de John já estava carregado de palavrões, instantaneamente aprendidos e colocados em prática, de forma criativa. Ele também adotou o vocabulário de muitas crianças de Liverpool, as gírias locais que Mimi Smith (e Mary McCartney, além de outros) reprovavam, mas Lennon, Starkey, McCartney e Harrison as usavam – algo bom ou ótimo era "*gear*", estúpido era "*soft*", e fora de moda era "*down the nick*"; quando provocavam alguém, gritavam "*Chickaferdy!*"; se alguém fosse covarde, era "*nesh*", e você podia dizer "*Come 'ead*" (*come ahead*, que significava "venha aqui"); e "*Eh oop!*" tinha muitos usos, como "olá" e "vamos lá"; a palavra para "rapaz" era "*la*"; uma pessoa interessante era uma "*skin*" – então "*Eh la!*" e "*Eh oop, la!*" e "*E's a good skin*" ("ele é um cara bom"); e apesar de palavrões não serem ditos na rua, porque as pessoas ficavam irritadas se os ouvissem, "*stupid get*" ("babaca estúpido") ou "*yer daft get*" eram comuns... por fim, você se despedia de seus amigos com um belo "*Tarrah well!*".

John foi o primeiro de seu grupo a aprender alguns "*facts of life*" (fatos da vida), informações que ele prontamente passava adiante, e assim era a forma como ele conduzia sua vida, na qual adultos rapidamente o marcavam como uma pessoa indesejável. Cada um de sua gangue, e vários outros garotos do distrito, ouviam as mesmas palavras. "Fique longe daquele John Lennon, ele vai te meter em encrenca", ou "ele é uma má influência", ou "ele é dos ruins". Muitos ficavam longe, mas outros simplesmente não conseguiam. Como Nigel Walley diz: "John era um bom amigo para ter ao seu lado – ele não era solitário, gostava de companhia, era engraçado, generoso, e sempre apoiava seus amigos".[37]

*

Cinco quilômetros ao sul, em Speke, Paul McCartney já estava bem estabelecido na escola Stockton Wood. Não era o melhor de sua turma, mas certamente tinha a capacidade de ser. A vida em seu lar tinha se estabilizado e ele formou uma amizade mais forte com seu irmão caçula, Mike, com quem brincava. Paul liderava, estimulando "nosso garoto" a entrar em situações que teriam somente uma vítima. Em setembro de 1950, Mary encerrou sua carreira como parteira e começou a buscar um emprego que lhe permitisse ficar em casa nas noites e nos fins de semana. Paul e Mike estavam crescendo rápido e precisavam de atenção mais cuidadosa. Isso significaria sair da 72 Western Avenue, a casa que veio com o emprego.

Instantaneamente, ela foi nomeada enfermeira visitante de Speke, oferecendo conselhos e cuidados aos moradores do distrito. A Corporation forneceu outra casa para a família, mais distante do centro, em 12 Ardwick Road – o sétimo lugar em que Paul passou a morar em seus 8 anos de vida. A casa era alugada, em vez de gratuita, mas os McCartney tinham dois adultos que trabalhavam. O pior aspecto da mudança era o fato de que Paul e Mike precisariam andar mais até chegar à escola. Todos os dias, quando eles iam para Stockton Wood, eles passavam perto de Upton Green, de onde George Harrison saía para pegar o ônibus até a Dovedale Road, cada um vestindo seu uniforme escolar com quepe, blazer e bermuda, sem se conhecerem. O *melhor* aspecto de Ardwick Road era que eles estavam a menos de um quilômetro da orla leste da região – passando a fronteira, não estavam mais em Liverpool, mas em Lancashire, onde havia sotaques diferentes, florestas, campos, fazendas e colinas que levavam a uma parte mais rural do rio Mersey. Anos de aventuras felizes o aguardavam.

George avançou para o nível *junior* na escola Dovedale Road em agosto de 1950 e sempre lembrou de estar feliz lá. Ele sabia que corria muito bem, e gostava de jogar futebol e críquete. Tinha um bom nível de inteligência e sabia cuidar de si próprio. Como um certo menino de Dovedale (que era dois anos mais velho que ele), George não tinha vergonha de usar seus punhos. Na gíria da época, ele era "*handy*". O Livro de Castigos da escola registra a data em que ele apanhou de vara por "Comportamento desordenado nas filas, apesar de avisos recorrentes". Isso ocorreu em 8 de maio de 1951, quando ele tinha 8 anos. Um novo professor, sr. H.

Lyon, deu um único golpe de vara em George. Para o azar de Lyon, seu braço não estava bem firme e a vara bateu no punho de George, ao invés de sua mão, deixando uma marca vermelha. Como George recordou, "quando cheguei em casa, meu pai viu aquilo e, no dia seguinte, ele foi até a escola, tirou o sr. Lyon da sala de aula e deu um soco nele".[38] Harry Harrison, o homem quieto que se incomodava ao ver uma injustiça, passou a ser um herói para todas as crianças – mas seu problema não era com a punição executada por Lyon, apenas com sua mira.

Richy Starkey também estava lutando – ele precisava, onde morava. Ele raramente ganhava, e mesmo assim tinha a chance de levar o troco do irmão mais velho de sua vítima. Richy desejava ter um irmão mais velho que desse conta dos malfeitores que o incomodavam, mas Elsie nunca se intimidou na hora de defender o filho: "Minha mãe entrou em muitas brigas por mim. Se alguém maior pegasse no meu pé, ela batia na porta do sujeito e lidava com ele".[39]

Richy poderia ter feito o exame *Eleven Plus* na primavera de 1951, mas a St. Silas não o matriculou. Houve uma revisão, um processo de nivelamento, e isso provou que o garoto, tão atrasado com sua educação, não tinha chance de obter sucesso em um exame daqueles. Como a maioria das crianças da região, aos 11 anos de idade ele acabou em Dingle Vale, uma escola de Ensino Médio moderna para aqueles com baixo nível de sucesso acadêmico, na qual meninos e meninas eram segregados em níveis A, B, C e D, dependendo de sua habilidade. Richy foi colocado no nível C, praticamente sem esperanças para o futuro. Seu currículo educacional incluía aulas de jardinagem. A vara e o chinelo eram aplicados com frequência, e nenhum exame GCE (*General Certificate of Education*, ou Certificado Geral de Educação) de nível básico (*O-level*) era aplicado: qualquer criança considerada capaz de passar no exame era transferida para uma escola técnica ou de gramática; todos os outros saíam de mãos vazias (alguns com a cabeça vazia) aos 15 anos de idade, qualificados apenas para o trabalho manual. Até o diretor da escola precisou admitir que o processo tinha "um efeito devastador".[40]

A memória que Richy mais relatou de seus anos lá foi da vez que saiu para a Dingle Lane com seus amigos Davy Patterson e Brian Briscoe, e gastaram o "dinheiro para o almoço" dado por Elsie em algo que não era a merenda fornecida pela escola. Compraram um pacote de pão de fôrma Hoavis, 4 *pence* de fritas e cinco Woodbines (*Woodies*) – a marca de cigarros mais barata que havia, o fumo do homem trabalhador. Como gerações antes e depois dele, Richy pegou pedaços de pão, colocou as fritas no meio (montando um sanduíche *chip butty*, porém sem a manteiga), e voltou à escola para comer, fumar e jogar conversa fora sentado no balanço. Richy já era um fumante aos 11 anos de idade, aproximadamente.

Havia poucas coisas positivas na vida do garoto e fazia tempo desde a última vez que tinha sentido alguma alegria de verdade. Então, foi um grande alívio quando, mais ou menos no fim de 1951, Elsie passou a ter a companhia de um homem em sua vida, de repente, e o menino passou a contar com uma figura paterna, um pai como ele nunca tivera. Seu nome era Harry Arthur Graves, nascido em Romford, em 1913 – um ano mais velho que Elsie. Harry era um *cockney*, um torcedor do West Ham, do East End de Londres que, inacreditavelmente, abandonara o clima mais quente e as condições de vida melhores de Romford, optando por morar no distrito Liverpool 8. Sua explicação para a mudança – que ele estava doente e seu médico tinha sugerido uma mudança de ares – traz mais dúvidas que respostas.[41] Muito provavelmente, ele estava fugindo de um casamento fracassado: Harry se casara em 1937, com uma garota de Romford, e não tinha dado certo; em 1946, ele chegou a Dingle e alugou uma casa na Jacob Street. (Harry e Elsie ainda não podiam se casar, porque ela estava apenas separada de Richard Starkey, e não divorciada.)

Harry fazia amigos com facilidade. Os liverpudlianos sempre o lembravam de que ele era "um maldito sulista fracote" e "um *cockney* canalha", mas a maioria o aceitava, porque era um bom homem, uma alma gentil e caridosa, de bons modos. Todo mundo gostava de Harry. "Todos os animais e todas as crianças o amavam", disse Richy, acrescentando, com um respeito comovente: "eu aprendi a gentileza com Harry".[42] Ele era um bom e bem-vindo aliado para o jovem. Empregado como pintor e decorador pela Liverpool Corporation, Harry fazia parte de um grupo de homens que preservava prédios públicos – trabalho braçal de respeito. Um serviço que eles fizeram foi na base da força aérea dos EUA em Burtonwood, e Harry encantou Richy ao trazer para o garoto algumas histórias em quadrinhos da DC, altamente procuradas na época. Eles também iam juntos ao cinema, duas ou três vezes por semana. Harry mimava o menino: quando Elsie dizia que Richy tinha sido mal-educado e precisava de disciplina, Harry apenas dava de ombros e sorria, como se não soubesse de nada.

A realidade é que o povo de Dingle tinha muito em comum com os *cockneys*. Ambos eram pobres, da classe trabalhadora, predominantemente de origem inglesa e protestantes; ambos sofreram bombardeamentos terríveis pelos alemães; e ambos gostavam de uma boa bebida acompanhada de cantoria. Um grande motivo pelo qual Harry se adaptou bem à sua casa em Liverpool 8 era que ele adorava, mais do que qualquer coisa, ir aos pubs e clubes, beber algumas cervejas e cantar. Ele tinha uma boa voz e música em suas veias. As músicas favoritas de Harry, pelas quais ele ganhou uma boa reputação local, eram "Night and Day", "Star Dust", "Bye Bye Blackbird", "Dream", "That Old Black Magic" e "Moonglow". Seus gostos musicais e a forma gentil que ele usava para expor Richy a cantores como Sarah Vaughan, Billy Daniels e Billy Eckstine foram uma tremenda influência para o garoto.[43]

A cena geralmente começava num pub – talvez o Empress, a poucos metros da casa no fim da Admiral Grove. Elsie, Harry, parentes, amigos e colegas de trabalho bebiam e cantavam noite adentro, até a hora de fechar; então, devidamente embriagados, cambaleavam até a pequena casa de Elsie e Richy, onde a festa continuava – mais cantoria, mais bebidas, mais palavrões, Johnny e Annie Starkey no banjo e bandolim, a todo vapor por mais algumas horas. A maioria das pessoas em Liverpool tinha uma música que cantava em festas, e Richy tinha duas. Uma era a canção que apresentava em dueto com sua mãe, o jazz com swing "Someone Like You". A outra, que ele cantava sozinho, era "Nobody's Child", uma música country piegas, de arrancar lágrimas, sobre um órfão solitário e cego. O jovem Lázaro de Elsie olhava diretamente em seus olhos quando cantava, adicionando uma palavra ao fim do refrão: "*I'm nobody's child, Mum*" (Não sou filho de ninguém, Mamãe), e ela ria, chorava, ou fazia as duas coisas ao mesmo tempo, e instruía, com afeto, "sai daqui" ou "vaza daqui". O garoto sempre teria suas memórias de cantar em casa, "não na frente de uma lareira, mas de uma garrafa de gim e outra de cerveja", enfatizando a ideia de que, como muitas crianças descobririam com o passar dos anos, o laço entre música, diversão e bebida era considerável. Anos depois, ele admitiu: "Meus pais eram alcoólatras, e eu não sabia".[44]

Brigas aconteciam na maioria das festas de Liverpool – sem isso, as pessoas diziam, não eram memoráveis –, mas uma exceção era a festa de Ano-Novo dos McCartney, que geralmente acontecia na casa de Joe e Joan, tios de Paul, em Aintree. Foram grandes marcos musicais em sua vida – reuniões caóticas e barulhentas, com tios, tias e primos de todo canto, ocasiões em que os adultos se embebedavam e todos cantavam alegremente. Jim tocava o piano, o que mostrava a Paul que um pianista sempre seria convidado para festas, além de ser o centro das atenções e nunca ter que pagar por uma bebida, as pessoas colocavam copos cheios para ele sobre o piano. As tias que Paul tanto amava – Edie, Mill, Gin, Joan e outras – ficavam na sala cantando músicas antigas, clássicos dos anos 1920, como "Baby Face", "When the Red, Red, Robin Comes Bob-Bob-Bobbin' Along", e a que conseguia o maior número de aplausos da noite em toda festa dos McCartney, tocada no momento *certo*, "Carolina Moon", quando todos ficavam em pé e se balançavam, bebendo e cantando, uma família unida, em harmonia.

Os garotos McCartney mudaram de escola em setembro de 1951. As autoridades de Speke cometeram um erro de cálculo e Stockton Wood já estava lotada, com 1.500 crianças. Por acaso, uma escola em outro distrito – Joseph Williams, em Belle Vale, passando Gateacre – estava precisando de crianças mais velhas. Paul e Mike foram para lá; um ônibus circular especial foi colocado em rota para levar as crianças à escola e trazê-las de volta. Em vez do horário tradicional, das nove às quatro, eles começavam e terminavam o dia escolar meia hora mais tarde. Muitas risadas foram dadas no ônibus, especialmente no andar de cima. Os mais ou menos 50 alunos transferidos de Speke formaram um laço que outros jovens da "Joey Williams" não compartilhavam. Uma foto os mostra na frente de sua nova escola, e Paul, aos 9 ou 10 anos de idade, é o que mais chama atenção – de forma intencional. O resto é a típica mistura de crianças britânicas do pós-guerra, sua aparência esfarrapada demonstrando graus variados de "parecia uma boa ideia na época". Paul tem aspecto bem cuidado, com um quepe escolar escuro, e faz uma careta enquanto olha para uma edição de *Dandy*, com suas mãos agarrando as páginas coloridas da revista em quadrinhos. Todo mundo está olhando para a câmera, exceto Paul, e ele parece bem ciente disso. Sua performance naturalmente rouba a atenção.

Paul e Mike tinham que dividir um quarto na 12 Ardwick Road e discutiam tanto antes de dormir que Jim teve a bela ideia de instalar dois pares de fones de ouvido de baquelite, um de cada lado da cama, conectados ao rádio no andar de baixo, que o pai controlava. Os meninos podiam colocar os fones próximo a seus ouvidos, e pegar no sono com os sons da BBC Light Programme ou do Home Service. Um sistema similar também foi instalado na casa em Mendips, onde Mimi deixava o rádio tocar no quarto de John, por meio de uma extensão de alto-falante que subia pela porta da frente. O impacto dos programas de rádio naquelas jovens e férteis mentes foi crucial. Todos ouviam os seriais de suspense e ficção científica, e as comédias de meia hora como *Life With the Lyons*. Esse, e outros similares, eram programas de humor convencionais, engraçados, apesar de seguirem uma fórmula básica, mas havia outra comédia que operava num mundo próprio e cujo impacto moldou a personalidade e o caráter de muitos ouvintes: lançada pela BBC em 1951, se chamava *The Goon Show*. Seus sensacionais episódios de meia hora rompiam todas as regras possíveis da comédia, do rádio, da *imaginação*, e a vida nunca mais seria a mesma para seus fãs devotos. Em Liverpool – na Menlove Avenue, na Ardwick Road e na Upton Green – os jovens estudantes Lennon, McCartney e Harrison se sentavam perto dos alto-falantes.

O gênio por trás de *The Goon Show* era Spike Milligan, um escritor, humorista, músico e humanitário cujas aventuras pela comédia fantasiosa e inovadora não tinham limites; seus comparsas eram Peter Sellers (um artista de voz com talentos únicos), Harry Secombe (um gêiser galês que explodia com piadas e canções) e, no começo, Michael Bentine (um maluco brilhantemente engenhoso). Suas situações humorísticas absurdas, como flutuar a prisão Dartmoor pelo Canal da Mancha, até a França, e uma tentativa de beber a água do Rio Tâmisa para impedir uma enchente, tornavam aquele o programa mais essencial do rádio, com Milligan criando ideias e cenários muito além da possibilidade física. Meninos em idade escolar adoravam, imitando as vozes e as frases – "*you dirty rotten swine!*" (seu porco podre sujo!) – pelo resto da vida. Lennon, McCartney e Harrison, de forma separada e igualmente curiosa, adotaram o humor e as piadas do *Goon Show* como seus próprios, acrescentando-os ao conjunto de suas muitas outras influências, sem contar a comédia incessante que acontecia em Liverpool.

Milligan não tinha um modelo – ele era totalmente original –, mas passou a ser o modelo de todo mundo, e sua visão surreal e cartunesca deu a John Lennon um impulso criativo vital ("Minhas influências para escrever sempre foram Lewis Carroll e *The Goon Show*, uma combinação de ambos"). Com o mesmo mérito, Milligan fez John perceber que ele não era o único vivendo com um turbilhão criativo na mente. Não importava o que mais estivesse acontecendo em seu mundo, sintonizar o rádio na BBC Home Service, semana após semana, garantia a

John que *não era só ele* – "O humor deles era a única prova de que o MUNDO estava louco", Lennon disse.[45]

E sempre tinha *algo* acontecendo em seu mundo. Em 1949, a tia que John considerava sua favorita (sem contar Mimi), a viúva Elizabeth, apelidada de "Mater", tinha se casado com um escocês e se mudara para Edimburgo com seu filho, o primo Stanley, mais velho que John. O novo tio de John era um dentista, Robert "Bert" Sutherland, e tinha dinheiro no banco. Eles compraram uma casa confortável, do fim do período vitoriano, com uma fachada de pedra, em Ormidale Terrace, perto do estádio nacional de rúgbi da Escócia, em Murrayfield, e John passou os seis verões seguintes lá. Ele viajava de ônibus, inicialmente com Stanley e sozinho a partir dos 13 anos de idade. (Sua viagem em 1954 rendeu uma gaita nova e melhor, dada a ele pelo motorista de ônibus – outro avanço em seu desenvolvimento musical.)

Edimburgo sempre teria um lugar especial no coração de John, era só ele ouvir flautistas que caía em um devaneio romântico. Além da casa, Bert tinha um sítio em Durness, na ponta ao noroeste das Ilhas Britânicas, e nenhum feriado escocês ficava completo para John sem uma passagem por esse lugar remoto nas montanhas. Essas visitas influenciaram e moldaram sua vida, instigando um afeto pela Escócia, seu povo e seus sotaques, que ele imitou com carinho, e sempre de forma divertida, em diversas gravações em anos posteriores.

Dada toda essa contribuição extracurricular, além de sua inteligência natural, John só podia mesmo brilhar na escola Dovedale Road. Ele estava academicamente pronto quando chegou o momento crucial do exame *Eleven Plus*, além de ciente da importância dessa prova. "Eles começam a nos alertar para o exame desde os 5 anos de idade", Lennon recordou. "Se você não passar, sua vida acaba."[46] Mimi sabia que ele conseguiria um ótimo resultado e já tinha decidido qual escola o educaria por, pelo menos, os próximos cinco anos – com a esperança de que seriam sete, ou até oito, caso John tirasse nota A, fosse para a universidade e adquirisse uma profissão. Ela considerou o Liverpool Institute, mas o irmão de George, Alf, era professor de inglês lá, e Mimi não queria que John criasse problemas na escola que reverberassem em casa.* Em vez disso, ela optou pela Quarry Bank High

* A. J. Smith, apesar de ser respeitado, era o tipo de professor que os professores gostavam de imitar: ele falava com uma sibilância acentuada e tinha um jeito levemente afeminado; como uma piada interna, seu apelido era Cissy.

School for Boys, que ficava mais perto de casa, a apenas uma caminhada pelo Calderstones Park, assim Mimi conseguiria ficar de olho no sobrinho. Não demorou até chegar uma carta a Mendips, indicando que John tinha, de fato, passado no exame, que sua vaga em Quarry Bank estava confirmada e as aulas começariam em 4 de setembro de 1952.

John ficou contente que Pete Shotton iria com ele – os dois nunca tinham frequentado a escola juntos. Eles tiveram uma gangue louca durante seus anos em Quarry Bank: parceiros no crime, risadas o tempo todo, subindo e afundando juntos, brigando entre si quando não estavam brigando com outros, andando de bicicleta até Menlove (e de volta), tão inseparáveis que alguns os chamavam de LennonShotton ou Shennon e Lotton. De acordo com Pete, John sentia a necessidade de ter um parceiro: "Ele sempre precisava de apoio. Nunca se apresentaria por conta própria. Ele sempre precisava ter um coadjuvante". Michael Hill, assim como John, saiu da Dovedale Road e foi para a Quarry Bank – ele disse que, apesar de John e Pete serem próximos, John era, sem dúvida, o líder. "Sempre foi 'Lennon e Shotton', nunca 'Shotton e Lennon'. Pete tinha talento próprio, mas era um acólito de John. Todos nós éramos."[47]

Seria um choque e tanto descobrir que a Quarry Bank planejava educar os rapazes, que eles teriam que trabalhar, e trabalhar duro, continuamente, por anos. Inaugurada em 1922, a escola tinha uma reputação de conquistas de grande valor, enviando seus rapazes para Oxford e Cambridge. Os professores eram "mestres" e trajavam batas, alguns usavam um capelo. Os meninos se referiam a eles como "Senhor", mas eles eram conhecidos apenas por seus sobrenomes. O lugar seguia uma linha próxima à da escola pública – os monitores tinham o direito de bater nos meninos com um tênis e, assim como os mestres, podiam emitir detenções. O diretor, E. R. Taylor, era um pastor leigo que fazia tudo com "fortes valores cristãos", incluindo a surra de vara. O lema da escola era *Ex Hoc Metallo Virtutem* – algo como "nesta mina, a virtude é forjada". O fundador da escola, R. F. Bailey, o único diretor a anteceder Taylor, escreveu a letra de "The Song of the Quarry", o hino escolar que todos os meninos aprendiam e cantavam uma vez por período, e uma vez no evento anual de premiação no Philharmonic Hall da cidade. Sua partitura musical indica que o hino deve ser cantado de modo *vigoroso*, e a estrofe inicial é a seguinte:

Quarry men old before our birth
Straining each muscle and sinew
Toiling together, Mother Earth
Conquered the Rock that was in you.

(Trabalhadores da pedreira, velhos antes de nascermos
Esforçando cada músculo e tendão.
Trabalhando junto, Mãe Terra
Conquistou a Rocha que estava em você.)

Meninos do primeiro ano não eram agrupados por habilidade, mas seu desempenho durante os dez primeiros meses ditava onde eles ficariam depois. John fez um trabalho excelente, mas, ao fim do primeiro ano, apesar de ser o melhor em arte, já tinha acumulado detenções – 20 apenas no período de verão – e terminou na 23ª posição, dentre 33 alunos. Ele não conseguiu chegar ao grupo A para o ano seguinte – ficaria no IIB. Shotton também desceu com ele.

O que aconteceu? Além de seu comportamento típico, duas coisas específicas. Primeiro, John passou pelo início antecipado de sua puberdade e sua mente ficou ocupada com outras coisas. O sexo consumiria seus pensamentos enquanto acordado (e seu sonambulismo enquanto dormia) daquele momento até o fim de seus dias; ele seria uma criatura sexual a ponto de amaldiçoar sua condição.[48]

Segundo, John tinha formado outra gangue, com membros da escola, paralelamente ao seu grupo de Vale Road, e ele estava determinado a ser um exemplo. "Eu queria que todo mundo fizesse o que eu mandava", Lennon explicou, "que dessem risada das minhas piadas e me deixassem ser o chefe". Michael Hill lembra de John como "o palhaço chefe. Ele conseguia fazer a sala inteira chorar de rir e o professor chorar de desespero. Em retrospecto, era uma coisa horrível. Os professores tinham que manter a disciplina, mas, se nos oferecessem um dedo, agarrávamos o braço inteiro".[49]

A maior nuvem no horizonte de um menino dos anos 1950 era a convocação ao National Service, o alistamento militar. Você podia usar nomes diferentes para aquilo, mas não podia evitar: todos os rapazes entre 18 e 21 anos de idade tinham que servir por dois anos nas forças armadas – 18 meses em serviço ativo e seis meses na reserva. Documentos de convocação chegavam logo após o aniversário de 18 anos. Um oficial do exército foi à Quarry Bank para dar uma palestra sobre o assunto. John Lennon e Richy Starkey, ambos nascidos em 1940, já estavam pensando em formas de escapar do serviço.

O plano de John era sair do país: "Eu sempre pensava que poderia ir para o sul da Irlanda se precisasse [mas] eu não sabia o que faria lá, não planejei tanto assim" (ele seria preso ao voltar a seu país). Richy também estava desesperado para evitar a temida carta – "O último lugar para o qual eu queria ir era o exército" – e ele certamente teria escapado com algum motivo médico. George Harrison logo estava jurando a si mesmo que evitaria o serviço de qualquer forma: "Quando eu tinha cerca de 12 anos, decidi que não iria para o exército". Paul McCartney esperava escapar, mas estava conscientemente se preparando para servir. Na floresta perto do rio Mersey, ele subia em árvores para espiar as pessoas, usava galhos como baionetas e se imaginava furando outro homem. Ele matava sapos e os pendurava no arame farpado, chamando-os de "Johnny Rebs", inspirado no linguajar dos filmes da Guerra Civil Americana. Paul levou Mike até o lugar para mostrar os sapos e ele ficou horrorizado.[50]

Aquele foi um período-chave na vida de Paul. Ele fez o teste *Eleven Plus* em fevereiro de 1953, no Liverpool Institute. Foi uma experiência assustadora chegar à entrada gigantesca do lugar, passar por seus portões de ferro forjado e entrar em seu corredor com pilares de mármore. Mas ele passou no teste e seria um pupilo do instituto em setembro.

Nessa época, Jim e Mary queriam que Paul tivesse aulas de piano, para aperfeiçoar seu talento musical nato. No começo, o professor ia até Ardwick Road, mas as crianças da vizinhança sempre batiam à porta para convidar Paul para brincar, então Jim disse que ele deveria ir à casa do professor. Ser obrigado a frequentar um lugar ao qual não queria ir e fazer algo que não desejava acionou os freios. Paul estava feliz tocando o piano do seu jeito, não como outra pessoa; ele queria aprender músicas, não ser forçado a ler partituras, e certamente não queria se dar ao trabalho de "aprender pontinhos". O fim chegou quando ele recebeu dever de casa. O dever de casa da escola já era ruim o suficiente, mas era obrigatório – a música não era. Paul abandonou as aulas após quatro ou cinco semanas, alegando que a casa do professor "tinha cheiro de gente velha". Jim refletiu: "Ele sempre parecia saber exatamente o que queria e geralmente sabia como conseguir".[51]

Paul também fracassou em um teste para se tornar corista na Catedral de Liverpool. A ideia de que Paul deveria entrar para a Liverpool Cathedral Choristers' Guild (Guilda de Coristas da Catedral de Liverpool) foi de Jim – ele tinha certeza de que a voz de seu filho era boa o suficiente. Então, lá estava Paul, em abril de 1953, devidamente alinhado com os outros meninos que esperavam para fazer seus testes, um a um, com o maestro Ronald Woan. Depois, Jim descobriria o que aconteceu: Paul não fracassou por não conseguir cantar, mas porque "ele intencionalmente desafinou sua voz". Foi um sutil ato de rebeldia – mas o resultado acabou sendo o melhor para ele. Se Paul tivesse passado no teste, todos os eventos seguintes poderiam ter sido muito diferentes, pois participar do coral significava uma agenda ocupada, cheia de compromissos, por pelo menos três anos, talvez até mais.[52]

Então, em 2 de junho, veio a coroação da rainha Elizabeth II, que levou os McCartney a alugarem sua primeira televisão – por sinal, a primeira da rua. Todos os vizinhos e seus filhos foram convidados para assistir à cobertura da BBC, durando sete horas. Paul foi premiado pela Liverpool Public Libraries por uma redação que fez em antecipação ao espetáculo em Londres ("após todo esse trabalho, muitas pessoas vão concordar que valeu muito a pena"). Ele recebeu seu prêmio numa cerimônia em Picton Hall, o esplêndido salão circular de leitura, em frente ao Empire Theatre. Era um evento prestigioso, quando o prefeito anunciou: "E, na categoria até 11 anos de idade, da escola Joseph Williams em Gateacre, J. P. McCartney". Paul teve que subir ao palco, mas seus joelhos estavam "moles". "Foi minha primeira experiência de ficar nervoso", ele recordou. "Eu tremia feito gelatina."[53]

Paul começou sua nova vida e sua nova jornada diária em 9 de setembro – ele estava indo para a cidade. O lema em latim da Liverpool Institute High School for Boys era *Non Nobis Solum Sed Toti Mundo Nati* – traduzido como "Não por nós mesmos, mas por todo o mundo nascemos". Claramente, era uma escola que se levava um tanto a sério. Muitos tinham esperanças de que Paul se tornasse médico, e Jim achava que o filho seria um cientista, mas, primeiro, Paul tinha que achar seu caminho no que a revista *Liverpool and Merseyside Illustrated* chamava de "um prédio lotado e antiquíssimo".[54] A escola abriu em 1837, ano da ascensão da rainha Victoria, e era uma confusão de passagens e escadarias escuras e úmidas. Charles Dickens discursou em um evento lá, em 1844. Ao lado, ficava a Liverpool College of Art; era a mesma escola até 1890, quando suas portas foram lacradas e as escolas, separadas. O diretor era literalmente um vitoriano: John "Jack" Edwards, conhecido pelos garotos como The Baz, um indivíduo temido, rígido e sem senso de humor, determinado a levar todos os alunos da escola a Oxford ou Cambridge. Um bom tanto ia, mas aqueles que não conseguiam eram desprezados como um desperdício de tempo para todos.[55]

Os alunos ficavam na *Lower School* (Escola Inferior) pelos primeiros três anos – e começavam o que era confusamente chamado de "o terceiro ano". Paul começou no grupo 3C, uma decisão arbitrária, após a qual os estudantes eram separados de acordo com suas habilidades. Em seu primeiro ano, ele teve um desempenho mediano, chegando à 12ª colocação – uma conquista e tanto, considerando que seus colegas estavam entre os meninos mais inteligentes da cidade e Paul sempre foi um dos mais jovens de seu ano. Ele também era popular. Naturalmente engraçado, Paul mostrava talento para imitar vozes, especialmente dos professores, e desenhava cartuns divertidos que eram passados pela sala, rendendo risadas. Alguns amigos o chamavam de Macca – o apelido era comum em muitas crianças de Liverpool cujo sobrenome começava com Mc ou Mac. Um menino com quem fez amizade era um dos melhores amigos de John Lennon, Ivan Vaughan, às vezes apelidado de Ive ou Ivy. Ele estava no Liverpool Institute apenas *por causa* de John: sua mãe decidira que ele não poderia estudar na Quarry Bank porque "aquele Lennon" atrapalharia seus estudos. Outro garoto que ingressou no Institute em setembro de 1953 foi Neil Aspinall, apelidado de Nell, de West Derby, ao norte de Liverpool. Ele também estava no 3C, mas, naquela época, apenas cumprimentava Paul.

A impressão geral que Paul teve do Institute foi sucinta e verdadeira: "Não gostei muito do lugar, mas também não o odiei, cheguei a gostar de algumas partes. O que eu não gostava era que me mandavam fazer coisas".[56] Um aspecto particularmente interessante era sua localização. Até aquela época, a vida de Paul tinha acontecido nos subúrbios, agora, ele estava no centro da ação. A escola ficava em uma das melhores partes de Liverpool, próximo à Hope Street, uma bela via com a

Catedral de Liverpool em uma ponta, a casa de shows Philharmonic Hall no meio do caminho e um cinema *art house* chamado Hope Hall na outra ponta. Era perto de Canning Street, o "canto artístico", povoado pelos boêmios que estudavam ou ensinavam na escola de arte, ou não faziam muito além de beber nos pubs locais. Descendo a colina íngreme, Paul chegava às ruas principais da cidade: para ele, era uma injeção de adrenalina passar tempo sozinho lá, se divertindo com a conversa fiada dos mercadores do St. John's Market, assistindo a um contorcionista se retorcendo até se livrar de suas correntes na frente do Adelphi Hotel, e vendo o show *Codman's Punch and Judy*, que foi um clássico da estação Lime Street por décadas.

A primeira vez de George Harrison no Liverpool Institute foi em fevereiro de 1954, para fazer seu teste *Eleven Plus*. Apesar de ele se sair bem na Dovedale Road, ninguém tinha certeza se o garoto teria nota para entrar na escola de gramática. Sua irmã conseguiu, seus irmãos Harry e Peter não. No dia seguinte, quando seu professor em Dovedale perguntou aos alunos quem achava que tinha passado, George não levantou a mão. Mas ele passou, a partir de setembro iniciaria seus estudos no Institute, onde ficaria por pelo menos cinco anos, talvez sete ou oito.

George tinha cabelo loiro desde que nascera, mas agora estava ficando castanho e era uma batalha toda vez que tinha que cortar o cabelo: ele sempre reclamava quando o obrigavam a fazer um corte. Ele estava se tornando um jovem autossuficiente, com seus próprios pontos de vista. As crianças frequentemente ouviam que precisavam "respeitar os mais velhos e experientes", mas George nem sempre achava que eles *mereciam* respeito. Era um cético nato, com seus motivos para desprezar alguns de seus professores, e estava passando por uma rápida perda de fé na Igreja Católica, em razão da forma como ela o tentava controlar. Louise mandava George à missa com frequência variada, durante toda a sua vida, na igreja Our Lady of Good Help, em Wavertree, onde ele também começou a se confessar desde jovem, admitindo seus "pecados" mais recentes para o padre. Aos 11 anos, ele participou de sua cerimônia de primeira comunhão – mas, naquela idade, em suas próprias palavras, ele já sentia "que tinha um tanto de hipocrisia acontecendo por lá".[57]

George observou o comportamento de pessoas supostamente tementes a Deus – como, por exemplo, os homens que eram obrigados a ir à igreja, mas prefeririam estar bebendo em algum lugar. "Quando eu tinha mais ou menos 11 anos, estava sentado na igreja com um monte de pessoas que poderiam muito bem estar no bar Red Lion." Ele ouvia os adultos comentando suspeitas de infidelidade. "Eu sempre lembro de eles dizendo, 'você não vai acreditar, a sra. Jones está saindo com o sr. Badger, é uma dissimulada!'." Ele também reparou como, quando os padres iam a Upton Green, batendo de porta em porta para arrecadar fundos para a construção de uma nova igreja, muitos (incluindo os Harrison) fingiam que não estavam em casa, apagavam as luzes e ficavam em silêncio absoluto até o mensageiro de Deus ir embora.

George estava começando a rejeitar a forma de religião organizada que ele conhecia, mas deixou a porta aberta para Deus. "A única coisa que me interessava na igreja eram as pinturas a óleo de Cristo sofrendo para subir a colina, com a cruz sobre as costas. Eu pensava: 'Tem alguma coisa interessante aqui'. Mas o resto do lugar, o padre, as pessoas, eu achava tudo aquilo bobo. [Eu pensava] 'Não consigo aprender nada com isso!'." Ele ainda teria que passar pela crisma após a primeira comunhão, mas George largou a religião. "A partir dali, eu evitei a igreja."[58]

3
"Tá olhando o quê?" (1954-55)

É simplista dizer que a moda para pessoas mais jovens não existia antes dos anos 1950 – que crianças chegavam aos 18 anos, então passavam a se vestir como seus pais –, mas a verdade era basicamente essa. O terno e a gravata eram mantidos diariamente em quase todos os lugares, por homens de quase todas as faixas etárias. Jim McCartney, George Smith, Harry Harrison e Harry Graves vestiam suas camisas e suas gravatas, ou algo igualmente sóbrio, em casa, à noite, aos fins de semana, e certamente quando saíam, e quase todo homem tinha cabelo bem curto, que era repartido assiduamente com um pente ou uma escova e fixado com brilhantina.

Em Londres, por volta de 1948, havia uma tendência entre os guardas públicos de classe mais alta, de vestirem casacos de fraque com golas de veludo e coletes trespassados, ecoando o estilo da realeza, de políticos e empresários da era eduardiana (e anteriores). No início dos anos 1950, esse estilo foi adotado por gangues de jovens da classe trabalhadora em Londres, só que eles não roubaram a tendência – eles a subverteram, estendendo o comprimento do casaco até as pontas dos dedos e os joelhos, da mesma forma que os *zoot suits* americanos.* Em maio de 1952, uma propaganda no jornal *Daily Mirror* vendia "sapatos com solado em crepe, em 18 estilos diferentes", com a ilustração de um jovem casal dançando ao som de uma banda de jazz e uma frase que anunciava: "As modas do tempo do avô não são para ele". Esses sapatos, conhecidos como "*brothel creepers*" (rastejadores de bordel), combinavam maravilhosamente bem com os casacos eduardia-

* Adotado no fim dos anos 1930 e na década de 1940 por jovens estadunidenses de ascendência italiana ou hispânica, bem como por negros, o *zoot suit* era composto de calças largas e afuniladas, de cintura alta, e um longo paletó com lapelas e ombreiras largas.

nos, e o traje ficava completo com as calças apertadas ao estilo "*drainpipe*" (ou cano d'água, que ficariam conhecidas em Liverpool como "*drainies*"); gravatas de caubói "*Slim Jim*"; casacos de fraque apertados; meias fosforescentes; e a cereja do bolo, o cabelo penteado para trás, formando um topete, que era fixado com a quantidade de brilhantina que fosse necessária. Atrás, o cabelo era separado e fixado, com mais brilhantina, em duas direções, um estilo cujo nome veio daquilo que mais se assemelhava ao penteado – na Inglaterra, "*duck's arse*"; nos EUA, "*duck's ass*" ou "*ducktail*" (rabo de pato). Foi abreviado como "DA". (O ator de cinema estadunidense Tony Curtis, popular entre jovens do Reino Unido, foi a principal influência: o povo se referia ao "estilo Tony Curtis".) Finalmente, o eduardiano de 1950 sempre levava consigo um pente, para deixar seu cabelo em ordem, e era melhor ainda se fosse de metal, pois assim também poderia ser usado como arma.

Os jovens eduardianos começaram a andar pelas ruas em gangues, rigorosamente restritas de acordo com os pequenos distritos ou regiões, e havia brigas com qualquer um que viesse de outro território. A delinquência juvenil estava constantemente nos noticiários do pós-guerra, mas as atividades dos jovens eduardianos eram consideradas sem importância até janeiro de 1953, quando um jovem analfabeto de 19 anos, o londrino Derek Bentley, foi julgado e condenado pelo crime de assassinar um policial desarmado, tendo sido enforcado por seu crime. O assunto foi debatido por muito tempo e a imprensa popular, notando a aparência de Bentley, começou a chamar os eduardianos de "Teddy Boys". A partir daquele momento, os jovens delinquentes eram Teddy Boys, e Teddy Boys era sinônimo de jovens delinquentes: as duas coisas estavam entrelaçadas.[1]

Esse exército das ruas, fortemente ligado ao seu estilo de vestimenta, logo virou o bode expiatório das dificuldades da sociedade, o mal da época, a causa de todos os problemas. Era um argumento injusto e ilógico, mas defender esse pensamento com muito vigor obscureceria o fato de que muitos Teds gostavam de encrenca, e vários carregavam canivetes, socos-ingleses, cintos cravejados ou correntes de bicicleta. Poucos eram anjos, independentemente do quanto amassem suas mães. Se você visse um Ted vindo em sua direção na rua, sempre era uma boa ideia fugir.

Inevitavelmente, quanto mais os Teddy Boys viravam o maior inimigo público, mais pessoas achavam a ideia atraente. Adotar a moda dos odiados era uma crítica afirmação adolescente. De repente, Teddy Boys apareceram por toda a Inglaterra, sobretudo em lugares socialmente desamparados – e havia muitos locais assim. Em Liverpool, gangues de Teds andavam por quase todos os pequenos distritos – e quando Speke não tinha mais como piorar, os Teds conseguiram agravar a situação.

> George: Eu era pequeno, [mas] eu corria bem – eu via um bando deles vindo, e evitava aquele tipo de situação. Só teve uma ou outra vez que eu quase apanhei.
> Paul: [Falavam] "Tá olhando o quê?" E se você respondesse errado, de qualquer jeito, era porrada.[2]

Outro grande problema da época era a sorrateira americanização da sociedade britânica. Adultos viam o fato como algo nocivo, mas os jovens adoravam. "Éramos como o 59º estado, na Inglaterra", John Lennon afirmou. "Tínhamos os filmes de Doris Day e feijões Heinz (achávamos que eram da Inglaterra). Eu cresci com a cultura americana."[3] Todos cresceram, especialmente quando se tratava de filmes e música.

No início do verão de 1953, John, Pete, Nige e Ivan estavam em seu novo lugar favorito: um outeiro coberto de grama e banhado pela sombra de árvores no Calderstones Park, que eles chamavam de The Bank. Eles se sentavam lá e faziam o que garotos fazem: brincavam, falavam baboseiras, fumavam *Woodies* ("John sempre dizia: 'Dá um cigarro pra nós'", lembra Nigel Walley), se provocavam e davam socos uns nos outros, sempre ficando de olho no estraga-prazeres que era o guardião do parque (eles o chamavam de "*parkie*"). Garotas não eram convidadas, mas, de acordo com Pete Shotton, "havia um fluxo constante delas querendo flertar com John".[4] Por mais bruto e incisivo que fosse, John era um ímã para as "gatinhas".

Mas o território do Bank era apenas para rapazes. John tinha a gaita e liderava os garotos ao cantarem, juntos, recentes sucessos americanos (tornados britânicos) como "Cool Water", de Frankie Laine, e pelo menos três canções de Johnnie Ray: "Walkin' My Baby Back Home", "The Little White Cloud That Cried" e "Somebody Stole My Gal". Aqui, John Lennon e a música pop foram conectados, decisivamente, pela primeira vez.[5] Ele gostava de Laine e Ray, da mesma forma que apreciava "Sh-Boom", dos Crew-Cuts, e quando Tennessee Ernie Ford teve seu sucesso "Give Me Your Word" na primeira posição, Lennon também passou a gostar dele; além disso, ele apreciava "Caribbean", de Mitchell Toroko, um sucesso country que alcançou a primeira posição nos EUA em 1953 e chegou aos ouvidos de John por algum meio desconhecido.

Por volta daquela época, John passou a ver sua mãe novamente. Nunca se saberá bem ao certo quanto contato eles tiveram nos anos anteriores – aconteceu, mas não foi com frequência.[6] Foi o primo de John, Stanley, vindo de Edimburgo, quem decidiu agir e deixou John acompanhá-lo numa visita a Julia na Blomfield Road. Eles não contaram a Mimi sobre o encontro.

Sem dúvida, era maravilhoso para John finalmente voltar a ter um relacionamento de verdade com sua "Mamãe" após tantos anos, mas é provável que também tenha sido uma época de grande confusão. Uma vez, ele comentou como Julia mais parecia "uma tia jovem, ou uma irmã mais velha" para ele, como se os papéis de Mimi e Julia tivessem sido trocados em sua mente.[7] Ele deixou claros seus sentimentos sobre o homem com quem ela vivia: não gostava muito dele, da mesma forma que não gostava de Taffy Williams. Na frente dele, John o chamava de Bobby; pelas suas costas, e para outras pessoas, o chamava de "*Twitchy*" (Nervoso), tirando sarro do tique nervoso e das limpadas de garganta que ele fazia.

A educação de John estava indo por água abaixo. Seu boletim de julho de 1954 o colocava na 30ª posição dentre os 34 garotos que estavam em sua turma. Ele escapou, por pouco, de ser rebaixado e continuou no grupo B durante o terceiro ano. Aos olhos de Mimi, ele estava sendo "preguiçoso"; porém, em alguns aspectos, John era mais do que ativo. Ele tinha começado a criar desenhos com legendas em pedaços de papel, que eram passados em segredo pela sala durante as aulas, de forma similar ao que Paul fazia no Institute. Muitos desses desenhos eram bem criativos: um exemplo típico trazia uma mulher com um carrinho de bebê e dez crianças pequenas, com seu marido balbuciando: "Mas eu te amo, querida". A influência artística era o cartunista estadunidense James Thurber, as ideias vinham de Milligan e do "Professor" Stanley Unwin, o humorista que falava em um inglês desfigurado, conhecido aos seus aficionados (e John era um deles) como "*gobbledegook*". Não levou muito tempo até aqueles pedaços de papel evoluírem e se tornarem o próprio jornal de John, *Daily Howl*, um livro de exercícios da escola com uma capa ilustrada e página atrás de página de piadas de uma frase só, trocadilhos excêntricos, propagandas falsas, cartuns, e a primeira evidência de sua duradoura obsessão por negros, judeus e seres humanos grotescos. John escrevia seu material em casa, à noite, e levava o livro à escola na manhã seguinte, para ser lido em voz alta e passado pela sala – depois de ser confiscado pelos professores, era fonte de diversão para os funcionários da Quarry Bank, até John receber o caderno de novo, no fim das aulas.

Fora da escola, quando não estava brigando, o principal objetivo de John era dar risadas. Michael Hill lembra como Lennon esperava no ponto de ônibus com uma bota de borracha em um pé e uma chuteira no outro, ou como ele colocava sua perna para fora da janela do ônibus. Nigel Walley disse: "Ele ia ao andar de cima do ônibus e gritava, 'Todos, mudem de lugar!', e as pessoas rapidamente desciam para o andar de baixo; ou 'Todos os bilhetes, por favor!', e todo mundo começava a procurar seus bilhetes. Então, ele apenas se sentava, enquanto alguém resmungava, 'Malditos adolescentes'".

Essa palavra, *teenager* (adolescente), era uma nova invenção dos EUA e tinha chegado após outras tentativas, como "*teenster*" e "*teener*". Richy Starkey se tornou um em julho de 1953 e tinha uma nova ambição: ser nômade. Se ele não pudesse passear pelas vastas pradarias com seus amigos, ele perambularia pelas estradas da Inglaterra como Dick Whittington. Ou então, outro plano: fugir para o mar. Ele tinha ouvido falar que era possível escapar do alistamento se servisse oito anos ininterruptos na marinha mercante – era uma das poucas isenções. Richy começou sua preparação se juntando aos Dingle Sea Scouts, mas logo o tiraram do grupo. "Eu fui expulso porque fugi com um rifle. Eu nunca tinha visto um barco. Eu nunca passava muito tempo fazendo qualquer coisa. Eu sempre fazia algo que irritava as pessoas."[8]

Ele evitava a escola o máximo possível. O único relato documentado de seus anos em Dingle Vale, do Natal de 1952, mostra que, nos três meses após setembro, ele esteve ausente 34 vezes, o que significava que ele compareceu ao mesmo número de aulas que faltou.[9] O professor que cuidava de sua turma escreveu: "Um rapaz quieto e pensativo, apesar de trabalhar devagar. O desempenho acadêmico certamente melhorará com o tempo, pois ele está dando o seu melhor. Prestativo e disposto". Ele estava na 23ª posição de 39 em sua turma. Mas Richy ganhou nota A em teatro ("Ele se interessa de verdade e se saiu muito bem") porque amava interpretar papéis – uma característica que adquiriu após anos vendo filmes aos sábados de manhã.

Richy tinha que percorrer um longo trajeto a pé quando ia para a escola, da ponta nordeste de Dingle até o canto sudoeste da região. Sua rota usual o levava pela Park Road, onde havia lojas, e, um dia – por volta do início de 1954 –, ele parou na frente de uma loja de música e encarou um tambor na vitrine. "Eles tinham guitarras, banjos, bandolins, acordeões e coisas do tipo, mas aquele tambor, apenas um tom-tom, me deixava louco. Eu amava aquilo e passava lá para olhar aquele tom-tom, todo dia, no caminho de ida e volta da escola."[10] O tambor era caro, mais do que sua família poderia pagar, mas a ideia de tê-lo, de bater um som nele, não saía de sua mente. "Eu não conseguia me conformar com o preço. Mas eu também não conseguia deixar para lá a ideia de ter um tambor. Não sei por quê." Richy havia ganhado vários instrumentos musicais em sua infância – ele não pediu nenhum, nem tinha se dado ao trabalho de fazer algo com eles, mas o tambor foi o primeiro que *ele* quis. Como Richy declarou posteriormente: "Nunca houve outro instrumento... eu queria ser um baterista".[11]

Naquela época, dez anos após se separarem, Elsie e Richard Starkey finalmente se divorciaram e ambos se casaram com outras pessoas até o fim do ano. Em 17 de abril, Elsie oficializou seu relacionamento com Harry Graves em uma cerimônia no novo cartório em Mount Pleasant, um pouco além do centro da cidade. A família Graves veio de Londres para a ocasião e houve uma bela festa naquela noite, *cockneys* em Dingle, cerveja à vontade, as antigas canções sendo cantadas, talvez um soco ou outro no meio da alegria entorpecida. Richy foi importante naquele dia. Elsie tinha pedido permissão para tudo aquilo, dizendo que ela não casaria se o filho não aprovasse. Era um grande fardo para ombros pequenos – Richy teria que dividir a atenção da mãe e, talvez em breve, competir com um novo irmão ou irmã. Elsie tinha apenas 39 anos. No entanto, Richy amou Harry desde o princípio, acolhendo seu jeito gentil e generoso. Então ele aceitou o casamento e Harry passou a ser seu padrasto de verdade. Richy não o chamava de pai, apenas de Harry, e passou a chamar a mãe de Elsie. Eles eram, oficialmente, seus pais, mesmo que seu sobrenome fosse diferente. Harry se mudou para a 10 Admiral Grove, e a minúscula casa passou a abrigar três pessoas.

Mas por pouco tempo.

Em maio ou junho de 1954, Richy adoeceu gravemente de novo. O problema daquela vez era pleurisia, e Lázaro ficou, novamente, longe da escola e internado no Royal Liverpool Children's Hospital, onde tinha sobrevivido entre 1947 e 1948. Nessa segunda ocasião, ficou lá por dez semanas, durante as quais seu problema se agravou e virou tuberculose. Liverpool era um lugar muito ruim para a tuberculose: as emissões das indústrias causavam uma das maiores taxas de incidência da doença na Europa. A única cura era um longo período de descanso em um local com ar mais puro, então Richy foi enviado ao posto de recuperação do hospital em Heswall, na arborizada região de Wirral, do outro lado do Rio Mersey.

Sua recuperação prometia ser um processo vagaroso. Ninguém tinha ideia de quando ele receberia alta – um ano, talvez dois? – e isso martelou o último prego no caixão de sua educação formal. Reconhecendo sua condição problemática, assim como a situação de outros jovens enfermos, o hospital providenciou professores vocacionais para suas alas. Richy aprendeu a tricotar, pintou, confeccionou cestas e fez uma fazenda-ilha em papel machê. O mais surpreendente foi que uma professora de música ia à ala a cada quinzena, com uma coleção de instrumentos de percussão. Ela distribuía pandeiros, pratos, triângulos, maracas e tambores de seis polegadas e montava um cavalete sobre o qual colocava uma grande partitura musical, demarcando as notas com cores diferentes; quando ela apontava para as notas em vermelho, as crianças com tambores tinham que bater nos instrumentos, as notas em verde significavam chacoalhar o pandeiro, e assim por diante, na esperança de que a combinação de tanta cacofonia se aproximaria de "Three Blind Mice" ou "London Bridge Is Falling Down".[12] Richy foi obstinado e se recusava a participar se a professora não lhe desse um tambor. Foi a primeira vez que ele pegou numa baqueta e a primeira vez que ele bateu em um tambor de verdade. O sonho que ele concebera numa vitrine em Dingle se tornou realidade num hospital em Heswall, e foi amor à primeira batida.

Em Liverpool, em 5 de julho de 1954, Richy Starkey estava no hospital, John Lennon estava tumultuando Quarry Bank, Paul McCartney estava terminando seu primeiro ano no Institute e George Harrison estava a dez dias de encerrar o Ensino Fundamental... enquanto isso, em Memphis, um cantor e violonista de

19 anos estava gravando uma sessão no estúdio musical de Sam Phillips, na 706 Union Avenue. Durante algumas horas, colaborando com os músicos locais Scotty Moore (guitarra) e Bill Black (contrabaixo), o jovem gravou quatro músicas. Ninguém se parecia com ele, se vestia como ele, soava como ele, ou tinha um nome parecido com o dele. Ele era Elvis Presley.

Phillips tinha aberto seu estúdio quatro anos antes e rezava para que aquilo acontecesse: um rapaz branco que cantasse country, blues, qualquer coisa, com uma voz tão rítmica, tão cheia de vida, afinada, dinâmica e eletrizante quanto as melhores que ele já tinha ouvido. Quando Elvis entrou no estúdio pela primeira vez e a recepcionista perguntou que tipo de cantor ele era, se sua voz se parecia com a de algum cantor, o rapaz resmungou: "Eu não soo como ninguém". Era uma afirmação modesta, não impertinente, e obviamente verdadeira. Em 19 de julho de 1954, enquanto preparava um contrato de dois anos para Elvis assinar, Phillips lançava o primeiro disco do rapaz, "That's All Right" c/w "Blue Moon of Kentucky"* (Sun 209, selo amarelo-claro). O lado A – também conhecido como "That's All Right Mama" – era originalmente um blues elétrico composto por Arthur "Big Boy" Crudup, um guitarrista negro do Delta do Mississippi; "Blue Moon of Kentucky" era uma valsa da estrela do country Bill Monroe and his Bluegrass Boys. Elvis, Scotty e Bill tocaram as músicas num andamento mais acelerado que o normal, e Phillips as gravou numa única trilha de fita, ao vivo, sem *overdubs*, mas repletas de "*slap echo*" (também conhecido como "*slapback*", efeito criado pela fita ao enviar o sinal de saída de reprodução de volta ao cabeçote de gravação, onde o atraso de uma fração de um segundo entre os dois áudios causa um efeito de eco).

Em uma resenha do disco novo, a revista *Billboard* – uma das duas principais publicações musicais semanais dos EUA, ao lado de *Cash Box* – declarou que Presley era "um potente novo cantor". Em sua primeira aparição no palco, em 30 de julho, ele demonstrou um comportamento *selvagem*, chacoalhando as pernas, girando os quadris, movendo sua pélvis e fazendo beiço com o lábio superior. As notícias se espalharam rápido: o rapaz tinha uma imagem sexual perigosa, além

---

* Havia dois padrões na indústria musical para se referir aos lados A e B de um single: c/w (que significa *coupled with*, ou "combinado com") e b/w (*backed with*, ou "apoiado por"). Este livro utilizará c/w.

do som único. Quanto mais as estações de rádio de Memphis tocavam o disco, mais encomendas chegavam para a Sun.

Três meses antes disso, em 12 de abril, a banda Bill Haley and His Comets tinha entrado no estúdio Pythian Temple, na West 70th Street, em Manhattan, e gravado "Rock Around the Clock" – a música que acenderia o pavio daquilo que, nos EUA, estava começando a ser chamado de "rock and roll". O termo já existia havia décadas e significava coisas diferentes para pessoas diferentes. No gospel dos negros, significava acolhimento amoroso e o poder de Jesus e Deus; para outros negros, significava *sexo* – era um sinônimo de "trepar". O som em si era, majoritariamente, rhythm & blues – escrito, tocado e cantado por artistas negros para uma plateia negra –, música que era confiante, determinada, excitante e irresistível, sons que exalavam ginga, ritmos e batidas, com vocais acentuados que falavam de vida, amor e sexo. Era chamado de "rock and roll" por Alan Freed, um DJ branco de Cleveland, Ohio, entusiasticamente fanático, cuja incessante promoção da música que ele amava passava por cima das convenções da época. Isso resultou em uma integração racial sem paralelo.* Um sucesso enorme em Cleveland desde 1951, Freed se transferiu em 1954 para a poderosa WINS, estação AM de Nova York, onde ele tocava rock'n'roll por toda a Costa Oeste graças a seu transmissor de 50 mil watts.

Bill Haley era um guitarrista, cantor e antigo campeão de canto tirolês do estado de Indiana. Ele sentiu a mudança que estava chegando e trocou da música de caubói e "ginga do Oeste" para a música com solos de guitarra e linhas de baixo poderosas. Fazendo seu penteado distinto com uma volta ao estilo *kiss curl*, Haley entrou no ritmo e mudou o nome de seu grupo de Saddlemen para the Comets.** Eles atacaram "Rock Around the Clock" desde a primeira batida dupla na caixa, mantendo um andamento firme durante a música toda, além de um exótico solo de guitarra elétrica na ponte. A banda inteira se balançava numa combinação tão contagiante que o significado de *rock* (balançar) no títu-

---

* Não importava se você escrevia como "rock and roll" ou "rock'n'roll", contanto que entendesse a batida. O próprio Freed escrevia (na maioria das vezes) "rock and roll".

** Uma cirurgia durante a infância tinha deixado Haley cego do olho esquerdo, que acabou ficando diferente do direito. O penteado *kiss curl* tinha a intenção de dissimular esse fato.

lo da canção nem foi considerado – Haley estava sugerindo *fazer festa* por 12 horas, ou *atividades no quarto*?

Naquele momento, poucos ouviram a música. Era apenas um lado B, capturado em duas tomadas, nos últimos 30 minutos de uma sessão de três horas. O disco foi lançado nos EUA em maio e não teve uma grande recepção. Assim como o single de Elvis, não foi lançado no Reino Unido naquela época, e ninguém percebia uma revolução musical no horizonte.

Finalmente, mas também de forma muito importante, outro disco que aos poucos provocou uma revolução foi gravado em Londres, em 13 de julho, oito dias após Elvis fazer "That's All Right Mama" em Memphis. Era um dia qualquer no estúdio da Decca em West Hampstead, e a Chris Barber's Jazz Band entrou lá para gravar um LP de dez polegadas, *New Orleans Joys*. Um elemento popular dos shows ao vivo de Barber, desde 1952, era um trecho suplementar em suas músicas, no qual alguns de seus músicos faziam um skiffle, um som de banda de jazz liderado por uma guitarra elétrica, originado nos anos 1920 nos bairros negros de Chicago – música para ganhar uns trocados em festas, tocada em instrumentos básicos. O cantor e guitarrista de Barber, Lonnie Donegan, e dois outros (Barber no contrabaixo, Beryl Bryden na *washboard**) rapidamente gravaram cinco músicas, incluindo aquela que Richy Starkey cantava nas festas em Liverpool, "Nobody's Child", e outra chamada "Rock Island Line", uma música que iniciava lentamente, depois acelerava, e falava sobre um trecho da ferrovia Chicago Rock Island & Pacific. *New Orleans Joys* foi lançado e vendido para os poucos britânicos aficionados por jazz que tinham os meios para comprar um LP, e foi só... pelo menos, por ora.

George Harrison, um dos muitos meninos britânicos cujas vidas seriam mudadas por Donegan, saiu da escola Dovedale Road dois dias depois; como outros em sua situação, ele ficou decepcionado quando o diretor lhes disse que, apesar de serem as crianças mais velhas da sua escola naquele momento, voltariam a ser as me-

* A *washboard* é um instrumento musical que muito se assemelha, como o próprio nome diz, a uma tábua de lavar roupa. Apesar de sua versão original ser o próprio utensílio doméstico, existem *washboards* que são utilizadas apenas como instrumento musical, não sendo literalmente tábuas de lavar roupa. [N.T.]

nores quando ingressassem na nova. "Parecia um desperdício, após tanto esforço para ser um dos maiores da escola", George refletiu.[13]

George odiou o Liverpool Institute desde o início. Ele detestava as aulas e desprezava quase todos os professores. "Eu era um malcriado na minha juventude. Quando eu era pequeno, gostava de correr, pular, fazer todas essas coisas que crianças fazem. Daí, fui para o Ensino Médio e as únicas coisas que fazíamos era aprender latim e logaritmos."[14] Em 8 de setembro de 1954, seu primeiro dia no Liverpool Institute, outro garoto novo, Tony Workman, pulou em suas costas, por detrás de uma porta, e o desafiou: "Quer brigar?". Eles brigaram e se tornaram amigos. No Institute, o amigo mais próximo de George era Arthur Kelly, que morava em Edge Hill; com Tony Workman, todos começaram juntos no 3E. Devido à disposição dos alunos por ordem alfabética, Harrison e Kelly se sentavam um ao lado do outro. Eles logo descobriram que tinham muito em comum, especialmente um desdém por quase tudo o que aquele lugar tinha a oferecer. Os dois rapazes, com Tony, se tornaram um trio terrível aos olhos de seus professores trajados com batas. Os três estavam determinados a fazer o mínimo esforço e a se divertir o máximo possível. Se isso significava perturbar, então iriam perturbar. "Harrison, Kelly e Workman – para fora!", palavras que eram ditas no Institute com a mesma frequência que "Lennon e Shotton – para fora!" na Quarry Bank.

As frustrações de George eram expressas por meio do comportamento indisciplinado e do uso de seus punhos. "Eu nunca fui um *bully*, exceto pelos primeiros anos na escola de gramática, quando eu tentava lidar com minhas frustrações e socava algumas pessoas. Não dava para sorrir lá, era 'Fique aqui!' e 'Cale a boca!', e exames todos os anos, e os professores eram veteranos de guerra sem pernas ou olhos, ou então recém-saídos da faculdade. Foi ali que a escuridão começou, quando minhas frustrações tiveram início. Eu batia nas pessoas para aliviar aquilo tudo."[15]

Se George já não estava fumando aos 11 anos de idade, ele deve ter começado logo depois. Apesar da clara demarcação e separação entre meninos de níveis diferentes na escola, quase sem interações, a área isolada do playground conhecida como "cantinho dos fumantes", atrás do abrigo para ataques aéreos, reunia alunos de várias idades. Foi ali que George conheceu Neil Aspinall, iniciando uma amizade que duraria por toda a sua vida. "Eu costumava passar tempo com ele atrás do abrigo, durante os intervalos, dizendo 'Dá um trago'", Neil recordou.[16] Alguém sempre ficava de olho, para o caso de um professor os procurar. Quando não havia nenhum por perto, eles achavam que os tinham despistado. Mas os homens não eram tão facilmente enganados. Como Arthur Kelly disse: "Eu lembro de um professor falar para o George, 'Fumando bem, Harrison?'. 'Como assim, senhor?' 'Olhe para seus dedos, menino, parecem faróis Belisha!' E pareciam mesmo – estavam laranja-claro".[17]

Paul McCartney, agora em seu segundo ano no Institute (turma 4B), ainda não era um fumante, mas o dia se aproximava, rápido. Ele e George tinham outra coisa em comum: ambos eram garotos de Speke que pegavam o ônibus para a escola (e de volta para casa) todo dia, fosse o 82D ou o expresso 500. George embarcava um ponto depois de Paul, e eles geralmente se sentavam no andar de cima, onde era permitido fumar. É impossível estabelecer uma data, mesmo que imprecisa, de quando eles se falaram pela primeira vez. Entretanto, ao reconhecer que estavam com o mesmo uniforme, eles começaram a conversar. "Tínhamos quase a mesma idade, então nos falamos", Paul confirma, "apesar de que eu costumava falar com um ar de superioridade, porque ele era um ano mais jovem". George, em 1963, quando preencheu um questionário que perguntava sobre sua primeira impressão de Paul, escreveu: "gordo e amigável".[18]

Aos 13 anos, Paul estava passando por uma fase pré-adolescente rechonchuda. Ele era sensível quanto ao assunto, e "pegou alguém" (deu socos com força) na escola por tirar sarro dele. O termo amigável usado em família era "gordura de filhote", mas seu irmão Mike o chamava de "Gorducho!" antes de sair correndo. Posteriormente, ele comentou sobre esse período na vida de Paul dizendo que foi "a única vez que algo externo o afetou".[19]

Uma boa foto de Paul, em frente a uma vitrine anunciando "HOT DOG CORNER", foi tirada por Mike nessa época, quando a família McCartney saiu de férias. No verão de 1954, eles pegaram o trem para o acampamento Butlin's em Pwllheli, na costa noroeste do País de Gales, e Jim confiou em Mike o suficiente para deixá-lo usar a câmera Kodak da família. Mike tinha 10 anos, e no momento que ele apertou o disparador, um profundo e duradouro interesse por fotografia surgiu nele – foi como a primeira vez que Richy Starkey bateu num tambor.[20]

Os McCartney chegaram a Pwllheli por um contato da família. Bett Danher (sobrinha de Jim, assim como prima de Mary) estava noiva de Mike Robbins, que trabalhava no Butlin's durante a temporada de verão como um *redcoat* – uma espécie de animador do acampamento. Paul ficou feliz de poder conhecer aquele lado do entretenimento. Um dia, observou cinco homens saindo do salão de baile, todos vestidos de forma idêntica, com boinas xadrez, suéteres cinza de gola redonda, shorts xadrez e sapatos com salto alto. Eles vinham de Gateshead e Paul percebeu que todo mundo virou a cabeça para observá-los. Naquele momento, ele teve uma epifania, ao ver o impacto potente de um grupo de artistas se vestindo da mesma forma. Foi uma experiência que ele não esqueceria.[21]

A primeira parada musical britânica a classificar as vendas de discos "populares", em vez da música clássica e das partituras musicais, foi lançada pelo semanário *New Musical Express* (que ficou conhecido como *NME*), em novembro de 1952. Em seus dois primeiros anos, quase todas as canções na parada musical eram melosas, excessivamente doces, cobertas de açúcar do começo ao fim. Não havia nada que alimentasse sequer um grão de rebeldia jovem, nada para fazer alguém quebrar um disco em revolta. Quando os discos de ritmo e batida foram lançados, quando o rock'n'roll explodiu, ele preencheu um vácuo que ninguém tinha percebido que existia, então ele parecia – não, *era* – radical, estridente, revolucionário, excitante, chocante e, como a maioria das novas formas de música, uma ameaça para os poderes vigentes.

Naquele ambiente excessivamente seguro da semana antes do Natal de 1954, explodiu "Shake, Rattle and Roll", por Bill Haley and His Comets, o single que rompeu barreiras no Reino Unido da mesma forma que havia feito nos EUA, onde passou dez semanas no top 10 da *Cash Box*. A música penetrou a Inglaterra apenas com a força da promoção na Radio Luxembourg e algumas reproduções na AFN.* A BBC Light Programme não tinha espaço para acomodar aquele tipo

* A American Forces Network (AFN), rádio das forças armadas dos EUA, servia às necessidades da quantidade substancial de militares americanos que estavam em missão na Europa. A transmissão ocorria de um castelo próximo a Frankfurt, então a recepção não era ótima na Inglaterra, mas os ouvintes eram recompensados com uma quantidade e uma variedade excelentes de programação. Ainda mais popular, a Radio Luxembourg transmitia programas noturnos a partir do Grão-Ducado de Luxemburgo para toda a Inglaterra, seu sinal circulando a 208 metros na onda média (AM). Sem os mesmos impedimentos e restrições impostos à BBC, a Radio Luxembourg tinha mais liberdade com relação a seu tom e conteúdo, e buscava uma abordagem nos moldes da americana, até com intervalos comerciais.

de música: a rádio não tinha programas de *disc jockeys* e estava impedida de tocar discos de forma ilimitada pelo acordo *Needletime*.*

Nos Estados Unidos, praticamente todo adulto que tinha ouvido o novo som já o detestava, muitos temendo que fosse "música da selva" ou "música do demônio"... mas os jovens já o amavam. Em abril de 1955, *Alan Freed's Rock'n'Roll Easter Jubilee* passava cinco vezes por dia no Brooklyn Paramount Theater, uma galáxia de artistas, cada um tocando uma música, entrando e saindo do palco enquanto Freed animava a plateia entre as apresentações. Esse caos delicioso destruiu o recorde de arrecadação da casa, chegando aos US$ 107.000. A indústria do entretenimento estadunidense ficou enojada e, ao mesmo tempo, impressionada.

Um fator marcante na ligação americana entre o rock'n'roll e a delinquência juvenil estava na utilização de "Rock Around the Clock", de Bill Haley, nos créditos de abertura e de encerramento de um novo filme da MGM, *Sementes da violência* (*Blackboard Jungle*). Nele, professores de uma escola de Ensino Médio na cidade de Nova York são confrontados por alunos que fazem parte de gangues: *Spics*, *Jews*, *Niggers* e *Micks*** (termos usados no filme), italianos e outros elementos insolentes e violentos. Para adolescentes, o filme ensinava rebelião mais que qualquer outro lançado antes; para os demais espectadores, era uma junção do som do rock'n'roll com a imagem de malfeitores de boca suja, com canivetes nas mãos, cortes de ca-

---

* *Por que nunca houve música pop o suficiente na BBC – ou "um resumo do Needletime"*. Para controlar os direitos de transmissão, em 1934, as empresas fonográficas britânicas se uniram em um corpo central chamado Phonographic Performance Ltd. (PPL). A BBC não podia tocar discos sem comprar uma licença PPL – algo que, anualmente, custaria centenas de milhares de libras até os anos 1950. A licença restringia a quantidade de tempo durante o qual discos podiam ser tocados, e o fator que influenciava as negociações era a Musician's Union. Apesar de não fazer parte dos acordos, a MU controlava a PPL, ameaçando ações industriais contra as gravadoras caso elas dessem à BBC muito *Needletime* (ou "tempo na agulha", se referindo a quanto tempo um disco passava sendo tocado), argumentando que isso poderia deixar os músicos sem trabalho. Em 1952, o limite era de 22 horas por semana, em todas as redes de rádio domésticas da BBC (a partir de 1959, passou a ser 28 horas), enquanto a BBC-TV tinha permissão para três horas; a BBC tinha que reforçar seu conteúdo musical com sessões ao vivo e pré-gravadas. Havia outras restrições – por exemplo, nos anos 1950, a BBC só podia tocar um disco novo por dia, na primeira semana de seu lançamento, para evitar uma exposição excessiva. O título de um relatório interno da BBC sobre o *Needletime* expressava bem o sentimento da rádio quanto à situação: *Radio's Bridle* (Rédeas para a Rádio). No entanto, observando os fatos estritamente pelo ponto de vista da história contada aqui, nos anos 1962-65, o *Needletime* teve consequências altamente benéficas.

** Termos extremamente ofensivos que se referem, respectivamente, a pessoas de origem espanhola, judaica, africana e irlandesa. [N.T.]

belo esquisitos e jaquetas de couro. Aonde quer que *Sementes da violência* fosse, "Rock Around the Clock" ia junto. A Decca relançou o antigo lado B como single, e ele arrebentou as paradas musicais dos EUA, ficando na primeira posição por oito semanas seguidas no verão de 1955. Logo teria o mesmo efeito na Inglaterra.

Uma ida ao cinema estava além do alcance do garoto ainda preso no Royal Liverpool Children's Hospital em Heswall. À medida que 1954 virava 1955 e a primavera florescia, não havia sinal de quando Richy Starkey receberia alta. Todos os relógios tinham parado, com exceção do único que não podia. Chegando aos 15 anos de idade, Richy estava passando pela puberdade. Ele teve algumas experiências sexuais quando era bem mais novo, mas foram apenas de caráter inquisitivo; agora, ele tinha propósito. Estava se sentindo mais alegre que o normal e pedia um beijo de boa-noite de uma ou duas das enfermeiras mais jovens – de acordo com o próprio, às vezes ele ganhava. Também havia movimentos sorrateiros entre as alas dos garotos e das garotas, mas os pacientes precisavam ter paciência. "Eu ficava parado lá por horas, tentando tocar num peito", ele recordou.[22]

O único outro prazer que ele tinha para quebrar a monotonia de mês após mês no hospital vinha dos tambores. Lá, Richy teve sua primeira exposição regular à mágica da televisão, pois meninos e meninas podiam assistir à hora diária de programas infantis da BBC, das cinco às seis da tarde. No programa de variedades *Jigsaw*, ele viu George Fierstone, um baterista que, como o menino entusiasmado contou, conseguia "girar suas baquetas nos dedos". "Eu falei, 'Nossa! Olha esse cara, girando as baquetas!'."[23] A combinação da habilidade de Fierstone na bateria e a visita quinzenal da professora de música com seus instrumentos de percussão era o suficiente para entreter o jovem. Lá estava Richy Starkey – longe de casa, de sua família e seus amigos –, um sobrevivente durão, batendo em seu tambor, recuperando o tempo perdido.

John Lennon tinha saído na tarde de sábado, 4 de junho de 1955. Mimi e o estudante de bioquímica Michael Fishwick (o inquilino que mais passou tempo em Mendips, de 1951 a 1958) estavam terminando a refeição quando eles ouviram o marido dela descer as escadas. George chegou perto do fim da escada de forma rápida e logo houve uma batida que fez Fishwick sair correndo da mesa. "Ele estava sangrando pela boca. Era óbvio que vinha do estômago, uma hemorragia."[24] George foi levado às pressas para o Sefton General Hospital, mas não se recuperou: ele morreu no dia seguinte, e o exame *post-mortem* estabeleceu que a causa foi "cirrose hepática (não alcoólica)" e um rompimento no abdome. Ele tinha 52 anos.

John já tinha passado por muitos eventos que abalaram sua vida, mas aquela foi a primeira vez que ele sofreu com a morte de uma pessoa tão próxima: George era mais que um tio, ele tinha desempenhado o papel de um pai para o garoto nos últimos nove anos. Posteriormente, Mimi disse: "Eu acho que John ficou muito chocado com a morte de George, mas ele nunca demonstrou". Mas John viria a se expressar melhor sobre o assunto. Ele mencionou que, como não sabia ficar triste em público, foi ao seu quarto com sua prima Liela Birch, e os dois "riram muito", se sentindo culpados em seguida. Liela disse apenas que "foi um choque terrível para todos nós, mas especialmente para John, que via George como pai". Paul McCartney lembra de John dizendo (alguns anos depois) que, após o abandono por seu pai e a morte de George, ele começou a achar que talvez trouxesse azar para o lado masculino de sua família.[25]

Um poema escrito por John, para Mimi, no dia do enterro de George, mostra que ele estava longe de ser insensível quanto à perda dela. Não teve medo de condenar abertamente as irmãs dela, inclusive sua mãe, por causarem alvoroço desnecessário no momento que mais precisavam de apoio. Mimi era, como John escreveu, "a melhor das cinco".

MIMI
The worry and strife, that's been wont to her life,
Has driven her family to shame.
If they should survive, to one hundred and five,
They could never repay her again.
Each one in their turn, will finally learn
That she is the best of the five.
Each one of them slept, not one of them wept
At the struggle of her mate to survive.
7/6/55. J. W. Lennon

(MIMI
A preocupação e os conflitos, costumeiros de sua vida,
Levaram sua família à vergonha.
Mesmo que sobrevivam, até os 105 anos,
Jamais conseguirão retribuí-la.
Cada um em sua vez, irá finalmente aprender
Que ela é a melhor das cinco.
Cada uma delas dormiu, nenhuma delas chorou
Com a dificuldade de sua companheira para sobreviver.
7/6/55 J. W. Lennon)

Esse poema sincero – lúcido, direto e especialmente maduro para um jovem de 14 anos de idade – trouxe conforto a Mimi e ela o guardou pelo resto da vida. O poema também possui uma dimensão reveladora, porque o terceiro verso – "Mesmo que sobrevivam, até os 105 anos" – é adaptado da canção "Young at Heart", lançada por Frank Sinatra em 1954, sucesso na Inglaterra e nos EUA. Em certas partes, a cadência do poema de John quase se encaixa à gravação de Sinatra. Esse poema para Mimi é o primeiro exemplo de John Lennon expressando seus sentimentos por meio da música popular.[26]

Não se sabe se ele participou do velório e do enterro, na igreja St. Peter's. Ele nunca disse se foi (mas nenhum entrevistador perguntou sobre isso). Mimi ficou doente logo em seguida, sofrendo de estresse. Por mais que John tivesse lhe oferecido conforto com seu poema, o boletim escolar que ele trouxe de Quarry Bank um mês depois causou muita ansiedade nela. O que tinha acontecido com o menino genial de Dovedale Road que deveria passar com facilidade pela escola de gramática e ir além, direto para a universidade, de onde sairia com um diploma e uma profissão? Sua classificação nas disciplinas era terrível – até em arte, na qual ele geralmente ficava em primeiro lugar, ele tinha caído para a 15ª posição. Ele tinha desistido. O diretor E. R. Taylor resumiu a situação: "Um relatório chocante do trabalho & conduta & atitude com a escola. Ele não conseguirá evitar ser rebaixado este ano". O menino que passou pelo IIB e pelo IIIB, logo estaria no IVC... e, novamente, Pete Shotton desceu com ele. O boletim anterior de John tinha sido assinado por George; dessa vez, o documento trazia a assinatura de Mimi, agora viúva, e seus sentimentos intensos são perceptíveis num comentário extra, rabiscado na parte inferior da página: "Seis das melhores são necessárias" – seis batidas da vara do diretor, por favor. Ela escreveu aquilo para assustar John, como ela afirmou posteriormente, mas reconheceu que ele nunca deixou a escola ver o recado. Pouco tempo depois, Mimi passou cinco semanas no hospital, sofrendo de choque, preocupação e úlceras, enquanto John ia a Edimburgo e Durness, para o que acabariam sendo suas penúltimas férias de verão na Escócia.

Paul McCartney tornou-se um adolescente em 18 de junho de 1955, perdeu sua gordura de filhote e foi direto à fase dos hormônios em furor. Um dia, ele teve que aceitar as consequências de sua mãe encontrar "um desenho indecente" no bolso de sua camisa. Era uma obra tipicamente criativa, um pedaço de papel que mostrava uma mulher vestida de um lado, mas, quando era desdobrado, a mostrava lentamente tirando sua roupa, até ficar nua. Mary ficou chocada e ofendida com aquela imagem, tão visivelmente chateada que, quando confrontou Paul, ele culpou outro menino de sua sala. Um impasse doméstico desagradável surgiu. Paul disse: "Durou três dias, e meu pai foi chamado para dar um jeito no caso. Ele me interrogou e eu continuei negando. No fim, ele acabou me vencendo. Eu admiti e chorei".[27]

Muitas garotas da idade de Paul moravam em Ardwick Road e ele ganhou um novo apelido – "o jovem Casanova de Speke". Um começo de namoro se desenvolveu com Sheila Prytherch, do número 8. "Paul McCartney foi o primeiro garoto que beijei", ela afirma, "e ficamos de mãos dadas. Foi inocente e adorável, ele foi o primeiro garoto que fez com que eu me sentisse daquela forma".[28] Paul lembra de ter levado Sheila ao cinema numa tarde e anunciar para ela: "Eu consigo cantar melhor que Frank Sinatra!". Tamanha era sua autoconfiança que ele achava que conseguia mesmo. Ian, um primo de Paul, tocava o trompete em uma banda de jazz amadora da região. Durante uma visita familiar à casa de Ian em Huyton, Paul pegou o instrumento pela primeira vez e só precisou de alguns conselhos de Jim – "vibre os lábios, filho, vibre os lábios" – e conseguiu tocar algumas notas. *Impressionante*.

O aniversário de Paul estava chegando, então Jim aproveitou a oportunidade para o presentear com um trompete, comprado usado na Rushworth & Dreaper, a loja de música mais antiga de Liverpool.[29] Paul começou a aprender o instrumento à sua maneira, sem professor. Discos de trompete eram populares na época: a música número um na Inglaterra e nos EUA na semana de seu aniversário era "Apple Blossom White", então o instrumento estava no ápice de sua popularidade. Paul sentia que tinha uma chance de conseguir tocar: "É claro que eu imediatamente me achei um Louis Armstrong, mas só cheguei até o ponto de aprender 'When the Saints Go Marching In', depois enjoei do instrumento. Ele machucava meus lábios e eu não gostava da ideia de andar por aí como um boxeador que tinha apanhado".[30]

No último mês de 1955 (e, talvez, até a primavera de 1956), os sons de Paul McCartney tocando seu trompete ecoavam pela Ardwick Road como uma trilha sonora vanguardista para as brincadeiras de rua de outras crianças. Ele dominou a escala de Dó e aprendeu uma ou duas músicas além de "The Saints". No fim, porém, conforme a moda dos discos de trompete começava a enfraquecer, sons musicais mais excitantes chegavam à Inglaterra vindos dos Estados Unidos, e como os lábios de Paul sofriam com as vibrações constantes, seu apego ao instrumento só decaiu.

Oito meses mais jovem que Paul, George Harrison ainda era apenas um pré-adolescente. Ele e Arthur Kelly iam juntos a todo lugar. Em julho de 1955, George viu seu primeiro Grande Prêmio de Fórmula 1, que aconteceu no novo circuito de corrida adicionado à pista Grand National em Aintree. Os motores eram o único interesse esportivo de George: além das corridas de carro, ele também acompanhava as de motocicleta e enviava pedidos de autógrafos e fotos para as estrelas do esporte. No dia de treino em Aintree, em setembro de 1955, ele subiu em uma das motos para uma foto, sorrindo sugestivamente com seu capacete.[31]

Esse interesse era comum à família Harrison: os irmãos Harry e Peter também eram seguidores apaixonados, e o pai deles tinha acabado de comprar seu primeiro carro, que – como o fanático por motores George sempre lembrou em detalhes – era um Austin 10 Saloon de 1933, com estribos, rodas de arame e um suporte para bagagem na traseira. Praticamente nenhuma família, fosse de amigos ou vizinhos, tinha um carro na época, então eles pareciam a realeza. Em julho de 1955, Harry e Louise levaram Peter e George à sua primeira viagem de carro, uma maratona até South Devon. Seu destino era a cidade costeira de Exmouth e um local que, no futuro, seria um parque de caravanas e acampamento chamado Sandy Bay – mas, na época, ainda era só um campo vazio com um lugar para fazer suas necessidades. Ali, via-se o povo britânico em seus dias de folga nos anos 1950: fogareiros a álcool, colchões de palha e chuva. Logo após chegar, os Harrison encontraram outra família, os Brewer, e começaram uma amizade que duraria pelo resto de suas vidas. A filha dos Brewer, Jenny, tinha a mesma idade que George, os dois se tornaram bons amigos e passaram a trocar correspondências.

> Eu lembro de Harry ser reservado e quieto. Lou era barulhenta, vivaz, nem um pouco tímida – não tinha silêncio quando ela estava por perto – e George era alegre como sua mãe. Todos interagiam bem e faziam qualquer coisa por qualquer pessoa, além de terem um ótimo senso de humor, especialmente George. Eu fiquei irritada um dia e ameacei sair andando até Budleigh Salterton. Fiquei distante por um tempo, mas o máximo que fiz foi ir ao banheiro e matar um tempo antes de voltar. Depois disso, toda vez que George ia ao banheiro, ele dizia: "Só vou ali, até Budleigh Salterton...".[32]

Richy Starkey saiu do hospital perto do fim de 1955, sob instruções de levar uma vida tranquila por um tempo. Antes disso, como um presente por seu aniversário de 15 anos, Harry o levou (com Elsie) em sua viagem anual a Romford, onde ficava com seus pais, na casa em que ele tinha nascido, havia 42 anos. Era a primeira vez de Richy no sul da Inglaterra e a primeira vez que foi à capital – eles viram o espetáculo anual *Searchlight Tattoo* no White City Stadium, onde ele se divertiu com o balanço da banda americana, da mesma forma que John Lennon tinha feito em Edimburgo, e tiveram um ótimo dia "vendo os pontos turísticos". Uma foto mostra Richy acariciando um cavalo da guarda britânica. Ele era um rapaz pequeno, ainda mais ao lado de um animal tão grande. Seu casaco lhe dava uma boa aparência, mas sua camisa e sua gravata estavam levemente tortas, e seu cabelo estava erguido em um pequeno, porém impressionante, topete.[33]

Como tinha 15 anos de idade, ele já havia passado da idade mínima para sair da escola, e dessa vez não haveria o problema de estar atrasado em relação a seus colegas – porque todos eles também tinham largado a escola. Richy voltou apenas para pegar seu documento de dispensa, que o qualificava para receber seu abono de desemprego – conhecido como "*the dole*" (a esmola). A princípio, a secretária da escola não conseguiu encontrar nenhum registro da frequência de Richy, mas por fim encontrou e a Dingle Vale forneceu uma referência datilografada: "Richard Starkey é honesto, alegre e disposto, e tem uma capacidade notável de ser um empregado satisfatório".[34]

Onde ele usaria uma carta tão bonita, não se sabe. Elsie sabia que o filho carecia da educação básica para trabalhar em um escritório, e por algum tempo ainda não teria a força necessária para realizar qualquer trabalho manual. Além de seu dinheiro de esmola, Richy ganhava uns trocados cantando em um coral de igreja e vendendo jornais na High Park Street: ele não era forte o suficiente para se envolver com o processo de entrega, e o futuro não tinha nada reservado para ele.

Com um gosto variado para a música popular, Richy gastou os xelins que ganhou por conta própria em um gramofone usado, comprado numa loja de sucata, e em alguns discos, tanto novos quanto antigos. Ele comprou o disco de comédia *music hall* "The Laughing Policeman", de Charles Penrose; "Love Is a Many Splendored Thing", de The Four Aces; "Oh, Mein Papa", o sucesso no trompete de Eddie Calvert, lançado em 1954; e "Mama", por David Whitfield. Apaixonado por tambores, Richy amarrou arames por cima de uma lata de bolacha e batia nela com lenha. Então, ele ganhou seu primeiro instrumento: um bumbo gigante, com 127 cm de diâmetro, comprado em uma loja de artigos usados em Smithdown Road, por 30 *bob* (1 libra e 10 xelins). Isso, de acordo com ele, "deixava todos loucos... batendo até chegar na BBC".[35] Em festas de família, Richy não apenas cantava "Nobody's Child", como trazia o bumbo e o tocava usando um pedaço de madeira enquanto os outros cantavam suas músicas. "Ah, é só o garoto", as pessoas diziam, gentilmente, "deixem ele se divertir também". Richy quase desaparecia por trás do instrumento, mas *o barulho*! Após alguns minutos de batidas sem muito sentido, todos já estavam gritando para ele: "Vai pra lá!".

Richy não comprou "Rock Around the Clock", que, em 25 de novembro de 1955, logo após o lançamento do filme *Sementes da violência* em Londres (apenas para maiores de idade), tinha se tornado o sucesso número 1 da Inglaterra. Mas ele amava a música, assim como Paul McCartney. Por toda a sua vida, Paul ouviu pessoas dizendo que certas coisas "te dão arrepios na espinha" e ele sentiu isso pela primeira vez quando ouviu a canção de Haley – um momento mágico, emocional e inesquecível. Em uma visita a Blomfield Road, John Lennon viu Julia dançando na cozinha ao som da canção – não a versão de Haley, da qual ele gostava, mas uma cover ao estilo Mills Brothers, pelo grupo Deep River Boys, da qual ele não gostava. George Harrison ansiosamente guardou seus trocados para comprar o disco, e alguém da família foi à loja por ele. George ficou arrasado quando a pessoa voltou e disse: "O disco do Bill Haley estava esgotado, então comprei este aqui para você", entregando em suas mãos a versão dos Deep River Boys. George se referia a "Rock Around the Clock" como "o primeiro disco que eu consegui não ter".[36]

Uma figura igualmente importante para George nessa época era Slim Whitman, o cantor de country & western à tirolesa, da Flórida, que já tinha dois sucessos na Inglaterra em 1955, "Indian Love Call" e "Rose Marie". Louise gostava tanto das músicas que ela as comprou, dando a George exposição ilimitada aos discos, ambos os quais faziam um uso interessante da guitarra havaiana. George escutava músicas com violão desde sua infância, quando ouviu os discos de Jimmie Rodgers que seu pai tinha, mas nunca tinha *visto* um até ver Whitman... e ele soube, na hora, que precisava ter um.*

Naquela época, perto do fim de 1955, George contraiu nefrite (inflamação dos rins) e passou seis semanas no hospital, além de ter sido obrigado a seguir uma dieta intragável de espinafre. Um de seus visitantes lhe contou que seu antigo colega de Dovedale Road, Raymond Hughes, tinha um violão à venda. Custava 3 libras e 10 xelins – muito dinheiro, além do que George conseguia pagar, mas ele mencionou o fato para sua mãe. Ela, sempre disposta a encorajar os filhos, conseguiu o dinheiro. Quando George saiu do hospital, ele não perdeu tempo e foi direto à casa de Raymond, perto de Penny Lane, saindo de lá com seu primeiro violão.

Um instantâneo: George na frente de uma moradia social em Speke, um menino com suas pantufas, os dedos tocando notas na oitava casa, uma perna reta e a outra flexionada, enquanto ele se estica nas pontas do pé.[37]

Ele não tocou esse violão por muito tempo. Apesar de ter custado 3 libras e 10 xelins, era velho e barato, feito nos Países Baixos por uma empresa chamada Egmond, e tinha um parafuso na parte de trás do braço. George ficava

---

* Em anos posteriores, George não conseguia se recordar se viu Whitman na televisão ou numa foto de revista. A família Harrison alugou sua primeira TV nesse período.

imaginando o que aconteceria se ele o desparafusasse, então o fez e descobriu: o braço caiu e ele não conseguiu colocá-lo de volta no lugar. Frustrado e envergonhado por ter quebrado algo que havia custado tanto dinheiro para Louise, ele enfiou as duas partes do violão em um armário e o fechou, uma sentença de solitária para seu instrumento.

A influência da música country já tinha afetado George e Richy, mas agora estava chegando a John Lennon. Ele estava frequentando a casa de um amigo e tocando seus discos de Hank Williams. Esse garoto também tinha um violão, mas nenhum dos dois sabia tocá-lo, então John só segurava o instrumento enquanto cantava, fazendo sua performance de "Honky Tonk Blues" em frente à lareira.[38]

Provavelmente foi a versão cover de Pat Boone, branca e convencional, da canção "Ain't That a Shame" (a que tocava na rádio, em vez da original, de Fats Domino) que a mãe de John Lennon, Julia, ouvia e da qual gostava, e acabou ensinando seu filho a tocar no banjo – o mesmo instrumento que ela tinha aprendido a tocar com seu pai. John tocava gaita havia anos e o interesse por instrumentos de corda era novo, estimulado por suas sessões ouvindo e dublando Hank Williams, segurando um violão. Posteriormente, ele disse que "Ain't That a Shame" foi "a primeira música que eu consegui acompanhar por conta própria, conforme minha mãe ensinou. Eu a aprendi no banjo".[39] As palavras "acompanhar por conta própria" evidenciam a importância dos ensinamentos de Julia: sem a gaita, John ficava livre para cantar os acordes que seus dedos estavam formando. E ele conseguia *cantar* mesmo, sua voz vinha de forma natural e honesta. Sua educação musical era prática e tinha equilíbrio. Julia mostrou a ele como tocar pelo menos quatro canções doces de sua juventude: "Don't Blame Me" (1933), "Little White Lies" (1930), "Ramona" e "Girl of My Dreams" (ambas de 1927). Todas continuariam entre suas favoritas pelo resto de sua vida.

Julia era, de muitas formas, a garota dos sonhos de John. Ela ainda desafiava convenções e criava tendências, como fizera por toda a sua vida; aos 41 anos de idade, era apenas uma versão mais velha de seu filho, como se fosse ele travestido: irreverente, iconoclasta, desinibida, esperta, com uma personalidade enorme e um fantástico senso de humor. Ela mostrava os dedos para a sociedade e adiava tarefas domésticas toda vez que algo bobo podia ser feito no lugar. Uma testemunha confiável do que ele viu, a primeira impressão de Pete Shotton sobre Julia foi que ela era "uma mulher magra e atraente, que passou dançando pela porta com uma calcinha de lã na cabeça"; em vez de apertar sua mão, ela acariciou seus quadris e deu uma risada infantil. Pete foi o primeiro de muitos amigos a ter a impressão de que a mãe de John era *muito legal mesmo*. Mãe e filho compartilhavam o mesmo senso de ridículo: apesar de Julia ainda recusar os óculos de que precisava para sua miopia aguda, ela às vezes usava aros sem lentes; uma vez, Pete a viu falando com um vizinho e casualmente coçando o olho enfiando o dedo pelo aro vazio. Assim como era com John, era com Julia: a piada importava, mas o melhor era ver a reação das pessoas.[40]

"O papel que Julia teve na vida de John foi mais o de uma tia jovem e liberal, em vez do papel de uma mãe responsável", Pete comentou. Em uma reversão de papéis estranha, porém lógica, John estava dando à sua tia Mimi toda a maldade adolescente que geralmente era jogada sobre os pais, enquanto encontrava alívio com sua mãe, a três quilômetros de distância. Mimi provavelmente sempre soube que, quando John formasse um relacionamento verdadeiro com Julia, isso poderia acabar com seus esforços intensos e contínuos para manter o sobrinho no bom caminho. Apesar de sua educação em Quarry Bank estar em queda livre, ela ainda se apegava à esperança – pois John era um garoto esperto – que ele "se recuperaria no fim" e conseguiria a nota de que precisava. John faria isso se *ela* tivesse algo a ver com a situação. Mas lá estava ele, prestes a entrar no seu ano mais importante da escola de gramática – o ano de seus exames de nível básico GCE –, sendo encorajado a matar aulas por sua mãe. Quando John, sozinho ou com Pete, aparecia na porta de Julia, ela sempre ficava feliz em recebê-lo, comentando: "É muito bom te ver! Não se preocupe com a escola, não se preocupe com nada!". Em uma época em que outros pais faziam discursos pesados sobre "o futuro", pedindo aos filhos que se preparassem para os desafios vindouros, a mãe de John pregava exatamente o oposto e isso era música para os ouvidos do rapaz.

Por quase dez anos, Mimi tinha mantido uma linha com John, rígida, sólida, firme. Eles testavam um ao outro de toda forma e sobreviviam, furiosos, porém intactos. No entanto, o John adolescente, encorajado por sua mãe a matar aula, causava sofrimento a Mimi. Suas brigas aumentaram – após cada discussão, ele passava menos tempo em Mendips, e mais em Blomfield Road. Algumas horas passaram a ser pernoites, em seguida fins de semana, depois uma semana ou mais.

John passou a ser um complemento à família Dykins. Apesar de ninguém da família ou de seus muitos conhecidos contar a Julia e Jacqui, de 8 e 6 anos de idade, que John não era seu irmão por parte de mãe e pai, elas achavam que ele era.

Pete Shotton também escreveu que o relacionamento de John com Julia era "fonte de muita confusão, por mais que ele tentasse dar a impressão de que estava absorvendo tudo com tranquilidade". Houve momentos de turbulência emocional para aquele rapaz de 15 anos, veementemente sexual, morando na companhia de uma mulher cujo passado era de uma liberalidade incomum para a época, uma mulher ciente de seu efeito sobre os homens, uma mulher que ele sabia que era sua mãe, mas nem sempre agia dessa forma. Como John relatou em um depoimento em áudio para seu diário pessoal:

> Eu estava me lembrando daquela vez que eu encostei minha mão no peito da minha mãe. Foi quando eu tinha, mais ou menos, 14 anos. Tirei um dia de folga da escola. Eu sempre fazia isso e passava um tempo na casa dela. Estávamos deitados na cama e eu pensava: "Será que eu deveria fazer outra coisa?". E foi um momento estranho, porque eu me sentia atraído por uma moça da classe baixa que morava do outro lado da rua. Mas eu sempre achei que deveria ter feito aquilo, presumindo que ela teria permitido.*

O tempo de John com Julia também era complicado pela presença de "Twitchy". Seu relacionamento com Bobby Dykins não era ruim, nem muito bom. Pete Shotton não é a única pessoa a se lembrar dele como um alcoólatra, e Dykins tinha um emprego que fornecia acesso aos recursos. Algum tempo depois, ele se tornaria garçom em um dos principais restaurantes de Liverpool, o New Bear's Paw. Novamente, o emprego envolvia trabalhar à noite; ele dirigia um Armstrong Siddeley e voltava velozmente por ruas desertas até sua casa, no sul de Liverpool, durante a madrugada. Pete diz que Dykins não gostava muito de ter John em casa...

---

* John Lennon disse isso em 5 de setembro de 1979, no contexto de focar em suas memórias mais antigas, e é preciso levar em conta que ele raramente filtrava seus pensamentos antes de expô-los, e que essa fita era pessoal/privada. Desde que ela se tornou pública (1990), alguns escritores optaram por interpretar mais de seu conteúdo do que se pode ter certeza, e um autor concluiu que ela revelava um relacionamento incestuoso. Essa fita seria a única prova, então tal conclusão é imaginária e impossível de se provar.

o que pode ou não estar relacionado ao problema de ter em casa um adolescente que entraria em quartos durante momentos inapropriados.

O boletim escolar de John no Natal de 1955 foi melhor que o anterior – mas apenas, como ele disse, porque colou de forma mais eficaz nas provas, e praticou bullying com outros meninos até conseguir copiar suas tarefas. Muitos elementos de sua vida naquela época mostram uma dualidade: por um lado, ele tinha começado a beber e fumar, além de falar demais, xingar, furtar e ser obcecado por sexo; por outro, ele era um membro do clube de jovens da igreja St. Peter's, praticando diversão inofensiva entre adolescentes.[41] Havia ainda o John Lennon que voluntariamente passou pela crisma. Apesar de ele afirmar, posteriormente, que o fez "por motivos muito materialistas" (presentes financeiros de parentes) e que raramente voltou a pisar numa igreja, ele também comentou: "Sempre suspeitei que havia um Deus, mesmo quando eu achava que era ateu".[42]

Enquanto isso, o National Service – o alistamento – parecia ainda mais amedrontador. Aqueles garotos adolescentes sabiam que seu momento chegaria, mas agora havia um pouco de esperança. No aniversário de 15 anos de John, 9 de outubro de 1955, os jornais noticiaram um discurso do primeiro-ministro Anthony Eden anunciando um gradual aumento da idade do alistamento – ou seja, a vez deles só chegaria aos 19 anos. Richy Starkey e John Lennon serviriam de 1959 a 1961, Paul McCartney de 1961 a 1963, e George Harrison de 1962 a 1964. As pessoas também diziam que a quantidade de recrutas diminuiria, ou até que o National Service seria completamente extinto, havia pressões políticas e econômicas para tal. Para aqueles garotos, bem como outros, estava na hora de rezar: "Se o alistamento vai acabar, por favor, pode acontecer antes de chegar minha vez?".

Havia mais nessa oração do que um simples desejo de evitar a vida no exército. Aqueles que nasceram durante ou logo após a Segunda Guerra tinham que passar por *infindáveis* relatos verbais e reencenações cinematográficas dos eventos. O conflito era recente demais para qualquer outro tópico ser mais relevante nas conversas. Os britânicos ainda se apegavam à sua vitória sobre os "*Krauts*" (alemães), como se isso fosse prova de que superariam todas as adversidades, e que o império ainda era poderoso – apesar de provas que indicavam o contrário. O assunto era inevitável, mas o tédio para a primeira geração pós-guerra era imenso.

Como John Lennon disse: "Nossos pais nunca paravam de falar sobre a guerra. Sim, foi muito importante, mas não para nós. Estávamos vivos por causa das ações de nossos pais, mas isso era irrelevante para nós, afinal, estávamos vivos. Toda vez que eles diziam 'por causa da guerra, não tínhamos fósforos nem leite', OK, que pena, mas agora eu tenho essas coisas! As crianças da Inglaterra ouviam isso o tempo todo – quão sortudos éramos por causa da porra da guerra".[43]

4
Dos socos ao skiffle (1956)

O ano de 1956 começou com Bill Haley na primeira posição, com "Rock Around the Clock" – que também era o título do primeiro filme de verdade sobre o rock. Ele estabeleceu o padrão para a maioria dos que viriam em seguida – uma forma rápida de ganhar dinheiro antes de a bolha estourar. Para o público que ia ao cinema, a única qualidade que salvava esses filmes era a chance de ver os artistas em ação, dublando seus discos mais recentes; o termo no showbiz americano para o gênero era "musical de jukebox".

Haley não sabia que o manto majestoso do rock, colocado sobre ele sem seu consentimento, logo seria arrancado de sua posse pelo mais quente dos jovens que desejavam o sucesso. Elvis Presley gravou suas primeiras canções para a RCA Victor em Nashville, em 10 de janeiro, incluindo "I Got a Woman" e "Heartbreak Hotel". Ele tinha acabado de completar 21 anos, e sua introdução aos olhos e ouvidos da maioria do povo americano veio 18 noites depois, quando fez sua primeira aparição no *Stage Show*, um programa de TV de alcance nacional. Vestindo uma jaqueta escura de tweed, camisa preta e gravata branca, com sua aparência de Marlon Brando, olhos temperamentais e lábios tremendo, aquele jovem branco com nome esquisito tinha vindo do Memphis para apresentar um espetáculo estonteante de poder sexual – tocando o violão com vontade, dobrando suas pernas, fazendo beiço com seus lábios e curvando seu tronco de forma dinâmica e profunda após cada uma de suas duas canções. Pais e outros adultos recuaram e repeliram o que viram, mas centenas de milhares – ou milhões – de jovens americanos ficaram completamente impressionados. Os lados da batalha estavam decididos.

Esses eventos ainda não eram conhecidos do outro lado do Atlântico. Entrando na primeira parada musical da *NME* em 1956 estava "Rock Island Line", a gravação feita 18 meses antes, pelo Lonnie Donegan Skiffle Group, finalmente lançada pela gravadora Decca após o LP de Chris Barber, no qual a canção aparecia, não ter nenhuma outra possibilidade de single. A faixa parecia ter um som novo – música de violão rítmica, rudimentar e caseira –, mas, na verdade, tinha pelo menos 30 anos de idade, com sua fonte vindo das "festas de aluguel" dos negros americanos afetados pela pobreza nos anos 1920. Primeiro falando, depois cantando, Donegan interpretava "Rock Island Line" como uma história que ia se desenrolando ("*Now this here's the story...*" / Agora, aqui vai a história...), relatando o conto de um maquinista de trem que engana um operador de pedágio na ferrovia que ia até Nova Orleans. Uma audição já era o suficiente para conquistar os adolescentes britânicos – especialmente os garotos – e as vendas começaram a aumentar, da mesma forma que a voz de Donegan gradualmente se acelerava ao longo da canção de dois minutos e meio.

"Rock Island Line" nunca foi um grande sucesso – ficou cinco semanas no top 10, e sua melhor posição foi a nona –, mas permaneceu na parada musical por seis meses, durante os quais John Lennon, que nunca tinha muito dinheiro, conseguiu comprar ou furtar uma cópia. George Harrison também comprou o single – o primeiro disco que ele conseguiu, de fato, ter. Ambos foram instantaneamente convertidos. Arthur Kelly lembra de George, seu melhor amigo, falando no playground do Institute durante uma manhã, animado: "Estou com um disco que você precisa muito ouvir. Se chama 'Rock Island Line', por Lonnie Donegan". Após uma ouvida, *bum*, Arthur também estava convertido. Seus pais logo lhe deram seu primeiro violão, um Hoyer ao estilo *archtop*, que George sempre queria tocar.

O momento era perfeito para ter a palavra "rock" no título da canção, uma coincidência que, por si só, já era suficiente para abrir certos ouvidos. Mas foi o som do violão em "Rock Island Line" que teve o maior impacto. O apelo do instrumento tinha começado com os discos de Bill Haley, mas Lonnie Donegan conseguiu, sozinho, propagar o violão pela consciência coletiva dos jovens homens britânicos. Para muitos, ter um violão – e cantar com ele – se tornaria uma fixação. No entanto, a maioria dos garotos se frustraria por não possuir os fundos necessários, ou pela escassez do instrumento nas lojas. Muitos jovens passaram a fabricá-los, uma nação disposta a trabalhar com madeira, cola e cordas. "Rock Island Line" teve um efeito particularmente notável em Liverpool, onde passou duas semanas no top 3.[1] O impacto de "Rock Island Line" foi como uma bomba-relógio cultural prestes a explodir. O nome de Lonnie Donegan era mencionado nos playgrounds de escolas britânicas tão frequentemente quanto o de Bill Haley.

Richy Starkey não estava mais na escola, mas ainda precisava achar um emprego de verdade. Fazia quase dois anos desde o início de sua segunda longa estadia no hospital e vários meses desde sua alta. Ele ainda não havia se recuperado completamente. Era bom ter uma carta que recomendava sua capacidade de ser "um empregado satisfatório", mas quem o contrataria? Ele dependia do apoio do governo, e não era apenas o futuro que não reservava nada para ele. Como a agência de empregos Labour Exchange não encontrava nada para o rapaz, Harry Graves começou a anunciar em pubs e clubes que o enteado aceitaria qualquer trabalho que oferecessem a ele. Finalmente, alguém disse que sabia de um emprego na ferrovia, como entregador de mensagens. O pagamento inicial era de apenas 2 libras e 10 xelins por semana, mas Richy ficou consideravelmente interessado pelo uniforme. Novas roupas não eram algo fácil de se comprar na 10 Admiral Grove, assim como o aquecimento – o próprio Richy dizia: "Nossa casa era muito fria e úmida. Todo mundo se juntava e ficava perto do fogo de carvão. Quando comecei a trabalhar, eu pulava da cama e ia correndo até o fogão para aquecer os pés".[2]

Ele se decepcionou logo no primeiro dia: esperava ganhar o uniforme completo da British Railways, mas recebeu apenas o quepe. Ele reclamou, mas não adiantou – disseram que o resto das roupas viria depois. Mas não veio, já que, após cinco semanas no trabalho, ele passou por um exame médico e foi dispensado. Richy perdeu o emprego antes que o período probatório terminasse, talvez por ser considerado um risco, um provável fardo para as folhas de pagamento do governo. Ele voltou ao auxílio do governo... e sua única escolha era estar "na gangue".

Os Teddy Boys tinham crescido, desimpedidos, em 1955 e 1956, e já estavam por todo lado. Dificilmente um lugar para pessoas frágeis, Merseyside tinha se dividido em campos de batalha. Apesar de uma rivalidade estabelecida entre cidades, não eram os Teds de Liverpool lutando contra os Teds de Manchester – eram os Teds defendendo cada centímetro de seus territórios, com liverpudlianos de um lado de uma rua principal brigando com aqueles que estavam do outro lado. Os inimigos jurados dos Teds de Dingle eram os Teds de Gerston, e eles continuamente se confrontavam em atos de guerrilha, de pequenas brigas a grandes combates na rua, com 50 rapazes de uma vez só, usando armas. Richy Starkey era um deles. "Era muito sério – a vida era aquilo. Na nossa região, você tinha que estar em uma gangue. Se não estivesse, você não era protegido e apanhava de todo mundo."[3]

A palavra era "andar". Você andava com uma gangue, uma massa de jovens subindo e descendo a High Park Street e a Park Road, e esperando nas esquinas, sedentos por encrenca. Eles batiam nas pessoas e apanhavam, depois iam aos cinemas Gaumont ou Beresford e arrumavam encrenca. Os Teds sempre lutavam com estilo, com seus longos casacos coloridos, calças *drainpipe*, sapatos com solado em crepe e cintos com arruelas de metal que funcionavam como armas. Alguns tinham a fivela afiada para formar uma ponta, outros carregavam correntes de bicicleta; também havia navalhas escondidas atrás das lapelas de seus casacos, para cortar os dedos de um atacante que os tentasse agarrar. Ninguém tinha uma pistola, mas Richy testemunhou jovens apanhando com martelos e sendo esfaqueados; em uma ocasião, viu alguém tendo o olho perfurado por uma faca.

Toda gangue tinha seu líder, e Richy Starkey nunca foi um – ele era o "garoto do hospital", andando depois de todos do grupo, o menor, mais magro e fraco que os fortões com quem ele se esforçava para fazer amizade. Os uniformes desses jovens ressaltavam seus músculos, o de Richy veio de um primo que vestia um tamanho muito maior, então ele precisava prender suas calças com um cinto, que já era pesado de tantas arruelas que tinha. Em uma atmosfera tão selvagem, gangues podiam ter brigas internas. Como Richy recordou: "Eu não esfaqueei nem matei ninguém, mas apanhei algumas vezes – especialmente das pessoas que andavam comigo, porque é aquela loucura terrível, aquela situação de gangue. Se você não está lutando com alguém de fora, você fica louco e começa brigar com os que estão do seu lado, como cachorros loucos". Às vezes, mesmo se a vítima fosse capaz de correr rápido – e Richy tinha orgulho de sua velocidade –, não havia como evitar o ataque. Quando um Ted falava, "Ei, tá olhando pra mim?", você apanhava de um jeito ou de outro. Responder "sim" rendia um tipo de surra; responder "não" levantava uma nova pergunta, "Por que não?", seguida de outro tipo de surra.

Woolton era uma região menos perigosa, mas nenhuma área estava livre de suas encrencas. Como John Lennon relembrou: "Era um aspecto importante das nossas vidas, parecer durão. Eu passei toda a minha infância com os ombros erguidos e sem meus óculos, porque óculos eram para mariquinhas. Eu sentia medo o tempo todo, mas fazia a expressão mais brava do mundo. Eu me encrencava só por causa da minha aparência; eu queria ser forte como James Dean o tempo todo."[4]

A ligação entre a delinquência juvenil e o rock já estava enraizada na América, e essa percepção estava ganhando força na Inglaterra. Quando "Heartbreak Hotel" deu a Elvis seu primeiro número 1 nos EUA, o disco foi lançado do outro lado do Atlântico, pela EMI, em 30 de março de 1956, graças a um acordo de licenciamento que já durava meio século, entre as gravadoras His Master's Voice e RCA Victor. Elvis era estranho demais para a maioria dos adultos, incluindo aqueles que optavam pelo conteúdo da BBC Light Programme, mas ele era transmitido pela Radio Luxembourg. Adolescentes de todo o país ansiosamente sintonizavam sua programação noturna, tentando capturar o sinal que vinha pelos céus europeus, mas ocasionalmente caía. Escutar à "Luxy" sempre exigia algum esforço – o ouvido encostado no alto-falante, os dedos constantemente fazendo ajustes no aparelho até encontrar a estação –, mas aquelas transmissões, assim como as da American Forces Network (melhores à noite, mas raramente com um sinal bom), continham tesouros para qualquer pessoa que amasse rock'n' roll.

Em algum ponto do início de 1956 (provavelmente), "Heartbreak Hotel" entrou no universo de Lennon como uma bomba atômica, sem o alerta de quatro minutos.

> Quando eu ouvi "Heartbreak Hotel" pela primeira vez, eu mal conseguia entender o que estava sendo dito. Nunca tínhamos ouvido vozes americanas cantando daquele jeito – sempre cantavam como Sinatra, ou enunciavam as palavras muito bem. De repente, apareceu aquela voz caipira soluçando com eco, em um fundo instrumental de blues, e não sabíamos o que diabos Presley estava dizendo na letra. Para nós, apenas soava como um barulho que era *ótimo*... aquilo me afetou. Quero dizer, foi o fim. Minha vida inteira mudou depois daquilo, eu fui totalmente abalado por aquela canção... Eu lembro de correr para casa com o disco e dizer: "Ele soa como Frankie Laine e Johnnie Ray e Tennessee Ford!". Eu pensei, "é isso!", e comecei a tentar deixar as costeletas crescerem e tudo mais.[5]

O Elvis Presley de 1956 atrairia muitos fãs ao redor do mundo, e John Lennon estava entre eles. Richy Starkey foi outro: "Eu não conseguia acreditar quando o Elvis surgiu. Aquele rapaz com costeletas, chacoalhando sua pélvis e sendo absolutamente atrevido. Antes de Elvis, sempre tínhamos que ouvir músicas de homens, em vez de caras que eram apenas um pouco mais velhos que nós, ou da nossa idade... Bill Haley era como meu pai. Quando ele surgiu, eu tinha 14 ou 15 anos, e ele devia ter 28".[6]

A primeira vez que Paul McCartney leu o nome e viu a foto (durante semanas, só havia uma imagem de Elvis disponível na Inglaterra) foi durante uma hora vaga que tinha no Liverpool Institute. Um amigo tinha uma cópia da *NME* e lá estava uma propaganda de "Heartbreak Hotel". "Eu pensei, 'ele é tão bonito'", Paul disse, "sua aparência era perfeita".[7] Muito se falava sobre ele: os garotos pareciam saber que Elvis era *o cara*, o Messias, e isso foi confirmado por Paul na primeira vez que ouviu "Heartbreak Hotel" – ele também se tornou, naquele instante, um fã de Elvis para a vida toda, sempre o defendendo.

A primeira vez que George Harrison ouviu Elvis também ficaria marcada em sua memória. "Eu estava passeando com a minha bicicleta e ouvi 'Heartbreak Hotel' vindo da casa de alguém. Foi uma daquelas coisas que nunca esquecerei: que som, que disco! Mudou o rumo da minha vida."[8]

No espaço de aproximadamente três semanas, John Lennon teve uma segunda epifania. A data foi 17 de abril, ou logo após isso, e seu amigo Michael Hill, da Quarry Bank, tinha acabado de voltar de um intercâmbio escolar que fez durante a Páscoa. Ele visitou os Países Baixos e foi a uma loja de discos em Amsterdam, onde comprou um disco de 78 rotações de Little Richard, fabricado na Bélgica, contendo "Long Tall Sally" c/w "Slippin' and Slidin'". Como Little Richard não era conhecido na Inglaterra, quando Hill disse a seu amigo "tenho um disco de um cantor que é melhor que o Elvis", John – que claramente estava apaixonado por Presley – insistiu (provavelmente com duas palavras curtas) que isso simplesmente *era impossível*. Hill morava na Dovedale Road e sua mãe trabalhava durante o dia, o que significava que sua casa estava disponível. Um dia, durante a hora do almoço, ele, John, Pete Shotton e outro amigo, Don Beattie, apostaram corrida de bicicleta até lá e começaram algo que Hill lembra como uma espécie de rotina: "Eles iam de bicicleta até a loja de *fish and chips* na Rose Lane para comprar batata frita, e eu ia para casa esquentar os pratos e preparar pão com manteiga, e tinha uma lata de cacau escondida no meu quarto. Ficávamos na minha casa por cerca de 45 minutos, comendo batata frita, escutando discos e compartilhando um Woodbine".[9]

Hill levantava a tampa de madeira da vitrola Rushworth & Dreaper de sua mãe, colocava o disco, abaixava a agulha, e Little Richard – aquele irrepreensível ser selvagem, nascido Richard Penniman, em Macon, Georgia – gritava e uivava pelos subúrbios de Liverpool.

Gonna tell Aunt Mary, 'bout Uncle John! He claim he has the misery but he's havin' a lot of fun! (Vou contar para a tia Mary, sobre o tio John! Ele diz que está triste, mas está se divertindo muito!)

"Aquele disco fez o John parar e pensar", lembra Hill. "Sua reação naquele dia ficou marcada na memória de todos, porque ele parecia estupefato com a música. Ele não sabia o que dizer, o que era muito incomum para o John, porque ele sempre tinha algo a comentar, com um pouco de ironia. Então o disco foi tocado mais uma vez, e outra, e outra. Foi um impacto enorme sobre ele. Eu me senti bem, porque era difícil impressionar John."

John falou diversas vezes sobre a ocasião, de como o disco primeiro apresentou um desafio, depois abriu sua mente para possibilidades que ele nunca havia considerado.

> Quando eu a ouvi ["Long Tall Sally"], foi tão boa que eu não conseguia falar. Sabe quando você fica dividido? Eu não queria deixar o Elvis. Elvis era maior que a religião na minha vida. Todos olhamos uns para os outros, mas eu não queria dizer nada contra Elvis, nem na minha mente. Como aquilo poderia acontecer na minha vida, *aqueles dois*? Então, alguém disse, "é um preto* cantando". Eu não sabia que os negros cantavam [rock'n'roll]. Então Elvis era branco e Little Richard era negro? "Obrigado, Deus", eu disse. Pensei sobre aquilo por dias, na escola, sobre os selos dos discos. Um [Richard] era amarelo, e o outro [Presley] era azul, e pensei sobre o amarelo contra o azul.[10]

---

* No texto original, a palavra utilizada aqui é *nigger*, termo extremamente pejorativo para se referir a pessoas negras. [N.T.]

Então o rock'n'roll não era apenas cantado por brancos... A educação de John estava numa curva íngreme: "A primeira coisa que aprendi sobre negros era que eles tinham um suingue louco e que tinham uma ótima batida. Foi um tempo depois que comecei a conhecer alguns deles. Eu não conhecia uma pessoa negra sequer na Inglaterra e eu venerava as pessoas negras dos Estados Unidos".[11]

Aqueles dois discos de Elvis Presley e Little Richard, que somavam, juntos, pouco mais de quatro minutos, alteraram o rumo da vida de John Lennon com tanta certeza quanto o fariam por Richy Starkey, Paul McCartney, George Harrison e muitos outros jovens que tinham a idade certa no mais certo dos momentos, 1956. Posteriormente, Lennon refletiu:

> Alguém disse que os brancos de classe média só conseguiram seus corpos de volta graças aos negros. É algo assim. Era a única coisa que me afetava, de todas as coisas que aconteciam comigo quando eu tinha 15 anos. O rock'n'roll era *real*. Nada mais era de verdade.
>
> Quando eu ouvi a música e comecei a gostar dela, minha vida passou a ser aquilo. Rock'n'roll era tudo – eu não pensava em mais nada, dia e noite, com exceção de sexo, comida e dinheiro.
>
> Eu não tinha ideia de que era possível fazer música para sobreviver, até o rock'n'roll me atingir. Aquele foi o estilo musical que me inspirou a tocar música.[12]

Agora, as influências começavam a vir rapidamente e em grande volume. Além de Elvis e Little Richard, havia o som de um jovem cantor, compositor e violonista do Tennessee, que tocava música country com um andamento mais acelerado, como um ritmo de rock, um estilo chamado "rockabilly" – o termo foi criado em 1956, numa resenha escrita por Ira Howard para a *Cash Box*, combinando "rock" e "*hilbilly*" (caipira). "Acho que comecei a explorar coisas diferentes, musicalmente, quando eu descobri que preferia a versão original de 'Blue Suede Shoes', de Carl Perkins, à cover do Elvis", John disse em 1963.[13] As duas estavam nas paradas simultaneamente, no fim de maio de 1956, e – apesar de Lennon ser um discípulo de Elvis – a versão original de Carl Perkins merecia seu entusiasmo. John tinha as duas versões (em discos de 78 rpm) e ficou contente ao encontrar, no lado B de Perkins, outra canção que o inspirou, "Honey Don't". Era country & western com ritmo – ou então, como John a denominava, "*crumbly and western*".[14]

Ele amava aquele som. Com o pensamento intuitivo de um aficionado por música, sabia que era mais esperto preferir a "Blue Suede Shoes" de Perkins – mais "*hip*" (bacana), usando o jargão be-bop que também vinha pelo Atlântico – porque era uma versão menos comercial que a de Elvis.

O primeiro estilo musical que tinha inspirado Paul McCartney a tocar estava rapidamente se dissipando. Naquele ano, só surgiu um outro sucesso com trompete, o tema de Billy May para o filme controverso de Otto Preminger, *O homem com o braço de ouro (The Man With the Golden Arm)*, no qual Frank Sinatra interpretava um baterista de jazz viciado em heroína. Mas o trompete tinha perdido seu lustre para Paul. Quando ele queria tocar, geralmente escolhia o piano.

No fim de abril de 1956, para o grande alívio de Mary, os McCartney se mudaram de Speke. Apesar da tristeza de Paul e Mike por deixarem amigos para trás, Paul recorda: "Estava ficando um tanto difícil. Eu pensava no que iria acontecer – em mais alguns anos eu teria uma arma?".[15] Mary sempre quis o melhor para eles, dessa vez (era o oitavo lar para Paul) "melhor" significava outra casa geminada de moradia social no sul de Liverpool. Era na 20 Forthlin Road, no distrito de Allerton – uma viagem diretamente ao sul do ponto de ônibus em Penny Lane e perto de Woolton. Não era um terreno grande, mas a região era muito mais aceitável: Forthlin Road era uma pequena rua lateral da avenida Mather, uma via de duas pistas movimentada, repleta de árvores, que levava ao centro da cidade. Os McCartney não foram seus primeiros residentes, mas a casa só tinha cerca de quatro anos de idade e era parecida, de algumas formas, com seu antigo lar em Speke – três pequenos quartos no andar de cima, e um vaso sanitário dentro de casa, além da casinha no jardim. Tudo isso por £ 1 19s 10d por semana.

O grande sucesso na Inglaterra naquela época era "I'll Be Home", de Pat Boone, que passou cinco semanas na primeira posição; provavelmente por conta de seu título apropriado – e por ser uma canção doce –, ela foi a canção do primeiro verão que a família McCartney passou em Forthlin Road, ouvida e desfrutada durante muitos almoços de domingo no programa *Two-Way Family Favourites*, enquanto Mary preparava o assado. Às vezes, a BBC tocava sua canção favorita, o tema clássico evocativo do filme *The Glass Mountain*. Quando o rádio estava desligado, Mary assobiava pela casa... e essa não era a única música sendo criada lá.

Paul sabia que era possível compor canções. Seu pai ainda tocava "Eloise" no piano, a música que ele tinha composto na adolescência, e agora – como se um botão tivesse sido apertado – Paul tinha começado a compor também.

Aconteceu naturalmente. Ele apenas se sentou ao piano e, quando seus dedos encontravam acordes interessantes, ele começava a explorar ao redor deles, trabalhando em Dó. Sua ideia era compor uma canção de cabaré, para clubes noturnos, uma música para Frank Sinatra cantar em um lounge, iluminado por um holofote em meio a uma névoa azul. Paul compôs duas canções nessa linha: "I Call It Suicide", e outra que provavelmente não tinha título, mas que seria conhecida alguns anos depois como "When I'm Sixty-Four".[16] "Suicide" talvez tenha sido a primeira, apesar de ter apenas uma primeira estrofe e um refrão. Parte da letra surgiu para Paul enquanto ele estava deitado em sua cama. Como todos os aspirantes a escritores, ele deixava lápis e papel por perto e se orgulhava de sua habilidade de escrever de forma coerente no escuro.

Paul tinha cerca de 40 segundos de música, e não foi muito além disso. Ele percebeu que a palavra-chave "*suicide*" apresentava um dilema para rimas – a melhor que ele tinha era "*ruin, I*". No entanto, apesar de a letra querer dar certo (e não conseguir), era uma composição encantadora, apropriada para bandas de baile, com um toque de modernidade, leve, envolvente e original... algo excepcional para a primeira tentativa de um garoto prestes a completar 14 anos.

Paul pensou em oferecer "I Call It Suicide" para Frank Sinatra, mas não se deu ao trabalho de escrever a carta (pelo menos não naquela época). O cantor ficou sem conhecer a canção, assim como sua segunda, a versão inicial de "When I'm Sixty-Four", que ainda não tinha letra. "Eloise", de Jim Mac, nunca teve letra, e a família McCartney tinha uma piada recorrente: alguém conseguia criar uma letra que se encaixasse? Ninguém conseguiu. Assim como "I Call It Suicide", a segunda composição de seu filho provavelmente não ia além da primeira estrofe e do refrão, mas era outra obra de boa qualidade, também apropriada para bandas de baile, algo que Jim Mac teria tocado com seu grupo. Novamente, era uma conquista excepcional para um jovem adolescente, um principiante. Ele também achava isso. Ciente de que ninguém em sua órbita estava compondo canções, Paul ficava entusiasmado ao tocá-las para as pessoas, pedindo que opinassem sobre elas. Mesmo assim, por mais que gostasse dos elogios e da admiração, se ele captasse qualquer sinal de criticismo, aquilo ficava em sua cabeça. "'Parece um pouco com um hino', era uma das coisas negativas que as pessoas diziam sobre minhas primeiras canções", ele recordou.[17]

A vida era mais fácil em Allerton. Paul e Mike (que também começou a estudar no Liverpool Institute) percorriam um trajeto mais curto até a escola; sua rota era feita pela linha 86, o que significava que Paul não andava mais de ônibus com George Harrison, a não ser que George tivesse o trabalho de trocar de ônibus em Garston – algo que ele às vezes fazia. O Liverpool Institute periodicamente tirava fotos de toda a sua equipe e seu corpo estudantil – panorâmicas no playground –, e uma foto da Lower School em abril de 1956 mostra Paul e George aos 13 anos de idade (um longe do outro, pois estavam com suas respectivas turmas). O cabelo de Paul é curto e repartido ao lado, George estava com seu sorriso torto herdado do pai e seu cabelo comprido estava arrumado em um topete. Isso era tão impressionante e ousado para os alunos que Paul sempre lembrou da reação exaltada de Arthur Kelly ao ver o penteado de George: "Parece a porra de um turbante!".[18]

Logo após a mudança, Mary McCartney começou a sofrer de dores em seu seio. Ela não contou a Paul ou Mike, mas contou a Jim – disse que parecia um sintoma da menopausa (ela tinha 46 anos à época). Um médico disse que ela não deveria se preocupar sem motivo, então Mary se automedicou com BiSoDol, um comprimido antiácido para indigestão, e continuou sua vida normalmente.

Richy Starkey conseguiu seu segundo emprego naquela época, no navio a vapor *St Tudno*, empregado pela Liverpool & North Wales Steamship Company (Companhia de Barcos a Vapor de Liverpool e North Wales). Curiosamente, ele foi contratado como garçom do bar, apesar de ter apenas 15 anos. O TS *St Tudno* era o maior e mais rápido de uma frota de três cruzeiros que ofereciam serviços de lazer: ele viajava diariamente de Liverpool a North Wales, na temporada de verão, carregando até 2.500 tripulantes por viagem, partindo de Liverpool no meio da manhã, navegando até Llandudno, depois seguindo pelo estreito de Menai até a ponte Menai, e então voltando a Liverpool antes das oito da noite. A tripulação ficava a bordo durante uma noite por semana.

Richy aceitou o emprego porque ele ainda mantinha esperanças de se juntar à marinha mercante, ciente de que esta continuava sendo uma das poucas formas de evitar legalmente o National Service. Ele acreditava que havia uma chance melhor de ser aceito na área mercantil se tivesse alguns meses de experiência no mar, mesmo que fosse num navio de lazer. Mas o emprego também tinha outra atração: bebidas alcoólicas. Richy já bebia. A frequente exposição ao álcool em seu lar foi uma influência, além de muitos outros garotos já fazerem aquilo – xingar, beber e fumar, assim que tivessem a oportunidade. A atração do *St Tudno* para seus passageiros (especialmente os homens) era o bar de seu lounge, que ficava aberto o tempo todo, permitindo que bebessem enquanto os pubs de Liverpool ainda estavam fechados. Richy aproveitava o mesmo privilégio, virando garrafas de cerveja no tempo livre, tentando não derramar nada sobre sua camisa e gravata de garçom. Ele e seus colegas de trabalho também iam a um pub após o navio ancorar de volta em Liverpool, à noite, e bebiam a quantidade de cerveja que as moedas em seus bolsos pudessem comprar. Ser um marinheiro era motivo para se gabar quando conversavam com as "gatinhas". No entanto, como Richy recordou, a pose às vezes durava pouco: "[Eu] dizia, 'Sou da marinha, acabei de voltar', e [ela] perguntava, 'Quando você partiu?', e eu respondia, 'Hoje, às dez da manhã'".[19]

Ele não durou mais que cinco semanas no *St Tudno*. Uma manhã, Richy chegou de mau humor, de ressaca de uma festa que havia durado a noite toda. Quando seu chefe lhe pediu que fizesse algo, Richy respondeu de forma insolente e foi demitido na hora. Qualquer desejo que restava de passar uma vida no oceano logo foi por água abaixo. Richy já tinha passado por dois empregos e foi demitido de ambos.

Harry Graves tentou ajudar novamente – menino disponível, à procura de emprego – e o anúncio foi respondido imediatamente: havia uma vaga na H. Hunt & Son, uma fábrica antiga na Windsor Street* que produzia, fornecia e adaptava material recreativo para crianças, de balanços e escorregadores a equipamentos de ginásio para escolas, até trampolins de nível olímpico. A empresa tinha contratos com organizações públicas por todo o país. Richy começou a trabalhar lá a cinco dias de seu 16º aniversário, e passaria cinco anos como aprendiz de carpintaria,

* A fábrica ficava na 85-93 Windsor Street, a poucos passos da casa de Richy. O prédio tinha a largura de uma garagem tripla, com dois andares e um porão, mas se estendia bastante aos fundos. Foi demolida no fim dos anos 1980, após as revoltas de Toxteth.

como marceneiro, no lugar. Em 1961, se ele fizesse tudo corretamente, receberia o *status* que representava o ápice da ambição da classe trabalhadora: uma profissão que durasse a vida toda. As pessoas sempre diziam para ele: "Encontre uma profissão, filho, e você vai ficar bem", então Richy estava se esforçando para conseguir uma – também ciente de que a condição de aprendiz o qualificaria para não prestar o serviço militar.

Como todos os garotos novos, Richy começou como um "faz-tudo", enchendo potes de cola, comprando batatas fritas para os outros funcionários, preparando chá, varrendo o chão e transportando encomendas com um carrinho de mão ou a bicicleta de entrega; ele ganhava as mesmas £ 2 10s por semana que seu emprego na ferrovia lhe pagava. Em 7 de julho de 1956, Richy completou 16 anos, uma idade que seus familiares muitas vezes acharam que ele não atingiria. Mas ele chegou lá e todo mundo sabia – como ele recorda, "Quando eu tinha 16 ou 17 anos, achava que todos com 60 anos deveriam levar um tiro, para liberar espaço no planeta".[20] Essa ideia não incluía Elsie, que tinha apenas 41 anos; poupada da bala, ela deu a Richy um presente que ele adorou: um anel de sinete, sua primeira joia, algo para mostrar ao seu novo grupo de colegas de trabalho e aos outros Teds em Dingle.

No aniversário de Richy, a parada musical *Liverpool's Own Top 3*, na qual a publicação *Echo* registrava os maiores sucessos apenas em Liverpool, trazia "Heartbreak Hotel" na primeira posição. O disco tinha sido lançado havia mais de três meses, e finalmente estava no lugar que muitos acreditavam que ele merecia. Duas semanas antes, a parada da loja musical Nems, em Liverpool, impressa no *The Record Mirror*, tinha "Blue Suede Shoes", de Carl Perkins, na segunda posição, enquanto estava na 12ª na *NME*. Um padrão estava surgindo, no qual certos discos de rock e skiffle tinham mais sucesso em Liverpool que no resto do país; nesse quadro também surgiu Gene Vincent, com "Be-Bop-A-Lula", uma música que provava a teoria: os discos que os adultos mais *odiavam* eram os mais amados pelos adolescentes.

Para os adultos, "Be-Bop-A-Lula" era aterrorizante; para os jovens, era uma sensação – uma faixa de rock dançante, repleta de atitude, gritos, dois fabulosos solos de guitarra elétrica e uma garota que veste "jeans azuis e vermelhos" e tem "pés voadores". Quem sabia o que isso significava? Não entender fazia parte da atração. Qual seria a próxima invenção daqueles americanos incríveis? O primeiro compasso de "Be-Bop-A-Lula" foi o suficiente para levar John Lennon aos céus. "Aquele começo – '*we-e-e-e-e-e-l-l-l-l!*' – sempre deixava meus cabelos de pé."[21] Naquele instante, John amava Gene Vincent, como amava Elvis, Carl e Little Richard. Três meses antes, ele existia sem eles; agora, ele *vivia* de verdade, e aqueles sons estavam moldando seu futuro. Como John disse sobre o período: "Quando eu tinha 15 anos, pensava, 'Se eu conseguisse sair de Liverpool e ser rico e famoso, não seria ótimo?'. Eu sempre pensava que seria um artista famoso. E possivelmente teria que me casar com uma senhora idosa e muito rica, ou com um homem assim, para cuidar de mim enquanto eu fazia minha arte; mas o rock'n'roll apareceu, e eu pensei, 'Ah, é isso aqui então'. Aí eu não precisei me casar nem viver com ninguém".[22]

"Be-Bop-A-Lula" foi o primeiro disco comprado por Paul McCartney.

> Um amigo no Liverpool Institute disse: "Tem um disco ótimo do Gene Vincent, chamado 'Be-Bop-A-Lula'". (Se eu passasse tanto tempo estudando quanto eu passava falando sobre esses artistas de rock'n'roll, acho que eu seria um físico nuclear.) Então eu anotei seu nome e fui à loja de discos Curry no centro da cidade, após a escola, e fui à cabine de audição. O eco e a atmosfera da música eram tão incríveis que eu precisei comprar o disco naquela hora. Eu tirei meu dinheiro suado, passei ele pelo balcão e me tornei um orgulhoso proprietário de "Be-Bop-A-Lula". A música é roxa na minha mente, por conta do selo roxo da gravadora Capitol. Eu amava o logo da Capitol.[23]

O boletim escolar de John Lennon ao fim de seu quarto ano na Quarry Bank mostra onde ele estava, academicamente, aos 15 anos: o 20º de 24 alunos, no nível mais baixo dos três disponíveis na escola de gramática, quase no fundo do fundo. Ele tramou para ficar ausente de todos os exames, e não é difícil imaginar onde ele passou aqueles dias. Julia tinha achado uma nova forma afetuosa de chamar seu filho: "Stinker" (Fedorento), pois não era de sua natureza peidar discretamente. Ela ainda o estava ensinando a tocar o banjo. John também estava muito animado por sua mãe ser fã de Elvis. Não tanto quanto ele, é claro – poucas pessoas eram *tão* aficionadas –, mas ela gostava de Elvis e ficava feliz de ouvir seu nome mencionado diversas vezes, ao contrário de Mimi, que comentou: "Não tenho problema com o Elvis Presley, John, mas eu não quero ele no café da manhã, almoço e jantar".

John e sua gangue ainda iam, todo ano, à festa no jardim em Strawberry Fields, e Nigel Walley tem uma memória que guarda com carinho de John, sempre hilário, de alguma forma conseguindo obter o hábito de um monge, e passando a tarde distribuindo palavras de sabedoria e profecias fajutas com uma voz baixa, enquanto pessoas se curvavam perante ele. Por coincidência, o futuro de John – e a vida de incontáveis outras pessoas – estava sendo determinado na mesma tarde de sábado, 14 de julho, em outra festa, 300 quilômetros ao sul.

A segunda edição anual da Soho Fair foi uma feira que durou a semana toda, organizada para provar que, naquele enclave de Londres, havia outro lado para os eventos mostrados na imprensa e nos filmes. Se você acreditasse em tudo que lia e ouvia, Soho era o submundo da Inglaterra pós-guerra, com suas ruas infestadas por ratos, repletas de lojas com trabalhadores ilegais, oficinas e livrarias de conteúdo questionável, além dos cafetões e prostitutas, músicos de jazz viciados em drogas, bandidos de esquina, estrangeiros com cheiro esquisito, cineastas, escritores, agentes, editores, atores, poetas fracassados e anarquistas malfeitores, todos vagabundeando e conspirando em seus cafés sujos e em seus restaurantes sombrios e exóticos. Na verdade, além de ser mais do que isso, o Soho *era* tudo isso. Como era tudo isso, também era a "vila" mais diversa, cosmopolita e avançada da Inglaterra.

No sábado da Soho Fair de 1956, três homens espertos, com pouco mais de 20 anos cada, guitarristas amadores dedicados ao movimento estadunidense de música folk feita por trabalhadores, seguidores de Pete Seeger, estavam na carreta de um caminhão, tocando e cantando, enquanto passavam por Soho Square, Wardour Street e Carnaby Street. O veículo finalmente parou em frente a um café na Old Compton Street, onde eles entraram, compraram cafés, cantaram e tocaram seus violões enquanto bebiam e passavam o chapéu. Quando se levantaram para sair, o proprietário perguntou se eles poderiam voltar e tocar lá de novo, talvez por uma noite: o lugar tinha um porão e ele podia montar um pequeno palco. E foi assim que aqueles três jovens, que se chamavam Vipers, se tornaram a primeira atração do 2i's Coffee Bar. Esse encontro ao acaso acenderia o pavio do som que foi popularizado o ano todo por Lonnie Donegan, finalmente transformando seus sucessos em uma verdadeira explosão de skiffle. Enquanto Donegan sempre seria o líder do movimento, o número de participantes logo estaria na casa das dezenas de milhares. Se fizessem um filme sobre isso, pareceria banal.

Naquele mesmo verão, quando os Harrison encontraram seus amigos da família Brewer outra vez, de volta ao acampamento de verão Sandy Bay, em Exmouth, George tinha uma nova obsessão para compartilhar com sua amiga Jenny: "Agora ele era louco por música. Ele perguntou se eu já tinha ouvido 'música de verdade'. Era 'Heartbreak Hotel', de Elvis Presley. Eu perguntei: 'Quem?'. 'Elvis! Elvis Presley!' Ele não estava com seu violão, mas ele amava música, com paixão".[24]

Peter Harrison teve um papel fundamental ao reaproximar George do violão. O antigo Egmond de George continuava desmontado no armário, desde que ele tinha usado uma chave de fenda para soltar o braço do instrumento. Todos os garotos Harrison tinham habilidades manuais: o trabalho de Harry era consertar motores a diesel, e Peter – que largara a escola aos 15 anos de idade, em 1955 – tinha começado a consertar lataria automotiva, mantendo o interesse da família em veículos; ele também comprou uma motocicleta, que George amava. Peter decidiu trabalhar no violão de George, e conseguiu consertá-lo. Mais que isso, ele ensinou alguns acordes que tinha aprendido com outra pessoa. Então, George voltou ao hábito de passar suas noites treinando com o violão e se manteve disciplinado. Sua dedicação intensa, hora após hora, dia após dia, ficava clara para qualquer um que o visse. E quando sua determinação era abalada, sua mãe o encorajava de toda forma possível. "Você vai conseguir, filho, você vai, continue tentando, você vai conseguir." Às vezes, Louise se sentava com ele até as duas ou três da madrugada, muito tempo após Harry ir para a cama, fornecendo inúmeras xícaras de chá, assistindo e incentivando enquanto seus dedos faziam os movimentos.[25]

Com o rock'n'roll tão restrito no rádio e na TV, a forma mais garantida de ouvir os sons recentes era uma visita ao parque de diversões. No sul de Liverpool, o parque periodicamente ocupava uma área em Garston e no Sefton Park. Uma noite, no parque de diversões do Sefton Park, Richy Starkey estava vestido como um Teddy Boy e encontrou um jovem que ele conhecia da fábrica Hunt, Roy Trafford. Ele também era um garoto de Dingle, e quase instantaneamente os dois se tornaram melhores amigos, começando uma forte amizade que duraria a vida toda. "Tivemos uma boa noite no parque", Roy recorda. "Tocaram todos os discos mais famosos. Não tínhamos dinheiro para comprá-los, mas tocavam os melhores no parque de diversões, e tinha garotas lá também. Nos tornamos amigos porque gostávamos das mesmas coisas. Éramos mais como irmãos – eu fui o mais próximo que ele teve de um irmão, e houve um afeto instantâneo, como homens, como irmãos. Foi ótimo. Uma sensação boa."[26]

Richy e Roy não apenas trabalhavam no mesmo local, mas amavam rock'n'roll e música country americana, e queriam tocar juntos: Roy estava interessado no violão e Richy ainda tocava seu bumbo. Eles visitavam a casa um do outro (Roy morava em Dingle, na 7 Paulton Street), ouviam a Radio Luxembourg juntos, se vestiam como Teds – Richy vestia um casaco longo preto e Roy, um azul – bebiam e ficavam pensando em garotas. Era uma forma perfeita de passar o tempo e logo formaram o mesmo tipo de laço forte que George Harrison estabelecera com Arthur Kelly e John Lennon tinha com Pete Shotton – bons amigos que viviam vidas parecidas e compartilhavam suas atitudes e sua franqueza.

Roy logo percebeu que, apesar de Richy continuar fisicamente fraco por conta de suas doenças, "ele sempre foi forte mentalmente". Como Richy nunca refreava suas opiniões, ele falou com a gerência da H. Hunt & Son e reclamou: "Vamos lá, estou aqui para ser marceneiro, não para andar de bicicleta".[27] Já que não havia vagas para trabalhar com marcenaria, lhe ofereceram um aprendizado de montador na metalurgia, como um membro júnior da equipe que fazia o equipamento de mergulho para a piscina dos Empire Games de 1958. Ele se juntou a um sindicato – provavelmente o Amalgamated Engineering Union (AEU) –, recebeu um kit de ferramentas e começou a aprender a fazer pequenas partes, trabalhar numa bancada, usar o torno e perfurar máquinas. Apesar de ainda receber £ 2 10s, seu salário aumentaria, aos poucos, até £ 6, e ele teria a chance de se qualificar, em 1961, para receber de £ 12 a £ 15 por semana, mas teria que estudar em meio período para isso. Ele trabalhava nos dias de semana, das oito horas da manhã às cinco e meia da tarde, batendo ponto e fazendo intervalos para lanche e almoço (que todo mundo chamava de "*dinner*") em algumas mesas no porão, em meio às lascas de madeira. Após o trabalho, ele e Roy geralmente bebiam algumas no pub, provavelmente o

Sefton Arms, ou o Empress, ou o Yate's Wine Lodge, onde Elsie trabalhava atrás do balcão. Legalmente, a idade mínima para beber era 18 anos, mas raras vezes eles tinham problemas com isso. Richy estava seguindo um padrão estabelecido pela maioria de sua família, por quase um século, levando *a vida Dingle*, encontrando trabalho, descanso e diversão - além da gangue - em suas ruas sombrias.

O novo ano escolar no Liverpool Institute foi o terceiro de George Harrison, e sua colocação contínua no grupo E (turma L5E) o deixava apenas um nível acima da parte mais baixa da classificação. Por sua livre e espontânea vontade, ele estava a caminho de lugar algum - ou, pelo menos, nenhum lugar a que os outros queriam que ele fosse. Ele ainda odiava a escola e fazia de tudo para aprender o mínimo possível, perturbando o máximo. Uma forma de rebeldia era a subversão do uniforme da escola: ele usava o colete amarelo de seu irmão mais velho, Harry, por baixo de seu blazer, e seu quepe da escola (obrigatório) ficava acima de seu topete estilo Elvis, com uma aparência evidentemente ridícula. Os professores sempre reclamavam do comprimento do cabelo de George, mas ele era teimoso e heroicamente se recusava a ceder.

Paul estava na turma U5B, avançando para a Upper School (apesar de seus pais insistirem que ele ainda não podia usar calças compridas). Garotos dos grupos A, B e C do Institute estavam a caminho de fazer alguns testes de nível básico GCE aos 15 anos de idade, antes da maioria dos estudantes de outras escolas, e Paul faria dois (espanhol e latim) no verão de 1957, ao mesmo tempo que John Lennon faria os seus em Quarry Bank. Eles também tinham outra coisa em comum: Paul caiu dramaticamente na classificação de sua turma durante o ano escolar de 1955-56, da nona para a décima posição, depois para a vigésima posição, dentro de três períodos. Havia muito ressentimento por sempre receber ordens, e sua obsessão crescente por Elvis e pelo rock'n'roll não estava ajudando.

No começo de setembro, o filme *Ao balanço das horas* (*Rock Around the Clock*) já estava em cartaz havia seis semanas. Ele foi exibido no cinema Gaumont, em Liverpool, de 19 a 25 de agosto. John não o viu nessa época, George viu, Paul viu e levou consigo uma garota do Ensino Fundamental, Richy já o tinha visto algumas semanas antes, na Ilha de Man, e foi um dos primeiros a testemunhar o grande entusiasmo que provocava nas plateias.* Não era muito, só *alguma coisa*, e a exibição em Liverpool passou sem maiores comoções. Em outros lugares, porém, a encrenca estava começando a surgir.

Parecia até um desejo realizado. "QUEREMOS ESSE ROCK CHOCANTE?", perguntava Patrick Doncaster no jornal *Daily Mirror*, em 16 de agosto. "Pode acontecer, aqui, a encrenca que acontece com o rock'n'roll nos Estados Unidos?" A resposta, talvez encontrada com ansiedade exagerada, chegou no fim do mês. Em uma exibição de *Ao balanço das horas* em Paddington, oeste londrino, um garoto de 15 anos deu um soco no gerente do cinema. Esse incidente corriqueiro foi relatado da maneira apimentada que apenas os jornais da Fleet Street conseguiam fazer: o soco atingiu a vítima enquanto "adolescentes dançavam nos corredores, sem perder o ritmo". De repente, todo dia surgiam incidentes novos, buscados e noticiados pelos jornais, como se estes não tivessem nenhuma responsabilidade pelo exagero das histórias. "MIL ARRUACEIROS DO ROCK'N'ROLL TOMAM CONTA DA CIDADE" era a manchete do *Daily Mirror* em 10 de setembro, acima de um dos relatos hiperbólicos que misturavam, de forma hipócrita, repúdio com deleite. "Na noite passada, mil adolescentes berraram e dançaram, enlouquecidos pelo ritmo, no meio de uma cidade, puxando uma faixa de isolamento da polícia e parando o trânsito. Eles tinham acabado de sair da terceira e última exibição do dia do filme de rock'n'roll *Ao balanço das horas*, no Gaiety Cinema, em Manchester."

Tais manchetes instantaneamente chamavam a atenção para o tipo de pessoa que era irresistivelmente atraída pela violência. Isso significava, dentre outros, Teddy Boys. Rock'n'roll não era a música deles, pois os Teddys tinham surgido antes, mas lá estavam eles, desesperados para dançar, ansiosos para balançar, prontos para arrebentar tudo, cortar assentos, quebrar luzes e ameaçar os funcionários do cinema.

John Lennon continuou sendo um leitor ávido dos jornais diários – todas as páginas de pelo menos uma publicação por dia, além de pelo menos um livro por

---

* Era comum que as fábricas britânicas fechassem por um período no verão, para que os funcionários tivessem férias e todos voltassem a trabalhar na mesma data. Richy estava na H. Hunt & Son havia um mês quando teve esse período de folga. Vovô e vovó Starkey o levaram à Ilha de Man – que era quase como viajar a outro país. Ele viu *Ao balanço das horas* no Gaiety Theatre, em Douglas.

semana. Após ver as notícias sobre *Ao balanço das horas*, ele se apressou para fazer parte de tudo aquilo. Embora a exibição em Liverpool já tivesse sido encerrada, o filme ainda estava passando em Bootle e Wallasey. Ele não teve sorte: apesar de eventos passados de desordem em ambos os locais, nenhum problema ocorreu na noite em que ele foi (ou, ao menos, nenhum que ele pudesse ver, pois estava sem seus óculos, o que também significa que apenas *ouviu* o filme). "Eu fiquei muito surpreso", ele recordou. "Ninguém gritou ou dançou. Eu tinha lido que todo mundo dançava nos corredores. Deve ter acontecido antes de eu ir. Estava pronto para arrebentar os assentos, mas ninguém se juntaria a mim."[28]

A desordem pública em grande escala logo se tornou o assunto de todos; em poucos dias, a nação estava em polvorosa com o rock. Da mesma forma que ocorre com todas as tempestades em copo d'água criadas pela imprensa, a situação com *Ao balanço das horas* logo se acalmou, mas seus efeitos colaterais durariam por anos. O medo que a população tinha dos Teddy Boys passou a ser associado ao repúdio pelo rock'n'roll. Assim como nos EUA. Rock não era apenas a música da selva, não era apenas sinistro, ou a música do demônio - rock era a música *da violência*. Essa perspectiva colocou os fãs de rock numa posição desconfortável, moldando a opinião pública a respeito deles, a forma como se vestiam, a música de que gostavam, e os instrumentos que tocavam. Os fãs do rock foram empurrados rua abaixo pela Lonely Street, até as margens da sociedade.

Tendo isso em vista, o skiffle era conscientemente procurado e promovido como o antídoto ao rock. Era acústico, não amplificado, e era mais limpo: as letras não eram sugestivas ou sujas; às vezes, as pessoas que o tocavam também sabiam lavar roupas. Em 8 de setembro, em pleno drama envolvendo *Ao balanço das horas*, o *Daily Mirror* publicou uma matéria do colunista Noel Whitcomb, com a manchete "ELES SÃO LOUCOS PELO SKIFFLE! A MÚSICA QUE MANDA O ROCK EMBORA". Whitcomb anunciou que o rock era "tão antiquado quanto plantas aspidistras", enquanto "a música skiffle é a próxima febre". Seu artigo confirmou que o Soho era o lugar onde tudo aconteceria e explicou quão fácil era para qualquer um tocar o estilo: só precisava de violões, uma tábua de lavar roupa e, para improvisar um contrabaixo, "uma velha caixa de chá com um cabo de vassoura enfiado no meio".* Whitcomb demonstrou entusiasmo com os Vipers e destacou suas canções "It Takes a Man to Sing a Worried Song", "Pick a Bale of Cotton" e "Rock Me, Daddy-O" (*sic*), acrescentando "tenho certeza absoluta de que todas estas aparecerão na parada de sucessos".

Whitcomb sabia do que estava falando, porque ele não tinha ido sozinho ao 2i's Coffee Bar para fazer seu relatório – ele foi acompanhado por um jovem gerente de gravações da EMI, chamado George Martin, que estava desesperado atrás de um novo talento para salvar seu selo, Parlophone, da iminente falência. Ele recebeu uma dica de que havia um jovem cantor *cockney* de Bermondsey, Tommy Hicks, acompanhado por um grupo residente. George decidiu ver do que se tratava. Apesar de não ter uma opinião forte sobre o cantor, ele gostou da banda. O contrato padrão da EMI, *penny*-por-disco, foi oferecido, e o grupo aceitou, animado com a possibilidade de aparecer no selo azul da Parlophone, Super-Rhythm Style. Foi então que George Martin se tornou o primeiro produtor de discos a contratar um grupo de skiffle e, ao fazer isso, foi o primeiro a assinar um contrato com uma banda cujo nome fazia alusão a drogas, pois "*viper*" era uma gíria dos anos 1930 para se referir a fumantes de *cannabis* – mas o gerente da Parlophone não tinha a mínima ideia desse detalhe.[29]

Mary McCartney comemorou seu 47º aniversário em 29 de setembro, e recebeu as típicas felicitações: "que venham muitos outros". Mas ela já sabia que não seria assim. Por volta daquela época, com tamanha discrição que nem seus dois filhos saberiam daquilo por um bom tempo, ela foi ao hospital para se submeter a uma mastectomia. O câncer de mama tinha sido diagnosticado. Jim sabia o que estava acontecendo, mas atendeu aos pedidos de Mary e não deixou que Paul nem Mike soubessem: era a mamãe que mandava. O mais perto que chegaram de descobrir que havia algo estranho foi quando Mike investigou um som diferente vindo do

* O cabo de vassoura, ou qualquer outro objeto de formato similar, era inserido por um buraco na caixa de chá ou preso ao seu exterior. Um pedaço de barbante ou corda era amarrado com um nó firme, na parte de cima, enquanto a outra ponta era amarrada por um buraco na caixa, formando um triângulo. As notas eram produzidas ao bater ou dedilhar a corda, ajustando a tensão com a inclinação do cabo de vassoura. A pessoa tocando o instrumento deveria deixar um pé firme no chão e o outro (ou o seu joelho) em cima da caixa, para mantê-la firme.

quarto de sua mãe. “Eu estava ouvindo aquele barulho esquisito, parecia alguém chorando, então entrei em seu quarto, e lá estava ela, rezando seu rosário. Eu perguntei, ‘Qual é o problema, mãe?’, e ela [logo] respondeu, ‘Nada, filho’. Ela sabia o que estava acontecendo.”[30]

Mike presumiu que ela estava chorando porque ele e Paul tinham se comportado mal. “Podíamos ser malcriados de verdade”, ele comentou. Mas, então, tudo aconteceu muito rápido. O câncer já havia se espalhado e Mary foi ao David Lewis Northern Hospital, em 29 de outubro, em má condição, com um tumor cerebral. Mary tinha uma expressão corajosa em seu rosto, e seus dois filhos nunca mais a viram. Eles foram enviados a Park Lane, Aimtree, para ficar com seu tio Joe e sua tia Joan, e não conseguiam entender por que aquele lugar onde os McCartney costumavam passar suas animadas festas de Ano-Novo estava tão silencioso. Os meninos amavam Joe por seu ótimo humor, típico de Liverpool, mas até ele estava quieto. Paul e Mike dormiram na mesma cama e tentavam imaginar o que poderia estar acontecendo.

O fim veio dois dias depois. Jim colocou sua mão sobre a bochecha de Mary e ela disse: “Jim, eu te amo”. Ela disse a sua cunhada Dill Mohin: “Eu queria ter visto os meninos crescerem”. Um terço foi colocado em seu punho, um padre deu a extrema-unção e ela faleceu.

Jim deu a notícia aos meninos. Mike, que era muito próximo de sua mãe, começou a chorar, uma parte essencial dele despedaçada para sempre. A resposta de Paul não foi a esperada, nem o que Jim ou qualquer outra pessoa queria ouvir. “A mãe trabalhava como enfermeira. Não tínhamos muito dinheiro – e ela era responsável por metade da renda familiar. Minha reação foi: ‘Como vamos sobreviver sem o dinheiro dela?’. Quando eu me lembro disso, penso, ‘Meu Deus, *o quê*? Eu falei aquilo *mesmo*?’. Foi um pensamento terrível e lógico, que precedeu os sentimentos normais de luto. Foi muito difícil absorver aquilo.”[31]

Paul e Mike ficaram com Joe e Joan McCartney por mais alguns dias; eles não foram à missa de réquiem de sua mãe, nem ao velório, apesar de terem acontecido em um sábado, quando não tinham escola.[32] Oito anos depois, Mike recordou aqueles primeiros dias com carinho, refletindo sobre como ele e Paul sentiram que o importante era mostrar aos primos que eles não eram “fracotes”. Ele se referiu ao comentário de seu irmão sobre o dinheiro – “Paul fez algum comentário impertinente que parecia insensível na hora" –, mas acrescentou: "Paul ficou muito mais abalado com a morte de nossa mãe do que qualquer um de nós poderia imaginar. Seu caráter pareceu mudar. Por um tempo, ele parecia um ermitão; não era uma pessoa agradável de se ter por perto, pelo que me lembro. Ele ficou totalmente absorto e não queria que as pessoas invadissem sua privacidade".[33]

A forma de Paul lidar com a crise era parecer que não tinha sido afetado por ela. Ele apenas foi adiante. "Aprendi a colocar um escudo ao meu redor."[34] Por mais difícil que fosse ver ou ouvir seu pai chorando, Paul abaixava a cabeça e seguia em frente.

Sua preocupação sobre como a família sobreviveria sem o dinheiro de Mary era real. Nos dez anos pós-guerra que Jim passou na Hannay, o mercado de algodão de Liverpool nunca decolou. Ele ganhava apenas £ 400 ao ano para seu lar – £ 8 por semana –, o que não era muito para pagar as contas, alimentar e vestir dois rapazes, e deixar algo reservado para apostar em cavalos. Além disso, Jim tinha medo de se tornar dispensável.

Todo mundo sentia pena dele, um viúvo aos 54 anos e o único responsável por dois garotos, de 14 e 12 anos. Os papéis domésticos dos McCartney sempre tinham sido divididos por linhas que eram tradicionais em todos os lugares (embora parecessem ainda mais rigorosas no norte da Inglaterra): os homens ganhavam o pão, não faziam o pão. Homens *trabalhavam*, enquanto as mulheres cuidavam da casa e organizavam a vida de todos. Jim teve que aprender a cozinhar e limpar, em uma casa tão nova para eles que Mary não chegou a deixar sua marca. O resto da família McCartney – decididamente próxima, reconfortante e pé no chão – fez tudo o que podia para ajudar, e foi muito. Paul e Mike sempre amaram seus parentes, e, a partir daquele momento, seus tios, tias e primos passaram a ter um papel ainda maior na vida dos dois garotos, os relacionamentos se aprofundando mais que nunca, fortes e seguros.

John Lennon sentiu a euforia de ouvir Little Richard na primavera de 1956 – aquele momento eletrizante que mudou sua vida –, mas seria apenas em novembro que o resto da Inglaterra compartilharia a alegria, quando o selo London, subsidiário britânico da gravadora Decca, lançou "Rip It Up" c/w "Ready Teddy" como seu primeiro single britânico. Ambas as faixas seguiam a mesma linha de "Long Tall Sally" e "Slippin' and Slidin'": sons agitados de *big band*, com vocais, piano e saxofone – o sax acentuando o sexo. Richard gritava em toda parte e provocava arrepios. "Nunca tínhamos ouvido alguém cantar assim em toda a nossa vida, e todos aqueles saxofones tocando feito loucos...", John recordou, acrescentando: "A coisa mais excitante do começo da carreira de Little Richard era quando ele gritava logo antes do solo, aquele uivo. Costumava deixar o cabelo arrepiado".[35]

"Rip It Up" c/w "Ready Teddy" caiu como um raio em céu azul na vida de Paul McCartney. Ele também teve a epifania: primeiro foi Elvis *e agora isso*! "Little Richard era uma voz do céu, ou do inferno, ou dos dois. Aqueles gritos pareciam vir do topo de sua cabeça. Eu experimentei fazer igual um dia e descobri que conseguia. Era necessário deixar as inibições de lado e apenas gritar de uma vez."[36] Jim McCartney não gostava nem um pouco daquilo – Paul estava cantando como um garoto possuído, e de certa forma ele estava mesmo. Absorver Elvis, Little Richard e Gene Vincent era glorioso e ajudava a bloquear outros sentimentos. Paul se regozijava com os sons de seus grandes heróis estadunidenses. Ele amava o grito específico que Richard fazia em suas canções, um "Woooooo!" agudo, audível em quase todas as suas gravações, e Paul descobriu que tinha o alcance vocal e o talento para imitar aquilo. Paul reconheceria essa habilidade como sua "voz de Little Richard", apesar de o próprio Richard admitir que emprestou a técnica de Sister Rosetta Tharpe, Wynonie Harris e Esquerita, o artista de quem ele praticamente clonou sua aparência, sua voz e seu som.

A atração pelo violão já era irresistível para John Lennon. Por mais que ele gostasse de tocar o banjo na casa de Julia, o instrumento era, de certa forma, quase uma piada. Claro que era divertido, mas o banjo já era havia muito tempo menosprezado pelos músicos, um motivo de risada entre os profissionais. Era *ontem*. Gene Vincent tocava violão, Elvis Presley tocava violão, Lonnie Donegan tocava violão. Naquele momento, rock significava violão, e violão significava rock. John queria muito ter um. Ele recordou posteriormente: "Como todo mundo fazia, eu usei Deus para uma coisa que eu queria. 'Por favor, Deus, me dê um violão...'".[37]

Eis que surgiu um violão. O mensageiro alado foi um garoto de sua escola, de nome desconhecido. Há poucas lembranças do primeiro violão de John Lennon. O instrumento que ele chamaria de seu primeiro violão surgiu depois, em março de 1957 – mas, antes disso, ele conseguiu emprestado um violão de outra pessoa, um modelo barato, possivelmente Egmond (o mesmo que George Harrison tinha), o tipo de instrumento que alguém jogaria fora na primeira oportunidade que tivesse, e depois esqueceria de mencioná-lo. Mas *era* um violão. A partir das últimas semanas de 1956 (é impossível ser mais preciso que isso), John passou a tocar as cordas do violão, usando os acordes que Julia lhe havia ensinado com o banjo. Por pior que o instrumento fosse, ele raramente saía da companhia de seu dono temporário. De uma forma ou de outra, John já sabia que ele seria descoberto. Ele "esperava pelo homem importante com um charuto".[38]

Enquanto John apenas usava as primeiras quatro cordas do banjo em seu violão, George aprendia a tocar com todas as seis. Harry Harrison chegou a ter um violão durante seu tempo trabalhando no mar e o penhorara durante uma fase difícil, mas ficou em contato com um de seus antigos colegas de navio que tocava e mantinha seu instrumento consigo. O homem era Len Houghton, ou Horton, e morava acima de uma loja de bebidas alcoólicas, que ele também gerenciava. A loja fechava nas quartas à noite e Harry fez George passar algumas horas lá, provavelmente por algumas semanas. O velho lobo do mar ficou feliz por ensinar seus truques para aquele jovem intenso e interessado, pegando canções dos anos 1920 para mostrar a George o que ele carinhosamente lembraria como "acordes velhos", em seu "violão Hofner Committee, top de linha: era em madeira de bordo, de cor amarelada, com modelo similar aos Gibson 400".[39]

Aquelas canções antigas eram as mesmas que Jim McCartney amava – e foi por volta daquela época que George pôde conhecê-lo melhor, formando uma relação que sempre foi respeitosa e brincalhona. Conversando na escola e nos ônibus, George e Paul compartilhavam sua paixão explosiva por músicas novas e isso aprofundou sua amizade. George pegava sua bicicleta e ia de Speke a Allerton, quando não estava no horário de aula, para falar sobre rock, country, blues e, especialmente, *violões* – Paul, que desejava ter um, e George, que (apesar de ser oito meses mais jovem)* já tinha um. A cronologia é imprecisa, mas foi nesse período que os dois tocaram juntos pela primeira vez. Paul conseguia tocar "When the Saints Go Marching In" com seu trompete, e George tocava o violão e cantava – sons que ecoavam pela área frontal da 20 Forthlin Road e

---

* Paul sempre disse que a diferença era de nove meses, e foi assim que ambos se referiam a ela, com uma regularidade surpreendente.

pelo quarto dos fundos da 25 Upton Green, quando Paul ia de bicicleta ao local onde havia morado.

Talvez em novembro de 1956 (ou por volta dessa época), pouco tempo depois de ter começado a tocar violão, John Lennon teve a ideia de formar um grupo.* Nenhum homem com charuto o acharia se ele apenas tocasse sozinho. E, como Pete Shotton percebeu, além de John ter medo de começar por conta própria, ele também não considerava ser o líder de um grupo de pessoas que não conhecia. O primeiro que ele convidou para se juntar ao seu grupo foi seu melhor amigo, o próprio Pete. John tocou no assunto um dia, enquanto eles andavam pelo pátio de Quarry Bank. Não importava que Pete não soubesse tocar nada – era skiffle, definitivamente uma coisa rústica. Ele conseguia fazer barulho na tábua de lavar? Pete sabia que tinha uma de metal enferrujando no galpão do quintal de seu pai. Então ele estava dentro. Durante os dias, ou semanas, seguintes, John e Pete encontraram mais integrantes, incluindo Eric Griffiths, que tinha um violão barato, e Bill Smith, que se ofereceu para tocar o baixo de caixa de chá. Ele recorda: "Tivemos uma reunião durante uma tarde, na área em frente à sala de marcenaria. Discutimos [a ideia de um grupo] e dissemos: 'Sim, vamos em frente'. Eu roubei uma caixa de chá daquela sala de marcenaria – e a levei embora na minha bicicleta".**

---

* Novamente, não há forma de ter uma data mais precisa que essa. Dez anos depois, retomando esses eventos, John disse que o grupo não foi, de fato, sua ideia, mas de outra pessoa – "Acho que o cara que teve a ideia acabou não entrando no grupo" (Davies, p. 20). Talvez fosse um rapaz de Quarry Bank chamado Geoff Lee, mas ninguém tem certeza. John acrescentou: "Nós nos encontramos pela primeira vez na casa de Geoff", apesar de Pete Shotton afirmar que o primeiro encontro foi na casa *dele*. Além disso, numa entrevista de 1971 (por Mike Hennessey, para o *Record Mirror*, apesar de não ter sido publicada), John disse: "Eu não tinha um violão quando entrei para o grupo, mas um dos caras tinha e costumávamos ir à casa dele para escutar [discos de] Lonnie Donegan". A ideia de que John se juntou ao grupo *antes* de ter um violão (assim como a aparente confirmação de que eles eram um grupo formado por outra pessoa) contradiz todos os relatos conhecidos.

** A inclusão de uma tábua de lavar roupa (*washboard*) no grupo de skiffle de John Lennon mostra o efeito primário de "Rock Island Line", na qual o instrumento foi usado (tocado por Beryl Bryden). Depois de formar seu Skiffle Group, Lonnie Donegan tinha se distanciado do instrumento, passando a escondê-lo em suas gravações e seus shows. O único outro grupo que o utilizou naquela época foi o Ken Colyer's Skiffle Group, cujos discos nunca entraram nas paradas de sucesso e eram um tanto obscuros. Os Vipers também usaram a *washboard*, mas seu primeiro single, "Ain't You Glad", produzido por George Martin, não foi lançado até 23 de novembro. E se (como alguns de seus integrantes insistem) a formação do grupo de John Lennon ocorreu por volta de novembro de 1956, antes do lançamento do single dos Vipers, John ainda não teria ouvido ou visto o baixo de caixa de chá – apenas lido sobre ele.

A banda ainda não tinha um nome, e Bill Smith disse que ele teve a ideia de Quarry Men. "John não gostou, mas os outros concordaram comigo, e a votação foi três contra um. John provavelmente achou que era muito *establishment*, mas ele não fez nenhuma sugestão. Pelo que eu me lembro, nenhum outro nome foi sugerido."[40] Pete Shotton também lembra de ter criado o nome. Mas, independentemente de quem teve a ideia do nome, sua origem era óbvia a todos, pois estava presente no primeiro verso do hino da escola de R. F. Bailey, cantada a cada período: "*Quarry men old before our birth*" (Trabalhadores da pedreira, velhos antes de nascermos).

Essas incertezas sobre quem decidiu o quê, quando as coisas aconteceram e todas as outras dúvidas sobre os Quarry Men nunca serão resolvidas de forma convincente. O conceito era: um grupo de rapazes adolescentes, estudando na mesma escola, se unindo, frequentemente "alterados" e fazendo coisas que raras vezes tinham alguma organização. Ninguém guardava diários ou documentos, a maioria das atividades acontecia longe do público, e os numerosos participantes – logo passou a haver vários outros Quarry Men – sempre tiveram memórias conflitantes, ainda mais com o passar do tempo. Assim como não está claro quando John obteve um violão pela primeira vez, ou quando os Quarry Men foram formados, também nunca haverá uma relação completa de todos os integrantes (alguns participaram apenas de um ensaio ou show), ou uma lista completa de todas as vezes que tocaram. Até o nome pode ser questionado – já foi escrito que, originalmente, se chamavam de Blackjacks, por uma semana, talvez, mas ninguém consegue confirmar isso de forma definitiva. E era Quarry Men ou Quarrymen? Às vezes, era escrito como duas palavras; outras, como apenas uma. Apesar de Bill Smith ter imaginado o nome, ele afirma que não tem ideia de qual era sua escrita correta: "Eu nunca visualizei o nome por escrito".*

Pete Shotton lembra que o primeiro ensaio do grupo aconteceu em seu quintal, no abrigo "Anderson", feito em ferro ondulado para a proteção contra ataques

* Este livro usará a versão escrita com duas palavras. Também não se sabe ao certo se eles se chamavam apenas de Quarry Men (ou Quarrymen), um grupo de skiffle, ou então Quarry Men (Quarrymen) Skiffle Group, com as duas últimas palavras integrando o nome (como em Lonnie Donegan Skiffle Group e Vipers Skiffle Group). Ninguém lembra, ou sequer se importa. Só uma coisa é certa: eram *um grupo*. Músicos de jazz tocavam em bandas (*bands*), mas os que tocavam skiffle tinham grupos (*groups*).

aéreos. Provavelmente houve mais palavrões que músicas cantadas, e definitivamente houve mais fumo. Eles também ensaiaram na casa de Nigel Walley, enquanto seu pai, um policial impetuoso, estava trabalhando. Walley os deixou entrar na casa sem ter ideia do talento impressionante que estava prestes a testemunhar. "Eu conhecia o John desde que eu tinha uns 5 anos, mas não sabia que ele tinha aquela voz para cantar. Participamos do coral juntos, mas todos nós tínhamos aquela 'voz de coral' na época. Quando ele começou a cantar rock'n'roll, eu não tinha ideia de que ele conseguia fazer aquilo."[41]

Os Quarry Men tocavam skiffle, mas nenhum grupo em que John Lennon estivesse perderia seu tempo cantando canções sobre trabalhar com fardos de algodão, lamentar a perda de um John que partiu, esperar avistar o farol de um trem a distância ou contrabandear gusa por postos de pedágio.* Agora, Lennon tinha um violão e nada nem ninguém o impediria de cantar Elvis, Gene e Carl. E John *era* o líder, assim como ele tinha sido em todas as suas atividades desde a infância. O único garoto do grupo que não vinha da escola de gramática era Colin Hanton, o baterista; ele tinha 18 anos, e se juntou ao grupo graças a Eric Griffiths, mas sabia a quem deveria obedecer. "John não dizia 'Eu sou o líder', ele apenas liderava, e nós o seguíamos", Hanton recordou. "Nunca houve qualquer discussão, e nunca foi um problema. Nós só presumimos que John era o líder. Ele era o cantor, e o que ele quisesse cantar, nós tocávamos."[42]

Bill Smith logo saiu dos Quarry Men, pois não via motivo para continuar, e talvez porque seu pai lhe tenha dito para parar de perder tempo e começar a se concentrar em seus estudos na escola. Com a exceção de Colin Hanton, era o ano do teste de nível básico GCE (*O-Level*) para todos eles. No lugar de Bill, tocando "música" com aquele baixo de uma corda só, entraram os amigos de John em Vale Road – primeiro, Nigel Walley; depois, um amigo de Paul McCartney, o brilhante aluno do Institute chamado Ivan Vaughan, que colocou, na caixa de chá, uma placa contendo a rima: "*Jive with Ive, the ace on the bass*" (Dance com Ive, o ás no baixo). John Lennon tinha sua gangue de meninos briguentos aos 6 anos de idade; eles se tornaram um grupo de skiffle aos 16.

* O farol oscilante fazia parte de "Midnight Special", outra música penitenciária de Lead Belly gravada por Lonnie Donegan.

*

Harry Graves fez muito por seu enteado após se casar com Elsie Starkey, mas não aceitaria elogios de ninguém por suas ações. Ele e Richy simplesmente se davam bem. Eles até iam ao pub juntos, tranquilamente. O rapaz se beneficiava do amor e da amizade de Harry de muitas maneiras, e uma dessas era achar emprego atrás de emprego (após quase seis meses, Richy finalmente parecia estar estabelecido na Hunt, e sua saúde também estava se estabilizando).

No Natal, Harry viajou ao sul, para visitar seus pais em Romford. Enquanto estava lá, seu pai, James Graves, de 68 anos, disse que tinha ouvido algo sobre uma banda de bailes da cidade encerrar suas atividades, e que tinham colocado sua bateria à venda.[43] Vários membros da família Graves contribuíram em uma vaquinha, e Harry fez uma oferta de £ 10 – que foi aceita. Era uma bateria praticamente completa, fabricada no início dos anos 1930. Estava longe de ser uma das melhores, mas continha: uma caixa, um bumbo com pedal, um chimbal e um pequeno tom-tom com um prato acima. Harry sofreu para carregar a bateria até sua casa, viajando de trem de Romford até a Liverpool Street, depois passando pela Circle Line, ao redor da Euston Square, e ao lado da via para a estação principal de Euston. Então, ele colocou o instrumento no vagão de frenagem da locomotiva que subia até Liverpool. Ele experimentou um momento de pânico na Lime Street, enquanto esperava por um táxi para ir até Dingle: na rua, percebeu o famoso líder de banda Joe Loss vindo em sua direção. Harry imaginou o que ele diria quando Loss perguntasse se ele era um baterista... mas Loss passou reto.

A última parte dessa jornada épica da primeira bateria de Richy Starkey foi carregar todas as partes do instrumento até o topo da escada da 10 Admiral Grove, depois à esquerda, para o quarto gélido do rapaz, aos fundos da casa, com vista para os banheiros externos das residências da Grinshill Street. Era o *Boxing Day* (dia após o Natal) de 1956, ou uma data próxima desse feriado. Richy montou tudo e, pela primeira vez em sua vida, se sentou atrás de uma bateria. E lá foi ele, batendo com gosto. Vinte anos depois, Richy recordou: "Eu era ruim demais. Aí eu ouvi, do pé da escada, 'Toque mais baixo! Os vizinhos estão reclamando!'. Eu só toquei duas vezes, e gritaram comigo nas duas vezes. Eu era um doido tocando a bateria. Então eu nunca praticava. A única forma de eu praticar seria entrando em um grupo".[44]

5
Garantia contra rachaduras (janeiro a junho de 1957)

No seu sótão acima da escada de serviço da escola Quarry Bank, "Eggy" Bacon, o professor de francês que também fornecia conselho vocacional, inspecionava o desafio perpétuo que era John Lennon. Desde 1945, a educação do rapaz estava progredindo rumo a este ponto, o clímax, em 1957, quando ele precisaria conseguir um resultado bom o suficiente nas provas para continuar sua educação ou sair da escola para encontrar um emprego... ou então, entrar na fila da assistência social. John estava na 15ª posição do nível mais baixo, a turma VC (5C), e havia pouca esperança de que conseguisse passar em muitos testes de nível básico. Então, o que seria dele? Como John mencionou anos depois: "Eles perguntavam, 'O que você quer ser?'. Ninguém dizia o que eu já era nem o que nós já somos".[1] Provavelmente de forma espontânea, ele disse que seria um jornalista, trabalhando em jornais, mas Bacon afirmou que isso não era uma carreira respeitável para um jovem de Quarry Bank.

> Eu disse, "Bem, me apresente alguma alternativa", e eles sugeriram veterinário, médico, dentista, advogado – e eu sabia que não havia qualquer chance no mundo de eu me tornar alguma dessas coisas. Então nunca houve um lugar para eu ir. Eu não ousaria dizer "artista" por conta do meu histórico social. Pessoas metidas a artistas eram desprezadas – ainda são – na sociedade. Eu costumava dizer para a minha tia: "Você gosta de ler sobre artistas e os venera nos museus, mas não quer um morando em sua casa".[2]

Aquele jovem extremamente incisivo e ousado, aquele lobo em um casaco de escola de gramática, agora carregava consigo um violão. Tinha 16 anos de idade, mas agia como se tivesse 17. Muitos recriminavam sua atitude e seu comportamento – intransigente, imprevisível, rude, cínico, sarcástico, antiautoritário, e logo entediado –, mas outros o consideravam sensacional: um equilibrista que vivia em sua corda bamba, sem rede de segurança, um amigo fiel, generoso, honesto, talentoso, culto, articulado e muito engraçado. Ele mantinha a aparência de durão, com suas roupas e sua expressão, e já tinha se envolvido em algumas brigas, mas sua hostilidade era, na maior parte do tempo, verbal: ele conseguia gritar mais alto que qualquer pessoa, e suas palavras dilaceravam com tamanha rapidez e perspicácia que tiravam o fôlego de quem as ouvia: "Ninguém discutia com John Lennon, pois você já perderia antes mesmo de começar", admitiu Pete Shotton.[3]

Antes dos testes de nível básico de John, que aconteceriam em junho, vieram os exames simulados. O desempenho nesses testes daria à escola e ao aluno uma indicação clara do provável resultado final; John fez seis, e só passou em dois, inglês e arte, pois estava muito distraído na época – inclusive pelo filme que estava passando nos cinemas de Liverpool: *Ritmo alucinante* (*Don't Knock the Rock*), o mais recente "musical de jukebox" de Alan Freed. Lá estava Little Richard cantando "Long Tall Sally" e "Tutti Frutti", e nada mais no mundo de John parecia tão dinâmico quanto aquilo. O selo London da Decca lançou as duas faixas como um novo single, e "Long Tall Sally" finalmente chegou à terceira posição da parada da *NME*; de repente, Paul McCartney tinha adicionado outra música chocante ao seu repertório de imitações de Little Richard.

Apesar de ele não ser tão vibrante quanto Richard, a estrela principal de *Ritmo alucinante* era Bill Haley, e o momento ainda era significativo para o primeiro monarca do rock. Com seu cabelo cacheado ao estilo *kiss curl*, os Comets, sua esposa, seu empresário excêntrico e a mãe excêntrica de seu empresário (de 77 anos de idade), Haley estava prestes a se tornar a primeira estrela americana do rock a tocar na Inglaterra. Sua turnê passou pelo país, promovida por Lew & Leslie Grade; ela chegaria a Liverpool em 20 de fevereiro, onde Bill Haley tocaria dois shows no mesmo dia, no palco do Odeon Cinema. Depois de ter gostado bastante de "Rock Around the Clock", Paul McCartney estava desesperado para ver Bill Haley ao vivo. Como George Harrison recordou: "Quando Bill Haley veio a Liverpool, eu não tinha dinheiro para comprar um ingresso. Custava 15 xelins, era muito dinheiro para um estudante. Muitas vezes eu me perguntei onde Paul havia conseguido seus 15 xelins, porque ele foi ao show".[4]

Paul optou por não voltar para casa após a escola, pois teria que retornar ao centro da cidade para o show. Ele ocupou ansiosamente seu assento no Odeon, com suas calças curtas e seu quepe do Liverpool Institute guardado no blazer da escola, enquanto esperava pela primeira apresentação que Bill Haley faria naquele dia. O show começou com decepção quando Paul se deparou com uma verdade eterna da indústria musical: nem sempre você recebe o que deseja. Ele detestou a sensação e sempre se lembraria daquilo. Ele acreditava que tinha gastado suas economias em um show completo de Bill Haley, no entanto, todos tiveram que aguentar a longa primeira metade da apresentação, feita pela banda de jazz-swing Vic Lewis Orchestra, pela flauta irlandesa de Desmond Lane e pela dupla Kenneth Earle & Malcolm Vaughan (comediante e cantor tenor).[5] Porém, após o intervalo, tudo aconteceu exatamente como Paul queria. As luzes se apagaram, a casa estremeceu com expectativa, e houve uma pausa dramática no escuro. Haley e seus "Comets" começaram com a chamada "*On your marks, get set...*", uma introdução para "Razzle Dazzle". À menção da palavra "*Go!*", as cortinas se abriram rapidamente, a música começou a vibrar e as luzes iluminaram a banda. "E lá estavam eles", Paul recordou, com o mesmo entusiasmo que tinha naquele dia. "Eles estavam com casacos xadrez, e isso parece horrível hoje em dia, mas era muito legal na época. Era algo especial, e era o que eu estava procurando: arrepios."[6] Os funcionários mantinham os fãs em seus assentos e eram instruídos a não permitir que dançassem, mas Paul não era um espectador passivo. A última canção foi "Rock Around the Clock" e parecia que o Odeon explodiria com alegria; no entanto, dois minutos depois, já tinha acabado. Como de costume, as pessoas se apressaram para sair antes do hino nacional.

Mesmo assim, apesar de todo o fervor do jovem McCartney e vários outros presentes, muitos saíram do Odeon insatisfeitos, e foi uma sensação semelhante em outras cidades do país. Após criar tanta expectativa, a turnê acabou sendo curiosamente chata. A revista *Beat* a chamou de "a arte de vender, não de tocar música... um dos eventos mais decepcionantes dos últimos anos", e planos para um retorno em 1957 foram cancelados quando as vendas dos discos de Haley decaíram: antes da turnê, ele tinha 12 músicas nas paradas britânicas; depois, não tinha nenhuma. Por mais duro que fosse chegar ao topo, permanecer lá era ainda mais difícil.

*

O rock'n'roll apenas aparecia na mente dos fãs e dos músicos de jazz de Liverpool quando eles queriam expressar seu desgosto pelo gênero, e agora podiam fazer isso com sua própria casa de shows exclusiva. O Cavern Club abriu as portas em 16 de janeiro de 1957, em um antigo depósito de frutas subterrâneo, na 10 Mathew Street – um beco escuro, com piso de pedra e armazéns altos repletos de caixas de madeira que traziam frutas e vegetais dos navios para o comércio internacional da Fruit Exchange, o Mercado das Frutas. A construção do palco do clube foi feita pelo tio de Paul McCartney, Harry Harris, e seu filho, Ian (primo de Paul), que foi o primeiro a demonstrar para Paul como se tocava o trompete.

O armazém subterrâneo tinha três túneis e foi usado como abrigo contra ataques aéreos durante a Segunda Guerra Mundial; agora, estava vago, e um fã de jazz chamado Alan Sytner, de 21 anos, viu potencial no lugar. A família Sytner tirou férias e viajou para fora do país, numa época em que poucas pessoas tinham os recursos ou a ambição de ir além do litoral. Alan frequentava o clube de jazz Le Caveau, em Paris; quando ele usou uma tocha para iluminar o porão sombrio da 10 Mathew Street, teve uma ideia brilhante. "Eu vi uma réplica do Le Caveau. Como a Mathew Street parecia uma rua estreita do Quartier Latin em Paris, eu sentia que estava trazendo a Rive Gauche a Liverpool."[7] Foi uma decisão heroica, assim como sua estrita política de não servir álcool. Vender bebidas traria problemas de que Sytner não precisava, e ele se negou, moralmente, à tentação de lucrar às custas de jovens embriagados. Qualquer pessoa que quisesse beber poderia sair para os dois pubs mais próximos: o Grapes e o White Star. A maioria dos músicos passava grande parte das noites em um ou outro, e voltavam ao Cavern quando estava na hora de subir ao palco.

O primeiro show dos Quarry Men no Cavern não tem data registrada. Muitos dos grupos locais de skiffle tocavam como atrações durante os intervalos, e não eram mencionados nos anúncios da casa no *Liverpool Echo*. Até hoje, não surgiu nenhum diário do clube daquele período. O grupo de John Lennon ainda estava se estabelecendo nos primeiros dois ou três meses de 1957. Rod Davis, um estudante de Quarry Bank e antigo colega de escola dominical, tinha comprado um banjo, e se uniu a eles, tocando ao lado de John e Eric Griffiths (violões), Pete Shotton (*washboard*), Colin Hanton (bateria) e Ivan Vaughan (baixo). No entanto, como Ivan estava ocupado com seus estudos, ele não ficou no grupo por muito tempo, e Len Garry – um dos amigos que estudava com Ivan no Liverpool Institute e que ele tinha cuidadosamente apresentado à gangue de John cerca de um ano antes – começou a tocar a caixa de chá em seu lugar. Nigel Walley tinha o cargo de empresário, e recebia uma parcela igual de qualquer trocado que eles ganhassem. Pelo custo de 7s 6d, ele mandou imprimir 50 cartões de visita em uma gráfica em Woolton:

Country · Western · Rock'n'Roll · Skiffle
The Quarry Men
OPEN FOR ENGAGEMENTS
LEOSDENE, VALE ROAD, WOOLTON, LIVERPOOL.

(Country · Western · Rock'n'Roll · Skiffle
The Quarry Men
DISPONÍVEIS PARA TRABALHOS
LEOSDENE, VALE ROAD, WOOLTON, LIVERPOOL.)

Pouco se lembra de como foi sua estreia no Cavern, quanto tempo tocaram (30 minutos, no máximo, mas provavelmente menos que isso), quais músicas tocaram, o que vestiram ou o que aconteceu. Porém, há uma anedota crível e duradoura. "Estávamos tocando músicas de skiffle", conta Walley, "mas John começou a cantar uma música de rock'n'roll. Alan Sytner mandou um recado: 'Parem com esse rock maldito.'" Claramente, John Lennon no palco era o mesmo que fora do palco: ele fazia o que queria e, se isso irritava as pessoas, era problema delas.

A turnê de Bill Haley coincidiu com outros eventos musicais marcantes na Inglaterra. Na semana em que ele tocou em Liverpool, ocorreu a primeira grande inovação na apresentação de música rock na TV, graças à BBC, que estreou o *Six-Five Special* nas noites de sábado. O produtor do programa, o gênio por trás de tudo, era Jack Good, formado em Oxford, ator e diretor de obras de Shakespeare, cujo entusiasmo elemental por coisas emocionantes tinha se voltado ao rock após ver uma plateia de cinema enlouquecer com *Ao balanço das horas*. Good parecia ser uma pessoa de elite, mas ele era o arquétipo de rebelde e teve que brigar com a

BBC para fazer do *Six-Five Special* o programa mais excitante possível, criando o modelo para o rock na TV: cantores e músicos se apresentando, enquanto adolescentes dançavam ao seu redor.

Na semana em que Haley chegou à Inglaterra, duas gravações de "Don't You Rock Me Daddy-O" estavam no top 10 da parada da *NME* – a cover de Lonnie Donegan (comprada por John Lennon) e a "original" dos Vipers. Treze meses após "Rock Island Line" iniciar tudo, a primeira semana de fevereiro de 1957 marcou, definitivamente, o início do "*skiffle boom*", a explosão do skiffle. Grupos estavam se formando por toda parte. Adolescentes roubavam, mendigavam ou pegavam emprestadas velhas tábuas de lavar de suas mães, tias e avós, e reviravam sótãos, galpões e lojas para encontrar caixas de chá e cabos de vassoura.* Eles obtinham violões sempre que possível, de qualquer forma que pudessem, mas a procura estava muito acima da oferta, esvaziando as lojas em um instante. A *Melody Maker* relatou em 16 de fevereiro: "O violão está passando por uma demanda tão alta que até os fabricantes do instrumento se surpreenderam". Toda essa atividade juvenil era observada pelos adultos, que ficavam fascinados, mas não se importavam muito, porque "que mal isso pode fazer, né?".

Os Quarry Men eram apenas um dos diversos grupos de skiffle de Liverpool – talvez houvesse cerca de 200 – que tocavam em todos os subúrbios. Merseyside logo virou um coral desorganizado de vozes masculinas, buscando a felicidade nas canções rítmicas de trabalhadores e escravos do sul estadunidense. Na maior parte dos casos, os grupos não se limitavam a tocar apenas skiffle, então acabava entrando uma carga colossal de rock'n'roll dos EUA.

Com uma formação mais ou menos estável, os ensaios dos Quarry Men agora aconteciam de forma relativamente regular, e um tanto caótica, na casa de Colin, o baterista... na de Eric, o violonista... na de Rod, o banjoísta... no abrigo contra bombardeios de Peter, o tocador de *washboard*... na casa do empresário, Nigel... e, com mais frequência, na casa da mãe do cantor, violonista e líder, John. Eles não ensaiavam em Mendips porque Mimi enfatizava o fato de não querer o lugar cheio de jovens, além disso, tinha que levar em consideração seus inquilinos, que

* Um baixo de caixa de chá foi tocado na música de sucesso dos Vipers, sendo a primeira ocasião em que esse instrumento caseiro recebeu tanta atenção.

precisavam estudar. O grupo foi calorosamente recebido por Julia, que era boa em acolher as pessoas. As sessões ocorriam, comumente, no banheiro dos Dykins, pouco espaçoso, onde John precisava ouvir sua voz ressoar pelos azulejos brilhantes, chegando próximo ao som de eco que Sam Phillips deu a Carl Perkins e a Elvis no Sun Studio, em Memphis.

É difícil imaginar o som dos Quarry Men como algo particularmente impressionante – Rod era um principiante no banjo; Colin era novato na bateria; o baixo de caixa de chá era um instrumento rústico, mesmo nas mãos mais hábeis; e Pete não conseguia produzir música, nem com a *washboard*. Por sorte, como era skiffle, nada disso importava muito. John e Eric tinham violões baratos, e só conseguiam tocar os acordes de banjo que Julia lhes ensinava, usando quatro das seis cordas disponíveis (eles afinavam com a quinta, e John deixava solta a corda Mi de baixo, que ficava se chacoalhando). Inevitavelmente, isso produzia um som mais fino e agudo que acordes de violão. Cientes do problema, John e Eric acharam um professor de violão em Hunt's Cross (ao sul de Woolton, no meio do caminho para Speke), mas o ensino definitivamente durou pouco tempo. Como John recordou: "Eu tive uma aula, e era tão parecida com a escola que eu desisti".[8]

Richard Starkey tinha chegado a uma conclusão quase igual. Praticar em casa, com sua antiga bateria usada comprada em Romford, além de irritar os vizinhos, era insuportavelmente chato. Não dava para tocar *músicas* por conta própria. Uma vez que ele não tinha qualquer técnica, e como seria uma chance de tocar, Richy foi encorajado a ter aulas. "Eu fui até uma casa com um homem pequeno que tocava bateria, peguei papel e anotei tudo. Eu tive cerca de três aulas e nunca voltei, não conseguia me dar ao trabalho. Era muito rotineiro para mim, aqueles rudimentos, paradiddles, eu não suportava aquilo."[9]

É provável que essas aulas também tenham acentuado uma dificuldade: quando o homem viu Richy tocando, ele percebeu um problema que datava da infância do rapaz. Sua avó supersticiosa, vovó Starkey, parecia convencida de que o menino estava possuído pelo diabo, pois era canhoto, e tentou forçá-lo a ser destro. O trabalho misterioso da "rainha do vodu de Liverpool" foi eficaz para mudar a mão com a qual ele escrevia; no entanto, atrás da bateria, sua programação genética era mais difícil de ser apagada: era costumeiro conduzir com a mão direita, mas ele sempre tinha que conduzir com a esquerda. As forças combinadas da natureza e da interferência da vovó Annie iriam, com o tempo, dar a Richy Starkey um estilo incomum, e até único, de tocar bateria. Uma vez, pediram que ele o definisse, e Richy afirmou ser "uma espécie de rock trotando".[10]

O skiffle chegou à vida de Richy com um timing miraculoso: era o estilo musical que acolhia o jovem iniciante. Ele já gostava de "Rock Island Line" e "Take This Hammer" (do Ken Colyer's Skiffle Group); agora, com a explosão do gênero, ele se tornaria mais um entre as centenas de jovens de Liverpool se apressando para entrar num grupo. Enquanto os Quarry Men eram um grupo da escola de gramática, o Eddie Clayton Skiffle Group era um grupo de trabalhadores – tocavam skiffle na H. Hunt & Son. Clayton (rapidamente adotado como seu nome artístico) era, na verdade, Edward "Eddie" Myles, dois anos mais velho que Richy, um aprendiz de montador de móveis na Hunt que já tinha habilidades musicais notáveis, sendo, provavelmente, um dos melhores violonistas natos de Merseyside. Por acaso, morava na 11 Admiral Grove e era vizinho de Richy. Quando Eddie começou a comentar que estava formando um grupo, uma quantidade suficiente de outros jovens da fábrica surgiram para preencher as vagas: Peter Healey (segundo violonista), John Docherty ou, às vezes, Micky McGrellis (*washboard*) e Roy Trafford (baixo de caixa de chá). E lá não havia nenhum candidato mais apropriado para a bateria que o melhor amigo de Roy, como ele recordou. "Richy estava sempre batendo em encostos de cadeiras ou cocos vazios. Ele usava chaves para tocar em latas de bolacha, chacoalhava tampas de garrafa de leite – estava fazendo barulho, e sempre tinha uma baqueta por perto. Fazia parte dele, e ele tinha um ótimo ritmo."[11]

Juntar o grupo para os ensaios não era difícil. Na hora do almoço, as janelas da Windsor Street vibravam com o som do skiffle. Roy Tafford, novamente, afirmou: "Só tínhamos meia hora para o almoço, um sanduíche rápido, e descíamos para o porão. Mal podíamos esperar para tocar skiffle, amávamos aquilo. Os outros funcionários também iam lá, e tocávamos qualquer música que viesse na nossa cabeça, sentados sobre sacos de serragem. Era um som rudimentar, mas melhoramos".

Talvez fosse porque Myles morava logo ao lado que o Eddie Clayton Skiffle Group conseguiu ter um tempo de ensaio adicional na casa de Richy (pelo menos esse vizinho não se ofenderia com o barulho). De alguma forma, todo mundo se espremia na sala de entrada verdadeiramente minúscula do número 10, até espectadores. Como Richy se lembrou, a melhor amiga de Elsie, Annie Maguire, gostava de prever que algum dia ele chegaria ao topo da carreira no entretenimento, dizendo: "Eu vejo você no Palladium, filho. Vejo seu nome iluminado!". Estava claro que isso era ridiculamente improvável. A casa de shows representava o ápice do show business britânico, ainda mais naquela época, que o canal ATV, de Lew Grade, estava transmitindo o programa mais popular da televisão na Inglaterra, *Sunday Night at the London Palladium*, ao vivo daquele local, toda semana. Apesar de ser uma brincadeira, o encorajamento de Annie Maguire alimentou o sonho que Richy tinha de chegar a Londres e acenar do famoso palco giratório ao fim do programa. "Não tinha nada no mundo maior do que tocar no Palladium, [então] eu dizia, 'Sim, claro, Annie, é para lá que vamos!'."[12]

Se o teatro londrino internacionalmente renomado era o topo, o chão era o Labour Club, o clube de trabalhadores na esquina da Peel Street, em Dingle. A primeira apresentação pública do Eddie Clayton Skiffle Group aconteceu lá, numa noite de primavera, em 1957, e foi uma estreia memorável. Tocar para seus colegas na hora do almoço era uma coisa; sentir a adrenalina de tocar para outras pessoas era diferente – pessoas que esperavam ser entretidas e que queriam *dançar*. Como Richy se lembra: "Não tínhamos ideia de que era necessário manter o andamento o tempo todo. Começávamos a tocar 'Maggie May' no andamento correto, e acabávamos como um trem expresso, de tão animados que ficávamos. As pessoas tinham que dançar ao som daquilo!"[13]

Ele estava tocando sem sua bateria completa, pois não conseguia contornar algo que ainda seria um problema por um bom tempo. Era impossível para Richy percorrer Liverpool levando toda a sua bateria: ele não tinha dinheiro para táxis e a jornada até muitas das casas de show demandava uma troca de ônibus. Além disso, ele sabia muito bem que, não importava qual saída da Admiral Grove ele pegasse, assim que pisasse na High Park Street ou North Hill carregando sua preciosa bateria, seria alvo de Teds – mesmo sua própria gangue – e seria o fim de tudo. Então Richy começou a tocar em público com o mínimo de equipamento possível, apenas o que lhe permitisse correr enquanto carregava: uma caixa com um pedestal de chimbal, que era tocada com baquetas ou (mais frequentemente) pincéis. Como não era prático carregar uma banqueta, ele tocava em pé. Nada veio fácil para aquele garoto, nunca. Se ele conseguia tocar com uma bateria completa, era de outra pessoa, emprestada após implorar para o baterista de outra banda tocando no mesmo dia. Era difícil, mas, como ele foi o primeiro a perceber, era um bom aprendizado, e Richy desejava muito aquela experiência.

O Eddie Clayton Skiffle Group fez muitas de suas primeiras apresentações sem remuneração, tamanho era seu amor por tocar. Essa primeira, em Dingle, pagaria £ 1 por integrante – mas, como Richy recordou: "As pessoas bebiam e, quando chegava a hora de receber, o gerente do clube estava tão bêbado que ele se recusou a nos pagar. Foi uma decepção tão grande. Minha mãe estava lá – a mãe de todo mundo estava lá – e todas as nossas tias, e elas foram cobrar o gerente. Ele nos pagou dois dias depois".

Paul McCartney e George Harrison não estavam em um grupo, mas ambos certamente estavam se tornando grandes fãs do skiffle. Primeiro, foi Lonnie, e agora eram os Vipers. Uma noite, Paul voltou ao seu antigo território, Speke, e seguiu George até seu quarto, onde tentaram entender o manual de seu violão. Seus termos técnicos tinham esgotado até a reserva consideravelmente volumosa de paciência que George possuía: incapaz de entender o manual, ele ficou bravo e o jogou num armário. Quando ele e Paul se juntaram, conseguiram fazer alguns acordes – Dó, Fá e Sol Maior com sétima, o suficiente para tocar "Don't You Rock Me Daddy-O". George tinha apenas aquele antigo violão Egmond, e Paul nem tinha um violão; Paul lembra que eles tentaram construir um, mas nunca o terminaram.[14]

Foi nessa época que Paul formou uma amizade mais próxima com Ian James, um garoto do Institute (de seu ano) que ele conhecia desde 1954. Ian também gostava de rock e skiffle, e recentemente tinha ganhado um violão de seus avós, com quem ele morava em Dingle. (Todo violão trazia o nome de quem o tinha construído, o de Ian era Rex.) Os dois garotos se tornaram bons amigos por conta daquilo. Embora eles não costumassem se ver à noite, porque viviam um tanto distantes um do outro, Paul frequentemente ia à casa de Ian por uma ou duas horas após a escola – eles caminhavam até lá, descendo a colina do Institute – e Ian ocasionalmente visitava Forthlin Road nos fins de semana, levando seu violão consigo.

> Na sala de entrada da minha casa, eu tinha um toca-discos portátil, de três velocidades. Eu lembro de tocar "Blueberry Hills", do Fats Domino, repetidamente, ouvindo só o primeiro verso; aí eu pegava a agulha e colocava de novo no começo. Eu também tinha o primeiro álbum do Elvis Presley, que também ouvíamos muito, com "That's All Right Mama", "Trying to Get to You", "Lawdy Miss Clawdy", "I'm Gonna Sit Right Down and Cry (Over You)", "Mystery Train"... Elvis era o músico para se copiar, ele era o herói. Ele tinha tudo: carisma, boa aparência, voz. Frank Sinatra só tinha um estilo, mas Elvis conseguia fazer tudo – gospel, blues, rock'n'roll, baladas românticas. Não havia ninguém como ele. Paul e eu falávamos sobre o Elvis *o tempo todo*.[15]

O violão Rex sempre estava disponível. Ian mostrava e reforçava para Paul aqueles três acordes fundamentais que o iniciaram, Dó, Fá e Sol Maior com sétima, a base de praticamente qualquer música que eles amavam. "Com aqueles acordes você conseguia tocar a maioria das coisas de rock e skiffle", Ian diz, tendo descoberto a mesma coisa que todo violonista aprendiz na Inglaterra estava animado de descobrir, ao mesmo tempo que ele. Apesar de ser naturalmente canhoto, Paul aprendeu os acordes como um destro – mas era rápido no aprendizado, um músico nato. Ian viu Paul ultrapassá-lo em pouco tempo.* No entanto, por mais que fosse melhor, Paul sempre se frustrava ao voltar para casa, onde tinha o trompete e o piano. Agora, ele sabia que, de alguma forma, *tinha* que conseguir seu próprio violão.

O primeiro violão que John Lennon teve para si, substituindo aquele que ele havia pegado emprestado, foi comprado para ele por Julia. Já foi dito (porém não foi confirmado) que ele pediu a Mimi para comprar o instrumento, mas, como seus exames estavam próximos, ela nunca atenderia o pedido. O mais provável é que ele apenas pediu a Julia (Nigel Walley recorda: "Se John precisasse de meias novas, ou uma camisa nova, ou alguns coletes, ele dizia, 'Vou até a casa da mãe pegar essas coisas'". Julia também tinha comprado para seu amado "Fedorento" a sua primeira camisa colorida, xadrez, vermelha e branca). Como a explosão do skiffle

---

* Ian também foi à casa de George Harrison uma ou duas vezes e lhe mostrou os mesmos acordes. "Ele me convidou para ir lá porque sabia que eu tinha ensinado Paul."

tinha temporariamente tirado os violões das lojas, os lojistas precisavam obter seus produtos de uma forma mais esperta. O violão de John foi comprado por meio de uma empresa do sul de Londres, que fazia vendas por correspondência e anunciava na *Reveille*, simplória revista popular semanal. O anúncio aparecia na edição de 7 de março de 1957:

ROCK 'N ROLL GUITARS, REAL PROFESSIONAL, SENT FOR 20/-
(VIOLÕES DE ROCK 'N ROLL, PROFISSIONAIS DE VERDADE, ENVIADOS POR 20/-)

Era o suficiente para chamar a atenção, mas as letras miúdas traziam o custo real: era £ 1 de entrada e 21 pagamentos quinzenais de 20s 3d, chegando a um total de £ 22 5s; ou, então, um pagamento instantâneo de 19 guinéus* e 5s de frete, em um total de £ 20 4s. Era caro. John (que sempre lembrou do preço como £ 10) posteriormente disse que foi comprado no "*never-never*",** o que significava que Julia se comprometeu com um pouco mais de uma libra do salário de Bobby Dykins a cada duas semanas, até o começo de 1958.

Para a empresa de venda por correspondência, o principal era achar estoques de violões em países onde o rock ainda não tinha ficado famoso. O instrumento de John foi enviado de Durban, África do Sul. Apesar de o anúncio fazer o Gallotone Champion parecer um objeto dos sonhos, ele tinha, na verdade, três quartos do tamanho normal, e era feito de madeira laminada em vez de maciça. No geral, era difícil de manusear e seu tom era fraco. Um adesivo na parte interior, visível pela boca do violão, dizia, em inglês, "GUARANTEED NOT TO SPLIT" (GARANTIA CONTRA RACHADURAS), e a mesma frase em africâner: "GEWAARBORG OM NIE TE BARS NIE". John admitiu que "era meio ruim", mas o tocava constantemente, sem se importar com a qualidade do instrumento ou com as palavras secas de Mimi. Ele não era nenhum virtuoso: "eu só queria tocar acordes repetitivos", recordou. "Eu apenas aprendi a tocar algo que servisse de fundo para eu cantar."[16]

---

* O guinéu era uma moeda de ouro, utilizada na Inglaterra, cujo valor era de aproximadamente 1 libra e 1 xelim. [N.T.]

** Termo inglês para se referir a compras cujas parcelas eram tão numerosas e os juros eram tão altos que parecia que o comprador nunca se tornava proprietário de fato. [N.T.]

John compôs sua primeira canção nessa época – no estilo calipso. Entre os EUA e a Inglaterra, o fluxo de influências musicais só tinha um sentido: a América nunca seguia as tendências britânicas, então praticamente não conhecia o skiffle, mas a Inglaterra sempre pegava as modas americanas. Foi assim que a obsessão do momento da indústria musical estadunidense, o calipso caribenho, passou a ser aguardada no território britânico a qualquer momento. "CALIPSOMANIA! Está a caminho, mas será que vai durar?", indagou o *Daily Mirror*, em 21 de março de 1957. Leitor insaciável da imprensa que era, John estava ciente de sua chegada. "Nos primeiros seis meses, eu me interessei pelo rock, quando 'Heartbreak Hotel', de Presley, chegou à Inglaterra, eles diziam, 'o rock vai morrer – será que o calipso vai assumir seu lugar?'."[17] A primeira canção de John se chamava "Calypso Rock" – mas, provavelmente, essa é a única informação que existirá sobre a música. A composição que ele geralmente mencionava como sua primeira era, na verdade, uma que veio em seguida. "Calypso Rock" foi mencionada em apenas duas entrevistas e, além do título, a única outra coisa que ele disse era que não lembrava mais da música. Na época em que a compôs, ele não tinha como gravá-la, e não havia pensado em uma forma de memorizar suas ideias. "O problema era que eu nunca conseguia me lembrar da música na manhã seguinte. O que eu precisava fazer era aprender a tocar uma frase, repetidamente, até ela grudar na minha memória, e então partir para a frase seguinte."[18]

A loucura do calipso, a primeira tentativa das corporações estadunidenses de empurrar o rock'n'roll para escanteio, foi um fracasso desprezível... apesar de seu ótimo ritmo e suas canções alegres. Os jovens não queriam aquilo. A indústria do entretenimento não conseguia entender que o rock era o movimento mais puro de todos, porque tinha crescido de forma orgânica a partir do rhythm & blues, e porque, em sua melhor forma, era algo natural e excitante. Não poderia ser deposto de forma artificial.

Os Quarry Men agora conseguiam marcar apresentações ocasionais. Apareceram novamente no Cavern, num baile de formatura na Quarry Bank e no clube de jovens da igreja St. Peter, em Woolton, do qual alguns deles (incluindo John) ainda eram membros.* Eles apareceram em várias ocasiões junto com o Eddie Clayton Skiffle Group – o suficiente para John perceber e admirar as habilidades no violão de Clayton, mesmo que não prestasse atenção a seu baterista, que tocava em pé. Promotores e gerentes de casas de eventos tinham percebido que competições ou audições de skiffle eram uma forma garantida de trazer muitos jovens ao local, ansiosos para tocar a troco de nada. Na melhor das hipóteses, a única despesa do *promoter* era £ 10, ou um troféu, entregues ao fim da noite; na maior parte do tempo, não precisavam fazer nada, além de manter a paz na pista de dança. Quando pediram a Eric Griffiths que nomeasse seu momento favorito com os Quarry Men, ele respondeu: "O melhor show que fizemos foi no Locarno Ballroom, uma competição. Tocamos bem, mas a plateia queria skiffle, e fomos vaiados porque tocamos Elvis Presley".[19] John Lennon estava irritando pessoas de novo. A data foi provavelmente 18 de abril de 1957; apesar de não haver registros que demonstrem quem ganhou a competição, pode muito bem ser que Richy Starkey e seus amigos tenham saído de lá com o prêmio. O Eddie Clayton Skiffle Group ganhou várias competições do tipo, e Roy Trafford lembra de uma das vitórias ser no Locarno.

Na sexta-feira à noite, 8 de março – um dia após o anúncio do violão Gallotone na revista *Reveille* ser publicado –, John teve uma segunda experiência que moldaria seu comportamento por muitos anos. O dia anual de discursos (*Speech Day*) da Quarry Bank tinha acabado de acontecer, como de costume, no Philharmonic Hall – aquele monte de cantoria entediante e o novo diretor sr. Pobjoy lembrando os alunos a respeito dos ideais altíssimos da escola de gramática. John e sua gangue mal podiam esperar para sair de lá e beber algumas cervejas nos pubs ao redor de Hope Street. Conforme eles andavam pelas ruas, cheios de bebida, John ficou chocado com a quantidade de pessoas deformadas – "homens de um metro de altura, vendendo jornais", como ele mencionou posteriormente. Sempre estiveram lá: naquela época, a Inglaterra parecia estar cheia de paraplégicos, anões

* As datas desses eventos não são conhecidas (e a palavra utilizada para se referir a esses eventos era "*booking*", quando uma banda ia tocar em algum lugar; termos mais similares a "show", como "*gig*", ainda não eram comuns. A pronúncia de "*booking*" em Liverpool também merece menção, pois "*book*" soa como "*bewk*", então a palavra acaba soando como "*boo-king*", com ênfase especial na letra final).

e "aleijados", as casualidades de duas guerras mundiais, vítimas de más condições sanitárias, conhecimento médico insuficiente, dietas e cuidados inapropriados. John nunca notara a presença desses homens antes; agora, enquanto esperava pelo ônibus de volta a Woolton, eles pareciam estar por toda parte. "Ficou cada vez mais esquisito, e não conseguíamos parar de rir."[20]

Foi assim que começou a estranha e prolongada obsessão de John por deformidades, que se encaixava com sua necessidade de falar sobre aspectos que tornassem qualquer pessoa diferente – negros, judeus, gays, entre outros –, inserindo-os em seu humor. A qualquer momento, John contorcia o rosto para parecer um "aleijado" ("*crip*") ou alguém "espástico" ("*spaz*"), termos utilizados na época tanto por adultos quanto por crianças, sem intenção de causar ofensa. Ele enfiava a língua dentro de seu lábio inferior, fazia barulhos "espásticos" e mancava pela rua – e pelo palco – com suas costas arqueadas, arrastando uma perna como Quasímodo, ou como alguma vítima da guerra. Ele fazia isso quando se sentia envergonhado ou inseguro, fazia quando ridicularizava algo, fazia quando achava que alguém estava se comportando como um babaca, fazia ora sim, ora não, o tempo todo, a qualquer momento – como se tratava de John Lennon, ele era arrogante com seu ato, e sempre forçava a barra para ver quão longe podia ir. Muitas vezes, quando ele percebia uma pessoa com necessidades especiais por perto, ele fazia um comentário em voz alta, como: "Tem gente que faz qualquer coisa pra escapar do exército" – material nobre, vindo de alguém que ainda estava planejando desaparecer no momento que os documentos de alistamento chegassem ao tapete de entrada da casa em Mendips. Termos pejorativos que seriam intoleráveis hoje eram simplesmente corriqueiros nos anos 1950: chamar negros de "*wogs*" ou "*coons*", judeus de "*Yids*", homossexuais de "*queers*" e "*poofs*", pessoas com síndrome de Down de "*mongols*" ou "*mongies*". Essas palavras eram impressas em publicações e apareciam nas piadas de comediantes. Não era legal, mas era dito e feito o tempo todo. Por mais que a voz de "aleijado" de John deixasse algumas pessoas nervosas ou desconfortáveis (naturalmente, ele achava que isso era problema delas, não dele), era algo que frequentemente causava risos e fazia outros se juntarem a ele na brincadeira.

Posteriormente, algumas pessoas presumiram que as artimanhas de John eram uma paródia de Gene Vincent, um de seus maiores heróis musicais, aquele gato selvagem da Virginia que arrastava atrás de si a perna esquerda debilitada, mancando pelo palco. Não era o caso, mas Vincent foi visto pela primeira vez em Liverpool exatamente naquela época, em março de 1957, quando o filme *Sabes o que quero* (*The Girl Can't Help It*) estreou no Scala Cinema, em Lime Street. Filmes anteriores de rock'n'roll eram devidamente questionados por sua qualidade duvidosa, mas aquela obra pertencia a um nível mais elevado. *Sabes o que quero* foi o primeiro filme de qualidade que Hollywood produziu sobre o rock, o primeiro no gênero comédia, o primeiro em cores, o primeiro com um orçamento de produção decente e cuja história não tinha relação com a delinquência juvenil. Ali, com a técnica visual particularmente vívida chamada De Luxe Color, estava Little Richard, tocando três músicas – descrito pela *NME* como "um *golliwog*[*] animado"[21] – e Gene Vincent cantando "Be-Bop-A-Lula". E como era a aparência daquele jovem deus que provocava arrepios em John Lennon e gravara o primeiro disco comprado por Paul McCartney? Ele era sujo, feio, maltrapilho, assustador e totalmente maravilhoso. Os Blue Caps, sua banda de apoio, usavam quepes azuis (conhecidos em Liverpool como "*twat'ats*" ou "*cunt caps*", ambos termos pejorativos) que pareciam ter sido colocados sobre suas cabeças por um guindaste. O filme não mencionava delinquentes, mas esses jovens certamente pareciam se encaixar no conceito.

Também apareciam Fats Domino, os Treniers, os Platters e Eddie Cochran, um novato que foi ficcionalmente apresentado como "um dos maiores músicos do rock'n'roll americano". Ele logo seria. Cochran tinha 19 anos, um pouco mais velho que os garotos e as garotas que o idolatraram de forma instantânea, e parecia vagamente estranho com tanta maquiagem e sombra nos olhos; mas seus movimentos eram bons, seus ombros chacoalhavam no ritmo e ele tocava uma música chamada "Twenty Flight Rock" com... *Meu Deus, o que é aquele violão lindo e enorme?* Era uma guitarra elétrica Gretsch 6120, conectada a um amplificador – *eu quero!* – e ali, também, instantaneamente surgiu outro grande disco de rock para adicionar à coleção.

---

* O *golliwog* era um personagem caricato que aparecia em histórias infantis, principalmente no fim do século XIX. Sua aparência é a de um boneco de pano, porém com fortes estereótipos visuais ligados a pessoas de ascendência africana. O termo *golliwog* é considerado pejorativo para se referir a tais pessoas. [N.T.]

Paul McCartney amou o filme inteiro, do começo ao fim, e não era apenas pela música. Ele descreveu a forma como o ator Tom Ewell mandou a tela de tamanho padrão (proporção 4:3) se transformar em *widescreen* (proporção 16:9): "O truque mais fantástico de todos os tempos, e claro que, além disso, tinha Jayne Mansfield e seu decote – o que mais um jovem poderia querer?".[22] Para os jovens ansiosos por saber como os discos eram feitos, a cena do filme que se passava num estúdio de gravação teve um grande impacto. Tudo foi feito ao vivo – orquestra, cantores, vocais de apoio, e o condutor com sua batuta – e, ao fim, o homem importante na sala de controle anunciava: "Posso te garantir que é mais um disco de ouro!". Então é *assim* que eles fazem. O estúdio tinha até uma máquina que vendia maçãs. Olhos britânicos observavam aquilo verdes de inveja. Os luxos incríveis que havia nos EUA!

É impossível superestimar o impacto causado por *Sabes o que quero* em adolescentes de Liverpool. *Ao balanço das horas* e *Ritmo alucinante* foram exibidos lá por apenas uma semana, mas *Sabes o que quero* continuou passando. Finalmente saiu de cartaz após sete semanas – 45 dias e 195 apresentações. Até o momento em que o projecionista embalou o filme e o enviou para os subúrbios, onde seria assistido por mais pessoas, já tinha sido visto por dezenas de milhares de espectadores, e muitos desses agora estavam alegremente embriagados com Little Richard, Gene Vincent e Eddie Cochran. Bem no meio do período supostamente dominado pelo skiffle, *Sabes o que quero* foi seminal para tudo o que veio em seguida.

Paul não perdeu tempo após assistir a *Sabes o que quero*: foi direto à loja Curry e encomendou "Twenty Flight Rock", de Eddie Cochran. Ele teve que esperar, porque ainda não tinha sido lançado. John Lennon estava contribuindo para o aumento na venda de singles ao comprar "Blue Moon" e "Mystery Train", de Elvis, e outros discos conhecidos pelos entusiastas, incluindo "Come Go With Me", dos Dell-Vikings – que ganhou exposição ao público graças ao tempo de transmissão que a Decca comprou na Radio Luxembourg[23] – e, por último, o segundo single britânico de Carl Perkins, "Matchbox" c/w "Your True Love". Após ser conquistado por "Blue Suede Shoes" e "Honey, Don't", George Harrison se tornou, definitivamente, fã do estilo rockabilly que Perkins parecia tocar com tanta facilidade, da mesma forma que amava o trabalho solo de Scotty Moore nos primeiros discos de Elvis. Apesar de George estar interessado em ver todos os músicos tocando violão que pudesse, apreciando cada visão daquele instrumento, o estilo da Sun era o seu favorito, e o que ele passou mais tempo tentando estudar e copiar.

Ainda com 14 anos de idade, George viu vários shows ao vivo naquela época: Frankie Lymon e os Teenagers no Empire, Freddie Bell e os Bell Boys no Empire, e o Vipers Skiffle Group no Grafton Ballroom (George nunca revelou como conseguia entrar nesses lugares com apenas 14 anos). Ele também ficou impressionado com Big Bill Broonzy, o grande violonista de blues americano que ele viu quando Jack Good agendou uma performance do artista no *Six-Five Special*. Violões eram as únicas coisas que importavam para George naquele momento, ocupando sua mente praticamente o tempo todo. Ainda jovem demais para garotas, esse instrumento era sua única obsessão, enquanto seu único interesse no Liverpool Institute era ver quão absurdamente ele poderia se vestir antes de apanhar. Arthur Kelly lembra de George ser parado no corredor por "Cissy" Smith (irmão do tio de John Lennon) porque estava usando sapatos de camurça sem cadarço. "Ele gritou: 'Harrison! Esses não são sapatos de escola'. Depois, George disse para mim: 'Que porra são sapatos de escola?'."

O rock'n'roll também estava fortemente ocupando mais espaço na mente de Paul McCartney, numa época em que Jim Mac queria que ele se preocupasse com seus exames GCE de nível básico. Jim sempre se surpreendia com a forma como o filho conseguia fazer o dever de casa e assistir à televisão ao mesmo tempo; diversas vezes ele dizia a Paul que seu desempenho seria afetado, mas o rapaz garantia que não era o caso e suas notas geralmente demonstravam isso. Jim acrescentou: "Depois, ele geralmente sabia mais sobre o programa [de TV] que eu. Ele parecia ter o tipo de mente que conseguia facilmente compreender coisas que exigiriam muita concentração de outros garotos".[24] Essa época foi o ápice da amizade entre Paul e Ian James, conforme a primavera virava verão, ele passou muitas tardes após a escola na casa de Ian, em Dingle, na 43 Elswick Street. "Minha avó sempre me questionava", diz Ian. "Eu deveria estar estudando para meus exames, mas Paul e eu só estávamos interessados em ouvir discos. Nós os tocávamos com tanta frequência que fiquei surpreendido de alguns deles não se desgastarem."

Acompanhar todos os lançamentos era uma atividade importante após a escola. O centro da cidade tinha um bom número de lojas: Cranes, Curry's, Beaver Radio, Top Hat, James Smith, Hessy's, Rusworth's, as estantes de discos nas lojas de departamento Lewis e Blacker, e uma ou duas outras lojas menores. Eles passavam por esses lugares como se estivessem fazendo uma ronda. Ian se recorda: "Conhecíamos todas as garotas que trabalhavam nos balcões. Perguntávamos, 'Tem alguma coisa nova?', e tocavam o disco para nós em uma das cabines; comprávamos, ou anotávamos as letras. Por volta dessa época, foi a primeira vez que ouvi a expressão '*rhythm & blues*'; quando perguntei à garota da loja, ela disse que era 'algum tipo de música nova dos EUA'. Quando eu perguntei se ela tinha algo do gênero, ela colocou um single do Chuck Berry".[25]

Na maior parte do tempo, os dois tocavam música juntos. Se estivessem na casa de Paul, Ian ficava com o violão, enquanto Paul tocava o piano, e ambos cantavam. Ian se lembra vividamente de Jim Mac ao telefone, na sala dos fundos, falando com a pessoa que gerenciava suas apostas, tentando ganhar dinheiro com cavalos: "Muitas vezes, ele vinha correndo até onde estávamos e gritava: 'Dá para abaixar esse barulho maldito?'". Mais comumente, tocavam em Elswick Street.[26] Ambos os garotos já tinham "Twenty Flight Rock", de Eddie Cochran, e queriam aprender a música, todas as notas, com perfeição. O violão Rex de Ian fez a vez da divina Gretsch 6120 de Eddie. Por meio da repetição, aprenderam todos os detalhes e truques da canção, bem como sua letra complexa sobre um homem que, após subir 20 andares para ver sua namorada, ao chegar lá, está cansado demais para *balançar* (*rock*).

Parecia que aquele seria um dos raros verões bons na Inglaterra, quente a partir do fim de maio. Quando Paul e Ian ganhavam um período de estudo para revisar o conteúdo para os *O-Levels*, eles compravam um pacote de batatas fritas da Vaughan's, na Falkner Street, e tomavam banho de sol sobre as lápides do St. James' Cemetery. Após a escola, eles levavam o violão até o pequeno quintal com muro de tijolos na Elswick Street, ao lado da casinha, tocavam e aproveitavam a luz do sol: os sons de Memphis, New Orleans e Los Angeles – passados pelo filtro que era o sotaque de Liverpool – ecoando pela Herculaneum Dock. Tempos memoráveis. Não há imagens de Paul lá, mas ele tirou uma boa foto de Ian – sem camisa, o cabelo arrumado num topete, segurando seu precioso violão, enquanto eles tocavam, mais uma vez, as canções de seus heróis.[27]

Cenas como essa aconteciam por toda a cidade. Dez quilômetros mais ao sul, em Speke, outra foto de quintal mostra George Harrison e Arthur Kelly tocando seus violões, George espremendo os olhos para enxergar, por conta do sol na sua cara, verificando se os dedos estavam no acorde de Dó.

Foi por volta dessa época que George conseguiu agendar um evento para *seu* grupo tocar no clube social de caridade British Legion, em Speke. Não se sabe bem ao certo como ele conseguiu isso, mas sua mãe, Louise, se lembra do filho chegando em casa e contando a boa notícia: "Eu disse a ele que devia estar louco: ele nem tinha um grupo. George disse para não me preocupar, que ele arranjaria um... [À noite] todos eles saíram de casa, um a um, se escondendo atrás da cerca viva. George não queria que os vizinhos intrometidos soubessem o que eles estavam fazendo".[28]

O grupo de George era um quarteto: ele, seu irmão Pete e Arthur Kelly nos violões, e um garoto mais velho de Speke, chamado Alan Williams, no baixo de caixa de chá; não tinham um baterista. Como era fã de James Dean, Arthur criou o nome do grupo, os Rebels, inspirado no filme *Juventude transviada* (*Rebel Without a Cause*). Eles fizeram apenas aquela performance, que não teve qualquer divulgação, e cuja data não pode ser determinada com certeza. No entanto, como Arthur lembra que seu repertório foi "Pick a Bale of Cotton", "Cumberland Gap", "Hey Liley, Liley Lo" e duas outras músicas do começo do skiffle ("mas não tocamos 'Freight Train', porque exigia um tanto de requinte"), o evento certamente aconteceu no segundo trimestre de 1957. Provavelmente era uma apresentação gratuita, mas eles acabaram ganhando 10 xelins cada por seu trabalho.

Anos depois, George não se lembrava muito bem desse evento quando lhe perguntaram sobre o assunto, mas Arthur tem uma boa memória do ocorrido:

> Pintamos de preto o baixo de caixa de chá, aí pintamos a palavra "*REBELS*" em vermelho, com um par de símbolos musicais. George e eu nos revezávamos nos vocais.
>
> Achávamos que éramos a banda de abertura, mas, quando chegamos lá, percebemos que éramos a *única* banda. O clube estava muito quieto naquela noite – não havia mais que meia dúzia de pessoas lá –, mas estávamos extasiados de ter um palco e um microfone para nossa apresentação. Quem tinha microfones na época? Só tínhamos seis ou sete músicas, então, quando alguém falou "Toquem mais", tocamos todas elas de novo, e as deixamos mais compridas, repetindo as estrofes. Quando finalmente saímos do palco, os dedos do baixista estavam sangrando muito, de tanto tocar.[29]

*

Há fotos fascinantes desse período. Uma imagem do Eddie Clayton Group foi registrada em 23 de maio de 1957, quando tocaram para o promotor local Charlie McBain ("Charlie Mac") no Wilson Hall, em Garston. É a foto mais antiga de que se tem conhecimento, de qualquer grupo de Liverpool tocando em qualquer lugar – era, verdadeiramente, o começo de algo.[30] Clayton aparece como o principal violonista, mas Roy Trafford está no centro do palco, cantando; Richy está em pé, ao fundo, olhando para a frente, tocando sua única caixa de bateria, com baquetas ou pincéis. Apesar de estar próximo de seu 17º aniversário, ainda era um jovem de 16 anos pequeno e magro; suas doenças já estavam no passado, mas deixaram sua marca. Exceto por Eddie, que usa uma camisa de gola aberta, os outros quatro rapazes estão com camisas escuras e gravatas de caubói pretas – o uniforme do grupo era importante.

No mesmo dia, John Lennon se encontrou com os garotos e os professores de Quarry Bank para o que seria sua última foto na escola. Ele começou na Quarry Bank quando era um garoto, e estava prestes a sair, em julho, como um jovem homem, faltando três meses para completar 17 anos, já parecendo o John Lennon que as pessoas viriam a conhecer nos anos seguintes, com traços marcantes, um nariz ossudo e um olhar franco que encarava (apesar de que, sem seus óculos, ele provavelmente nem enxergava o fotógrafo). Pete Shotton está à sua direita, como sempre esteve, desde o princípio. Mais dois meses e estariam fora daquele lugar...

Perto da Páscoa, veio a notícia pela qual tantos garotos rezavam. O *Liverpool Echo* de 4 de abril certamente foi agarrado ansiosamente por rapazes de todo o Merseyside, assim como outros jornais noturnos eram comprados em todo o país, porque trazia o plano de cinco anos da política de defesa do governo, anunciando que o National Service, o temido alistamento, acabaria em 1960. A partir daquele dia, George Harrison sabia que seria poupado do dever que ele tanto queria evitar, e Paul McCartney estava quase certamente livre. Ele teve certeza absoluta em 27 de maio – o mesmo dia em que John Lennon, Richy Starkey e outros de sua idade ficaram sabendo que garotos nascidos em 1940 também seriam poupados. Todos escaparam, por pouco, do tormento do serviço militar. John recordou: "Eu lembro da notícia chegando, dizendo 'todos os nascidos antes de 1940', e eu estava agradecendo a Deus por aquilo. Eu sempre tive o plano de escapar para o sul da Irlanda. Eu não tinha a intenção de ir a lugar algum para lutar - eu não conseguiria matar alguém, eu não conseguiria atacar outra pessoa".[31]

Sua geração foi a primeira da Inglaterra, desde a pré-1939, a não ser obrigada a prestar o serviço militar, e os primeiros e únicos adolescentes a terem sua própria música rebelde - rock'n'roll. Eles tinham a desilusão para vencer, o dinheiro para gastar, os sonhos para seguir, e o quadro estava em branco. Como Paul McCartney diz: "O momento em que tudo mudou foi o fim do National Service. Significava que seríamos a primeira geração em tantos anos que não teria que lidar com aquela ameaça, 'vamos te transformar em homem'. Não seríamos empurrados pelo sistema como tantos outros antes de nós - éramos como crianças errantes, liberadas de suas coleiras".[32]

Nessa atmosfera de celebração, no primeiro dia de junho, estava o *Saturday Skiffle Club*, o primeiro programa de rádio da BBC para adolescentes, que tinha meia hora da Light Programme, às dez da manhã. Não era muito, mas oferecia aos tocadores de skiffle uma chance de aprender novas músicas, e era importante em outro aspecto. Historicamente, qualquer canção com "Deus" ou "Jesus" na letra era evitada pela BBC, por conta de reclamações de ouvintes devotos (cuja quantidade estava diminuindo, mas ainda constituíam um lobby considerável e poderoso). Jimmy Grant, produtor da BBC, argumentou que elementos espirituais eram essenciais para o repertório skiffle e que sua exclusão enfraqueceria a programação; graças à sua persistência e à popularidade do skiffle, uma abordagem mais flexível quanto à transmissão de letras de músicas pop foi gradualmente introduzida. O freio de mão do controle ficou um pouco mais frouxo.

No mesmo sábado, uma quantidade enorme de adolescentes britânicos zarpou para a França numa viagem *Rock Across the Channel*, com a intenção de mostrar aos Froggies (como os ingleses os chamavam) como tocar de verdade. O evento foi promovido em parceria com o 2i's Coffee Bar e um dos dez artistas que forneceriam a trilha sonora era Terry Dene, um garoto amplamente divulgado como "o mais novo astro do rock'n'roll britânico". Ele tinha sido "descoberto" no 2i's e foi (mal) gerenciado por seus proprietários, Hunter e Lincoln, em um acordo no qual eles e um agente recebiam metade dos rendimentos de Terry. A carreira de Dene cambaleou desde o começo, como resultado de uma personalidade frágil e da péssima gestão, mas seu "surgimento" marcou novamente os cafés do Soho como o viveiro dos talentos britânicos para o rock e o skiffle. Como George Martin, o gerente de A&R (Artistas e Repertório) da Parlophone, descreveu ao *Daily Mirror*: "Eu faço visitas regulares. O lugar se tornou um berço de talentos. Seis meses atrás, eu nem sonharia em ir lá".[33]

O primeiro single de Dene nem era rock'n'roll: era uma cover de "A White Sports Coat (and a Pink Carnation)", sucesso country americano de Marty Robbins, e ambas as versões foram superadas nas paradas por outro grupo britânico, os King Brothers. Ela se tornou a trilha sonora de Paul McCartney e Ian James enquanto eles passeavam por Liverpool no início do verão. Paul tinha um "paletó comprido" branco esportivo, com um fio metálico que brilhava levemente, Ian tinha um casaco azul-claro que parecia ser branco, se você não prestasse muita atenção. Apesar de não terem os cravos rosa do título da música, os dois achavam que eram a própria encarnação da letra da canção, como um instantâneo; com suas calças pretas estreitas e seu penteado alto, achavam que as garotas cairiam aos seus pés. O parque de diversões Collins Fun Fair visitou Sefton Park na semana da Festa do Divino Espírito Santo (*Whitsun Week*), de 7 a 15 de junho, e Paul e Ian, após se arrumarem em frente ao espelho, foram ao local com dois objetivos: pegar garotas e pegar os sons mais recentes.

Paul sempre se lembrou da primeira vez que ouviu uma de suas músicas favoritas: "Eu me lembro de estar no Sefton Park quando o parque de diversões veio à cidade. Quando estava ao lado do waltzer, um brinquedo giratório, ouvi uma música de Charlie Grace chamada 'Fabulous' tocando no volume máximo".[34] Ian James acrescenta: "O waltzer girava e girava, e subia e descia, ao mesmo tempo. Sempre foi uma das atrações favoritas, porque você podia levar uma garota lá, e provavelmente a saia dela seria erguida pelo vento, e ela gritaria e te abraçaria para se proteger. E sempre tocavam música boa".

O dia deles no parque foi proveitoso no sentido musical, mas Paul e Ian não tiveram sorte ao conversar com as gatinhas. Nada. Foi decepcionante, e eles voltaram para a casa de Ian, desanimados, com seus paletós esportivos brancos. No caminho, passaram por uma loja de discos onde Ian comprou "Hound Dog", de Elvis Presley. Paul sempre mencionou esse momento como um exemplo dos poderes restauradores do rock. Apesar de se sentirem rejeitados e excluídos, eles voltaram até Elswick Street, colocaram "Hound Dog" para tocar e instantaneamente se sentiram bem de novo, revividos em pouco mais de dois minutos, pelo médico miraculoso de Memphis. "Depois que Ian colocou o disco para tocar, eu juro que a tristeza sumiu", Paul afirmou. "Nós nos sentimos novas pessoas."[35]

Enquanto Paul e Ian fracassavam, no mesmo parque, e talvez no mesmo exato momento, Richy Starkey triunfava. Ele e Roy Trafford, vestindo suas melhores roupas de Ted, encontraram duas garotas acolhedoras e, após darem a elas algumas entradas para atrações e presentes, conseguiram perder a virgindade, simultaneamente, num gramado próximo, onde os sons e cheiros atrativos do parque ainda eram perceptíveis. Richy ficou imediatamente viciado no novo fruto. "Assim que você entra, você quer morar lá", ele disse. "O sexo sempre esteve na minha mente, por muito tempo."[36]

Conforme a data dos exames GCE de nível básico se aproximava, os Quarry Men tiveram, subitamente, uma enxurrada de eventos. Na manhã do domingo, 9 de junho, eles estavam na fila que dava uma volta ao redor do Liverpool Empire, uma multidão de violões, *washboards* e caixas de chá, com seus donos se apegando à esperança de impressionar algum empresário que os transformaria em estrelas. Ali, literalmente, estava o homem com um charuto pelo qual John esperava. Estranhamente, o grande fã de Lewis Carroll depositava suas esperanças em Carroll Levis.

Levis foi uma figura importante no show business britânico por um quarto de século. Acima do peso, de cabelo grisalho, canadense, com seu terno feito sob medida em Savile Row, Levis abandonou sua carreira como artista de variedades (ele se especializara em hipnotismo e necromancia) e chegou à Inglaterra em meados dos anos 1930, para começar um programa de caça-talentos. Os vencedores de seu show nos palcos recebiam uma oferta para aparecer na sua série quinzenal na ATV, e todo mundo estava desesperado para aparecer em frente às câmeras – aquele portão banhado a ouro que levava à fortuna e à felicidade. Nos primeiros dias da televisão, se você aparecesse "na telinha", de qualquer forma que fosse, você era, instantaneamente, *uma estrela*, tratado de forma diferente pelas pessoas, logo na próxima vez que te vissem. Elas paravam e o encaravam na rua, impressionadas com o fato de *uma personalidade da TV* estar diante de seus olhos. Filmes eram outra coisa – você precisava ser um ator para aparecer em filmes –, mas a TV podia pegar pessoas comuns e torná-las famosas.

O espetáculo apresentado por Levis duas vezes a cada noite no teatro era composto de duas partes: a primeira metade da performance era ocupada por artistas de variedades profissionais (alguns eram descobertas de espetáculos anteriores, "de sucesso", que ainda estavam naquele teatro, de alguma forma), a segunda apresentava entre 20 e 24 artistas locais, de nível amador, e cada um recebia poucos minutos no palco para conseguir o que Levis chamava de "a chance da sua vida". Ele procurava dois vencedores, duas vezes por noite, avaliados pela intensidade dos aplausos da plateia, quando todos os artistas voltavam para uma última saudação ao fim. Não havia nenhum equipamento técnico para medir os aplausos, mas, com toda a experiência de Levis, ele sabia achar o vencedor de forma instintiva.* Aqueles que se qualificassem nas primeiras cinco noites se enfrentariam no clímax da semana, o segundo show de sábado, no qual Levis prometia ao vencedor que receberia a oportunidade de subir um degrau "na escadaria para o estrelato" – ou seja, alguns minutos na TV antes de desaparecer para sempre. Era o típico engodo do show business.

Sendo o verão de 1957, o skiffle era imensamente popular entre os que queriam se tornar estrelas. Quando os Quarry Men chegaram ao Empire, John Lennon preencheu o formulário necessário e, após uma longa espera no auditório, eles finalmente subiram ao grande palco, a cena de todas aquelas mágicas pantomimas de sua infância. Levis se sentava em uma mesa à esquerda do palco e John anunciou: "Somos os Quarry Men". Poucos minutos depois, o grande homem disse, "Tudo bem", e os agendou para o show de verdade, dali a duas semanas. Até então, tudo certo.

A grande semana do *Star Search* na TV foi entre 17 e 23 de junho, coincidindo precisamente com os exames de nível básico dos jovens. Nenhuma lista sobreviveu para contar quem apareceu em que momento, mas Richy Starkey se lembra de ter tocado em concursos de talento no Empire com o Eddie Clayton Skiffle Group, e esse foi, provavelmente, um deles, enquanto outro combo que se qualificou para o show em si foi o Ravin' Texans, um grupo de skiffle liderado

* Levis não usava um medidor de aplausos para quantificar a intensidade da reação da plateia – tal dispositivo só foi utilizado, anos depois, por Hughie Green, outro "criador de estrelas" arrogante e falso, também nativo do Canadá e que veio morar na Inglaterra.

por Al Caldwell e seu amigo, Johnny Byrne, uma dupla de jovens que não tinha voado para lá de Fort Worth (apesar do que seu nome dizia), mas que pegara o ônibus vindo de Broad Green. Colin Hanton e Rod Davis lembram da aparição dos Quarry Men ser na quarta à noite (19 de junho). Então era aquilo. Sucesso ali, mais uma vez no sábado, e logo estariam *na televisão*.

Seu banjoísta, Rod, diz que eles tocaram a canção "It Takes a Worried Man to Sing a Worried Song". O baterista Colin lembra que eles tinham um bom número de apoiadores na plateia, mas não tantos quanto outro grupo, que, além de receber mais aplausos, misteriosamente também teve a chance de tocar outra música. Os Quarry Men receberam menos aplausos que um ou dois outros participantes, e não foram escolhidos para a final no sábado. Tinha acabado. O estrelato na TV era uma ilusão. Levis falou que eles deveriam continuar tentando e qualquer resquício de tristeza foi afogado com alguns copos de cerveja.

Os Quarry Men tinham outros eventos agendados. Pediram a eles que tocassem na festa que acontecia anualmente nos jardins da igreja de St. Peter, em Woolton, no sábado, 6 de julho, além de terem tocado em 22 de junho, no fim da semana em que se apresentaram para Levis, na traseira de um caminhão de carvão que estava estacionado na Rosebery Street, em Toxteth. Há pelo menos três fotos deles lá – as primeiras imagens de John Lennon como músico. Ele está tocando o violão Gallotone Champion que Julia ainda estava pagando, vestido com a camisa listrada que ela tinha comprado para ele, e está cantando/rindo em um microfone ligado a um cabo que passava pela janela de uma casa. Uma multidão se juntou para ver o grupo tocando, e um dos rostos é negro: era Liverpool 8, a vizinhança caribenha.[37]

Nigel Walley tem uma memória de John trocando as letras das canções que ele cantava, mas não lembra exatamente quais. É totalmente crível. John, no palco, fazia com as letras das músicas o mesmo que ele fazia com prosa e poesia: pervertia o vocabulário, criava algo mais engraçado que o original, pensava em algo na hora, apresentava não apenas a música, mas o humor que a acompanharia. "Parte de mim preferia que eu fosse um comediante", ele reconheceu, aos 40 anos de idade, "mas eu não tenho a coragem de subir lá e fazer aquilo".[38] Curiosamente, mudar as letras enquanto cantava também era um truque de Alf Lennon; apesar de John provavelmente não saber disso, seu talento era uma herança paterna.

As atividades durante o período de exames da Quarry Bank não pareciam afetar Rod ou Eric, que tiveram bons resultados em suas provas. De fato, John também não foi afetado, pois ele conseguiu, sem esforço algum, fazer exatamente o que queria: absolutamente nada. Apesar de os resultados só saírem em agosto, todos em Quarry Bank já sabiam que John Lennon estava, como seu odiado professor de matemática K. I. Lishman tinha profetizado, "no caminho para o fracasso". Então, *como* ele preencheria seus dias após julho? John ainda não tinha ideia, nem planos. Mas, sem seu conhecimento, seu futuro estava sendo moldado, naquele momento, por alguém interessado, uma alma que sentiu empatia por ele, e tinha chorado de rir com o jornal humorístico de John, *Daily Howl*, que ainda circulava.

Philip Burnett, o professor de inglês de John, era daquela espécie bem-vinda de professores que conseguiam ver talento onde outros apenas viam encrenca. A reputação de John entre os professores de Quarry Bank estava baixa, mas Burnett não era como seus colegas. Após se formar no Magdalen College, em Oxford, onde seu tutor era C. S. Lewis, ele trabalhou em uma escola em Paris, antes de ir para Quarry Bank, aos 26 anos. A namorada de Burnett, June Harry, uma estudante de 20 anos de idade da Liverpool College of Art, o viu pela primeira vez enquanto ele lia poesias de Yeats no Studio Club, perto da Slater Street. "Seu estilo de vestimenta era um tradicional rústico, e tinha gosto por se divertir com moças de reputação duvidosa em pubs perto da doca", ela disse. "Ele era tão rebelde quanto era possível, tendo em vista que era um homem jovem de classe média, cujo pai ainda trabalhava para a Ordem da Igreja. Ele tinha 27 anos, era um artista frustrado, e era tão gentil que isso o prejudicava."[39]

Numa clara e quente noite do verão de 1957, os amantes se encontraram no Ye Cracke, um pequeno pub perto da faculdade de artes, e Burnett tirou de seu bolso uma coleção amassada de desenhos e textos confiscados de "um garoto de Quarry Bank". Ele os colocou sobre a mesa. Será que June acharia que o autor deles merecia uma vaga na faculdade de artes?

> Eu fiquei intrigada com o que eu vi. Não eram desenhos acadêmicos, eram hilários, e um tanto perturbadores. O que mais ficou na minha memória, desde aquele dia, foi um que mostrava uma senhora idosa empurrando um carrinho de

bebê. Mas o carrinho não era normal – a cobertura tinha um tamanho exagerado, provavelmente para acomodar a cabeça gigante e deformada do horror que estava escondido debaixo de uma colcha. A legenda dizia: "Seja um bom garoto, Cuddles, logo chegaremos em casa". John explorou essa ideia algumas vezes – posteriormente, eu vi um desenho parecido, com a legenda "Cuti-cuti Raymond", mas, dessa vez, a senhora idosa estava se inclinando sobre o carrinho. Achei que mostravam um senso de humor original, similar ao nosso.

Phil gostava da forma como John via a vida. Ele me disse: "Ele é único. É esperto o suficiente, mas se interessa por pouca coisa além da música e de seus desenhos". "Então, ele é perfeito para a faculdade de artes", eu disse, e Phil pareceu contente, [dizendo] "Isso pode transformá-lo".

6
Vem comigo (6 de julho de 1957)

O *Evening Express* criou uma manchete do jeito que os jornais britânicos precisavam fazer: "NOSSA! HOJE, NOVAMENTE, O MERSEYSIDE BORBULHA". Era o junho mais quente no sul de Liverpool desde que os registros se iniciaram, em 1939. No sábado, 6 de julho, como John Lennon tinha previsto em seu *Daily Howl*, o clima estava quente e úmido, apesar dos trocadilhos que o jovem escreveu em seguida. Inevitavelmente, aqueles que reclamavam do frio do inverno estavam se queixando do calor.

Lonnie Donegan estava novamente no topo da parada da *NME*, com uma gravação ao vivo de "Putting On the Style", feita no London Palladium. Ele já era um artista fixo do entretenimento leve da Inglaterra, elevado do movimento *grassroots** que "Rock Island Line" tinha inspirado. É difícil saber ao certo quantos grupos de skiffle estavam ativos no verão de 1957. Entre 400 e 500, apenas em Londres, de acordo com a imprensa. Ninguém sabia o número ao certo, ou sequer saberá, mas provavelmente era em torno de 5 mil grupos em todo o país, cerca de 20 mil a 30 mil pessoas tocando música, muitos com instrumentos que poderiam ter vindo de uma pilha de descarte. "Tem uma falta de disciplina e de inibição no skiffle, algo que se encaixa perfeitamente com o clima dessa geração", refletiu o jornal *The World's Fair*, enquanto o *Observer* ponderou sobre a popularidade do skiffle de forma mais ampla, e concluiu com uma pergunta relevante: "O fato marcante é que, numa era de som de alta fidelidade, LPs e gravadores de fita, os jovens decidem, repentinamente, fazer sua própria música. É fantástico. O que farão com todos aqueles violões quando a moda passar?".[1]

---

* Os movimentos *grassroots* se caracterizam por uma organização descentralizada, em que a hierarquia é horizontal, em vez de vertical, permitindo a seus membros a tomada de decisões relativas a assuntos de seu interesse, em vez de delegar líderes superiores para tomar tais decisões. [N.T.]

De fato, o que fariam? Para a maioria dos tocadores de skiffle, o rock'n'roll tinha um apelo ao menos tão grande quanto. Os muitos comitês de igreja que benevolentemente cederam aos desejos dos adolescentes naquele verão e agendaram grupos de skiffle para tocar em suas festas de jardim não perceberam que estavam convidando a mais temível das bestas para seu território. A igreja St. Peter em Woolton ficou feliz de acomodar os Quarry Men em seu terreno, sem notar que seu líder gritaria a música do demônio.

De repente, havia muito daquilo. O top 30 da *NME* no fim de junho de 1957 incluía, pela primeira vez, Elvis Presley, Chuck Berry e Little Richard, ao mesmo tempo. Além disso, havia uma agitação quanto ao lançamento britânico (na sexta, 5 de julho) de "Bye Bye Love", que era o número 2 nos EUA, por uma nova dupla chamada Everly Brothers. Os jovens estavam começando a entender a cena musical.

John Lennon comprou (ou fez um "saque rápido" de) "All Shook Up" c/w "That's When Your Heartaches Begins", de Elvis Presley, além do novo single de Little Richard, "Lucille" c/w "Send Me Some Lovin'". De todos os grandes discos lançados por Richard na primeira parte de uma grande carreira, "Lucille" talvez seja o melhor, levado por um piano irresistivelmente insistente, um riff de sax e de guitarra, coroado por um vocal de intensidade emocional fabulosa. Paul McCartney amou "Lucille" no momento em que ouviu, e partiu direto para sua imitação de Little Richard, que ele fazia espontaneamente, a qualquer momento.

Paul tinha um compromisso no sábado. Foi convidado por seu amigo do Institute, Ivan, para acompanhá-lo na festa da igreja de Woolton. "Ivy" disse que dois de seus amigos tocavam em um grupo de skiffle, e sempre havia a perpétua esperança de pegar uma garota. Apesar do clima escaldante, o paletó esportivo branco foi usado de novo.

A festa começou com uma procissão, que saiu da igreja, fez uma volta pelo bairro e retornou ao ponto de partida. A procissão era liderada por uma banda de metais, seguida por uma marcha de grupos de escoteiros – *Girl Guides*, *Boy Scouts*, *Brownies* e *Cubs* – com caminhões decorados para as outras atrações, liderados pela nova *Rose Queen* (cercada de participantes e meninos com uniformes de soldado); sua coroação daria início às festividades, às três da tarde. No último caminhão, o mais longe possível da banda de metais, estavam os Quarry Men, concluindo a experiência dos Vipers, 51 sábados antes, em julho de 1956, quando rodaram pelas ruas do Soho cantando o que se tornaria "Don't You Rock Me Daddy-O". Assim como os Vipers tinham se cansado de competir acusticamente com todo o barulho dos motores, o mesmo ocorreu com os Quarry Men: o pai de Rod Davis tirou fotos da procissão, conforme ela passava por sua casa, na Kings Drive, e os Quarry Men estavam sentados em cadeiras.

No Soho, em 1956, os Vipers pularam de seu caminhão, na frente do 2i's Coffee Bar, e tocaram algumas músicas dentro do local, sem ter noção de que estavam começando a moda do skiffle. A consequência direta foi o show dos Quarry Men em Woolton, em 1957. Quando eles desceram de seu caminhão, na igreja, indo para o campo onde tocariam, depois do cemitério, John Lennon foi observado por Paul McCartney, e foi o começo de todo o resto.

Após Paul ir de bicicleta de Allerton até lá, ele e Ivy subiram a colina a pé até a igreja. Paul se sentia estiloso (e com calor) em seu casaco e suas calças especialmente estreitas, enquanto Ivy explicava a formação do grupo, e quem Paul iria conhecer. Assim que pagaram suas entradas de 3 *pence*, podiam ouvir os Quarry Men tocando, e logo foram ver o grupo de perto. Ali, então, estavam os amigos de Ivan – e, imediatamente, ficou claro que o cantor *tinha tudo*. Ele parecia forte e determinado, claramente o líder, de aparência legal, com sua camisa xadrez, vermelha e branca. Paul, um violonista, observou os dedos do rapaz, e não conseguiu entender que acordes ele estava tocando, pois ainda não sabia que eram acordes de banjo. Ele também notou a música... "Ele estava cantando 'Come Go With Me', o que eu achei fabuloso, até perceber que a letra estava errada. Ele estava trocando as palavras. '*Come go with me... down to the penitentiary*' (Vem comigo... até a penitenciária) – ele estava roubando palavras de músicas folk e de prisioneiros de trabalho forçado, colocando-as numa canção dos Dell-Vikings, algo muito engenhoso."[2]

Como essa história foi contada muitas vezes, é fácil subestimar a força avassaladora dessa experiência primal. "Come Go With Me" não era apenas uma canção que ambos conheciam, era uma canção que *poucos* conheciam; era uma preciosidade oculta, um segredo compartilhado, algo que conectava entendedores. John não tinha o disco dos Dell-Vikings, nem Paul; ambos apenas conheciam a música porque a tinham ouvido em cabines de audição de lojas de disco, ou então nas ocasiões em que era tocada nos programas da Decca na Radio Luxembourg. John não a conhecia o suficiente para ter aprendido a letra, e Paul só a conhecia o suficiente para saber que a letra que John cantava não era a real.

Paul McCartney frequentemente tinha que responder a perguntas sobre o que pensou de John Lennon na primeira vez que o viu – inevitavelmente, ele desenvolveu uma espécie de resposta pronta, direta, algo que ele chamaria de "uma história fofa", redonda, que soava bem. A verdade era mais profunda. "Minha primeira impressão [verdadeira] foi que era incrível como ele inventava a letra. John cantava 'Come Go With Me' dos Dell-Vikings, e ele não sabia nada da letra. Ele inventava tudo conforme cantava. Eu achei aquilo incrível."[3]

Subindo ao palco por volta das 16h15, o show dos Quarry Men provavelmente durou meia hora. Um repórter do *Liverpool Weekly News*, que pegou seus nomes e alguns detalhes para a reportagem da primeira página da semana seguinte, escreveu que eles tocaram "Cumberland Gap", "Maggie May" e "Railroad Bill" (outra música tradicional americana sobre trens que foi popularizada na Inglaterra por Lonnie Donegan); outras pessoas presentes acrescentaram a essa lista "Rock Island Line", "Lost John", "Putting On the Style" e "Bring a Little Water, Sylvie". Quando John cantou "Putting On the Style", em vez do verso "*it's only our poor preacher, boys, putting on the style*" (são só nossos pobres pregadores, garotos, fazendo um estilo), ele cantou "*it's only Mr. Pryce-Jones, putting on the style*" (é só o sr. Pryce-Jones, fazendo um estilo) – uma forma atrevida de dar nome aos bois, mencionando o pároco da St. Peter. Outra canção que John alterou foi o single mais recente dos Vipers, "Streamline Train", que ele decidiu que deveria se chamar "Long Black Train". Esse foi o elemento skiffle. Não se sabe quais músicas de rock tocaram, mas houve pelo menos duas músicas de Elvis. Além de "Come Go With Me", John se lembra de ter cantado "Be-Bop-A-Lula" ali, porque foi a primeira vez que ele tocou a canção de Gene Vincent.

Por sorte, um garoto de Woolton chamado Geoff Rhind estava na festa e tinha trazido sua câmera. Como era amigo de quatro dos Quarry Men na escola (John, Pete, Eric e Rod), ele tirou uma foto deles. Foi apenas uma, mas foi perfeita, destinada a ser reproduzida em milhares de publicações, a imagem definitiva da primeira fase do grupo, registrada no dia em que John Lennon conheceu Paul

McCartney. Paul não aparece nela, e a plateia em frente ao pequeno palco, com algumas pessoas *no palco*, era composta de crianças pequenas. John está olhando diretamente para a lente de Rhind, com sua mão direita tocando o violão Gallotone de forma tão vigorosa que ficou borrada; lá estava a camisa xadrez comprada por Julia, suas mangas arregaçadas até o cotovelo, seu cabelo bagunçado em um topete desgrenhado, e ele canta no único microfone ligado num amplificador, enquanto os outros cinco integrantes dos Quarry Men tocavam o ritmo.

Dez anos depois, John recordou: "Eu parecia detestar todo mundo naquele dia", mas não explicou por que, além de dizer que Mimi estava chocada de ele acabar se vestindo como um Teddy Boy – algo que a foto claramente contraria.[4] Ela estava na festa, com outros membros da família, passando perto do túmulo de seu marido, George, enquanto andava pelo terreno da igreja.

Ivan Vaughan conhecia John desde a infância. De certa forma, eles eram personagens muito diferentes um do outro, especialmente na forma como eles se empenhavam na escola, mas Ivan admirava os muitos talentos do líder de sua gangue e o respeitava por completo. Apresentar outras pessoas para John era uma função que ele desempenhava com atenção: apenas "gente boa" serviria. Uma dessas pessoas era Len Garry, que tinha sido aceito, tanto na gangue quanto nos Quarry Men; e agora havia outra "gente boa" para John conhecer. Após a primeira parte do show do grupo, John foi até a cabana dos escoteiros para deixar seu violão seguro por um tempo, e foi lá que Ivan o apresentou a seu amigo de escola, Paul McCartney. Não houve um aperto de mãos, nem muita conversa. Pete Shotton, que raramente saía do lado de John, disse que Paul estava quieto e lembra de ele parecer um pouco desconfiado – "parecia que estavam em uma espécie de confronto". Porém o evento não era para ser um encontro de mentes semelhantes, era só uma reunião de jovens falando besteira, provavelmente sobre música ou gatinhas.[5] Paul se sentiu inseguro quanto à idade: como Ivan, ele tinha acabado de completar 15 anos, apenas três semanas antes do evento, enquanto John era claramente muito mais velho, a caminho dos 17 – um verdadeiro abismo, de menino para homem. "Eu estava no lado errado do pico, e eles estavam no lado certo. É assim que eu lembro de me sentir."[6] Paul também percebeu que já tinha visto John Lennon antes. "Eu o vi algumas vezes antes de conhecê-lo – 'Ah, é aquele cara, o Ted que pega o ônibus'. Você percebe quem é legal... Eu não olhava muito para ele [no ônibus], caso ele quisesse bater em mim."*

A festa continuou, enquanto os rapazes passavam seu tempo, transpirando com o calor úmido de 28 ºC. Uma multidão observava uma demonstração de obediência e percursos de obstáculos desenvolvida pelos cães da Liverpool City Police; em outra parte, crianças faziam fila para passear em um carro de brinquedo operado pelos escoteiros. Balões cheios de hidrogênio eram lançados do campo da igreja, com um prêmio para a pessoa cujo balão fosse mais longe. Havia três competições de vestimentas formais para as crianças. A banda de metais tocava. Havia uma variedade de atrações secundárias e cabines típicas de qualquer festa rural britânica, das quais esta – apesar dos eventos que aconteceram nela – era apenas mais uma, nada mais, nada menos.

De acordo com a programação, os Quarry Men tinham que tocar no palco mais uma vez, provavelmente por meia hora, a partir das 17h45, quando as festividades já estariam se encerrando, mas ninguém consegue se lembrar, de forma definitiva, se eles tocaram ou não.

Haveria uma quarta aparição no mesmo dia, mas só aconteceria depois das 20h: eles tinham uma apresentação no baile de igreja que aconteceria no fim da rua, como a atração impressa em letras miúdas no anúncio do evento, tocando no intervalo da George Edwards Band, uma pequena banda de baile que tocava valsas e foxtrotes. Então, precisavam matar o tempo. Dois dos Quarry Men foram até

---

* *A festa de igreja em Woolton foi a primeira vez que John encontrou Paul? Uma charada em dois parágrafos.* Em certos círculos privados, Paul revela, às vezes, que ele não tinha apenas visto John no ônibus antes da festa em Woolton, mas os dois haviam até trocado algumas palavras. Paul afirma que trabalhava como entregador de jornal (com sua bicicleta, entregando o *Echo* a casas locais durante o anoitecer) quando conversou com John, uma vez, do lado de fora da loja de jornais. John nunca mencionou o fato, e Paul optou, consistentemente e por décadas, por nunca mencionar isso em público. Ele trabalhou como entregador de jornal após os McCartney se mudarem para a Forthlin Road, no verão de 1956, quando ele completou 14 anos.

Paul é tímido quanto a revelar a identidade da loja de jornais para pessoas que possam publicar essa informação. No entanto, uma família local que o conhecia acha que o lugar se chamava Abbas. Na 166 Aigburth Road, perto da área litorânea Cast Iron Shore, W. W. Abba seria um lugar estranhamente distante para um jovem encontrar emprego, tendo em vista que morava a cinco quilômetros dali, em Allerton. O lugar também ficava a mais de seis quilômetros da casa de John, então essa história parece incerta. No momento, existe apenas a possibilidade de digerir a seguinte informação: McCartney conheceu Lennon em frente a uma loja chamada Abba.

suas casas para comer, mas um grupo de garotos – incluindo John Lennon, Pete Shotton, Len Garry, Colin Hanton, Ivan Vaughan e Paul McCartney – descansaram no hall enquanto preparavam o baile. Eles ficaram perto do palco e também em uma pequena antessala, à esquerda, onde havia um piano.

Conforme eles passavam o tempo, o tema da conversa mudou para a música. Paul não costumava se segurar e logo perguntou a John se poderia tocar seu violão; quando percebeu que o instrumento estava afinado de forma esquisita, como um banjo, perguntou se poderia afiná-lo de outra maneira. A forma como ele segurava o violão, invertido, rendeu algumas risadinhas, mas, após um minuto ou dois mexendo no instrumento, Paul parou e, de repente, começou "Twenty Flight Rock". Lá, de imediato, estava talento, já muito adiante do nível de John. E não era apenas o fato de que Paul conseguiu tocar a música do começo ao fim, cantando com uma voz poderosa de rock e tocando os acordes com confiança – era o fato de que ele sabia toda a letra. "Twenty Flight Rock" era *difícil*... e era outra música de entendedores. Não tinha chegado às paradas, então qualquer pessoa que a aprendesse tinha realmente se esforçado para aquilo – uma jornada empreendida apenas pelos mais apaixonados, não era algo que dava para fingir.

Em seguida, Paul entrou no modo exibicionista, ostentando, confiante de sua habilidade e ciente de sua plateia. Ele demonstrou um ou dois acordes que ele imaginou que talvez os rapazes ali não conhecessem, e tocou outras canções para eles ("Be-Bop-A-Lula" foi uma, e certamente teve alguma de Elvis). Então, realmente se mostrando, ele foi para o piano e começou a fazer sua imitação de Little Richard, gritando naquele salão de igreja outrora quieto. Paul não tinha como saber disso, mas, quando começou "Long Tall Sally", ele entrou na artéria aorta de John. Aquela voz constantemente eletrizante e estridente de Little Richard Penniman estava saindo do amiguinho que Ivan tinha trazido de Allerton. Não importava o quanto John tentasse parecer legal, ele provavelmente estava pulando por dentro. Na mosca. Paul McCartney tinha impressionado o cara que, de repente, tinha se tornado vital impressionar. Ele se propusera a fazer aquilo e havia conseguido. Um pouco ansioso, mas tentando esconder, com sobrancelhas erguidas, provavelmente mordendo seu lábio, falando um pouco rápido, porém se saindo bem. Muito bem. Nenhum dos Quarry Men conseguia fazer aquilo.

Moradores do bairro entraram no salão da igreja um pouco antes das oito: homens de terno e gravata, porém com camisas de manga curta; mulheres com vestidos de verão. Um fato ainda mais extraordinário do que o registro em fotografia feito por Geoff Rhind durante a tarde foi que a performance noturna do grupo foi gravada numa máquina de fita, um gravador de rolo Grundig, que tinha sido levado até lá por Bob Molyneux, membro do grupo de estudos bíblicos e do clube de jovens, desde sua casa na colina, em Kings Drive. Ele capturou a maioria das performances, tanto da banda de baile quanto do grupo de skiffle, usando vários rolos de fita, enquanto ficava ao lado do palco, com o gravador ligado na eletricidade e o microfone em sua mão. Se alguém o percebeu lá, certamente não se lembrou. Foi só em 1994, 37 anos após o evento, que Molyneux revelou o fato surpreendente, e vendeu o único rolo sobrevivente de fita Emitape (fabricada pela EMI) que não tinha sido perdido durante as mudanças de casa pelas quais ele passou. O rolo inclui duas canções dos Quarry Men: o número 1 das paradas da época, "Putting On the Style", e "Baby Let's Play House" – John Lennon cantando Elvis na frente do pároco. Essa gravação do grupo é, por um bom tempo de diferença, a mais antiga de que se tem registro. Apesar de a fidelidade ser baixa, e o teto alto do salão resultar num eco que afoga o som, é claramente possível ouvir John Lennon.

Por mais que a existência da fita fosse bastante improvável, é esta a característica mais extraordinária dela: soa indiscutivelmente como *John Lennon*. Apesar de ser inspirado por Elvis e Lonnie, ele não tenta imitar suas vozes ou seu estilo; ainda mais marcante é o fato de que John não tenta adotar nenhum sotaque americano ou transatlântico. Cantores sempre começam como imitadores, copiando quem quer que tenha gravado a música que estão cantando. Alguns conseguem desenvolver sua própria voz. O fato de que John Lennon já a tinha em Woolton, de que ele era tão audivelmente *ele mesmo*, é a marca de um artista autêntico. Além de sua voz ser ótima para o rock, ela é honesta. Sua voz é quem ele é.

Até as dez da noite, o evento já tinha acabado. Paul disse que foi com Ivan, John, Pete e alguns outros até um pub, onde os garotos de 15 anos de idade fizeram o melhor possível para fingir ter idade suficiente para beber. Porém, entraram em pânico quando ficaram sabendo que um valentão da região estava a caminho do pub, procurando briga. Eles não ficaram para ver e retornaram, apressados, para Vale Road, onde Paul pegou sua bicicleta e voltou para sua casa, na Forthlin Road.

O dilema para John Lennon era convidar, ou não, Paul McCartney para fazer parte de seu grupo. "Era melhor receber um cara superior às pessoas que já estavam lá – obviamente – ou não? Deixar o grupo mais forte ou me deixar ser o mais forte? E minha decisão foi deixar o Paul entrar, para tornar o grupo mais forte... Passou pela minha cabeça que eu teria que mantê-lo na linha se o deixasse entrar, mas ele era bom, então valia a pena. Ele também parecia com o Elvis. Eu gostei dele."[7]

Não se sabe ao certo quando isso aconteceu. Até a última entrevista que John deu, estava estabelecido que o processo foi gradual, durando dias, ou até semanas; aqui, no entanto, ele explicou: "Eu virei para ele [Paul], naquela hora, em nosso primeiro encontro, e perguntei, 'Você quer entrar para o grupo?', e acho que ele aceitou no dia seguinte, pelo que me lembro".[8]

Pete Shotton lembra de maneira diferente. Ele diz que, quando ele e John voltavam a pé para suas casas, no fim daquele longo dia, John perguntou: "O que você acharia se eu convidasse Paul para entrar no grupo?". Pete disse que não se importava. "Cerca de dez dias ou duas semanas depois, eu estava andando pela Linkstor Road, e Paul apareceu virando a esquina, com sua bicicleta, e foi lá, exatamente, na esquina da Linkstor Road com a Vale Road, que ele parou, e nós conversamos. Ele disse, 'Eu vim ver o Ivan, mas ele não está em casa', e eu disse, 'A propósito, você quer entrar para o grupo?'. Ele olhou para mim e pensou por um momento, ou fingiu pensar por um momento, e disse 'OK', subiu em sua bicicleta e foi embora. E foi isso."[9] Iludido pela diferença de idade, Pete não tinha ideia de que Paul estava prestes a se tornar seu rival, competindo pela amizade mais próxima de John.

John Lennon não escolhia parceiros com facilidade. No entanto, aos 15 anos de idade, Paul McCartney já sabia o suficiente sobre ele para impressioná-lo. Um garoto que acreditava que era o melhor, e que tinha a habilidade para provar, conheceu outro garoto que claramente era o melhor – e a fusão de seus talentos e suas personalidades viria a mudar o mundo.

7
"Ele vai te meter em encrenca, filho" (julho a dezembro de 1957)

As filmagens externas de um filme novo, *Seduzidos pela maldade* (*Violent Playground*), começaram em Liverpool, na segunda-feira após a festa de igreja em Woolton, no sábado. Era claramente o melhor lugar para gravar filmes sobre a delinquência juvenil, pois outro, *Almas em agonia* (*These Dangerous Years*), tinha acabado de ser lançado na semana anterior. Neste, a estrela musical Frankie Vaughan, de 29 anos, nascido em Liverpool, mal escalado para o papel de um Teddy Boy, interpretava um adolescente de Dingle, cheio de problemas, procurado pela polícia e (após o alistamento) pelo exército. Como se não fosse difícil o suficiente para garotos como Richy Starkey, Roy Strafford e Ian James sobreviverem à sua infância no Liverpool 8, eles tinham que ouvir um policial gritando na telona: "Vocês, garotos de Dingle, são uma ameaça e um incômodo para a cidade! Por que não arranjam um emprego decente?".

Tocar skiffle com Eddie Clayton representou uma forma agradável de sair daquela existência nas ruas que Richy Starkey já conhecia havia mais de um ano. Levaria muito tempo para ele sair de lá por completo, mas estar com um grupo já era uma alternativa a "andar" com a gangue. Quando ele e Roy não estavam fazendo uma coisa ou outra, eles estavam, muitas vezes, dançando. Ambos eram dançarinos atléticos e acrobáticos, bem-sucedidos na dança do rock, capazes de virar, jogar e erguer suas parceiras femininas no ar, além de deslizá-las por baixo de suas pernas.

> Richy era bom na dança, assim como eu. Costumávamos ir a todos os clubes, ao Rialto e ao Cavern, e as garotas gostavam de dançar conosco porque sabíamos como dançar. Tínhamos roupas de jeans, então os rapazes e as moças do Cavern

nos chamavam de "*the Binmen*" (os lixeiros). Tínhamos parceiras fixas para as danças e amávamos aquilo. Mas recebemos uma ameaça séria no Rialto, uma noite. Um cara foi esfaqueado na cara com uma tesoura e eu ouvi: "Você e seu amigo são os próximos". Saímos de lá voando. Não gostamos nem um pouco daquilo. Lá fomos nós, eu e Richy, porta afora.

Viver em Liverpool requeria um conhecimento completo dos seus arredores: as coisas poderiam mudar em um instante, em qualquer esquina. Mas estava longe de ser ruim. Paul McCartney sempre soube dos pontos positivos, dizendo (em 1984): "Eu juro por Deus que nunca conheci um povo mais animado, mais inteligente, mais gentil e mais cheio de bom senso que os moradores de Liverpool, pessoas que conseguem cortar seus problemas como uma faca quente passando pela manteiga. [Eles] são o tipo de pessoa que você precisa em sua vida: o sal da terra".[1]

Em algum ponto de julho de 1957, Paul finalmente conseguiu seu primeiro violão. Já estava para acontecer havia muito tempo, e ele estava desesperado. Como não tinha dinheiro para comprar um, Paul teve a brilhante ideia de trocar seu trompete – que seu pai tinha comprado para ele, dois anos antes – pelo violão. Jim não se importou – o interesse de Paul era claro. "Eu troquei o trompete por um violão Zenith, de £ 15, na Frank Hessy. Tinha um cara lá chamado Jim Gretty e ele nos mostrou (para mim e para George) um acorde ótimo. Eu nunca soube o nome dele – nós o chamávamos de 'acorde jazz', no formato de Fá, com alguns detalhes a mais na primeira e na segunda corda."[2] O Zenith Seventeen era um violão novo, relativamente bom, mais barato – porém melhor – que o Gallotone Champion de John Lennon, mas também era feito de madeira laminada. Um violão ao estilo *archtop*, com buracos "efes", feito na Alemanha, com um adesivo em seu interior, assinado por Ivor Mairants, respeitado violonista de música clássica e jazz, afirmando que o instrumento tinha sido testado por ele e estava de acordo com o nível esperado. Aqueles rapazes amaram tanto seus primeiros violões que Paul posteriormente se referiu a Mairants como "um Deus para nós", assim como John sempre pensou em seu primeiro violão como uma "GARANTIA CONTRA RACHADURAS".[3]

Como ele só tinha tocado com o violão de outras pessoas até então, finalmente chegou o momento de Paul lidar com o fato de ser canhoto. Como a maioria dos violões, o Zenith foi feito para ser tocado por destros; como já tinha feito antes, Paul apenas inverteu a posição do instrumento, e tudo ficou ao contrário de onde deveria estar, a corda de cima agora estava embaixo. Isso não causou um entrave ao seu talento natural – quando Paul impressionou John na igreja St. Peter, ele estava tocando o violão na posição invertida –, mas não era o ideal. A solução surgiu quando Paul passou por uma foto de Slim Whitman, possivelmente em um anúncio na imprensa musical, no entanto, mais provavelmente em uma loja de discos. Ele viu que, apesar de ser canhoto, o violão estava com as cordas na ordem correta.* Paul foi para casa, tirou todas as seis cordas do Zenith e as colocou de volta na ordem que normalmente seria a contrária, mas que estava "correta" no violão usado por um músico canhoto.

Foi preciso fazer alguns ajustes: a corda Mi superior ficava frouxa no buraco da ponte feito para a corda Mi inferior, então Paul enfiou um palito de fósforo nele. Havia só um problema que ele não conseguia consertar: o escudo (*pickguard*) estava no lugar errado, acima, em vez de abaixo, das cordas, mas isso não afetava o jeito como Paul tocava... algo que ele passou a fazer, *constantemente*. Mike McCartney disse o seguinte sobre Paul e seu primeiro violão: "Ele se perdia em outro mundo. Era inútil falar com ele – eu tinha conversas melhores com as paredes". Paul tocava o violão todo dia, até no ônibus. Em casa, ele tocava na banheira e sentado no vaso sanitário. "A boa acústica do lavabo sempre me encantou. E também era muito privado, talvez o único lugar privado da casa. Eu costumava me sentar lá por horas – lá, e no banheiro. Meu pai gritava, 'Paul, saia dessa privada!', [e eu respondia], 'Estou praticando!'."[4]

Se os Quarry Men tiveram alguma apresentação agendada nessa época, Paul não participou dela. Rod Davis se lembra de Paul aparecer para ver um ensaio da banda que ocorreu (surpreendentemente) na casa de Mimi, e Eric Griffiths diz que o grupo foi até a casa de Paul numa tarde, para um ensaio, juntos – algo que Paul nunca mencionou (como quase tudo relacionado aos Quarry Men, faltam

* O músico de country estadunidense aparece posando com seu instrumento na capa de *Slim Whitman and His Singing Guitar*, LP lançado na Inglaterra em 1956. Uma foto de Whitman tinha inspirado George Harrison a comprar seu primeiro violão, agora outra foi essencial para determinar como Paul McCartney tocaria o dele.

informações concretas). O convite para se juntar a eles foi uma surpresa para Paul, que nunca tinha expressado interesse em participar de um grupo. Ele tinha uma ambição – "ser como Elvis", cantar com um violão e ser uma grande estrela.[5] Sua necessidade de impressionar John Lennon era meramente para mostrar o que ele conseguia fazer, e impressionar alguém cujo talento ele admirava. Não era um teste para entrar no grupo.

Paul tinha dois "parceiros" na época. Ian James diz que ele e Paul formaram uma dupla musical informal: "Costumávamos levar nossos violões a festas e tocar algumas músicas. '*Have guitar will travel*'* – aonde fôssemos, os violões iam junto. Tocávamos músicas daquele primeiro LP do Elvis: 'Trying to Get to You', 'Lawdy Miss Clawdy', 'Mystery Train' – a tendência era tocar as mais rápidas ou agitadas. Ninguém nos notava, mas não me lembro de nos expulsarem de nenhum lugar". Seu outro colaborador era seu irmão, Mike, que não tinha um instrumento, mas estava disposto a adicionar harmonia. Eles tinham começado a juntar suas vozes cerca de um ano antes, quando o filme *A dama e o vagabundo*, da Disney, foi lançado. De acordo com Mike, eles gostavam de harmonizar com a canção "The Siamese Cat Song", algo que eles faziam em festas familiares.[6] Paul adquiriu o Zenith na mesma época que a canção "Bye Bye Love", dos Everly Brothers, chegou às paradas. Paul se tornou Don e Mike se tornou Phil enquanto eles aprendiam as partes juntos, deixando de lado o desenho da Disney para ensaiar uma música mais madura.

No último dia do ano escolar, Paul levou seu Zenith até o Liverpool Institute pela primeira vez e mostrou sua imitação de Little Richard a seus amigos. "Toda a turma se juntou ao meu redor, enquanto eu fiquei em pé sobre a carteira e cantei 'Tutti Frutti', eu acho."[7] Apesar de Paul ter certa amizade com George Harrison, e um até visitar a casa do outro para tocar música, as divisões anuais da escola se mantinham fortes: meninos se sentavam apenas com quem era de seu ano. Naquela época, Paul e George não eram grandes amigos – quando Ivan Vaughan convidou Paul para ir à festa em Woolton, Paul não pensou em convidar George, da mesma forma que George não convidou Paul para ser um Rebel na única performance do grupo.

---

* Referência à série de faroeste *Have Gun Will Travel*, que foi ao ar na TV norte-americana entre 1957 e 1963, e cujo título poderia ser traduzido como "Tenho arma, posso viajar". [N.T.]

Naquele mesmo último dia de escola, enquanto Paul fazia sua imitação de Little Richard, George talvez estivesse entretendo sua própria turma (ele o fez em 1958. Não está claro se também fez isso em 1957). Foi por volta dessa época que George se livrou de seu antigo e fraco Egmond, e gastou dinheiro para comprar seu primeiro violão bom de verdade. Apesar de ser mais jovem que Paul, ele sempre esteve pelo menos um passo adiante em termos de habilidade no violão. O novo modelo também era acústico, um Hofner President, promovido em anúncios da imprensa musical por Tommy Steele – e estava em promoção pelo belo preço de 32 guinéus.[8] Isso representava uma melhoria considerável, um objeto que seu dono cuidadoso não teria coragem de levar além da 25 Upton Green, mas a paixão de George por violões tinha ofuscado todo o resto, de forma que o preço não parecia importar, desde que ele conseguisse pagar em algum momento. Agora, ele passava a maior parte de suas aulas desenhando rascunhos impressionantes de violões em seus livros de exercício – violões em formato de violoncelo com buracos "efes" (como seu novo President), e pequenos violões de corpo sólido com recuos e curvas – e, quando não estava fazendo isso, estava se imaginando tocando um: "[Eu] estava olhando pela janela, pensando sobre como eu poderia estar praticando o violão enquanto eles tentavam me ensinar Pitágoras".[9]

Em 24 de julho, as cortinas estavam se fechando para os cinco anos agitados de John Lennon na Quarry Bank. Os resultados dos exames de nível básico não sairiam por mais algumas semanas, mas Mimi não quis esperar: ela foi até Quarry Bank, para uma reunião com o diretor. O sr. Pobjoy cometeu o erro de perguntar a ela o que faria com John após ele sair de lá, e ela retrucou: "Não, o que vocês vão fazer com ele? Vocês o tiveram por cinco anos, vocês deveriam estar com o futuro dele pronto". O diretor só teve um pensamento, o mesmo sugerido a ele por seu entusiasmado professor de inglês, Philip Burnett: que John deveria ir para a Liverpool College of Art. Pobjoy relatou isso a Mimi e se ofereceu para redigir uma carta de referência. "Eu tive que dizer que ele era 'apropriado', sem violar muito a minha própria consciência", Pobjoy recordou.[10]

John não estava muito feliz com a ideia de ir à faculdade, mas ele não tinha outros planos e isso adiaria, por mais alguns anos, ter que trabalhar. Em sua reunião final com o rapaz, o diretor de Quarry Bank disse a John, francamente, que, caso ele não fosse para a faculdade, poderia muito bem "desistir da vida". John se irritou com isso, mas concordou em montar um pequeno portfólio de seus trabalhos e fazer uma entrevista – para a qual ele pegou emprestados o terno, a camisa e a gravata de seu tio George. "Eu imaginei que teria um monte de homens velhos lá, mas achei que eu deveria fazer um esforço, por mim mesmo... Tive a ideia de que eu poderia acabar desenhando garotas maravilhosas para pôsteres de pasta de dente."[11] Uma carta chegou à casa em Mendips logo em seguida, oferecendo a ele uma vaga num curso de quatro a cinco anos de duração. O curso seria gratuito até o ano acadêmico 1959-60, e Mimi concordou em pagar por todos os seus materiais e suas custas diárias, e também continuaria a prover para ele em casa. Ela resgatou John novamente e se comprometeu a mantê-lo, de certa forma, até os 20 anos de idade. Não era o futuro que Mimi tinha previsto quando John começou a estudar em Quarry Bank em 1952, mas, nas palavras do ditado popular que ela repetia com certa frequência, "*any old port in a storm*" (na tempestade, qualquer porto serve).

As vendas de discos de skiffle já tinham diminuído no outono de 1957, pois o gênero havia se esgotado, mas o interesse em *grassroots* continuava, especialmente em Merseyside: qualquer que fosse a moda musical, sempre chegava primeiro a Liverpool, e de lá saía por último. Richy Starkey estava adquirindo experiência valiosa como baterista do grupo de Eddie Clayton, cuja proeza de ser um dos melhores da cidade foi enfatizada quando eles se classificaram para a final da competição de skiffle do Cavern, na noite de 31 de julho, ao mesmo tempo que outro grupo, os Bluegenes. Era uma grande noite para o clube, incluindo também a escolha da Miss Cavern, um concurso de beldades em trajes de banho, cujo espetáculo pode ser o motivo de ninguém se lembrar quem ganhou a competição de skiffle. Outro motivo pode ter sido o álcool: o Cavern sempre representava uma saída pela cidade para Richy e Roy. Como Richy disse: "No Cavern, pegávamos um passe para sair, íamos ao pub, depois voltávamos ao Cavern e desmaiávamos de bêbados".[12] Apesar de serem menores de idade, eles sabiam que ficariam bem. "O Lisbon na Victoria Street e o Beaconsfield na North John Street eram nossos lugares preferidos", diz Roy. "Tomávamos black velvet – uma mistura de *pints* de Guinness e sidra, e rum com cassis, quando tínhamos dinheiro. Você acha que consegue beber tudo naquela idade – chumbo derretido, qualquer coisa –, mas éramos apenas jovens e pegávamos no sono quando voltávamos ao Cavern. Eu não fumava, mas Richy fumava. Ele tentou me convencer a começar, mas eu não gostei daquilo. Ele raramente estava sem um cigarro na mão."

Uma semana depois, em 7 de agosto, os Quarry Men tocaram no Cavern novamente. Nessa ocasião – pela primeira vez – o nome do grupo apareceu nos anúncios do *Liverpool Echo.** Rod Davis não estava lá, porque tinha viajado com seus pais; até setembro, ocorreria sua saída da banda, sem diálogo. Onde antes havia quatro Quarry Men na escola Quarry Bank, agora ele era o único; sem ser visto, sem ser lembrado, os dias de Rod no grupo tinham acabado. Além disso, Pete Shotton estava fazendo uma de suas últimas performances com eles. John tinha uma forma de deixar claro se ele acreditava que alguém não estava apto musicalmente: no caso de Peter, John teve uma discussão fulminante com o amigo enquanto andavam de bicicleta. Então, quando o grupo tocou em uma festa privada, ambos ficaram completamente bêbados e John quebrou a *washboard* na cabeça de Pete. A parte do meio do instrumento saiu inteira, deixando sua armação ao redor do pescoço de Shotton. "Estamos resolvidos, então, Pete", o líder declarou. Sua grande amizade – o bastião na vida de John, desde os seus seis anos de idade – continuaria intacta, mas foi enfraquecida pelos eventos. Agora, tinham saído de Quarry Bank, suas vidas estavam tomando caminhos diferentes: John foi para a faculdade de artes e Pete foi para a polícia, uma escolha de carreira que surpreendeu completamente John, e que ele criticou de forma enfática. Como ele estava saindo do grupo, o lugar de Pete no palco, ao lado de John, foi tomado por Paul McCartney. John e Pete nunca se esqueceriam das centenas de situações divertidas que tiveram enquanto eram os melhores amigos do mundo, mas estavam chegando ao fim de um capítulo. E os Quarry Men, um sexteto quando Paul foi convidado para entrar, eram agora um quinteto com ele: John, Eric, Paul, Len e Colin.

Aquele evento no Cavern seria a estreia de Paul com os Quarry Men, mas ele estava viajando com os escoteiros, no acampamento de verão – ainda restavam dez dias de pés molhados e vento, fumando Woodbines. Naquele ano, o destino da 19ª tropa de escoteiros da cidade era o Peak District – Callow Farm, Heathersage,

* Independentemente do gênero – skiffle, jazz, folk, blues, rock –, o *Echo* anunciava todas as atrações musicais sob o cabeçalho genérico "Jazz".

Derbyshire – e ambos os irmãos McCartney foram. Logo depois de montarem as barracas, Mike teve um incidente desagradável com um carvalho e quebrou o braço de forma severa. Ele foi levado ao hospital em Sheffield, enquanto Paul continuou no acampamento, e cantou "Trying to Get to You", de Elvis Presley, para entreter os escoteiros ao redor da fogueira.[13]

Mike ficou no hospital por quatro semanas, seu braço engessado e com uma tipoia. No dia de sua alta – na última semana completa de férias escolares –, Jim chegou a Sheffield, com Paul, e revelou que todos iriam ao resort Butlin's. Bett e Mike Robbins tinham conseguido sete dias para eles em Filey, na costa leste de Yorkshire. Ambos trabalharam lá no verão, Mike como *redcoat* e Bett como faz--tudo: era a voz alegre dela que saudava os hóspedes todos os dias com "Hora de acordar! Levantem-se, campistas!", ecoando pelo alto-falante Tannoy.

Como adorava tirar fotos, Mike operou a câmera de forma única e registrou uma imagem fascinante de Paul na praia de Filey com Bett Robbins e seu filho pequeno, Ted. Paul aparece apoiado no carrinho de bebê de Ted, e tocando seu violão Zenith, que já tinha viajado muito até então. A foto pode ser a mais próxima que existe da data em que ele conheceu John Lennon, mostrando um garoto de 15 anos de idade que saiu de seu período rechonchudo e passou a ter uma aparência agradável: esbelto, como um adolescente de verdade – não é mais um menino, mas ainda não é um homem. Ele está vestido com seu paletó esportivo branco e seu cabelo está penteado para cima. Um jovem entusiasmado, cantando Elvis para a brisa marítima em Filey Bay.[14]

Mike Robbins era um herói para os garotos McCartney. Ele supervisionava os testes que ocorriam três vezes por semana, para os campistas que queriam se arriscar no concurso de talentos Butlin's National Talent Contest (patrocinado pelo jornal *People*). Paul, provavelmente com seu paletó esportivo branco, pediu ao irmão que fosse com ele, mas Mike, tecnicamente jovem demais (13 anos), não estava com vontade e disse que pareceria um bobo com seu braço em uma tipoia. Paul foi ao palco sozinho, com seu violão; quando Robbins estava prestes a anunciá-lo, o jovem sussurrou algo... em seguida, Robbins anunciou: "Este jovem será acompanhado no palco por seu irmão, um rapaz com um braço quebrado, então merece uma salva extra de palmas!". Contra sua vontade, Mike percebeu que Paul tinha feito, mais uma vez, exatamente o que queria, então subiu ao palco para se juntar a ele. Robbins pediu à plateia: "Palmas para os McCartney Brothers". Logo em seguida, fizeram seu dueto com "Bye Bye Love". Então, de acordo com Mike, "Assim que terminamos, e a confiança de Paul tinha voltado, ele me empurrou para o lado e começou a imitar Little Richard".[15] Qualquer que fosse a base para julgar os participantes, os irmãos McCartney – na categoria de atração solo ou dupla – não avançaram na competição. No entanto, foi lá, por volta do último dia de agosto de 1957, no Gaiety Theatre do acampamento Butlin's, em Filey – em vez do Cavern, em Liverpool –, que Paul McCartney apareceu no palco pela primeira vez como um artista de rock'n'roll.[16]

A semana no Butlin's aconteceu durante um momento essencial para Paul. Ele tinha recebido os resultados de seus exames de nível básico e, como ele tinha estudado espanhol e latim um ano antes da maioria dos garotos, ele só passou em espanhol. No ano escolar seguinte, ele foi colocado no grupo Removes, o que significava que não progrediria para o Lower Sixth como a maioria de seus colegas e contemporâneos. Efetivamente, ele estava sendo retido, encalhado com rapazes um ano mais jovens que ele. Ele ficou muito ressentido com esse fato e com a falta de opção na situação. De fato, Paul odiou tanto tudo isso que considerou largar a escola de vez – como já tinha 15 anos, ele poderia tê-lo feito. Jim tinha certeza de que Paul reprovara de propósito em latim, porque o pai tinha deixado muito claro quão necessário era passar na matéria para entrar na universidade – uma conquista que traria orgulho para uma família da classe trabalhadora. "Paul sempre foi muito bom em latim. No entanto, quando eu disse que ele precisava de latim para a universidade, começou a relaxar. Quando ele sabia o que se passava na minha cabeça, Paul tentou parar de ir bem na escola."[17] Jim tinha certeza de que o filho deveria continuar na escola e o Institute sentia o mesmo. Embora isso tenha feito Paul pensar ainda mais sobre deixar a escola, ele não o fez, porque não imaginava que trabalho poderia realizar e queria o máximo de tempo possível para tocar violão.

Posteriormente, Paul descreveu como "horrível" a experiência de estar no grupo dos Removes, com meninos mais novos que ele, mas não foi coincidência alguma que, após setembro de 1957, ele tenha se aproximado de George Harrison[18] (George passou para a classe U5E. Paul estava na RB, assim como seus amigos Neil Aspinall e Len Garry). A cortina que os tinha separado foi levantada e houve uma mudança geral em todos os relacionamentos escolares de Paul. Separados em suas atividades diárias, Paul e Ian James perderam a proximidade, e Paul começou a passar tempo com George. Ian ficou surpreso com isso. "Eles pareciam ter personalidades totalmente diferentes. George sempre parecia um pouco rabugento, enquanto Paul era alegre – e provavelmente poderia ser um comediante se quisesse, porque ele consegue contar histórias muito bem. George era diferente. Eu acho muito estranho que eles tenham se tornado amigos. George e Arthur Kelly eram durões: Harrison sempre andava com seu cabelo comprido e usava calças *drainpipe* na escola, e provavelmente sapatos com solado de borracha."[19]

Paul não substituiu Arthur Kelly como o amigo mais próximo de George, mas foi tranquilamente aceito no grupo, como Arthur recorda:

> Paul era ótimo. Ele era muito divertido e *desesperado* para ser o Elvis. Ele fazia o penteado e tudo, e tinha uma expressão facial similar, só que ele era mais bonito que Elvis. Ele não vadiava como eu e George, mas sempre víamos ele no canto dos fumantes, e ele fazia ótimos desenhos dos funcionários da escola – assim que você olhava, sabia quem era. Eu ficava ao lado de Paul na fila. Tinha a lição do dia e o discurso do diretor, no qual ele mencionava em quem ele queria bater com sua vara. Em todos os hinos que cantávamos, eu nunca via Paul cantar a melodia – ele sempre cantava a harmonia. Eu ficava pensando: "Como diabos ele faz isso?".[20]

A amizade de George e Paul não se encaixava perfeitamente. Paul tinha uma necessidade de lembrar George, de uma forma ou de outra, muitas vezes sem sutileza, que ele era "nove meses mais velho", garantindo que George não esquecesse quem estava no comando. Enquanto isso, George ainda brigava quando achava necessário. A vida em Speke o mantinha "*handy*" (hábil com as mãos), como diziam. Um dia, Paul estava no playground com Keith Ritson ("Ritter") – um garoto de sua idade, mas que estudava num nível mais avançado, o Lower Sixth – quando George passou por perto e Paul os apresentou. Sem motivo algum, ou por algum motivo que Paul nunca entendeu, George repentinamente deu uma cabeçada em Ritter. "O jovem George podia ser terrível – ele e seu topete", disse Paul. "Estávamos todos conversando, e aquele cara deve ter dito algo para irritá-lo, então *bam*, George o atacou."[21]

Musicalmente, Paul e George e os outros alunos mais bacanas do Institute tinham muito assunto para conversar naquele período recém-iniciado. Grandes novos artistas estavam saindo daquela válvula perpetuamente aberta que era a América. Os Everly Brothers – irmãos de Shenandoah, Iowa – cantavam em uma harmonia incomum, terços paralelos, pegando versos que poderiam ficar isolados, mas que soavam melhor juntos. Desde o primeiro acorde de "Bye Bye Love", sua encantadora ode country/rock melódico ao romance adolescente, eles já tinham o respeito de todos os aficionados. Seu impacto em Merseyside foi notável: o disco entrou na 19ª posição do top 30 da *NME*, o que já era admirável, mas foi direto para o topo da lista local de Disker no *Liverpool Echo* (seu lado B, "I Wonder if I Care as Much", também era respeitado).

Como tantas estrelas novas – Gene Vincent com "Be-Bop-A-Lula", Elvis Presley com "That's All Right Mama", Eddie Cochran com "Twenty Flight Rock" e Carl Perkins com "Blue Suede Shoes" –, os irmãos Everly já começaram bem com seu primeiro lançamento, assim como os Coasters, um distinto grupo vocal de integrantes negros, surgido em Los Angeles, cuja estreia pela gravadora Atco, de Nova York, deu à sua empresa matriz, Atlantic Records, seu primeiro disco a vender um milhão de cópias nos EUA. Lançado na Inglaterra em 12 de julho, "Searchin'" c/w "Young Blood" era outro daqueles tesouros escondidos obrigatórios: em termos de vendas na Inglaterra, quase não teve impacto, mas trouxe muita alegria a alguns ouvintes dedicados, estabelecendo um interesse prolongado em outros discos dos Coasters, assim como as músicas divertidamente engenhosas e estranhamente rítmicas da dupla de compositores Leiber-Stoller, que podiam compor rock'n'roll tão bem quanto melodrama para o rádio.*

Havia também um cantor chamado Larry Williams, cujo single "Short Fat Fannie" claramente seguia a mesma linha de Little Richard. Julgando pelas informações no selo do disco, ele vinha da mesma fonte: Specialty Records, de Hollywood. Então apareceu uma canção espetacular de um cantor cujo nome era tão novo quanto seu som: Jerry Lee Lewis. "Whole Lotta Shakin' Goin' On" foi lançada na Inglaterra no fim de agosto, no momento perfeito para chegar à primeira

* O single passou uma semana no top 30 da *NME*, na 30ª posição, dois meses após seu lançamento. O título do lado B, que no Brooklyn significava "jovem garota", às vezes era escrito como "Youngblood".

posição nas conversas de pátios escolares. O selo do single dizia: "Gravado pela Sun, Memphis", então o pedigree era, definitivamente, de altíssima qualidade, vindo do mesmo estúdio que Carl Perkins e Elvis. E nem era uma canção com violão – era com piano, uma batida forte com Lewis deslizando as mãos pelas teclas. Paul logo a tocou no piano da 20 Forthlin Road... algo que Jim detestou, porém em privado. Como Paul recorda: "O pai não gostava de rock'n'roll, mas [como] seu pai também não gostava da música dele, ele era muito tolerante – sabia que eu tinha que fazer algo de que ele não gostasse. Ele dizia, 'Isso é muito bom, filho', mas nunca gostou de verdade".[22]

Paul e George tinham sua cota de anedotas daqueles primeiros dias em que fortaleciam sua amizade, como a vez em que eles ouviram que alguém tinha uma cópia de "Searchin'", dos Coasters, e fizeram uma longa jornada de ônibus até Bootle, ou Kirkby, ou Knotty Ash (varia de acordo com quem conta, mas, aparentemente, exigiu duas trocas de ônibus), só para pedir ao seu dono que tocasse o disco para eles. Não se sabe por que eles não resolveram apenas comprar o single de uma vez. No entanto, como Paul admitiu certa vez, depois de aceitar a generosidade daquele desconhecido, que os deixou se sentarem na sua sala de estar e ouvir a canção, eles decidiram subtrair sua propriedade e saíram correndo com o single escondido em uma jaqueta.[23] Outra calorosa anedota de Paul é da vez que ele e George ouviram falar que alguém em um subúrbio distante de Liverpool sabia tocar o acorde de Si Maior com sétima; novamente, pegaram o mapa com o itinerário dos ônibus, planejaram sua rota, bateram em uma porta desconhecida e pediram ao homem que os ensinasse o acorde.

Só é possível especular o quanto disso não teria acontecido se Paul não ficasse retido no grupo dos Removes. A consequência de outra coincidência aconteceu em setembro de 1957, de forma óbvia: foi a matrícula de John Lennon na Liverpool College of Art que acabou aproximando os três. John convidou Paul para se juntar a seu grupo, e Paul passou a ter uma amizade próxima com George. Cinco dias por semana, os três pegavam o ônibus de seus respectivos subúrbios até a Hope Street, para passar seu tempo em prédios que ficavam um ao lado do outro.

Os resultados dos exames de nível básico de John Lennon foram ainda piores do que ele esperava. Lá estava ele, indo para a faculdade de artes, e John nem tinha passado nessa disciplina, em que ele tinha tamanho dom. Pobjoy, o diretor de Quarry Bank, disse que ele não passou por pouco, e John mencionou, dez anos depois, que ele conseguiu esconder os resultados de Mimi: ela acreditava que o sobrinho tinha passado em pelo menos um, e John deixou a tia pensar isso.[24] Mas nada disso importava: ele foi aceito na Liverpool College of Art em 16 de setembro de 1957, prestes a começar uma nova aventura.

O primeiro desafio era escolher o que vestir. Além do cachecol opcional da faculdade de artes (azul, amarelo e preto), não havia uniforme – os alunos podiam se vestir como eles quisessem. John queria usar jeans no primeiro dia, mas, para evitar uma briga com Mimi, ele vestiu outra calça por cima, e a tirou no ponto de ônibus mais próximo de Mendips. Como jaqueta, ele usou seu blazer da Quarry Bank, com a insígnia arrancada e a gola levantada.[25] A partir do segundo dia, ele já deixava as pessoas em dúvida sobre o que usaria em seguida: um dia, era um Teddy Boy; no outro, um típico universitário; ou então, era um típico maltrapilho, com cabelo oleoso e o antigo sobretudo de tweed de seu tio George. Bill Harry, seu colega, notou John de imediato e ficou impressionado com sua individualidade. "Todos se vestiam da mesma forma: casacos duffel bege, preto ou azul-escuro, suéteres verdes com gola polo. E lá estava John Lennon com seu penteado de rabo de pato, sapatos com solado de crepe, casaco comprido. Era como se um Teddy Boy tivesse vindo da rua para aquele lugar estranho onde todo mundo se vestia da mesma maneira."[26]

Além de suas paredes, no senso comum, os estudantes da faculdade de artes eram vistos como jovens desocupados, ou rebeldes, mas ali eram radicais bem-educados. Geralmente vinham de escolas de gramática e tinham uma variedade de históricos de acordo com o espectro social. Alguns eram da classe trabalhadora; outros, da classe média, com casas mais luxuosas. Havia garotos que planejavam se tornar professores de arte, ou apenas queriam adiar o trabalho por mais alguns anos; havia garotas com talento suficiente para uma carreira em arte ou design, ou que apenas queriam preencher o tempo entre a escola e os deveres de uma dona de casa e mãe, enviada à faculdade por pais que não queriam que elas trabalhassem em lojas antes de se casar. Muitos haviam estudado na Junior College of Art, do outro lado da rua, em Gambier Terrace, e tinham menos intenção de desafiar os pressupostos. Para John, havia uma abundância de oportunidades e tentações para provocar choques, e não levaria muito tempo para começar. Outra contemporânea sua, Ann Marson, afirma: "A faculdade de artes era o perfeito solo fértil para alguém como John, alguém que gostava de estourar bolhas. Era o único lugar que conseguia ser liberal e criativo ao mesmo tempo".

Com a exceção do fato de que a filiação ao Sulca (Students Union Liverpool College of Art, a união dos estudantes da faculdade) era obrigatória, a instituição oferecia liberdades que até então eram desconhecidas para seus estudantes radicais. Alunos e alunas poderiam se vestir como quisessem, fumar nas aulas, entrar e sair das dependências da faculdade, e beber no pub durante a hora do almoço – muitas vezes, com os próprios professores. Havia uma expectativa de que a produção atingisse um certo nível mínimo, mas o gazeador habilidoso (sabemos seu nome) geralmente conseguia achar uma forma de escapar. O primeiro ano era um período probatório, não exigia muito: os alunos deveriam aprender perspectiva, uma introdução à arquitetura, caligrafia básica, elementos de design, modelagem e artesanato... e desenho anatômico, envolvendo um estudo extenso do nu feminino – que começou como uma grande emoção, mas passou.

John era um de apenas dois garotos da classe de 1957 de Quarry Bank que progrediram para a faculdade de artes. Então, ele formou um novo círculo social enquanto estudava lá – algo que se desenvolveu lentamente, com o passar do tempo. John faria amizade com Bill Harry, e Bill o apresentaria a seu amigo Stuart Sutcliffe, cujo melhor amigo era Rod Murray. Assim como seu antigo colega de Quarry Bank, Geoff Cain, uma das primeiras e mais importantes amizades de John na faculdade de artes foi com Tony Carricker, cuja paixão pela música estadunidense, especialmente o rock'n'roll e o rhythm & blues, o levou a ter uma extraordinária coleção de discos; e foi por meio de Tony que John se tornou amigo próximo de um indivíduo fascinante e complexo chamado Jeff Mahomed. Havia também Derek Hodkin e Jon Hague, e, pela primeira vez desde a puberdade, John estava numa escola com garotas, dentre as quais: Ann Mason, Mona Harris, Pat Jourdan, June Harry, Helen Anderson e Cynthia Powell. Todos passaram os últimos anos da adolescência juntos, nas salas espaçosas, bem iluminadas e ventiladas da faculdade, compartilhando diversas experiências, se observando em seus melhores e piores momentos – e todas essas pessoas teriam grandes motivos para se lembrar de John Lennon.

Na mesma época, surgia mais um estudante de faculdade em Liverpool: Richy Starkey. É estranho, mas é verdade. No segundo ano de seu aprendizado de cinco anos na H. Hunt & Son, ele precisava fazer um curso de meio período em engenharia para obter um certificado (National Certificate). Apesar de odiar a escola, Richy estava feliz, porque a atividade o liberava do trabalho – um dia por semana longe da fábrica, um dia fora, quase um dia de folga. Em vez de ir, como de costume, para a Windsor Street, ele pegava o ônibus até Aigburth, para a região onde ele esperava morar algum dia, passando o Liverpool Cricket Club. Ele se juntava aos estudantes que iam para a Riversdale Technical College. A faculdade gostava de encorajar os estudantes que saíam do trabalho a ter aulas à noite também, mas Richy não ia fazer isso. Ele dava as caras no horário em que estaria trabalhando, mas não abriria mão de seu horário de lazer: ele queria sair, tocar bateria com Eddie, beber e dançar com Roy.

A primeira vez que Paul McCartney tocou no palco com John Lennon e os Quarry Men foi na noite de sexta-feira, 18 de outubro de 1957, no New Clubmoor Hall, situado em um pequeno beco chamado Back Broadway, próximo a Norris Green, na fronteira ao norte de Liverpool.[27] Também conhecido como Maxwell Fyfe Hall (em homenagem ao político conservador do Liverpool West Derby, Sir Maxwell Fyfe), era o ambiente social do clube de conservadores chamado Clubmoor Conservative Men's Club, e era distante para os cinco garotos – especialmente para Paul, que tinha apenas 15 anos de idade. Nigel Walley agendou a performance com Charlie McBain, o promotor que deu aos Quarry Men mais eventos que qualquer outro, apesar de sua opinião sobre o mérito deles ser, definitivamente, variada: no verso de um dos cartões de visita do grupo que foi dado a ele por Walley, ele escreveu: "Bom & Ruim".

É provável que ambos esses aspectos tenham sido demonstrados naquela performance no New Clubmoor Hall, da qual pouco é lembrado, com exceção de uma anedota. Durante os ensaios, John e Paul decidiram que uma de suas canções deveria ser "Guitar Boogie", de Arthur Smith e seus Cracker Jacks, e que Paul faria o solo.* Claramente, ele era o melhor violonista do grupo, melhor que John

* Ninguém lembra quando ou onde esses ensaios aconteceram, ou quantas vezes; presume-se que aconteceram assim que o ano escolar começou, em meados de setembro.

ou Eric. O que o melhor violonista faria, senão tocar o solo no meio da música? Não foi a primeira vez que isso aconteceu, mas o rapaz que costumava transmitir confiança animada foi repentinamente tomado por um nervosismo imenso.

> Meu primeiro show com os Quarry Men, no Conservative Club, em Broadway, foi um desastre, porque me atrapalhei com os dedos e errei o solo em "Guitar Boogie", que é uma das coisas mais fáceis no mundo de se tocar... Eu estava assustado demais, era um momento grande demais, com todo mundo olhando para o violonista... Era um solo de 12 compassos e eu simplesmente não consegui. Os meus dedos grudaram no braço e não se levantavam, e eu suava e minhas bochechas estavam vermelhas. Depois daquilo, eu falei, "Não contem comigo para tocar solo", e eu nunca toquei guitarra solo no palco de novo. Aquilo me destruiu como guitarrista solo, naquela noite.[28]

Não há fotos para mostrar como os Quarry Men eram naquela época, mas existe uma imagem do retorno deles ao hall, cinco semanas depois, em 23 de novembro.[29] Em fotos dos Quarry Men anteriores à entrada de Paul, estão todos vestindo roupas diferentes. Na primeira imagem do grupo com Paul, eles têm uma aparência uniforme e bem ajeitada: camisas brancas com gravatas de caubói pretas e calças também pretas. John e Paul estão usando paletós por cima, da cor branca ou creme – é o "paletó esportivo branco" de Paul, e John tinha adquirido um similar. Isso foi, sem dúvida, ideia de Paul, lembrando de sua experiência no Butlin's em 1954, quando viu um grupo de canto com roupas idênticas chamar atenção. Ele já tinha apresentado a ideia a John, e ele aceitou. E há outro fato interessante sobre essa foto dos Quarry Men: apesar de ser o grupo de John, o novo rapaz, Paul, não está ao fundo, com Colin ou Len, ou ao lado, como Eric – está à frente, com John. Lennon e McCartney estão claramente na linha de frente dos Quarry Men, tocando o fraco Gallotone e o Zenith invertido, e são os únicos com microfones para suas vozes. O grupo era: os dois, e os outros três. Quando um fazia a voz principal, o outro cantava a harmonia; às vezes, ambos faziam a voz principal em uníssono – e suas vozes combinavam.

Só podemos supor o que estavam cantando com aqueles microfones. Nigel Walley lembra que havia muito rock no repertório daquele período, e pouco skiffle, incluindo muitas canções de Elvis – "All Shook Up", "Blue Moon of

Kentucky", "Heartbreak Hotel", "Hound Dog", "Lawdy Miss Clawdy", "That's All Right Mama" e "Trying to Get to You" –, além de "Be-Bop-A-Lula", "Blue Suede Shoes" (de Carl ou Elvis), "Come Go With Me" e "Twenty Flight Rock". Todas eram canções americanas, claro. Paul cantava algumas de Little Richard – "Long Tall Sally", "Tutti Frutti" e, provavelmente, "Lucille" – e John, que queria cantar Little Richard, mas não conseguia fazer os agudos, achou mais fácil cantar "Short Fat Fannie", de Larry Williams. Nem todas essas foram tocadas naquela noite. Porém, devem ter tocado por uma hora, já que eles seriam a atração principal, de acordo com o anúncio de Charlie Mac no *Liverpool Echo*.

A parte mais complicada da noite, como sempre, era chegar ao local da apresentação e voltar para casa depois. Colin lembra de John e Paul carregando seus violões sem cases, só os instrumentos, tocando e cantando no andar de cima do ônibus, conforme ele passava pelos subúrbios ao norte da cidade. Colin colocava sua bateria em uma grande mala marrom, que ele enfiava embaixo das escadas do ônibus, antes de subir para fumar um cigarro com John, Paul, Len e Eric. Norris Green era uma área complicada: Teddy Boys e outros durões mandavam nas ruas. Em 16 de agosto, Richy Starkey estava lá com o grupo de Clayton e foram abordados por uma gangue de 15 meliantes; na briga, além de todos os ossos que foram esmagados, o belo violão de Eddie foi roubado. Mantendo sua proeza como um dos melhores violonistas da época, ele tinha acabado de instalar um captador em seu violão, o tornando elétrico. Então foi uma perda devastadora. A irmã de Roy Trafford escreveu uma carta para George Harrison, o colunista do *Evening Express*, e ele publicamente pediu que o ladrão devolvesse o instrumento. Seis dias depois, Harrison publicou uma boa notícia: ele estava em posse do violão, devolvido pela mãe do ladrão, uma mulher divorciada com seis filhos que não queria seu garoto metido em encrenca.[30]

Outra canção que provavelmente foi tocada pelos Quarry Men naquela noite foi "That'll Be the Day", dos Crickets. Quando foi lançada na Inglaterra, estava na primeira posição nos EUA e já vinha acompanhada de certa empolgação. No dia 20 de setembro de 1957, a publicação *The World's Fair* imprimiu um aviso singular, com destaque, de forma a chamar a atenção de todo o ramo de jukebox: "Este single será um sucesso em jukeboxes nos próximos meses. Esteja entre os primeiros a encomendar antes que esgote".[31] Não era um exagero: "That'll Be the Day" foi tão bem-

-sucedida com jovens britânicos quanto qualquer canção lançada por Elvis Presley ou Little Richard. Se fosse possível determinar um momento específico em que todo o negócio de grupos pop – a indústria de bandas de rock – deslanchou na Inglaterra, seria quando a primeira agulha tocou no primeiro sulco de "That'll Be the Day" e garotos foram cativados por sua distinta introdução na guitarra. O disco chegou num momento perfeito. Quando o skiffle estava começando a desaparecer, limitado por seus sons similares e seu repertório de pouca variedade, todos aqueles músicos *grassroots* – os milhares de cantores, violonistas e bateristas no país – descobriram, de repente, um novo e maravilhoso estilo para tocarem.

Sucesso nos Estados Unidos, os Crickets eram ainda maiores na Inglaterra. O rock'n'roll estava cheio de cantores solo com músicos de apoio – Elvis, Little Richard, Jerry Lee Lewis, Carl Perkins, Gene Vincent, Chuck Berry, Eddie Cochran, entre outros. O único grupo notável era os Coasters, e poucos os conheciam na época; além disso, eram apenas vocalistas com músicos contratados. Os Crickets eram outro tipo de grupo: vocais, guitarra elétrica, baixo, bateria. Quando milhares de tocadores de skiffle ouviram "That'll Be the Day", aqueles dois minutos eternamente inspiradores, eles foram *convertidos*. Era como um exército bem treinado, disposto e equipado recebendo um novo plano de batalha.

Os Crickets certamente chegaram no momento perfeito para os Quarry Men. Sem Rod Davis e Pete Shotton, tinham perdido seu banjo e sua *washboard*, e quase não eram mais um grupo de skiffle – apenas três violões, baixo (de caixa de chá) e bateria. Ali estava a grande transição. Em uma carta absolutamente elogiosa que John Lennon certa vez redigiu sobre Buddy Holly, ele usou caixa-alta para enfatizar seu argumento: "TODO GRUPO TENTAVA SER OS CRICKETS".[32]

Seis semanas após seu lançamento, "That'll Be the Day" era o single que melhor vendia na Inglaterra. Em Liverpool, chegou à mesma marca na metade do tempo, alcançando a primeira posição nas paradas da Nems, e ficando lá até novembro. Vendia puramente por conta de seu som: ninguém sabia quem eram os Crickets, de que parte da América eles vinham, ou como era sua aparência. Esse conhecimento só chegou quando o disco já era um sucesso e a *NME* publicou um artigo de destaque sobre eles. Então... lá estavam os quatro. Eles vinham do Texas, e o vocalista era um rapaz de aparência incomum, de óculos (naquela época, com armação aramada; no início de 1958, já eram pretos, com armação grossa), com nome igualmente esquisito, porém atraentemente americano: Buddy Holly. O nome de seu grupo também era ótimo, admirado na Inglaterra por um trocadilho que não foi percebido nos EUA: não era só o inseto *cricket* (grilo), mas também o esporte (críquete); muito esperto. Isso levou a diversas manchetes dolorosamente sem-graça, como a vez que a *NME* anunciou que Lew & Leslie Grade haviam contratado o grupo para uma turnê britânica no início de 1958: "CRICKETS TO BAT IN BRITAIN"*.[33]

Até então, John Lennon e Paul McCartney tinham absorvido o pouco rock que existia, cada um de forma independente. "That'll Be the Day" foi a primeira canção que eles absorveram e aprenderam juntos – a música certa, com o som certo, chegando exatamente no momento certo. Eles amaram a performance, a guitarra elétrica, as harmonias, o estilo vocal distinto do cantor (com uma espécie de soluço em algumas palavras), e ficaram impressionados com o nome "Crickets". Paul diz que, na primeira vez que ouviu "That'll Be the Day", não sabia se o cantor era negro ou branco, e não importava, pois ele ficou simplesmente eletrizado pelo som. Essa, mais que qualquer outra, foi a música que fez Paul se interessar pela combinação de guitarra e harmonia vocal.[34] John e Paul já sabiam que suas vozes se mesclavam de uma forma interessante; com "That'll Be the Day", aprenderam a assumir suas respectivas partes. A voz de Paul era naturalmente mais aguda que a de John, e seu ouvido para melodia e harmonia, adquirido após tantos anos ouvindo as canções no piano de Jim Mac, significava que ele geralmente encontrava as notas certas, sem qualquer dificuldade.

Desde que tinha conseguido seu violão, John só tocava ritmos básicos, usando os acordes errados. "That'll Be the Day" foi a primeira canção de pop/rock que ele aprendeu a tocar em seu Gallotone, conforme ensinado por Paul e, de acordo com uma citação (possivelmente suspeita), sua mãe. Aparentemente, Julia estudou a música com ele, demonstrando como seria tocada no banjo, enquanto ele tentava copiar no violão. "Ela me fez tocar e repetir várias vezes, até eu acertar. Eu lembro que ela tocava o disco mais devagar, para eu conseguir anotar a letra."[35]

---

* Trocadilho com a palavra *bat*, que significa "taco", equipamento utilizado para jogar críquete. [N.T.]

Nas últimas semanas de 1957, John e Paul começaram a se ver com mais frequência, socialmente, e sempre com seus violões. Eles formaram uma conexão forte. Eles viam os outros Quarry Men quando tinham algum evento, ou quando ensaiavam, mas a dupla se encontrava com mais frequência, e um descobria melhor quem o outro era. Paul não demorou para apontar que os acordes que John tocava não eram apropriados para o violão. Então, o pai de Paul disse a Lennon que nem eram acordes apropriados para o banjo, apesar de John ter certeza de que eram – uma conversa que provavelmente foi abrupta, e que iniciou com o pé esquerdo o relacionamento entre John e Jim, com este, inadvertidamente, desmerecendo o conhecimento de banjo que tinha sido passado a John por Julia. Paul mostrou a John os acordes de violão que ele conhecia, incluindo o mágico Si Maior com sétima que ele tinha recentemente aprendido (com seu amiguinho George) de um desconhecido que morava longe. Ele encorajou John a estudar seus dedos, a esquecer os acordes de banjo e aprender as posições corretas no braço do violão. Era um processo complicado e lento, no qual John observava e copiava a posição dos dedos de Paul, invertendo para a orientação destra.[36]

Na primeira vez que John apareceu na 20 Forthlin Road, o irmão mais novo de seu amigo estava olhando pela janela. "Era muito improvável, mas eu estava na janela da frente, e vi um Teddy Boy", Mike McCartney recorda. "'Nossa, ele tem uma aparência legal!', ele tinha as calças e o casaco típicos. 'Espera aí... ele está vindo em nossa direção' – ele passou pelo arbusto de lavanda do meu pai. 'Que aparência legal!'."[37]

Jim McCartney não ficou, nem de perto, tão encantado. John não era a típica visita educada e respeitosa – ele era quem ele era, arrojado e sarcástico. Tinha bons modos, mas não necessariamente os demonstrava, não mais que um respeito automático pelos mais velhos. (Também é possível que John tivesse deixado Jim ver sua imitação de "aleijado" uma ou duas vezes, porque era tão provável que ele fizesse isso quanto que Paul fizesse sua voz de Little Richard.) Desde a época da escola, os pais avisavam seus filhos que deveriam "ficar longe daquele John Lennon", e Jim percebeu que ele era *um personagem*. Ele conhecia o tipo – Liverpool estava cheio de gente igual, e Jim era um homem que conhecia o mundo –, mas aquele rapaz que começava a frequentar sua casa era um Teddy Boy, e todos sabiam que Teddy Boys eram delinquentes. Se Paul se associasse com John, poderia virar um, e isso estava acontecendo num momento ruim, quando Paul tinha acabado de ter seu problema na escola.

Jim estava se esforçando bastante para evitar que Paul se tornasse um Ted, controlando até (ele pensou) as calças que o filho usava, e agora Paul tinha se tornado amigo de um Ted. Jim enfaticamente reprovava a forma como John se vestia: seu penteado de rabo de pato, suas costeletas, seu casaco comprido, suas calças *drainpipe*, seus sapatos. O rapaz obviamente seria uma má influência. Mary provavelmente não o deixaria entrar na casa. Jim, determinado a manter seu axioma de "tolerância e moderação", quase baniu John, mas deixou claro a Paul que o amigo não era bem-vindo e pediu ao filho que não se envolvesse, avisando: "Ele vai te meter em encrenca, filho".[38]

Desde o começo, ser amigo de John Lennon apresentava desafios para Paul. Porém, por mais que ele não quisesse desagradar Jim, ele não estava disposto a arriscar uma nova e vital amizade só porque seu pai não gostava de John. A reprovação no exame de latim confirmou a Jim que seu filho mais velho sempre se rebelava quando diziam a ele o que deveria fazer ou pensar – "Eu me irritava até quando meu pai me dizia o que fazer", Paul já afirmou – e o resultado foi, invariavelmente, o mesmo: ele firmava seus pés e fazia exatamente o que estavam aconselhando que não fizesse, mesmo que acabasse sendo pior para ele. Mesmo assim, manter a paz em casa e uma amizade com John exigiria que Paul praticasse diplomacia e timing preciso. Ele precisaria manter John longe de Jim e evitar os pedidos recorrentes de John: "Encare seu pai! Mande ele se foder!".[39]

Lennon e McCartney não poderiam ter escolhido um período mais fértil para se unirem. Um admirava a paixão do outro por Elvis. *A mulher que eu amo* (*Loving You*), o primeiro filme que Presley estrelou, foi exibido no Gaumont, em Liverpool, no fim de outubro. Ao contrário de *Sabes o que quero*, só ficou em cartaz por uma semana, mas era obrigatório para todos os fãs de Presley. Pela primeira vez, plateias britânicas puderam vê-lo cantando, dançando e fazendo suas caretas – tudo na gloriosa técnica Vista-Vision Technicolor. Garotos estudavam todos os seus movimentos e copiavam todos os seus maneirismos, especialmente o beiço que fazia com os lábios; quem queria tocar violão prestava atenção em seus dedos; as garotas ficavam ofegantes, ou apenas gritavam.

Uma má notícia foi que Little Richard estava ameaçando abdicar da música do diabo e entrar para a igreja. Ele arremessou quatro anéis de diamantes (no valor de US$ 8.000) no Rio Hunter, em Sydney, durante uma turnê pela Austrália, dizendo: "Se alguém quer viver pelo Senhor, não pode também viver com o rock'n'roll. Deus não gosta disso". A boa notícia era que Chuck Berry discordava – ele dizia que *tinha que ser* "Rock and Roll Music", em seu single lançado na Inglaterra em 25 de outubro, que foi seguido, uma semana depois, por "Wake Up Little Susie", dos Everly Brothers, o segundo single consecutivo da dupla a vender mais de um milhão de unidades nos EUA. Novembro também trouxe consigo o som doce de "You Send Me", de Sam Cooke, e um single de Buddy Holly, com o título intrigante "Peggy Sue".[40] John e Paul concordaram que era fantástico, o sucessor perfeito para "That'll Be the Day": dinâmico, inventivo, com as mesmas qualidades de som de grupo... e, mesmo assim, diferente. Ficaram inspirados pela facilidade com que Buddy cantava e tocava guitarra ao mesmo tempo – tocava guitarra *mesmo*, ao contrário de Elvis, que só mexia as mãos – e imaginaram como aquela bateria rápida era tocada. John comprou ou roubou o single ("Everyday" era o lado B – quase tão maravilhoso quanto o A), e ele e Paul o escutaram repetidamente, tentando entender o som. Havia muito para se aprender e era um aprendizado divertido.

Buddy Holly não era rock'n'roll puro, nem era rhythm & blues – era country & western com uma batida. Holly, Carl Perkins, Jerry Lee Lewis e, às vezes, Elvis estavam todos mostrando que o rock também poderia ser country, gospel ou alguma música americana interessante da era pré-Haley, que não era meramente a "batida selvagem" de uma dimensão, tão zombada pelos críticos. Essa mensagem foi recebida em alto e bom som – especialmente em Liverpool, que já era, historicamente, um caldeirão cultural de música –, e deixou claro, de forma direta, o gosto e a direção de John Lennon, Paul McCartney, e até George Harrison, Richy Starkey e milhares de outros garotos adolescentes que estavam ligados naqueles ótimos sons americanos. Música boa era música boa; para eles, era tudo *rock*: origem, cor da pele, ritmo e andamento eram fatores irrelevantes. Era tão provável que gostassem de "Hound Dog", de Elvis, quanto da canção rockabilly de Carl Perkins, "Glad All Over", um dos singles lançados em dezembro, de um novo filme "musical de jukebox" chamado *Jamboree*, com trechos exibidos no *Six-*

Five Special. E ali, visto na Inglaterra pela primeira vez, estava o selvagem Jerry Lee Lewis – de Ferriday, Louisiana, um lugar perto de Saturno – tocando "Whole Lotta Shakin' Goin' On" seguida da estupendamente potente "Great Balls of Fire". Esta chegaria à primeira posição e impressionaria músicos novos, assim como seu lado B, "Mean Woman Blues". Então, perto do Natal, o selo Coral, da Decca, lançou outro single fabuloso dos Crickets: "Oh Boy!" c/w "Not Fade Away".

Buddy Holly também foi uma enorme influência para George Harrison. "Uma das maiores pessoas, para mim, era Buddy Holly, porque, em primeiro lugar, ele cantava, compunha suas próprias canções e tocava guitarra, e era muito bom. Buddy Holly marcou a primeira vez que ouvi algo ir de Lá para Fá sustenido menor. Fantástico – ele estava abrindo novos mundos. Depois, Lá para Fá. Lá, Ré, Mi, Fá, e Fá sustenido menor. Ele era sensacional. Eu não tinha mais medo de ir de Lá para Fá."[41]

Assim como Buddy, outros guitarristas ocupavam a mente de George. O som da gravadora Sun, de Scotty Moore e Carl Perkins, continuava sendo seu favorito. Do mesmo estúdio de Sam Phillips, em Memphis, no fim de 1957, veio um som de guitarra mais vibrante, a instrumental "Raunchy", que mudaria a vida de George (o nome do artista no selo era Bill Justis, que tocava sax; o guitarrista era Sid Manker, coautor da canção). O single foi lançado na Inglaterra no meio de dezembro e George logo se interessou. Seu método era tocar uma seção de um disco várias vezes, levantando e abaixando a agulha repetidamente, e tentando replicar em seu violão, até que ele achasse as notas e as aprendesse. Então, ele seguia para a próxima seção, e a seguinte, até ter a música completa. Era algo lento e metódico, mas George tinha muito foco e paciência. Paul ficou impressionado por ele ter conseguido dominar uma música tão complicada e até se gabava: "Tenho um amigo que consegue tocar 'Raunchy'". Ele contou isso para John.

George também tinha um profundo interesse em Chet Atkins, guitarrista de Nashville cujos LPs Harrison recebia constantemente (até 1963, ele já tinha 11 em sua coleção). Les Chadwick, seu colega do Liverpool Institute, que frequentemente falava sobre violões e guitarras com George quando eles pegavam o ônibus para a escola, lembra que Harrison sempre comentava, entusiasmado, sobre Atkins, dizendo que ele tinha um tio que trazia os LPs para ele da América do Norte.[42] Novamente mostrando uma quantidade impressionante de dedicação, George estudou Atkins, nota a nota, e descobriu inversões, percebendo como os mesmos acordes podiam ser tocados em posições diferentes. Durante seus encontros com Paul, eles aprenderam uma canção chamada "Bourrée", do LP *Hi-Fi In Focus*, de Chet Atkins, lançado em 1957. Na verdade, era uma composição de Bach originalmente para o alaúde, mas Atkins a tocava com as duas mãos, melodia e baixo, simultaneamente. Paul lembra de "Bourrée" como "uma música ao estilo espanhol – se alguém começava a falar seriamente sobre o violão, ou clássicos, George e eu costumávamos tocar isso".[43] Eles achavam importante ter uma dimensão extra no que estavam tocando; rock'n'roll não era algo de que todo mundo gostava e era útil ter outra coisa para mostrar. A música que John tocava em festas era seu próprio arranjo da música que as pessoas conheciam como "The Harry Lime Theme"* – o tema de Anton Kara, tocado na cítara, para o filme *O terceiro homem*, de 1949. Paul também passou muitas horas sozinho, ensaiando uma canção chamada "Pink Champagne": "Eu a aprendi como uma música instrumental. Se alguém me perguntava se eu conseguia tocar um solo, eu dizia [com uma voz grave, para dar mais importância], 'Bem... você conhece 'Pink Champagne'?'".[44]

Poucas apresentações dos Quarry Men nesse período foram divulgadas, mas, dentre elas, foram realizadas mais três performances para Charlie Mac (duas no Wilson Hall, em Garston, e o retorno ao Conservative Club, em Norris Green) e um baile em um clube social no enorme Stanley Abbatoir, em um distrito perigoso de Liverpool chamado Old Swan. No primeiro dos bailes no Wilson Hall, em 7 de novembro, o grupo foi divulgado no *Echo* como "Quarrymen Rock'N Skiffle Group". Jovens se cruzavam nos ônibus, diversas noites por semana, com seus baixos de caixa de chá e suas baterias escondidos embaixo de escadas pelos condutores, com violões tocados no andar de cima por músicos bem-vestidos, fumando e falando palavrões, todos prestes a entreter outras pessoas durante a noite... e todos esses jovens pagavam a tarifa de criança. Paul precisou usar suas melhores habilidades de persuasão a fim de convencer Jim a deixá-lo sair, especialmente se houvesse aula no dia seguinte. Era o mesmo e

* Essa música também foi gravada por Chet Atkins, em um LP que George tinha em sua coleção, mas, de acordo com Paul, o arranjo que John utilizava era uma criação própria.

velho problema: como Paul queria se vestir como um Ted e pentear seu cabelo com vaselina, Jim presumia que o filho também teria a atitude de um Teddy Boy e se meteria em brigas. Então – como John em seu primeiro dia na faculdade – Paul usava suas calças apertadas por baixo das calças que Jim julgava aceitáveis, as quais tirava quando chegava ao andar de cima do ônibus – uma situação um pouco esquisita, caso as pessoas estivessem observando.[45]

Como sempre, as apresentações dos Quarry Men eram agendadas pelo amigo de John, Nigel Walley, que também estaria nos shows, a não ser que sofresse uma de suas crises de asma. Seu pai, detetive veterano do departamento de polícia de Liverpool, achava que a situação era uma loucura e não economizou palavras para avisar John e Paul. "Meu pai disse a eles: 'Vocês estão desperdiçando seu tempo. Saiam e achem um emprego. Esse negócio de grupo de skiffle não faz sentido algum!'." Nigel gerenciava os Quarry Men por uma parcela igual à de cada um deles, de qualquer renda que recebiam – como a maioria dos eventos não pagava nada, era mais uma função honorária, com gorjetas ocasionais. Charlie Mac pagava – não muito, talvez £ 3 ou £ 5 por noite – e, de acordo com Walley, Paul logo teve um problema com a parcela de Nigel. "Paul disse que, como eu não estava tocando, eu não deveria receber o mesmo que os membros do grupo. John me defendeu, dizendo que, se eu não conseguisse agendar os eventos, nem haveria dinheiro. Quem mais iria atrás dos eventos? Eles não estavam interessados em fazer isso – só queriam tocar. Então eu recebia dinheiro, e Paul não gostava disso, e nunca tivemos o mesmo relacionamento após aquilo."[46]

Dessa vez, John ajudou Walley, mas nem sempre o apoiou: ele frequentemente se afastava e assistia à situação evoluir naturalmente. Walley se lembra de como Paul criticou a habilidade de Colin Hanton na bateria (talvez em "Peggy Sue"?) e fez comentários negativos sobre ele. "Paul sorria na sua frente e falava mal pelas costas", Walley disse. John não fazia nada, talvez achando que Paul estava lhe fazendo um favor. Paul sempre queria que o grupo estivesse em sua melhor forma musical e estava tentando torná-los melhores; John assumiu a posição de líder, e deixou Paul fazer seus comentários. Outra situação foi com o envolvimento reduzido de Pete Shotton. Ele não estava mais no grupo e não via John na escola todo dia, mas os dois continuaram sendo ótimos amigos; no entanto, Paul se tornou mais próximo de John no dia a dia e Pete ficou com ciúme. O relacionamento entre os dois amigos de John com frequência tinha suas farpas, mas, novamente, John deixava as coisas acontecerem. Com o passar dos meses, Lennon-Shotton se tornou Lennon-McCartney.

John continuava a dividir seu tempo entre ficar em casa com sua tia Mimi (além dos inquilinos e dos gatos) e sua outra casa, com sua mãe (além de duas crianças e seu marido de faz de conta, Bobby "Twitchy" Dykins). Na medida do possível, tendo em vista as circunstâncias, sua vida tinha se acalmado e ganhara um padrão consistente. Mimi fornecia a estabilidade que John jurava não precisar, mas precisava; Julia fornecia a diversão e tinha um ódio pelas convenções que era ainda maior que o dele. Ela continuava tendo um interesse genuíno pela música adolescente. Quando ela adotou um gato de rua, chamou-o de Elvis, e continuou o chamando assim mesmo após "ele" dar à luz uma ninhada de gatos no armário da cozinha. John, que sempre amou gatos, praticamente se derreteu.

Foi com Julia em mente que John compôs outra canção nas últimas semanas de 1957. Foi sua terceira tentativa, seguindo "Calypso Rock" e uma segunda canção, da qual ele também não se lembrava. (Alguns anos depois, ele disse: "Eu fiz uma que tinha o verso '*My love is like a bird with a broken wing*' – Meu amor é como um pássaro com uma asa quebrada –, e fiquei orgulhoso disso".) Entre as músicas que Julia gostava de cantar na 1 Blomfield Road estava a composição para bandas de baile e trilha sonora de filme chamada "Scatterbrain", e John ficou fascinado pela forma fluida e rítmica de versos como "*When you smile it's so delightful/ When you talk it's so insane/ Still it's charming chatter, scatterbrain*" (Quando você sorri é delicioso/ Quando você fala é uma loucura/ Ainda assim é conversa charmosa, distraída).

John se sentou com seu violão e começou a tocar acordes e frases musicais no estilo de Buddy Holly, e uma nova canção começou a surgir, com letra e música (não se sabe o que veio antes, provavelmente foram criadas ao mesmo tempo). Ele a chamou de "Hello Little Girl". Apesar de não ter nada a ver com "Scatterbrain", foi inspirada por ela. A gravação mais antiga de "Hello Little Girl" que ainda existe é de 1960, e a influência de Buddy Holly é impressionante. Para alguém fazendo suas primeiras tentativas de compor, é uma canção notavelmente pegajosa, atraente e direta. A letra é escrita em primeira pessoa: ele está apaixonado por uma garota, mas ela nunca parece perceber que ele está lá; ele manda flores para ela, mas ela não se importa; ele ainda espera pelo dia em que ela pensará nele com "*love, love, love*". Dessa vez, ao contrário das tentativas anteriores (que foram esquecidas), John achou uma forma de se lembrar de "Hello Little Girl", repetindo a música, verso a verso, até ficar gravada em sua memória.[47]

Enquanto John Lennon cumprimentava sua garota e esperava encontrar a felicidade, Paul tinha perdido a sua. Ele também compôs uma canção no mesmo período – sua primeira no violão –, que ele chamou de "I Lost My Little Girl". Novamente, a influência de Buddy Holly era óbvia, e Paul a descreveu numa entrevista como "uma música engraçadinha, uma música legal, uma pequena música cafona, baseada em três acordes – Sol, Sol Maior com sétima e Dó".[48] Novamente, não se sabe o que veio antes, a letra ou a música, mas "pequena" é a palavra-chave dela: não havia nada além de suas duas estrofes. A letra era simples e incluía uma rima que sempre fez Paul sentir vergonha (apesar de ele nunca a alterar): "*girl*" (garota) com "*her hair didn't always curl*" (seu cabelo nem sempre se cacheava). Musicalmente, a canção era melhor, especialmente seu contraponto melódico. Ele estava demonstrando sua habilidade natural.[49]

Assim como ocorreu com suas músicas mais antigas no piano, Paul nunca teve vergonha de tocá-la para outras pessoas. "Eu gostava da ideia de poder dizer, 'Eu compus isso'", ele recordou.[50] Ian James estava entre as pessoas a ouvir uma prévia.

> Eu estava em Forthlin Road uma vez quando Paul disse, "Estou compondo esta música", e eu não imaginava o que poderia ser. Quando subimos até seu quarto, ele se sentou na beirada da cama e tocou "I Lost My Little Girl" para mim. Fosse uma música boa ou não, eu fiquei impressionado pelo fato de que ele tinha *composto* algo. Eu nunca tinha pensado em compor uma música – eu só me interessava em tocar o que já tinha sido gravado. Ele não queria apenas tocar Elvis Presley ou Jerry Lee Lewis, ele estava mais interessado em criar algo por conta própria. A faísca estava lá desde o princípio.[51]

Apesar de criarem suas músicas por conta própria, não levaria muito tempo até John e Paul as mostrarem um para o outro. Em 1957, Liverpool estava cheia de garotos adolescentes tocando seus violões, mas pouquíssimos estavam compondo suas próprias canções. Ali, nos subúrbios ao sul da cidade, é possível que John e Paul fossem os únicos, e eles tinham se encontrado.

O próximo passo era comporem juntos.

ANO 1, 1958: PENSANDO EM LIGAR

8
"Aonde vamos, Johnny?" (janeiro a maio de 1958)

O solo atrapalhado de Paul McCartney na primeira vez que ele tocou com o grupo deixou uma vaga no violão solo, que não foi preenchida até os últimos meses de 1957. John Lennon e Eric Griffiths não estavam aptos para a tarefa. Paul disse a John que talvez ele conhecesse alguém – mais novo que ele, mas talentoso – disposto a tocar e com o equipamento apropriado.

A chegada de George Harrison aos Quarry Men aconteceu durante um período que durou até quatro semanas, logo no início de 1958. Há muitas recordações contraditórias quanto à data e ao local específicos em que Paul o convenceu a fazer seu primeiro teste para a aprovação de John. Como tais recordações vêm das próprias pessoas que estavam lá (e, talvez, uma ou duas que não estavam), é impossível determinar a verdadeira sequência dos eventos.

Nove anos depois, em 1967, George relatou que Paul o apresentou a John em um evento dos Quarry Men no Wilson Hall. Paul disse que ele deveria ir junto, mas parece que George costumava ir lá por conta própria, de tempos em tempos, para ver se conseguia tocar com os grupos. Ele se lembra de que os Quarry Men dividiram um evento com o Eddie Clayton Skiffle Group, o que significa que Lennon, McCartney, Harrison e Starkey estavam no mesmo hall, na mesma noite, tocando para uma plateia cheia de Teds durões, que eles sabiam que tentariam "matá-los" assim que saíssem do palco.[1] John, que gostou do grupo de Dingle, aparentemente disse que, se George conseguisse tocar violão tão bem quanto Clayton, ele poderia se considerar *dentro*. Convencido por Paul, George tocou "Raunchy", a música instrumental lançada em 1957 que subiu pelas paradas no começo de fevereiro de 1958. É provável que sua habilidade manual não fosse tão notável quanto a de Clayton, mas ele era competente o suficiente para impressionar.

Outro encontro – John, Paul e George falaram sobre a ocasião – aconteceu numa noite, no andar de cima de um ônibus da Corporation que estava, com exceção deles, vazio. Estavam todos voltando de algum lugar, provavelmente indo para o ponto onde se separariam e seguiriam em direções diferentes, quando Paul pediu a George (que, naturalmente, estava com seu violão) para aproveitar o momento e demonstrar "Raunchy" para John. Como Paul recorda: "Eu disse, 'Vai lá, George, mostra para ele!'. E o Pequeno George – ele sempre foi pequeno – pegou o violão de sua case e, minha nossa, ele tocou. E ficamos de queixo caído. 'Ele está dentro, você está dentro, é isso!' Fim do teste".[2]

Por mais que Paul o encorajasse, a decisão de aceitar George no grupo não era dele, e não era óbvia. John estava vários meses além dos 17 anos, e George estava a poucos dias dos 15 anos – um abismo. Já era um grande negócio John ter se tornado amigo de Paul, 20 meses mais novo que ele, mas acrescentar o amigo *dele*, ainda oito meses mais novo, era algo diferente a se considerar. Paul tinha uma altura próxima à de John, mas George era muito menor, ainda era um garoto, de fato. Mesmo assim, apesar de o julgamento não ter sido tão instantâneo quanto Paul sugere, John nunca passava muito tempo pensando sobre as coisas. Quando a decisão veio, foi positiva, e George Harrison se tornou o quarto violonista dos Quarry Men, o único designado como "solo".

Foi muito bom para a situação de George o fato de ele poder se juntar a Paul na missão de finalmente erradicar o aprendizado de banjo de John, e compartilhar com ele a mercadoria mais procurada naquele momento: novos acordes. Isso fez uma grande diferença para a forma como John tocava – "Eu só queria tocar ritmos simples. Aí Paul e George vieram, e me ensinaram outras coisas", ele recordou. E, como George disse, ele não precisou implorar para se juntar aos Quarry Men: "Eu fui convidado por John para me juntar ao grupo – eu não o forcei. Ele foi muito amigável comigo. John e eu tivemos um bom relacionamento desde o princípio".[3]

Em entrevistas, John geralmente focava em outro aspecto do relacionamento, deixando claro que a diferença de idade o incomodava, e que, por algum tempo, ele teve dificuldade para superar isso.

> Ele era um garoto que tocava violão e era amigo do Paul... Eu não gostei dele logo de cara. George parecia ser ainda mais novo que Paul, e Paul parecia ter uns

> 10 anos, com sua cara de bebê. Ele veio até minha casa uma vez e perguntou se eu queria ir ao cinema com ele, mas eu fingi estar ocupado... Eu não podia me dar ao trabalho de passar tempo com George, ele me seguia como uma criança, ficando perto de mim, o tempo todo. Levei anos para começar a gostar dele, para o considerar como um igual.[4]

Apesar dessa exposição franca e pouco elogiosa de seus sentimentos, John queria que George tocasse no grupo e via outros atributos além de sua habilidade no violão. George era *legal*. Ele se vestia como um indivíduo e, frequentemente, de forma a chocar e causar reações – na maioria dos casos, a admiração dos seus colegas e o desgosto dos adultos. Ele podia ser quieto, às vezes até rabugento, mas sempre era honesto e nunca se intimidava ou tinha medo – se defendia tanto verbal quanto fisicamente. "Ele era convencido", Paul disse, como um elogio. "Ele tinha uma ótima noção de quem era. Não se intimidava com nada."[5] Quando (não "se") John mandava mísseis verbais na direção dele, George revidava com seus próprios, e John podia observar e admirar o fato de que aquele garoto, apesar de ser tão jovem e pequeno, não aceitava desaforo algum.

A primeira impressão que George teve de John, de acordo com um questionário manuscrito que ele preencheu, cinco anos depois, foi: "Ele também não corta o cabelo". John estava correto em ver idolatria na atitude de George porque, como Harrison disse, ele estava feliz de ser percebido. "Eu fiquei muito impressionado com John. Provavelmente mais que Paul, ou, pelo menos, eu demonstrava mais. Eu amava o jeans azul de John, sua camisa lilás e suas costeletas. Ele era muito sarcástico, sempre tentando tirar sarro dos outros, mas eu não percebia, ou devolvia na mesma moeda, e funcionava."[6]

Com Lennon atuando como líder, o humor no grupo era essencial; ser capaz de cantar e tocar era uma habilidade essencial, mas aqueles que não fossem capazes de rir e gritar ("*a laff and a shout*") uns com os outros – como o chato Eric Griffiths – poderiam ser ridicularizados sem piedade.* As personalidades

---

* Derek Taylor, um antigo morador de Merseyside que havia se mudado para Los Angeles, disse, em seu programa na rádio KRLA, em 1967: "'*Laff*' (risada) é uma ótima palavra de Liverpool. 'Ele deu uma risada e jantou...' É uma mercadoria de grande valor, uma risada, especialmente em Liverpool, onde há poucas coisas que merecem uma risada, a não ser que você opte por dar risada de toda a tristeza e

precisavam se encaixar. No caso de George, o processo foi instantâneo. Apesar de frequentemente utilizar a ironia, ele tinha um tom encantador – seco, porém engraçado – e tinha ideias originais. Era um humor ao estilo Liverpool, como o do restante do grupo e de muitos de seus conterrâneos. George conseguia ser divertido e, às vezes, arrasador. Ele contava suas piadas com uma qualidade incomum – uma lentidão afiada – e seu timing era quase tão bom quanto o de John, cujo timing para a comédia era simplesmente sensacional a ponto de poder competir com qualquer grande comediante. George tinha um sotaque distinto, muito mais que John e Paul, não era totalmente *scouse*, mas uma mistura de Wavertree com um toque de Speke; a combinação final, com sua forma de falar, era vitoriosa.

O senso de humor compartilhado de John e Paul já era forte, e rir da crueldade ocupava uma boa parte disso. Como Paul diz: "Era o tipo de coisa que nos separava de outras pessoas. Significava que nós tínhamos nosso próprio mundo. Um mundo de humor negro e nervosismo com as aflições de outras pessoas".[7] Apesar de o momento exato nunca ser conhecido, não demorou até que George participasse daquele humor rápido, rindo de qualquer coisa que fosse divertida e maldosa, muitas vezes sem outras pessoas saberem. A porta de seu círculo interno de piadas se abriu para aceitar um novo membro, e logo se fechou novamente.

A entrada de George também deu uma nova complexidade aos relacionamentos. A corrente – John trouxe Paul, Paul trouxe George – nunca deixaria de ser importante, nem seria esquecida nos anos seguintes. Por um lado, Paul tinha reconhecido que o jovem George era legal o suficiente, e valia a pena o risco de apresentá-lo a John. Por outro, enquanto John foi automaticamente adorado por ambos – "Era reverência por um herói adolescente", Paul afirmou[8] –, Paul continuava a lembrar George da diferença de idade entre ambos, o *status* de "nove meses mais jovem". George não tinha ninguém mais novo para fazer o mesmo comentário, nem se incomodava de ficar ombro a ombro com John e Paul na linha de frente, mas ele esperava – e, quando necessário, exigia – ser considerado um

---

pobreza. Nas noites de sábado, antigamente, a melhor noite seria descrita como '*a laff and a shout*' (uma risada e um grito) – isso significava se sentar no pub, rir e gritar, depois dançar, rir um pouco mais, cair, machucar o joelho, e, se você acordasse no dia seguinte lembrando apenas uma fração do que aconteceu, você sabia que tinha sido uma boa noite".

igual... e foi. Nesse grupo, cada um tinha uma forma diferente de conseguir o que queria: John era o chefe e gritava mais alto (como outras pessoas já comentaram sobre ele, diversas vezes); Paul era charmoso, ou calculista; e George passava quase despercebido, mas conseguia o que queria mesmo assim.

Agora, George estava nos Quarry Men, e Arthur Kelly também entrou para o círculo deles. Ele veio a conhecer Paul muito bem nos meses que se seguiram, mas não conheceu John até o dia em que ele e George estavam na Vaughan's, comprando batatas *scallops*.

> George e eu estávamos na lojinha uma noite, quando um Ted entrou, com seu cabelo seboso na lateral, um paletó esportivo de cor clara, camisa preta, jeans, um cinto grande do exército e o que ele chamava de "botas *chukka*", como botas para usar no deserto. A aparência dele era tão durona que eu admito que dei um passo para trás. E George apenas disse: "Ah, esse é o John". Mas ele era simpático. Ele só tinha a *aparência* de durão: aquele nariz e aquele olhar. Todos os outros estudantes de arte tinham barbas e usavam sandálias, tipicamente boêmios, mas John era *muito* diferente.[9]

Apesar de Kelly também tocar violão, ninguém sugeriu que ele fosse convidado para o grupo. E ele não tinha problema com isso, pois não sentia a necessidade de participar, mas começou a sair com eles e a entrar de graça nos eventos, porque ele estava "com o grupo", talvez carregando um violão. Desde o princípio, Arthur percebeu como o senso de humor de George combinava bem com os de John e Paul.

> Uma vez, estavam tocando em um hall em Garston, uma daquelas noites que você tinha que correr pra caralho no fim, com os instrumentos, porque uma gangue de Teds tinha se incomodado com algo – provavelmente a forma como as garotas olhavam para John e Paul. Paul estava com uma namorada naquela noite, que tinha peitos enormes. Naquela época, costumávamos bater na ponta do cigarro antes de fumar, e George bateu o dele nos peitos da garota. Ela não pareceu se incomodar, e todos caímos na gargalhada. *Pá-pá-pá* naqueles enormes e lindos peitos que apontavam para a frente.[10]

*

A formação dos Quarry Men continuava fluida, como sempre. Colin Hanton entrava e saía, tocava em alguns eventos, mas em outros não, o que significava que, às vezes, não tinham um baterista; quase na mesma época em que George se uniu a eles, também tinham um pianista. Era John Lowe, dois meses mais velho que Paul, na mesma turma de Removes do Institute. Depois de sugerir a ideia para John, Paul se aproximou de Lowe no playground da escola: "Você quer entrar para o nosso grupo?". Seu nome completo era John Charles Duff Lowe e, inevitavelmente, todos o chamavam de Duff. Como pianista, estava longe de fazer jus ao seu nome,* como Paul recorda: "Duff entrou para o grupo por conta do arpejo no começo de 'Mean Woman Blues'. Ele conseguia tocar aquilo muito bem. Nenhum outro pianista que conhecíamos conseguia tocar aquele arpejo, você precisava de aulas para fazer aquilo. Nós conseguíamos tocar um acorde, mas não conseguíamos continuar subindo com ele".[11]

Já era a primavera de 1958, e o som deles estava mudando: o skiffle tinha saído e Buddy tinha entrado, com Little Richard, Jerry Lee, Carl e Elvis. Apesar de Len Garry continuar na cena por mais algum tempo, como amigo de John e colega de Paul, ocasionalmente tocando algo, havia pouca necessidade para seu baixo de caixa de chá. Duff apenas tocava se eles soubessem que o local onde iriam se apresentar tinha um piano no palco. Ele também tinha um pai rigoroso que estipulava um horário para seu retorno, o qual ele não podia ultrapassar. Mesmo quando ele tocava, muitas vezes precisava ir embora antes do fim da apresentação. Os outros se viravam, imaginando por que não estavam mais ouvindo o piano na canção que tocavam, e o banquinho estava vazio. Lowe deixava sua saída para o último momento possível, e corria rua acima para pegar o ônibus que atravessava a cidade, de volta para West Derby.

Paul garantiu que a adição de um violonista solo e um pianista levassem a um período de ensaios adequados, como eles já não tinham havia algum tempo. O local óbvio para isso seria a casa dele, porque Duff poderia usar o piano de Jim Mac. Os garotos iam para Allerton, no domingo à tarde, saindo de Speke, Woolton e

* Em inglês, a palavra *duff* tem um sentido negativo e é utilizada para se referir a algo de baixa qualidade. [N.T.]

West Derby, como se fossem magnetizados, e a mesma coisa acontecia em outras casas, por toda a cidade. Jim tinha que aceitar essas visitas à sua casa, que incluíam John. Paul o convenceu a tolerar a situação, mas é possível que Jim ainda não soubesse que Lennon também aparecia por ali durante a semana, e que Paul cabulava aulas para suas sessões de composições produtivas, criando aquelas Composições Originais Lennon-McCartney. Colin Hanton não costumava participar desses ensaios aos domingos, porque Jim se preocupava que o som da bateria fosse ecoar pela casa. Mesmo sem ele, Duff se lembra de Jim "indo até ao piano e erguendo os braços caso o barulho ficasse alto demais".[12]

Com seu interesse e conhecimento musical profundo, Jim achava irresistível se envolver. Ele achava que não havia melodia suficiente no rock'n'roll e sugeriu – várias vezes, provavelmente – ao grupo que acrescentasse "I'll Build a Stairway to Paradise" ao seu repertório, algo que George sempre se lembrou, achando graça. Jim gostava de George. Apesar de não haver motivo aparente para ele favorecer George em vez de John, já que ambos se vestiam como Teddy Boys, a história fez o seu papel: Paul e George já eram amigos havia algum tempo, e uma harmonia tinha sido estabelecida entre o jovem e o adulto – George o chamava de "Tio Jim", e o homem gostava da impudência do jovem. George não influenciaria Paul da mesma forma que John, e esse foi o principal motivo para Jim continuar se opondo ao rapaz mais velho. De fato, ia além disso, como John descobriu algum tempo depois. "O pai de Paul sempre tentava me tirar do grupo, pelas minhas costas, como eu descobri depois. Ele dizia a George, 'Por que vocês não se livram do John? Ele causa muita encrenca' [e também] 'Corte seu cabelo do jeito certo e use calças mais largas', como se eu fosse a influência ruim, só por ser o mais velho, e geralmente fazer as coisas primeiro."[13]

Jim provavelmente se irritou quando Ian Harris pediu ao seu primo Paul para reunir alguns amigos e tocar em sua festa de casamento – isso significava que Lennon estaria em uma celebração da família McCartney. Ian se casou em uma igreja católica em Huyton, no sábado, 8 de março de 1958, e a festa aconteceu na residência de seus pais, uma propriedade isolada na 147 Dinas Lane – a maior casa da família McCartney. Ian tinha 19 anos e sua noiva, Jackie, 16, então era apropriado que "música adolescente" fizesse parte do entretenimento, e foi bom que um primo e seus amigos puderam oferecê-la. Eles tocaram na sala de jantar, nos fundos da casa ("a sala dos fundos"), e esta talvez tenha sido a primeira aparição "pública" de George com o grupo. Mike McCartney, com apenas 14 anos, tirou uma foto em cores, inestimável, enquanto tocavam – a mais antiga (por quatro anos) foto em cores de John, Paul e George.

Graças à dedicação de Mike, diversos detalhes são visíveis. O mais notável é a idade de George. Ele não parece ser um rapaz, mas um *menino*. Ainda assim, apenas 11 dias após seu aniversário de 15 anos, ele demonstrava a qualidade que o trouxe à companhia dos mais velhos – que já era um triunfo por si só. Seu cabelo espesso tinha sido penteado para cima, e fixado com vigor. Vaselina, ou água com açúcar, permitiam-lhe desafiar a gravidade; ele também tinha orelhas de abano (que o deixavam inseguro), unhas sujas e acne no meio do queixo.

O Hofner President de George é claramente um instrumento de alta qualidade, e o Zenith de Paul tem uma boa aparência, mas o violão de John tem um visual péssimo (além de parecer barato). Tocando na frente de sua amada família, as sobrancelhas de Paul estão erguidas, enquanto usa sua voz. Novamente, há uniformidade na maneira como se vestem – outro sinal das ideias espertas de Paul sobre a apresentação do grupo, e de como George tinha se adaptado rapidamente. Todos os três estão com paletós esportivos de um tom azul-claro e gravatas pretas; John e Paul vestem camisas azuis idênticas, enquanto George (que certamente não estava de azul) veste uma branca, ou rosa. John está de pé, no canto, o mais distante da lente de Mike, seu cabelo está penteado para cima e, sem os óculos, apresenta aquele olhar familiar aos seus conhecidos: o jovem que mal enxerga. Suas bochechas estão coradas, vermelhas – de acordo com Paul, era porque ele estava "bêbado".[14]

Nesse caso, provavelmente era uma prova de fogo para Paul. Era quase certo que sua família já tinha ouvido falar sobre o novo amigo, o encrenqueiro, e o observava com atenção especial. Ao mesmo tempo, como as pessoas no mundo de John estavam começando a descobrir, com certo desconforto, John Lennon podia ser um bêbado terrível, despejando um humor que exibia seus aspectos mais ásperos e até se tornando verbalmente abusivo e fisicamente agressivo, um verdadeiro e odioso incômodo. Isso era um tremendo risco para Paul; talvez ele precisasse acalmar John para manter as aparências na frente de seus tios, suas tias e seus primos, além da família da noiva. Não que John fosse o único "alterado" por lá – era uma festa em Liverpool, afinal de contas, ocasiões famosas por serem fervorosas e cheias de encrenca.

Apesar de a foto parecer mostrar apenas três músicos – John, Paul e George –, quando a imagem completa é vista, fica claro que Mike também capturou a mão de um violão, próximo ao cotovelo direito de George – um quarto músico. Talvez fosse o outro violonista dos Quarry Men, Eric Griffiths. É improvável que Duff ou Colin estivessem presentes, e ninguém sabe dizer ao certo por quanto tempo tocaram. É certo que Buddy e Elvis foram bem representados.

A foto também revela outro detalhe: Paul comprou um captador para seu Zenith. Apesar de não haver um cabo conectado (o que significa que ele não utilizou amplificação nessa apresentação), ele comprou o captador quando obteve seu primeiro amplificador, um pequeno Elpico AC-55, na cor verde, que ele lembra de ter adquirido na Curry's, uma loja de eletrônicos. Feito de baquelite, com capacidade para emitir 10 watts, ele tinha uma alça para ser carregado, e era, como Paul descreveu, "parecido com uma pequena mala verde".[15] Pela primeira vez, um dos Quarry Men se tornou elétrico.

Caso seja Eric na extremidade da foto em cores tirada por Mike McCartney, era um presságio, porque ele estava prestes a ser completamente removido do grupo. George entrou para os Quarry Men e logo imaginou: o que aquelas pessoas todas estavam fazendo lá? "Era uma confusão: eles não tinham um baterista de verdade, mas tinham cerca de 18 violonistas, e pessoas que tocavam por uma noite e depois sumiam... e não pareciam estar fazendo nada. Então, eu disse: 'Vamos nos livrar deles'... Eu conspirei para nos livrarmos do Griff."[16]

Isso diz muito sobre o estilo de liderança de John – uma espécie de manobra benigna –, que permitiu a Paul sugerir a adição de George e Duff, e depois possibilitou ao mais jovem ("uma maldita criança") colocar o machado sobre o pescoço de um membro que ajudara a formar o grupo, um antigo amigo de John da escola Quarry Bank.

Sem contar a Eric que aquela era sua única chance de continuar no grupo, John e Paul primeiro pediram a ele que comprasse o instrumento mais novo e desejado da cena, um baixo elétrico. Poucos grupos tinham um, então o valor dos Quarry Men subiria consideravelmente se Eric concordasse. Isso significaria comprar tanto o baixo quanto o amplificador. Quase todo mundo em Liverpool (e em outras partes) comprava bens a longo prazo: uma quantidade de dinheiro era paga como "entrada" e o restante era parcelado para ser pago ao longo de um período de tempo – o famoso "*never-never*", ou então "*on the knocker*" ou "*on the drip*". Mesmo com esse sistema, o baixo e o amplificador representavam um gasto de verdade, e Eric, que não tinha o dinheiro, não estava disposto a incomodar sua mãe com a dívida. Ele não sabia, mas estava assinando seu atestado de óbito no grupo.

Quando chegou o momento, nem John (o dono do grupo), nem Paul (cúmplice da decisão), nem George (que iniciou o processo) quiseram contar a Eric que ele estava demitido. Isso, eles decidiram, era o trabalho do empresário. Nigel Walley relatou:

> Eu fui chamado para uma reunião na casa de John. Era John, Paul e eu, e eles disseram que eu precisava me livrar do Eric. Disseram: "Você é o empresário, então tem que contar para ele. É para isso que você é pago, é por isso que você recebe uma parcela igual".
>
> OK, Eric não se encaixava na situação. Ele não tinha carisma algum. Não havia como fazer ele sorrir. Ele não conseguia evitar isso, era apenas o jeito dele. Eric tocava, mas nunca sorria, enquanto os outros tinham vigor e energia.
>
> Eu fui até a casa de Eric, ou a um café em Woolton, não me lembro qual, e dei a notícia a ele. Ele ficou muito chateado – disse que era parte do grupo, então, por que se livrariam dele? Foi um dia triste para ele e para mim: Eric achou que eu tinha instigado a demissão e nunca me perdoou. Eles apenas me enviaram como mensageiro, foi só isso. John e Paul nunca entraram em contato com ele diretamente.[17]

Os Quarry Men passaram a ser John, Paul, George, Duff (quando o local do evento tinha um piano) e Colin (se contassem a ele o que estavam fazendo). Nenhum dos três violonistas estava impressionado com a habilidade de Colin na bateria, e ele também sairia se um substituto aparecesse, mas nenhum estava disponível. No entanto, ele já estava numa situação de risco: Paul e George (e Duff) estudavam no Institute juntos, e John ficava no prédio ao lado, estudando arte, então Colin não participava de muitas coisas com eles. E a demissão de Eric o irritou: os dois eram amigos, ele havia se juntado ao grupo graças a Eric.

Para Nigel, ter que demitir alguém estava longe das funções que ele queria desempenhar ao trabalhar com o grupo. Tinha sido uma tarefa difícil, tornada ainda pior pela atitude de John e Paul – especialmente Paul, ele disse. Nigel ficou chateado. Enquanto seu "gerenciamento" dos Quarry Men continuava, ele se sentia cada vez menos entusiasmado pelo trabalho, e seu envolvimento com o grupo começou a diminuir.

Para Paul e George, as refeições passaram a ser um dos momentos mais interessantes da vida escolar. O Institute e a faculdade de artes eram separados por nada mais que duas portas, lado a lado, apenas um pátio entulhado com cavaletes e carteiras quebradas ficava entre eles. Ao passar pela segunda porta, eles já estavam no porão do prédio, que dava direto para a cantina, o centro dos estudantes de arte. Era como entrar em outro mundo. Um dia, John estava lá, devorando sua comida, quando Paul e George surgiram e foram imediatamente expostos como o que eram de fato: estudantes do Ensino Médio, vestindo blazers, evidentemente (e vergonhosamente) muito mais jovens que qualquer outra pessoa no ambiente. Jon Hague, amigo de John, lembra da primeira vez que isso ocorreu:

> Quando você está na faculdade de artes, e não é mais uma criança, é incomum convidar estudantes de Ensino Médio, vestindo blazers, para aparecer por lá. Foi por isso que John pediu nossa permissão, formalmente, porque ele deve ter sentido que não queríamos garotos da escola entrando lá. Deve ter sido difícil para ele fazer esse pedido, mas John o fez, porque queria eles lá. John era uma pessoa extremamente generosa – ele te daria qualquer coisa, e faria qualquer coisa por você. Ele convidaria qualquer pessoa para seu mundo.[18]

Até então, Paul e George só conheciam a estrutura restrita da escola de gramática e eles se deleitaram com a atmosfera relaxada na cantina da faculdade de artes. Lá, em vez do que George chamava, satiricamente, de "repolho da escola e gafanhotos cozidos", eles podiam comer espaguete na torrada por 7 *pence*, feijões na torrada por 8 *pence*, ou ovo na torrada por 9 *pence*, ou se sentar no pequeno palco e comer batatas *scallops* compradas na Vaughan's. Como George disse, "Havia garotas e pessoas do meio artístico, e podíamos entrar lá e fumar sem sermos incomodados por ninguém. John era amigável conosco – mas, ao mesmo tempo, dava para ver que ele sempre estava um pouco nervoso, porque eu parecia ser muito jovem, e Paul também".[19]

Nigel Walley conseguiu colocar os Quarry Men de volta no Cavern durante esse período (sem divulgação, em data desconhecida), um evento que foi conseguido pelo cordão umbilical do skiffle, cada vez mais fino, assim como a ilusão de que eles conseguiam tocar blues. Paul recordou: "Anunciamos canções como 'Long Tall Sally' afirmando que tinham sido compostas por Blind Lemon Jefferson, e 'Blue Suede Shoes' como 'a famosa criação do lendário cantor de blues Lead Belly'". George lembrou: "Os proprietários mandaram pequenos bilhetes para o palco, reclamando. Nós dissemos, 'Aqui vai outra do Big Bill Broonzy, chamada 'Rip It Up'', e nos tiraram de lá". John disse que eles foram "banidos do Cavern por um ano depois daquilo", sem poder voltar até a primavera de 1959, mas acabou sendo mais que isso: foi a última vez que os Quarry Men tocaram lá.[20]

George tinha começado a sair com sua primeira namorada, logo antes de ser convidado para entrar no grupo. Arthur Kelly saiu uma noite com uma garota chamada Ann Harvey; depois, quando ele perguntou se podia vê-la novamente, ela disse: "Só se você trouxer um amigo para minha amiga". Foi assim que George (com quase 15 anos) conheceu Iris Caldwell (quase 14 anos) na pista de gelo Palace Ice Rink, em Pescot Road, Kensington. Os quatro se entrosaram, e as garotas começaram a chamar Arthur e George de "Azzer e Nazzer", embora Iris não consiga mais se lembrar do motivo disso – só que os dois também tinham um ótimo senso de humor. Após alguns encontros, apenas passando tempo nos lugares, George foi até a casa de Iris e conheceu os pais da garota; ali, começou um relacionamento importante, que duraria muito mais que seu doce, porém curto, cortejo com Iris.

O irmão da garota, Alan, mais conhecido como Al, era o líder do Texan Skiffle Group, também conhecidos como os Texans, ou "Al Caldwell's Texans", e anteriormente chamados de Ravin' Texans; qualquer que fosse o nome, eram reconhecidos como um dos melhores grupos de Liverpool e frequentemente tocavam no Cavern. Nascido em janeiro de 1938, Al desenvolveu uma gagueira crônica aos 6 anos de idade, quando Iris nasceu, e mal conseguia completar uma frase. A ciência médica dos anos 1950 foi testada até seu limite na busca por uma cura – ele até passou por tratamentos com injeções e hipnotismo. A gagueira sumia completamente, de forma milagrosa, quando ele cantava, sobretudo quando imitava um sotaque estadunidense. Então ele cantava com sotaque. Ele amava skiffle e rock.

Como era um jovem atraente com belos cabelos loiros (como Iris), não lhe faltavam admiradoras femininas – mas essa quantidade diminuía quando ele falava. Al também era um ótimo atleta, competindo em eventos de atletismo de alto nível. George gostou de Al imediatamente, e ele ficou especialmente encantado pelos pais de Al e Iris, chamados Ernie e Vi, cuja casa, na 54 Broad Green Road, estava sempre aberta para os amigos de seus filhos, a qualquer hora do dia ou da noite.*

Logo antes de Paul o colocar nos Quarry Men, George tinha tentado entrar nos Texans. "George estava sempre tocando o violão", diz Iris, "especialmente a antiga canção 'Wedding Bells Are Breaking Up That Old Gang Of Mine'. O principal motivo para ele sair comigo era que ele queria entrar num grupo. George costumava vir até minha casa e tocar essa música para meu irmão, e meu irmão costumava dizer: 'Volte daqui a alguns anos, filho'."[21]

Vi Caldwell é lembrada por Arthur Kelly como "uma figura ao estilo Ethel Merman, e muito boa em encorajar os outros". Com sua essência insaciável, um ótimo senso de humor, amor pelas pessoas, generosidade e uma natureza apoiadora, Vi era uma verdadeira figura de Liverpool, capaz de conversar infinitamente, rir, fazer piadas, fumar, cozinhar e preparar chá. George a amava como uma segunda mãe, assim como a maioria das pessoas que a conheceram. Como Iris diz: "Tenho certeza de que metade dos namorados que eu tive e metade das namoradas que meu irmão teve eram por conta de gostarem tanto da minha mãe. Ela tinha uma personalidade brilhante. As pessoas amavam vir à nossa casa e fazer parte dela".

Durante essas visitas à casa da família Caldwell, George ouviu muita conversa entusiasmada (porém gaga) sobre um clube musical que Al e Johnny Byrne (seu parceiro de grupo, que morava na mesma quadra) estavam planejando abrir, no porão de uma casa grande, a cerca de 200 metros dali. Era uma residência de enfermeiras, uma propriedade vitoriana isolada, e a mulher encarregada de cuidar do lugar disse que eles poderiam usar o porão como uma casa de shows para adolescentes. Eles decidiram chamá-la de Morgue Skiffle Cellar (Porão-Necrotério do Skiffle), aberto duas noites por semana, às terças e quintas-feiras.** O clube era

* Alan e Iris nasceram lá. Assim como a área geral onde a casa se situa, Broadgreen também pode ser escrita assim, como uma única palavra.

** A casa era chamada Balgownie e se situava na 25 Oakhill Park, a seis portas de onde Johnny morava, ilícito – os garotos nunca se deram ao trabalho de conseguir as licenças. Quando o primeiro evento, em 13 de março de 1958, foi divulgado no *Evening Express*, eles não deram o endereço, tornando o anúncio praticamente inútil. As atrações só foram detalhadas em panfletos, datilografados em papéis coloridos e assinados individualmente por "Al Caldwell (gerente)". O Morgue não ficava na parte da cidade frequentada pelos Quarry Men, mas John e Paul ouviram falar dele, por meio de George, e tocaram lá na noite em que ele abriu, assim como Al Caldwell's Texans, se apresentando num pequeno palco improvisado.[22]

Com exceção de três eventos, os detalhes de quem e quando tocou no Morgue não foram preservados, mas é possível que os Quarry Men tenham se apresentado lá em várias ocasiões, pelo menos uma vez como um trio de violonistas e outra com Colin na bateria (Duff nunca foi, porque não havia piano lá). John, Paul e George também foram lá outras vezes como clientes, porque o lugar estava cheio de enfermeiras. No entanto, foi fechado até o fim de abril. O vizinho ao lado, sr. Brown, reclamou de adolescentes "brincando" em seu jardim, e também houve reclamações sobre lixo e barulho até tarde da noite naquele distrito residencial. John, Paul e George não viram os Caldwell com tanta frequência após aquilo, mas um laço tinha sido criado entre eles, e seria retomado anos depois.

Na noite de 20 de março, eles foram até o Morgue Skiffle Cellar e assistiram aos Texans, aos Bluegenes e ao Sioux City Skiffle Group ao vivo. Não se sabe por que eles estavam lá, em vez de estar na cidade, no Philharmonic Hall, onde Buddy Holly and the Crickets se apresentavam naquela noite – aqueles fãs devotos deixaram de ir. E não era só por conta das atrações do Morgue: os ingressos para o show de Holly já estavam à venda havia um mês, antes de o clube sequer ser conhecido. O problema também não era dinheiro: o preço dos ingressos era razoável, de 4 a 12 xelins. Ainda mais estranho, eles não foram os únicos ausentes: o *Evening Express* relatou, em seguida, que as plateias de ambas as apresentações, combinadas, não seriam suficientes para encher metade do Empire.

---

e virando a esquina da casa de Alan. O Morgue era a segunda casa de shows desse tipo em Liverpool. Outro clube similar – também no porão de uma grande casa vitoriana – abriu uma semana antes, em Hayman's Green, West Derby, e logo aparecerá nesta história (capítulo 10).

John, Paul e George estavam bem cientes de que Buddy e os Crickets estavam no país, porque estavam todos colados na TV na noite de 2 de março, assistindo à banda no *Sunday Night at the London Palladium*. Como Paul disse: "Era a grande ocasião – observar seus dedos, ver que guitarra ele tinha, ver se ele tocava os acordes certos, como ele tocava aquele solo em 'Peggy Sue', ver se ele usava capotraste ou não, todas as coisas técnicas – era lá que você conseguia as informações".[23]

"Eu só os vi no *London Palladium* [na TV]", John afirmou. "Ele foi ótimo! Foi a primeira vez que eu vi uma guitarra Fender! Sendo tocada! Enquanto o cantor cantava! Também, o 'segredo' da bateria de 'Peggy Sue' foi revelado... ao vivo... Nós tocávamos praticamente tudo o que ele lançou. O que ele fazia com 'três' acordes me transformou em um compositor! Ele foi o primeiro cara que eu vi com um capotraste. Ele transformou usar óculos em uma coisa normal! Eu ERA Buddy Holly!".[24]

Dado tamanho entusiasmo, é surpreendente que eles não tenham ido vê-lo em pessoa, quando era algo tão fácil de se fazer. Às quatro horas daquela tarde, John saiu da faculdade de artes, e Paul e George saíram da escola. Apesar de Buddy Holly – *Buddy Holly!* – estar a apenas algumas centenas de metros, na mesma rua, após ter vindo do Texas, e ensaiando no "Phil" com os Crickets e sua guitarra Fender Stratocaster, sobre a qual tanto babavam, todos decidiram ir para casa. Então, após o jantar, pegaram uma série de ônibus para ir ao Morgue.

Os discos de Buddy Holly and the Crickets, no entanto, não deveriam ser ignorados. Como muitos outros bons discos americanos, eles estavam disponíveis nas lojas de Liverpool, graças a acordos de licenciamento com empresas britânicas (quase todas pelo selo London da Decca)... e que belas compras poderiam ser feitas na primeira metade de 1958, tiradas das gravadoras independentes de sucesso espalhadas pelo grande continente:

- Da gravadora Sun, de Sam Phillips, veio "Breathless", de Jerry Lee Lewis, e a rockabilly "Lend Me Your Comb", de Carl Perkins. Da Josie, em Nova York, veio a animada e contagiante "Do You Want to Dance", de Bobby Freeman. De Chicago, na filial da Chess chamada Checker, veio "The Walk", de Jimmy McCracklin – uma tentativa boba de criar uma dança da moda, mas também um bom disco com uma batida confiante.

- Da Specialty, em Hollywood, vieram dois singles dinâmicos de Larry Williams, "Bony Moronie" e "Dizzy Miss Lizzy" (cujo lado B era o rock de 12 compassos

"Slow Down"), e também as últimas gravações de rock de Little Richard, antes de ele desaparecer na igreja: "Good Golly Miss Molly" e "Ooh! My Soul". John cantava as canções de Williams e Paul logo imitou as de Richard com doce perfeição.

- Dos estúdios em Nova York e no Novo México, vieram três singles inspiracionais de Buddy Holly and the Crickets – "Maybe Baby", "Listen to Me" e "Rave On" –, além de um LP inteiro, *The Chirping Crickets*, pelo qual os fãs salivavam, devido à foto de capa e ao seu conteúdo musical: era a primeira vez que qualquer roqueiro britânico via uma Fender Stratocaster. "A primeira vez que eu vi uma foto de Buddy Holly com aquela Strat foi orgástica", George Harrison recordou.[25] Aquela guitarra instantaneamente ocupou a mente de George, acima de todas as outras, conforme os desenhos em seus livros da escola comprovavam. "Não dava para comprar uma nas lojas, mas ele amava o formato dela", disse Arthur Kelly. "George costumava desenhar Strats o dia todo."

- Da Cadence, em Nova York, veio "Rumble", de Link Wray, uma faixa extraordinária, com guitarra distorcida, e também "All I Have to Do Is Dream", dos Everly Brothers ("Quando a ouvimos pela primeira vez, ficamos impressionados", diz Paul).[26]

- Da Imperial, em Hollywood, veio "Stood Up", um rock bom e pegajoso do jovem cantor e ator estadunidense Ricky Nelson, que Paul comprou em Liverpool.

- Também da Chess, em Chicago, vieram mais dois singles de Chuck Berry, "Sweet Little Sixteen" c/w "Reelin' and Rockin'", e "Johnny B. Goode" c/w "Around and Around". "Johnny B. Goode" não chegou às paradas britânicas (apesar de aparecer nas jukeboxes), mas ambos os singles firmaram a reputação de Berry em um país onde ele sempre tinha sido um herói. O interesse de Paul pela bateria foi despertado pela batida de "Sweet Little Sixteen". George disse: "Todo mundo aprendeu a tocar guitarra daquele jeito, todo mundo queria tocar daquele jeito".[27] John ficou especialmente possessivo com a música de Berry, indo um passo além de cantar suas músicas – ele instruiu George que, apesar de ele ser o guitarrista solo, *ele*, John, tocaria a parte solo nessas canções, OK? Uma das poucas vezes que John chegou perto de praticar um estudo metódico foi quando ele se dedicou a ser Chuck – aquele tipo de estudo não era o estilo dele.

E, caso o som de guitarra estridente não fosse excitante o suficiente, as palavras de Berry eram extraordinárias. Ninguém compunha tão poeticamente sobre o estilo americano – algo que, para ouvidos britânicos, agora soava ainda mais como o paraíso. Para aquela geração na Inglaterra pós-guerra, cinza e austera, a terra prometida chegava em um Technicolor cada vez mais estonteante, por meio de Chuck. Se você fechasse os olhos, já estava no meio do caminho, no *American Bandstand*, em Filadélfia, no coração do Texas, na baía de São Francisco, ou em uma cabana de troncos em Louisiana. John Lennon estava *inspirado*: "Ele estava muito adiante de seu tempo, em termos de letras, apesar de nem sabermos o que ele estava dizendo boa parte do tempo... Ele é o maior poeta do rock'n'roll. Quando eu ouço rock, rock bom, do calibre de Chuck Berry, eu me despedaço e não tenho nenhum outro interesse na vida. O mundo pode acabar se rock'n'roll estiver tocando. É uma doença minha".[28]

E tinha, é claro, Elvis, cujo sucesso só parecia crescer. Todos eles – Starkey, Lennon, McCartney e Harrison – foram assistir a *O prisioneiro do rock* (*Jailhouse Rock*), quando foi exibido no enorme cinema Forum, no centro de Liverpool, no fim de março. O personagem de Elvis no filme era um *bad boy* chamado Vince Everett, e aquela plateia impressionável – admirando os rock stars quando apareciam em um palco e sonhando, no resto do dia, em se tornar rock stars – teve outra oportunidade de ver como funcionava a gravação em um estúdio, praticamente confirmando as informações de *Sabes o que quero*. Quando Everett grava a primeira canção para sua própria gravadora, Laurel Records, o produtor na cabine diz, "Laurel 101, tomada 1!", e aponta o dedo para dizer "vai", todo mundo toca bem, no mesmo ambiente. Após dois minutos, há uma transição para Everett e uma garota glamorosa embalando os discos em caixas para serem transportados.

Elvis já fazia parte da vida de seus fãs havia dois anos e parecia que nada iria diminuir seu embalo. Como Paul disse: "Buddy foi uma coisa especial para todos nós quando tínhamos 15 ou 16 anos, mas também tínhamos Elvis. Todos amávamos Elvis – ele era tão incrível. Estávamos tão apaixonados por ele. Ele era nosso maior ídolo, sempre exagerando, sempre fazendo algo engraçado. Ele era tão bom".[29]

Porém, na semana em que eles assistiam a *O prisioneiro do rock*, Elvis foi alistado no exército dos EUA e tudo mudou. Um processo de castração estava a caminho, começando quando a grande juba de cabelo escuro do astro foi cortada, dando lugar a um penteado mais curto.

*

Enquanto o serviço militar de Elvis indicava que qualquer visita ao Reino Unido seria adiada por mais tempo, outros astros americanos fizeram a travessia do Atlântico, e Richy Starkey teve uma experiência marcante ao ver um. Johnnie Ray, que ainda era popular, esteve em Liverpool por uma noite, no Empire, no domingo, 13 de abril. Como a maioria dos grandes nomes, ele se hospedou no Adelphi, um hotel que, na época, era considerado tão exclusivo que os meros mortais só sonhavam com os luxos que haveria lá dentro e nunca esperariam andar no interior do estabelecimento. Naquele domingo, Richy estava em Liverpool, com Roy Trafford; eles perceberam uma multidão do lado de fora do Adelphi e havia um homem grande na janela de um dos andares superiores jogando cartões publicitários dele mesmo para as pessoas abaixo.* Como sempre foi fã de Johnnie Ray, Richy ficou impactado pela aparência do astro na janela acima, naquele hotel maravilhoso, admirado por seus fãs. Que vida seria aquela. "Eu pensei, 'Nossa, isso é fabuloso'. Foi uma das primeiras vezes que pensei, 'Esse trabalho é para mim'."[30]

Richy constantemente contemplava o estrelato, e aquelas palavras da amiga da família, Annie Maguire, brilhavam ainda mais em sua mente. Quando a probabilidade era mínima, Richy ousou sonhar: "Eu sempre sabia que estaria 'no Palladium' – era o objetivo, quando eu tocava em um clube por 10 *bob* por noite. Eu sabia que, algum dia, eu teria meu nome iluminado, aquele brilho todo. Eu apenas sabia".[31]

Naquele momento, porém, o Eddie Clayton Skiffle Group continuava preso em Liverpool. Sendo dos melhores da cena, admirados por George Harrison e John Lennon,[32] eles tocavam nas melhores casas de show, com eventos periódicos no Cavern e, pelo menos duas vezes em abril de 1958, em bailes de rock e big beat que aconteciam no gigantesco Grafton Ballroom, no meio da semana. Apesar de manterem o rótulo de grupo de skiffle, seu som era contemporâneo: Roy Trafford tinha se livrado do baixo de caixa de chá e comprara um violão Hofner,

* Eram cartões-postais com fotos em preto e branco, de acabamento brilhoso, literalmente chamados de *throwaways* (descartes) na indústria musical. Todo artista os tinha, e eles frequentemente traziam o logo da sua gravadora impresso abaixo da foto, além da ocasional minibiografia no verso. Disponíveis gratuitamente para fãs, esses cartões eram, assim como os livros de autógrafos, os principais itens que os astros assinavam.

para o qual Eddie construiu um captador com fios de cobre. O grupo era, agora, totalmente elétrico. "Eddie era um músico absolutamente brilhante", diz Roy. "Ele conseguia tocar qualquer coisa. Ele era o cantor, e eu costumava fazer harmonias com ele. Richy nunca cantava."[33]

Richy usava sua bateria completa sempre que podia, mas continuava sendo muito perigoso carregá-la pela cidade, e ele continuava definindo o andamento com aquela única caixa. Apesar de estar de pé, no fundo, suas roupas chamavam a atenção: com algumas libras em seu bolso, graças aos eventos, e com seu emprego na H. Hunt & Son, ele tinha ficado exibido. Como Eddie recordou, "Richy brincava de se exibir, especialmente com suas roupas – ele gostava de coletes com lamê dourado e ternos bonitos".[34]

O grupo de Eddie tinha muito mais tempo nos palcos que os Quarry Men, suas apresentações eram frequentemente divulgadas no *Liverpool Echo* e ainda tocavam em vários eventos privados. Harry Birch, outro pintor e decorador da Liverpool Corporation, colega de Harry Graves, mencionou que precisava de música para sua festa de casamento, o padrasto de Richy disse que conhecia o grupo perfeito. A celebração foi no dia 25 de janeiro de 1958, no Fazakerley Public Hall, no norte de Liverpool. Como Birch recorda:

> Pagamos £ 3 a eles e oferecemos dar o que quisessem beber, mas, pelo que me lembro, eles tinham trazido suas próprias bebidas. Eles fizeram um bom trabalho, e o incrível era que eles conseguiam tocar músicas de baile, além do skiffle. As pessoas dançavam com o som deles, dançavam de verdade. Eles fizeram um bom trabalho e todo mundo se divertiu, foi uma noite incrível. No fim, como era o ritual, eles tocaram "God Save the Queen", e todo mundo ficou de pé – todo mundo exceto meus parentes galeses, que cuspiram no chão.[35]

O convite de Louise Harrison para John e Paul, chamando-os para tocarem seus violões em sua casa, deu novas e úteis oportunidades aos três, pois puderam se reunir em um lugar acolhedor. Ela geralmente ficava lá, com eles, mas, às vezes, saía para seu emprego de meio período, e os três matavam aula, de certa forma – dois garotos se ausentavam, extraoficialmente, do Institute, e John saía andando pela porta, como os estudantes da faculdade de artes tinham permissão para fazer.

Foi por volta dessa época que George seguiu os passos de Paul e eletrificou seu violão. George e Arthur Kelly tinham comprado captadores da loja Hessy's e, quando Paul estava por perto – nas ocasiões em que estavam no palco, juntos –, George plugava na segunda entrada do Elpico de McCartney. Em outras ocasiões, sem um amplificador próprio, os garotos tinham que improvisar plugando no aparelho de rádio da família de Arthur.

Como George sabia mais acordes no violão que John ou Paul, toda vez que ele mostrava um novo para eles, os dois tentavam compor uma música com aquilo[36] – e foi nessa época, possivelmente em Upton Green, que Paul compôs "In Spite of All the Danger", uma música melódica, com uma levada de country e dois solos de guitarra estendidos criados por George. Por esse motivo, a música foi um desvio incomum do crédito Lennon-McCartney: foi atribuída a McCartney-Harrison.

A melodia de "In Spite of All the Danger" foi inteiramente composta por Paul, mas ela se inspirava fortemente na melodia de "Trying to Get to You", de Elvis, uma canção que inclui o verso "*[in] spite of all that I've been through*" (apesar de tudo pelo que passei). Usar uma música que já existe como inspiração para compor uma nova é algo comum, mas a era rock'n'roll já estava repleta de exemplos ultrajantes de plágio, aparentemente sem qualquer ação jurídica – possivelmente porque a música que foi copiada já não era tão original, para começar.

Agora, Paul estava totalmente inserido no ritmo de compor canções, e deixava seu ouvido atento para quaisquer palavras ou ditados que ele pudesse incorporar em uma nova música. Ele fazia mais que pensar como um compositor: ele *pensava* que estava pensando como um compositor, consciente do processo, se enxergando num contexto mais amplo. Provavelmente nesse período, ele pegou um bordão, enquanto saía com George para ver um filme, à noite. Um dos comerciais era para a mobília Link ("combine a beleza contemporânea com o glamour eterno") e acabava com o slogan: "*Are you thinking of linking?*" (Você está pensando em ligar?). "Eu saí de lá [pensando], 'Isso deveria ser uma canção... pensar em ligar, as pessoas podem se casar, tenho que fazer isso'. Mas eu nunca fui além de '*thinking of linking can only be done by two*' (pensar em ligar só pode ser feito por dois), algo bem cafona".[37]

Ir ao cinema era algo que todos eles faziam, tão frequentemente quanto podiam, com os trocados que recebiam – desde que Paul conseguisse convencer seu pai a deixá-lo sair quando deveria estar estudando para seus exames de nível básico. Eles iam em duplas, às vezes em trio. Um filme que viram juntos foi *Seduzidos pela maldade*, o drama de delinquência juvenil filmado em Liverpool no verão de 1957 e que estreou em março do ano seguinte. O personagem principal era Johnny, e uma das falas era "*What's it tonight, Johnny?*" (O que tá pegando hoje à noite, Johnny?). Essa pergunta foi apropriada por John, Paul e George e, com o tempo, se modificou: "*Where we going, Johnny?*" (Aonde vamos, Johnny?), falada com um sotaque americano exagerado. Era o bordão deles, que usavam não apenas quando estavam decidindo aonde queriam ir, mas em qualquer momento, qualquer que fosse a circunstância.

Assim como na casa de George, ou na de Paul (quando Jim saía), e, ocasionalmente, em Mendips, John e Paul tinham sessões "olho a olho" na casa de Julia. Como todos os amigos anteriores de John, Paul se apaixonou por ela, vendo-a como uma irmã mais velha, em vez da mãe de um amigo. "Sempre achei que ela era uma moça linda, com longos cabelos ruivos. Eu sabia que John a adorava: primeiro, como sua mãe, mas também porque era uma mulher linda e cheia de personalidade. Ela era cheia de vida." Paul achava fabuloso que ela tocava banjo e a considerava "muito legal, linda e engraçada". Enquanto observava o relacionamento esquisito de John com Twitchy, Paul podia perceber o quanto Lennon amava Julia – John "a idolatrava". Quando eles saíam da casa, "sempre tinha um pouco de tristeza" nele. Um dia, Louise Harrison ouviu, em sua casa, John brevemente dizendo a Paul: "Não sei como você consegue ficar aí e agir normalmente, com sua mãe morta. Se algo assim acontecesse comigo, eu enlouqueceria".[38]

Quanto mais Paul e John tocavam o violão, às vezes com Julia e seu banjo, mais eles percebiam como também compartilhavam um gosto por canções *antigas*, como os clássicos dos anos 1920 que ela ensinou a John alguns anos antes: "Ramona", "Little White Lies", "Girl of My Dreams" e "Don't Blame Me" (composta em 1933). Paul conhecia mais dessas canções que John e compartilhou alguns dos tesouros. Ambos foram inspirados pela forma como algumas delas tinham introduções peculiares, um segmento preliminar que não se repetia durante o resto da canção. Apesar de o rock'n'roll ocupar a primeira, a segunda e a terceira posição na lista de obsessões de Lennon-McCartney, eles também conseguiram acrescentar essa outra dimensão ao seu conhecimento e interesse musical.

*

Nessa época, John já estava no terceiro e último período de seu primeiro ano na Liverpool College of Art. De um certo ponto de vista, ele raramente fazia mais do que o mínimo necessário e se dedicava o mínimo possível. Como seu colega, Bill Harry, afirmou: "A principal habilidade de John era sua espontaneidade. Se ele fazia algo, era só aquilo – ele escrevia algo em cerca de 30 segundos, e era tudo o que ele precisava. Se ele passasse quatro horas fazendo uma coisa, ele não a tornaria melhor, mas pior".[39]

As distrações eram positivamente almejadas e o primeiro relacionamento de John na faculdade de artes aconteceu durante o verão. Mona Harris, um ano mais velha, saiu com John por algumas semanas, enquanto seu namorado de verdade estava cursando universidade em Londres – seu retorno, em julho, marcou o fim do relacionamento com John. Eles se divertiram enquanto durou. "John me levou para conhecer sua mãe", ela disse. "Lembro dela como uma pessoa pequena e cheia de vida, uma figura, tão esperta e rápida quanto John, e eles soltavam faíscas quando falavam. Mas não ficamos lá por muito tempo, porque tinha muita roupa lavada sendo colocada para secar, todas as roupas de suas filhas pequenas, espalhadas pela casa. John disse, 'Não vamos ficar, tem cheiro de calcinha velha aqui'."[40]

Para John, o aspecto mais importante da vida na faculdade era, de longe, a amizade. Ele e Tony Carricker se aproximaram com base no amor que compartilhavam pela música. Como Tony disse: "Os primeiros loucos pelo rock se encontravam como usuários de droga acham uns aos outros". Ele ainda se lembra de sua primeira conversa mais extensa, enquanto desciam a colina até a cidade. "Era como um interrogatório: 'Você tem *isso*?', 'Você ouviu *aquilo*?', 'Ah, então você tem *isso*?' – era como ser examinado. Eu passei."[41] Tony tinha "Bloodshot Eyes", de Wynonie Harris; ele tinha discos de 78 rpm com o selo vermelho da Vogue; ele apresentou John a "Do You Want to Dance", de Bobby Freeman; ele tinha country blues, e amava Chuck Berry. Quando John descobriu que Tony tinha memorizado a letra de "Roll Over Beethoven", ele pediu que a escrevesse para ele. Tony lembra de ouvir John dizendo para alguém: "Ele tem todos os discos!".

Tony era um daqueles entusiastas que ia além de apenas aceitar o que estivesse disponível nas lojas locais – ele buscava sons mais raros. Era um coletor, faminto por expandir seu conhecimento. Ele tinha descoberto que o departamento cultural da embaixada dos Estados Unidos em Londres emprestava discos do Smithsonian Institute e outras raridades, para quem se inscrevesse, sem custo. Pacotes contendo discos de Bessie Smith, Ida Cox, Lead Belly, Big Bill Broonzy, Blind Willie Johnson, Sleepy John Estes e outras criaturas fabulosamente exóticas, marcantes gravações do sul estadunidense e sessões de estúdio raras dos anos 1920 aos anos 1940, enviados pelos correios do Royal Mail, de Grosvenor Square até a pequena casa de Tony, em Widnes, com o selo da devolução já pago.

Apesar de John ter uma dívida com Tony, pelo tanto que ampliou seus horizontes musicais, foi Tony quem mais ganhou com a amizade. "Eu era um seguidor de John, como um acólito, porque ele tinha aquele tipo de personalidade. Ele era uma força natural – tinha medo de menos coisas que as outras pessoas, não tinha medos sociais, não se restringia pelas pequenas coisas bobas da vida e tinha uma tremenda autoconfiança, além de ser divertido. Ele era um amigo muito, muito bom."

Todas as amizades na vida de John eram assim: ele era o líder, respeitado e seguido pelos outros. Porém, talvez pela primeira vez na faculdade, surgiu uma exceção: John encontrou um amigo que *ele* reverenciava. Como era John, sua escolha foi pouco convencional. Jeff Mahomed* era sete anos mais velho que Lennon, um homem alto, encorpado, moreno, com cachos curtos e costeletas. Nasceu e cresceu ao sul de Manchester, e tinha um histórico exótico e cheio de dinheiro: um pai indiano e uma mãe descendente de franceses e indianos, da Cidade do Vaticano. Ele tinha estudado em internato e completara seu serviço militar no National Service da forma mais difícil, como um policial militar das forças da Commonwealth, lutando contra a insurreição na Malásia britânica. Apesar de seu talento artístico ser óbvio, ninguém sabia ao certo por que ele tinha se matriculado na Liverpool College of Art. Com uma bolsa estudantil pequena, ele morava em um porão degradado no Liverpool 8, aparentemente sem outros amigos, acometido de uma ruinosa falta de confiança em si próprio, comendo nos cafés mais baratos, vestindo um antigo casaco de tweed que era um tanto pequeno para ele, com o colarinho virado para cima, se protegendo do frio e da umidade, as mãos

* A certidão de nascimento registra seu nome como Russell Geoffrey Mahomed, mas ele usava o nome do meio como seu primeiro, e sempre o escrevia como Jeffrey, além de ser conhecido por todos como Jeff.

nos bolsos, os pés molhados por causa dos sapatos furados, um homem que pegava bitucas de cigarro da sarjeta.[42]

George e Paul conheceram Jeff. George lembrou do homem que "parecia com um árabe e falava como um alemão, e era bronzeado". Não ficou claro se eles realmente entendiam a complexidade da amizade entre John e Jeff. Ann Mason tem certeza de que John o admirava como uma figura paterna, algo que não é difícil de se imaginar. Em meados de 1958, quando John estava quase completando 18 anos, Jeff tinha 25, mas parecia ter 40; o homem mais jovem estava desesperado para passar por todo tipo de experiência, e parecia que o homem mais velho já tinha passado por tudo. Outra contemporânea, Pat Jourdan, compara a relação deles à de um tio com seu sobrinho, e tem certeza de que John ficou surpreso quando Jeff o aceitou. "Ele achou seu chão graças a Jeff", ela diz.*

Visitas à loja de arte Jackson's levaram aqueles estudantes para um café recentemente aberto na 23 Slater Street, um dos primeiros em Liverpool, e um local evidentemente voltado ao público mais boêmio da cidade. Durante o dia, o Jacaranda era o típico local para comer lanches, em seu piso térreo - chá, café expresso, feijão na torrada, sanduíche de bacon - mas, à noite, seu andar de baixo (que era, antigamente, um porão para armazenar carvão) se tornava um negócio à parte, o Jacaranda Club, exclusivo para membros. Seu dono, Allan Williams, filho de um dos *promoters* de baile mais antigos de Liverpool, tinha feito amizade com Tom Littlewood, gerente do 2i's Coffee Bar em Londres, que tinha explicado a ele como um café poderia ser registrado como um clube privado com uma lista de membros e ficar aberto até depois da meia-noite.

Apesar de não ter licença para vender álcool, o Jacaranda - ou "o Jac", como ficou rapidamente conhecido - sempre estava movimentado, e Williams fornecia entretenimento incomum. Ele tinha feito uma boa amizade com Harold Phillips, nascido em Trinidad, uma das milhares de pessoas do Caribe que navegaram até a Inglaterra após a guerra. Phillips era o líder da Royal Caribbean Steel Band, e Williams

* Jeff Mahomed morreu em 1974, aos 40 anos de idade. Ele nunca foi entrevistado sobre sua amizade com John, e não há fotografias deles juntos. Em 1980, John (ele próprio com 40 anos) mencionou seu antigo amigo durante uma entrevista à BBC; no meio do relato, disse "que Deus o tenha".

ofereceu a eles uma residência no Jac, com o som de seus oito tambores de metal de 180 litros ecoando escada acima e pelas ruas. Como todos os bons tocadores de calipso, Phillips adotou um nome nobre, inspirado por sua marca de cigarro favorita: Lord Woodbine. Sendo de Liverpool, o nome logo foi encurtado para Woody. "O Jacaranda foi uma revolução social", diz Alan Williams, "e era ótimo para qualquer pessoa que trabalhava em horários alternativos, como enfermeiras e pessoas na indústria do entretenimento. Os moradores da vizinhança geralmente passavam longe, porque não havia bebida e a maioria dos frequentadores eram intelectuais, que adoravam conversar, os locais perceberam que não seria a cena para eles".[43]

Era *a cena* para os estudantes de arte da cidade. Não tinha como não ser, porque Allan e sua esposa, Beryl, ainda com vinte e poucos anos, também eram boêmios. A sociedade os tinha levado à margem, por conta da miscigenação de seu casamento: ele era branco, de Liverpool, com ascendência galesa (nascido em Bootle); ela tinha nascido em Liverpool, de ascendência chinesa, e seu pai trabalhava com lavagem de roupas. Apesar de Liverpool ser frequentemente descrita como um caldeirão, Allan e Beryl sofreram com a hostilidade alheia; os pais de ambos os lados eram contra seu casamento, e, de acordo com Allan, quando eles saíam juntos na rua, recebiam cusparadas e tinham que aguentar provocações sobre a origem chinesa dela, como "Olha ele com aquela '*chink*'".

Allan era um encanador qualificado pela organização City & Guilds, e Beryl era professora escolar. Os dois se casaram em 1955 e, logo em seguida, passaram sua juventude viajando pela Europa, se hospedando em albergues. Ao mesmo tempo que Alan Sytner se inspirava em um clube de jazz parisiense para abrir o Cavern, Allan e Beryl estavam na mesma área da Rive Gauche, a região dos estudantes, olhando cafés e clubes e imaginando qual seria sua própria ação. Em Liverpool, Allan se demitiu do emprego de encanador, recebeu seu seguro e abriu o Jacaranda, se lançando para uma vida colorida e cheia de eventos, como um empreendedor. Ele decorou o porão com murais vívidos, criados por dois estudantes de arte, Rod Murray e Stuart Sutcliffe, que receberam seu pagamento em garrafas de gim, torradas com feijão cozido e café. Allan e Beryl logo estabeleceram uma amizade próxima com Sutcliffe, que era um estudante de arte jovem e brilhante.

John Lennon ia ao Jacaranda para gastar o que sobrava do dinheiro que ganhava semanalmente de Mimi. Paul, George e alguns de seus amigos também iam lá, porém com menos frequência. Nos horários de almoço e nos fins de tarde, o lugar ficava movimentado com universitários que falavam, na maior parte do tempo, sobre política. Nas palavras de Pete Seeger, eles estavam nos Frightened Fifties ("a amedrontada década de 1950"), o começo da Guerra Fria, um momento altamente político. A palavra "beatnik" foi cunhada em 2 de abril de 1958, pelo colunista Herb Caen, do *San Francisco Chronicle*, e logo atravessou o Atlântico, onde a imprensa liberalmente (e de maneira pejorativa) aplicou o termo a qualquer jovem ativista antiguerra, ocioso, boêmio, barbudo, poeta, escritor, leitor de livros beat, ou preguiçoso – na maioria dos casos, membros do CND (*Campaign for Nuclear Disarmament*, ou Campanha para o Desarmamento Nuclear), inaugurado em fevereiro de 1958 (alguns beatniks eram, de fato, todas essas coisas). A Bomba era o assunto mais quente e controverso da época, e houve um protesto que se estendeu por 80 quilômetros, organizado por membros do CND, de Londres até o Atomic Weapons Research Establishment (Estabelecimento de Pesquisa de Armas Atômicas) em Aldermaston, durante o feriado da Páscoa, em abril. O protesto recebeu reações mistas da imprensa; como canções antiguerra foram tocadas por alguns protestantes, o violão foi mencionado nos artigos. Fosse usado para o rock ou para a paz, o instrumento raramente saía das manchetes. Nas mãos de alguém que tocava rock, o violão representava delinquência; nas mãos de um beatnik, representava, para alguns, uma ameaça, como uma arma.

Apesar de John Lennon ter se tornado um universitário naquela época revolucionária, ele não mostrava qualquer interesse em participar de atividades radicais, fosse em protestos pela paz ou contra A Bomba. Ele tinha chegado a suas próprias conclusões, e pronto – não havia tempo para confusões ou brigas, não havia necessidade de discutir mais.

Na Inglaterra, a questão das armas nucleares andava de mãos dadas com o sentimento antiamericano, que estava crescendo novamente, seguindo anos de lenta evolução, no ressentimento pós-guerra. Mas a linha de frente da defesa americana sempre foi a juventude britânica. Como John mencionou, oito anos depois: "A América era o grande lugar para a juventude, na imaginação de todos – a América tinha os adolescentes, e o resto dos lugares só tinha pessoas."[44] Aos olhos dos jovens britânicos, os EUA eram uma terra de leite e mel, cheia de arranha-céus, caubóis, Cadillacs, Elvis, hambúrgueres, roupas fabulosas, Hollywood, Little Richard, lugares com nomes esquisitos, Coca-Cola, Buddy Holly, extensas pradarias, Chuck Berry, quadrinhos da DC e os melhores sons do mundo. Em Liverpool, especialmente, onde jeans, cintos, botas, camisas de caubói e discos provindos dos EUA eram trazidos por marinheiros que retornavam do outro continente, era difícil encontrar algum jovem com algo negativo para dizer sobre aquele país.

Os Quarry Men continuaram tocando durante a primavera, fazendo um evento ou outro (e alguns deles eram bizarros), mas não trabalhavam mais no circuito de antes. Novamente, como os eventos não eram mais anunciados no *Echo*, não há como confirmar as datas. Há outra foto, no entanto, mostrando John, Paul e George com seus violões, e Arthur Kelly ao fundo. Colin Hanton se lembra de que ela foi tirada após um evento em uma escola de Speke, e que ele estava ao lado, desmontando sua bateria, emburrado após uma discussão que tiveram. Foi tirada logo depois da foto em cores de Mike McCartney, então George ainda parece muito menor que John ou Paul. Dessa vez, suas roupas para o show eram camisas brancas de caubói com a parte dos ombros preta e franjas brancas pendentes. Todo mundo gostava daquelas camisas, e Arthur lembra de George comentando como ele se sentia bem vestindo a dele. Foram obtidas por Nigel Walley, por meio de um contato pessoal em uma loja de tapeçaria a crédito – leve agora, pague depois. No entanto, na primavera de 1958, Nigel foi diagnosticado com sintomas de tuberculose e teve que ir para um sanatório; não era sua intenção, e o ocorrido lhe causou muita vergonha, mas ele acabou nunca pagando pelas camisas, nem as devolveu.

Essa doença marcou o fim da atuação de Walley como empresário dos Quarry Men. John e Paul o visitaram uma ou duas vezes no sanatório, ele afirma, e levaram seus violões para cantar ao lado da cama. Porém, embora ele continuasse amigo de John, como tinha sido desde os 5 anos de idade, estava se afastando do grupo... e sem a ação de Walley a favor do grupo, os eventos evaporaram.

Em seus últimos shows, John e Paul ainda estavam lado a lado, na linha de frente, ansiosos para conseguir toda a atenção, cantando juntos, ou um apoiando o outro. Eles não davam tanta importância para George no palco. Como John disse: "Paul e eu realmente criamos um império entre nós – éramos os cantores. George não cantava quando o colocamos no grupo. Ele era um guitarrista solo. Talvez cantasse uma música – quando o apresentávamos como 'e aqui está ele...' –, mas Paul e eu fazíamos todos os vocais".[45] Duff Lowe lembra que esses últimos eventos aconteceram em noites de sábado, em "vários clubes sociais da região. Se recebíamos alguma coisa, era pouco, £ 1 por cabeça, ou menos. Eu nunca levei aquilo muito a sério. Mas Paul e John sempre se entregavam, 120%, tinha que ser perfeito".

Foi nessa época que John decidiu que os Quarry Men deveriam gravar um disco, e os outros não precisaram ser persuadidos – apenas convencidos a contribuir com 3s 6d cada. Dessa vez, a resposta para "Aonde vamos, Johnny?" era 38 Kensington, onde Percy F. Phillips gerenciava o que era, provavelmente, o único estúdio com prensagem de discos de Liverpool. Talvez George tenha mencionado o lugar para John, porque Johnny Byrne e Paul Murphy, dos Texans, gravaram um disco de 78 rpm, de dois lados, no estúdio em 1957, e Harrison provavelmente o ouviu durante a época do Morgue. Seja como for que o grupo tenha descoberto o estúdio, o cenário era apropriado. Elvis, Carl e Jerry Lee gravaram com Sam Phillips em Memphis; John, Paul e George gravaram com Percy Phillips em Liverpool.[46]

Eram cinco: John, Paul e George com seus violões (John e Paul com som acústico, George usando um captador, com o amplificador Elpico de Paul), Colin com sua bateria e Duff no piano do estúdio. Apesar de todo o equipamento de gravação e prensagem ser profissional, não era nada como os estúdios em *Sabes o que quero* e *O prisioneiro do rock*: era uma sala de estar pequena, no andar de baixo de uma casa vitoriana de dois andares, perto de várias lojas da rua principal. O barulho do trânsito era abafado por cortinas e carpetes. Não há data exata para a sessão de estúdio, porque o nome do grupo não aparece em seus registros, exceto por uma anotação na capa interna, que diz apenas "Arthur Kelly dos Quarrymen". Uma placa, colocada acima da porta da casa em 2005, oferece a data precisa da sessão, 14 de julho de 1958 (segunda-feira), mas o método para se chegar a essa data nunca foi demonstrado de maneira convincente, podendo ter ocorrido um mês ou dois antes.

Recordações de quase todos os aspectos da sessão são permeadas por contradições, mas parece provável que eles pagaram 17s 6d por um disco de dois lados, de dez polegadas, 78 rpm, e gravaram os dois lados direto no acetato, para economizar os 2s 6d que custaria para gravar em fita.* Ambas as gravações foram feitas ao vivo, os sons capturados por um único microfone, suspenso do teto, sem qualquer balanceamento de instrumentos. Mas era *um disco!* No que eles consideravam o lado A, gravaram "That'll Be the Day", uma saudação apropriada aos Crickets, agradecendo pela música e pelo som que mudaram tudo; no outro, gravaram "In Spite of All the Danger", com o crédito de composição – manuscrito à tinta sob o título – dizendo "McCartney, Harrison".

Dezessete anos depois, sem a vantagem de poder ouvir a gravação novamente com o passar do tempo, John recordou o que conseguia da sessão: "A primeira coisa que gravamos foi 'That'll Be the Day', a música de Buddy Holly, e uma do Paul, chamada 'In Spite of All the Danger'. A gravação nos custou 15 xelins, e a fizemos na sala de entrada da casa de um cara, que ele chamava de estúdio de gravação. Tinha todos os equipamentos, e a gravação foi em 78 rpm. Eu cantei ambos os lados. Eu era um tremendo *bully* naquela época, nem deixei Paul cantar a sua própria música. Aquela foi a primeira gravação nossa, de fato".[47]

O som era rústico, mas lá estavam eles, os Quarry Men. É, novamente sem engano, a voz de John Lennon em "That'll Be the Day", com Paul fornecendo o "ah" ao fundo, e George tocando o solo de guitarra, com seu violão eletrificado. As harmonias funcionavam muito bem. A versão deles era sete segundos mais curta que a dos Crickets, por tocarem mais rápido, provavelmente devido ao nervosismo. Não foi brilhante, e provavelmente não tinha como ser, mas foi ao vivo, e eles tocaram do começo ao fim. Os únicos erros foram os corretos, quando John homenageou o distinto estilo vocal de Buddy.

John também cantou "In Spite of All the Danger", e Paul forneceu mais belas harmonias vocais durante a gravação, enquanto George fez o "ah" ao fundo. Dizem que Colin e Duff nunca tinham ouvido a música e estavam apenas improvisando conforme tocavam, mas essa não é a única razão para a gravação se arrastar um pouco. Apesar de claramente dever muito a "Trying to Get to You",

* O acetato, ou laca, era um disco de alumínio com um acabamento de laca em nitrocelulose; como os sulcos eram mais suaves que os de um disco gravado da maneira convencional, a qualidade do som se deteriorava toda vez que a gravação era reproduzida. Acetatos eram usados na indústria musical como a forma mais rápida e mais fácil de distribuir sons gravados.

ainda é uma canção original, interessante e atraente, composta por um garoto de 15 anos – uma conquista fantástica. O acorde de Si Maior com sétima, que Paul e George aprenderam daquele desconhecido do outro lado da cidade, aparece na música. E ela é longa: o solo de guitarra, que Paul incorretamente achou que renderia a George o crédito de coautor, não aparece uma, mas duas vezes; quando eles terminaram de tocar, três minutos e meio tinham se passado. Anedotas afirmam que Percy Phillips ficou acenando com os braços para eles, apressando-os para terminar logo, porque ele conseguia ver o torno que gravava o disco chegando ao seu fim, quase no selo central.[48]

Paul disse que a sessão inteira durou 15 minutos, mas não se sabe ao certo o que aconteceu em seguida. Em sua única entrevista publicada sobre o evento, Percy Phillips afirma que o grupo só tinha 15 xelins, menos que o preço total, de 17s 6d, e que alguém ("Acho que foi o John") teve que voltar alguns dias depois com os 2s 6d restantes, para conseguir pegar o disco.[49] Mas Colin e Duff têm uma memória clara dos cinco deles, juntos, em Kensington, segurando o valioso disco em suas mãos e o encarando. Nenhum deles conseguia acreditar no que estava vendo. Ouro preto. Duff também tem uma memória extra: que Percy Phillips colocou o disco em uma capa protetora, tirada de um disco da Parlophone.

Proprietários igualitários, eles concordaram em dividir o seu tempo com o disco. John ficou com ele primeiro (é claro), depois Paul e George, e Colin e Duff por último. Outros também o tiveram por um período – um amigo de Duff ficou com o disco por um curto tempo, e Tony Carricker jura que ficou com ele por um longo tempo em 1959: ele o usou como garantia para obter de volta um LP de Elvis que ele tinha emprestado a John. Apesar de tudo isso, de uma forma ou de outra, o disco acabou nas mãos de Duff.[50]

O disco contendo "That'll Be the Day" c/w "In Spite of All the Danger" é o ápice de uma era para os Quarry Men, o fim da estrada até aquele momento. Não representa o som deles em qualquer momento além daquele, que estava longe do skiffle rústico com baixo de caixa de chá, *washboard* e banjo, como era no princípio. Uma vez, eram a gangue de estudantes liderada por John; agora, eram John, Paul, George e dois outros. Duff saiu do Liverpool Institute em julho, e raramente os viu de novo, Colin teve uma grande briga com eles após uma performance e foi embora: ele não entrou em contato com os outros, e eles não entraram em contato com Colin, era o fim.* Sobraram três rapazes, todos violonistas (ou guitarristas) – um núcleo.

Após todo o tormento do ano anterior, Jim McCartney fez o que pôde para manter Paul em seu cronograma de estudo, pois seus principais exames CGE de nível básico aconteceriam em junho. Paul já estava pensando além deles. Na primavera, ele escreveu uma carta, sem data, para Mike Robbins, pedindo um emprego de verão no acampamento Butlin's – não necessariamente com música, mas "qualquer tipo de trabalho" – em nome dele, de Len (Garry, presume-se) e John (Lennon). Apesar de ele ter mencionado, de passagem, que seu grupo tinha um "excelente" novo guitarrista, George era jovem demais para trabalhar. "Ambos os meus amigos parecem ter 17 anos", dizia o papo furado de Paul, ciente das regras empregatícias do Butlin's. De fato, enquanto John estava se aproximando dos 18 anos, Len tinha 16 e Paul só estava perto daquela idade; ele esperava que Robbins pudesse mexer uns pauzinhos por ele. "Faríamos qualquer tipo de trabalho", Paul garantiu, acrescentando que estariam livres a partir do meio de julho...

* Como sempre, não se sabe bem ao certo onde e quando isso ocorreu, mas outros eventos em suas vidas dão a entender que pode ter sido antes do verão.

9
"Esta é minha vida" (junho a dezembro de 1958)

John Albert Dykins, o alcoólatra que trabalhava em um restaurante da cidade, "marido" de Julia Lennon, mais conhecido como Bobby e (para John Lennon) Twitchy, já cortejava o perigo havia anos, dirigindo para casa nas primeiras horas do dia, pelos subúrbios. Logo após a meia-noite da sexta-feira, 20 de junho, nos primeiros 30 minutos do sábado, sua sorte acabou. Ele estava dirigindo pela Menlove Avenue, bêbado, próximo a Mendips, quando foi avistado por um policial fazendo sua ronda a pé. Apesar de o carro estar transitando em uma velocidade normal, o motor estava acelerando demais. Dykins deveria ter virado à direita no semáforo, mas, ao ver o policial, foi à esquerda, e o carro subiu no canteiro entre a Menlove Avenue e a Vale Road. O policial foi à rua e acendeu sua lanterna, sinalizando para que parasse o veículo, mas Dykins continuou dirigindo até o carro parar, um pouco à frente, na Vale Road. Ao perceber que o hálito do motorista tinha um forte cheiro de álcool e que sua fala estava arrastada, o policial pediu a ele que saísse do carro. Dykins abriu a porta e caiu, e teve que ser auxiliado para ficar de pé. Ao receber voz de prisão, Dykins ficou agressivo e abusivo, gritando: "Seu... tolo, você não pode fazer isso comigo, sou da imprensa!".[1]

Dykins foi levado à delegacia de polícia de Woolton, onde um médico certificou que ele não estava apto para dirigir. Ficou detido durante a noite em uma cela, acusado durante a manhã e levado direto para o julgamento, no qual sua fiança foi estipulada em £ 5. Quando ele voltou à corte, em 1º de julho, seu advogado o fez se declarar culpado, e Dykins recebeu uma multa de £ 25, além dos custos processuais, teve o registro da ocorrência em sua carteira de motorista e perdeu o direito de dirigir por um ano. O incidente foi relatado em ambos os jornais noturnos da cidade e duas vezes no noticiário local *Liverpool Weekly News*, e não foi pouca a vergonha que causou à família.[2] As irmãs Stanley não tinham uma boa opinião sobre o amigo de Julia.

Ele imediatamente largou (ou perdeu) o emprego: pediu demissão, ou foi demitido, pois estava incapacitado de voltar para sua casa tão tarde da noite e usar táxis seria caro demais. O incidente de beber e dirigir iniciou uma sequência de eventos que chegaria a uma terrível calamidade, duas semanas depois.

Julia frequentemente ia à casa de Mimi. O relacionamento entre as duas tinha sido restaurado, já que John estava se dividindo tanto entre elas. Entretanto, sua visita na terça-feira, 15 de julho, teve um propósito. O período de verão na Liverpool College of Art tinha terminado na quarta-feira, 4 de julho, três dias após Bobby Dykins perder sua carteira de motorista e seu emprego, e receber uma multa equivalente a cerca de três semanas de trabalho, dinheiro que talvez eles não tivessem. Financeiramente, as coisas passaram a ficar difíceis na 1 Blomfield Road, de uma hora para a outra, e Dykins tinha dito uma verdade dura a Julia, da forma que ele a via: eles não tinham mais dinheiro para continuar recebendo John em sua casa. Já seria difícil o suficiente alimentar as duas garotas, quem diria aquele jovem guloso. Talvez Julia não tenha concordado, então as discussões pioraram, e ela – estivesse de coração partido ou não – acabou indo à casa de Mimi para relatar essa mensagem. John estava em Blomfield Road quando sua mãe saiu para fazer a visita a Mendips.[3]

Depois de dar o recado, Julia saiu e começou o trajeto para sua casa, às 9h45. Ela tinha três escolhas: andar o caminho todo, talvez pegando um atalho pelo campo de golfe; caminhar até a Woolton Road e pegar o ônibus até Garston (depois andar mais um pouco); ou atravessar a Menlove Avenue e pegar o ônibus que ia para o norte, em direção a Penny Lane, depois trocar para um ônibus que iria para o sul até Springwood. Ela escolheu a terceira opção. Fosse em outro dia, Bobby poderia ter dado uma carona a ela... se ele não tivesse perdido sua carteira de motorista na Menlove Avenue... mas aí, talvez ela nem tivesse ido a Mendips.

Mimi ocasionalmente acompanhava Julia até o ponto de ônibus, mas, naquela noite de verão, elas se despediram no portão. Um ônibus chegaria em poucos minutos. Quando Julia estava prestes a sair, Nigel Walley apareceu, na esperança de encontrar John em casa.

> Mimi disse que John estava fora, então Julia falou: "Ah, Nigel, você chegou bem a tempo de me acompanhar até o ponto de ônibus". Julia se despediu de Mimi e eu comecei a andar com ela. Quando chegamos à Vale Road, eu me virei, enquanto ela atravessava a Menlove Avenue. Naquele momento, ouvi um carro derrapando e uma batida, e me virei a tempo de ver o corpo dela voando, arremessado. Eu corri até ela. Não estava muito machucada, mas devia ter feridas internas graves. Na minha cabeça, achei que ela havia morrido na hora. Ainda consigo ver o cabelo ruivo dela voando com a brisa, sobre seu rosto.[4]

Walley correu até a casa de Mimi, mas o tumulto já a tinha trazido para fora. Por acaso, o inquilino de longa data Michael Fishwick também estava lá. "Mimi e eu ouvimos o barulho do carro freando. Olhamos um para o outro e saímos correndo da casa, o mais rápido possível. Subimos a rua, e lá estava Julia. Parecia estar em paz, com sangue apenas na parte de trás da cabeça. Várias pessoas se juntaram no local. Alguém saiu correndo para chamar uma ambulância. Ela deu seu último suspiro e morreu."[5]

Mimi, ainda vestindo suas pantufas, entrou na parte de trás da ambulância, que rapidamente levou o corpo de Julia até o Sefton General Hospital. Que inferno deve ter sido. Fishwick também foi ao hospital, levando os sapatos e a bolsa de Mimi. Depois, a polícia os acompanhou até Blomfield Road, onde ninguém fazia ideia dos terríveis eventos que tinham acontecido.

Mimi se lembra de que John tinha saído. Quando ele voltou e recebeu a notícia, entrou em colapso, dizendo: "Meu Deus, meu Deus". A lembrança que John tinha do evento, quando falou sobre o assunto nove anos depois, era diferente. Ele lembrava de um policial indo até a porta e, como se fosse uma cena de filme, pedindo uma confirmação de que ele era o filho de Julia Dykins. Quando John murmurou um "sim", o policial continuou: "Sinto muito lhe informar que sua mãe está morta".[6]

Bobby chamou um táxi para levar ele e John até o hospital. Posteriormente, John se recordou: "Ele [Twitchy] perguntou, 'Quem vai cuidar das crianças?', e eu o odiei. Maldito egoísmo".[7] John falou histericamente durante todo o percurso, mas, quando chegaram ao hospital, ao contrário de Bobby, ele não quis ver o corpo. "Foi a pior coisa que aconteceu comigo. Nós tínhamos recuperado tanto tempo, eu e Julia, em apenas alguns anos. Nós nos *comunicávamos* e nos dávamos bem. Ela era ótima. Eu pensei: 'Foda-se, foda-se, foda-se. Isso fodeu tudo. Não tenho responsabilidades com ninguém agora.'"[8]

O enterro foi na segunda-feira seguinte, 21 de julho, no Allerton Cemetery. John nunca falou do evento publicamente, e há apenas uma testemunha confiável que pode confirmar que ele participou do enterro, de certa forma. Sua prima Liela (que não disse explicitamente se ele estava ou não no cemitério) relatou que ela e John estavam no chalé que pertencera ao marido de Mimi, na 120a Allerton Road, depois do enterro, comendo sanduíches. "John e eu nos sentamos lá, no sofá, ele deitou sua cabeça sobre meu colo. Eu não disse nada. Eu nem me lembro de dizer 'sinto muito'. Não havia *nada* para se dizer. Estávamos atordoados com tanto sofrimento."[9]

O luto não era apenas de John. Em um instante, quatro crianças perderam sua mãe, um marido distante perdeu sua esposa, um homem perdeu sua parceira, quatro mulheres perderam sua irmã amada, três sobrinhos e uma sobrinha perderam uma tia, e Liverpool perdeu um de seus personagens coloridos. As consequências foram amplas.

As duas filhas mais novas de Julia, chamadas Julia e Jacqui, não foram ao enterro e passaram muitos meses sem saber que a mãe havia morrido, ou por que não a viam mais. Elas não viviam mais com o pai. Por motivos que não estão claros (mas podem estar relacionados ao comentário de Bobby no táxi, ou o conhecimento da família sobre a causa mais ampla do acidente), elas foram acolhidas como "tuteladas", e criadas por sua tia Harrie e seu tio Norman no chalé de Mimi. Como consequência de perder a mãe, também perderam seu pai, e nunca ficaram sabendo por quê.

Como a lei dizia que precisava haver um inquérito, as reportagens nos jornais foram inevitáveis, e essas deixaram escapar o segredo do sobrenome de Julia. A primeira menção no *Liverpool Weekly News* a chamou de "Mrs. Juliette Dykins", 40 anos de idade; a segunda corretamente usou "Mrs. Julia Lennon", 44 anos.[10] As autoridades finalmente perceberam que os habitantes que moravam havia tempo na casa de moradia social da 1 Blomfield Road não eram quem diziam ser, que a propriedade tinha sido obtida por meio de um casamento falso. Julia e Bobby Dykins foram instantaneamente expostos, para todos, como um casal que "vivia no pecado", com duas filhas ilegítimas aos olhos da lei e da moral da época. Isso pode explicar por que Bobby saiu tão apressadamente da casa. Em poucas semanas, talvez até dias, ele perdeu seu carro, seu emprego, sua esposa, suas filhas e sua casa. Estranhamente, porém, sua nova residência era em um local melhor que a Blomfield Road: a casa da 97 School Lane não era em um terreno comum, mas cercada de árvores, com os fundos para o Woolton Golf Course e de frente para o parque Woolton Woods, uma casa de moradia social comum, construída em uma quieta e agradável via rural.

O acidente fatal veio a endurecer, irrevogavelmente, a visão que John Lennon tinha do *establishment*, sobretudo da polícia. Ele passou a acreditar que o motorista que matou sua mãe era "um policial bêbado, no seu horário de folga". Seu respeito pela autoridade, especialmente a lei, se esfarelou, e só viria a piorar. Onde a maioria das pessoas via lei e ordem, John via apenas total hipocrisia. O motorista, Eric Clague, era um policial de folga, ele também era um motorista em treinamento e não deveria estar nas ruas sem um acompanhante. Eric foi suspenso da polícia por seus atos, mas nunca foi indiciado por estar bêbado, e o álcool não é mencionado no inquérito. Apesar de ser possível que o fato tenha sido suprimido, também é possível que esse alicerce do duradouro rancor de John em relação à polícia tenha sido baseado em uma informação incorreta.

O marido de Julia não aceitou bem a notícia. Alf Lennon provavelmente não tinha visto sua esposa em 12 anos, desde aquele episódio conturbado em Blackpool, em 1946, quando John tinha 5 anos. Eles nunca se divorciaram, e isso significava que Alf tinha direito aos bens dela. Quando as irmãs de Julia tentaram obter seu seguro de vida, ficou claro que o homem que elas ainda se lembravam como "aquele Alf Lennon" – outro dos campeões de Julia, onde ele estava? Na cadeia? Bêbado, em algum lugar, com certeza – teria que ser encontrado e persuadido a deixá-las ficar com o dinheiro.

Posteriormente, Alf disse que ficou sabendo da morte de Julia dois meses após o fato – "Na época, eu estava desempregado, em Londres, morando em um albergue de baixo custo em King's Cross".[11] Ele recebeu a notícia depois de entrar em contato com seu irmão mais novo, Charles, que lhe enviou um recorte do *Liverpool Echo*. Alf ficou mal com o ocorrido. Ele não era do tipo que se deixava afetar por amarguras ou ressentimentos – vivia no presente, cada dia era um novo começo –, mas a notícia foi dolorosa. Ele pegou a estrada novamente e conseguiu, de alguma forma, quebrar uma perna... e foi nessa condição, descansando em um albergue do Exército da Salvação, em Londres, que outra carta de Charles chegou a Alf, explicando que ele tinha direito à herança de Julia.

Poucos fatos na vida de Alf são inequívocos. O que aconteceu em seguida depende de qual dos dois relatos conflitantes está correto, presumindo que um deles esteja correto, para começar. Ambos provêm dele. Em um, Alf arrastou sua perna quebrada até Liverpool apenas para ouvir o advogado de Dale Street dizer que as irmãs de Julia tinham, de alguma forma, o enganado e tirado seu dinheiro. No outro, o advogado disse a ele que 530 libras (uma *fortuna*) eram suas por direito... e ele, um apostador e perdedor, heroicamente recusou tudo e disse que o dinheiro deveria ser guardado em um fundo para John, e entregue quando ele completasse 21 anos.[12] Seja o que for que aconteceu, a morte de Julia foi outro golpe amargo. Alf tinha passado sete verões lavando louças no acampamento de férias Middleton Tower em Morecambe, mas até isso acabou. Depois, ele continuou um padrão já bem estabelecido: trabalhos servis em hotéis (geralmente de limpeza) e vagabundagem. O homem que sempre estava por baixo, mas nunca ficava para baixo. Alf, o bebum feliz, caindo na sujeira, depois se erguendo com um sorriso e uma canção.

Parece que ele não fez qualquer tentativa de contatar seu filho, John Winston Lennon, o garoto abandonado que agora estava destruído. Ele tinha "perdido" sua mãe aos 5 anos de idade, e agora a tinha perdido novamente, dessa vez para sempre, aos 17 anos, tão pouco tempo após estabelecer com ela uma conexão profunda. Era a dor no coração mais tremenda e irreconciliável. Como ele descreveu, com sua costumeira e ensurdecedora economia de palavras, ela o teve, mas ele nunca a teve. John ficou marcado pelo resto da vida, e mais amargo, mais cínico, mais áspero, mais volátil que antes. Também foi a segunda morte de um ente próximo em três anos, porque só se passara esse tempo desde que seu querido tio George, sua figura paterna, tinha partido, aos 52 anos. A vida ainda estava dando cartas ruins a John Lennon. Como ele recordou em 1980: "Foi um período muito difícil para mim, e certamente me deixou muito, muito amargo. Minha atitude problemática, que eu tinha desde jovem, se intensificou muito naquele momento. Sendo um adolescente, com o rock'n'roll, costeletas, faculdade de artes, e uma mãe sendo morta quando eu estava restabelecendo meu relacionamento com ela – foi muito traumático para mim".[13]

Há relatos variados sobre a reação de John nas primeiras semanas após o acidente. Alguns dizem que ele enterrou seus sentimentos, ficou quieto; outros dizem que ele ficou descontrolado, bêbado e cheio de ódio. As testemunhas são confiáveis. Todas concordam que ele nunca falou sobre o assunto. *Internalizar* seria a palavra, se existisse na época.

Era o papel de Mimi ser forte e demonstrar isso: a mais velha das cinco irmãs Stanley que ainda estavam vivas, a matriarca da família após a morte de sua mãe, a mãe substituta de John a partir dos 5 anos de idade, a provedora estável para seu marido, seu sobrinho e seus inquilinos. Agora, era a única pessoa adulta na vida de John que ainda cuidaria dele. Ela continuaria fazendo o melhor possível para protegê-lo – mas seria difícil, especialmente porque ele não podia mais escapar para Blomfield Road por dias, noites, fins de semana. Discussões acaloradas eram inevitáveis. Mimi teria que cuidar daquele jovem danificado, por bem ou por mal.

Apesar dos sentimentos mistos que John tinha em relação a Twitchy, eles mantiveram uma espécie de amizade por certo tempo. Dykins conseguiu um emprego no restaurante Viscount, no aeroporto de Liverpool; quando John estava procurando um emprego de verão, uma chance de ganhar alguns trocados até a faculdade voltar, Dykins o ajudou. Por três ou quatro semanas, provavelmente em agosto de 1958, John fez trabalhos básicos por lá: lavar louça, servir mesas, embalar sanduíches. Foi seu primeiro emprego. No entanto, de acordo com Derek Taylor, que se tornou amigo e assistente de John em anos posteriores,[14] quando eles estavam passando pelo aeroporto em uma situação particularmente histórica em 1964, "John aconselhou a qualquer pessoa que estivesse ouvindo que não comesse sanduíches de queijo no Speke Airport. Ele disse que já tinha trabalhado lá como embalador e costumava cuspir nos sanduíches, por pura maldade".*

* O aeroporto parece ter esquecido essa antiga associação, pois mudou seu nome para Liverpool John Lennon Airport em 2002, e o terminal no estilo *art déco* onde John trabalhava, e cuspia nos sanduíches, agora se chama Crowne Plaza Liverpool John Lennon Airport Hotel (com certeza ele tinha um nome mais incisivo para o lugar).

*

Richy Starkey completou 18 anos em 7 de julho. Livre de doenças por quase três anos, ele estava com sua saúde mais vigorosa que nunca. Ele parou de crescer quando atingiu 1,72 m, não era alto nem baixo, e tinha um nariz maior que o normal, algo que as pessoas logo comentavam para ele. Apesar de normalmente estar com o olhar voltado para baixo, levando as pessoas a acreditarem que ele era pessimista, ou até infeliz, Richy era geralmente uma pessoa alegre – "Eu sempre senti que nasci feliz", ele já afirmou. Richy também era um adolescente revoltado, cheio de opiniões fortes, que transmitia a todos. Aos 16 anos de idade, ele declarou que todos com mais de 60 anos deveriam ser mortos, para criar mais espaço no planeta; depois, ele adaptou o número: "Quando eu tinha 18 anos de idade, achava que 30 era a hora de morrer".[15] Só importava o *agora*. Fazer 18 anos era apenas *um* aniversário – não era o grande marco da vida adulta, que era completar 21 anos –, mas significava que agora podia beber legalmente. Richy celebrou com Roy, virando todas nos pubs do centro da cidade, onde eles já eram clientes quando menores de idade; ao mencionar sua mentira para a gerente do Lisbon, ela primeiro fingiu estar brava, depois todos riram muito.

Richy merecia crédito, assim como seus pais, pelo fato de sempre estar preparado para trabalhar bem e ganhar seu dinheiro para a bebida, ao contrário de muitos outros homens de Dingle que se recusavam a trabalhar, e viviam de assistência social. Os frutos de seu trabalho na H. Hunt & Son devem ter sido fonte de orgulho verdadeiro para a família quando a competição desportiva Sixth British Empire and Commonwealth Games se iniciou em Cardiff, em 18 de julho: lá, na televisão, estava o trampolim que Richy tinha ajudado a construir, impulsionando, além de tudo, uma vitória britânica. Geralmente, porém, Richy achava o trabalho na Hunt chato: os chefes o irritavam e ele odiava um dos capatazes que atuava como seu superior, mas sabia menos sobre o trabalho que ele. Anos depois, quando pediram que ele descrevesse seu tempo lá, Richy apenas disse: "Eu arrastava metal pra lá e pra cá, cortava e fazia outras coisas, e isso me chateava".[16] Outra coisa que o chateou foi a mudança de Hunt, da Windsor Street para a Woodend Avenue, em Speke. Em vez de fazer uma pequena caminhada para ir e voltar da fábrica, ele precisava acordar meia hora mais cedo e pegar o ônibus 80, passando por George Harrison, que ia para a escola de ônibus, na direção oposta. Richy fazia isso em quatro dias da semana; no outro, ele ia para sua aula na Riversdale

Tech, ou matava aula e ia para a cidade, talvez para uma sessão de meio-dia no Cavern. OK, era jazz, mas era música ao vivo.

Richy começou seu primeiro relacionamento sério nessa época. Geraldine McGovern tinha cabelos escuros, era um ano mais velha e morava em Kent Gardens, no meio do caminho entre Dingle e a cidade, e trabalhava numa loja de estofados. Eles se conheceram, de acordo com ela, em um baile no norte de Liverpool, e saíam juntos quando Richy não estava tocando com o Eddie Clayton Group ou passando tempo com Roy. Richy a chamava de Gerry, mas sua amiga Marie Maguire diz que ele a apresentou como "Gelatine". As danças de Roy e Richy frequentemente incluíam Gerry e outra parceira. Como Roy recordou: "Ele tentava me juntar com alguma das amigas de Gerry. Eu ouvia a tática 'ela é tua', e fazia o que ele queria, só para agradá-lo".[17]

O relacionamento de Richy e Gerry ficou sério, mas continuou privado: não se sabe muito dele. Parece claro que havia uma dissidência religiosa entre as famílias dos dois, protestantes *versus* católicos romanos, e isso causou certo atrito; é ainda mais claro que a harmonia do casal era prejudicada pela percussão. Gerry tinha pouco tempo para o interesse de seu namorado pela bateria, e isso vinha num momento ruim: desde que ele vira Johnnie Ray jogando fotos da janela do Adelphi Hotel, Richy tinha definido seu destino: "Eu decidi, aos 18 anos de idade, que aquela seria minha vida".[18]

Seguindo esse sonho, Richy tinha acabado de comprar sua primeira bateria nova, em maio, substituindo a usada que Harry Graves e seus parentes de Romford tinham generosamente dado a ele no Natal de 1956. Havia chegado a hora de um *upgrade*, e Richy estava de olho numa bateria Ajax Edgware, de pele simples, vendida por £ 57 na Hessy's. Como era um rapaz esperto, ele foi até seu avô Starkey para o empréstimo de uma boa entrada, £ 46. Elsie recordou: "Se o avô recusasse um xelim que fosse, ele faria uma dança de guerra. Naquela situação, o avô dele veio falar comigo. 'Ei, você sabe o que aquela criança que só dorme quer?'".[19]

A criança que só dorme sabia muito bem como convencer seu avô, *e* ele sabia onde o velhinho guardava seus ganhos de apostas (quando tinha algum) – em uma meia no guarda-roupa do andar de cima, na 59 Madryn Street. Richy prometeu devolver o dinheiro com juros, £ 1 por semana, tirado de seu salário. Parecia valer a pena: Eddie "Clayton" Myles tinha um grupo bom de verdade, e continuava conseguindo os melhores eventos que havia na época. Até tocaram no baile principal do Liverpool Show anual, em Wavertree, em 18 de julho, um evento especialmente prestigioso. Para Richy Starkey, foi uma apresentação em que apenas a bateria completa poderia ser utilizada.

Para Paul McCartney e George Harrison, o ano escolar acabou sete dias depois. Meninos podiam levar instrumentos musicais para as salas de aula do Liverpool Institute no último dia do período. Ainda mais do que tinha sido em 1957, isso significava violões, violões, violões e mais alguns violões. Paul e George tocaram juntos, plugados no Elpico.

Alguns anos depois, quando perguntaram a ele como tinha ajudado John a lidar com a perda de Julia, Paul disse que não se lembrava de nada do período. Pode ser que eles não tenham se visto muito no verão de 1958. John estava trabalhando no aeroporto, e Paul e George tiraram férias juntos – algo aventuroso para garotos de 16 e 15 anos. Mas Louise Harrison recordou como ela encorajou George a visitar John em Mendips, "para ele não ficar sozinho com seus pensamentos". O fato terrível de que ambos os seus amigos tinham perdido a mãe aterrorizava George: caiu a ficha de que a sua mãe também poderia morrer a qualquer momento. "Ele me observava, cuidadosamente, o tempo todo. Eu dizia a ele que era uma bobeira, que eu não ia morrer."[20]

Paul e John compartilharam tragédias de severidade repentina – Paul perdeu a mãe aos 14 anos de idade, em 1956, literalmente sem aviso; John perdeu a sua aos 17, em 1958, da mesma maneira. Mas isso não significava que eles falavam sobre o assunto, de acordo com Paul:

> Nós tínhamos um laço do qual nunca falávamos – mas cada um de nós sabia o que tinha acontecido com o outro... Eu sabia que ele estava arrasado, mas, naquela idade, você não tem *permissão* para estar devastado, especialmente garotos jovens, adolescentes, que só fingem que nada está acontecendo. Fazíamos muito disso – tínhamos lágrimas privadas. Não tínhamos o coração frio, de maneira alguma, quanto ao que ocorreu. Nós ficamos *arrasados*, mas sabíamos que era necessário continuar com a vida. Tenho certeza de que criei escudos e barreiras naquela época que mantenho até hoje. John certamente o fez.[21]

A esperança que Paul tinha de conseguir empregos de verão com Mike Robbins no Butlin's não deu em nada; de qualquer forma, o plano seria destruído pela morte de Julia. Mas Paul e George tiveram suas férias, juntos pela primeira vez, longe de seus pais. Alguns dos detalhes são incompletos, mas eles acabaram no bangalô de uma casa de fazenda em Harlech, próximo a Pwllheli e à costa oeste do País de Gales.* John Brierley, então com 16 anos, filho dos proprietários da fazenda, lembra de Paul e George "passeando" por lá:

> Eles não nos conheciam. Basicamente, perguntaram: "Podemos parar no seu campo?". Tínhamos um terreno grande nos fundos. Minha mãe disse que não seria um problema, então eles montaram sua barraca de péssima qualidade e começaram a acampar. Choveu bastante durante a noite; como a barraca deles era inútil, os dois se molharam muito. Então, minha mãe disse: "Vocês não podem ficar parados aí fora, entrem". Eles ficaram no bangalô, dividindo uma cama de casal, e minha mãe os alimentou e deu água para eles durante sua estadia.
>
> Minha memória mais duradoura é de Paul tocando meu pobre violão, invertido para a orientação canhota. George também o tocou, e tínhamos um piano no que chamávamos de "o quarto de baixo". "I Think It Over", de Buddy Holly, tinha acabado de sair, e lembro de Paul treinar e treinar a canção, até completamente entender o solo de piano no meio. Meu irmão mais novo, Bernard, amou a forma que Paul tocava as músicas de Little Richard, cheio de energia, e o ficava incomodando, pedindo para tocá-las novamente, e Paul alegremente atendia aos pedidos.[22]

Paul se lembra de uma semana jogando sinuca (havia uma mesa com a metade do tamanho normal no mesmo cômodo que o piano) e tocando, repetidamente, o primeiro LP de Elvis, *Rock'n'Roll*, que John Brierley tinha – aquelas fabulosas primeiras gravações da Sun ficavam cada vez mais gravadas em suas psiques. George percebeu como um dos cães alsacianos da fazenda tinha artrite em sua pata traseira, e usou isso como piada por anos: "Já ouviu aquela sobre a mulher que tinha um cachorro sem patas? Toda manhã ela o levava para deslizar".[23]

* Um dos detalhes incompletos é como eles chegaram lá vindos de Liverpool, e como voltaram. Paul diz que eles pegaram carona – um risco considerável, levando em conta suas idades. Eles certamente pegaram carona na segunda vez que viajaram juntos, em 1959.

O ponto alto da semana foi, talvez, quando Paul e George tocaram por alguns minutos com a banda de skiffle de Harlech chamada Vikings, em uma performance no pub do Queens Hotel. John Brierley era um dos cantores/violonistas, e dois dos rapazes saíram do palco para dar lugar a Paul e George, além de emprestar seus violões a eles. Fora isso, nada é lembrado da ocasião, exceto por Paul dizendo que estava bêbado.[24]

Os resultados dos exames GCE de nível básico foram bons o suficiente para Paul. Ele não passou em história, geografia, escritura e alemão, mas passou em outras quatro matérias: língua inglesa, literatura inglesa, arte e matemática. Como tinha passado em espanhol um ano antes, seu total já era de cinco aprovações, o suficiente para sair do grupo Removes e progredir para o sexto nível (grupo 6BM2), no qual ele decidiu estudar para duas provas de nível avançado (*A-Levels*), literatura inglesa e arte, que ele faria no verão de 1960. Com George automaticamente passando do nível E para os Removes (grupo RC), o evidente espaço de um ano escolar entre os dois foi restaurado.

O curso de Paul em literatura inglesa avançada, de dois anos, o colocou nas mãos de um dos personagens que mais o inspirou em sua vida, o professor Alan Durband. Conhecido por todos como "Dusty", ele tinha a habilidade inata de inspirar uma turma de forma coletiva e de se conectar com os alunos individualmente. Sua idade era uma vantagem considerável: ele tinha apenas 31 anos de idade, 15 anos mais velho que Paul. Ele também era um "Lioban" (antigo estudante do Liverpool Institute), de origem humilde, que se dedicou, trabalhou muito e se saiu bem, estudando com F. R. Leavis em Cambridge. Paul ficou especialmente impressionado pelo fato de que Durband tinha escrito uma história que foi transmitida pela BBC.

Outro fator-chave era sua compreensão do que interessava os garotos. Quando chegou a hora de animar os meninos para ler *The miller's tale*, de Chaucer, por exemplo, ele citou os trechos mais grosseiros da obra ("ele beijou suas nádegas nuas com gosto"). Em um instante, Paul ficou "totalmente interessado em Chaucer". Em seguida, veio *Hamlet*, de Shakespeare, e, de repente, um interesse literário foi despertado em Paul McCartney, algo que não era evidente até então. Ele começou a ler peças – *Salome*, de Oscar Wilde, *Camino Real*, de Tennessee

Williams, e obras de Shaw, Sheridan e Hardy. Assim como ele gostava de se ver como um compositor, agora ele também se via, em sua imaginação, como um diretor teatral.[25]

Enquanto isso, George odiava o grupo dos Removes, assim como tinha ocorrido com Paul, 12 meses antes. Era humilhante ter que ser colocado na mesma sala que garotos um ano mais jovens. Como ele descreveu, com sua brevidade característica, "Eu fiquei um dia na sala de Mike McCartney e pensei, foda-se isso aqui, e chutei o balde".[26] Agora, mais do que nunca, o importante era se divertir. Arthur Kelly se lembra de um momento na aula de arte quando Stan Reed, considerado o único professor bom por eles, momentaneamente se sentou na cadeira de George para demonstrar uma técnica específica. Reed tinha costeletas pretas, e George estava em pé, atrás dele, quando sussurrou, audivelmente: "Cante uma para nós, Costeletas!" – uma fala de *A mulher que eu amo*, um filme de Elvis.

Assim como o declínio de Pete Shotton na Quarry Bank tinha se equiparado ao de John Lennon, Arthur Kelly estava no mesmo caminho que George. Era o ano dos exames de nível básico para ambos, e eles não davam a mínima. Em boa parte dos dias, eles nem assistiam às aulas. Quando os dois se davam ao trabalho de aparecer, pelo menos um dos professores fez um acordo com eles: se prometessem não perturbar a aula, ele os deixaria dormir no fundo da sala. O uniforme escolar de George ficou ainda mais extravagante, extremo até para seus padrões, ao ponto de o próprio perceber que "era muito arriscado, todo dia parecia que, a qualquer momento, eu seria preso". Uma de suas muitas peças de roupa era o paletó de garçom de Twitchy Dykins, preto, trespassado, dado a ele por Lennon (como John o conseguiu, ele não deixou exatamente claro). John também deu a George calças *drainies*, na cor azul-clara, com as barras dobradas – que Harrison pintou de preto para ir à escola (a amizade entre John e George já estava nesse nível de proximidade).

E quanto a John? Para todo mundo, seu comportamento parecia estar ainda pior. Ele era, definitivamente, um rapaz cheio de talento, porém perturbado, uma combinação que o definiu: artístico e sarcástico, culto e cruel, brutal e sensível, ágil e engraçado, desrespeitando tudo o que era pretensioso. Sua obsessão por deformidades, raça e religião parecia ter se intensificado, e ele faria qualquer coisa para arrancar gargalhadas, para divertir a plateia da qual sempre necessitou. Um dia, Jeff Mahomed expôs isso quando ele subiu num ônibus que estava passando, enquanto John apontava para algo na vitrine de uma loja. Jon Hague testemunhou o ocorrido e disse: "Ele ficou furioso de ser deixado sozinho daquele jeito".

John não contou a nenhum de seus colegas da faculdade sobre a morte de Julia, pelo menos não de forma direta, e a notícia se espalhou de modo esporádico, com alguns descobrindo logo após o incidente e outros levando muito tempo para ficar sabendo. Tony Carricker só descobriu quando John estava duro (seu estado normal) e precisou pedir dinheiro (sua solução normal). Um dia, Tony perguntou a ele: "Você não pode pegar dinheiro emprestado da sua mãe?". Ele ficou chocado com a resposta e a forma sucinta como foi dada: "Ele apenas disse, 'Minha mãe tá morta', e eu falei, 'Jesus! Quando isso aconteceu?'. Ela já estava morta havia alguns meses. John disse, 'O que eu iria dizer para as pessoas? Ah, a propósito, minha mãe morreu?'. Isso explicou por que ele estava sendo muito mais cruel do que antes".[27]

Geralmente, todo o espectro da personalidade de John podia ser visto no pub. O principal ponto de encontro para os alunos era o Ye Cracke – "o Cracke" –, um bar pequeno e simples na Rice Street, com um pequeno canto pitoresco chamado War Office (Departamento de Guerra), onde homens mais velhos se sentavam e bebiam. Rod Murray, estudante de arte, passou muito tempo no Cracke com John, e geralmente gostava da experiência. "Desde que não estivesse te provocando por conta de alguma coisa, John era uma companhia divertida. Era uma fonte inesgotável de diversão no pub – normalmente às custas de outra pessoa, é claro, e isso só era aceitável desde que realmente *fosse* outra pessoa."[28]

Foi no Cracke que John começou a desenvolver uma forte amizade com Stuart Sutcliffe. Quatro meses mais velho que John, Stuart tinha entrado na escola de arte um ano antes, e era, em todos os aspectos, outro tipo de estudante. Ele tinha um talento extraordinário e seu foco principal estava em aprender e se desenvolver como artista. Enquanto John era impetuoso, Stuart era dócil; enquanto John parecia ser durão, Stuart era delicado a ponto de parecer um fracote. Enquanto John raramente usava os óculos, Stuart sempre mantinha os seus no rosto. Eles pareciam não ter nada em comum, mas descobriram, aos poucos, durante o ano acadêmico de 1958-59, que poderiam ter uma boa amizade. Bill Harry, que os apresentou, disse: "Stuart era bem introvertido, e John era extrovertido, mas os dois ficaram muito, muito próximos – cada um tinha algo que o outro achava valioso".[29] Pat Jourdan insiste que John era mais próximo de Jeff Mahomed que de Stuart, mas um laço duradouro evoluiu de forma similar. John estava impressionado com o talento e a dedicação de Stuart; além disso, Stuart tinha *crescido*: ele saiu de casa aos 16 anos de idade, em 1956, e passou a morar com Rod Murray, seu melhor amigo, em um apartamento perto da faculdade – o primeiro numa série de lugares parcamente mobiliados, ou sem mobília alguma, que eles alugaram nas grandiosas construções que estavam se deteriorando, próximo à faculdade, onde Liverpool 1 encontra Liverpool 8, a assombração dos boêmios, grandes cômodos vazios com pisos sem revestimento, tetos altos, e sem aquecimento. Naquela época, eles tinham alugado quartos no primeiro andar da 9 Percy Street, uma quadra atrás da Hope Street. Rod viu a amizade de Stuart e John se desenvolver: "Apesar de Stuart ser fisicamente mais leve, eu acho que John o admirava como um mentor na arte, e também no conhecimento em geral sobre as coisas. E ele admirava o talento de Stuart como artista. Não tinha como não gostar de Stuart – eu não lembro de qualquer momento em que ele tenha falado algo ruim sobre qualquer pessoa, ou algo malicioso. Era um cara muito legal. John podia ser bastante rude e malvado, mas Stuart não".

A namorada de John no outono de 1958 era Thelma Pickles, uma estudante nova e interessante da faculdade de artes, que estava completando 17 anos. A princípio, ela achou que John era "um espertalhão", mas mudou de opinião quando viu sua reação a uma garota que perguntou se era verdade o que ela tinha ouvido sobre sua mãe. "Ela disse, 'Ei, John, ouvi falar que sua mãe morreu'. Ele não hesitou e disse, simplesmente, 'Sim'. Ela continuou, 'Foi um policial que a atingiu, não foi?'. Eu fiquei boba com seu desapego e impressionada com o fato de ele ter sido corajoso o suficiente para não parecer triste, nem demonstrar emoção. É claro que tudo aquilo era fingimento."[30]

Pouco tempo depois, John e Thelma começaram a conversar no Queen Victoria Monument, e cada um revelou ter sido abandonado por seu respectivo pai. "Ele vazou e me deixou quando eu era um bebê", John falou sobre Alf, algo que estava longe de ser o correto, mas era, sem dúvidas, como ele se sentia. O pai de Thelma saíra de casa quando ela tinha 10 anos; ela era sensível ao estigma de ter apenas um de seus pais, e ficava fragilizada quando alguém mencionava isso.

"Eu não conseguia manter o desapego que John tinha", ela disse. "Eu achei que era uma conquista e tanto se portar daquela maneira."

De repente, John e Thel, como ele a chamava, estavam "juntos". Os desabafos consolidaram a relação, mas eles já se sentiam atraídos um pelo outro. Thelma foi a primeira mulher que John permitiu se aproximar após a terrível morte de Julia. Ela viu, de relance, seu outro lado.

> Quando discutíamos aquilo entre nós, percebi que ele era, claramente, mais sensível que aparentava. Ele falava do choque total que foi perder a mãe, e dizia que *perda* tinha sido (mas acho que ele não usou a palavra "perda"). Naqueles momentos, ele falava de uma forma muito mais suave e explicativa que o normal. Apesar de ele nunca demonstrar emoções extremas, sua dor era evidente. O outro lado da moeda era que ele detectava qualquer fragilidade em outras pessoas, com um míssil teleguiado. Eu o achava hilário, mas não era engraçado para quem recebia seus ataques.[31]

Thelma testemunhou uma ocasião rara em Mendips, quando John, Paul e George foram à cozinha e tocaram seus violões. Mimi tinha saído e, antes do horário que esperavam ela chegar, Thelma e os dois rapazes foram embora. John sabia que Mimi não os queria na casa, e brigaria com ele por causa daquilo. Ele não precisava da bronca. No entanto, por algum tempo, John e Thel se aproveitaram das saídas de Mimi (parece que ela saía para jogar bridge, uma vez por semana). O plano, cuidadosamente formulado por John, era que Thel (que morava em Knotty Ash) pegasse o ônibus até Woolton; ela e John se encontrariam e esperariam, do outro lado da Menlove Avenue, sob um abrigo no fim do campo de golfe; quando Mimi saísse de casa e descesse a rua, eles iriam para lá. "Eu só via a Mimi de longe, no escuro", diz Thelma.

Na maior parte do tempo, Thel achava que John era "uma companhia muito divertida, sempre esperto, e, quando ficávamos a sós, ele era muito doce, compreensivo e generoso". Ele fazia chá e torrada para eles, ele a fazia rir, e ele fazia amor com ela em seu pequeno quarto acima da varanda. "Não chamávamos de sexo – essa palavra não era usada pelas pessoas na época. John chamava de 'fazer uma corrida de oito quilômetros', porque ele tinha lido ou ouvido em algum lugar que era essa a quantidade de energia que um homem gastava com o ato." Eles não usavam proteção, confiando apenas em sua sorte, e John disse a Thel que ficou feliz de ela não ser uma "virgem de beira de cama" – seu eufemismo para o tipo de garota que o levaria até a metade do caminho e pararia.

John e Thel frequentemente tiravam tardes de folga da faculdade de artes e iam ao cinema. Ele gostava dos antigos filmes de terror, no igualmente antigo Palais de Luxe, na Lime Street, e eles também viram o último filme de Elvis antes de ele ir para o exército, *Balada sangrenta* (*King Creole*), que chegou ao Liverpool Odeon no meio de outubro de 1958. Apesar de John ocasionalmente usar seus óculos na faculdade, ele definitivamente não o fazia em público. Sem seus óculos, mesmo sentado o mais próximo possível da tela do cinema, ele mal conseguia entender o que seu herói estava fazendo no filme. Ele costumava cutucar Thelma, insistindo para ela descrever o que estava acontecendo: "O que ele está fazendo agora, Thel?".

Balada sangrenta chegou a Liverpool quando seus súditos leais estavam amadurecendo, começando a trabalhar. O skiffle já tinha praticamente sumido* e, apesar de muitos grupos se dissolverem e muitos rapazes desistirem da música – achando empregos, estudando mais ou entrando em relacionamentos –, um núcleo forte e sólido resistia. Enquanto a indústria fonográfica (tanto a britânica quanto a americana) focava apenas em cantores solo, em Liverpool o foco ainda eram os *grupos*, amigos reunidos, adotando o modelo dos Crickets: vocais, guitarra elétrica, guitarra base, baixo, bateria. A música deles tinha influências americanas de ampla variedade: alguns grupos incorporavam um piano e faziam um som mais parecido com o de Jerry Lee Lewis e Fats Domino; outros seguiam a linha instrumental de Bill Justis e a nova estrela da guitarra, Duane Eddy; outros estavam mais próximos do country; e muitos outros estavam ligados à batida de Chuck Berry, à emoção de Elvis e Little Richard, e às harmonias dos Crickets e dos Everly Brothers. Para todos esses, a invenção do baixo elétrico significou que o baixo de caixa de chá voltaria ao lugar a que pertencia, e o contrabaixo ficaria no jazz. Hessy's, assim como as outras lojas de instrumentos de Liverpool, tiveram outra alta nos negócios, enquanto garotos persuadiam seus pais, novamente, a serem fiadores para os seus *upgrades* de instrumentos, em muitas prestações.

---

* No *Liverpool Echo*, a coluna musical semanária "Mersey Beat", de 15 de novembro de 1958, se referiu ao skiffle como "tão fora de moda quanto um design parisiense de cinco anos atrás".

Como todos os clubes de música disponíveis na cidade eram dedicados ao jazz, a cena do rock'n'roll ao vivo em Liverpool decolou nos subúrbios da classe trabalhadora, geralmente ao norte e ao oeste da cidade, em simplórios salões de dança e deprimentes halls públicos. Foi um processo que deu um salto nos últimos meses de 1958, devido inteiramente aos esforços de alguns indivíduos interessantes, homens comuns fazendo coisas extraordinárias, rapazes que se consideravam *promoters* de bailes e se arriscavam em situações infernais para trazer entretenimento e ganhar algumas libras por seu trabalho. Conforme a velha guarda se dissipava, o primeiro da nova onda foi Sam Leach, 22 anos, de Norris Green, que decidiu colocar grupos em um hall local, apenas porque ele era louco pelo rock'n'roll.

Como Leach nunca foi um empresário convencional, suas ações eram ambiciosas e caóticas. Em sua primeira empreitada de verdade, ele se instaurou como gerente do Mossway Jiving Club, que abriu em 28 de novembro, no Mossway Hall, em Croxteth. De sementes tão pequenas, plantadas no sangue de tanta violência dos Teddy Boys, uma cena gigantesca se desenvolveria. Membros tinham que assinar um livreto de regras do clube, com seis páginas, todas roubadas das regras do Cavern. O secretário do clube era um funcionário quieto, acostumado a trabalhar com impostos, chamado Richard (Dick) Matthews, 28 anos, bom amigo de Leach, com um talento para fotografia amadora – suas fotos capturariam, em estonteantes tons monocromáticos, a primeira era do rock de Merseyside. Juntos, eles criaram um panfleto para o Mossway que especificava um plano em quatro passos, seu manifesto, no qual prometiam aos clientes:

1. Três horas e meia de rock'n'roll verdadeiro.
2. O melhor das bandas de Merseyside, além dos discos mais famosos.
3. Boa companhia, onde garotos conhecem gatinhas.
4. Um dos melhores halls em Liverpool.

John, Paul e George não tiveram papel algum nessa cena emergente. Quando tudo estava indo adiante, eles pareciam estar indo para trás. O grupo deles havia acabado. Eles tinham criado apelidos uns para os outros – Lennie, Macca e Hazza[32] – e se juntavam apenas para ir ao cinema, falar com garotas, tocar seus violões, rir muito e se atualizar com os discos. Um de seus playgrounds era na 97 School Lane, em Woolton, o novo lar de Bobby Dykins. Como John sabia quando Twitchy ia ao trabalho, ou a algum pub, ele recebia seus comparsas nos fundos da casa, onde a janela da despensa ficava aberta. Alguém (George, se estivesse com eles) se espremia pela abertura, abria a porta da frente e todos entravam. Os outros seguiam a atitude de John, sem muito respeito pela propriedade de Dykins: uma vez, Paul quebrou seu toca-discos; outra, ele riscou um dos discos de Dykins (depois, Dykins lhe deu um sermão); George ligou o captador de seu violão no rádio e estourou o alto-falante. Eles também saqueavam a despensa, faziam chá e sanduíches e iam embora antes de ele voltar, após uma tentativa pouco eficaz de deixar tudo no lugar onde estava antes.[33]

Foi por volta dessa época que Jim McCartney tentou, novamente, fazer Paul aprender a tocar o piano de forma mais apropriada. Paul estava interessado, mas tinha esperança de que seu pai o ensinasse. Jim continuou a se recusar, pois nunca tivera aulas e sabia que passaria seus próprios maus hábitos no instrumento a um rapaz que tinha um dom natural. Ele arranjou o dinheiro para aulas, tanto para Paul quanto para Mike, e cuidadosamente escolheu um homem jovem para os ensinar – Leonard Milne, de 21 anos, professor de piano formado, que morava do outro lado da Mather Avenue.

> Eu dava uma aula por semana para Paul, usando um piano de cauda que eu tinha no lounge da casa dos meus pais, na 237 Mather Avenue. Paul começou com *The Adult Beginner's Guide to Musical Notation*, mas não durou muito, porque ele disse que queria aprender pelos "símbolos dos acordes", letras impressas sob as notas – como "C7", digamos. É um atalho musical que ele conhecia, como violonista. Ele não queria aprender a técnica de verdade, ele queria se apressar – claramente era um garoto com talento, que não queria ser retido. Eu também não queria dar dever de casa, porque Paul deixava claro que queria ir adiante, sem perder tempo com papéis.[34]

Para a decepção de Milne, porém sem surpresas, as aulas logo acabaram. Paul as aguentou pelo mesmo tempo que tinha tolerado seu último tutor, quando os McCartney ainda moravam em Speke. Além de não querer aprender regras, por sentir que já tinha ido muito além delas, Paul também se recusava a ser colocado em uma direção específica. "Eu sempre tive grandes dificuldades [de atitude] com aquilo, eu não conseguia me interessar... não tinha jeito de eu voltar para os exercícios simples, eu apenas não conseguia, parecia entediante, como dever de casa... eu não gostava de ter que voltar à disciplina rígida."[35]

Jim estava desesperado. Ele fazia o que podia para manter a rebeldia passiva de Paul sob controle, mas o rapaz era tão bom em conseguir as coisas do seu jeito... além disso, "aquele John Lennon" estava constantemente colocando pensamentos sediciosos em sua mente ("Mande ele se foder!"). Jim parou de levar Paul à Bioletti's, a barbearia na rotatória da Penny Lane, mas ainda dizia ao filho quando deveria ir lá por conta própria. Enquanto Paul pedalava pela rua, suas reclamações se projetavam para o futuro, quando *ele* seria um pai – "Não vou ser igual ao meu pai, de jeito nenhum! Não vou ser tão rigoroso quanto ele! Se algum de meus filhos quiser ter cabelo comprido, vai ter!". Ele voltava para casa depois, pelo que Jim percebia, com um corte muito pequeno, ou nenhum corte. "Parecia a mesma coisa, e eu perguntava: 'O lugar estava fechado, então?'. Ele me vencia pelo cansaço."[36]

Paul continuava se juntando a John para compor músicas. Apesar de sua produtividade parecer reduzida no outono de 1958, suas ideias estavam apenas se ampliando. Por volta de outubro, talvez durante a semana de meio período no fim do mês, Paul fez outra visita a Mendips ("John! Seu amiguinho está aqui de novo!") e ficou feliz ao encontrar John datilografando um novo poema. Na verdade, não era um poema, era mais um conto lunático. Paul deu uma olhada e adorou os trocadilhos, as típicas expressões de Lennon, como "*a cup of teeth*" (uma xícara de dentes) e "*in the early owls of the morecombe*" (nas primeiras corujas de morecombe). John o chamou de *On Safairy With Whide Hunter*, e sua origem era clara: *White Hunter*, uma série de aventura exibida pela Granada (a estação local da ITV) – histórias semanais sobre "o gatilho mais rápido e mais certeiro da África", roteiros exagerados que transbordavam o uso da palavra "*bwana*".*

* O termo "*bwana*" vem do suaíli e significa "chefe", ou "patrão"; era tipicamente utilizado em filmes e séries dos anos 1950 situados na África, passando a ter significado pejorativo. [N.T.]

John deixou Paul se juntar a ele, e a sátira se tornou uma Composição Original Lennon-McCartney, um tanto alucinada.* Apesar de algumas frases serem características de John, especialmente sua marca registrada – a forma como o personagem principal mudava de nome toda vez que era mencionado (Whide Hunter também é Wipe Hudnose, Whide Hungry, Wheat Hoover e Whit Monday) –, outras provavelmente são de Paul ("*Could be the Flying Docker on a case*" – Pode ser o Docker Voador em uma mala –, e também "*No! but mable next week it will be my turn to beat the bus now standing at platforble nine*" – Não! Mas talvez semana que vem será minha vez de bater o ônibus que agora está na plataforma nove). É fácil imaginar os dois gargalhando enquanto criavam frases como "*All too soon they reached a cleaner in the jumble and set up cramp*" (Assim que chegaram a uma clareira na selva armaram a cólica). Outra frase – "*Jumble Jim, who shall remain nameless, was slowly but slowly asking his way through the underpants*" (Jumble Jim, cujo nome não será mencionado, estava lentamente, porém lentamente perguntando como passar da roupa íntima**) – poderia muito bem ser uma referência a Jim McCartney.[37]

Talvez encorajados por seu *Safairy* – ou, mais provavelmente e menos prosaicamente, porque estavam se divertindo –, John e Paul também começaram a escrever uma peça teatral. Duas páginas de um livro de exercícios repletas de diálogo sobre um personagem similar a Jesus, que eles chamaram de Pilchard, que vivia numa favela da classe trabalhadora, no norte da Inglaterra. Coincidindo com a fase literária de Paul, inspirada por Durband, o herói não seria visto, mas apenas referenciado, como em "Ele está no andar de cima, rezando". O processo é interrompido quando os escritores percebem que peças teatrais necessitam de uma estrutura; a deles não tinha nenhuma, e eles não podiam se dar ao trabalho de criar uma. Paul disse que a história era situada em "um salão de beleza suburbano", o que se encaixa com sua primeira descrição impressa, quatro anos depois,

---

* Ou, como John afirmou, quando se tornou parte de um livro best-seller, seis anos depois: "Escrito em conjunto com Paul".

** As traduções dos trechos do conto de Lennon e McCartney nesse parágrafo são apenas aproximadas, pois os trocadilhos originais (como trocas de letras) não podem ser traduzidos diretamente para o português sem que se perca sua essência original. [N.T.]

quando ele disse ao escritor e poeta Adrian Mitchell (então do *Daily Mail*) que era "sobre um cara chamado Pilchard, que era a reencarnação de Jesus na favela".[38] Na mesma época, Lennon-McCartney compuseram uma música cômica chamada "I Fancy Me Chances", situada em um hall de bailes de Liverpool, feita para ser cantada em um forte sotaque de Liverpool, mais anasalado. Se fosse ligada à peça, isso tornaria a obra um musical.

> *"I fancy me chances with you*
> *I fancy me chances with you*
> *When we're at the dances, I fancy me chances*
> *I fancy me chances with you."*[39]
>
> (Eu aposto minhas fichas em você
> Eu aposto minhas fichas em você
> Quando estamos nos bailes, Eu aposto minhas fichas
> Eu aposto minhas fichas em você.)

John, Paul e George tocaram, no máximo, apenas algumas vezes durante os últimos meses de 1958, uma festa privada ou duas, um baile pequeno aqui ou ali, nada divulgado, detalhes inexistentes. Eles iam como um trio de violonistas que cantavam; quando alguém perguntava por que não tinham um baterista, tinham a réplica pronta, para a qual achavam que uma tréplica era quase impossível: "O ritmo vem dos violões" – blefando o melhor que podiam (e podiam bastante). O nome do grupo mudou rapidamente. Por um tempo, foram os Rainbows, porque todos usavam camisas de cores diferentes. Tudo era feito como piada: em uma festa, apareceram com repolhos e uma lamparina de trabalho vermelha. Apesar da ausência de oportunidades, os três rapazes ainda estavam famintos por fama, riqueza e liberdade da tirania: Tony Carricker ficou profundamente impressionado quando John disse a ele, naquela época: "Tocarei meu violão nos pubs, mas não *trabalharei* para sobreviver. Eu não vou *trabalhar* de verdade". Como Tony comentou: "Era um papo revolucionário em 1958". Mas como conseguiriam chegar lá?

Foi então que, na hora certa, voltou às suas vidas o criador de estrelas, Carroll Levis, vestindo seu terno de Savile Row, oferecendo a promessa de uma vaga no seu programa semanal na ATV.

Fazia quase 18 meses desde que a primeira encarnação dos Quarry Men fizera um teste e tocara no evento de Levis no Liverpool Empire, antes de Paul e George terem entrado no grupo. É desconhecida a maneira como eles voltaram à órbita do empresário canadense, mas George parece ter sido o principal responsável, pois tinha ouvido falar de um teste que aconteceria na área de Manchester. Eles chegaram lá de trem, e não eram os únicos liverpudlianos fazendo a viagem: George reconheceu e conversou com um jovem quieto do Dingle, um fã de Elvis chamado Ronnie Wycherley, que fazia apresentações solo, cantando sua própria canção ("Margo") enquanto tocava violão. Há poucos graus de separação em Liverpool: Wycherley era primo de Arthur Kelly.

Dessa vez, Lennie, Macca e Hazza chamaram a si mesmos de Johnny and the Moondogs, e apenas Paul e George tocaram violão.[40] O Gallotone Champion de John tinha "GARANTIA CONTRA RACHADURAS", mas não tinha "GARANTIA CONTRA VIRAR PÓ". O instrumento tinha sido vítima de belas agressões por parte de Lennon em algumas ocasiões. O violão já tinha sido sua posse preciosa, comprada a prestações por Julia, mas agora estava aos pedaços – "quebrado no meio", como John descreveu. Sua ação seguinte foi previsível: ao sair do teatro em Manchester, onde fizeram seu teste para Levis, John viu um violão apoiado numa parede e fez um "saque rápido". Três garotos e dois violões chegaram a Manchester, mas três garotos e três violões voltaram de lá. De acordo com Arthur Kelly, o novo instrumento de John era um lixo, ainda pior que o antigo Gallotone. "Nem tinha um formato bonito de violão, e eu nunca o vi ser tocado por John. Eu perguntei a George: 'Ele não podia ter roubado algo melhor?'".[41]

Johnny and the Moondogs ouviram que ficariam sabendo pelos correios se fossem chamados para o programa de TV *Star Search*, e Louise sempre lembraria do quão animado George ficou no dia em que voltou para casa do Institute e viu a carta dizendo que eles tinham passado no teste.[42] A carta especificava uma noite (na semana que começava na segunda-feira, 24 de novembro) quando, na segunda metade da segunda apresentação, eles tocariam no Manchester Hippodrome. John, Paul e George, com seu apoiador, Arthur, pegaram o trem para Manchester uma segunda vez. Paul lembra que eles ensaiaram as canções de Buddy Holly "Think It Over" e "Rave On" no caminho.

A resenha do show no *Manchester Evening News* declarou: "Nunca tantas guitarras elétricas foram ligadas em tantos amplificadores em tão pouco tempo, ou tantas palavras incompreensíveis foram gritadas no que seria um sotaque americano". Apesar de Levis querer variedade completa, a maioria dos garotos que almejavam o estrelato eram adolescentes tocando rock'n'roll. Também era um sucesso em Manchester – não tanto quanto em Liverpool, mas ainda assim era grande. Também se apresentou lá uma dupla de garotos locais, que se chamavam Ricky & Dane – na verdade, Allan Clarke e Graham Nash. O segundo se lembraria de como Johnny e os Moondogs eram "crus e afiados – parecia que eles não estavam nem cagando para o fato de tocarem lá".[43]

John não levou o violão roubado de volta a Manchester, caso ele fosse reconhecido, então os três concordaram em ficar próximos, um Moondog de cada lado de Johnny, que ficaria um pouco atrás deles, com os braços ao redor dos ombros de George e de Paul. O efeito deve ter sido agradável aos olhos: como Paul era canhoto e George era destro, ambos os violões estavam apontados para a plateia. Sua apresentação não teria uma aparência tão boa se George ainda fosse pequeno, como ele era na foto que Mike McCartney tirou em março. Felizmente, ele passou por uma fase de crescimento, e estava quase da altura de Paul e John. Restringidos a tocar apenas uma canção, eles optaram por "Think It Over". Paul recorda que John fez uma expressão casual enquanto cantava, e Paul e George fizeram os "ba-ba-baaah" de apoio. Não se sabe se eles plugaram os violões no amplificador Elpico de Paul, ou apenas usaram o som da casa; de qualquer forma, eles teriam dificuldade de projetar seu som para os deuses do Hippodrome, com capacidade para duas mil pessoas.

Levis configurou o evento da forma costumeira: os artistas apresentavam sua música, saíam e voltavam ao palco no fim da noite, quando Levis determinava o vencedor com base na intensidade dos aplausos da plateia. Arthur Kelly fez o melhor possível para criar o tom apropriado durante a apresentação de seus amigos – "meu trabalho era bater palmas, gritar e fazer o maior barulho possível" – e, obviamente, ele repetiu isso no final. Tiveram bastante tempo de sobra entre os dois momentos no palco, e todos os rapazes estavam ocupados ficando de olho em Jackie Collins, a irmã mais nova da jovem atriz Joan, que foi a mestre de cerimônias de Levis durante sua turnê pelos palcos em 1958. Arthur claramente lembra de Jackie: "Ela estava com um vestido curto e parecia bem-dotada. John disse, 'Olha aqueles peitos dela!', como se nós já não tivéssemos percebido".

O risco de aparecer na segunda apresentação da noite e ter que esperar pelo fim do show estava na possibilidade de perderem o último trem para Liverpool. A estação local, Ardwick, fechava após a hora do rush, então Johnny and the Moondogs tinham que voltar até a Manchester Central a pé, correndo, ou esperando encontrar um ônibus. Eles não tinham ideia de onde estavam de verdade, e não tinham dinheiro algum para passar a noite lá; eles também deveriam voltar às suas casas em um horário específico e ainda ir para a escola na manhã seguinte. O último trem para Liverpool, que saía da Manchester Central, estava marcado para as 22h35 e só os levaria até o sul de Liverpool, perto da meia-noite. Chegaria um momento da noite em que eles precisariam "vazar". Talvez acontecesse apenas minutos antes de Jackie Collins anunciar, "E vamos receber novamente Johnny and the Moondogs!", e, quando ela o fizesse, ninguém apareceria. Eles ganhariam? Eles perderiam novamente a chance (a segunda) de aparecer no programa semanal de Levis na ATV, ou em sua série na rádio BBC? Muito possivelmente, porque George recorda: "Nós achamos que fomos muito bem".[44] Arthur Kelly confirma que os três não ficaram nem um pouco felizes com a forma como tudo ocorreu: "Eles ficaram muito irritados com aquilo. Não chegamos a destruir o vagão do trem na viagem de volta, mas pulamos para lá e para cá, e cuspimos no espelho – vandalismo mesquinho dos anos 1950. Não era bem 'destruir os assentos', mas alguém teria que entrar lá e limpar a nossa bagunça".

John, Paul e George acreditavam que estrelas eram feitas assim, "descobertas da noite para o dia", mas era apenas um clichê – parecia estar em todo lugar, ao redor deles, especialmente quando o mais famoso empresário de rock'n'roll da Inglaterra, Larry Parnes, foi para Merseyside e assinou um contrato com o primo de Arthur Kelly. O jovem Ronnie Wycherley era um garoto que, como os Quarry Men, pagara para ter seu disco gravado por Percy Phillips; um garoto que, como Johnny e os Moondogs, tinha acabado de ir a Manchester para impressionar Carroll Levis; um garoto do duro ambiente de Dingle, que tinha estudado na mesma turma da St. Silas que Richy Starkey e, como Richy, tinha entrado e saído de hospitais infantis, perdendo boa parte de sua educação. Agora, de repente, com um movimento da varinha mágica de Parnes, Ronnie Wycherley tinha desaparecido na fumaça de Woodbines e ressurgido como Billy Fury, vestindo roupas estilosas, contratado pela Decca, aparecendo na TV, "uma estrela" completa (apesar de ainda não ter vendido um disco sequer). Ronnie tinha talento, certamente, mas, se podia acontecer com ele, então podia acontecer com qualquer um.

Algo semelhante estava acontecendo com outro cliente dos cafés do Soho, Harry Webb, de 17 anos, fã de Ricky Nelson e Elvis, da área ao norte de Londres. Webb foi contratado por Norrie Paramor, para a gravadora Columbia, no costumeiro contrato da EMI de um *penny* por disco – mas isso só aconteceu após a Decca o recusar.* Os meses seguintes passaram como um borrão para ele, incorporando tudo o que havia de bom, ruim e feio na indústria musical britânica. Primeiro, mudaram seu nome para Cliff Richard; depois, um editor musical chamado Franklyn Boyd o forçou a gravar "Schoolboy Crush" como seu single de estreia, uma versão cover de uma canção americana que ele estava divulgando, e que Webb não teria escolhido para si; então, Paramor impôs outros músicos de estúdio, substituindo a própria banda de apoio de Richard, os Drifters.

A descoberta de Cliff Richard só aconteceu porque Jack Good, que entendia de música, virou o disco, ouviu "Move It!" e enlouqueceu. Era uma faixa incrível; quando Good viu a foto do garoto, ele sabia que ficaria bem diante das câmeras. Era bem o que Good precisava para seu primeiro programa de rock na ITV – *Oh Boy!* – que estrearia em 13 de setembro, completamente diferente do seu antigo e esgotado *Six-Five Special*, na BBC. Seguindo as instruções características de Good, Cliff tentou causar a maior excitação possível, apostando em caras, bocas e poses, como o Elvis antes do serviço militar. "Eu fiz ele parecer malvado, genioso e magnífico", disse Good.[45] Cliff Richard explodiu para o estrelato dentro de dois minutos e meio, naquela manhã de sábado. A EMI fez de "Move It!" o lado A, e a canção quase chegou ao topo das paradas, merecidamente. Em Liverpool, foi imediatamente captada por John Lennon e Tony Carricker. "Achamos que 'Move It!' era absolutamente brilhante", disse Tony. "Era britânica, mas estava muito adiante

* A Decca não se encontrou com Webb, mas ouviu um disco demo seu, gravado no pequeno estúdio da loja de discos HMV na Oxford Street. Dick Rowe, da Decca, também recusou outro contratado de Parnes, Reg Smith, que passou a ser chamado de Marty Wilde.

de qualquer outra coisa". John confirmou que era um bom single – finalmente, algo feito na Inglaterra que soava americano: "'Move It!', de Cliff Richard, foi a primeira música que continha algo parecido com o eco correto. Antes dela, não tinha nada bom, absolutamente nada. Nada tinha chegado remotamente perto [do som americano]".[46]

O som americano continuava sendo o som mais importante, é claro. Paul gastou um pouco de seu dinheiro em *Elvis's Golden Records*, a primeira coletânea dos maiores sucessos de Elvis – 14 faixas, dez das quais tinham vendido mais de um milhão de cópias nos EUA. Isso lhe custou apenas meio *penny* a menos que £ 2 – o LP mais caro que já tinha comprado –, mas lhe rendeu alegria infindável, e apresentou ele, John e George a canções que o trio ainda não tinha ouvido, faixas antigas, porém novas para eles, que logo foram adicionadas às suas sessões com violão, como as músicas country gravadas pela Sun, "I'll Never Let You Go (Little Darlin')" e "I Forgot to Remember to Forget". Paul gostava de cantar a primeira dessas, enquanto a segunda se tornou uma das poucas que John e Paul deixaram George cantar, e ele também adorava o solo de guitarra de Scotty Moore; ao mesmo tempo, havia um novo single de Chuck Berry, "Carol", que John cantava e insistia para tocar a guitarra solo (se ele tivesse uma guitarra).

Outros discos novos nos últimos meses de 1958 que os interessavam muito, e que eles compraram, ou roubaram de lojas e festas, foram "Whole Lotta Loving" c/w "Coquette", de Fats Domino, "Nothin' Shakin' (But the Leaves on the Trees)", de Eddie Fontaine – George comprou esse –, "Yakety Yak" c/w "Zing Went the Strings of My Heart", dos Coasters – Paul comprou esse –, e um que todos eles amaram, "To Know Him Is to Love Him", dos Teddy Bears, uma balada de harmonias no compasso 6/8, peculiarmente original, cujo selo no disco mostrava apenas um sobrenome como compositor: Spector. O desenvolvimento das vozes em harmonia de John, Paul e George começou a se moldar com essa canção cativante; eles trocaram o "ele" por "ela" na letra, e começaram a corrigir o tom de suas vozes. Como Paul recordou: "O verso '*To know-know-know is to love-love-love*' foi a primeira harmonia em três partes que fizemos. Aprendemos ela na minha casa em Liverpool. Nós amávamos cantar aquela harmonia". Paul também disse que seu pai os ajudou com a técnica.[47]

Naquele ano, o último dia de aulas para John, Paul e George foi a sexta-feira, 19 de dezembro, e no dia seguinte eles tinham um evento de família, a festa de casamento do irmão mais velho de George, Harry, com sua noiva, Irene. Foi ali, no bar de entrada do Childwall Abbey Hotel – um pub histórico na Childwall Abbey Road –, que Japage 3 fez sua estreia pública.*

Tudo começou num dia em que John estava na cidade, com seu amigo da faculdade de artes, Derek Hodkin:

> Estávamos no Lewis tomando uma xícara de chá quando John disse: "Alguém falou que você tem um gravador de fita, Derek". Eu tinha feito meu serviço militar com a RAF e recebi £ 200 como indenização após um acidente de motocicleta. Eu comprei um gravador de fita Magnafon FRS da Beaver Radio, do tamanho de uma mala, mas ainda assim portátil, porque tinha uma alça, então eu tinha algo que John queria. Ele só virou meu amigo porque eu tinha um gravador de fita, mas eu fiquei feliz com aquilo: eu gostei de me exibir.[48]

A consequência dessa conversa veio numa noite enevoada, provavelmente no fim de novembro de 1958, quando Hodkin levou o aparelho de sua casa, em Widnes, até Allerton, para gravar uma confraternização musical na 20 Forthlin Road. "Eu tinha quase 22 anos, e fumava um cachimbo, era um homem sério com um casaco longo. A primeira coisa que o pai de Paul me disse foi: 'Prazer em te conhecer, Derek. Estou feliz que eles tenham alguém sensato por perto.'"

Nessa ocasião, John, Paul e George foram acompanhados por um baterista – o irmão de Paul, Mike. Os quatro, com seus instrumentos, e Derek, com seu gravador, se espremeram na sala de entrada. A origem exata da bateria de Mike é desconhecida. Da forma como ele contou a história, Paul pegou suas partes aos poucos, enquanto seus respectivos donos não estavam olhando. Ele acrescentou: "Não fazíamos perguntas sobre como ele arranjou a bateria, [mas] acho que ele a conseguiu para mim, para que eu pudesse ser o baterista do grupo".[49] Infelizmente, a técnica de Mike foi prejudicada por um braço lesionado. Apesar de fisioterapia intensiva, incluindo tratamento com choque elétrico, ele não tinha se recuperado

---

* Childwall se pronuncia como "Chilled-wall".

devidamente da fratura no acampamento de escoteiros, em 1957. Paul também praticava com a bateria e, inevitavelmente, era muito melhor, tendo descoberto como passar pelos tambores como o baterista de Chuck Berry fazia em "Sweet Little Sixteen". No entanto, Paul enfaticamente descartou qualquer possibilidade de ser o baterista de que ele, John e George tanto precisavam. Por que ele iria querer tocar bateria se podia estar na frente, tocando violão e cantando?

Como Derek Hodkin recorda, a sessão de gravação foi "uma hora de conversas, piadas, risadas, ensaio, músicas e vários comentários inapropriados sobre minha namorada".

> Eu gostava de música clássica, e não conhecia muito o rock'n'roll. Eu só tinha ouvido falar de Elvis Presley. Então, quando John disse a Paul, "Faça sua imitação de Little Richard", e ele cantou "Long Tall Sally", soou incrível, ali, naquela sala de entrada, um som fantástico, tão alto e empolgante. Era como se todos eles tivessem sua própria música ou encenação para fazer em festas. John disse: "George, toque aquele trecho para Derek...". Acho que George era meio exibido – ele era o melhor na guitarra, e deixava isso bem claro para nós, mas todo mundo gostava. Então, John e Paul começaram a cantar uma música que tinha o verso "*I fancy me chances with you, I fancy me chances with you...*".[50]

Hodkin preencheu um rolo de fita Emitape de sete polegadas, depois a tocou para eles – uma experiência que, de acordo com Derek, todos adoraram. Era empolgante e ideias se formaram naquela bolha. Derek recorda: "Eles me disseram: 'Você pode ser nosso empresário!'". Ele não achou ruim a sugestão, de maneira alguma.

Além de seu equipamento de gravação, Derek carregava um caderno de anotações da RAF. Quando John, Paul e George começaram a sugerir ideias de um novo nome para o grupo, ele os anotou, a lápis. Ele ainda tem o caderno, onde as ideias permanecem, um momento congelado no tempo.

THE POLECATS
THE RAVENS
THE BLACKBIRDS
THE JACKDAWS
THE JAYBIRDS

"The Ravens" é o único nome sublinhado, então provavelmente foi o favorito por um tempo, mas o último desses cinco claramente gerou uma nova linha de pensamento, porque, acima de todos eles – em letras grandes, dominante – Hodkin escreveu JAPAGE 3.

Como Hodkin explicou, Japage – pronunciado "Jaypage" – veio do "J" de John, "pa" de Paul e "ge" de George, e era 3 porque eles continuariam como um trio, sem intenção de manter Mike como baterista. Tocar em um ensaio gravado era uma coisa, subir no palco era outra. Mike nem tinha 15 anos de idade e era como um bandido de um braço só.

Antes de sair de Forthlin Road naquela noite, Hodkin ofereceu a John, Paul e George a fita, mas eles não tinham o dinheiro para compensá-lo pelo gasto (cerca de 30 xelins), além de não terem como tocá-la, então ele a levou para casa. Ele começou a trabalhar na mesma hora: "Assim que cheguei em casa, em Widnes, eu insisti com meus pais para que ouvissem a fita. Ambos disseram que era 'uma bobagem barulhenta', mas eu disse que seria empresário deles". Então, ele pegou uma agenda telefônica, com repartições de A a Z, e escreveu, na capa, "'*The Japage 3' Engagements Book*" (Agenda de Compromissos dos "Japage 3"). Isso registra que, em 2 de dezembro de 1958, ele fez seus primeiros deveres, contatando (provavelmente por carta) o oficial de entretenimento do Territorial Army (Reserva Militar), no Drill Hall em Widnes. Ele também entrou em contato com o homem que cuidava dos eventos no La Scala Ballroom, em Runcorn. Abaixo de cada possível evento, Hodkin escrevia "£ 4", indicando a quantia que ele estava buscando – talvez uma libra para cada um deles.

Mas o primeiro evento dos Japage 3 não foi marcado por seu empresário, e ele nem tinha conhecimento do que seria: foi na festa de casamento do irmão de George. Há uma bela foto do trio tocando lá, com as janelas do Childwall Abbey Hotel ao fundo: John está, novamente, sem violão (nem deu mais bola para o instrumento horrível que ele roubou em Manchester), estão vestindo um belo uniforme, terno e gravata escura, e todos estão com topetes. A história não registrou o que eles cantaram, mas, de acordo com George, os três estavam bêbados, e o noivo se lembra da contribuição mais especial de John ao evento: virar seu copo de cerveja sobre a cabeça de uma pianista idosa, convidada do casamento, anunciando: "Eu te consagro, David". Um comportamento tão extravagante era típico em festas de Liverpool e ninguém ficou bravo com John, nem mesmo a mulher encharcada de cerveja. Ela apenas saiu andando, de forma silenciosa mas pegajosa, para tentar se secar.[51]

Dois terços dos Japage 3 viram seu empresário novamente, poucos dias depois, em sua casa, como Derek Hodkin recorda:

> Eu fiz uma festa para Monique, minha "namorada francesa", que estava me visitando. Para os homens ingleses daquela época, só pensar em uma garota francesa já era erótico. Eu decidi não convidar George, mas isso não impediu John e Paul de vir – eles sabiam que haveria garotas bonitas lá. Apesar de eu não pedir para eles trazerem violões, Paul trouxe o seu, e ele estava ocupado tocando e conversando com todas as garotas; John estava com suas calças apertadas de sempre, camiseta preta e uma jaqueta, bem beatnik. Nenhum deles se deu bem com as garotas. Meu avô de oitenta e poucos anos disse que eles eram "malfeitores".

John e Paul estavam mais próximos que nunca no fim de 1958, uma dupla que tinha sido esculpida de tantas maneiras diferentes. John fazia Paul rir como ninguém, e ali, na época de Natal, aconteceu um incidente que ele sempre contaria com muito carinho. Depois de sair de Forthlin Road, tarde da noite, sem os seus óculos, John disse a Paul que ele viu, na Mather Avenue, "umas pessoas loucas sentadas numa varanda, de frente para a rua, jogando cartas, à uma da madrugada". *O quê?* Logo na próxima vez que Paul passou pela avenida, ele decidiu ver, por si próprio, do que se tratava. Era um presépio iluminado. Foi hilário.

Menos de uma década depois, ao refletir sobre esse período, Paul comentou como "cada ano parecia durar cinco anos"[52] – mas eles estavam crescendo rápido. Na festa anual de Ano-Novo da família McCartney, em Aintree, Paul já era considerado velho o suficiente para trabalhar no bar (uma tábua de madeira sobre algumas caixas), servindo cerveja direto do barril, aprendendo sobre "*gin & it*" e "*rum & black*". Lá estava seu pai, liderando a cantoria de seu piano, cantando todas as maravilhosas canções dos anos 1920 e 1930; lá estava seu querido tio Jack, fazendo ótimas piadas para todas as crianças; lá estavam todos aqueles liverpudlianos alcoolizados, dançando ao som de "Carolina Moon"; lá estava uma pessoa com sua gaita de fole, entrando na casa, à meia-noite; e lá estava Paul, cheio de black velvet, recebendo 1959 com a antiga tradição... de vomitar.[53]

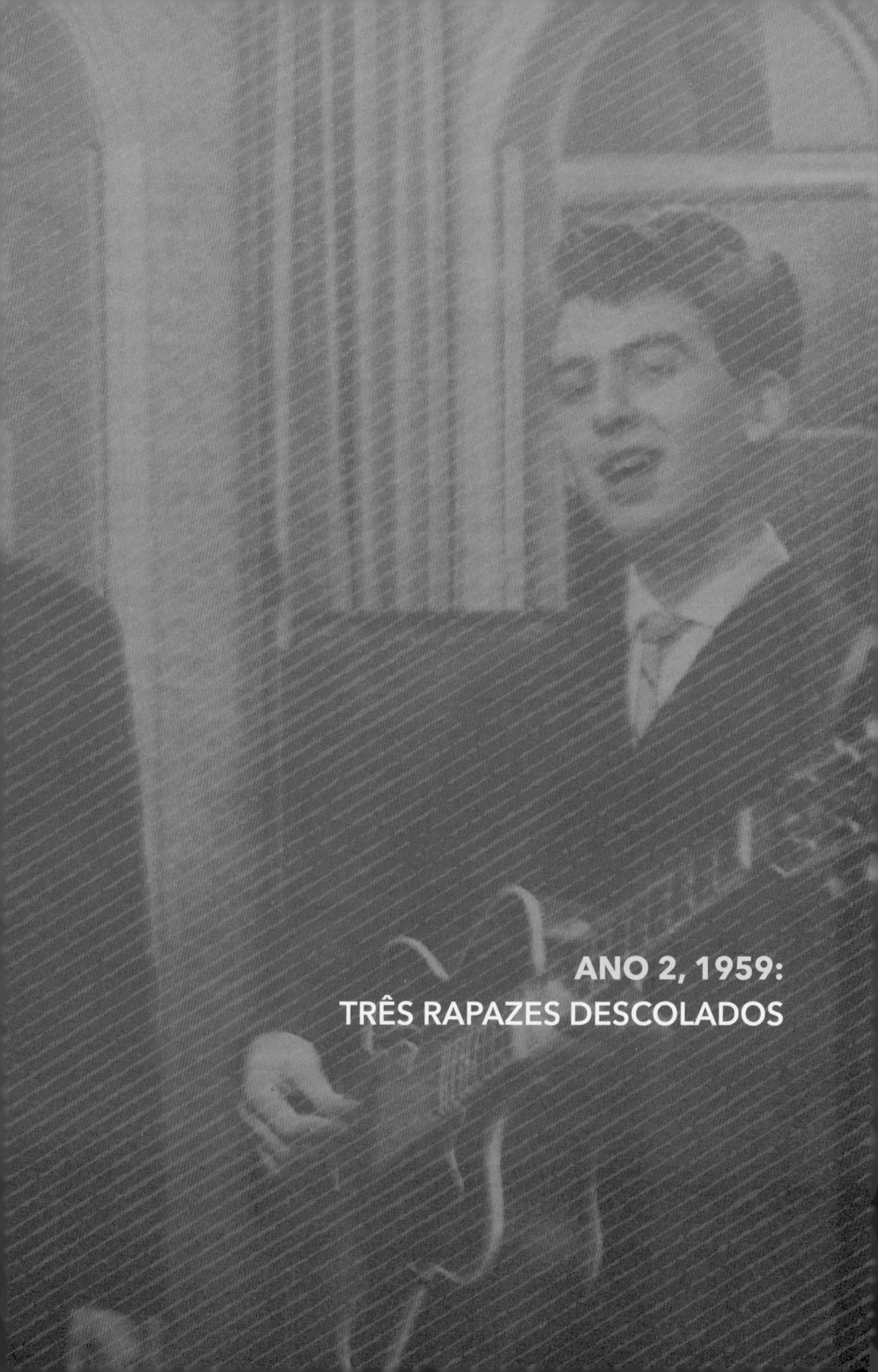

ANO 2, 1959:
TRÊS RAPAZES DESCOLADOS

10
"Um Teddy Boy meio violento" (janeiro a julho de 1959)

A fonte de tanta alegria e inspiração foi apagada cruelmente, na terça-feira, 3 de fevereiro de 1959, quando Buddy Holly morreu em um acidente de avião, aos 22 anos de idade. A notícia chegou a seus discípulos em Liverpool na manhã seguinte. Thelma Pickles lembra de John discutindo a notícia na cantina da faculdade de artes, durante o almoço, apesar de não parecer particularmente afetado. Outra morte de alguém especial para ele. John tinha barreiras para esse tipo de situação perturbadora. Paul McCartney recordou como a notícia se espalhou pelo Liverpool Institute: "Lembro de estar no antigo playground da minha escola. Costumávamos chegar lá de manhã, e ir até o lugar que chamávamos de cantinho dos fumantes, onde fumávamos um Woodbine rapidinho, antes de ir para a aula. Alguém tinha um *Daily Mirror*, e uma chamada dizia que Buddy Holly havia morrido. Ficamos sem chão. Foi bem chocante".[1]

Ao mesmo tempo, o gerenciamento de Derek Hodkin para os Japage 3 já estava enfraquecendo, após a empolgação inicial se dissipar. Apenas quatro páginas da Agenda de Compromissos dos "Japage 3" continham algo escrito. O mais intrigante é que Derek tinha feito contato com o sargento Head, que gerenciava o clube NCO na base da força aérea dos Estados Unidos em Burtonwood, a 26 quilômetros de Liverpool. Se os Japage 3 tocassem lá, poderiam ser vistos por uma plateia americana pela primeira vez; mas, apesar de várias conversas entre Hodkin e Head, para agendar o evento num domingo, com o pagamento de £ 5, a apresentação nunca ocorreu.

O único evento que o empresário dos Japage 3 conseguiu agendar com sucesso foi no La Scala Ballroom, em Runcorn, onde eles tiveram um teste ao vivo, durante a Teenage Night, em 2 de março, enquanto a Stan Clarke Orchestra, residente da casa, tirava uma folga. O pagamento era o reembolso de suas passagens de trem de Liverpool. Hodkin não podia estar presente, então Tony Carricker – que morava em Widnes, do outro lado do rio – decidiu ser o guia deles, o que incluía levá-los pela caminhada de um quilômetro e meio da estação até o salão de baile.

> Era só John e seus amigos, Paul e George, e eles só tinham violões. *Talvez* tivesse outro cara, um pianista, porque, na minha cabeça, eram os Japage 4, mas posso estar enganado. Eu lembro de um grupo de garotas entrar correndo em nosso vagão de trem, garotas que eu via na minha jornada diária, então o crédito dos rapazes comigo subiu consideravelmente. A única outra coisa de que me lembro é de me sentar na beirada do palco com John, quando duas garotas da cidade vieram até nós e perguntaram se gostaríamos de dançar. Olhamos um para o outro e dissemos que não. Não gostávamos da ideia de dançar com pessoas que não conhecíamos.[2]

Logo em seguida, Hodkin conseguiu dizer a John que La Scala gostou dos Japage 3, e estava oferecendo um evento, com pagamento de £ 4, em 8 de maio. Aceito. Mas seria apenas uma apresentação – Hodkin achava o gerenciamento de rock completamente entediante. Ele alegremente admite que o grupo nunca foi sua prioridade: "Eu saía com uma garota diferente toda noite da semana, e aquilo era *tão* mais interessante que os Japage 3". Ele também achava que os rapazes eram exigentes. "George dizia para mim, 'Você conseguiu mais eventos para nós, Derek?', e eu achava que ele era metido e agressivo, arrogante demais para um garoto de 15 anos. Eu tinha 22, e ele me tratava como se eu devesse estar fazendo as coisas por ele."[3]

O desejo que George tinha de tocar violão (ou guitarra) o tempo todo o levou a começar o que ele posteriormente chamaria de "*freelancing*" – e, na primavera de 1959, ele se uniu a outro grupo, o Les Stewart Quartet.[4] Ele não largou John e Paul, ele apenas entrou para o grupo de Stewart ao mesmo tempo, substituindo outro rapaz, tornando-se o quarto integrante deles. Stewart tocava guitarra solo,* e George tocava a base; também havia outro guitarrista – um cara de óculos,

---

* Charles Leslie Stewart (n. 1941) tocava banjo, bandolim e piano, além da guitarra.

chamado Ken Brown – e um baterista, Ray Skinner. George estava completando 16 anos e era o mais jovem dos quatro, mas Stewart (com quase 18) diz que isso pouco importava. "Eu nunca pensava sobre o George ser mais jovem, ele era um cara legal. Eu gostava bastante dele, e ele tocava bem: costumava praticar e praticar e praticar, até tocar todas as notas perfeitamente. Isso era algo que eu nunca fazia – eu costumava só improvisar o tempo todo, e não tinha muita paciência."[5]

A posição chegou a George por meio de um emprego aos sábados que ele tinha conseguido, para pagar por seu Hofner President. Ele era entregador de açougue, andando com sua bicicleta por Hunt's Cross e Speke, com encomendas sangrentas, embrulhadas em papel branco. Como ele sempre falava sobre música, George descobriu que outro rapaz lá tinha um violão ressonador (ou violão de aço) Dobro, o primeiro do tipo que George viu. Como Les recorda, esse outro rapaz, Tommy Askew, estudava na Old Swan Technical College com ele, e foi assim que o laço foi estabelecido. Les morava na 32 Ballantyne Road, entre Tuebrook e West Derby, ao norte de Liverpool, então George tinha que pegar vários ônibus toda vez que ensaiava ou tocava com o Quartet. Isso não o impedia. Assim como seu pai, quando a mente de George estava determinada em relação a algo, nada podia distraí-lo.

Ao refletir sobre esse período, 35 anos depois, George se lembrou de ter feito poucas apresentações com o Les Stewart Quartet. De fato, eles tocavam regularmente em um clube da caridade British Legion; todo domingo à noite, tocavam em um clube de West Derby chamado Lowlands. Como o Morgue em Broad Green, o Lowlands abriu em março de 1958, e ocupava o porão de uma grande casa vitoriana, isolada, na pacata área residencial Hayman's Green. Porém, enquanto o Morgue operava fora da lei e logo foi fechado, Lowlands se tornou o quartel-general da West Derby Community Association, o pilar de uma boa vizinhança. Suas sessões semanais de música adolescente aconteciam em um porão de teto baixo chamado Pillar Club, que tinha até seu café completo; organizado pelo comitê com eficiência e imaginação, foi um sucesso estabelecido por diversos anos.

O segundo grupo de George tocava música diferente. É claro que eles tocavam Jerry Lee Lewis, Chuck Berry, Elvis Presley e Gene Vincent, mas também eram um dos poucos grupos de Merseyside que tocavam blues de verdade – a música de Big Bill Broonzy, Josh White, Lead Belly, Muddy Waters, Woody Guthrie e Sonny Terry & Brownie McGhee. Com pouco conhecimento do blues, George teve que trabalhar duro para acompanhar os outros, aprendendo o tempo todo. A única seguidora ávida do grupo, Shelagh Maguire – namorada de Les Stewart, que se casou com ele em 1961 – diz que sua melhor canção era uma versão blues de "You Are My Sunshine", e se lembra de George ter acrescentado uma ou duas canções de Carl Perkins ao repertório, as quais ele cantava.

George frequentemente levava John com ele ao Lowlands, ou aos ensaios regulares do grupo na casa de Les; às vezes, ele levava Paul. Les tem uma memória marcante de John tocando com o grupo no pequeno palco do Lowlands – pelo menos uma vez, ele diz. Nenhum outro detalhe disso ficou na memória, e não há, infelizmente, qualquer fotografia de George tocando com o grupo. O período, porém, foi provavelmente entre fevereiro e março de 1959.

Foi nessa época que George colocou o último prego no caixão de sua educação formal. Ele tinha acabado de fazer o "simulado" de seus exames de nível básico e teve um desempenho pífio, fracassando em tudo, exceto arte; em língua inglesa, sua nota foi 2 por cento. O diretor, The Baz, deixou explícito que, extraoficialmente, ele e a escola estavam lavando suas mãos em relação ao estudante. Caso George, que mal assistia às aulas, não se desse ao trabalho de aparecer durante o período de verão, não haveria problema algum. Um destino mais cruel acometeu Arthur Kelly. Ele estava esperando, havia muito tempo, por uma oportunidade de ir para a faculdade de artes, como John, mas descobriu – tarde demais – que a faculdade estava implementando novas regras de entrada, requerendo três aprovações nos exames GCE. Sua única chance era trapacear nos exames – ele tentou, e foi pego. Chamado ao escritório de The Baz, deixaram claro a Kelly que ele deveria sair da escola de gramática e não voltar mais. "Não fui expulso, mas saí de lá na Páscoa de 1959. Pouco tempo depois, um parente mexeu uns pauzinhos e consegui um emprego que pagava £ 4 por semana, trabalhando num escritório da Cunard."[6]

Sabendo que ele sairia de lá em julho, e já sem a companhia de seu melhor amigo, George simplesmente matou aulas o tempo todo – não foi à escola por três meses, a partir de abril. Ele não tinha ideia do que faria pelo resto de sua vida, e não se importava. Algo apareceria. Sabendo que o pai ficaria furioso com esses últimos acontecimentos, George achou melhor não contar para seus pais. Ele apenas pegava o dinheiro para o almoço que Louise lhe dava e entrava no ônibus, toda manhã, como de costume. Em vez de ir para a escola, ele passeava por Liverpool, como um desertor. Ele passou muito tempo com sua cunhada, Irene, no apartamento que ela e Harry, recém-casados, alugavam. George implorava a ela, "Não conte pra minha mãe", e Irene – que amava Louise e Harry – guardou o segredo, mesmo que de forma desconfortável. Às vezes, George perguntava a ela, "Aonde você vai hoje?"; quando Irene chegava ao seu destino, lá estava George, pronto para passar mais tempo com ela.[7]

John e Thelma já estavam saindo havia cerca de seis meses quando seu relacionamento ruiu. A faculdade de artes fazia bailes na cantina, geralmente no terceiro sábado de cada mês; apesar de eles não comparecerem sempre, decidiram ir ao baile que ocorreu perto da Páscoa. Durante o evento, John se inclinou para falar com Thel e perguntou se ela estava a fim de fazer "uma corrida de oito quilômetros". Ela concordou e foram sorrateiramente até o andar de cima, na sala de história da arte, presumindo que estaria vazia. "Estava escuro, mas percebemos que havia outros casais lá, provavelmente fazendo suas próprias corridas de oito quilômetros, ou tentando", Thelma recorda. "Falei para John que eu não me sentia confortável de fazer num lugar daqueles, especialmente com outras pessoas lá, e ele não ficou feliz com minha atitude. Quando insisti que deveríamos ir embora e me levantei para sair de lá, ele ficou agressivo e me atacou – seu punho me atingiu em alguma área entre meu ombro e minha cabeça, perto do meu pescoço."[8]

Thelma saiu de lá furiosa e decidiu que seria o fim do relacionamento deles. Ela fez de tudo para evitar John na semana seguinte, e, quando isso não era possível, ela simplesmente o ignorava. Ele começou a tirar sarro dela, mas ela resistiu a suas piadinhas e isso durou vários dias, até chegar a seu ápice, no Cracke. "Ele ainda estava tirando sarro de mim, na frente dos outros, daí ele me chamou de 'virgem de beira de cama'. Aquilo me irritou mesmo, porque ambos sabíamos que não era verdade. Ele estava apenas sendo sarcástico e me ferindo, porque estava bravo comigo, e eu fiquei tão furiosa que gritei para ele: 'Não me culpe por sua mãe estar morta!'. Foi um comentário cruel, mas ele já tinha ouvido esse tipo de coisa. Só parecia a forma mais fácil de revidar contra ele."

John e Thelma tinham chegado ao fim da linha, mas eles continuariam amigos e se manteriam em contato por vários anos. Em uma entrevista em 1980, John refletiu sobre seu comportamento adolescente: "Bater em mulheres é algo de que eu tenho vergonha o tempo todo e ainda não consigo falar sobre isso – eu terei que estar muito mais velho antes de conseguir encarar isso em público, falar sobre como eu tratava mulheres quando eu era jovem".[9] Só que ele *estava* falando sobre isso, e com sua franqueza de sempre, mesmo quando o fazia mal. Em 1967, John abordou o tema na letra de uma canção e falou sobre isso com seu biógrafo, Hunter Davies. "Eu estava cego de raiva, por dois anos", ele disse. "Ou eu estava bêbado, ou eu estava brigando. Era um problema que eu tinha."[10]

Isso também era, claramente, algo que acontecia em muitos relacionamentos, já estava acontecendo havia muito tempo e continuaria a acontecer no futuro, sobretudo no norte da Inglaterra. Não era escusável, mas também não era incomum, e tais atitudes eram reforçadas constantemente nas mentes receptivas, por meio do cinema. "Além de nos vestirmos como James Dean e andarmos daquele jeito", John mencionou, posteriormente, "nós agíamos de acordo com aquelas farsas cinematográficas. O homem másculo tinha o dever de bater no rosto da garota e fazê-la sucumbir, chorando, depois fazer amor com ela. A maioria dos caras que eu conheci em Liverpool achava que aquele era o jeito de agir".[11]

Em termos de vestimenta, John continuava a alternar entre o cachecol da faculdade e o casaco de Teddy Boy – mas, para ele, ser um Ted era mais um estado mental.[12] No entanto, sua identidade continuava sendo parte da atração que exercia sobre Paul e George. De acordo com Paul: "Nós o admirávamos como um Teddy Boy meio violento, que era algo atraente na época. Ele ficava bêbado com frequência, e uma vez ele quebrou uma cabine telefônica com um chute... [e] o que poderia ser visto como um clássico comportamento rude, eu sempre imaginava ser audácia".[13]

Ao mesmo tempo, Tony Carricker recorda como ele e John costumavam admirar Stuart Sutcliffe. "Ele parecia indiferente, legal, bem autônomo. Ele não tinha um rosto bonito ou uma pele boa, mas causava uma boa impressão e tinha um ótimo corte de cabelo ao estilo James Dean." A amizade de John com Stuart já estava forte. Paul e George também o conheceram, e George, especialmente, gostou dele, admirando seu óbvio talento artístico e sua personalidade. "Eu gostava muito de Stuart, ele sempre foi muito gentil. Às vezes, John tinha um leve complexo de superioridade, mas Stuart não tinha qualquer discriminação contra mim ou

Paul, por não sermos da faculdade de artes."[14] Stuart gostava de ouvir John, Paul e George tocando música juntos e se entusiasmava com o som deles numa época que poucos o faziam. Ele conseguiu colocar a banda em uma festa ou duas e foi junto para encorajá-los.

A cena do rock em Liverpool continuava muito além do alcance deles. Sam Leach ainda estava ativo em Croxteth, e o interesse também estava aumentando em outros subúrbios. Um homem de Crosby chamado Brian Kelly, que tinha uma companhia de contratações para o rádio chamada Alpha Sound, usava o nome Beekay para promover "bailes de dança" em salões no norte da cidade, incluindo o Lathom Hall, em Seaforth, e o prédio da prefeitura de Litherland. Lugares conturbados. No sul de Liverpool, um jovem homem chamado Wally Hill estava dando seus primeiros passos como *promoter* independente no massacre que era o Winter Gardens, em Garston, bem como no Holyoake Hall, um salão de baile cooperativo próximo da garagem de ônibus em Penny Lane.

A empreitada de Hill logo atraiu uma mente com ideias semelhantes, quando Bob Wooler, de Garston, ofereceu seus serviços como DJ e MC (mestre de cerimônias). Ele logo seria conhecido como o "Daddy-O" dos DJs de rock'n'roll de Merseyside, o próprio Alan Freed da cidade... ou não: Wooler tinha a voz suave, se vestia de maneira sóbria, era pedante e pontual; mesmo assim, era um homem abençoado com lucidez de pensamento e expressão, muita inteligência, um bom domínio da língua inglesa e dicção clara. Ele nasceu para ser um comunicador, um mago das palavras, um criador de trocadilhos sem limites. Durante o dia, ele trabalhava como balconista ferroviário em Garston Docks; à noite, ele se tornava a alma do rock'n'roll de Liverpool, o diretor da cena, organizando todos os aspectos das promoções e fazendo tudo o que ele podia para aconselhar e encorajar os músicos. Nascido em 1926, Wooler era um solteirão cheio de segredos, com mais de 30 anos, que adorava tocar discos e assistir a espetáculos com música ao vivo, então ele arredondou seis anos e disse que havia nascido em 1932. Já era idade o suficiente. Como ele disse, não gostaria que "Daddy-O" se tornasse "Grandaddy-O"*.[15]

* O termo "Daddy-O" faz referência à palavra "*daddy*", que significa "papai", com conotação de "o cara", enquanto "Grandaddy-O" faz referência a "*grandaddy*", que significa "vovô". [N.T.]

Geração anterior

Jim Mac's Band por volta de 1920. Quarenta anos depois, Paul tocaria em boa parte desses mesmos salões. Era uma bandinha de poucos componentes que animava as festas: a maioria das pessoas na foto são frequentadores. Jim (o terceiro à direita do bumbo, na fileira de baixo) tocava trompete e piano.

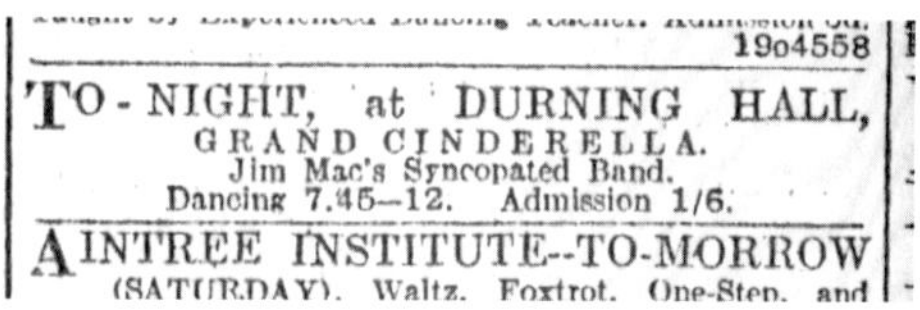

1904558

TO-NIGHT, at DURNING HALL,
GRAND CINDERELLA.
Jim Mac's Syncopated Band.
Dancing 7.45—12. Admission 1/6.

AINTREE INSTITUTE--TO-MORROW
(SATURDAY). Waltz, Foxtrot, One-Step, and

A segurança de uma vida em família: fins da década de 1940, em Speke. Mary e Jim McCartney, com os filhos Mike (esquerda) e Paul (direita).

Richard Starkey, cujo fugaz casamento com Elsie Gleave teve um único resultado feliz: o jovem Richard, ou Richy para os mais íntimos.

Quando Richy tinha 13 anos, Elsie casou-se com o londrino Harry Graves – sua índole cordial ajudou a adoçar um pouco a infância de Richy, um menino de saúde frágil.

Harry e Louise Harrison – cidadãos convictos de Wavertree e, mais tarde, Speke. George era o caçula de quatro filhos.

Não existem fotos dos pais de John juntos. Alf Lennon (à frente, no centro), típico operário de Liverpool, bem--educado e eternamente despreocupado, a bordo do *Dominion Monarch*. À esquerda está o melhor amigo dele, Billy Hall.

Os pais de criação de John – a ferozmente independente tia Mimi e o bondosamente travesso tio George – no jardim dos fundos da casa da Menlove Avenue, em Woolton, onde John foi morar a partir dos cinco anos de idade.

Única foto conhecida de John com sua extraordinária mãe, Julia. Estamos no verão de 1949 – prestes a completar nove anos, John morava havia três anos com Mimi e George; Julia está esperando o quarto filho.

ohn (fileira de trás, segundo da esquerda para a direita), com quase 12 anos, com colegas do sétimo ano da Quarry Bank. O oirinho à esquerda dele é Pete Shotton, o melhor amigo de John e cúmplice nas traquinagens.

Richy (fileira da frente, primeiro à esquerda) no terceiro ano da escola de Ensino Fundamental St. Silas, 1948-49. Aos oito anos, re ém-chegado de um ano hospitalizado, ficou irremediavelmente para trás.

Paul, com cerca de nove anos, na escola de Ensino Fundamental Joseph Williams (fileira de trás, canto superior esquerdo) lendo um gibi e fazendo caras e bocas.

George (fileira de trás, quinto da direita para a esquerda), por volta dos sete anos de idade, na Dovedale Road Infants. Aos cinco, ele instruiu Louise a jamais fazer como as outras mães, que ficavam no portão da escola fofocando.

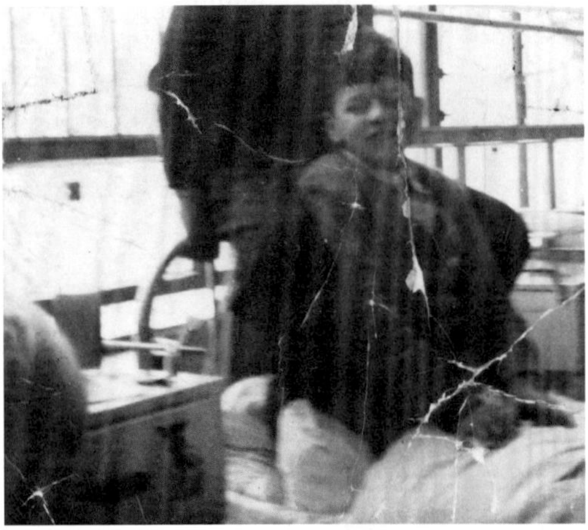

Gravemente adoentado desde a véspera do sétimo aniversário, Richy no Royal Liverpool Children's Hospital – um instantâneo sorridente que esconde a recuperação sombria e tediosa de um ano de peritonite. Em três ocasiões, os médicos previram que ele não veria a luz do dia.

Hoylake, 16 de abril de 1955 – grande inauguração da Clarendon Furnishing, Brian Epstein nomeado gerente por sua mãe, Queenie (à direita dele), e o pai, Harry (à esquerda de Brian). Na frente está a apresentadora da BBC Muriel Levy, que foi a mestre de cerimônias do evento.

George com Jenny Brewer no acampamento de Sandy Bay, Exmouth, Devon, em agosto de 1956 – ele perguntou se ela já tinha ouvido "o cara": Elvis.

A primeira foto conhecida de qualquer grupo de Liverpool se apresentando em local público. Em pé, Richy marca o ritmo na caixa, no sempre assustador Wilson Hall, Garston, 23 de maio de 1957. Composta por colegas aprendizes de uma fábrica no bairro Toxteth, a formação do Eddie Clayton Skiffle Group incluía Roy Trafford, amigo de longa data, na voz e baixo de caixa de chá; e Clayton (à direita), provavelmente o melhor guitarrista de Liverpool na época.

Sábado quente em Woolton, 6 de julho de 1957: John Lennon, 16, lidera sua banda, The Quarry Men, em um show na festa da Igreja de St. Peter, cantando Elvis, Gene e Lonnie. Ao descer do palco, o grande amigo dele, Ivan Vaughan, apresentou-o a Paul McCartney, 15.

George e o melhor amigo Arthur Kelly com seus primeiros e adorados violões. Quintal em Speke, verão de 1957 – mas poderia ser em qualquer lugar de Liverpool. Cidade afora, a meninada está aprendendo a tocar violão e guitarra. A febre aumentaria semanas depois, com o lançamento do single "That'll Be The Day", de Buddy Holly.

Meninos da vanguarda à frente. Sem demora John convidou seu novo e talentoso amigo para dividir com ele os vocais. Colin, Len e Eric são os outros Quarry Men, tocando aqui no New Clubmoor Hall, em 23 de novembro de 1957. Esta configuração – Paul à esquerda, John à direita – permaneceu mais ou menos constante ao longo dos próximos anos.

O pop britânico antes de os Beatles mudarem tudo. George Martin, aos 30 anos, o mais jovem gerente de A&R de Londres, com grupos “adolescentes” que ele havia recém gravado para o selo Parlophone, em singles de 45 rpm. À esquerda dele, Jim Dale e quatro membros do Vipers Skiffle Group; à direita, os King Brothers. Festa da EMI, Abbey Road, Natal de 1957.

Devorando batatas *scallops* e conversando sobre rock’n’roll. Paul, George e John vadiando no palco da cantina da faculdade de Artes. Ann Mason, amiga e colega de John, registrou esse momento na hora do almoço de 1958 em tempo real – sem os participantes notarem – e recentemente o encontrou num caderno de desenho.

A estreia do Japage 3 (pronuncia-se "Jaypage"), animando a recepção do casamento de Harry Harrison, irmão de George, no *saloon bar* do Childwall Abbey Hotel, 20 de dezembro de 1958. O ritmo ficou por conta de apenas dois violões. Mais tarde, John anunciou "Eu te consagro, David" e derramou a caneca de cerveja sobre a velhusca pianista. Típico de John, típico de Liverpool.

Liverpool, 10 de maio de 1960 – junção de duas fotos para compor a primeira foto dos Beatles como grupo. Stuart Sutcliffe se uniu a John, Paul e George, com o baterista convidado, Tommy Moore. A banda está fazendo um teste para apoiar Billy Fury numa temporada de verão, no cais de Great Yarmouth. Stuart ainda é um aprendiz no baixo, então Paul o instrui a ficar de costas para Fury e o empresário dele, Larry Parnes.

Verão de 1960, acampamento de férias da rede Butlin's, em Pwllheli, North Wales. Desde o final de 1959, Richy virou Ringo, na função de baterista do Rory Storm and the Hurricanes, então a principal banda de Liverpool... mas não por muito mais tempo. Aqui Ringo aparece brincando com Ty Brian (à esquerda), Johnny Guitar (à direita) e o irrepreensível Rory.

No monumento se lê: "O nome deles viverá através das gerações". Beatles a caminho de Hamburgo, 16 de agosto de 1960. O empresário da banda, Allan Williams – barbudo e temporariamente sem sua cartola –, faz uma parada em Oosterbeek, para prestar homenagem aos soldados aliados mortos em combate. Outros viajantes incluem Beryl (a esposa do empresário), o amigo Harold Phillips (também conhecido como Lord Woodbine), além de Stuart, Paul, George e o novo baterista dos Beatles, Pete Best, convocado no último minuto para garantir a temporada em Hamburgo (John não apareceu nesta foto).

No meio da floresta às margens do Elba, cabelo erguido e guarda baixa. Stuart fotografado por Astrid Kirchherr, novembro de 1960. Ela já se tornou o amor da vida dele, e ele, o amor da vida dela – inclusive está usando o cachecol de Astrid.

O mais novo dos Beatles muitas vezes ditava os caminhos da moda. Aos 17 anos, George foi o primeiro a trajar couro. Fotografado por Astrid no parque de diversões Hamburger Dom, novembro de 1960.

John, também agora em couro, com Stuart no Dom, foto de Astrid.

Paul (que em geral só comprava as coisas mais tarde) com Stuart no Dom, foto de Astrid.

5-4-3-2-1. Cinco rapazes de Liverpool, quatro guitarras, três amplificadores, duas baquetas: uma nova banda. Os Beatles no Indra, primeira noite, 17 de agosto de 1960 – batismo em Hamburgo, prontos para aprender, e rápido. No Kaiserkeller, outro clube na mesma rua, Derry and the Seniors estão tocando: é o rock de Liverpool chegando à Alemanha.

programm. Der Pressefotografie ist ebensoviel Raum ge-

Tanzpalast
INDRA
HAMBURG-St. PAULI-GR. FREIHEIT 64
Bruno Koschmider-Betriebe
Beste Rock'n'Roll-Band
The Beatles
und jugendl. Rock'n'Roll-Sänger
Eintritt frei!

Kaiserkeller
Tanzpalast der Jugend
Große Freiheit 36
Bruno Koschmider-Betriebe
Rock'n'Roll-Star
„Derry und die Seniors"
spielen tägl. heiße Musik
Eintritt frei!

HONNEN

Um típico britânico no exterior. John, o *Daily Express* e uma cueca de bojo frontal respirável, na Grosse Freiheit, novembro de 1960. Ele está do lado de fora do "buraco", os dois sombrios quartinhos atrás da tela do velho cinema Bambi Kino, que os Beatles chamaram de lar por três meses.

A formação clássica dos Beatles em Hamburgo, no parque de diversões Dom, 1960. John acabou de comprar uma guitarra nova – por incrível que pareça, americana – e Paul ainda usa a antiga. Única vez que Astrid fotografou Pete. Ele sempre encarnava o papel com estilo, mas logo se estabeleceu um distanciamento quase total entre ele e os outros Beatles.

Rory Storm and the Hurricanes, segunda banda mais importante de Liverpool. Uma constante decadência já começou.

Paul no salão de baile do Litherland Town Hall, janeiro de 1961. Nessa época, também era chamado de "Mantovani" por seus colegas na Massey & Coggins Ltd, fábrica de bobinas e transformadores, em Edge Hill. Antes do primeiro show dos Beatles no Cavern – um show na hora do almoço –, John e George foram buscá-lo, então Paul pulou o muro.

Conforme os vários halls abriam, também surgiam os grupos que tocariam neles. Na primavera de 1959, os classificados de "Jazz" do *Liverpool Echo* começaram a trazer nomes novos, os primeiros integrantes da primeira geração de grupos de rock de Liverpool: Duke Duvall's Rockers, os Rocking Rhythm Coasters, o Remo Quartet, os Swinging Bluegenes e os Raving Texans.* Al Caldwell e Johnny Byrne estavam firmes com seu grupo de quatro integrantes, agora totalmente elétrico. A habilidade que Caldwell tinha de se autopromover era a melhor em Liverpool, prejudicada apenas por seu hábito peculiar de mudar o nome do grupo a cada cinco minutos. Ainda assim, ele conseguiu que publicassem um bom perfil dos Texans no jornal nacional *Disc* – algo inédito – e, por volta dessa época, o baterista mencionado no artigo saiu do grupo, então começaram a consultar um certo rapaz do Dingle.[16]

Até o momento, tem sido impossível determinar as datas, ou até mesmo a sequência exata dos eventos, do que ocorreu com Richy Starkey em 1959. O que se sabe com certeza é que o Eddie Clayton Skiffle Group tinha se separado antes da primavera. O skiffle tinha acabado e levara consigo um pouco do seu impulso; além disso, Clayton – Eddie Myles – estava noivo e planejava se casar até o fim do ano. Relacionamentos acabaram com muitas carreiras musicais em Liverpool, assim como em outros lugares: era a hora de os rapazes "pararem de perder tempo", "levarem a vida a sério" e "se aquietarem", era preciso parar com os delírios e começar a economizar. Raramente surgia uma namorada cuja ideia de uma boa noite era ficar na lateral do palco, observando outras mulheres de olho em seu homem, e talvez até sofrer uns arranhões antes do fim da apresentação. Então, os garotos de Eddie tomaram rumos separados.

Isso poderia ter sido o fim da carreira musical de Richy, mas ele estava completamente determinado a seguir em frente. Em sua mente, estava tão decidido que, quando não parecia haver perspectiva de entrar para outro grupo, ele formou o seu próprio. "Eu tive minha própria banda, aos 18 anos, por três semanas. Tí-

* O Remo Quartet, guitarristas tecnicamente dotados, incluía Colin Manley e Don Andrew, que eram amigos de Paul e George no Liverpool Institute. Os Swinging Bluegenes (às vezes, apenas Bluegenes) não eram um grupo de rock, mas um híbrido de jazz, folk, pop e comédia. O Les Stewart Quartet nunca aparecia no jornal, porque o Lowlands não anunciava, e seus outros eventos eram paroquiais. Os Japage 3 também nunca apareciam em anúncios.

nhamos um clarinetista que só tocava em Si bemol, um pianista que só tocava em Dó, um violonista que era bom até, um baixo de caixa de chá e um trompetista que só sabia tocar 'When the Saints Go Marching In'. A banda acabou após dois ensaios, mas foi uma boa tentativa."[17]

É possível identificar alguns desses músicos – Roy Trafford era o violonista "até que bom"; Jimmy Roughley, o clarinetista; e Johnny Mooney, o trompetista, com Richy na bateria, é claro – e os ensaios aconteciam em um pequeno local na High Park Street.[18] O grupo não tinha um nome e sua direção musical nunca foi explorada, porque eles só conseguiam tocar "The Saints". Eles pareciam uma combinação tão incomum, que era até vanguardista, e era estranho ter um baixo de caixa de chá de novo – a morte do skiffle já tinha enviado as caixas de volta para os jardins e armários. Roy se aposentou da cena quando o grupo de Richy acabou de vez. Após estar com o grupo de Eddie Clayton por quase dois anos, e com esse novo por dois ensaios, ele largou o violão e apenas o pegou de novo em festas. Mas ele continuaria sendo um amigo próximo de Richy, por toda a sua vida.

Talvez o grupo de Richy tenha acabado porque ele subitamente recebeu um convite para se juntar ao Darktown. Eles eram, como John Lennon comentou uma vez, "o maior grupo de Liverpool".[19] Além de serem o grupo que mais aparecia nos jornais entre 1957 e 1958, eles já tinham ido a Londres duas vezes, para aparecer no *Six-Five Special*, especial televisivo da BBC. Diz muito sobre a reputação já bem estabelecida de Richy o fato de que o Darktown o chamou quando apareceu uma vaga... mas isso também parece ter sido durante um período de pouca atividade para o grupo, uma época de reestruturação, com menos eventos que antes. Apesar de Richy ter tocado com eles por, possivelmente, até quatro meses, foi no mesmo período que ele estava com os Raving Texans. Assim como George Harrison, Richy Starkey era integrante de dois grupos ao mesmo tempo.

Richy foi convidado para fazer um *teste* para os Texans, algo que ele nunca tinha feito até então. Al Caldwell e Johnny Byrne aprovaram Richy, com uma reserva: Al se vestia de forma chamativa, então seu grupo precisava fazer o mesmo; Richy tinha ido ao teste vestido como um velho Ted. "Eu ainda estava com meu casaco preto comprido, meu cabelo penteado para trás, com uma aparência um pouco grosseira, então eles ficaram apreensivos quanto a mim. Mas eu consegui a vaga, porque eu tocava bem."[20] Estar em dois grupos significava, ocasionalmente, ter que tocar com os dois na mesma noite. Uma vez, ele até tocou com três grupos – o Darktown, os Texans e um terceiro grupo, que apareceu sem um baterista. Foi uma experiência inestimável, ter que se adaptar aos estilos musicais diferentes e manter o ritmo com todos os músicos, mas Richy conseguiu. Ele apenas se sentou em frente à bateria a noite toda, trocando de casaco com cada grupo que tocava, e terminando a noite com 30 xelins – 10 xelins de cada.

Um de seus primeiros eventos com os Raving Texans aconteceu em 23 e 24 de maio de 1959, no Cavern, ainda uma casa de shows voltada para o jazz. Richy sempre se lembraria dessa ocasião, porque Johnny Byrne conseguiu, de alguma maneira, ligar seu violão em um aparelho de rádio. A guitarra elétrica só tinha sido vista no Cavern nas mãos de Sister Rosetta Tharpe e de outros músicos de blues; nas mãos de um jovem tocador de rock'n'roll, era escandaloso. Richy lembra que eles foram expulsos.[21]

Outro motivo pelo qual Richy pode não ter causado a melhor primeira impressão com Al e Johnny foi o fato de que, aos 18 anos, seu cabelo já tinha desenvolvido uma mecha grisalha, peculiar e saliente, logo acima de sua orelha direita. Como ele descreveu, posteriormente, "este lado inteiro ficou grisalho". Richy acreditava que era devido ao trauma de todas as suas doenças. Ele também percebeu que tinha uma aparência bem bizarra e criava outro problema indesejado: "Liverpool é um lugar difícil. As pessoas me agarravam e perguntavam, 'Quem você acha que é, Jeff Chandler?'. Qualquer desculpa valia para levar uma surra".[22]

Também nesse ano, Richy seguiu a deixa de Eddie Myles e ficou noivo. Ele e Gerry McGovern já estavam num relacionamento sério havia 12 meses ou mais quando ele a pediu em casamento, e ela aceitou. Não se sabe se os dois chegaram a marcar uma data para o casamento, mas é possível que tivessem 1961 em mente, quando o aprendizado de cinco anos na H. Hunt & Son se completaria. Tendo "uma profissão", ele seria capaz de *prover*, e o casal conseguiria adquirir uma casa ou um apartamento em algum lugar de Toxteth, Dingle, ou, caso seus sonhos se tornassem realidade, aquele lugarzinho em Aigburth. Enquanto isso, Gerry começou a preparar seu enxoval – juntando roupas e utensílios domésticos, se preparando para a casa nova dos dois – e eles compraram anéis de noivado, a segunda joia nas mãos de Richy, complementando o anel de sinete que Elsie lhe deu quando ele completou 16 anos. A religião ainda tinha um papel divisor entre suas famílias e ainda não estava decidido como isso seria resolvido, mas Richy estava certo de uma coisa, mesmo que em silêncio (ou quase): se Gerry achava que ele desistiria da bateria para ficar com ela, estava errada.

Muitos outros grandes discos americanos foram lançados pelas empresas britânicas na primeira metade de 1959. Gene Vincent, que se tornava um homem esquecido nos EUA, mas ainda era reverenciado do outro lado do Atlântico, gravou a agitada "Say Mama" e versões contemporâneas de "Summertime", da ópera *Porgy and Bess*, e "Over the Rainbow", sucesso do filme *O mágico de Oz* – esta última era um tanto distante do rock'n'roll, mas ainda assim foi apreciada por seus fãs. Eddie Cochran seguiu "Summertime Blues" com um sucesso ainda maior, a canção que animadamente agitou a rebeldia adolescente, "C'mon Everybody" – seu primeiro sucesso no top 10 britânico. E Chuck Berry ainda estava lançando discos modernos e originais. "Little Queenie" c/w "Almost Grown" foi muito mais que um single dinâmico e veio a influenciar jovens compositores. Como Paul McCartney recorda, "'Little Queenie' foi a primeira vez que ouvi alguém *falar* em um disco – '*meanwhile I's thinking*' (enquanto estou pensando)".[23] Também teve outro single agitado de Larry Williams, do qual John Lennon gostava muito – "She Said 'Yeah'" c/w "Bad Boy" –, enquanto o cantor que muitos fãs de Williams associavam a ele, Little Richard, estava de volta às paradas britânicas, mais uma vez, com a caracteristicamente frenética "Kansas City". A *NME* comentou: "A popularidade ampla de Little Richard entre os fãs britânicos é surpreendente, apesar do fato de ele ainda não ter sido visto por aqui em pessoa" – além disso, havia o fato de que ele não tinha gravado nada em quase dois anos. "Kansas City" foi resgatada de uma gravação de 1955.[24]

"Kansas City" era de autoria de Jerry Leiber e Mike Stoller, os brilhantes compositores e produtores que continuavam a criar discos para os Coasters. "Searchin'" foi o primeiro a causar uma reação em Liverpool, e haveria muitos outros. Então, em março de 1959, eles criaram outro belo par de canções: "Charlie Brown" c/w "Three Cool Cats", novamente mesclando sátira teatral com harmonias vocais e segmentos de saxofone memoráveis. Não eram apenas canções, eram minipeças, rhythm & blues com enredo, perspicácia, atmosfera, incidentes e acidentes. John, Paul e George gostavam de "Charlie Brown", e *consumiram* "Three

Cool Cats": eles a aprenderam com muito cuidado e alegria, e a cantavam, um perto do outro, assumindo os diversos papéis, aperfeiçoando o timing complexo que era essencial para uma performance bem-sucedida. Assim que "Three Cool Cats" foi incluída em suas apresentações, continuou entre as prediletas por anos.*

Não há registros quanto à possibilidade de os Japage 3 terem tocado "Three Cool Cats" no La Scala Ballroom em Runcorn, na sexta-feira, 8 de maio. Esse era o evento de £ 4 que conseguiram graças ao seu teste em março, mas o nome deles não apareceu no anúncio de jornal local, que meramente informava se tratar do baile "Old Quay Workshops Social Club Dance", das oito da noite à uma da madrugada, com bar autorizado, entrada a 5 xelins. Era o fim da linha para os Japage e seu empresário. Derek Hodkin agendou o evento, mas não compareceu. "Eu estava gripado", ele afirmou. "Uns dois dias depois, na faculdade, John perguntou: 'Onde você estava?'. Foi o fim, de vez – eles não queriam saber mais, e eu também não. Foi o fim da minha participação."

O desafeto de Hodkin com o "gerenciamento", o desafeto por algo que tinha sido apenas um capricho, foi confirmado nas cinco semanas seguintes, causando seu duradouro arrependimento. O apelo da fita magnética para gravação era que, apesar de seu preço alto, ela era reutilizável. Apesar de Hodkin ter brevemente empresariado um trio de rock'n'roll, os clássicos continuaram sendo seu tipo favorito de música. Durante duas manhãs, 31 de maio e 14 de junho de 1959, ele gravou trechos do programa *Your Concert Choice*, da BBC Home Service, sobre a única sessão gravada dos Japage 3 que existia, registrada naquela noite em Forthlin Road, em novembro. Hodkin tem o rolo de fita até hoje, mas os risos, as piadas e as canções de Lennon, McCartney e Harrison foram substituídos por *The Wand of Youth*, de Elgar, e *Jeux d'enfants*, de Bizet.

O fim dos Japage 3 tinha a menor importância para George. Ele estava tocando todo domingo no Lowlands, com o Les Stewart Quartet, e nessa época ele foi ainda mais longe que John e Paul em termos de guitarras, comprando uma Hofner Club 40 usada de Ray Ennis, dos Swinging Bluegenes. Era a primeira guitarra

* Todos os singles mencionados foram lançados na Inglaterra pelo selo London da Decca, exceto as canções de Gene Vincent, lançadas pela Capitol, da EMI.

totalmente elétrica de George e ele estava empolgado: "Achei que era a guitarra mais incrível de todos os tempos".[25] O nome também tinha valor – John a chamava de "Club Footy", e todos passaram a fazer o mesmo. Esse era o humor que eles compartilhavam. Onde George liderava, John não estava muito atrás: toda vez que ele tocava a Club Footy, ele sentia vontade de também ter uma guitarra elétrica. Durante uma boa parte de 1959, ele insistiu até que Mimi pagasse a entrada e se comprometesse a ser fiadora de uma nova guitarra que ele comprou, parcelada, na loja de Frank Hessy. Era algo que Julia provavelmente faria para ele sem hesitar muito, mas Mimi sempre relutava em apoiar algo que ela sabia que distrairia John dos estudos. "A habilidade desenvolvida com a prática duraria, mas essas coisas vêm e vão. Uma semana, todo mundo está louco para ter uma guitarra, depois elas desaparecem e ninguém ouve falar delas de novo. E o que mais eu faria com um garoto de 21 anos sem qualificação para qualquer coisa?"[26] Além disso, como John conseguiria pagar sua dívida com ela e ainda as prestações semanais da Hessy's? Ele era inútil com dinheiro; ele o gastava – o bebia – como água e sempre estava quebrado, pedindo dinheiro para os outros. A última palavra de Mimi sobre o assunto – e ela provavelmente garantiu que John a ouvisse – era que ele teria que mostrar vontade, provar que ele conseguiria os fundos para pagar boa parte do custo por conta própria, antes mesmo de ela considerar se envolver em comprar uma guitarra. Isso, Mimi imaginou, certamente daria um jeito na situação, de uma vez por todas.*

Apesar de John e Paul não tocarem em um grupo por boa parte desse período, eles não ficaram inativos. É impossível definir as datas precisas para a criação das primeiras Composições Originais Lennon-McCartney, mas uma boa quantidade pode ser atribuída, com alguma certeza, a 1959. Ao mesmo tempo, enquanto eles ainda estavam matando aulas para passar tardes divertidas na sala de entrada da 20 Forthlin Road e se espremendo na varanda cheia de eco da casa de Mimi em "Mendips, Tennessee", nenhuma dessas coisas acontecia com tanta frequência quanto antes, e eles estavam, na maior parte do tempo, criando sozinhos. A maioria das músicas novas (possivelmente todas) dessa época foi composta por

* Não há registros de John ter tocado gaita durante esses anos. Depois de descobrir o violão em 1956, ele parece ter deixado o instrumento de sopro de lado por um longo tempo.

um deles, depois apreciada e, talvez, melhorada pelo outro, e Paul era, de longe, o mais prolífico. Em parte, isso se dava porque, na maior parte do tempo, John não tinha um violão, ou não tinha um que ele quisesse tocar, e porque a sua criatividade estava mais voltada para a palavra escrita, sua poesia e prosa de humor. Lennon refletiu: "Costumávamos escrever coisas separados, porque Paul sempre estava mais avançado que eu. Ele sempre estava um par de acordes adiante, e suas canções geralmente continham mais acordes. Seu pai tocava piano, ele sempre tocava clássicos do pop e do jazz, e Paul aprendia coisas com Jim".[27]

Sem uma ordem particular, as Composições Originais Lennon-McCartney desse período incluem:

- "Love of the Loved". Paul se lembra de ter criado esta no Zenith, e tarde de uma noite, enquanto voltava a pé para casa, em Allerton: ou ele tinha saído com uma garota, ou passado na casa de John, e estava encarando o atalho escuro que era o campo de golfe – nesse caso, seria uma daquelas vezes que ele andava tocando violão e cantando o mais alto possível, naquele lugar sombrio e assustador. Em termos de estrutura e harmonia, o contraste ("*middle-eight*") tinha algo em comum com a canção "To Know Him Is to Love Him", dos Teddy Bears (Phil Spector), mas a canção transcendia suas influências.* O título pode ter sido uma frase que Paul ouviu e reaproveitou – uma técnica que ele já tinha usado com "Thinking of Linking".

- "I'll Follow the Sun". Paul criou essa balada rítmica sozinho, letra e música, em seu violão Zenith.

- "What Goes On". Composta por John, provavelmente em Mendips, com forte influência de Buddy Holly.**

- "A World Without Love". Um fragmento de canção concebido por Paul durante uma caminhada noturna, na escuridão, de volta para casa. Ele raramente disse algo com orgulho sobre esta, por conta da reação de John e George ao pri-

---

* John, Paul e George sempre chamavam a ponte de uma canção de "*middle-eight*" (contraste com oito compassos), sem perceber que a contagem de compassos poderia variar, deixando de ser tecnicamente um "*middle-eight*".

** Naquele ponto, substancialmente diferente da versão gravada para um disco seis anos depois, apenas o refrão se manteve o mesmo.

meiro verso, quando ele a tocou pela primeira vez para eles. Como Paul recorda: "Eu cheguei e disse, 'Escutem esta música, amigos: *Please lock me away*... (Por favor, me prenda...)'. E os dois deram risada. Então parei por ali". Paul nunca mudou esse verso de abertura, e, nas ocasiões em que a tocou, quando ele cantava "*Please lock me away*", John interrompia com "Sim, OK", e paravam por ali.[28]

- "I'll Be On My Way". Uma canção de Paul, com a qual John sempre declarou, felizmente, não ter nenhuma associação. Composta no Zenith, com uma melodia atrativamente simples e o tipo de letra que esses compositores geralmente criavam ("*When the June light turns to moonlight*" – Quando a luz de junho vira luar).

- "Like Dreamers Do". Outra canção interessante de McCartney. George sentia que ela emanava a influência de Jim McCartney, assim como sua favorita de Gershwin, "I'll Build a Stairway to Paradise".[29]

- "You'll Be Mine". Uma gravação de 1960 dessa canção, composta por Paul, traz uma performance exageradamente dramática, mas não ficou claro se isso era intencional.

- Várias músicas instrumentais no violão, majoritariamente (talvez totalmente) compostas por Paul. Parece que foram criadas para ser assim, que não eram meras canções sem letra: "Hot as Sun", "Cayenne", "Catswalk", "Looking Glass", "Winston's Walk" (apesar de Winston ser o nome do meio de John, não se sabe ao certo se essa canção era dele).

Algumas dessas canções continuariam sem ser ouvidas, mas – assim como as já compostas "Love Me Do", "I Call Your Name" e a melodia do que se tornaria "When I'm Sixty-Four" – várias outras se tornariam bem conhecidas, e uma chegaria à primeira posição das paradas dos EUA. Isso é extraordinário, considerando que a maioria das primeiras tentativas de composição de qualquer pessoa são cruas, risíveis e básicas. Algumas das primeiras Composições Originais Lennon-McCartney eram, indubitavelmente, pouco sofisticadas e careciam de refinamento – sendo o trabalho de iniciantes, de 16 a 18 anos, não tinha como ser de outra forma –, mas era evidente que algo especial estava acontecendo ali.

Em termos de atividade de grupo, a primavera e o verão de 1959 representam o período mais quieto para John, Paul e George. A resposta para a questão "Aonde vamos, Johnny?" parecia ser "lugar nenhum", mas esses meses fortaleceram a parceria. Foi um tempo em que as amizades ficaram ainda mais fortes, quando eles aproveitavam a companhia um do outro, não tocando, mas simplesmente indo à casa um do outro, passando tempo juntos, fumando e bebendo, arrotando e peidando, tocando violão e discos, se divertindo. É um período sobre o qual se sabe relativamente pouco, mas foi fundamental para o futuro. É interessante que, apesar de George gostar de tocar com o Les Stewart Quartet, e apesar de os integrantes desse grupo gostarem dele, Harrison nunca estabeleceu com estes a mesma conexão que tinha com John e Paul; ele ficou mais próximo do grupo que não estava tocando. Como George mesmo disse: "Eu amava a minha associação com John e Paul porque tinha algo em mim que eu reconhecia neles, que eles provavelmente também reconheciam em mim, e esse foi o motivo de acabarmos nos unindo. E era ótimo saber que tinha outra pessoa na minha vida que se sentia de forma similar a mim".[30]

No fim de seu segundo ano na faculdade de artes, John fez o *Intermediate Examination* (Exame Intermediário), em que foi testado em desenho anatômico e caligrafia, e acabou reprovado. Não se sabe se ele deu a notícia a Mimi. Era possível refazer o exame, mas ele começava a desanimar. Mesmo se John se importasse, isso não o teria impedido de realizar sua costumeira busca por diversão, em uma festa de fim de período que aconteceu na sala do professor Arthur Ballard, na sexta-feira, 3 de julho. Alguém levou um toca-discos, algumas pessoas trouxeram seus discos, e havia bebida.

John tinha uma admiradora secreta durante boa parte desse período – uma das garotas mais quietas do curso, Cynthia Powell, que pegava o trem para a faculdade todo dia, de Hoylake, na costa de Wirral, ao noroeste. Liverpudlianos consideravam Hoylake uma área burguesa e John certamente achava que Cynthia era burguesa. "Ela era a típica pessoinha de Hoylake, metida até não poder mais", ele recordou. "Costumávamos tirar sarro dela, eu e meu amigo Jeff Mahomed. 'Silêncio, por favor', nós gritávamos, 'sem piadas sujas. A Cynthia está aqui.'"[31] A única aula que eles tinham juntos era caligrafia, durante a quinta-feira inteira, no Lecture Theatre. John geralmente chegava atrasado, se sentava atrás de Cynthia e constantemente pedia os materiais dela emprestados. Ele não tinha nada, e ela tinha tudo, sempre bem organizado; então, ela chegava em casa e percebia que estava faltando uma régua ou um pincel, algo que John tinha pegado. Ele odiava aquelas aulas: "Todos aqueles putos da aula de caligrafia eram organizados – eles poderiam muito bem ter me colocado na aula de paraquedismo, que seria igualmente apropriada para mim".[32]

Um dia, porém, durante uma palestra ministrada pelo dr. Warburg, Cynthia viu Helen Anderson casualmente passar seus dedos pelo cabelo de John, e ela ficou tomada de ciúme. Isso a fez perceber que tinha criado sentimentos por um homem bruto e intimidante; mesmo assim, conforme as semanas passaram, ela não conseguia pensar em outra coisa, nem em outra pessoa. Era uma paixão. "Ele era o tipo mais ultrajante que eu tinha conhecido, e eu o amava por isso."[33]

Jeff Mahomed ficava dizendo a John que Cynthia gostava dele em segredo. Naquela festa em julho – na qual John rapidamente ficou bêbado –, Jeff o estava encorajando: "Peça para dançar com ela". Então ele o fez. John e Cynthia dançaram lentamente, juntinhos, na sala. Ela sentia um êxtase silencioso, e ele também sentiu algo. John perguntou se ela gostaria de sair com ele algum dia, e Cynthia respondeu: "Sinto muito, mas estou noiva de um rapaz em Hoylake". John retrucou: "Não te pedi para casar comigo, né?".[34]

Não demorou até todo mundo ir ao Cracke para uma boa sessão de bebedeira, os rapazes engolindo copos de black velvet. John parecia estar ignorando Cynthia, e ela e sua amiga próxima, Phyllis McKenzie – elas sempre andavam juntas –, estavam prestes a ir embora quando a voz de Lennon surgiu em meio à algazarra. "Vocês não sabiam que a senhorita Powell é uma freira, então?" Aquilo bastou: ela ficou, então os dois saíram do pub, compraram *fish and chips* na Vaughan's e foram até o quarto de Stuart, na 9 Percy Street, onde Cynthia provou que ela não era uma freira. Eles arriscaram uma gravidez desde o princípio. Cynthia passaria duas semanas com sua mãe e sua família em Buckinghamshire, mas concordaram em se encontrar novamente, assim que ela voltasse.*

* Cynthia Powell nasceu em 10 de setembro de 1939, em uma pensão de Blackpool (na 601 Promenade South), para onde sua mãe tinha fugido uma semana antes, no início da Segunda Guerra Mundial. Seus pais eram liverpudlianos: Charles (nascido em 1899, um vendedor itinerante de itens elétricos para a GEC; ele fumava cigarros sem filtro e morreu de câncer pulmonar em 1956) e Lillian (nascida Roby, em 1900). Eles se casaram em 1926 e se mudaram para Hoylake durante a guerra. Cynthia foi a terceira criança deles, fruto de uma gravidez não planejada, em seguida a seus irmãos, nascidos em 1927 e 1931. Após 1956, com ambos os filhos mais velhos já fora de casa, mãe e filha ocuparam o número 18 da Trinity Road, sozinhas, com exceção do ocasional inquilino que deixavam morar lá, para ajudar a pagar as contas.

*

O ano letivo no Liverpool Institute acabou em 23 de julho – violões nas salas de aula novamente – e foi, para muitos, o fim de uma era. Ian James, amigo de Paul, foi embora, aguardando seus bons resultados nos exames de nível avançado, que chegariam em agosto. Paul estava um ano atrasado, no meio de seus cursos de nível avançado, que duravam dois anos. Neil Aspinall tinha feito seus exames de nível básico e ia largar a escola, independentemente do que viesse; em agosto, ele descobriu que tinha passado em oito disciplinas. E George Harrison também partiu. Ele *voltou* para partir, pois não aparecia no lugar desde abril. O período de três meses matando aulas finalmente tinha acabado e ele apareceu para pegar seu último boletim e seu certificado – o papel que ele poderia mostrar para possíveis empregadores. Foi escrito por Baz, um homem que não dava muito valor para o sentimentalismo: "Não tenho como avaliar o desempenho dele, porque ele não fez nada. [Ele] não participou de qualquer atividade escolar".[35] Com esse documento, George deveria ir para o mundo além da escola. Já que a recomendação não teria utilidade alguma para ele e como as suas ausências pós-Páscoa (que George tinha escondido de seus pais) estavam claramente visíveis no papel, ele sentiu que sua única opção era queimar o certificado e o boletim antes de chegar em casa, em Speke. Ele entrou na casa da 25 Upton Green como um garoto livre, fora do sistema educacional... e sem aptidões para qualquer emprego específico.

Ele e Paul planejaram tirar férias juntos, novamente, perto do fim de agosto, dessa vez pegando carona pela região West Country. Até isso acontecer, Paul conseguiu para si um emprego de verão, trabalhando por algumas semanas como ajudante em uma van de entregas da loja de departamento Lewis's.[36]

John não poderia viajar com Paul e George porque ele também tinha arranjado um emprego. O pai de Tony Carricker era o capataz de uma construção em Scarisbrick, a cidade de Lancashire perto de Southport, a 30 quilômetros de sua casa. Um novo sistema de distribuição de água estava sendo construído, e Tony tinha conseguido empregos de operários para ele e John, com um bom pagamento – cerca de £ 5 por semana. Seria um emprego difícil, o primeiro trabalho físico da vida de John, mas ele tinha um motivo imaculado: uma nova guitarra elétrica. Mimi tinha dado as suas condições – se você quer, prove que quer – e John estava determinado.

11
"Vem comigo pro Casbah" (julho a dezembro de 1959)

John Lennon não nasceu para o trabalho braçal. "Ele *odiou* completamente", disse Tony Carricker. "Ele me disse que costumava rezar para que o trem batesse, toda manhã."

O desejo que John tinha de comprar uma guitarra elétrica e, ao mesmo tempo, mostrar a Mimi que ele conseguiria atingir seu objetivo se realmente quisesse, veio com um preço: sangue, suor e, possivelmente, um novo recorde mundial de palavrões pronunciados. Tony e seu pai dirigiam até Scarisbrick, todo dia, sem ele. "Não levávamos John conosco porque morávamos em Widnes e pegávamos um caminho diferente – mas também era porque meu pai não aguentava ele." Como o expediente começava às oito, John tinha que acordar por volta das cinco, algo que era um problema constante para um adolescente que amava dormir e odiava ir para a cama cedo. Sua jornada envolvia trocar de trem e percorrer um trecho a pé pela cidade, antes de chegar à distante região de Ormskirk, onde os Carricker o buscavam. Se John se atrasasse e não os encontrasse, ele tinha que pegar mais alguns trens até finalmente chegar à Bescar Lane, uma minúscula estação no meio dos campos de Lancashire. A partir de lá, ele tinha uma dura caminhada por estradas rurais até o local da construção. E tudo isso acontecia antes de o trabalho começar. Aí, suas mãos de artista pegavam a picareta, com uma raiva ineficiente. Como Tony disse, "Não tínhamos habilidade, éramos os funcionários mais baixos, fazendo a parte mais leve do trabalho: usar picaretas e pás. Eu descobri que o trabalho braçal não me machucava. Quando minhas mãos pararam de sangrar, após umas duas semanas, eu comecei a gostar daquilo. John odiou cada segundo, ele não tinha reserva de energia física alguma".[1]

Deve ter sido a Lei de Murphy que fez aquele trabalho duro de John Lennon acontecer durante um dos raros verões dourados na Inglaterra, quando o sol batia todo dia, sem trégua, uma onda de calor de um mês ou mais, e todos reclamando. O propósito de seu trabalho era preparar o terreno para a construção de uma nova estação que forneceria água, escavando e preparando os alicerces. No entanto, qualquer que fosse o estresse e o desgaste, eles não podiam reclamar de £ 5 por semana. A nova guitarra de John estava cada vez mais perto de se tornar realidade, com cada estocada daquela picareta.

George se envolveu com trabalhos de construção na mesma época – de certa forma. Ele estava fazendo "*freelance*" com o Les Stewart Quartet havia cerca de seis meses quando, como Stewart claramente lembra, uma mulher se aproximou deles numa noite de domingo, do lado de fora do clube Lowlands, após um show. Ela disse que morava do outro lado da rua, no número 8, em uma casa parecida com a do Lowlands, e planejava abrir um clube concorrente em seu próprio porão. Seria feito por adolescentes, para adolescentes, e a casa teria seu próprio grupo residente. Será que eles gostariam de dar uma olhada?

A mulher era a senhora Mona Best, uma anglo-indiana de pele morena que tinha navegado até Liverpool no Natal de 1945, como a noiva de tempos de guerra de Johnny Best, o famoso *promoter* de eventos de boxe da cidade. O filho mais velho de Mona – ela o chamava de Peter – nascera em Madras, e tinha 4 anos de idade quando o navio deles atracou em Liverpool. Conhecido por seus amigos como Pete, em meados de 1959 ele tinha 17 anos, era tímido, porém ativo, e estava na metade de seu curso de nível avançado na escola de gramática Liverpool Collegiate. A combinação de dois fatores – Peter trazendo amigos para sua casa, e a vontade de Mona de proporcionar um bom ambiente para eles, além das boas noites que ele tinha no Lowlands – a inspiraram a anunciar que eles poderiam ter um lugar igual em sua própria casa. Ter seu próprio clube exclusivo parecia a melhor forma de ver Peter e seu irmão mais novo, Rory, cercados de amigos. E ela era capaz de realizar o ato: Mona Best sempre enxergou oportunidades, um furacão que via tudo como possível, especialmente quando se tratava de seus filhos amados.

George foi ao lugar para dar uma olhada, acompanhado de Les e dos outros. Seria interessante – estranhamente, um segundo clube exclusivo para membros, só para adolescentes, no formato de um café, naquela rua pacata, repleta de árvores. Um clone do Lowlands, porém mais badalado. Eles aceitaram o convite de Mona para se envolver. Como Shelagh Maguire recorda: "A senhora Best disse que, se ajudássemos a converter o porão dela em um clube, ela nos daria a vaga de grupo residente semanal. Então Les, Ray, Ken, George, eu e mais uma ou outra pessoa começamos a pintar o lugar, deixá-lo pronto, trabalhando nas noites e nos fins de semana".[2]

O emprego temporário de Paul na Lewis's lhe rendeu dinheiro de verdade pela primeira vez, uma sensação maravilhosa, e ele tinha uma quantia boa o suficiente para incrementar sua coleção de discos. Uma sequência de compras e experiências importantes aconteceu em um curto período de tempo – memórias que ele sempre recordaria com afeto.

Uma delas foi o novo single de Chuck Berry, "Back in the USA" c/w "Memphis, Tennessee", lançado pelo fantástico e consistente selo London, da Decca. Paul (ou John) o comprou e os rapazes compartilharam sua alegria. "Eu lembro de aprender 'Memphis' no quarto de John, tinha o melhor riff de guitarra *de todos os tempos*", Paul disse.[3] Também teve um impacto nos compositores Lennon-McCartney: Paul sempre citou o verso "*hurry-home drops on her cheek*" (lágrimas em seu rosto, apressando para voltar para casa) como uma lição em economia poética, da mesma forma que admiravam o verso de Buddy Holly em "I'm Looking for Someone to Love": "*drunk man – streetcar – foot slip – there you are*" (homem bêbado – bonde – pé deslizando – aí está você). Aquela era a poesia deles.

Outro novo lançamento que ressoou – porém apenas com Paul, e nem um pouco com John ou George – foi "The Honeymoon Song", uma balada mediterrânea carinhosa, docemente melódica, do Marino Marini Quartet, lançada pelo selo italiano da Decca UK, chamado Durium. Vários outros singles novos importantes foram lançados, entre o fim de agosto e o começo de setembro. Os Everly Brothers tiveram "('Til) I Kissed You", novamente com ótimas harmonias, e a morte não tinha impedido Buddy Holly de lançar discos: "Peggy Sue Got Married" c/w "Crying, Waiting, Hoping" teve um grande impacto, e poucos perceberam a produção elaborada que transformou as demos básicas e caseiras de Holly em versões máster, finalizadas (John Paul e George particularmente gostavam do lado B pegajoso, outra música com boas harmonias para eles praticarem). Outros grandes novos singles, pela Parlophone, incluíam o rock mesclado com R&B

"Leave My Kitten Alone", de Little Willie John, e "Linda Lu", de Ray Sharpe, cujo lado B era uma versão de rock gingado que atualizava a antiga "Red Sails in the Sunset" – que foi cantada muitas vezes por Alf Lennon na taberna Pig & Whistle, nos anos 1930. Todos esses singles entraram na coleção coletiva deles.*

A não ser que Paul combinasse de sair com John e George no sábado à noite, o dia que começava ficando na cama para ouvir *Saturday Club* normalmente acabava com o rádio tocando a Light Programme, com o programa *Pick of the Pops*, que ia até a meia-noite, com uma hora de sucessos das paradas e os lançamentos mais recentes.** Em 25 de julho, o apresentador David Jacobs tocou o novo single de Ray Charles – de fato, tocou os dois lados: "What'd I Say" era uma faixa comprida, de 6 minutos e 25 segundos, que ocupava ambos os lados do disco. Seu piano elétrico e seus vocais de chamada e resposta se prolongavam alegremente. A paixão por uma canção nova pode ser instantânea, e foi isso que aconteceu: Paul se inclinou na cama, anotou o nome do single e o comprou no dia do lançamento. Poucos ingleses fizeram o mesmo e "What'd I Say" não entrou no top 30 da *NME*; mesmo assim, seu impacto foi colossal. A música conseguiu construir a ponte entre o rock'n'roll e o rhythm & blues, além disso era gospel e representava um passo enorme para o avanço da música soul. Foi uma das favoritas de John, Paul e George, como Paul recorda: "A música 'What'd I Say', de Ray Charles, foi uma de nossas favoritas: aquele single *nos detonou*".[4]

Com o passar das férias de verão, Paul e George começaram sua segunda aventura consecutiva, juntos, com o plano de pegar caronas, do noroeste até o sudoeste da Inglaterra, descendo pela "espinha" do país, e adiante. A única coisa que eles sabiam era o primeiro destino: o acampamento de férias Sandy Bay,

---

* A Parlophone lançou muitas versões máster americanas, primariamente por meio de seu acordo com a King Records, de Cincinnati. George Martin raramente se envolveu nas decisões relacionadas a esses lançamentos – isso normalmente era gerenciado por outro departamento da EMI.

** Duas horas de músicas "escolhidas para atrair adolescentes", o *Saturday Club* era apresentado por Brian Matthew e transmitido pela BBC Light Programme, toda semana, a partir de 4 de outubro de 1958, um sucessor do programa de meia hora *Saturday Skiffle Club*, lançado em 1º de junho de 1957. David Jacobs apresentava o mais novo programa da BBC na TV, *Juke Box Jury*, copiado com permissão do criador da versão original, o DJ Peter Potter, de Los Angeles. O programa passou a ser transmitido semanalmente a partir de 1º de junho de 1959 e trazia um painel com quatro convidados que avaliavam uma seleção de novos singles e votavam nas canções, considerando-as como "*hit*" ou "*miss*" ("sucesso" ou "fracasso").

em Exmouth, onde George tinha ido com seus pais em 1955 e 1956, e onde ele fez amizade com Jenny Brewer, com quem mantinha uma cordial amizade por correspondência. Paul e George tinham uma mochila cada, nas quais enfiaram uma toalha e um calção de banho, uma ou duas mudas de roupa, escova e pasta de dentes, pente e brilhantina para o cabelo. Paul levou seu violão e George aparentemente também levou um.[5] Eles tinham um pequeno fogão que funcionava a álcool desnaturado, e uma ou duas latas de espaguete e arroz-doce, que poderiam ser ingeridos diretamente da embalagem aquecida. Eles tinham cigarros, uma câmera e pouco dinheiro, apenas 2 libras e 10 xelins cada, planejando pegar caronas e dormir onde pudessem, sem gastar nada. Acabou sendo uma semana de dias famintos, noites frias e desconforto em geral; mas, do jeito que essas coisas são, eles amavam se lembrar dos bons momentos.

Eles começaram no sábado, 15 de agosto, usando seus polegares para pedir carona aos motoristas que se dirigiam no sentido para o qual os dois planejavam viajar. Apesar de a primeira autoestrada da Inglaterra ainda não ter sido inaugurada, eles conseguiram viajar 320 quilômetros nesse primeiro dia e, até o meio-dia de domingo, já tinham percorrido, de carona, os 110 quilômetros restantes até Sandy Bay. Esse era o destino deles, mas passaram apenas uma noite lá. Paul disse que eles tinham dois objetivos – pegar gatinhas e mostrar aos grupos locais como tocar violão – e que, talvez, Exmouth não tivesse as oportunidades apropriadas. Na manhã seguinte, eles estavam de volta à estrada, se aprofundando no West Country; eles falaram de ir a Torquay, mas, na verdade, eles iriam a *qualquer lugar*, como uma daquelas viagens de "turnê misteriosa" que eram divulgadas nas vitrines de resorts. Um terceiro objetivo para a semana era beber o máximo de cerveja possível, desde que os barmen não ligassem para a idade dos dois rapazes. Em um pub, eles conheceram um bêbado cujo nome, ele disse, era Oxo Whitney. Paul e George acharam isso histericamente engraçado e repetiram o nome durante o resto da viagem. A noite de segunda foi passada na praia, em Paignton, onde, apesar dos avisos de duas "garotas do Salvation Army" (como George se lembrava delas), eles tremeram de frio por horas e andaram com dor em seus braços e suas pernas.[6]

Uma carona na terça-feira os levou para longe do oceano. A essa altura – quisessem ou não – eles já estavam deixando o West Country para trás. Como precisavam de uma cama de verdade, Paul teve a ideia de aparecer, sem convite, no resort Butlin's, em Pwllheli, onde Bett e Mike Robbins certamente os atenderiam. Eles voltaram ao norte e alcançaram o País de Gales pela balsa de Aust. Quando finalmente chegaram ao Butlin's, se depararam com cercas de arame farpado, instaladas para afastar quem não era cliente (e proteger os clientes). Em conjunto com os chalés sombrios – ainda eram da época das bases de treinamento naval –, aquela vista lembrou George dos campos de concentração alemães para prisioneiros de guerra, algo que aparecia em diversos filmes britânicos dos anos 1950. Apesar de eles encontrarem Bett e Mike Robbins, eles não conseguiram ficar no lugar sem pagar – ou, talvez, o resort estivesse lotado. De qualquer forma, continuaram sua viagem, ao longo da costa, para Harlech, e de volta à casa de fazenda dos Brierley, onde eles tinham ficado por uma semana, em 1958. Dessa vez, passaram as duas últimas semanas da viagem lá.

Eles planejavam estar de volta a Liverpool no sábado à tarde, 22 de agosto, porque George tinha um evento à noite com o Les Stewart Quartet, num clube social da British Legion. Ou eles saíram tarde, ou tiveram dificuldades para conseguir uma carona, porque George chegou a West Derby atrasado, quando o show já tinha terminado... mas deu tempo de ouvir a gritaria, como Les Stewart recorda:

> O show foi apenas com Ray Skinner [na bateria] e eu. Sem Ken Brown e sem George Harrison. Eu tive que fazer tudo por conta própria e foi horrível. Eu fiquei bem irritado com a situação. Quando estávamos indo embora, os dois apareceram. Eu os repreendi e basicamente mandei eles sumirem. O clube de Mona Best abriria na semana seguinte e me perguntaram o que aconteceria quanto a isso. Eu respondi: "Bem, vocês podem ficar com isso, porque eu não quero". Eu acabei com o grupo, e desisti da residência no clube novo, depois de todo o tempo que gastei limpando e pintando aquele porão.[7]

Não era apenas o fim da linha para o Les Stewart Quartet, era uma dor de cabeça para Mona Best, que tinha perdido o grupo residente de seu clube novo apenas dias antes da inauguração. Pelo menos ela já tinha um nome para o lugar. Enquanto ela inspecionava a redecoração, os detalhes do porão a lembraram do filme *Argélia*, estrelando Hedy Lamarr e Charles Boyer. A história era situada na região nativa da capital da Argélia, a medina amuralhada – a casbá de Argel –, com seus becos estreitos e bazares. Mona se inspirou nisso: o lugar se chamaria Casbah Coffee Club, conhecido por todos apenas como Casbah.

Mas quem tocaria na noite de inauguração? George Harrison e Ken Brown mal conseguiam tocar como uma dupla. Cada um conseguia tocar uma ou duas músicas, mas não aguentariam fazer uma apresentação inteira. Além disso, eles não queriam ser uma dupla: não tinham uma amizade particularmente próxima, eram apenas músicos que apoiavam o Quartet.[8] Era um problema, mas George conhecia a solução. Ele disse à sra. Best que havia outros rapazes que provavelmente estariam dispostos e disponíveis, então ligou para John e Paul e lhes deu a notícia: havia um evento e, se tudo desse certo, uma residência aos sábados à noite, sem fim previsto. Já fazia quase quatro meses desde a última apresentação dos Japage 3, e os eventos foram poucos e esparsos durante 1959. Eles aproveitaram a chance.

Durante a semana, Paul, John e a nova namorada de John, Cynthia – ele geralmente a chamava de Cyn –, encontraram George e Ken na casa para dar uma olhada. A sra. Best não perdeu tempo: logo entregou pincéis a todos e os botou para trabalhar. Ela pediu para John pintar o teto de preto fosco. O filho dela, Pete, se lembra como, para a diversão de todos, John começou pintando alguns de seus desenhos característicos, seres humanos sem gênero, com membros grotescos e três dedos em cada pé, depois os destruía quando completava o serviço... porém, talvez por conta de seu problema de vista, usou tinta brilhante em vez de fosca, e a sra. Best ficou preocupada com a possibilidade de que não secasse a tempo.[9] Paul também estava ocupado com um pincel, pintando um teto com listras de diversas cores. "Foi muito bom fazer parte do nascimento de um café, aqueles lugares eram tão importantes na época. O concreto e a madeira do porão tinham sido arrancados, e nós pintamos cada parte de uma cor diferente. Depois de pintarmos, era 'nosso clube'."[10]

Pete Best observou os três rapazes que, com Ken, estavam dando uma olhada no porão de sua casa. Ele percebeu que o mais *artístico*, John, "tinha a aparência e a atitude de líder, desde o princípio", e que ele, por conta própria, decidiu onde o grupo tocaria, "enquanto Paul e George permaneciam no fundo, concordando em silêncio".[11] John escolheu um canto confortável, logo abaixo do teto multicolorido de Paul. Tudo que faltava era falar com Ken Brown sobre que músicas eles poderiam tocar e fazer um rápido ensaio informal. George conhecia o estilo de Ken e o som que ele conseguia com seu Hofner Senator, e John e Paul o tinham visto com o Quartet. Apesar de estarem decepcionados por não terem um baterista ou um baixista, mas sim outro guitarrista - ainda mais *ritmo com as guitarras* -, Ken tinha um amplificador Watkins "Westminster" de dez watts, com três entradas. George podia plugar nele e John também poderia, assim que conseguisse sua guitarra nova; Paul podia plugar seu Elpico. Seriam uma banda totalmente elétrica, ainda que alguns dos instrumentos fossem violões com captadores, em vez de guitarras.[12]

O evento de sábado no Casbah deu um prazo à decisão de John, e ele comprou sua primeira guitarra boa na sexta-feira, 28 de agosto de 1959. Escolheu o mesmo instrumento de George, uma Hofner Club 40, e o documento de compra da Hessy's mostra que foi pago um valor de £ 17 como entrada, exigindo que ele pagasse mais 5 xelins por semana, por 35 semanas, chegando ao custo total de £ 30 9s.[13] Ainda há confusão quanto a quem pagou as £ 17: Mimi sempre disse que foi ela, e talvez esse seja mesmo o caso, mas era por causa dessa guitarra que John suou e xingou em Scarisbrick por tantas semanas, e ele tinha o dinheiro. No documento de compra, consta como "estudante" a sua ocupação, enquanto Mary Elizabeth Smith - Mimi - aparece como fiadora, legalizando o contrato ao assinar seu nome em um selo postal (efetivamente pagando um pequeno imposto ao governo), então ela certamente estava presente na loja. Houve uma certa discussão até chegarem àquele momento. Mimi ainda tentava dar sermão em John, dizendo que ele deveria resistir às distrações e focar em seus estudos, para que pudesse se qualificar e conseguir um emprego de verdade. Cansada de sempre repetir as mesmas coisas, Mimi destilou seu conselho cautelar em uma frase que seria dita muitas vezes durante os anos seguintes, e se tornou uma espécie de piada entre eles: "A guitarra é boa como hobby, mas não vai te dar dinheiro algum".[14]

Ao mesmo tempo, após desafiar John para que mostrasse o quanto ele queria uma guitarra e depois de ver que ele estava preparado para sofrer com mãos calejadas para isso, trabalhando numa construção, Mimi teve que admitir que John havia conseguido exatamente o que se propusera a fazer. Ela se conformou e aceitou que o negócio da guitarra era algo que ele sentia necessidade de fazer; e o timing de John foi bom, como sempre, porque ele foi demitido de seu trabalho em Scarisbrick no mesmo dia. Seu registro empregatício diz que ele começou a trabalhar lá em 20 de julho e foi dispensado em 28 de agosto – um total de seis semanas –, e o motivo para sua saída é descrito com a palavra "Inadequado". Como Tony Carricker recorda, a experiência de John como trabalhador braçal acabou quando "ele queimou a bunda da chaleira", colocando-a sobre o fogo antes de enchê-la com água.

O Casbah abriu 24 horas depois. Era uma noite agradável de verão, a cereja no bolo de um dia lindo. Em Hayman's Green, as filas se formavam, ao longo das paredes de arenito de Woolton. Jovens pagavam 1 xelim na entrada e tinham que se inscrever como membros do clube, por meia coroa (2 xelins e 6 *pence*) ao ano – as carteirinhas de membro eram azuis para os meninos e rosa para as meninas. O cheiro de tinta fresca se misturava agradavelmente com outros odores, como fumaça de cigarro, cachorros-quentes, café expresso, Brylcreem, laquê e suor adolescente. Discos eram tocados em um deck Dansette portátil. Todo mundo admirava a decoração, especialmente o grande dragão, pintado em vermelho e branco, que ocupava toda uma parede preta. Então tinha a atração musical: John, Paul, George e Ken... o grupo cujo nome era...

Não pensaram muito nisso. A novidade dos Japage já tinha acabado e não era mais relevante, a não ser que mudassem para algo como Japageken, algo que eles certamente não fariam. Johnny and the Moondogs? The Rainbows talvez desse certo, tendo em vista o teto que Paul tinha pintado, e estava logo acima da cabeça deles. Nenhum nome parecia ter apelo e é evidente que nada novo veio à mente dos rapazes, nem para aquele mago das palavras que era John Lennon, porque eles simplesmente voltaram a usar Quarrymen.* Tendo em vista que John nem gostava muito do nome, e que qualquer conexão relevante com a Quarry Bank High

* Da mesma forma que a grafia nunca foi definida entre 1956 e 1958, Quarry Men ou Quarrymen, algo semelhante pode ser dito desse ressurgimento do nome. Ele só sobrevive escrito em três lugares: duas vezes em artigos de jornais locais (apesar de um ser a fonte do outro) e uma vez pela mão de Mona Best, em um diário do clube Casbah. Estes registram o nome como Quarrymen, então essa será a grafia utilizada aqui. No entanto, também pode ter sido Quarry Men; assim como aconteceu no primeiro período da banda, ninguém se importava com esse detalhe.

School já estava no passado, é difícil entender por que eles voltaram a esse nome, um enigma que nunca foi resolvido, e nunca será.

Ken Brown se tornou um integrante do grupo, pelo menos temporariamente, mas nunca – aos olhos de John, Paul e George – foi um deles. Os três moravam no sul da cidade, e ele morava no norte, em Norris Green; eles não socializavam com Ken e ele não teve permissão para entrar na panelinha do trio. Ele era apenas um rapaz que os três viram quando tocaram no Casbah, que tinha um amplificador e os deixou usá-lo; um rapaz que recebeu seu pagamento de 15 xelins, um quarto das £ 3 pagas pela sra. Best. Na maior parte do tempo, ele ficou no fundo, quieto, tocando; ele cantou uma, talvez duas canções, e sua principal contribuição foi a balada doce "I'll Be With You In Apple Blossom Time". Arthur Kelly, presente na maioria das sessões dos Quarrymen no Casbah, se lembra como John, Paul e George "encaixavam pequenos riffs de guitarras por trás do andamento rígido de Brown, para deixar o som mais pesado". Como sempre, a tarefa de Arthur era relatar sobre suas canções e seus sons. "Eu me sentava lá e assistia. Quando acabava, eles me perguntavam, 'Como foi aquela canção? Como soou aquela parte?'. Eu falava para eles em que ponto foram altos demais, ou não foram altos o bastante, quaisquer ajustes que fossem necessários."

Também com os Quarrymen, assistindo à inesperada ressurreição do grupo, estava Tony Carricker:

> Ken Brown não se encaixava em nenhum aspecto – ele vestia ternos com lapelas largas, em tons pastel, não tinha um corte de cabelo bom, e usava óculos. Os outros abaixaram o volume de sua guitarra um pouco e aumentaram a de George. George pegou todos eles de surpresa naquela noite, porque ele tocou o solo de "That'll Be the Day", e não tinha dito nada a respeito. John era *John*, mas, para mim, o mais impressionante dos dois era Paul, porque ele conseguia cantar como Little Richard e Presley na fase Sun. Ele era o vocalista óbvio. Paul conseguia cantar músicas do começo da carreira de Elvis melhor que qualquer outra pessoa, exceto o próprio.

Logo antes da inauguração do Casbah, Pete Best passou as férias em um acampamento internacional de estudantes, em Colomendy, no norte do País de Gales, com seus amigos do Collegiate, Bill Barlow e Chas Newby. Ambos tocaram no grupo do Lowlands chamado Barmen e estavam entre os muitos frequentadores do Pillar Club que também iam ao Casbah. Newby tinha visto George tocar com Les Stewart e agora estava impressionado com os Quarrymen. "Eles eram bons. Quando cantaram 'Three Cool Cats', eles *harmonizaram*, e isso foi brilhante. Apesar de eles tocarem as mesmas coisas que todos os outros – Chuck Berry, Buddy Holly e tal –, eram só guitarras, sem bateria, e todos conseguiam cantar."[15]

Os membros entravam no Casbah por uma porta no jardim, que levava diretamente ao porão. Acima ficava a extensa residência Best, com 15 cômodos de bom tamanho que, com exceção da sala de estar convertida em chapelaria para guardar os casacos, estavam inacessíveis a todos que não eram próximos da família. Por meio de suas apresentações semanais lá, John, Paul e George entraram no mundo dos Best, e este era diferente de tudo que eles conheciam. O famoso "homem da casa" raramente era visto. Johnny Best deixou claro a Mona que ele não queria ter relação alguma com o Casbah e se manteve longe; a desaprovação do marido nunca a impediria, é claro – era para os garotos. Seu casamento estava passando por dificuldades, alguns membros do Casbah juram que Johnny já tinha se mudado de lá quando o clube abriu, outros dizem que ele ainda estava lá, mas apenas raramente. Logo ele partiria de vez.

Mona Best tinha 35 anos de idade, era pequena e redonda, exalando uma beleza que enfeitiçava os homens de todas as idades. Ela era cheia de vida e amava se divertir, mas não tinha tempo para pessoas estúpidas, nem levava desaforo para casa. Ela era engraçada e generosa, incisiva e sem compromisso, porém sempre no comando. Se você não estava dentro, estava fora. O Casbah começou a abrir em outras noites, principalmente como uma casa para tocar discos e beber Coca. Então, em novembro de 1959, uma segunda noite para grupos foi acrescentada, em uma disputa espontânea com o clube vizinho, Lowlands. Um clube era um centro comunitário para a juventude, sem fins lucrativos, bem estabelecido; o outro, uma empresa privada. Mona decretou que qualquer grupo do Casbah que posteriormente tocasse no Lowlands não seria chamado novamente, e poucos ousavam contrariá-la.

Essa família também tinha seus segredos. Ninguém sabia, mas Mona teve seus dois garotos com homens diferentes. Johnny Best estava em uma missão do exército, como instrutor de treinamento físico, na Índia, e não era o pai do primeiro filho dela. O garoto conhecido como Pete Best era, na verdade, Randolph Peter

Scanland, nascido no distrito de Egmore, em Madras, em 24 de novembro de 1941 – seus pais eram Alice Mona Shaw, de 17 anos de idade, e Donald Peter Scanland, um engenheiro da marinha. Não há registro de seu casamento. Ela se casou com John Best na St. Thomas Cathedral, em Mumbai, quando Randolph Peter tinha apenas 2 anos e 3 meses de idade; John Rory Best nasceu em janeiro de 1945.[16] Foi essa família de quatro pessoas que zarpou para Liverpool no fim daquele ano. Johnny Best aceitou Randolph Peter – conhecido como Peter – como seu próprio filho e se tornou o único pai de verdade que o garoto conheceu. No entanto, Peter tinha entrado em um casulo e Mona assumira a missão de, até o fim de sua vida, o convencer a sair de lá. Peter e sua mãe – ele a chamava de "Mo" – tinham um relacionamento de intensidade extraordinária. Ela o apoiava o tempo todo, o impulsionando, encorajando, dominando, bajulando, controlando, influenciando, falando por ele, fazendo tudo o que ela podia – mais do que a maioria das outras mães sequer consideraria – para que aquela flor em botão desabrochasse. Todos que conheciam os dois falavam: eles simplesmente idolatravam um ao outro.

Pete cresceu e se tornou um rapaz forte, musculoso, excepcional nos esportes, sem qualquer peso extra no corpo, eminentemente capaz de cuidar de si próprio em um confronto físico – algo que, em Liverpool, podia acontecer a qualquer momento. Ele também era bonito, e sabia disso, aproveitando sua personalidade introvertida para projetar uma timidez calculada – o rosto misterioso, olhos escuros olhando para cima, tentadoramente, com a cabeça inclinada, apenas algumas palavras ditas, em um tom silencioso. Muitas garotas sentiam-se atraídas por ele (e Pete lhes mostrava que ele não era sempre tímido). "Pete Best era constantemente visto no Casbah", disse Tony Carricker. "Ele era, definitivamente, uma presença notável – era um garoto muito bonito, e obviamente tinha decidido, desde cedo, desenvolver uma pose de temperamental." Cyn se recorda de um momento privado, também da noite de inauguração do Casbah: "Eu estava no andar de cima da casa, com John e Paul, então Pete entrou e pensei em como ele lembrava o ator Jeff Chandler. Que homem bonito... mas era tão quieto, estava com a mãe".[17]

O ano acadêmico 1959-60 na Liverpool College of Art se iniciou em 14 de setembro, e um relacionamento começou a surgir debaixo do nariz dos colegas de John e Cynthia, que ficaram surpreendidos. Quando ela estava no banheiro feminino,

Pat Jourdan a viu se vestir para impressionar. "Ela estava colocando mais uma camada de rímel, vestindo um suéter preto e uma saia xadrez muito, muito curta, com uma franja, e ela estava puxando a saia para cima, deixando-a ainda mais curta. Então, Cynthia disse: 'Pat, você pode andar comigo pela cantina? Todos os estudantes de impressão estão lá e eles vão assobiar para mim'. Ela queria estar acompanhada enquanto passava por eles, após ter gastado 15 minutos se retocando. O que eu não sabia é que tudo aquilo era *para o John*."[18]

Era luxúria e amor, e amor e luxúria. Com John no comando, tudo ia a 300 quilômetros por hora. Ninguém de fora consegue entender o que mantém um relacionamento em pé – apesar de muitos brincarem que a única coisa que eles tinham em comum era a miopia (sem óculos, eram cegos como morcegos), provavelmente a diferença era a chave da atração deles.

Apesar de sua personalidade tranquila e credenciais burguesas de Hoylake, Cyn atendia às necessidades de John. O amor dela por John era total e leal, e ela também o defendia; ele estava desesperado por aquele tipo de garantia e estabilidade, pois ainda fazia apenas 12 meses desde o evento devastador que foi a morte de sua mãe. Além disso, ele estava se imaginando apaixonado por uma artista linda, e deve ter pensado que Cyn era ela. Anos depois, ele comentou: "Eu sempre tive esse sonho de conhecer uma artista pela qual eu me apaixonaria, mesmo na faculdade de artes".[19] Ele falou isso se referindo a outra artista, mas era evidente que, na faculdade, já estava pensando nessa paixão, procurando-a, desejando-a.

Quanto a Cyn, ela era uma garota quieta que nunca tinha se expressado com muita coragem, então, com John, ela evidentemente estava realizando um grande ato de rebeldia. Havia pouco tempo, ela estivera noiva de um limpador de janelas de Hoylake e, de repente, estava ligada a uma pessoa conturbada, atraída pelo perigo e extravagância do namorado, acreditando que seu amor poderia penetrar a agressividade extraordinária de John. Como ela disse: "Sua atitude era extremamente 'não olhe pra mim porque vou te matar se olhar' – mas ele queria ser amado".[20] Eles também eram loucamente atraídos um pelo outro. O sexo era fundamental para o casal, e eles faziam onde e quando a oportunidade surgisse. Porém, com ambos ainda morando "em casa", isso não era fácil.

Com o passar do tempo, conforme seu relacionamento se tornou "estável", suas famílias também se tornaram presentes. Lillian Powell, por motivos compreensíveis, formou a mesma opinião instantânea sobre John que quase todos os outros pais, desde a infância do rapaz: ela não gostou dele, nem um pouco. Isso dificultou a vida de Cyn, que era próxima de sua mãe, viúva, e era um tanto controlada por sua personalidade dominadora. John também não gostava muito de Lillian, então Cyn ficou na corda bamba.

John claramente buscou a aprovação da família dele. Em algum ponto, provavelmente antes do fim de 1959, ele levou Cyn a Edimburgo, para conhecer sua tia Elizabeth (Mater) e seu tio Bert, além do primo Stanley. Pegaram carona para ir e voltar de lá. Também passaram um tempo em Woolton, com a tia de John, Harrie, e o tio Norman – na casa deles, não havia apenas um primo, mas suas duas meias-irmãs mais novas, as filhas de Julia. Dizem que todos gostaram de Cyn e que ela gostou deles. Mimi, é claro, tinha experiência em achar defeitos em todo mundo que John levava para casa, apesar de Cyn ser o modelo de bom comportamento e educação.

Então, chegou o momento em que Mimi e Lillian tiveram que se conhecer. John e Mimi pegaram o trem para Hoylake, para o chá de domingo na pequena casa da 18 Trinity Road, no caminho para a praia. As duas viúvas, indomáveis e ferrenhamente protetoras, com seus cinquenta e poucos anos, mantiveram o decoro por um tempo, mas logo dispensaram a educação, partindo para as acusações, uma dizendo que a cria da outra estava causando distrações nos estudos. De acordo com Cyn, a discussão foi tão ferrenha que John saiu correndo da casa, com os olhos lacrimejando.[21]

Cynthia disse que ele não conseguia suportar o conflito. Caso isso seja verdade, é uma interessante descoberta sobre a mente insegura e aflita de John Lennon em 1959, porque ele mesmo era uma constante fonte de conflito e agitação para todos ao seu redor. Cyn frequentemente falava dos episódios de "fúria irracional" que John tinha com ela, de sua possessividade obsessiva e perversa, e do ciúme desenfreado e aparente que ele exibia, sem qualquer motivo. Sua dedicação ao relacionamento era incrível – Cyn sabia que John se livraria dela em um segundo se ela não o defendesse, e ele testava essa resistência continuamente. "Eu estava com muito medo dele, em 75% do tempo", ela disse.[22] Estar com John era um passeio eletrizante por uma tempestade de dez pontos na escala de Beaufort, e Cyn só se mantinha nela na esperança de encontrar águas mais tranquilas adiante, acreditando que ela poderia levar John pelo caminho certo. Era amor.

O terceiro ano de John na faculdade de artes estava no colo dos deuses, e nas mãos do diretor, W. L. Stevenson, e o conselho que recebeu de alguns de seus colegas veteranos era que ele deveria continuar lá, apesar de ter sido reprovado no exame intermediário. Ele teria que refazer a prova em maio de 1960 e, se reprovasse novamente, estaria fora. Enquanto isso, John começou a trabalhar para garantir uma qualificação pelo *National Diploma in Design* (Diploma Nacional em Design), ou NDD, iniciando um curso de dois anos que terminaria no verão de 1961.

Encorajado e inspirado por Stuart Sutcliffe, que estava fazendo o mesmo curso, mas um ano adiantado, John tentou obter seu NDD no departamento de pintura. Como Cyn escolheu ilustração, suas aulas eram separadas e, com a ajuda de Stuart – e livre da precisão complexa da caligrafia –, John repentinamente mergulhou em seu trabalho, usando o que Cyn descreveu como "uma orgia de tinta a óleo, areia, serragem, na verdade qualquer coisa que ele conseguisse arranjar para criar suas pinturas, que eram verdadeiramente singulares".[23] Se John se identificava com algum lugar da faculdade de artes, era o departamento de pintura, mas isso não significa que ele concordava com as ideias de seus colegas – muito pelo contrário, John se rebelou contra todos eles e isso o levou a uma encruzilhada criativa crucial. "A coisa a se fazer naquela época era pintar e destruir [as telas], ou apenas guardá-las em seu próprio quarto. É hipocrisia. Então eu decidi que queria que todos vissem minhas obras, que eu não iria perseguir o ascetismo do monastério, ou a ideia do artista solitário que supostamente não se importa com o que as pessoas pensam de seu trabalho. Eu me importo muito se as pessoas o amam ou o odeiam, porque é parte de mim."[24]

Pat Jourdan, colega de John desde que eles começaram a faculdade, dois anos antes, e sempre uma observadora astuta de seu comportamento, ficou surpresa, não apenas por sua criatividade, mas pela mentalidade por trás dela.

> Como artista, John era rápido, ágil, destro, afiado. Eu não lembro de ele se inspirar em qualquer artista específico – era apenas *John*, satisfeito em ser ele mesmo. Ele via o que outra pessoa fazia, assimilava, fazia aquilo uma vez e depois deixava de lado. Um homem chamado Tony Byrne veio para cá, de Birkenhead – ele tinha

> ido à exibição de artistas americanos em Londres e começou a pintar no chão, em grandes placas de madeira compensada. John entrou lá e perguntou, "Quando você vai acrescentar um ovo?", que era um slogan de anúncio na época: "*Add an egg*" (Acrescente um ovo). Tony resmungou. Então, John fez uma pintura perfeita no chão, melhor que a de Tony, e nunca fez outra de novo. Era o tipo de coisa que John fazia. Ele podia observar pessoas como se fosse por um telescópio, absorver sua essência e seguir em frente. John viveu cem vidas, enquanto nós tivemos apenas uma.[25]

A amizade de John com Stuart também estava se tornando mais próxima, e – semelhante ao seu relacionamento com Cyn – poucas pessoas entendiam a atração, especialmente qual aspecto de John fazia Stuart querer passar tempo com ele. Ser amigo de John não era fácil, porque ele tirava sarro de todo mundo, sem exceção, mas os dois se inspiravam, riam, bebiam, pintavam e liam juntos. Com Rod Murray, eles jogavam sinuca no pub do Philharmonic e também em um hall perto do teatro Royal Court. Rod não era bom, John era pior e Stuart não tinha a mínima chance – toda vez que ele fazia uma jogada, eles quase derramavam suas cervejas de tanto rir, só esperando a hora que a baeta iria rasgar. Mas Stuart era reconhecido por quase todos na faculdade como o artista mais talentoso de lá, o estudante estrela, uma alma sensível e intuitiva que enxergava as qualidades especiais de John Lennon, sob aquela camada externa áspera.

Com George fora da escola, Paul ia escondido, sozinho, até a cantina da faculdade para encontrar John, mas com uma frequência provavelmente menor que antes. Cyn observava como ele "tentava muito impressionar John, fazendo poses e desfilando com seu cabelo penteado para trás, a fim de provar que ele era legal, porque John era basicamente o líder".[26] Paul agora estava em seu último ano no Institute, na turma 6AM2, um dos garotos mais velhos da escola. Com exceção de Ivan Vaughan, os seus melhores amigos tinham saído.*

Agora, Paul estava se aprofundando em sua fase literária inspirada por Dusty Durband. Sem companhia, mas contente de estar só, ele assistia a peças no Royal

* Seu irmão Mike ainda estava lá, como parte da turma dos Removes.

Court e no Playhouse. Paul não gostava muito, mas, ainda assim, acumulava o conhecimento de que precisaria caso ele, como seu pai agora esperava, se tornasse um professor de inglês. Assim como ele ia além de compor canções, e se enxergava na figura de um compositor, Paul agora projetava, conscientemente, a imagem de um pensador. Ele se tornou o jovem homem intelectual no ônibus 86, pensativamente fumando seu cachimbo no andar de cima, enquanto lia *Sob o bosque de leite* ou *Esperando Godot*, deixando visível o título dos livros. "Eu fiz a maioria das minhas leituras durante [aquele] curto período da minha vida... Eu achei que tinha um jeito de estudioso, era uma boa imagem... Eu me sentia como se estivesse na universidade." Paul pegava balsas no Pier Head não apenas carregando um livro de poesia, mas também caneta e lápis – "[Eu me] enxergava como um poeta, observando as pessoas; me sentava em um banco e escrevia um pouco sobre o que eu observava. Eu era muito consciente na coleta de material. Eu realmente queria ser um artista... minha cabeça só pensava naquilo".[27] Paul também ia à livraria da universidade, Philip, Son & Nephew, especializada em peças, poemas e romances: quando ele tinha dinheiro para tal, comprava livros intelectualmente pesados; quando não tinha, se não houvesse ninguém olhando, ele os roubava.

George Harrison estava ocioso. Agora, não precisava mais fingir que ia para a escola todo dia, só para passar seu tempo na cidade – ele podia passar seu tempo em casa. Quando ele precisava de dinheiro, pedia a seus pais. Como Louise recordou: "Tudo o que eu ouvia era, 'hein, mãe, empresta o dinheiro pro ônibus, hein, eu te pago de volta quando ficar famoso'".[28] Mesmo que ela estivesse aplicando alguma força para fazê-lo achar um emprego, isso não o estava afetando. Harry foi mais enfático e marcou para George uma entrevista e um exame de avaliação na Liverpool Corporation, para se tornar um aprendiz de mecânico de ônibus. Era o mesmo processo de sempre – ele se qualificaria para "uma profissão" após cinco anos, no verão de 1964. George sentia ódio só de pensar nisso, mas não tinha a opção de recusar. Mesmo assim, foi um momento de emoções conflitantes quando ele descobriu que não tinha passado no exame. Ele não queria o emprego, mas foi um choque para seu ego – um garoto do Institute fracassando em uma prova na qual rapazes de escolas comuns passariam. Como ele refletiu, posteriormente, "as pessoas que trabalhavam para a Corporation não eram exatamente as mais espertas da cidade".[29]

Encarando esse beco sem saída, George considerou a emigração. Primeiro, ele tentou persuadir seus pais a se mudarem, levando a família à Austrália, uma ideia que eles rejeitaram. Então, ele pensou em emigrar sozinho, um garoto de 16 anos de idade planejando morar em Malta (ele tinha visto o local em panfletos de viagem) ou no Canadá. Ele chegou ao ponto de requisitar os formulários de inscrição, mas perdeu a coragem quando viu que era necessária a autorização dos pais. Nem se deu ao trabalho de perguntar.[30]

Quando conseguia tirar uns trocados de seus pais, George continuava passeando por Liverpool. Em várias tardes, John e Cyn saíam da faculdade de artes, na esperança de passar uma tarde a sós, e eram surpreendidos por George gritando ou assobiando para eles na rua. Ele os alcançava e perguntava, "Aonde vocês vão?" e "Posso ir junto?". Nenhum dos dois tinha coragem de afastá-lo, então ele andava com o casal, algo que irritava e decepcionava Cyn. Como John recordou: "George nos seguia pela rua, quase 200 metros atrás, e ela perguntava, 'O que ele quer?'. Eu respondia, 'Ele só quer passar um tempo conosco. Devemos levar ele junto?'. Ela dizia, 'Ah, tudo bem, vamos com ele à porcaria do cinema então'. E deixávamos ele ir ao cinema conosco, e coisas assim".[31]

Foi um período ativo para Richy Starkey, que ainda tocava bateria, tanto com o Darktown quanto com os Texans, e testava a paciência de sua noiva, que não apreciava ter apenas uma parte da atenção dele. Como Elsie e Harry não tinham telefone em casa, os colegas de banda de Richy só conseguiam falar com ele ao ligar para o sr. Jones, da banca de jornais na High Park Street, para quem o rapaz brevemente trabalhou. Len Jones enviava alguém para bater na porta de Richy, e ele ia correndo pela Admiral Grove, até os fundos da loja, onde atendia a ligação e recebia a última notícia sobre onde seu serviço era requisitado... e qual era o novo nome que Al Caldwell tinha pensado para seu grupo.

Possivelmente inspirado pelo grupo estadunidense Johnny and the Hurricanes – que ainda não eram famosos na Inglaterra, mas tinham alguns sucessos por lá –, os Texans tinham acabado de se tornar Al Storm and his Hurricanes, e a mudança coincidiu com um repentino aumento de atividade. Richy Starkey agora fazia parte do grupo de rock'n'roll mais ocupado de Liverpool. Quaisquer resquícios de skiffle ou sons acústicos já tinham sido eliminados: Johnny Byrne tinha comprado uma nova guitarra elétrica Antoria, que se tornaria sua marca registrada, então era rock até o fim; embora Al certamente não fosse o melhor cantor da cidade, ele era tão bom em se exibir que o grupo conseguia impressionar.* No sábado, 5 de setembro, quando outro clube abriu em Merseyside – The Jive Hive, no St. Luke's Hall, em Crosby –, Al Storm and his Hurricanes conseguiram a vaga de residência.

Os outros Hurricanes moravam na região Broad Green/Old Swan, então o grupo tocava principalmente no norte da cidade, a uma viagem de ônibus de distância, porém duas ou mais para Richy. Depois, se o último ônibus já tivesse passado, a bonita Iris Caldwell erguia seu polegar para conseguir uma carona, enquanto os rapazes ficavam escondidos em arbustos, com seus equipamentos, esperando um carro parar. Apesar do risco de ataques por gangues de Teddy Boys, Richy carregava sua bateria completa agora, e transportá-la era sempre um tormento. A pior parte era conseguir um ônibus de volta para casa: mesmo se outras pessoas o ajudassem a embarcar, elas não estariam com ele quando chegasse ao seu destino. Richy recordou: "Teve uma noite muito infeliz em que eu desci na minha parada – era a quase um quilômetro de casa, e eu carregava quatro cases. Eu tinha que correr 20 metros com dois cases, ficando de olho nos dois que tinha deixado para trás, depois voltar, pegar os outros dois e correr 40 metros com eles; deixava esses dois no chão, voltava, pegava os outros dois, e assim ia. Era a coisa mais infeliz do mundo e eu só ficava pensando, 'Que merda, eu preciso de um carro'".[32]

A última coisa de que Richy precisava agora era estudar. O terceiro ano de seu curso na Riversdale Tech acontecia apenas no período noturno e isso não o liberava do trabalho. Ali, ele traçou o limite – *já deu*. Abandonar o curso no quarto de seus cinco anos significaria colocar em risco o seu aprendizado profissional. E, ao mesmo tempo que tudo isso estava acontecendo, ele sofreu com uma tragédia: seu amado avô Starkey faleceu, em 3 de outubro, devido a uma úlcera péptica crônica, enquanto estava internado no Sefton General Hospital, e tudo aconteceu rapidamente. Johnny

* O resto da formação dos Hurricanes era fluido nessa época, mas os dois músicos principais eram o baixista e ocasional vocalista Walter Eymond, conhecido como Wally, e o guitarrista base Charles O'Brien, conhecido como Chas. Há uma tendência em Liverpool de dar mais ênfase à última sílaba das palavras, então "Hurricanes" geralmente era pronunciado de forma a incluir totalmente o som "*canes*" no fim.

Parkin Starkey havia assumido o papel de seu filho ausente, que abandonara seu próprio filho, Richy, quando o garoto tinha 3 anos de idade. Johnny Starkey sempre esteve lá para seu Lázaro, sua "criança que só dorme", o garoto que tinha acabado de pagar o empréstimo que fizera para comprar sua bateria.

Richy descreveria este como um dos momentos mais tristes de sua vida. Ele manteve a compostura até o enterro, quatro dias depois, no Allerton Cemetery. No entanto, quando viu o caixão de seu avô descendo, ele não aguentou mais e chorou. Não havia como consolá-lo. Pouco tempo depois, a avó Annie, agora uma viúva, lhe deu uma lembrança preciosa: a aliança de casamento de Johnny. Richy precisaria dela quando se casasse com Gerry. Tamanho era o amor por seu avô, e sua paixão por anéis, que ele imediatamente colocou a aliança de ouro no dedo e disse que nunca a tiraria.

Agora, ele tinha três anéis em suas mãos. Usar dois não era tão incomum, mas três era algo que chamava a atenção. Cada anel tinha uma história e ele ficava feliz de contá-las quando as pessoas perguntavam – "este aqui, eu ganhei da minha mãe quando tinha 16, este aqui é um anel de noivado da minha namorada e este é a aliança de casamento do meu avô, que eu ganhei quando ele morreu". Três era uma coleção e as pessoas começaram a chamar o rapaz de *Rings* (Anéis).

Rings Starkey tocou seu último evento com o Darktown em 16 de outubro, no Cavern. Foi a típica história: os outros rapazes seguiram em direções diferentes, se tornando mecânicos ou operários, ou então se casando, deixando sua juventude para trás. Agora, Richy empregava toda a sua energia musical no Al Storm and his Hurricanes. Incapazes de entrar no Casbah porque outro grupo chamado Quarrymen já tinha a residência, eles tocaram algumas sessões de domingo no Lowlands. Eles também participaram do retorno a Liverpool do programa *TV Star Search*, de Carroll Levis, passando pelo teste no Empire, depois participando do típico ritual, em que uma vitória durante a semana lhes garantiria uma vaga na final de sábado. Os Hurricanes chegaram perto de conseguir o grande prêmio, uma aparição na TV, e terminaram na segunda posição.

Não há explicação para o fato de os Quarrymen não terem participado do concurso de Levis dessa vez. Doze meses antes, quando o grupo estava em hiato, John, Paul e George fizeram um grande esforço para participar, indo até Manchester duas vezes, como Johnny and the Moondogs. Agora, com a competição de volta ao seu território, e com eles tocando juntos toda semana, com um repertório lapidado e equipamento superior, eles deixaram a oportunidade passar. Outros não o fizeram. Assim como Al Storm and his Hurricanes, outro grupo de rock local, Derry and the Seniors, participou e impressionou. Eles tinham um som vigoroso, similar ao de Little Richard, e eram liderados por um cantor negro e dinâmico, de Toxteth, chamado Derry Wilkie, além de terem um indivíduo de grandes proporções chamado Howard "Howie" Casey no saxofone. O nome deles era inspirado por Danny and the Junior, o grupo vocal branco da Filadélfia que fez um grande sucesso em 1958 com "At the Hop".

A ascensão dos grupos de rock de Liverpool estava evidente agora, e estava acontecendo em completo contraste à cena nacional. Quase todos os sucessos nas paradas britânicas de 1959 eram de cantores (ou cantoras) solo, e o aparente declínio do rock foi notado quando a publicação *Disc* fez um artigo observando a diminuição do sucesso de shows de beat e rock em teatros britânicos. Entre os citados no texto estava Neil Brooks, gerente do Liverpool Empire, que observou como "o rock está perdendo cada vez mais a popularidade".[33] Talvez fosse assim no seu teatro de alta classe; no entanto, no nível mais popular, o Empire ficava cercado de clubes e halls que explodiam com rock'n'roll da classe trabalhadora urbana. O promotor Wally Hill, com seu sábio mestre de cerimônias Bob Wooler, abriu o Blair Hall, uma segunda casa de shows no esquema de cooperativa, em Walton Road, onde (de acordo com anúncio no *Echo*) os Pacemakers de Gerry Mardsen tocariam. Outro grupo novo e excitante era Cass and the Casanovas – do cantor Brian Cassar e alguns outros rapazes fortes de Liverpool 8, que conseguiam cuidar deles mesmos e de sua música. Eles alugaram o clube de jazz Temple nas tardes de domingo e o transformaram em uma casa de shows para rock – a primeira da cidade.

A mudança também estava no ar para aquele pilar do jazz que era o Cavern Club. Ele já estava aberto havia dois anos e meio quando o homem que tornou tudo aquilo possível, Alan Sytner, foi até Londres a fim de trabalhar para a National Jazz Federation e nunca mais voltou. O Cavern não estava mais se saindo tão bem: ele tinha tirado seu olho da bola e a plateia estava desaparecendo. Ele deixou o clube nas mãos de seu pai, o dr. Joseph Sytner, que veio a confiar em um homem da empresa de contabilidade para gerenciar a parte financeira do clube - Andrew Raymond McFall, conhecido por todos como Ray McFall. Aos 32 anos, McFall tinha um tanto de dinheiro, e queria uma mudança de carreira. Ele se ofereceu para comprar o Cavern e o negócio foi fechado por £ 2.750. A partir do sábado, 3 de outubro de 1959, o clube passou a operar sob um novo proprietário. Apesar de não haver uma mudança óbvia na política de escolhas musicais, os agendamentos de grupos de rock se tornaram mais frequentes, especialmente para Al Storm and his Hurricanes, que tocaram lá oito vezes nos últimos três meses do ano - não eram bem capazes de tocar rock'n'roll, mas chegavam perto.

Após outro longo período, e sob o conselho franco de seu pai - "Não acha que seria melhor arranjar um emprego?" -, George Harrison finalmente se curvou ao inevitável e agiu. Um funcionário do Juvenile Employment Bureau, a agência de empregos para jovens, consultou alguns cartões e informou George a respeito de uma vaga de vitrinista na Blackler's, a loja de departamento que se estendia pela Great Charlotte Street. George não estava animado, mas sabia que isso colocaria algumas libras em seu bolso e faria seu pai largar de seu pé.

Quando George chegou à Blackler's, descobriu que o cargo de vitrinista já tinha sido preenchido, mas havia outra vaga, de aprendiz de eletricista no departamento de manutenção - exatamente o tipo de emprego que Harry esperava que seu filho conseguisse. Formulários tiveram que ser assinados e parece que George se comprometeu a participar de um programa de cinco anos, que terminaria no Natal de 1964, começando com um salário semanal de £ 3 10s e (no máximo) duas semanas de férias por ano.* Todos os aprendizes e estagiários recebiam nas sextas-feiras, eram chamados individualmente e recebiam dinheiro em espécie, com o holerite, em um envelope lacrado. A partir da primeira semana de novembro de 1959, George Harrison era um homem trabalhador.

Tendo em vista tudo o que veio em seguida, George raramente falava sobre seu único emprego de verdade fora da música. "Eu gostava do trabalho", ele disse,

---

* Vinte anos depois, George lembrou de seu pagamento semanal como 30 *bob* (£ 1 10s), mas um de seus amigos lá, que recebia o mesmo salário que ele, tem certeza de que era £ 3 10s. Este era o valor bruto, antes de ele ter que dar uma fatia ao fisco.

em 1967. "Era melhor que a escola. Com o inverno chegando, era bom estar em uma grande loja aquecida. Costumávamos passar a maior parte do tempo jogando dardos." Dez anos depois, ele acrescentou: "Ocasionalmente, estragávamos os elevadores para termos uma folga no vão do elevador... Eu também aprendi a beber 14 *pints* de cerveja, três de rum com cassis e comer dois [hambúrgueres] Wimpys, tudo na mesma refeição".[34]

O garoto que conseguiu o emprego de vitrinista antes de George chegar lá, Peter Cottenden, se tornou seu melhor amigo na Blackler's. Ele era apenas um ano mais velho que George e a amizade entre os dois surgiu com base em um amor mútuo por Chuck Berry e Buddy Holly. "George era um rapaz legal, muito legal mesmo, e nos dávamos bem. Ele tinha que usar um macacão cinza o dia inteiro, todo dia. Me lembro de um trabalho que ele fazia: chegava com um balde de água, um pano, um pincel e uma escada e precisava limpar as luzes fluorescentes. Não era exatamente um trabalho de eletricista, mas era lá que um aprendiz começava."

Uma das primeiras coisas que George fez após começar a trabalhar na Blackler's foi passar na Hessy's, em Whitechapel, e comprar outro instrumento. Era o dia do pagamento, 20 de novembro, e ele escolheu uma guitarra elétrica da empresa Delicia, feita na Tchecoslováquia, com um nome da era espacial: Futurama, atribuído a ela pela empresa Selmer, que a importava para a Inglaterra. O instrumento vendia graças a sua marcante semelhança visual com a Fender Stratocaster. A celestial Strat – usada por Buddy Holly, objeto dos sonhos e desenhos de George – não podia ser obtida, mas a Futurama podia ser comprada por qualquer pessoa que tivesse 55 guinéus (£ 57 15s). George também comprou um case. Quando os juros foram calculados, ele estava diante de um gasto total de £ 74 6s – mais que metade de seus ganhos anuais. Ele pagou uma "entrada" de £ 10 – provavelmente uma combinação de seu próprio dinheiro e uma quantia cedida por sua mãe, que tanto o apoiava – e se comprometeu com pagamentos semanais de 16 xelins, que se prolongariam até o verão de 1961.*

Trinta e cinco anos depois, George descreveu como Paul estava com ele na Hessy's quando escolheu o instrumento. Paul o plugou em um amplificador e

* George gostava de repetir a famosa frase sobre comprar uma guitarra parcelada de Frank Hessy – pagar uma certa quantia de entrada e o resto "quando o Frank me pegar".

aumentou o volume, e, quando George apertou um dos três botões que pareciam teclas de piano no corpo da guitarra, um som alto fez outras guitarras caírem da parede.[35] Paul disse que a primeira vez que ele viu a Futurama foi na casa da sra. Best, na noite seguinte: "Eu me lembro de George, no andar de cima, na sala, abrindo o case da guitarra, e lá estava ela, como o Cálice Sagrado... Era como o paraíso; era o nirvana quando uma guitarra nova chegava em seu case".[36] Rory Best não tocava guitarra, mas falava tanto da linda Futurama de George que Mona comprou uma para ele, só para o caso de ele ficar com vontade de tocar. Ele nunca o fez, mas a emprestou para George quando a dele quebrou. Arthur Kelly também ficou muito impressionado com a maior aquisição que seu melhor amigo tinha feito até então.

> Todos os outros no Casbah tinham que fazer fila para entrar no porão, mas nós sempre entrávamos pela casa. A sala de entrada era como o camarim da banda. Eu lembro de ir lá com George quando ele levou sua Futurama pela primeira vez. John estava sentado lá, cutucando o nariz – ele sempre cutucava o nariz –, e George tirou aquela guitarra nova de seu case. Era a coisa mais próxima que ele podia ter de uma Strat, simplesmente incrível. Ele anexou a alavanca [controlador de *tremolo*, para alterar o tom e dar um efeito vibrato] e, quando alguém lhe perguntou para que servia aquilo, George – por algum motivo desconhecido – disse: "É uma geringonça para dar corda no sol".[37]

Essa era a quarta guitarra de George, muito diferente de Paul, que ainda tocava sua primeira – o violão Zenith, relativamente barato, que ele obteve no verão de 1957, e ao qual acrescentou um captador. John comprou sua Club Footy porque George tinha uma, então passaram a ter instrumentos diferentes, novamente.*

A guitarra Futurama deu aos Quarrymen outra mudança de som, que provavelmente causou mais alterações no repertório. Tocavam juntos toda semana, pela primeira vez, e certamente estavam melhorando. No entanto, embora suas apresentações no Casbah sejam bem conhecidas, não há como medir quão bons eles

---

* George manteve sua Club 40, mas não a usava mais. Paul não a comprou dele, e parece que não teve acesso ao instrumento. Foi doado como um prêmio em 1966.

eram. O mais provável é que sua técnica instrumental não fosse tão avançada quanto a vocal. Paul cantava Elvis e Little Richard tão bem que ele quase alcançava os inalcançáveis; John imitava Chuck Berry e Buddy Holly muito bem; George era bom em cantar Carl Perkins; e sempre havia harmonias bem eficazes. Em seus melhores momentos, o som dos Quarrymen no Casbah era, provavelmente, quatro guitarras elétricas tocando suavemente enquanto John, Paul e George cantavam "Crying, Waiting, Hoping", ou a difícil harmonia de três partes em "To Know Her Is to Love Her".

É improvável que tenham cantado alguma Composição Original Lennon-McCartney nessa época. John e Paul não acreditavam muito neles mesmos, e tinham certeza de que o público só queria ouvir o que já conhecia. Mas eles faziam arranjos. Uma especialidade dos Quarrymen era modernizar canções antigas – todos os seus heróis do rock o faziam, então a prática era até comum. No começo de 1960, quando Paul escreveu uma carta na esperança de conseguir um agendamento para eles, ele mencionou que as principais canções de suas apresentações eram "Ain't She Sweet", "Moonglow", "You Were Meant for Me", "Home" e "You Are My Sunshine". Sendo assim, eles devem tê-las tocado no Casbah, porque não houve performances em outros lugares na época.

Os Quarrymen tocaram durante o outono de 1959 como um grupo de quatro guitarras, sempre na carência de baixo e bateria. Nenhum candidato se apresentou para qualquer uma dessas posições – ninguém no Casbah tinha uma bateria ou um baixo, nem se voluntariou. Jon Hague disse que John o convidou para ser seu baterista. "Na faculdade de artes, um dia, ele me disse, 'Arranje uma bateria e se junte a nós', mas acho que ele dizia isso para todo mundo na época. Eu não conseguiria, não tinha aptidão para música."[38]

O desejo de John, Paul e George de adicionar um baixista à formação já durava 18 meses, desde que tentaram coagir Eric Griffiths a comprar um. *Eles* não iriam tocar aquilo: o baixo não é um instrumento sexy, tocá-lo é uma ocupação quase tão "leprosa" quanto ser baterista. Eles nunca sugeriram que Ken Brown trocasse sua guitarra por um baixo, mas Tony Carricker disse que John pediu-lhe que comprasse um baixo e se juntasse a eles. "Eu achei aquilo absurdo. Estava além da minha capacidade. Havia aqueles que queriam fazer os sons, e os que apenas queriam ouvi-los, e eu era um dos que queriam ouvir."[39] Arthur Kelly também recebeu uma proposta.

"George disse para mim: 'Por que você não arranja um baixo?'. Eu ganhava £ 4 por semana na Cunard e o baixo custava cerca de £ 60, ainda mais com um amplificador, e eu simplesmente não tinha o dinheiro para bancar aquilo. Além disso, meu tio tinha mexido uns pauzinhos para conseguir aquele emprego para mim e eu não queria decepcioná-lo. Eu já tinha decepcionado minha família com minha educação, e não faria o mesmo outra vez."[40]

Nunca se saberá quantos outros foram convidados, mas os convites mais estranhos foram, provavelmente, feitos a Stuart Sutcliffe e Rod Murray, quando John, Paul e George estavam passando um tempo com eles, um certo dia, na 9 Percy Street. Rod não gostava de rock e não sabia tocar guitarra, mas queria tentar; ele não tinha dinheiro, mas gostava de carpintaria, então disse a eles que *construiria* um baixo no ateliê da faculdade. Provavelmente não demoraria muito. Stuart tinha um violão, mas não sabia tocar, nem tinha o dinheiro para um baixo, mas sempre apoiava o grupo, ocasionalmente indo ao Casbah. Por meio de seu relacionamento com John, ele estava se interessando cada vez mais pelo rock. Como Cyn comentou: "A influência que John tinha sobre Stuart era muito forte, e a necessidade de se comunicar com John em todos os níveis era importante para ele naquela época".[41]

Stuart também estava ocupado com sua arte. Aquele era o período de enviar obras para a exposição *The John Moores Liverpool Exhibition 2*, que aconteceria na Walker Art Gallery, durante dois meses, a partir de 17 de novembro. Tanto Rod quanto Stuart enviaram obras – Stuart mandou uma grande pintura abstrata, um mosaico de formas angulares e cores pintadas sobre dois painéis, num total de 75 cm^2. Ele a chamou de *Summer Painting*, e foi influenciada pelo artista abstrato parisiense Serge Poliakoff. A obra foi aceita, mas apenas um de seus dois painéis pintados foi utilizado. Como Rod Murray recorda: "Carregamos metade da pintura de Stuart até a Jackson's, na frente do Jacaranda – a loja estava armazenando as obras da exposição: as pessoas as levavam até lá, e a loja as encaminhava para a galeria. A caminho de pegar a segunda metade, paramos no Cracke e, bem, não conseguimos voltar à Jackson's".[42]

O dinheiro do prêmio era sem igual; com resenhas na imprensa nacional e na rádio BBC, a exposição de Moores era a maior de sua categoria na Inglaterra. Cinco cômodos da galeria Walker acomodaram 157 obras de arte, de telas a esculturas, selecionadas dentre duas mil inscrições. Apenas 10% dos artistas eram de Merseyside, e Stuart Sutcliffe era o único estudante, com sua pintura aparecendo ao lado de obras de Henry Moore, Barbara Hepworth e Victor Pasmore. Esperava-se que mais de 15 mil pessoas visitassem a exposição, durante os dois meses em que ficaria em cartaz, e nesse número estavam inclusos John Lennon e sua tia Mimi. O orgulho de John era tamanho que ela se lembrou da instrução do sobrinho para a ocasião – "ir com uma boa aparência", uma bela observação, levando em consideração que ela sempre cuidava de suas roupas e aparência, e ele sempre andava desajeitado.

A obra de Stuart, uma meia pintura exposta naquilo que o catálogo chamava de "*Room V*" (Ambiente 5), deixou Mimi atordoada. Era uma de muitas obras abstratas e parecia sem pé nem cabeça para ela. "O *que* é isso?", ela perguntou, e John logo a levou de volta ao átrio, onde disse: "Como você consegue *falar* uma coisa dessas, Mimi?". Batendo no peito, ele impacientemente explicou àquela senhora de 53 anos (que lia sobre a história da arte havia décadas, e sabia muito bem disso): "A arte vem *daqui de dentro*".[43]

Enquanto Stuart esperava para descobrir se ele estava prestes a ganhar um dos prêmios, Paul ganhou outro. No último Liverpool Institute Speech Day (Dia do Discurso do Liverpool Institute) dos anos 1950, no Philharmonic Hall, em 15 de dezembro, ele teve que subir ao palco para receber um *Prize for Art* – por mais nervoso que estivesse, foi um momento especial de seu último ano escolar, testemunhado por seu pai orgulhoso na plateia. Aconteceu durante algo que deve ter sido um bom período para Paul. Para os Quarrymen, a residência semanal no Casbah era como ter sua própria casa de shows, onde eles podiam entreter no palco e aproveitar uma vida nos bastidores. Ficava em West Derby, que não era a própria região do grupo e demandava dos rapazes algumas viagens de ônibus até chegar lá – então eles eram vistos por pessoas que não os conheciam, nem sabiam de suas histórias. Pam Thompson foi uma das primeiras clientes do Casbah que passou tempo com eles:

> Às vezes tínhamos festas particulares no andar de cima, após o clube fechar. Nem todo mundo ia lá, só alguns convidados. Paul era o simpático – acho que todo mundo gostava dele. George era o mais jovem, e sempre pareceu ser. Eu tinha uma certa afinidade com ele – ele era muito doce e ingênuo. John e Paul eram

> muito mais velhos, tinham mais experiência, enquanto George parecia um menininho no meio deles. John era muito carismático, mas eu sempre fui cautelosa com ele. Ele parecia ser forte, durão, com uma opinião muito positiva de si próprio. Ele me beijou na bochecha uma vez. George ficou tão bêbado em certa ocasião que ele ficou verde: fizemos um coquetel de suco de tomate e outras coisas horríveis para fazê-lo vomitar, e deu certo. Ele vomitou nos degraus da entrada.[44]

Uma dessas festas virou um pernoite, porque o último ônibus já tinha partido e não havia outra forma de chegar em casa. Era necessário fazer silêncio, pois a mãe da sra. Best, de 70 anos de idade, estava confinada à sua cama, no quarto em frente ao cômodo onde todos estavam. No entanto, as coisas ficaram tão silenciosas naquela noite que Mona começou a suspeitar. De acordo com Bill Barlow, amigo de Pete:

> Nós estávamos em cerca de 20 pessoas – alguns com garotas – na sala de entrada, e eram duas ou três da madrugada. Alguns estavam deitados no chão, as luzes estavam apagadas, e tudo tinha ficado quieto, as pessoas estavam dormindo. Paul estava com uma moça, e a sra. Best entrou, acendeu as luzes e perguntou: "Paul, o que você está fazendo?". Uma cabeça se ergueu e disse: "Nada, sra. Best! Nada, sra. Best!". Eu conhecia a jovem com quem ele estava, então posso imaginar o que estava acontecendo.[45]

Se Paul estava se divertindo de alguma maneira, era mais do que George, cujo sucesso no departamento sexual se limitava a, no máximo, uma "*finger pie*" ("dedo na torta"), como os rapazes de Liverpool chamavam. Sua memória duradoura dessas festas noturnas era de quase quebrar a mão tentando ir além dos sutiãs e espartilhos, que pareciam ser feitos de aço reforçado. "Eu ficava dando uns amassos com alguma garota, tendo uma ereção por oito horas, até minha virilha começar a doer – e não conseguia me aliviar. Era sempre assim. Aqueles *não eram* os bons tempos."[46]

Outra pessoa relativamente próxima de John, Paul e George no Casbah era Neil Aspinall. Fazia meses que Paul e George não o viam, desde que ele saíra do Institute no verão, mas West Derby era sua região, ele morava perto. Neil conheceu John Lennon melhor e passou a gostar dos Quarrymen, além de entrar em contato com a família Best pela primeira vez, fazendo uma boa amizade com Pete.

Foi no Casbah, numa noite, quase no fim de 1959, que John e Paul avistaram uma loira de rosto suave, dançando perto deles. Ambos foram diretamente até ela na primeira chance que tiveram; era Dorothy Rhone, uma garota de 16 anos, de Childwall, que tinha acabado de sair da Liverpool Institute High School for Girls. "Eles eram tão ligeiros, fazendo piadas um com o outro, que era impossível acompanhá-los", ela recorda. "Eu gostei do rosto de John – achei que ele tinha uma aparência robusta. Paul era bonito de uma forma mais gentil. John também era o que dominava, uma personalidade bem diferente... com mais compaixão."[47] John a chamou de "Bubbles" (Bolhas), porque ela não se adequava ao apelido – era quieta e inocente, apesar de não ter medo de tentar conseguir o que queria. Quando ela descobriu que John estava em um "relacionamento sério", ela voltou sua atenção para Paul. Fingindo uma fraqueza súbita, ela disse que precisava de ar fresco e pediu a ele que a acompanhasse até o jardim; a noite acabou com um beijo e a promessa de um encontro. Eles foram ao cinema; enquanto Paul a acompanhava até o ônibus de volta para Childwall, eles concordaram em se encontrar novamente, no Casbah – então, viraram namorado e namorada, começando o primeiro relacionamento de verdade de cada um.

Outro que entrou na cena do Casbah por volta da mesma época foi Richy Starkey, cujo grupo tocou lá pela primeira vez em 29 de novembro, quando a sra. Best abriu seu porão num domingo. Como de costume, Al Caldwell estava mudando o nome de sua banda: após uma semana como Jett Storm and the Hurricanes, eles se tornaram Rory Storm and the Hurricanes, para um evento na Jive Hive, em 11 de novembro. Esse nome, por fim, pegou. "Rory", disse Al, veio do músico de rock londrino chamado Rory Blackwell; ele e Johnny Byrne o haviam conhecido no Butlin's, em Pwllheli, durante as últimas férias de verão. Também podia ter sua origem em Rory Calhoun, um ator de filmes dos EUA, famoso por seus papéis em filmes de caubói. Os Hurricanes gostavam de caubóis: Byrne adotou o nome Johnny Guitar, título do filme de 1954, e o baterista Richy tinha rapidamente passado pelo apelido Rings, agora se chamando de Ringo Starr.*

* Não é possível determinar com precisão o momento em que Richy Starkey se tornou Ringo Starr. Seu novo nome apareceu impresso pela primeira vez no folheto de souvenir que divulgava um festival de jazz de oito dias no Cavern, que começou em 10 de janeiro de 1960. O evento foi marcado antes do Natal de

O nome Ringo era principalmente devido a seus três anéis – uma variação do apelido que ele já tinha –, mas qualquer um que seguia a cena caubói conhecia bem esse nome. Havia um homem chamado Johnny Ringo, famoso pelo duelo no OK Corral, que serviu de inspiração para um filme (*Sem lei e sem alma*); além disso, havia o filme *No tempo das diligências*, com o qual John Wayne se tornou uma estrela, interpretando o herói fugitivo The Ringo Kid.

O motivo por trás de "Starr" é menos óbvio. Richy conhecia, assim como todo mundo, a cantora americana Kay Starr, que teve sucessos no primeiro lugar das paradas na Inglaterra durante os anos 1950. Mas, mais do que isso, ele simplesmente gostava do nome como uma abreviação de Starkey, e por ser uma variação da palavra *star* (estrela). Sua declaração definitiva sobre a mudança de nome é a seguinte: "Seria Ringo Starkey, mas não dava muito certo, então eu cortei o nome no meio, acrescentei um 'r' [e] coloquei isso no bumbo da bateria".[48]

Como qualquer pessoa que adota um novo nome, no começo, Richy ficava confuso quando o chamavam de "Ringo", e teve que se acostumar a estranhos o chamando assim, porque não o conheciam por outro nome. Mas, apesar de ele ser Ringo no palco e nos clubes, ele sempre seria Richy para Elsie, Harry e seus familiares, para sua noiva, suas namoradas, seus amigos, colegas de banda e de trabalho.

Além de um novo nome, ele ganhou um novo transporte nessa época. Levar sua bateria de ônibus em ônibus era ridículo demais. Com a bateria quitada e vários eventos com os Hurricanes rendendo dinheiro, além de seu salário na Hunt, Richy conseguiu adquirir seu primeiro carro. Era um Standard Vanguard vermelho e branco, comprado por £ 50, de John Hutchinson, baterista dos Cassanovas, conhecido na cena como Johnny Hutch.[49] Sua origem não era conhecida com exatidão. Richy sempre disse que Hutch construiu o carro com peças sobressalentes e se vangloriava do fato de ele ter sido "pintado à mão", como se isso fosse algo positivo, em vez de uma alternativa amadora à pintura por spray. Richy não se importava: ele amava o carro e se gabava dele, apesar de a segunda marcha não funcionar e o veículo ter infindáveis problemas com os pneus.[50] Ele chegava aos lugares, era bonito e tinha um banco de trás. Enquanto Richy já tinha

---

1959, e é provável que a informação tenha sido recebida, e que o folheto tenha sido organizado, antes dos feriados de fim de ano.

suas "rodas", certas coisas ele ainda não tinha, como seguro, impostos pagos ou carteira de motorista – mas nada disso o impedia. Ilegal, sim; incomum, não. Richy conhecia vários outros que faziam o mesmo.

Dezembro de 1959 trouxe o primeiro Natal de John e Cyn juntos, e eles mal conseguiram chegar lá. Apesar de John ser constantemente infiel, ele era loucamente inseguro quanto à fidelidade de Cyn. Um dia, ele ficou tão enfurecido com a ideia de que a namorada tinha considerado outro homem que deu um tapa nela. As circunstâncias exatas variam de acordo com quem conta a história, mas parece que John ouviu dizer que Cyn tinha dançado com um homem em uma festa; no dia seguinte, ele a seguiu até o banheiro feminino na faculdade, a acusou e a atacou. Cyn foi encontrada chorando, ao lado de sua melhor amiga, Phyllis McKenzie – "Aparentemente, ele deu um tapa na cara dela. Eu pensei, 'Ele é um canalha mesmo'. E aquilo me preocupou. Ele podia ser muito cruel".[51]

Em 1967, John comentou: "Eu era simplesmente histérico. Esse era o problema. Eu tinha ciúmes de qualquer pessoa com quem ela tivesse qualquer tipo de contato. Eu exigia confiança absoluta dela, só porque eu não era confiável. Eu era neurótico e descontava todas as minhas frustrações nela".[52]

Os amigos de Cyn a encorajaram a romper o relacionamento, e ela seguiu o conselho por um tempo – até que John pediu desculpas e jurou que nunca bateria nela de novo. Em 2005, ela escreveu: "John manteve sua palavra, ele nunca mais foi fisicamente violento comigo".[53]

Naquele primeiro Natal, ela recebeu um fantástico cartão de oito páginas feito à mão. A capa dele tinha um desenho à tinta, feito por Lennon, mostrando o casal, um olhando nos olhos do outro, vistos de perfil: John fez um autorretrato, com seu topete de Teddy Boy e seus óculos, paletó xadrez e calças justas; Cyn aparecia com cabelos longos e claros, um casaco felpudo, uma saia xadrez, preta e branca, com a barra acima do joelho, e sapatos de salto alto. "*OUR FIRST XMAS!*" (NOSSO PRIMEIRO NATAL!), John escreveu. A contracapa tinha outro desenho, dessa vez visto de trás, com seus braços ao redor um do outro, corações amorosos aparecendo acima de suas cabeças, sobre os quais ele desejou: "*I HOPE IT WON'T BE THE LAST*" (ESPERO QUE NÃO SEJA O ÚLTIMO). O resto do cartão era simplesmente uma longa mensagem de amor, um desabafo manuscrito da devoção que não deixaria sobreviver qualquer dúvida em Cyn: ela era amada. Quando se trata de declarações de admiração, "I LOVE YOU LIKE GUITARS" (EU TE AMO COMO AS GUITARRAS) é insuperável.

Outro exemplo de uma obra escrita de Lennon, provavelmente da mesma época, é o conto "Henry and Harry", aparentemente baseado no dilema de George Harrison. Na manhã de Natal, abrindo seus presentes, na 25 Upton Green, George ficou desanimado ao ganhar um conjunto de chaves de fenda e ferramentas de eletricista de seu pai. Ele sentiu que a insinuação estava clara: Harry esperava que seu filho mais novo passasse a vida trabalhando com eletricidade. O pai também tinha um plano: Harry, o irmão mais velho de George, era um mecânico automotivo, enquanto seu outro irmão, Peter, consertava lataria – a ideia era que George poderia se unir a eles como o eletricista em uma mecânica da família. O pai seria o gerente, largando seu trabalho como motorista de ônibus, após tantos anos. John ficou "espantalhado" com a situação de seu jovem amigo: para ele, todos esses empregos se encaixavam na mesma categoria, "*brummer striving*", o termo que ele havia criado para se referir aos empregos industriais ou trabalhos comuns sem aspiração. Numa entrevista para a TV em 1968, quando pediram a John que definisse a expressão, ele disse: "*Brummer striving* é... *brummer striving* – todos aqueles empregos que as pessoas têm, mas não querem ter. E provavelmente 90% das pessoas assistindo agora praticam o *brummer striving*".[54]

"Henry and Harry" resumia o dilema de George: o filho saindo da escola, morando em sua "favela pitoresca", com a expectativa de seguir o negócio do pai, que rebatia os protestos de seu filho. "Saia!", John incitava seu jovem amigo, que pouco precisava do estímulo. "Mande ele se foder!" George poderia, mas não faria, pelo menos não com aquelas palavras.[55] E suas primeiras experiências como eletricista já não prometiam muito: quando pediram a ele que fizesse a manutenção das luzes na cabana de Natal da Blackler's, ele as fundiu, deixando no escuro o Papai Noel liverpudliano e diversas crianças animadas. Foi algo para George e Arthur recordarem, aos risos, durante o baile de Natal da Blackler's, no Grafton Ballroom. A melhor foto desses dois amigos foi tirada nesse evento, com seus cabelos desafiando todas as leis da gravidade, dois rapazes trabalhadores de 16 anos, vestindo ternos bonitos, com grandes sorrisos naturais para a foto, logo antes de irem dar uma olhada nas gatinhas.

Paul também tinha um trabalho naquele Natal, organizando a correspondência como um trabalhador temporário da General Post Office (ou GPO), agência dos correios, e também foi seu primeiro Natal com Dorothy Rhone.* Dot, como ele a chamava, estava fielmente presente no Casbah, toda semana, para assistir aos Quarrymen entretendo os membros do clube. Quatro meses após o início de sua residência nas noites de sábado, eles já eram uma atração fixa da casa, porém não eram a única. Algumas sessões de domingo ainda traziam Rory Storm and the Hurricanes, além de um novo grupo que fez sua estreia em 20 de dezembro. Os Blackjacks** eram um quarteto: Bill Barlow e Chas Newby (anteriormente dos Barmen) nas guitarras, além de Ken Brown (que ainda estava com os Quarrymen), e Pete Best na bateria. Na maior parte do tempo, tocavam canções de Carl Perkins, e Chas era o cantor. Pete era um principiante. Ele tinha mostrado pouca afinidade pela música até então, mas um interesse pela percussão surgiu quando alguém deixou uma caixa e um par de pincéis na casa, e ele se divertiu tocando. Mo logo o levou até a Rushworth & Dreaper's e comprou para ele uma bela bateria Premier, em um tom azul-perolado.

De acordo com a manchete do *Daily Mirror*, a quinta-feira, 31 de dezembro de 1959, foi "THE GAYEST NIGHT OF THE YEAR" (A NOITE MAIS ALEGRE DO ANO). A limonada espumou e escoou no Teenage Ball, um grande baile no Waldorf Hotel, em Londres, agraciado com a presença das celebridades Lonnie Donegan, Shirley Bassey, e outra descoberta de Larry Parnes, Vince Eager. Distante 320 quilômetros ao norte, Ringo Starr tinha voltado ao Maxwell Fyfe Hall – o Conservative Club na Back Broadway, próximo a Norris Green –, enquanto Rory Storm and the Hurricanes tocavam músicas antigas, cantando em um novo estilo, na mais recente aventura promocional de Sam Leach e Dick Matthews: Chez Jazrok. A década que começou com paz, garantida por uma Inglaterra austera, seguidora da lei e retrógrada, acabou com uma dose de rock'n'roll estadunidense, de estourar os tímpanos.

---

* Ela disse que Paul revelou ter escrito "Love of the Loved" para ela. Foi composta nesse período (como já mencionado anteriormente), mas ele não mencionou publicamente se tinha uma pessoa específica em mente.

** Assim como Rory Storm, esse nome veio de Rory Blackwell and the Blackjacks.

Os Quarrymen não tinham nenhum evento agendado nessa noite, e é possível supor onde eles estavam: Paul provavelmente estava se embebedando na festa anual da família em Aintree; George talvez estivesse em casa com sua família; John provavelmente estava em alguma parte da cidade com Cyn, gritando para serem ouvidos nos pubs ainda mais agitados que o normal, por conta da licença de Ano-Novo que permitia a venda de bebidas após a meia-noite.

E, quando todos acordaram na manhã seguinte, eram os anos 1960.

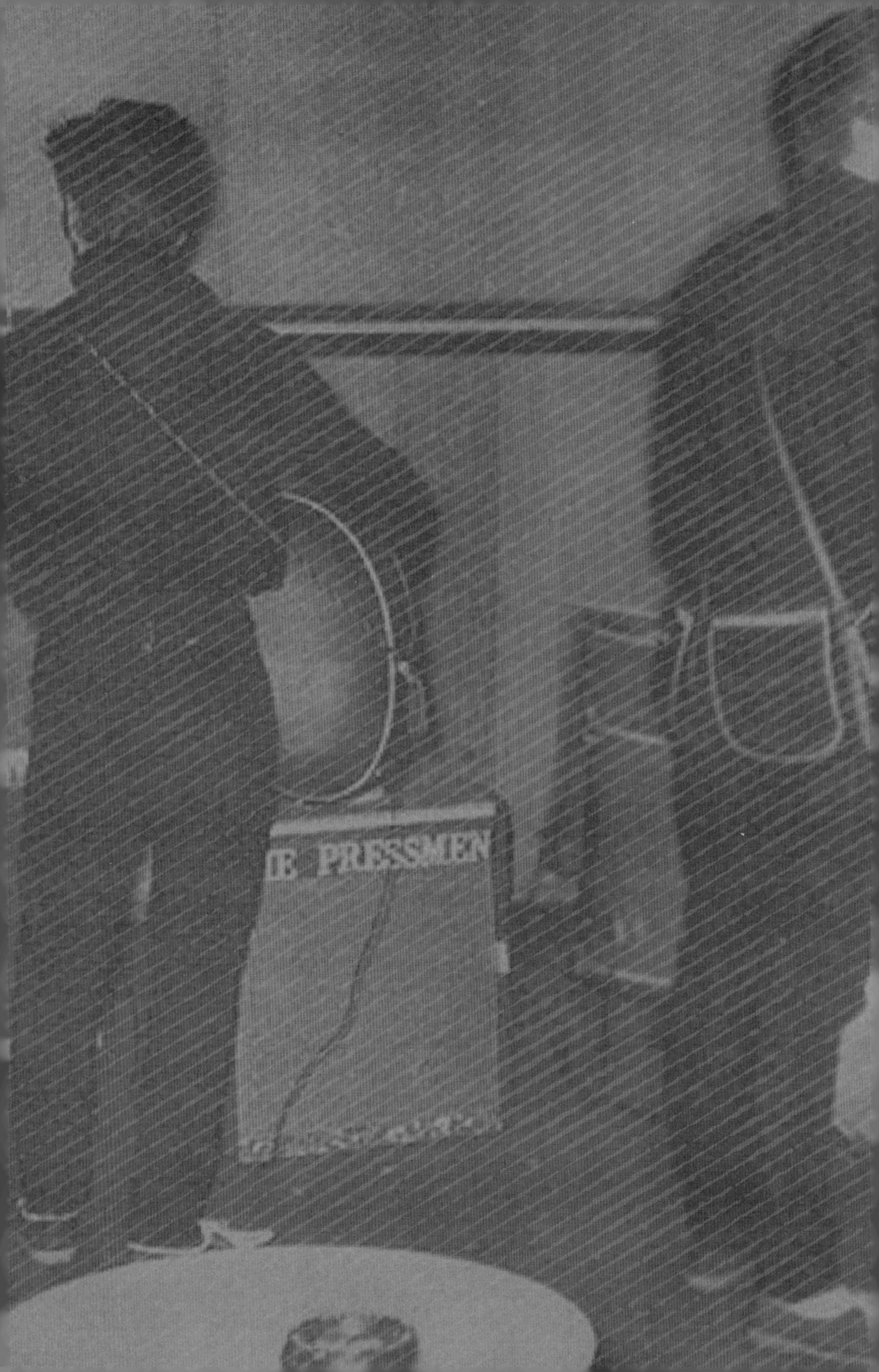
PRESSMEN

ANO 3, 1960:
COMPETÊNCIA, CONFIANÇA E CONTINUIDADE

12
O abrir da cortina

O ano novo e a década nova significavam que, na Nems, era a hora de expandir. Liverpool era uma cidade de fortes afiliações comerciais, e essa loja de discos/eletrônicos era apreciada por seus clientes, que a consideravam confiável – uma reputação que não veio de graça. Até 1957, a Nems operava apenas no norte, quando – com a injeção de energia de seus dois novos diretores, Brian Epstein e seu irmão, Clive, de 23 e 21 anos de idade, respectivamente – a empresa subitamente se tornou mais progressiva, abrindo uma filial na Great Charlotte Street, no coração da cidade. Agora, ela ocupava um espaço excelente em um novo empreendimento em Whitechapel, uma loja de quatro andares, com escritórios acima, tudo gerenciado diretamente pelos irmãos. Foi outro grande passo adiante, um marco para um negócio de família que já existia havia 64 anos, quando um imigrante russo chegou ao país, fugindo do genocídio étnico.

Nascido em 1877, em Konstantinovo, na Lituânia, Isaac Epstein navegou até Liverpool, aos 19 anos de idade, sabendo falar apenas iídiche e rezando para que a vida fosse melhor para seus filhos no novo país, com alguma sorte.* Dois milhões de judeus estavam fugindo de uma política de exterminação conhecida como *pogroms*, que forçou um êxodo em massa pela Europa e para a América. Isaac parou em Liverpool e começou a trabalhar. Em 1900, quando ele se casou com Dinah Hyman (de pais poloneses), Isaac abriu sua própria loja de mobília na Walton Road e ela progrediu rapidamente. O dinheiro dos clientes tinha sido conquistado a duras penas e a loja Epstein's (como era chamada) tinha a reputação de oferecer preços justos e modernidade.[1]

---

* Konstantinovo também é conhecida como Chveydan, e agora se chama Kvédarna. A família Epstein de Liverpool pronunciava seu sobrenome como "*Epsteen*".

A loja sobreviveu ao antissemitismo, que era bastante presente na época, assim como à Grande Depressão, e, em 1929, Isaac comprou o negócio ao lado do seu, quando seus donos decidiram se desfazer dele. Esse negócio era a Nems (North End Music Stores), estabelecida em 1886 para vender pianos, órgãos e partituras musicais.* Jim McCartney tocava um piano da Nems. As duas empresas, Epstein's e Nems, agora estavam nas mãos de Isaac e seus filhos Lazarus (conhecido como Leslie) e Harry. Nascido em 1904, Harry era esperto e cordial, educado em uma das grandes escolas de gramática da cidade, Liverpool Collegiate. Seu destino, assim como o de seu irmão mais velho, foi decidido quando eram jovens – o nome da empresa se tornou I. Epstein & Sons, e Harry gerenciaria o negócio pelos 35 anos seguintes, até 1964. Seu apetite por trabalho e conhecimento se equiparava à sua urbanidade e sua ética: o segredo do sucesso dos Epstein estava no princípio da família, passado de geração em geração – "*The fair deal is the right deal*" (O negócio justo é o negócio certo).[2]

Em 1933, Harry se casou com Minnie Hyman, de 19 anos, conhecida por todos como Queenie; sua família era da Rússia, e ela nasceu e foi criada confortavelmente em Sheffield. Uma mulher jovem, inteligente e vivaz, ela tinha uma paixão profunda pelas artes – música clássica, teatro, literatura, dança, pintura, escultura, antiguidades etc., e Queenie se encantava por tudo.

Apesar da diferença de dez anos, o filho Epstein e a filha Hyman pareciam uma combinação perfeita. Os negócios estavam indo bem, os lucros estavam investidos em propriedades, eles sempre tinham condições para comprar luxos e, em três anos, já tinham uma dinastia. Brian Samuel Epstein nasceu em 19 de setembro de 1934, em uma casa de repouso particular na Rodney Street, o equivalente liverpudliano da Harley Street, em Londres; seu irmão, Clive, chegou lá 23 meses depois.** Moravam em um palacete, na 197 Queens Drive, nos subúrbios de Childwall – fazia parte do anel rodoviário de Liverpool, mas os sons do trânsito eram abafados na casa suntuosa de cinco quartos, dois banheiros, uma sala de estar, uma sala de jantar e uma biblioteca. Era um refúgio para Harry, todo dia,

* Não havia forma definitiva de escrever o nome – os Epstein utilizavam tanto NEMS quanto Nems. Este livro utiliza Nems, a não ser que se faça necessário o uso da outra maneira.

** O nome do meio de Brian veio de Samuel Epstein, seu bisavô, pai de Isaac.

após fechar as lojas, e um lugar idílico para Queenie criar os garotos (ela também tinha certa ajuda: uma faxineira e uma babá que morava na casa). Era a *casa da Queenie*, tudo arranjado e refinado *à sua maneira*. Brian já era considerado especial por ter nascido no Yom Kippur (como um cristão nascido no Natal), e, sendo o mais velho, ele tinha uma posição de prestígio. Queenie achava que Brian era o garoto mais lindo que ela já tinha visto.[3] Mas, além das portas com painéis e dos salgueiros, problemas estavam surgindo.

Brian estava com quase 5 anos de idade quando a guerra começou. Ele e Clive foram evacuados – primeiro para Prestatyn, em North Wales, e depois (com Harry e Queenie), para Southport, subindo o litoral de Liverpool. Eles voltaram para casa em 1943, e Brian foi aceito na Liverpool College, uma escola particular para estudantes de alto desempenho, em Mossley Hill; devido à guerra e outros motivos, já era o sexto lugar em que ele era educado – e o garoto também não durou muito tempo lá.

Brian estava apaixonado pela vida no teatro. Isso o consumia. Em férias com a família, ele produzia, dirigia e narrava performances para festas infantis, que incluíam panfletos de programação personalizados, feitos com carinho. Arte era a matéria em que ele consistentemente tirava nota máxima. O diretor da Liverpool College enviou um panfleto para Harry e Queenie, desenhado clandestinamente durante a aula, que mostrava garotas dançando – o diretor disse que os desenhos eram "sugestivos", Brian alegou que eram garotas com roupas para uma apresentação no palco. O diretor também disse que Brian precisava de uma grande melhoria em seus padrões, e Harry concordou: ele queria um filho concentrado, com uma educação ampla e rigorosa, para poder participar do negócio da família. Brian achava que a escola tinha um foco excessivo nele, e os Epstein suspeitaram de antissemitismo. A prática certamente estava por toda parte, e nem sempre era sutil. O livro de que Brian mais gostava em sua infância, que ele leu e releu, desde os 7 anos de idade, era *The Swish of the Curtain*, o conto de Pamela Brown sobre seis crianças inglesas, da classe média alta, que fazem uma performance teatral para a caridade e querem estudar artes cênicas. Em um momento particular da história, uma das garotas acha uma forma de ganhar dinheiro, sugerindo que todos os convidados de uma festa de igreja precisavam comprar um panfleto – ao ouvir isso, seu irmão ri, e exclama: "Sua judiazinha!".

Como o desempenho de Brian não melhorou, a Liverpool College disse a Harry e Queenie que ele teria que sair da escola. Eles o estavam expulsando. Brian tinha entrado na instituição com a expectativa de ficar lá até os 18 anos de idade; no entanto, após apenas um ano, Harry estava acomodando o filho em um dos sofás em Queens Drive e exclamando: "Eu não tenho ideia do que vamos fazer com você".[4]

Quais lares de Liverpool e quais jovens ouvidos estavam sintonizados no rádio na noite de 26 de julho de 1945? Havia um programa de variedades chamado *Navy Mixture*, com várias estrelas e um novato. No meio da transmissão de 45 minutos, o apresentador Jack Watson foi até o pesado microfone da BBC e alegremente anunciou:

> Recém-saído do navio *Liberty*, temos um rapaz que está fazendo sua primeira transmissão, e que, por acaso, acabou de receber sua comissão – então é uma celebração em dobro. Ele é um pianista, e, após muita persuasão – incluindo a arma que ele apontou para nosso produtor –, ele vai tocar uma composição própria, que ele chama de "Prelude". Seu nome é subtenente *George Martin* [aplausos].

Nascido em 3 de janeiro de 1926, em Holloway, norte de Londres, George Henry Martin era o filho mais jovem de Henry Martin, um carpinteiro artesão, e Bertha (originalmente Simpson). Ninguém na família tocava música, mas eles tinham um piano. George teve seis aulas aos 8 anos de idade e logo criou sua primeira composição, "The Spider's Dance", uma curta e doce mistura de ragtime e música clássica.[5]

Em 1941, os Martin já tinham evacuado para Bromley, nos subúrbios do sudeste, próximo a Kent, onde George montou sua própria banda de bailes. Primeiro, se chamavam Four Tune Tellers; depois, como um quinteto, George Martin and the Four Tune Tellers – trompete, sax, contrabaixo e bateria, com a ocasional participação de sua irmã, Irene, no vocal. George tocava piano. "Eu queria ser George Shearing, e também me inspirei em Meade Lux Lewis", ele explicou.[6] Eles se apresentavam em clubes e escolas, e tocavam as músicas mais recentes do Tin Pan Alley, dos EUA. Então, um momento marcante ocorreu na vida de George quando a BBC enviou sua Symphony Orchestra, comandada por Sir Adrian Boult, para tocar em sua escola. George tinha 15 anos quando viu a performance de *Prélude à l'après-midi d'un faune*, de Debussy, e foi elevado ao paraíso. "Eu achei que era absolutamente divino", ele disse. "Mal podia acreditar que humanos eram capazes de produzir aqueles sons."

Pouco tempo depois, George terminou seus estudos na escola, com distinções em francês e matemática (sua habilidade nesta última era excepcional), e uma ambição em projetar aeronaves. Ele começou a trabalhar no War Office (Departamento de Guerra) como escriturário, pagou por mais aulas de piano e começou a aumentar seu número de composições. "Eu compunha imitações de Rachmaninov e Chopin, esse tipo de coisa." Então, aos 17 anos de idade, sabendo que estava prestes a ser chamado pelo serviço militar, se voluntariou na Fleet Air Arm, a aviação naval britânica.

George Martin teve "uma boa guerra". Não viu ação, passou tempo na Jamaica e em Nova York (vendo Cab Calloway e Gene Krupa se apresentarem na Broadway), voou em aviões como "observador" – o capitão em treinos que envolviam três pessoas – e, no fim, se tornou um oficial. Para interagir com os outros oficiais do local, George conscientemente alterou seu sotaque brusco do norte de Londres e tentou adotar os tons mais cristalinos dos jovens ases da aviação britânica. Isso tinha um propósito além da aeronáutica, além da Fleet Air Arm – seria útil na vida civil. Na Inglaterra, que era extremamente consciente de suas classes sociais, falar como um cavalheiro aumentaria suas chances de "se dar bem", e ele tinha a gentileza, a civilidade, o bom humor, a altura (1,87 m) e a boa aparência – cabelos claros e belos traços faciais – para causar a impressão certa.

As forças armadas também forneceram oportunidades para ele continuar tocando piano – foi assim que o subtenente Martin, 19 anos de idade, conseguiu tocar "Prelude" (uma de suas novas composições) para uma plateia londrina – e para o microfone da BBC – em julho de 1945.

Ele foi dispensado em 1947, sem qualificações profissionais e sem dinheiro de reserva. Durante o serviço militar, George tinha se correspondido apenas com Sidney Harrison, renomado professor de piano, que comumente aparecia em transmissões da BBC e era membro da equipe profissional da Guildhall School of Music, em Londres. Harrison era um ótimo encorajador, e conseguiu um teste para George. O jovem tocou algumas de suas composições, foi aceito e se inscreveu para um curso de três anos. Em casa, no entanto, tudo estava em uma repentina dissonância. A mãe de George – que ele posteriormente descreveu como "a pessoa de quem eu sempre fui tão próximo" – não aprovava, de maneira alguma, sua namorada, Jean "Sheena" Chisholm, uma garota de 26 anos, de Aberdeen. Ela era soprano, e os dois se encontravam e cantavam juntos, enquanto ele servia na Escócia. Desafiando a reprovação de sua mãe, George se casou com Sheena em seu aniversário de 22 anos, em 3 de janeiro de 1948; fotos em um jornal de Aberdeen mostram o noivo com uma boa aparência, mesmo que solene, em seu uniforme da Fleet Air Arm. Sua mãe viajou para participar do casamento, mas morreu de uma hemorragia cerebral, três semanas depois, aos 53 anos. George se sentiu responsável e ficou tomado de culpa. Isso teve efeitos duradouros sobre o casamento, mesmo após os dois se mudarem para quartos alugados em Acton, no oeste de Londres.[7]

As aulas em Guildhall eram difíceis. O piano era o instrumento de preferência de George e o oboé vinha em seguida – sua professora de oboé, Margaret Eliot, também dava aulas particulares em seu apartamento, na Great Portland Street. Como eminentes proprietários de terra na Cornualha e membros da Câmara dos Lordes, sua família tinha uma história ilustre e centenária; o marido de Margaret, Richard Asher, era um brilhante e culto doutor em medicina. Eles tiveram três filhos: Peter (nascido em 1944), Jane (1946) e Clare (1948), todos com cabelos vividamente vermelhos como chamas, e sinais de dons artísticos. O lar da família Asher ecoava com os sons de cultura intelectual de classe média alta, com um forte traço de excentricidade erudita, e essas visitas deixaram uma impressão marcante em George Martin, da mesma forma que aconteceria com outro jovem homem, 15 anos depois. Elas davam um vislumbre de *possibilidades*, estimulando um grande senso de ambição, e o encorajando a polir ainda mais sua voz. Então, o relógio tocava, e ele voltava à sua casa – diferentemente de seus colegas, não ia para uma residência chique em Chelsea, mas para seu casamento financeiramente restrito e já abalado.

A elegância preenchia e alimentava as expectativas de Brian Epstein, o garoto de Liverpool cuja educação foi problemática e que sonhava com figurinos, música e palcos. Após ser expulso da Liverpool College, ele continuou acumulando problemas. Foi matriculado em uma escola judia em Kent, mas saiu de lá; depois, foi para uma escola pública em Dorset, mas também saiu; finalmente, aos 14 anos de idade, ele acabou em Wrekin, uma pequena escola pública em Shropshire, onde ele *odiava* os procedimentos severos, mas ainda era muito bom em arte.

Posteriormente, Brian escreveu que foi depois de Wrekin que ele descobriu que era homossexual, mas certamente foi lá que ele foi exposto à ideia, aos 15 anos de idade.* Todas as escolas públicas tinham um certo nível de atividade, em que garotos sentiam os princípios do interesse sexual, enquanto se juntavam em dormitórios, sem garotas por perto. Mas essas condições certamente não afetaram a orientação de Brian: parece que foi algo latente, na raiz de tanta infelicidade e inquietude. Foi o timing ruim que fez o objeto de seu desejo/necessidade/ódio ser algo ilegal e tabu na época. Quando buscava prazer, algo que Brian fazia com frequência, a prisão era apenas um dos constantes perigos; diante dele estavam anos de medo e comportamento oculto, arriscando os julgamentos, as chantagens e os "*queer bashers*", que odiavam homossexuais. Brian tentava evitar tudo isso, mas quem pode dizer o que passava por sua cabeça quando, ali em Wrekin, ele escreveu este trecho dramático e doloroso em seu diário de bolso, em 1949:

> Me ajude. Estou perdido. Me ajude. Estou perdido. Me ajude [se] devo parar. Me dê paz, sossego. Aquele mundo, é grande demais para mim. Ó senhor Deus, eu já fiz essas perguntas antes. Onde está a resposta? Por que estou aqui? Me ajude. O que devo fazer? Ó Deus, me diga, onde está minha fé? Me guie. Isto é um inferno. Um inferno de loucura.[8]

Os três anos de George Martin em Guildhall acabaram em julho de 1950, e foi o fim – seu registro escolar não menciona aprovações nos exames finais. Um mês depois, ele assumiu um emprego de escritório na biblioteca musical da BBC, e ganhava um dinheiro extra tocando oboé em um coreto de parque em Londres, e na orquestra que ficava no fosso do teatro Sadler's Wells. Então, do nada, surgiu uma oferta de emprego da Parlophone Company Ltd.

---

* Naquela época, a palavra "gay" era pouco utilizada nesse contexto; as únicas alternativas para "homossexual" eram grosseiras e ofensivas.

Fundada na Alemanha pelo sueco Carl Lindström, a Parlophone era um dos três grandes selos musicais que faziam parte do conglomerado britânico Electric & Musical Industries, conhecido como EMI. Cada um tinha sua marca própria, e a da Parlophone era um L chique (representando Lindström), que eternamente seria confundido com o símbolo da libra esterlina: £. A carta para George Martin foi enviada por seu gerente, O. C. Preuss, de um endereço no distrito St. John's Wood, na 3 Abbey Road.

Nos anos 1830, uma casa luxuosa e particular foi construída lá, incluindo um banheiro e uma adega; um século depois, a EMI comprou a propriedade e a transformou em estúdios para gravações. A casa antiga se tornou o escritório, enquanto os três estúdios foram construídos no espaçoso jardim dos fundos. A nova instalação foi inaugurada em novembro de 1931, com Sir Edward Elgar conduzindo a Orquestra Sinfônica de Londres pela patriótica composição *Land of Hope and Glory*. O estúdio da EMI na Abbey Road sempre foi considerado a melhor das instituições britânicas.

Oscar Preuss tinha gerenciado a Parlophone desde 1924, e sua maior descoberta tinha sido o líder de banda e instrutor de dança Victor Silvester. O selo tinha tanto trabalho que Preuss precisava de um assistente – e, com a aposentadoria se aproximando, ele também queria um sucessor. Foi um tempo depois que George descobriu a influência de Sidney Harrison em seu progresso, outra vez; enquanto isso, agarrou a oportunidade de uma carreira nova, que ele nem tinha considerado. Em 28 de novembro de 1950, vestindo sua boina, clipes de calça (para andar de bicicleta) e seu sobretudo da Fleet Air Arm, aquele rapaz alto de 24 anos pedalou no vento e na chuva, de sua casa sombria em Acton até a bela área de St. John's Wood, e se apresentou para o serviço.

O mundo em que ele entrou era como um clube social privado. O escritório do sr. Preuss – ele era "sr. Preuss" para todo mundo – ficava na frente da casa antiga, com fogo crepitando na lareira, um piano de cauda, carpete espesso e felpudo, poltronas, um aparelho de rádio de nogueira laminada e, atrás de uma escrivaninha modelo xerife, o próprio distinto cavalheiro. De frente para ele estava a senhorita Lockhart Smith, sua jovem e elegante secretária, que parecia com Katharine Hepburn e friamente recebeu o novato em uma voz que parecia a da princesa Elizabeth. Do outro lado do corredor ficavam os escritórios dos outros selos principais da EMI, Columbia e HMV (sigla para "*His Master's Voice*", ou A Voz de Vosso Mestre), cujos funcionários eram colegas e rivais de George Martin, todos mais velhos. Ele era, certamente, o novato lá.

Esses outros selos tinham vínculos com as grandes gravadoras estadunidenses havia décadas. Era, virtualmente, uma via de mão única – os britânicos pegavam muitos produtos dos EUA, e os EUA tinham pouquíssima, ou nenhuma, necessidade dos britânicos –, mas isso significava que a HMV e a Columbia tinham a maioria dos artistas americanos que mais vendiam, e a Parlophone não tinha. No entanto, Oscar Preuss era um aventureiro, afiado com suas atitudes – ele optou por licenciar a relevância e a credibilidade, fazendo negócios com as companhias menores e independentes pelos EUA, cujos ouvidos estavam mais próximos do chão. A Parlophone foi a primeira gravadora britânica a lançar os chamados "*race records*" (discos de raça) americanos, os verdadeiros princípios do rhythm & blues. O selo mais excitante e vibrante da Inglaterra, dos anos 1930 aos 1950, era o Parlophone Super Rhythm-Style Series, que lançava discos de 78 rpm com um selo azul distinto, aquele logo "£" e uma sequência numérica "R". Meade Lux Lewis, o pianista de boogie-woogie que teve muita influência no estilo de George, estava na Parlophone.

Apesar de ser frequentemente conhecido como o "terceiro" selo da EMI, Parlophone era certamente o mais interessante e diverso dos três. Preuss tinha todos os fundos de que necessitava, poderia contratar quem ele quisesse e tinha os recursos extensos (até globais) de organização, promoção e distribuição da EMI, apoiando qualquer coisa que ele lançasse... e George chegou, do nada, para ser o segundo no comando. O lado negativo era seu salário de £ 7 4s por semana, considerado relativamente baixo. O lado positivo era que ele estaria trabalhando, novamente, próximo a bandas e músicos de todo tipo, estirpe e nacionalidade, de orquestras a acordeonistas, de músicos latino-americanos de rumba a escoceses que tocavam gaita de foles (toda primavera, uma equipe da Parlophone ia ao norte para gravar todo tipo de música tocada por gaitas de foles). Era um aprendizado desnorteante, mas essas experiências transformaram um jovem esperto, porém ingênuo, em alguém familiarizado com todos os instrumentos e estilos de música, que conseguia compreender e trabalhar confortavelmente com cantores e músicos de todas as idades, crenças, cores e personalidades (*especialmente* as personalidades). A gravadora Parlophone, do sr. Preuss, deu a George Martin uma paleta de cores com a qual poderia pintar sua carreira.

Ele facilmente se adequou à forma de trabalhar no Abbey Road, onde era sempre necessário vestir terno e gravata, exceto pelas ocasionais sessões de domingo, nas quais casacos esportivos e calças comuns eram permitidos. Os horários das sessões de gravação (três por dia, 10h-13h, 14h-17h, 19h-22h) e seu rendimento (no máximo, 20 minutos de gravações completas por sessão) eram regulados pelo poderoso sindicato Musicians' Union, uma organização "fechada" – qualquer músico que desejasse ter um emprego era obrigado a fazer parte. O termo "produtor de disco" não existia – George era "um gerente de A&R" (Artistas e Repertório), um "gerente de gravação" ou "gerente de artistas". O título variava, mas outros aspectos não: não era comum ter seu nome nos créditos, e não havia qualquer chance de pagamento de royalties. Como George passava a maior parte de seu tempo trabalhando com bandas e orquestras pequenas, ele geralmente utilizava o estúdio "Number 2", de tamanho médio: menor que o 1, mas maior que o 3. Ele se deslocava entre a área de gravação do estúdio, onde engenheiros técnicos com jalecos brancos de laboratório posicionavam o equipamento, e a sala de controle, onde um engenheiro de balanceamento operava os botões e alavancas do console de gravação, equilibrando o som dos instrumentos, e um assistente cuidava da parte física da gravação.[*]

George chegou no momento perfeito. Quando Oscar Preuss entrou no negócio, em 1904, discos de goma-laca tinham acabado de ser apresentados como alternativas aos cilindros; agora, *duas* revoluções tecnológicas estavam acontecendo. Uma era a fabricação de discos a partir de um composto de vinil – mais leve, durável e resistente que a goma-laca –, prensado como singles de sete polegadas, tocados a 45 rpm; ou discos de "microrranhuras", de 12 polegadas, que tocariam a 33 rpm. Essa segunda modalidade seria chamada de "álbum", mas, naquela época (mesmo nos EUA), ainda se chamavam LPs ("*long-playing records*", ou "*long players*", devido à sua duração relativamente longa).

A segunda revolução foi a chegada da fita como o melhor meio de gravar sons. Havia muito tempo a gravação era feita diretamente em cilindros de cera, o que sig-

---

* A sala de controle 2 ficava no mesmo andar que o estúdio, no térreo. Foi transferida para o andar de cima em 1957, com uma longa escada de madeira instalada para o acesso.

nificava que o som não podia ser modificado depois de passar do microfone para o console de gravação. A fita era um processo intermediário – ela poderia ser editada ou manipulada eletronicamente antes de ir para o disco. Até então, o único propósito da gravação era capturar o som de uma performance ao vivo, da forma mais fiel possível; a fita também fazia isso, mas, caso alguém quisesse, também poderia criar um som totalmente diferente. Algumas mentes espertas já estavam expandindo as possibilidades: nos EUA, a dupla musical Les Paul e Mary Ford, marido e mulher, estavam lançando gravações que viriam a ser chamadas de multicanal, em que Paul tocava até oito partes diferentes na guitarra elétrica, fazendo o *overdub* de camada sobre camada, e Ford cantava várias partes com ela mesma. Tal feitiçaria não agradaria a todo mundo; músicos diziam que isso diminuía a arte da performance, fazendo cantores e músicos parecerem mais capazes do que realmente eram, além de dar a eles um som que não conseguiriam necessariamente reproduzir no palco. Na *Musical Express*, o pianista e jornalista Steve Race praguejou amargamente contra "aparelhos no estúdio de gravação que fazem algo que não é real".[9] Mas essas objeções puritanas chegaram tarde demais, porque o gênio já tinha saído da lâmpada.

Brian Epstein tinha duas ambições: ser um estilista de vestidos e/ou um ator. Algo que ele não desejava fazer era a única coisa que esperavam dele: entrar no negócio da família.[10] Havia discussões acaloradas sobre isso, toda vez que Harry e Queenie o visitavam em Wrekin. Finalmente, quando Harry disse que ele *precisava*, Brian (na época, com 16 anos) saiu de Wrekin, seis meses antes de fazer seu exame *School Certificate*, a prova decisiva, para a qual todo o seu aprendizado escolar traumatizante tinha sido projetado. No Natal de 1950, ele estava em casa, em Liverpool, sob uma nuvem escura.

Harry achava que conhecia seu filho mais velho. Ele disse que criar vestidos não era algo másculo; Brian não se abalou. Ele disse que era um negócio impiedoso e incerto; Brian não se abalou. Então, ele disse que Brian tinha pouca chance de ser *o melhor*, pelo menos por algum tempo – de fato, ele provavelmente ficaria desempregado. O escudo de um garoto que um dia diria "Eu odeio ficar em segundo lugar em qualquer coisa" finalmente foi penetrado.[11]

Ele começou na I. Epstein & Sons nos primeiros dias de 1951, como vendedor, recebendo £ 5 por semana, a posição mais baixa na escada. Seu *zayde* (seu avô, Isaac) ainda estava lá, aos 73 anos, chegando às seis da manhã, todos os dias, e se mantendo fiel à sua ética de trabalho: "O negócio justo é o negócio certo". Brian tinha 16 anos, aparência jovem e facilmente corava, mas tinha bons princípios, fé no estoque da loja, era receptivo a instruções e tinha nascido para vender. No seu segundo dia, uma mulher entrou na loja para comprar um espelho e Brian vendeu uma mesa de jantar para ela – "porque, honestamente, eu achei que ela aproveitaria mais uma mesa de jantar".[12] Ele descobriu que era bom em ganhar a confiança das pessoas, que seus bons modos e sua sinceridade carregavam ideias, as quais eram transmitidas por sua voz, na BBC. Ele também confirmou seu instinto de exibir as coisas, de organizar a mobília de uma forma visualmente agradável e de ver o efeito obtido ao conectar a apresentação à venda. De acordo com Brian, "Acho que, se você mostrar ao público algo adorável, eles vão aceitar".[13]

Em novembro de 1952, um envelope grande, de cor alaranjada, caiu sobre o carpete na Queens Drive. Era a convocação de Brian. Tudo a respeito de sua carreira explica o tipo de experiência que ele teve no exército britânico. Fraco, afeminado, pequeno, tímido, elegante, culto, artístico, inteligente, temperamental, dramático, frágil, de voz suave, classe média, judeu, com um histórico de sair ou ser expulso de escolas... ele era tudo isso, e mais um pouco. Ele era mental e fisicamente inadequado para os atordoantes exercícios militares, para as agonias brutais e as disciplinas intimidantes, e para os militares rudes, primitivos e insensíveis em seu quartel. Acima de tudo, ele era um alvo fácil demais para os sadistas que ocupavam os cargos de sargento-mor regimental ("RSM"). Um dia, Brian estava em sua casa, em Childwall; no seguinte, estava nos quartéis escuros de Aldershot, e o choque em seu sistema foi completo.

Desse período tão aterrador de sua vida, recompensas surgiriam. Estando no meio de milhares de outros homens, ele ouviu sussurros de atividade homossexual em Londres. O soldado Epstein S/22739590 tentou ser transferido e, na primavera de 1953, conseguiu – ele foi movido para o quartel Regent's Park. O bullying que ele sofria era chocante e ininterrupto, mas o local era um sonho – a 1,6 km do West End, com suas galerias, teatros, cinemas *art-house*, restaurantes, pubs e clubes. Brian pôde explorar a capital pela primeira vez e desfrutou de sua cultura. Posteriormente, ele disse que não foi aos bares e clubes dos quais tinha ouvido falar, "mas eu percebia que havia outros homossexuais, em todo lugar que eu ia".

Ele também escreveu que não teve qualquer encontro físico enquanto estava no exército e que ainda não conhecia "os fatos da vida".[14]

Os Epstein tinham parentes em Londres, em St. John's Wood e Marylebone; quando podia, Brian ia ao apartamento de sua tia Freda, próximo à Baker Street, para o jantar de sabá, na sexta-feira à noite, quando trocava sua farda do exército por uma combinação elegante de terno, camisa e gravata, sapatos pretos impecavelmente brilhantes, um chapéu-coco e um guarda-chuva fechado. Ao voltar para seu quartel, tarde de uma noite, em abril de 1953, ele foi acusado de fingir ser um oficial superior. No início de 1954, Brian já tinha sido avaliado por cinco psiquiatras do exército, que concluíram que seria melhor se ele recebesse uma dispensa honrosa por "motivos de saúde". Em 27 de janeiro de 1954, dez meses antes do previsto, ele correu até a estação Euston e pegou o trem de volta para casa.

Agora, pouco a pouco, Brian explorava a outra vida noturna de Liverpool – um submundo necessariamente complexo e sigiloso, cheio de distrações e perigo. Toda cidade tinha seus lugares para os "*queers*" ou "*poofs*" passarem tempo juntos: um banheiro público ou outro, áreas específicas de certos parques, ou então, para os mais corajosos, pubs ou bares particulares, em uma certa noite da semana. Brian abriu a porta desse mundo e entrou. O que se sabe é que ele gostava de homens mais jovens, mas a maioria de seus encontros era com homens violentos, que, muitas vezes, eram da classe trabalhadora e seriam capazes de atacá-lo, física e sexualmente – às vezes, só a primeira dessas opções. A gíria para esse tipo de encontro era "*rough trade*" (transação bruta), e Brian era um escravo da prática. Ele tinha uma compulsão emocional de assumir riscos, especialmente quando estava bebendo (uísque escocês era seu favorito). Em muitos casos, ele apanhou ou foi extorquido. Teve pouquíssimos relacionamentos significativos em sua vida – na maior parte do tempo, tinha casos ardentes e efêmeros, alguns durando apenas uma noite. Ele era um homem de muitos companheiros, sempre destinado a ficar sozinho. Epstein desprezava o jeito como era, às vezes até se odiava por conta disso; mesmo assim, apesar de toda a culpa e dor desses momentos, seu apetite geralmente era voraz. Ele costumava estar (usando suas próprias palavras, de uma carta privada) "quente por sexo".

Isso não era *tudo* o que Brian fazia. Ele via todas as performances da Orquestra Filarmônica de Liverpool, frequentava todos os teatros e começou a estudar teatro amador. Também houve uma mudança no trabalho: Harry queria que ele fizesse uma mudança lateral, literalmente, da Epstein's à Nems, a loja da qual eram donos, logo ao lado. Além de pianos e partituras musicais, a Nems tinha passado a vender eletrodomésticos e discos, e esse setor do negócio estava ganhando força na Inglaterra pós-guerra. A Nems precisava de nova energia, de uma mentalidade diferente, então Brian começou sua primeira associação com a indústria fonográfica, incialmente se familiarizando com o repertório, as companhias de Londres e seus vendedores itinerantes, encomendando estoque e colocando suas ideias de design na vitrine.

Em dezembro de 1954, na festa de Natal anual da EMI organizada no grande estúdio Number 1, Oscar Preuss pegou o microfone e anunciou sua aposentadoria, que se iniciaria em março. Ele sempre dizia a seu assistente que "a gravação é um negócio de jovens", e, agora, esse assistente tinha assumido o comando da Parlophone. Aos 29 anos de idade, George Martin se tornou o chefe de A&R mais jovem na Inglaterra. Outra parte do conselho de Preuss ecoaria na mente de seu aprendiz: "Com artistas, se algum deles te agradece, é um bônus".[15]

O novo salário de George não era muito melhor que o anterior, mas ele precisava de tudo que pudesse ganhar. Ele e Sheena tiveram uma filha, Alexis; eles também tinham financiado uma casa geminada – e, como era em Hatfield, 32 quilômetros ao norte de Londres, ele teve que comprar um carro. Eles estavam com as reservas tão baixas que George considerou uma oferta de emprego da Decca, e talvez a aceitasse, se não tivesse sido promovido.[16]

Como chefe da Parlophone, George Martin teria que tolerar o rock'n'roll e todas as outras "modas de cinco minutos" (como as pessoas as chamavam) que certamente surgiriam na América. Ele também teria que acompanhar o ritmo das mudanças tecnológicas. A EMI passou a lançar alguns LPs como fitas pré-gravadas, e havia outro formato de disco, o "*extended play*" (EP) de sete polegadas, que tipicamente continha quatro músicas e, como um LP em miniatura, era vendido em embalagens lustrosas, com uma capa e notas no verso. Então, em 4 de abril de 1955, no dia em que George assumiu a liderança da Parlophone (ele tinha um bom timing), a EMI apresentou o LP "estereofônico" – disco para pessoas com dois ouvidos. Ainda faltava algum tempo até aparelhos de som estéreo serem vendidos em massa, mas aconteceria.

Essas mudanças foram gerenciadas dos escritórios centrais de Londres, alugados exclusivamente para a divisão de discos da EMI, no último andar da 8-11 Great Castle Street, logo atrás da Oxford Circus. Os estúdios em Abbey Road foram deixados completamente nas mãos dos técnicos e dos administradores, e os gerentes de gravação se deslocavam entre os dois locais.

Outras mudanças da EMI também estavam ocorrendo, incluindo a nomeação de um novo presidente. Joseph Lockwood tinha um histórico profissional em moinhos de farinha internacionais, e isso não parecia adequado para os rigores de gerenciar uma empresa de eletrônicos com mais de 30 mil funcionários ao redor do mundo, mas Lockwood era um industrialista visionário e vigoroso. Um de seus primeiros deveres, em janeiro de 1955, era completar a compra da empresa americana Capitol Records, Inc., pela EMI, um negócio de £ 2,8 milhões que chocou a indústria fonográfica dos dois lados do Atlântico.

A aquisição foi noticiada em cada país com ênfase local. A *Melody Maker* relatou, com entusiasmo: "Um novo campo se abre para a maior distribuição, até o momento, dos discos 'populares' da EMI na América". A *Billboard* enfatizou que a Capitol "continuaria a ser gerenciada pela mesma equipe de antes da aquisição". E foi assim que aconteceu. Apesar de ser vendida para os britânicos, de boa-fé, por seus fundadores, sempre parecia existir ressentimento corporativo em Hollywood, de que esse selo moderno cairia nas mãos de "*Limeys*",* com seus ternos discretos, chapéus-coco, guarda-chuvas e expressões como "*don't you know, old chap*". A Capitol Records era totalmente americana, de seu logo inspirado por Washington DC (quatro estrelas acima do domo do Capitólio) até sua gama de artistas ilustres e sofisticados. Os britânicos estavam felicíssimos com essa rara inversão dos fatores na indústria musical. A *NME* relatou, radiante, que "o poder da Inglaterra na indústria fonográfica americana passará por um grande aumento. Artistas britânicos de interesse da Capitol terão seus discos lançados nos EUA...". Isso era um sinal de que, em território americano, a Capitol teria, automaticamente, a escolha de lançar (ou não) qualquer disco contratualmente disponível da EMI, um sistema conhecido como "primeira opção de recusa". Acabou sendo um nome apropriado.[17]

---

* "*Limey*" é uma gíria estadunidense para se referir a pessoas inglesas. [N.T.]

*

Em abril de 1955, enquanto George Martin assumia as rédeas da Parlophone, Harry e Queenie Epstein faziam um investimento substancial em seu filho mais velho. Brian estava criando asinhas, querendo ter uma posição de responsabilidade, mandar nas coisas do *seu* jeito, então abriram uma loja que ele gerenciaria por conta própria, totalmente no comando de seu projeto, políticas, compras, vendas e a contratação e demissão de empregados. Era a Clarendon Furnishing, loja de mobília em Hoylake, no lado oeste da península Wirral, e ele a estocou com mobílias G-Plan e poltronas e camas Parker Knoll. Foi uma troca da guarda nos negócios da família: Isaac tinha falecido em fevereiro e, em seu lugar, Brian e Clive foram nomeados como diretores e acionistas, e Brian também atuava como secretário corporativo. Eles tinham 20 e 18 anos, respectivamente, e eram mais do que capazes. O relatório da *Hoylake & West Kirby Advertiser's* sobre a inauguração VIP da Clarendon destacou o layout, a mobília e a decoração da loja, e disse que ela "claramente indicava a influência de Epstein com um toque artístico marcante... a isso, também pode ser acrescentada uma requintada técnica de vendas".[18]

A Clarendon obteve lucro logo em seu primeiro ano, mas seu jovem gerente continuava inquieto. Fora do trabalho, Brian estava mergulhando no mundo dos palcos, aparecendo em peças amadoras e socializando com atores no Playhouse e no Royal Court, os grandes teatros no centro de Liverpool. Ele expressou arrependimento para Brian Bedford e Helen Lindsay, atores do Playhouse, ao dizer que não conseguiria ser como eles, que ele tinha esperado tempo demais para se tornar um ator. Ambos disseram que isso não era verdade – ele poderia se inscrever para uma vaga na Royal Academy of Dramatic Art (RADA), a principal escola de teatro do país, em Londres. Brian decidiu que o faria.

Quando ele deu a notícia a seus pais, na 197 Queens Drive, foi um escândalo. A Clarendon tinha sido designada como o bebê de Brian, onde ele finalmente se aquietaria e provaria seu valor. Agora, após apenas nove meses, ele queria desistir daquilo e sumir, ir para Londres – *para atuar!* –, descartando suas responsabilidades como gerente, diretor, acionista e secretário corporativo. Harry estava furioso. Por que Brian não podia ser como seu irmão mais novo? Clive era estável, capaz de manter o rumo das coisas... Até Queenie, a defensora incansável de Brian, teve dificuldades para entender os motivos de seu filho (mas ela logo se acostumou à ideia).

Não há conhecimento total do que aconteceu em seguida, e provavelmente nunca haverá, mas dois documentos, ambos de 21 de fevereiro de 1956, sobrevivem para contar uma parte da história. O primeiro é o formulário de inscrição da RADA, enviado com o panfleto que Brian tinha requisitado pelo correio, um dia ou dois antes; o segundo é um manuscrito, seu testamento, cuja existência expõe a intensidade dos eventos, a direção dramática que tomou sua crise para entrar no teatro. É uma folha de papel na qual ele deixa suas "posses artísticas" (livros, discos, panfletos de teatro) para um amigo, suas roupas para o Estado de Israel e o restante de seus bens para sua família. No documento, ele diz que o luto não deveria durar mais que sete dias e que o *kadish* (a oração de luto) não deveria ser recitado em sua memória. Brian terminou o documento desejando que seus pais e seu irmão "soubessem do amor eterno que sinto por eles". É o único testamento de Brian Epstein de que se tem conhecimento; porém, como não foi testemunhado, não tem legalidade; continua hoje, como era na época, um *cri-de-coeur* de um jovem no limite, emocionalmente inexperiente, com o suicídio em mente.[19]

Não se sabe ao certo como a situação se acalmou, mas não há registro de Brian tentar cometer suicídio, ele não completou o formulário de inscrição e continuou como gerente da Clarendon. Harry ganhou a disputa mental... mas a questão do coração ainda estava em jogo: Brian ficou com os documentos da RADA e tornou-se cada vez mais atraído pela emoção dos palcos, especialmente quando passou seus domingos de verão em um apartamento espaçoso em Gambier Terrace, tendo aulas de atuação particulares com Helen Lindsay. Em setembro de 1956, Brian iniciou uma nova correspondência com a RADA, usando o endereço da loja em Hoylake. Como resultado disso – apesar da tempestade doméstica que deve ter ressurgido –, ele chegou a Londres no dia 19, para fazer um teste com o diretor da academia, John Fernald. Ele passou no exame e aceitou a vaga que lhe ofereceram, em um curso de dois anos, de período integral, que começaria em 1º de outubro.

Dedicando-se aos estudos teatrais, Brian tinha arrasado a confiança e o apoio de seu pai. Ele finalmente teria um bom desempenho, após anos de fracasso acadêmico? Também em sua mente estava o assunto que ele raramente mencionava: em Londres, havia tantas emoções e perigos diante dele, mundos escondidos em armários, nos quais ele entrava, anonimamente. Brian alugava um apartamento caro em Bayswater e (no máximo que seu estilo impecável permitia) tentava se mesclar com a vida da capital.

George Martin passava a maior parte dos dias no estúdio em St. John's Wood, aprendendo como funcionava o negócio da panóplia de discos da Parlophone. Sempre que podia, ele fazia experimentos com fitas. Ele produziu muita música clássica (London Baroque Ensemble, dentre outros), jazz (Humphrey Lyttelton, Kirchin Band e muitos outros), música infantil ("Nellie the Elephant", de Mandy Miller, marcou uma geração), música vocal (Eve Boswell, Edna Savage e muitos outros), guitarra elétrica (Bert Weedon), música orquestral leve (especialmente Ron Goodwin, a associação musical mais frutífera da carreira de George), música escocesa (o acordeonista Jimmy Shand era seu artista principal), além de comédia e outros discos inusitados.

Em novembro de 1952, dois anos após entrar para a Parlophone, George tinha produzido uma gravação de várias camadas, feita pelo autor e gênio Peter Ustinov; não foi um sucesso, mas nem tudo precisava ser, e ele logo recebeu permissão para fazer outras gravações do tipo quando achasse apropriado. Quando *The Goon Show* decolou no rádio, os responsáveis por suas vozes chamaram a atenção das gravadoras e, para três deles (Peter Sellers, Michael Bentine e Spike Milligan), a gravadora foi a Parlophone, se tornando cada vez mais um abrigo das mentes pouco convencionais. George amava *The Goon Show*, cujo humor bobo se encaixava com o dele; juntos, ele e seus criadores se adaptaram magnificamente ao desafio de colocar pensamentos excêntricos em discos, gravações de que as legiões de fãs do programa poderiam desfrutar, repetidamente.*

George também obteve êxito com um cantor que tinha conseguido um raro sucesso britânico nos EUA. Isso foi em 1948, quando Dick James tinha um contrato com a Decca; em 1953, ele já tinha ido para a Parlophone e dividido sua carreira em dois elementos: performance (palco e estúdio), usando uma peruca; e divulgação (apoiando um dos melhores músicos do Tin Pan Alley, Sydney Bron),

* "George Martin produziu os Goons" é um equívoco popular. Ele estava por trás dos lançamentos da Parlophone de alguns programas da BBC, e gravou três dos Goons individualmente, ou em colaboração, mas não os produziu como um grupo – seus discos como um grupo foram lançados pela Decca.

careca. George produziu diversos discos de *pot-pourri* animados de festas, nos quais Dick cantava clássicos e uma plateia de londrinos alegres batia palmas e gritava ao fundo; nenhum chegou às paradas, mas o gênero foi popular o suficiente para James ter seus próprios shows na Radio Luxembourg, *Sing Song Time* e *Sunday Singsong With Dick James*. Então, do nada, em 1956, ele subitamente conseguiu um sucesso na Inglaterra, cantando o tema da série *The Adventures of Robin Hood*, da ITV. A gravação precisava do tipo de resolução de problema que George tinha passado a fazer regularmente. "Eu queria muito o 'som William Walton', de todas aquelas flechas passando pelo ar. Eu chamei um arqueiro e coloquei microfones no estúdio Number 2, e pedi a ele que atirasse uma flecha perto deles, para atingir um alvo do outro lado – e o som ficou *terrível*. No fim, conseguimos o som apropriado quando enfiamos uma régua de madeira na beirada de uma mesa, e fizemos '*boing*' com um elástico perto de um microfone; depois, deixamos o som mais lento na gravação."[20]

Após alguns momentos constrangedores em seus primeiros anos, George se tornou um mestre no maior desafio dos produtores musicais: como extrair o melhor dos artistas. Ele passou a ter um tato naturalmente bom, além de diplomacia e lisonja astuta, deixando cantores e músicos acharem que as grandes ideias que tinham sido plantadas em sua cabeça eram, na verdade, deles mesmos. Mas sempre foi um trabalho no qual se ganhavam algumas, e se perdiam outras – os catálogos eram pontuados por fracassos. George tentou produzir R&B com os Southlanders, um grupo vocal originalmente da Jamaica e baseado em Londres, que ele tinha contratado para a Parlophone, seguindo o padrão da indústria, um contrato de *penny*-por-disco. Ele os levou direto para o Abbey Road em abril de 1955, para gravar "Earth Angel". A versão dele não era a única cover do sucesso vocal americano dos Penguins – era comum que diversas gravações da mesma canção competissem pelas vendas. A produção de George era justa e fiel, mas carecia das qualidades da versão original, algo que tipificou quase todas as tentativas, de todos os homens de A&R britânicos, em todas as gravadoras, de replicar um som que era incontestavelmente americano. Era possível chamar cantores para cantar, e músicos para tocar o que estava na partitura, e o equipamento do estúdio variava em qualidade, mas um ingrediente-chave – sentimento, alma, energia, vitalidade, todos em tonalidades diferentes – estava sempre ausente das covers. A melhor forma de descrever essas canções era que realmente "soavam *britânicas*"... e isso poderia ser muito ruim.

A música que as pessoas chamavam de "*pops*" não era bem o ponto forte de George, mas ele precisava ficar atento. Ele tinha relações próximas com editores e estes tinham seus próprios contatos; por esse método, no começo de setembro de 1956, uma dica boa chegou: George deveria ir até o Soho, no 2i's Coffee Bar, e ver um jovem cantor *cockney* chamado Tommy Hicks. George sentiu que o talento do garoto era, na maior parte, visual, algo que tinha pouca utilidade para ele no estúdio, mas ele gostou do grupo que o apoiava e ofereceu a eles outro daqueles contratos de um *penny*... e foi assim que George Martin se tornou o primeiro homem de A&R a contratar um grupo de skiffle.

A sessão de estreia dos Vipers foi em 4 de outubro, no estúdio Number 2 de Abbey Road, entre 19h e 22h, após eles saírem de seus respectivos trabalhos. O som era cru, como se esperava: era música de gente tentando ganhar uns trocados, similar ao que músicos de Chicago faziam nos anos 1920, cantoria de chamada-e-resposta, violões tocando acordes, baixo tocado com os dedos e a *washboard* percussiva. Foi a primeira sessão de George com músicos que não eram treinados, só ele e um grupo de pessoas que tocava em um café.

Apesar de serem novatos no estúdio, os Vipers tinham a levada da juventude e estavam preparados para não se impressionar. No entanto, como seu violonista e cantor Wally Whyton recordou, eles sentiram uma imediata e duradoura afinidade por seu produtor: "George Martin era incrível. Éramos um grupo um tanto excêntrico e achávamos que éramos Jack the Lads. Toda noite, o 2i's ficava lotado, e todo mundo queria ver os Vipers, então estávamos convencidos de nossa importância, mas George foi um completo cavalheiro, muito gentil. Ele nunca se importava se caíamos de banquetas, ou chegávamos atrasados, ou não tínhamos dinheiro para voltar para casa. Ele era incrível, recebia um salário pequeno na EMI e produzia todos aqueles discos".[21]

Os Vipers foram vistos em um programa televisivo da BBC e tiveram outros tipos de publicidade, mas seu primeiro disco não vendeu bem. A explosão do skiffle chegava lentamente – estava armada, acesa, mas ainda não tinha sido detonada. Uma preocupação maior da EMI era o fato de que George tinha perdido a oportunidade de pegar um peixe maior: com os empresários John Kennedy e

Larry Parnes, Tommy Hicks rapidamente se tornou Tommy Steele, o primeiro astro britânico do rock'n'roll, cheio de berros e sonhos.

Funcionários de A&R precisavam tomar decisões rápidas sobre talentos o tempo todo, e todo mundo cometia erros, mas este veio em um mau momento, porque a fofoca na indústria musical era de que a Parlophone estava fechando. Oscar Preuss tinha avisado George de que os chefões da EMI poderiam fazer isso algum dia. Os artistas viáveis da Parlophone teriam seus contratos transferidos para a Columbia ou HMV, e alguns seriam dispensados. O gerente da divisão de discos, C. H. Thomas, estava ativamente promovendo essa mudança, com a intenção de colocar George Martin na HMV como produtor júnior, trabalhando para Walter Ridley. Se George quisesse afastar essa ameaça, ele *precisava* encontrar mais sucessos.

Brian Epstein também estava no Soho, mas não no 2i's. Os clubes que ele frequentava eram mais discretos, onde homens dançavam de maneira perigosa e, talvez, antes de a noite acabar, fizessem algo que poderia lhes render uma surra, ou colocá-los atrás das grades. Apesar de estar longe de ser o único homossexual da RADA, Brian não tinha relacionamentos conhecidos lá, então buscava ou contemplava *rough trade* em locais mais arriscados. Ele saiu de Bayswater no meio do período escolar e encontrou algo necessário: um lugar mais barato para morar. Se mudou para um apartamento no fim da Finchley Road, perto de Swiss Cottage.

RADA era uma *escola*. Os alunos precisavam ficar em pé e dar bom-dia para o professor – uma transição difícil para um adulto que tinha passado seis anos trabalhando com negócios. Ele também se incomodava com a "presunção, hipocrisia e narcisismo" de seus colegas atores.[22] Porém, os cinco tutores de Brian gostaram dele. Sua "sensibilidade" e "inteligência" foram elogiadas nos relatórios que redigiram, e todos concordavam que ele era uma promessa como ator. Brian era especialmente bom no papel do dramaturgo Konstantin da obra *A gaivota*, de Tchékhov, e um tutor disse que ele interpretou o clímax da cena de suicídio "com poder e sensibilidade". Foi apenas um ano depois de ele contemplar seu próprio suicídio. Sua colega Joanna Dunham ficou eletrizada pela performance: "Era obviamente terapêutico para ele, levemente assustador de se assistir. Quando Konstantin tirava o curativo de sua cabeça e brigava com a mãe, era muito real".[23]

Os alunos receberam cinco semanas de férias na Páscoa de 1957. Brian assumiu um emprego temporário no departamento de discos de uma loja de livros e discos chamada Ascroft & Daw, na Charing Cross Road, trazendo consigo a experiência que havia adquirido na Nems, e aprendendo novos conceitos de apresentação e controle de estoque. Ele passou a noite de quarta-feira após a Páscoa, 24 de abril, no Arts Theatre Club, na estreia mundial de *O balcão*, de Jean Genet; em seguida, voltando de metrô para Swiss Cottage, outra coisa estava em sua mente.

Algumas horas depois, Brian escreveu um relato de 11 páginas, contado o primeiro estágio de um pesadelo aterrorizante, que seria a sua explicação dos eventos, caso ele fosse enviado diretamente para a prisão e/ou (julgando pelo tom do texto) tirasse a própria vida. O documento contava como ele se viu irresistivelmente atraído por um homem em um banheiro público, dentro da estação Swiss Cottage; como ele e o homem se observaram, cautelosamente, após sair da estação, perambulando pelas ruas próximas; como eles finalmente conversaram e debateram sobre o lugar apropriado para um pouco de ação; e como esse homem, repentinamente se revelando como um policial à paisana, logo acompanhado de um de seus colegas, o prendeu por "persistentemente importunar". A sentença provável, como os policiais certamente gostaram de contar para ele, seria seis meses na cadeia.

Era uma típica armadilha policial – e, sempre na cola do perigo, Brian tinha sido uma presa fácil. Os policiais torceram seu braço atrás de suas costas e o levaram, à força, até uma delegacia, onde ele foi acusado de "persistentemente importunar diversos homens". "Diversos?", o sargento questionou. "Quatro", o policial responsável pela prisão confirmou. Liberado após o pagamento de fiança, Brian viu-se obrigado a comparecer perante o juiz, na Marylebone Magistrates' Court, na manhã seguinte.

> Não acho que sou uma pessoa de vontade anormalmente fraca – o esforço e a determinação que utilizei para reconstruir minha vida nesses últimos meses, eu garanto, não foram pouca coisa. Eu acreditei que minha própria força de vontade era o melhor que eu tinha para superar minha própria homossexualidade. E acredito que minha vida poderia até chegar a algum sucesso público.

> Eu estava determinado a passar pelos horrores deste mundo. Eu sinto muito, pois eu sempre senti muito, pelos perseguidos, judeus, pessoas de cor, idosos e desajustados da sociedade. Quando eu tivesse dinheiro, planejava me dedicar e doar tudo o que eu pudesse para essas pessoas.
>
> Eu não sinto pena de mim. Meus piores momentos e punições já acabaram. Agora, graças à destruição da minha vida causada pela sociedade, meu ser causará uma mancha e trará sofrimento para todos os meus familiares e amigos dedicados. O dano, os métodos criminosos da polícia ao me importunar e, consequentemente, me capturar, me deixam frio, chocado e acabado.[24]

Após isso, o relato de Brian (escrito no decorrer de diversos dias) difere do registro da corte: ele escreveu que se declarou como culpado, mas o registro oficial diz o oposto – ele foi detido preventivamente e liberado mediante fiança, e recebeu instruções para voltar à corte quatro dias depois. Ele fez isso na Bow Street Magistrates' Court, onde está registrado que ele novamente se declarou como inocente e foi liberado outra vez, para aguardar um laudo médico. Quatro semanas após esse tormento começar, Brian recebeu sua sentença na corte Bow Street: dois anos em liberdade condicional, orientado a receber tratamento médico – provavelmente análise psiquiátrica, possivelmente terapia de eletrochoque. Até lá, Brian continuou na RADA durante o período do verão, e tentou deixar esse tormento devastador para trás.

Os rumores que diziam "a Parlophone vai acabar" chegaram ao seu ápice em fevereiro de 1957, e ganharam tanta abrangência que a EMI emitiu uma declaração insistindo que a história "não tinha base", e que não havia qualquer verdade na informação de que "o sr. Martin sairia da EMI".[25] Foi uma tentativa de acabar com os rumores, mas não havia fumaça sem fogo, e a decisão dos diretores deveria estar próxima. O presidente Lockwood prevaleceu: ele disse que, como a EMI precisava produzir mais talento britânico, seria prejudicial reduzir o número de selos com lançamentos. No entanto, o cargo de George e a salvação da Parlophone vieram com um custo. A EMI incumbiu o antigo chefe de A&R da Columbia, Norman Newell, com a tarefa única de contratar artistas e produzir discos em todos os selos da empresa. Agora, nem todos os discos da Parlophone gravados no Abbey Road seriam uma produção de George Martin;

a partir desse ponto, mais do que antes, a Parlophone passou a aparecer com frequência nas paradas, com muitos sucessos.

George estava criando sucessos com os Vipers, e com seu primeiro cantor de rock'n'roll, o ator Jim Dale. Os discos dos Vipers foram uma influência particular para grupos de skiffle principiantes, sobretudo os de Liverpool. O grupo de Eddie Clayton (com Richy Starkey na bateria) tocava várias canções dos Vipers, e Roy Trafford pintou "The Cumberland Gap" em seu baixo de caixa de chá. Nos Quarry Men, John Lennon cantava tanto "The Cumberland Gap" quanto "Maggie May", uma versão necessariamente censurada da balada de marinheiros do século XIX sobre assaltar uma prostituta de Liverpool que estava fazendo negócios na Lime Street.*

E havia os discos que George *precisava* fazer. Quando a indústria musical britânica teve algumas semanas tomadas pela moda do calipso na primavera de 1957, uma época em que os estúdios de gravação de Londres estavam tomados quase que exclusivamente pelos sons da doce Jamaica, o chefe da Parlophone estava gravando faixas com seu cantor negro sul-africano Peter Lowe, o jamaicano Ben Bowers (que morava na Inglaterra), Eve Boswell, Edna Savage ("Me Head's In De Barrel"), o guitarrista Bert Weedon, o saxofonista Frank Weir ("Calypso Romance") e a banda de jazz Kirchins ("Calypso!!"). Nenhum deles chegou perto das paradas.**

Além dos Vipers e de Jim Dale, o principal sucesso de George nesse período foi com uma canção de jazz divertida e incomum, gravada por Johnny Dankworth: "Experiments With Mice", que passou quatro semanas no top 10. A música de Dankworth realmente era mais adequada para o novo formato LP, destinado a um mercado adulto em razão de seu preço mais alto. As gravadoras esperavam que os LPs fossem feitos em um dia: 25 a 35 minutos de música que deveriam ser ensaiados, gravados, mixados e preparados para a masterização. George produziu um disco de Johnny Dankworth

---

* Desde os anos 1700, as prostitutas de Liverpool eram coletivamente conhecidas como "Maggie May", significando que "Maggie faz isso". "Maggie May" é similar – em melodia, letra e estrutura – à canção de escravos estadunidenses "Darling Nellie Gray" (composta em 1856) e não se sabe de forma definitiva qual delas foi criada primeiro.

** A única canção de calipso a conseguir algum sucesso foi "The Banana Boat Song (Day-O)". Três versões dela apareceram no top 30 da *NME* no começo de março. Foi nessa época que um garoto de 16 anos de Liverpool, John Lennon, compôs "Calypso Rock", sua primeira canção.

e sua orquestra em menos de seis horas, no estúdio Number 2 da EMI, em março de 1957. Isso era possível, desde que os músicos soubessem suas partes e estivessem adequadamente preparados; se *não fosse* possível, se um LP levasse mais tempo para ser feito, o gerente de A&R poderia ser repreendido em um memorando interno.

No meio de todo esse trabalho no estúdio, outras áreas da vida de George eram complexas. Sheena teve o segundo filho do casal (um garoto, Gregory) em janeiro de 1957. Apesar desse fato, o casamento deles não era, e nunca tinha sido, por tudo que se sabe, um relacionamento de felicidade abundante. Ainda havia muita culpa no ar, Sheena sofria de agorafobia, e George sempre estava trabalhando. Em algum ponto desse período, George começou um relacionamento com sua secretária. Judy Smith, a "senhorita Lockhart Smith" que friamente o recepcionou em seu primeiro dia na Parlophone, tinha se tornado sua aliada, protetora e promotora. Ela já tinha sido a secretária de Oscar Preuss, mas agora era de George; com o tempo, um envolvimento amoroso se desenvolveu - não era algo para se começar de forma leviana, tendo em vista as consequências. Ambas as partes podiam ser - precisavam ser - incrivelmente discretas. "Judy tinha um incrível sotaque de classe alta, e George claramente gostava disso", disse uma pessoa que trabalhou com eles. "Ela costumava usar um '*o quê?*' alto no fim das frases. Ele ficava deslumbrado por ela e por sua formação, completamente deslumbrado." Era um relacionamento de escritório, mantido em segredo de quase todos os colegas da EMI. George Martin tinha começado a levar uma vida dupla.

O horroroso caso judicial de Brian Epstein se arrastou pelo começo do período de verão, mas ele continuou a fazer progresso como ator. O começo do segundo ano na RADA dependia do sucesso em um exame no meio do período, e Brian passou. Mas ele estava cansado da companhia exclusiva de atores. "Em nenhum outro lugar", ele escreveu, "é possível encontrar relacionamentos tão fajutos, ou testemunhar hipocrisia praticada em uma escala tão grande, quase como se fosse uma arte". A antiga inquietude tinha voltado. "Não haveria, eu imaginava, algum emprego em que eu conseguisse ficar por mais de um ano?"[26] Apenas Brian poderia ter projetado uma mudança tão profunda.

Sua saída no segundo ano da RADA irritou a academia e surpreendeu seus pais. Usar a segurança financeira deles para mudar de ideia no meio do caminho e incomodar todo mundo era algo que ele fazia desde a infância. Eles conheciam aquele padrão de comportamento, mas, ainda assim, foi uma mudança que não esperavam. Brian disse a eles que voltaria a Liverpool para ficar, para se acomodar; ele queria se aprofundar no negócio da família "e fazer disso um sucesso crescente e duradouro".[27] Então, Harry e Queenie criaram outro plano vencedor, um que talvez o manteria interessado: em vez de mandar Brian de volta para Hoylake, a Nems se expandiria para o centro da cidade de Liverpool, pela primeira vez, abrindo uma loja de três andares na Great Charlotte Street, em frente à loja de departamento Blackler's. Ela venderia todo tipo de eletrodoméstico e contaria com um departamento de discos considerável, ocupando o térreo e o porão. Em 1957, as vendas de discos na Inglaterra estavam a caminho de superar 80 milhões – um crescimento gigantesco ano a ano, alimentado pelo aumento do poder aquisitivo dos adolescentes.

Uma atração para Brian era o fato de que Clive (agora completando seu período de serviço no exército) gerenciaria a loja ao lado dele, apesar de Brian ter controle exclusivo do departamento de discos. Ele mergulhou no desafio, projetando sistemas e políticas, estabelecendo contatos, escolhendo e supervisionando a disposição dos produtos na loja e organizando o estoque. Diversos exemplos de suas correspondências de negócios sobrevivem, e todas transbordam com energia, propósito, dedicação ao dever, clareza de ideias, atenção aos detalhes e a habilidade de se expressar.

O anúncio que Brian escreveu para o *Liverpool Echo* – "NEMS LTD. CHEGOU À CIDADE!" – apareceu na primeira página de 7 de dezembro de 1957, imediatamente abaixo de um anúncio dos classificados para uma performance dos Quarry Men. Estavam, talvez, a meia polegada de distância um do outro. A grande inauguração contou com uma performance da estrela Anne Shelton, e uma foto mostra uma grande plateia de adultos liverpudlianos, espremidos na frente do palco, enquanto Brian – um jovem elegante, seguro de seu estilo – encara a câmera, orgulhoso.*

* Um anúncio mais antigo da nova loja (*Echo*, 22 de novembro, que, coincidentemente, também aparecia ao lado de um anúncio dos Quarry Men) mencionou "equipamentos de televisão, rádio e alta-fidelidade", além de uma "tremenda seleção de todos os novos dispositivos que auxiliam nas tarefas do lar". Havia um amplo escopo de negócios, especialmente por contratos de compra em prestações. Enquanto a maioria dos lares britânicos já tinha um aspirador de pó, apenas 18% tinham uma máquina de lavar roupa e somente 8% tinham uma geladeira.

A loja Nems em Liverpool foi nada menos que o sucesso que precisava ser. O negócio de vender discos no centro da cidade era competitivo, mas Brian rapidamente gerou bons lucros. Ele implementou o sistema de controle de estoque que tinha observado na Ascroft & Daw, no qual cada disco era guardado em uma pasta separada, e, conforme as cópias ficavam com estoque baixo, os funcionários deixavam um barbante pendurado, permitindo que Brian visse o histórico de pedidos em um instante, e logo percebesse quais discos precisavam ser comprados novamente. A própria experiência de Brian com lojas de discos frequentemente o deixava frustrado – alguns produtos estavam, muitas vezes, indisponíveis, e o cliente saía de mãos abanando. Brian criou uma política na qual a Nems raramente ficava sem discos; quando os clientes queriam algo específico, não importava quão raro fosse, a loja encomendava pelo menos duas cópias extras – se uma pessoa queria comprar, talvez outros também quisessem. A Nems, localizada na 50 Great Charlotte Street, rapidamente foi recompensada com uma reputação, como a loja onde o cliente achava tudo, e ela se tornou a primeira parada de muitos. Após as quatro da tarde, todo dia, um fluxo constante de estudantes uniformizados entrava lá – Paul McCartney, George Harrison e muitos outros – para conferir os sons mais recentes, em uma das três cabines de audição no piso térreo da Nems, conhecidas no negócio como "*browseries*".

Brian chegava à loja às seis da manhã e saía às dez da noite, ou até mais tarde. Aos domingos, quando ela estava fechada, ele ficava lá encomendando estoque; nas quartas, quando a maioria das lojas (incluindo a Nems) fechava à tarde (prática conhecida como "*half-day closing*"), ele organizava as vitrines. Clive gerenciava seu departamento de eletrodomésticos de maneira similar. Os funcionários homens trajavam ternos, as mulheres usavam vestidos brancos com "Nems" bordado no bolso sobre o peito; os clientes eram tratados como "senhor" e "madame". Também havia formas específicas de se referir aos gerentes: Clive era "sr. Clive", Brian era "sr. Brian", e, quando ele aparecia por lá, Harry era "sr. Harry". "A Nems era uma firma honesta, decente e muito respeitada", diz Margaret Cooney, uma funcionária do estabelecimento desde o princípio. "Brian podia ser temperamental, mas era um bom chefe. Eu não diria nada negativo sobre ele, de maneira alguma. Ele sempre estava impecavelmente bem-vestido, e você sabia quando ele estava na loja, porque ela ficava cheirando a loção pós-barba."[28]

Uma das atividades rotineiras de Brian, que ele criou para si próprio, era organizar a parada de sucessos da Nems, o seu top 20. Ele gostava de lidar com o lado pop e, por meio de relacionamentos com gravadoras, sentia que estava mantendo uma conexão com o show business.[29] Ele recolhia dados recentes de vendas e calculava os números duas vezes por dia, para manter atualizado o top 20 que a Nems exibia, e fornecia uma tabela cumulativa semanal para as publicações *Melody Maker* e *The Record Mirror*, que processavam esses dados em conjunto com os de outras lojas para produzir as paradas nacionais (*The Record Mirror* também exibia as paradas da Nems separadamente, como parte dos top 10 individuais de lojas).

A segunda visita de George Martin aos EUA, sua primeira após entrar para a EMI, teve um grande impacto. Ele e Ron Goodwin tinham criado "Skiffling Strings", uma música animada combinando skiffle com uma orquestra leve; teve pouca repercussão na Inglaterra, mas a Capitol decidiu promovê-la, mudando o título para "Swinging Sweethearts" (já que skiffle era apenas uma moda britânica), e convidou Goodwin para fazer a promoção. George e o editor Sydney Bron também foram junto. Era outubro de 1957.

O grupo viajou pelos Estados Unidos, começando em Nova York, parando na Filadélfia para o programa de TV *American Bandstand*, e terminando em Hollywood, onde George conheceu o diretor de repertório internacional da Capitol Records, o produtor Dave Dexter Jr. Era Dexter que recebia todos os discos enviados da Inglaterra para lá e decidia quais a Capitol lançaria. A EMI esperava que praticamente todos eles fossem lançados, *e* ativamente promovidos. No entanto, das centenas de discos enviados para Dexter em 1957, ele selecionou apenas 18, e apoiou, no máximo, dois (8 dos 18 eram produções de George Martin, ele era mais "bem-sucedido" nesse aspecto que seus colegas). O número era tão pateticamente diminuto que já havia animosidade entre a matriz em Londres e sua recalcitrante filial em Hollywood. A EMI esperava que a visita de George à Capitol Tower finalmente melhorasse o relacionamento das empresas, mas, na verdade, piorou: das 500 gravações britânicas diligentemente oferecidas em 1958, apenas 16 foram selecionadas... e alguns colegas de Dexter ainda achavam esse número excessivo. Como ele comentou em sua autobiografia: "O chefe de vendas da Capitol reclamou que eu estava lançando 'muitos daqueles malditos cachorros britânicos'".[30]

Apesar de estar furiosa, a EMI tinha medo de forçar a questão, devido ao antitruste, a lei americana que regulava os negócios concorrentes. A Capitol foi curta e grossa, dizendo que, se a EMI fosse pega mandando neles, a companhia inglesa poderia ter que pagar severas multas, e até ser forçada a ceder suas ações. Segundo Paul Marshall – provavelmente o mais respeitado advogado da indústria fonográfica americana na época, representante de diversas empresas – isso era uma mentira: "Não havia qualquer cláusula nas leis americanas de antitruste que impedisse a EMI de instruir a Capitol em suas ações, mas o advogado da Capitol assustou a equipe em Londres, fazendo eles acharem que *talvez* houvesse algum problema".[31] Com muita vergonha, a EMI começou a oferecer os discos rejeitados pela Capitol a outros selos – uma política anunciada pela *NME* em 4 de julho de 1958. Era o Dia da Independência para a Capitol, e um péssimo dia para a EMI, pois ela deixou todos os negócios americanos saberem que quaisquer fitas oferecidas a gravadoras menores já tinham sido rejeitadas por uma maior.

No dia em que George Martin e Ron Goodwin estavam na Capitol, Frank Sinatra estava lá, terminando de gravar seu álbum *Come Fly With Me*. Se sentindo como "os primos caipiras da Inglaterra", eles observaram "A Voz", com Billy May e Nelson Riddle, completando uma obra-prima, e ficaram em silêncio enquanto o astro reclamava da capa do disco.[32] Dias depois de voltar à Inglaterra, George tentou encontrar sua própria "Voz", e logo achou Jeremy Lubbock, um jovem pianista e cantor de clubes londrinos, que soava mais como Sinatra do que o próprio. George replicou os arranjos e a produção que ele tinha ouvido em Hollywood, e não teve sucesso algum.

Ele também voltou para casa em busca de um *zing*, e achou que o tinha encontrado no cantor de rock Paul Beattie, de Manchester, que tocava no Cavern e em outros clubes, com seu próprio grupo de apoio, os Beats. Seu primeiro single para a Parlophone, "I'm Coming Home", era uma grande canção, cheia de metais, com um interlúdio de saxofone e um eco pesado na voz de Beattie, barítona e profunda, similar à de Elvis. Apesar de ser pouco original (e, de fato, bem estranha), é possível argumentar que era a melhor canção de rock feita na Inglaterra até aquele momento. Era território inédito para George – um verdadeiro cantor de rock, do norte, com um nome que não precisava ser mudado, e ele foi capaz de produzir algo incomum. George tinha grandes esperanças de um salto em sua carreira, de ter previsto "o próximo grande sucesso", mas isso não aconteceu, e também não veio com seu sucessor, o single "Me, Please Me", nem com os últimos dois lançamentos de Beattie pela Parlophone, em 1960.

George ainda não tinha alcançado a primeira posição (o mais perto que chegou foi em dezembro de 1957, quando Jim Dale estava em segundo lugar com "Be My Girl"), mas ainda assim teve feitos inéditos impressionantes. Com as óbvias exceções de Lonnie Donegan e Tommy Steele, ele produziu o primeiro LP de skiffle, *Coffee Bar Session*, dos Vipers; com *Jim!*, de Jim Dale, produziu o primeiro LP britânico de rock'n'roll. Eram dez polegadas de vinil, dez canções, 24 minutos de música gravados em menos de um dia, tudo pseudoamericano e pobre. Lennon, McCartney, Harrison, Starkey e milhares de outros adolescentes, todos impressionados pelos sons americanos genuínos, não se impressionaram com as cópias – discos britânicos de rock raramente tinham autenticidade ou coragem, eram apenas canções fracas cantadas em um estilo rígido, seguindo uma fórmula previsível e tocadas por músicos de estúdio, geralmente de jazz, que estavam lá pelo dinheiro.

O skiffle logo sumiu, pelo menos no que dizia respeito a vendas de disco. Os últimos lançamentos do Vipers Skiffle Group saíram sob o nome Vipers, apenas. Seguindo uma tradição britânica, o último sucesso do gênero foi uma sátira, com George Martin produzindo "Any Old Iron", de Peter Sellers. Cada vez mais, a comédia estava se tornando a mão única de George. "Eu sabia que precisava causar um impacto de alguma maneira", ele disse, "e meu único plano era achar uma forma de fazer discos que outras pessoas não estavam fazendo. Discos que venderiam. E o caminho que eu escolhi foi o da comédia, porque ninguém estava fazendo isso. Havia pessoas fazendo comédia nos EUA – Stan Freberg, Bob Newhart –, mas não tinha nada notável na Inglaterra. E parecia estar dando certo."

George produziu dois LPs de destaque nessa época. Um era a gravação ao vivo da peça de teatro de revista chamada *At the Drop of a Hat* – a culta e sagaz síntese das fraquezas humanas e da vida moderna, criada por Michael Flanders e Donald Swann. O show se tornou um grande sucesso em Londres e, depois, na Broadway, mas sua popularidade em massa ocorreu por meio do LP da Parlophone.

O outro, com Peter Sellers, foi o projeto mais artisticamente gratificante que George produziu em 1958, e o mais perene. Durante apenas três sessões de três horas no Abbey Road, ele produziu *The Best of Sellers*, o primeiro disco de comédia britânico produzido em um estúdio de gravação. O papel de George foi quádruplo: achar o material certo; extrair o melhor daquele artista brilhante, porém conturbado; enriquecer a gravação com as texturas e cores corretas, de acordo com sua própria imaginação e criatividade; e fazer um disco de comédia que valeria a pena ser ouvido, mesmo após já conhecer o fim da piada. George sempre se referia a essas produções como "filmes sonoros", e *The Best of Sellers* é uma bela obra-prima da primeira leva dessas produções, um disco de dez polegadas que merecia cinco estrelas, e que passou 47 semanas no top 10 da *Melody Maker* – o primeiro LP a chegar às paradas da Inglaterra, lançado em novembro de 1958.

Com amplos fundos e tempo de estúdio de sobra para fazer experimentos, mesmo os fracassos podiam ser gloriosos. Um dos favoritos de George era *Sparkie the Fiddle*, o disco que ele fez com um periquito falante. O pássaro foi levado ao estúdio Number 2 da EMI, e George lhe ofereceu tratamento completo: ele contratou um escritor para fazer o roteiro de um filme estadunidense fictício, uma sátira sobre um presidiário; pediu a Ron Goodwin que compusesse e conduzisse um arranjo; e as palavras do periquito exigiram um vasto processo de edição, centenas de pedaços de fita cortados e organizados cuidadosamente na ordem correta. O resultado foi um single da Parlophone que vendeu aproximadamente 42 cópias.

Brian Epstein continuava a trabalhar do nascer ao pôr do sol, na Great Charlotte Street, dedicado ao desafio; aos 23 anos, nunca tinha se sentido tão realizado. Ele se movia facilmente entre seus dois departamentos de discos – pop no térreo, clássicos no primeiro andar – e mantinha a equipe de 28 funcionários em rédea curta. Como o significado original de Nems (North End Music Stores) era irrelevante na cidade, o sr. Brian e o sr. Clive o transformaram em um novo nome, que eles adotaram para anúncios na imprensa: Nems Efficient Modern Service. Realmente, era um serviço moderno e eficiente, e foi por isso que prosperou tão rapidamente.

Além de ser um eterno amante da música clássica, Brian ativamente desfrutava do lado pop. Ele assistiu a várias bandas de rock que passaram pelo Empire, bem como outras casas, onde ele divulgava a Nems nos panfletos; ele também tinha um truque de memorizar os números de catálogo dos discos – os clientes podiam pedir quase qualquer disco e ele saberia o selo e o número, de cor. Seu conhecimento de companhias, artistas, selos e funcionários de venda, além das complexas redes de distribuição, era formidável. O negócio dele era saber. No fim de abril de 1958, o cantor estadunidense de rockabilly Marvin Rainwater estava no primeiro lugar das paradas na Inglaterra, com "Whole Lotta Woman". Por coincidência, ele tocaria no Liverpool Empire por uma semana, e Brian foi o único dono de loja que arranjou uma sessão de autógrafos com ele, durante a hora do almoço, algo que lhe rendeu mais estoque com a EMI. Uma fila se formou até a rua.

Então, como de costume, ele foi imprudente. Às 22h30, em 19 de maio de 1958, passeando em seu carro pela Strand, em frente ao edifício Liver, Brian parou para fazer *rough trade*. Ambos os homens sabiam do que se tratava, não foi a única vez que Brian fez isso. Ele dirigiu até o pavilhão no Sefton Park... no entanto, o processo judicial que veio em seguida não deixou claro se ele conseguiu o que queria.

O que foi detalhado, sob juramento, foi que o homem exigiu, sob ameaça, 20 libras; quando Brian disse que não tinha essa quantia naquele momento, ele foi golpeado na cabeça e no rosto com uma garrafa de leite vazia. O vidro quebrou e Brian sofreu um leve corte. O homem roubou o elegante isqueiro de Brian, alguns papéis e 10 xelins, e ameaçou expô-lo como homossexual a não ser que fornecesse as 20 libras, além dos itens que já tinha pegado. Extorsão. Ele aterrorizou Brian e o obrigou a aceitar um encontro no dia seguinte, em frente ao Queen Victoria Monument, para entregar o dinheiro.

Em um péssimo estado físico e emocional, Brian dirigiu até a Royal Infirmary, onde recebeu quatro pontos na sua orelha esquerda ferida, além de tratamentos para outros cortes, escoriações e hematomas em seu rosto e sua cabeça.[33] Havia a possibilidade de seus pais não terem conhecimento do incidente na estação Swiss Cottage, 13 meses antes, mas ele não tinha como esconder essa nova ocorrência. Deve ter sido uma noite explosiva e emotiva, pois ele expôs a verdade sobre sua sexualidade e sua compulsão pelo perigo. Queenie já sabia disso, ou pelo menos tinha uma noção. No entanto, se Harry sabia, não há registro confiável disso. De qualquer forma, foi uma confusão, um grande constrangimento para eles, pessoalmente, e possivelmente algo que arruinaria seus negócios. Harry e Queenie foram categóricos quanto a uma questão: Brian precisava ir à polícia e denunciar a extorsão. Nunca se saberá se ele revelou o fato de ainda estar em liberdade provisória do incidente de 1957 em Londres, mas provavelmente era algo que não saía de sua cabeça: agora, ele podia ser preso por *dois* crimes.[34]

Brian compareceu à delegacia na manhã seguinte, 20 de maio, possivelmente com um de seus pais, ou ambos. Ele foi interrogado, todos os detalhes do incidente foram analisados e Brian teve que assinar uma declaração por escrito. Então a polícia deu a ele um envelope contendo dinheiro falso e ficou esperando a uma distância segura do monumento onde aconteceria a transação. Quando ficou claro que o pacote estava sendo exigido, a polícia apareceu e perseguiu o homem pelas ruas até o apreender. O caso chegou à corte no dia seguinte e, como os Epstein previam, repórteres estavam presentes. Já na expectativa disso, os procedimentos começaram com um apelo da promotoria, como o querelante era "um homem de fundos substanciais em Liverpool e parente de outro homem de fundos substanciais na cidade, este bem conhecido, deverá ser chamado de sr. X no processo". A corte concordou. "SR. X LEVA SURRA NO SEFTON PARK, CORTE OUVE" e "ADVOGADO RECLAMA DE 'NÃO HAVER FIANÇA' EM CASO DE SR. X" foram duas das manchetes publicadas em seguida.[35] O querelado, de 23 anos de idade, originário de Old Swan, foi repreendido três vezes nas quatro semanas que se seguiram, e mantido em custódia duas vezes, porque o sr. X temia por sua própria segurança.

No fim, o caso foi para a Crown Court, parte da Suprema Corte inglesa, e o agressor foi condenado a dois anos de prisão, enquanto Brian, aliviado, nunca foi acusado. Mas este fora outro episódio profundamente constrangedor. Apesar de seu nome nunca ter sido divulgado, ele estava ciente dos rumores que o colocavam diretamente na cena do crime (os curativos e o hematoma no olho também não ajudavam na anonimidade). Psicologicamente, Brian estava traumatizado – agora, sua família sabia exatamente como ele se comportava. Foi uma experiência chocante, e um segredo enorme para todos que o guardariam.

O subterfúgio também estava em outros lugares. O antagonismo antissemita, indo do leve ao forte, era um fato para todas as pessoas que seguiam o judaísmo na Inglaterra (e em outros lugares), mas certamente era algo acentuado em Liverpool, uma cidade fortemente católica. O local de culto de Brian e sua família, Greenbank Drive Synagogue, foi devastado por um incêndio em maio de 1959, quando um ladrão invadiu para roubar um toca-discos e uma coleção de discos (doados pela Nems), e maliciosamente ateou fogo em papéis antes de fugir. Foi um incidente traumatizante para a comunidade judaica, especialmente por ter acontecido tão pouco tempo após o Holocausto; suas escrituras sagradas, a Torá, foram queimadas e viraram cinzas. Harry Epstein, membro do conselho da sinagoga, teve um envolvimento-chave na reconstrução do local, e o incendiário foi condenado a cumprir uma pena de quatro anos.

Era mais fácil para a maioria deles ocultar seus aspectos judaicos, tentar se mesclar com os outros. Brian seguiu dois passos para conseguir isso – por mais que fossem irracionais, ele sentia que eram necessários. Enquanto muitos mudaram seus sobrenomes para evitar a perseguição religiosa, Brian se livrou de seu nome do meio. Os papéis timbrados da Nems revelavam isso: na lista dos diretores, Clive John Epstein era C. J. Epstein, mas Brian Samuel Epstein era B. Epstein. Ele também mudou a forma como seu sobrenome era pronunciado. Os Epstein de Liverpool sempre tinham sido chamados de "*Epsteens*", e continuariam assim, mas Brian insistia para que seu sobrenome fosse pronunciado "*Epstine*".

Amigos viram Brian ter duas namoradas no fim dos anos 1950. A primeira era Sonia Seligson, que ele conheceu no teatro amador. Eles iam a peças teatrais, jantares dançantes, balés e apresentações de música clássica, e ela amava os bons modos imaculados de Brian, suas roupas cuidadosamente feitas sob medida e sua preferência por tudo que era refinado. Ela não gostava tanto do seu hábito de beber. Quando Brian a pediu em casamento, ela tinha certeza de que era o álcool falando; o pedido não foi bem recebido, nem foi repetido. Por um tempo, Sonia ficou perplexa com o desejo que Brian tinha de viajar sozinho – ele passava fins de semana em Paris, um costume particularmente exótico na época – e foi apenas quando ele confessou, finalmente, sobre sua "outra vida", que ela percebeu que os fins de semana eram para encontros, e o relacionamento terminou ali.[36]

A outra companhia de Brian foi Rita Harris, uma funcionária da Nems. Ela já trabalhava na loja havia meses quando uma amizade profunda começou no baile anual da empresa, no Natal de 1959. Brian parece ter confiado nela desde o princípio: "Ele não era uma pessoa muito feliz. Era bastante solitário. Ele disse que ninguém era feliz de verdade, mas que as pessoas deveriam ter o objetivo de serem razoavelmente contentes. Ele admitiu que era homossexual e falava sobre o assunto frequentemente: aquilo o deixava muito deprimido. Ele se odiava por isso, e não se lembrava de ter sido de outro jeito na vida".[37]

A intimidade das revelações de Brian – sua necessidade de confidenciar e a necessidade dela de ouvir – estimulou algo. O amor se desenvolveu de ambos os lados, apesar de não ter sido consumado. Ele falava com Rita sobre sua vida privada, usando o termo da indústria musical, "novos lançamentos" – uma vez, ele escreveu, "O Novo Lançamento parou de vender. O problema é que tinha vendido bem por um bom tempo, é difícil de se livrar de um estoque ruim" (pareceu ser um relacionamento relativamente longo – Brian teve pouquíssimas experiências como esta).

Por meio de indicações de funcionários, Brian mantinha seus amigos próximos. Ray Standing, que também trabalhava na Nems da Great Charlotte Street, percebeu um padrão: "Acho que havia nove caras trabalhando na Nems durante uma época, e apenas três de nós éramos heterossexuais. A loja na Walton Road era diferente, porque era de seu pai; mas, quando Brian abriu a loja na cidade, foi quando eles começaram a aparecer em bando, de certa forma".[38]

Agora, Brian tinha vários bons amigos, homens com quem ele nunca teve intimidades, mas que o acompanhavam nos fins de semana, e saíam juntos à noite. A quantidade de membros desse clube minúsculo foi temporariamente reduzida quando Geoffrey Ellis, formando de Oxford, amigo de Brian havia dois anos, foi aos EUA para trabalhar; porém, logo em seguida, Terry Doran, um vendedor de carros com uma mente afiada e a típica esperteza liverpudliana, foi acrescentado ao grupo. "Eu conheci Brian por acaso, em um pub de Liverpool, em 1959", Doran diz, "e me apaixonei por ele desde o princípio".[39]

Outro novo amigo era Peter Brown, ex-estudante de uma escola de gramática em Bebington, próximo a Birkenhead, do outro lado do Mersey – ele conheceu Brian em setembro de 1958, na festa de aniversário de um amigo mútuo, e trabalhava na mesma linha de negócios, gerenciando o departamento de discos na Lewis's. "Brian e eu brincamos um pouco, como dizem, na primeira noite, mas nunca evoluiu além disso, e logo combinamos que seríamos amigos e só, e foi assim que continuou sendo, nunca houve um relacionamento físico."[40]

No fim de 1959, com o processo de expansão da Whitechapel monopolizando o tempo de Brian, ele ofereceu a Pete Brown o trabalho de gerenciar o departamento de discos na Nems da Great Charlotte Street. Os pais de Peter tinham ressalvas quanto a ele sair da Lewis's "para trabalhar para um chefe judeu", mas ele aceitou mesmo assim. Colega no trabalho, e amigo fora dele, Peter estava em uma boa posição para observar o relacionamento de Brian com seus pais, especialmente o eixo crucial com sua mãe:

> Os Epstein eram pessoas muito boas. Harry era um homem quieto, sempre educado, mas Queenie era muito mais interessante. Ela era uma mulher estilosa, encantadora e atraente, que gostava de ir ao teatro e era muito culta. Ela e Brian eram adoráveis quando estavam juntos – eles se entendiam e gostavam das mesmas coisas, eram muito ligados. O irmão de Brian, Clive, estava no nível de seu pai, muito diferente. Ele não tinha interesse naquelas coisas, nem Harry. Clive era o garoto de Harry, e Brian era o de Queenie.

Oscar Preuss morreu na véspera do Natal de 1958, e George e Judy lamentaram juntos – ela, por seu antigo chefe, e ele, pelo homem que lhe ensinara tudo. Como George refletiu para a *NME*, "Ele invariavelmente adotava as táticas mais rebeldes".[41]

George tinha sido o assistente de Preuss, e agora ele tinha seu próprio – Ron Richards, cujo histórico na edição musical seria útil para aquisições de canções.* Ron seguiu George no estúdio por um tempo, depois começou a fazer sessões por conta própria, principalmente no lado pop: George dividiu os cantores pop da Parlophone entre eles, e Ron recebeu permissão para encontrar novos talentos. Ele tinha 30 anos, e George, aos 33, ainda era o chefe de A&R mais jovem em Londres. As gravadoras ainda não eram como viriam a ser, ainda eram empresas que faziam discos, comandadas por cavalheiros idosos, com seus ternos caros e cabelos curtos, pessoas que tinham participado de vendas de discos em tempos antigos, e já estavam desconectados do momento atual. Os superiores nessas empresas não iam a clubes noturnos, eles eram capitães da indústria, como o bem-sucedido presidente da EMI, cujos serviços ao comércio foram recompensados pela rainha na lista de homenageados do Ano-Novo, em 1960 – ele se tornou Sir Joseph Lockwood.

---

* Ronald Richard Pratley (1929-2009). Ele trabalhou na Chappell e na Boosey & Hawkes como um divulgador de músicas, influenciando outros a tocarem/comprarem discos. Posteriormente, ele trabalhou como divulgador na Parlophone, antes de ir para a área de A&R. Todos os produtores colegas de George Martin na EMI contrataram assistentes mais ou menos na mesma época.

Havia uma pequena possibilidade de George receber um "gongo", mas ele tinha um novo contrato empregatício de três anos, que se encerraria em abril de 1962. Seu salário estava em £ 2.700, um valor que George considerava insuficiente, especialmente levando em consideração seu pedido de receber royalties das vendas – o tipo de acordo que já era comum nos EUA –, que foi rejeitado. Nenhuma empresa britânica pagava royalties aos produtores. Não foi coincidência que, nesse período, George compôs suas primeiras canções que vieram a ser gravadas. Funcionários de A&R tinham que encontrar formas de suplementar o salário, e geralmente faziam isso compondo canções que eles gravavam, e com as quais ganhavam dinheiro após o lançamento. O aconchegante relacionamento de linha de produção entre o Tin Pan Alley e funcionários de A&R de gravadoras facilitava essas associações, e tudo era escondido dos empregadores com o uso de pseudônimos. Poucos se restringiam por completo e alguns iam ao extremo: Norrie Paramor, colega de George na EMI, encarregado do selo Columbia, tinha uma reputação de dar suas próprias canções para seus artistas gravarem. Até como canções de lado B, elas resultavam na mesma renda "mecânica" que o lado A, 3 *farthings* (três quartos de um *penny*) a cada disco vendido. Um sucesso poderia render uma quantia que ninguém dispensaria.*

As primeiras tentativas de George rendiam apenas os *farthings*. Ele apenas compunha música, não as letras. Se uma música fosse instrumental, era inteiramente dele; se tivesse letra, ele trabalhava em colaboração. A primeira vez que molhou os pés nessas águas foi com o lado B de um single de Jeremy Lubbock, no qual ele simplesmente deixou seu nome fora dos créditos. Em seguida, ele apareceu com o nome estrangeiro Lezlo Anales, depois como John Chisholm (nome de seu sogro), até estabelecer-se como Graham Fisher, seu pseudônimo mais frequente.

Nomes falsos apareciam em *Songs For Swingin' Sellers*, o segundo LP do adorado ator e comediante Peter Sellers produzido por George. A coleção incluía um esquete que tirava sarro de Larry Parnes, expondo um conto fictício sobre o em-

* Apesar de os discos serem comprados quase que totalmente por causa do lado A, o royalty pago pelas gravadoras à Mechanical Copyright Protection Society (MCPS, responsável por fiscalizar direitos autorais e royalties) era distribuído igualmente entre os compositores e editores de ambos os lados do disco.

presário manipulador de astros adolescentes do rock como Lenny Bronze, Clint Thigh, Matt Lust e Twit Conway, todos os quais moravam com ele em seu luxuoso apartamento em Mayfair. George também conseguiu algo que se parecesse com Sinatra: o título do LP era um trocadilho com *Songs For Swingin' Lovers!*, e sua faixa de abertura, "You Keep Me Swingin'" (coescrita por "Graham Fisher"), era uma paródia perfeita. O cantor era Matt Monro, apesar de George mudar seu nome para Fred Flange. Ele cantava tão bem, e de forma tão similar a Sinatra, que a canção atraiu muita atração na rádio BBC, e George ofereceu a Monro um contrato com a Parlophone, que lançou uma ótima carreira.*

George Martin tinha descoberto a arte de produzir sucessos, mas seu trabalho ainda estava dividido. Quando era original, sua criatividade reluzia com esperteza e invenção; quando copiava uma forma estabelecida, especialmente nas ocasiões em que operava no mercado pop adolescente, era um fracasso. Ainda era uma época em que o estrelato seguia a invenção de uma persona - um novo nome sobre um rosto bonito, raramente algum conteúdo - e George não tinha o que fazer com isso. "Atualmente, não é bem a arte, mas a individualidade que importa", ele reclamou à *NME*, em 1959... antes de explicar as qualidades que *ele* sempre buscava: "Ao considerar novos artistas, eu procuro por um som distinto que, ao mesmo tempo, seja atraente".[42]

* Em Forthlin Road, Paul e Mike McCartney "rolavam no chão de rir" com *Songs For Swingin' Sellers* e adoravam a foto da capa: o elemento *Swingin'* (Balançando) aparecia na forma de um homem que tinha se enforcado. O LP também incluía uma canção inspirada por música indiana, com Sellers interpretando o sr. Banajee, cantando "Wouldn't It Be Loverly", do musical *My Fair Lady*. (A gravação contou com músicos que tocavam o sitar e a tabla, que gravaram no estúdio Number 2 de Abbey Road, provavelmente pela primeira vez, mas certamente não pela última). Banajee era, possivelmente, uma paródia do virtuoso Ravi Shankar, cujos discos na Índia eram lançados pela Parlophone, e que se tornou o músico clássico indiano mais famoso na Inglaterra após as diversas visitas que fez ao país nos anos 1950, frequentemente aparecendo na TV. Outro visitante do "subcontinente" era o sábio barbudo Maharishi Mahesh Yogi, que esteve na Inglaterra em dezembro de 1959 explicando seus ensinamentos de meditação transcendental. Anos depois, Paul lembrou de tê-lo visto na Granada TV, no noticiário local *People and Places*.

13
"Hi-yo, hi-yo Silver – away!"
(janeiro a maio de 1960)

O mais recente na série de jovens que receberam um convite para se tornar o baixista dos Quarrymen – desde que trouxesse seu próprio baixo – era Dave May, outro estudante da faculdade de artes. John Lennon o convidou porque ele já estava equipado, apesar de seu instrumento ser caseiro: ele o tocava com Ken Dallas and the Silhouettes, um grupo de fãs de Buddy Holly, de Bootle. May se lembra de ter visto John, Paul e George tocando juntos, na sala de desenho anatômico da faculdade, quando estava desocupada. Sem baixo e bateria, eles eram apenas meio grupo. "Eles não eram muito bons. Na verdade, eles eram ruins mesmo. John sabia que eu tocava baixo, e perguntou se eu gostaria de tocar com eles, mas eu disse: 'Sinto muito, já estou em um grupo de verdade, um grupo *bom*'. Outro motivo pelo qual não me interessei foi que John tinha suas próprias ideias e pensamentos, e eles eram uma gangue de rebeldes. Eles não ligavam para nada."[1]

A sugestão de que Stuart Sutcliffe deveria comprar um baixo e se unir a eles já tinha sido feita, mas provavelmente se dissolveu em gargalhadas: ele não tinha dinheiro, tinha pouca habilidade musical e não era do rock. Mas foi aí que, em nada menos que um milagre de timing, o primeiro obstáculo desapareceu – e os outros foram rapidamente removidos – quando 90 libras subitamente caíram em seu colo.

Durante a segunda semana de 1960, enquanto a exposição *The John Moores Liverpool Exhibition 2* se encerrava na Walker Art Gallery, Moores expressou que estava interessado em comprar a obra abstrata de Stuart que estava na galeria, *Summer Painting*. Havia o fato de que a pintura exposta era apenas metade da obra completa, mas não se sabe se isso estava visualmente aparente, nem se o comprador milionário estava ciente disso. Stuart concordou com a venda e logo tinha 90 libras em seu bolso, pedindo para serem gastas.[2] Para ele, assim como para seus amigos, era uma quantia considerável, nove ou dez vezes maior que a renda semanal de muitos trabalhadores. Logo que Stuart depositou o cheque em sua conta do Liverpool Savings Bank, certos amigos começaram a cochichar em seu ouvido, urgentemente, dando palpites de como ele deveria gastar o dinheiro.

Como George Harrison recordou, posteriormente, eles foram bondosos com Stuart: deram a ele a opção de comprar uma bateria ou um baixo.[3] Qualquer desses instrumentos serviria – eles precisavam dos dois. Fizeram o rapaz se sentar a uma mesa com eles, no Casbah, e passaram a noite o pressionando, enquanto bebiam cafés servidos a eles por Rory Best. O irmão mais jovem de Pete ainda se lembra de "Stuart meio que espremido no canto. John e Paul não aceitariam um 'não' de Stuart, mesmo que ele continuasse refutando as investidas".[4]

Stuart disse que, se tinha que comprar algo, seria o baixo, mas ele tinha grandes ressalvas, especialmente o fato de que nunca havia encostado em um baixo na vida. A perspectiva de tocar o instrumento, de estar em um grupo, de ter o aprendizado disciplinado de canções – acordes, notas e andamentos –, além de se apresentar na frente de pessoas, era tudo uma grande mudança para alguém que nunca tinha expressado qualquer interesse nessas coisas. John, Paul e George já estavam falando sobre acordes e harmonias, e o que era "ótimo" em uma música ou "porcaria" em outra, por anos. Stuart não falava sobre isso. Estar em um grupo de rock certamente seria visto por seus pais e sua família, por seus professores e seus colegas, como uma loucura, algo abaixo de sua classe, um desperdício do dinheiro inesperado que ele recebeu, algo que acontece, com sorte, uma vez na vida.

No entanto, John conseguia ser implacavelmente persuasivo e sua amizade com Stu tinha se tornado algo central para ambos. Como a colega de faculdade Helen Anderson disse: "Apesar de ser estranho que Stuart tenha se desviado do seu caminho na pintura, ele estava *totalmente* empolgado com John".[5] Algo que também tinha influência era o desejo de Stuart: ele passou a ter curiosidade sobre como seria tocar em um grupo de rock, fazer poses com uma guitarra, parecer legal, projetar aquela imagem.

Então, Stuart Sutcliffe entrou na Frank Hessy's, em 21 de janeiro de 1960, e pegou um baixo Hofner 333, de quatro cordas, e um case para carregá-lo. Ele deu uma entrada de £ 15, em espécie, e se comprometeu a pagar prestações semanais, até 1961, chegando ao valor total de £ 59 15s.[6] Era um baixo grande – Paul disse que "o fazia parecer um anão"[7] – e, com isso, ele era um integrante dos Quarrymen. Porém, Stuart tinha entrado para o quê, exatamente? Um grupo de quatro guitarristas, com um amplificador, sem baterista, sem shows, sem empresário, sem perspectiva, com um nome que eles odiavam. Se eles estivessem prestes a conseguir algum acordo incrível, a entrada de Stuart faria mais sentido; do jeito que as coisas estavam, ele tinha gastado uma boa parte de seu dinheiro em algo que não ia muito além de uma visão.*

---

* Stuart Fergusson Victor Sutcliffe nasceu em 23 de junho de 1940, no Simpson Memorial Maternity Pavilion, em Edimburgo. Ambos os seus pais eram escoceses e falavam com sotaque escocês. Seu pai, Charles (1905-1966), era protestante, casado, e já tinha quatro filhos quando ele e Martha "Millie" Cronin (1907-1983) conceberam Stuart. Ela era uma católica apostólica romana convicta que, até engravidar, estava estudando para se tornar freira. Charles era um engenheiro/montador, com talento e conhecimento de literatura. Deserdados por suas famílias, em 1943 já tinham se mudado para Roby, um pouco ao leste de Liverpool, onde Charles trabalhou inspecionando motores de aviões durante a guerra. O registro do casamento deles não pôde ser encontrado, mas o casal teve mais duas crianças, Joyce (1942) e Pauline (1944), e ficaram na área, passando a maior parte do tempo em moradias sociais, próximo a Huyton. Millie se tornou professora e Charles começou a trabalhar como engenheiro da marinha mercante, passando longos períodos no mar.

Stuart era uma criança naturalmente esperta, que estudou numa escola de gramática, passou em cinco exames de nível básico e ingressou na Liverpool College of Art em 1956, saindo de sua casa logo em seguida, para compartilhar quitinetes com Rod Murray. O escritor Nik Cohn descreveu a mãe de Stuart como "uma mulher fortemente emocional, que protegia e cuidava do menino com uma energia um tanto obsessiva. Uma pessoa dramática, de qualquer forma que fosse observada, desde o início ela estava convencida de que tinha um gênio em mãos. Eles esperavam que Stuart se tornasse um médico, mas, aos 15 anos, ele decidiu que queria pintar" (*Observer*, 8 de setembro de 1968). Embora o relacionamento de Stuart com Millie continuasse intacto, ele se esforçou para resistir à influência controladora dela e deu uma impressão clara disso para John Lennon e George Harrison, como John recordou posteriormente: "Ele a odiava... mas ela lhe dava 20 cigarros e 5 *bob* por dia". Rod Murray disse que Stuart adorava o pai – "Ele parecia um pinto no lixo quando seu pai voltava para casa, do mar. Ele obviamente o amava. O sr. Sutcliffe nos levava ao Cracke e ficávamos completamente bêbados antes de ele voltar para casa, para sua esposa. Ele era um tipo icônico, entusiasmado e divertido".

Stuart, que não tinha um sotaque liverpudliano discernível, continuou delicado, e nunca ficou alto, parando em 1,70 m. Jon Hague, seu amigo da faculdade, lembra dele como "um rapaz muito magro, fraco, com aparência doentia", enquanto Rod Murray notou: "Ele frequentemente parecia instável, debilitado. Se alguém cairia por conta de algo, seria ele". O histórico musical de Stuart era limitado: além de cantar no coral da igreja aos 9 e 10 anos de idade, ele fez algumas aulas de piano e tinha um violão flamenco, no qual raramente encostava. Apesar de sua irmã mais jovem declarar que ele sempre foi um grande fã do rock'n'roll, e uma namorada alegar que ele era obcecado por Elvis, poucos dos seus contemporâneos da faculdade viram isso. Tony Carricker, que, na época, era o principal colecionador de discos e a maior fonte de conhecimento musical por lá, disse: "Stuart sempre foi o mais intelectual e cerebral de todos nós: não me lembro de ele gostar de rock, ou de ter discos. Uma vez, emprestei cerca de dez discos de 45 rpm para ele, e eles voltaram empenados – o maior dos pecados".

Poucos dias antes de ele fazer isso, provavelmente em 9 ou 16 de janeiro, a longa residência dos Quarrymen no Casbah, nas noites de sábado, foi interrompida. Naquela semana em particular, Ken Brown não estava se sentindo bem e não quis tocar – ele passou a maior parte da noite na entrada da casa, silenciosamente coletando o dinheiro dos membros do clube. Isso não incomodou John, Paul e George, desde que ele ainda os deixasse usar seu amplificador. No entanto, no fim da noite, a sra. Best insistiu em dar a Ken seu típico quarto das £ 3 que o grupo recebia. John, Paul e George se recusaram, disseram que cada um deveria receber uma libra. Duas forças obstinadas colidiram.

Nunca foi relatado se John, Paul e George disseram à sra. Best onde ela podia enfiar o Casbah, ou se apenas acidentalmente deixaram de aparecer lá na semana seguinte, o que se sabe é que eles não voltaram. Evidentemente, eles estavam preparados para largar suas únicas apresentações agendadas e sua única fonte de renda. Também poderia ser que essa decisão tenha sido uma forma de cortar os laços com Ken Brown. Eles estavam prestes a conseguir um baixista e ficariam com cinco instrumentos de cordas. Sem baterista? Alguém tinha que ceder, e seria Ken. Ele sabia que aconteceria, foi por isso que já tinha começado a tocar com os Blackjacks. Os Quarrymen mal pensaram nele após sua saída, exceto pelo fato importante de que sentiam falta de seu amplificador. Aqueles três guitarristas (e um baixista) elétricos agora tinham apenas o pequeno Elpico de Paul, com duas entradas, entre eles. É possível que ainda mais pressão tenha sido feita sobre Stuart nessa época – algo relacionado a comprar um amplificador? –, mas, se aconteceu, ele resistiu.

No entanto, acharam outro lugar para passar tempo. Pouco antes do Natal de 1959, a proprietária da 9 Percy Street fez uma inspeção rápida nos quartos de Rod Murray e Stuart Sutcliffe. Rod recorda: "Ela viu um pé de mesa queimando na lareira do meu – eu não tinha percebido que era uma antiguidade, mas ela disse que era –, depois ela subiu até o quarto do Stuart, viu que toda a mobília estava

---

Foi como pintor que Stuart obteve seu maior sucesso. Seu trabalho era frequentemente brilhante. Ele obteve um passe de primeira classe no exame *Intermediate* da faculdade, em 1958, e teve obras exibidas em Bradford e Liverpool, em 1959. Era um jovem quieto, porém completamente determinado e dedicado... e, como Tony Carricker acrescentou, "Ele sempre entendia *a imagem*".

pintada, e que a lareira tinha sumido – ela nos despejou".[8] Eles tinham um mês para sair de lá, e começaram a procurar um lugar novo. Encontraram um na rua Gambier Terrace, um apartamento de primeiro andar, de frente para a faculdade de artes e para a grande colina onde ficava a Anglican Cathedral.

Sem mobília, o apartamento 3 das Hillary Mansions, na Gambier Terrace, era mais espaçoso que qualquer outro que os dois já tinham dividido. Tinha uma grande sala de estar/quarto na frente; um segundo quarto nos fundos, que também funcionava como estúdio de arte; um terceiro quarto, menor; uma cozinha; um corredor; um lavabo e um banheiro com água aquecida a gás. O aluguel de £ 3 por semana era acessível, desde que Rod e Stuart achassem outras pessoas para se juntar a eles: duas garotas vieram da faculdade de artes – Margaret Morris e Margaret Duxbury, conhecidas como Diz e Ducky (Rod e Diz logo viraram um casal) – então, provavelmente pouco tempo depois de se mudarem para lá, Stuart convidou John para compartilhar o quarto dos fundos. Era o momento pelo qual John esperava.

O frágil acordo de John com sua tia Mimi tinha ido muito além do ponto de ruptura. Ambos ainda estavam tentando lidar com a terrível morte de Julia, e John nunca tinha adequadamente substituído o esconderijo que era a casa de Julia, toda vez que sentia que Mimi o estava controlando demais – o que acontecia na maior parte do tempo. Ela ainda se apegava a laços que estavam desaparecendo, na esperança de fazer John focar nos estudos, durante outro ano vital de sua educação. Se ele reprovasse, o que aconteceria? Cynthia Powell disse que Mimi "fez o melhor que pôde para acabar com os planos de John, mas, no fim das contas, não tinha como impedi-lo".[9]

A mudança de John para um apartamento veio como uma bênção para a vida sexual dele com Cyn: finalmente, privacidade, liberdade dos olhares curiosos e das barreiras morais, noites inteiras juntos, em vez de breves momentos. Quando Cyn dormia na Gambier, ela dizia a sua mãe que estava com sua amiga, Phyllis. Lil Powell continuava determinadamente contra o relacionamento de sua filha – já durava seis meses, mas nada tinha acontecido para encorajá-la a mudar de ideia sobre John Lennon. Por causa dele, Cynthia ficava fora de casa até tarde, durante várias noites da semana, "do outro lado do rio", fazendo sabe lá o quê, e de uma universitária respeitosa e vestida sobriamente ela estava se transformando em uma sedutora. John estava fazendo de Cyn sua própria Brigitte Bardot, o eterno objeto de suas fantasias sexuais. O cabelo claro dela ficou loiro com a aplicação de alvejante Hiltone, e ela usava saias pretas curtas, meias arrastão pretas com cinta-liga, suéteres pretos apertados e sapatos de salto alto com ponta fina.

Por mais que ela gostasse das novas oportunidades apresentadas pelo lar na Gambier Terrace, Cyn estava chocada com o estado do apartamento. No exterior, o edifício era um grandioso prédio de colunas dos anos 1830, construído para a elite mercantil, com uma belíssima varanda dórica. Era (e ainda é) o terraço mais bonito em toda a cidade de Liverpool, a um mundo de distância das favelas e residências geminadas com casinhas no quintal – apesar de tudo isso estar a poucas centenas de metros de distância: o Liverpool 8 começava pouco além do terraço. Ainda mais perto de casa, no entanto, a beleza do lugar acabava na porta de entrada. Entrando na construção, os tetos altos e ambientes cavernosos revelavam um visual completamente desorganizado. O estúdio de Stuart e John era simplesmente imundo: duas camas de acampamento sobre um piso de madeira que soltava farpas, sem cortinas, com janelas sujas e uma lareira cheia de fuligem, bitucas de cigarro e embalagens de *fish and chips*, tudo cercado de materiais de pintura e detritos da vida diária, que se acumulavam. Se eles não usassem a lareira, não havia outra forma de aquecimento, e Cyn tinha que inventar motivos para voltar para casa, "de uma saída com a Phyllis", tentando não deixar evidente que, além de ter feito sexo, estava coberta de sujeira do lugar.

Sendo o inquilino registrado no contrato, Rod Murray pagava o aluguel e tinha que coletar a parte dos outros moradores. John foi abençoado com um talento particular de desperdiçar seus fundos (a bolsa do governo que deveria pagar por seus materiais de arte) e raramente conseguia pagar. Como Rod recorda: "Durante a semana, eu tomava uma cerveja com John e ele sempre tinha dinheiro para isso, quando chegava o dia de pagar o aluguel, ele sempre estava duro. 'Posso ficar devendo para você?' 'Você quer esta jaqueta?' Uma vez ele me pagou com uma jaqueta que parecia do exército canadense, algo que ele provavelmente tinha roubado de outra pessoa".

Apesar de eles não terem apresentações marcadas, os Quarrymen precisavam ensaiar. Stuart – John, Paul e George o chamavam de Stu* – deu duro para

* Na pronúncia do inglês britânico, soava como "*Shtyew*".

aprender seu instrumento: Cyn disse que ele passava "todo momento de folga que ele tinha praticando, esperando elogios de John". John o ajudava no aprendizado, como um cego conduzindo outro cego: John nunca foi um guitarrista de muita técnica e não sabia tocar baixo. George disse que ensinaram Stu a tocar em 12 compassos, e que a primeira canção que ele aprendeu foi "Thirty Days", de Chuck Berry. Dave May foi chamado para ensinar uma ou outra coisa para Stu e, em troca, pôde testar o Hofner 333, que era muito melhor que o seu baixo caseiro. Ele mostrou a Stu como tocar "C'mon Everybody", de Eddie Cochran, que consistia em aprender três notas.[10]

Quando George se uniu ao grupo de John, dois anos antes, ele tinha se oposto aos seus membros "excedentes", mas não teve problema algum com a presença de Stu, apesar de sua falta de habilidade. George só queria que o grupo decolasse – "Era melhor ter um baixista que não tocava do que nenhum baixista" – e gostou de Stu desde o princípio.[11] Com quase 17 anos, George estava se habituando à vida laboral na Blackler's, mas ele odiava a rotina diária.

Entretanto, a posição de Stu no grupo não agradou a Paul, que tinha duas objeções principais. Primeiramente, apesar de ele encorajar Stu a entrar para o grupo, não via motivo para admitirem um baixista que não tocava baixo. Não foi a única vez que John colocou um amigo musicalmente incapaz no grupo, mas a inabilidade de Pete Shotton não era uma desvantagem particularmente problemática na época do skiffle. Agora, numa época em que outros grupos de rock da cidade estavam em um nível mais elevado, e os Quarrymen ainda precisavam melhorar muito, não fazia sentido acolher alguém que não sabia tocar seu instrumento.

A segunda objeção de Paul era mais visceral e, às vezes, mascarada pela primeira. Ele rapidamente ficou com ciúme do relacionamento que Stu tinha com John. Ele se sentiu rejeitado, deixado de lado, ofendido. Normalmente, espera-se que um quarto integrante entre para um grupo em uma posição inferior, mas Stu entrou mais próximo do topo, talvez até na segunda posição, e Paul foi empurrado para baixo. Ele tinha a prioridade com John desde o fim de 1957, mas, agora, caíra nas paradas. Antes, ele ficava ao lado de John no ônibus, enquanto George ficava sozinho, no banco de trás. Agora, John e Stu se sentavam juntos, e Paul ficava atrás, com o garoto nove meses (aproximadamente) mais jovem que ele.[12]

John tinha projetado essa situação de forma engenhosa. Foi por causa de suas ações que a discordância pairava no ar, mas Paul não podia ficar bravo com ele, apenas com Stu – então, era Stu quem recebia as tiradas sarcásticas de Paul, de uma forma ou outra diminuindo suas contribuições. John, como sempre, observava e não fazia nada: era Stu que precisava se defender, se ele quisesse. Parece que Stu ignorava as provocações, na maior parte do tempo. Às vezes, John até participava, e Stu também ignorava (John tinha, novamente, escolhido alguém que o defendia).

Passando tempo não apenas com John, mas com Stu e seus colegas da Gambier Terrace, Paul ficou ainda mais empenhado em se parecer com um universitário – ele fumava um cachimbo e lia livros verdadeiramente impressionantes no ponto de ônibus. A ambição de Paul não tinha limites, tanto que ele ficava no ponto de ônibus na Mather Avenue, ao lado de outras pessoas, e se imaginava muito famoso, fabulosamente rico e honrado por seu país. "Eu sempre tive boa imaginação. Eu sonhava com todo tipo de coisa enquanto esperava no ponto de ônibus, lendo *Room at the Top*, de John Braine. Eu sempre pensava 'Lord Allerton...'. Soava bem. Eu nunca achei que aconteceria, nem em um milhão de anos."[13]

No entanto, chegou um momento de 1960 em que os sonhos de Paul pareciam ter naufragado.

Dot Rhone amava ser a namorada de Paul McCartney. Ele era incomum e estava um nível acima de outros garotos: muito mais bonito, esperto, bem-vestido, musicalmente dotado e bom de mímica. Isso envolvia seguir algumas exigências – como Dot recorda, ele não queria que ela passasse tempo com seus amigos, nem que ela fumasse (apesar de Paul fumar), e ele copiou John ao insistir que ela se parecesse com Brigitte Bardot, com roupas escuras e cabelo loiro: "Ele me deu uma lista de regras que eu precisava seguir. John tinha as mesmas regras com Cynthia".[14]

Dot era virgem quando começaram a sair, mas não continuou assim por muito tempo. Talvez por volta de fevereiro de 1960, ela descobriu que estava grávida e o bebê nasceria em setembro ou outubro. Paul tinha 17 anos, e ainda estava na escola, Dot tinha 16. Jessie Rhone, mãe da garota, ficou indignada com o comportamento da filha e se preocupou com o que as pessoas pensariam. Dot relatou que sua mãe decidiu que ela passaria o período da gestação ao lado de sua irmã, em Manchester, e o bebê seria adotado lá assim que nascesse. No entanto, Paul ofereceu casamento e disse que ela e o bebê poderiam morar com ele, seu pai e seu irmão, na Forthlin Road. Os únicos informados da notícia foram os que precisavam saber (Cynthia nunca soube disso), e a situação entrou em um período tenso, durante o qual todos os aspectos do futuro de Paul estavam por um fio.

O maior grupo de Liverpool, particularmente em termos de ambição e apresentação, era Rory Storm and the Hurricanes. Sua apresentação no Jazz Festival do Cavern, em janeiro de 1960 – uma posição peculiar: eles tocaram rock, e o público atirou *pennies* neles –, foi apenas a última numa série de vários eventos notáveis, o suficiente para render a eles uma reportagem sobre seu sucesso no jornal *Reporter*, que era publicado no norte e no leste da cidade.[15] Cada integrante teve um perfil publicado, e o nome Ringo Starr apareceu na imprensa pela primeira vez. Em contraste com os atributos esportivos dos outros (Rory jogava futebol, podia nadar longas distâncias, fazia corrida *cross country* e tentou participar da equipe olímpica inglesa em 1960, como corredor de meio-fundo), não havia muito a ser dito sobre o baterista, exceto: "Ele está economizando para se casar e seu tempo livre é gasto fazendo planos". Uma dessas estratégias, como Johnny Guitar sempre se lembrou, envolvia a conversão religiosa de Richy, de protestante a católico, para satisfazer as exigências da família de Gerry, sobre como eles criariam seus filhos. Elsie não estava muito feliz com isso, e não seria comum ela ficar calada. Elsie disse a Ringo: "Você nunca vai ter sorte se você se casar com uma católica".*

Os Hurricanes certamente eram o grupo mais ocupado em Merseyside, tocando várias noites por semana nos diversos halls, e foi assim que nasceu "Rory Storm" – a personalidade, o cabelo, as acrobacias e o gaguejo que miraculosamente desaparecia quando ele cantava com um sotaque americano falso. Com 1,87 m,

* Ringo falou por experiência quando disse a um repórter americano em 1964: "Digamos que você é protestante e a garota é católica, você ama a garota e ela te ama também... [então] as famílias começam a te importunar. Você está feliz com a garota, aí a família dela começa a perturbá-la perguntando 'O que as crianças vão ser?', ou 'Ele vai trocar de religião por você?'. Então, sua família diz, 'Você nunca vai ter sorte alguma, porque está se casando com uma católica!'. Mas, se as pessoas fossem apenas deixadas em paz, acho que haveria mais casamentos mistos. Eles se separam por conta de outras pessoas, nunca se separam por causa do casal em si" (entrevista realizada por Larry Kane, 2 de setembro de 1964).

olhos azuis, Rory era irrepreensível, e assustava integrantes da banda e da plateia com suas incríveis demonstrações de atletismo no palco: pulava de pianos, se pendurava em canos ou colunas e saltava para o palco novamente, tudo enquanto cantava. Era um *show* quando os Hurricanes se apresentavam, e eles nunca perdiam um truque, fosse quando Rory apoiava sua perna nas costas arqueadas de Johnny durante solos de guitarra, ou quando Johnny colocava sua cabeça debaixo do prato de Ringo enquanto ele batia com as duas baquetas. Rory gostava das canções lentas, quando ele cantava em uma cadeira virada ao contrário, e passava um pente dourado por seu longo topete loiro, enquanto serenava as garotas; Johnny, por sua vez, sofria com essas canções lentas, pois preferia o rock'n'roll.

O repertório deles raramente mudava. A primeira canção que tocavam era "Brand New Cadillac", de Vince Taylor, após a qual eles tocavam muito Jerry Lee, Elvis, Johnny Otis, Eddie Cochran, Carl Perkins, Conway Twitty e Everly Brothers. Uma boa gravação deles sobreviveu, 48 minutos do grupo no Jive Hive, em março de 1960 – apesar de sua existência e estado de preservação serem notáveis, e a naturalidade do show ser encantadora, a performance não impressiona. Como muitos aspectos daquele período inicial do rock'n'roll, especialmente na Inglaterra, o show de Rory era uma cortina de fumaça, estilo sobrepondo-se ao conteúdo, personalidade acima de desenvoltura. A boa aparência, o pente dourado e a energia fervilhante funcionavam como uma máscara para uma voz simplesmente adequada: sua locução é errática, sua afinação e sua marcação de tempo oscilam, e seu sotaque americano é desagradável. O rock era novo em 1960 e tudo era primitivo, mas essa performance é surpreendentemente básica, tendo em vista que Rory Storm and the Hurricanes era "o melhor grupo de Liverpool". Certamente, não o seriam para sempre.*

---

* Feita em 5 de março de 1960, a gravação foi lançada pela primeira vez em 2012, na forma do álbum *Live at the Jive Hive*. Apesar de aparecer na capa e contracapa, Ringo Starr aparentemente não está na fita. Johnny Guitar escreveu em seu diário que eles usaram um baterista substituto, desde o começo daquela semana, após Ringo contrair uma gripe, e a gravação enfaticamente sugere que houve mais de uma ocasião assim. A performance é tão ruim em algumas dessas faixas que simplesmente não pode ser Ringo, cujos atributos – seu estilo básico e seu ritmo firme como uma rocha, especialmente – sempre foram bem reconhecidos. Quando ouviu a gravação em 2012, Ringo confirmou que não era ele.

Por meio da irmã de Rory, Iris, os Hurricanes fizeram um teste para uma temporada de verão no acampamento Butlin's; ela tinha feito um teste, como dançarina, e perguntou se havia uma vaga para o grupo de seu irmão. Eles estavam tão interessados em conseguir tocar num acampamento que já tinham se inscrito para vagas na Ilha de Man e na Middleton Tower, em Morecambe (onde Alf Lennon tinha passado vários verões trabalhando com limpeza), antes do teste no Butlin's. Isso ocorreu no Grafton Ballroom, em Liverpool, em 16 de fevereiro de 1960; sete dias depois, ficaram sabendo que tinham sido aprovados: eles receberam a oferta de tocar durante toda a temporada de verão no acampamento Pwllheli, do começo de junho até o começo de setembro, com um cachê de £ 100 por semana para os cinco integrantes, do qual £ 20 seriam descontadas para as acomodações. Três meses de rock, gatinhas, cerveja e banhos de sol, com um ótimo pagamento, era o trabalho dos sonhos... mas um problema para Richy. Ele tinha uma noiva que reclamava sobre a frequência com a qual ele tocava bateria, e, ainda mais importante, ele estava no quarto ano de seu aprendizado de cinco anos na H. Hunt & Son. Tocar no Butlin's significaria desistir de algo, talvez desistir de *tudo*. Assim que os Hurricanes ficaram sabendo que tinham sido aceitos para o trabalho, ele disse para Johnny Guitar: "Eu não sei se eu quero ir".[16]

A ideia de que esses rapazes poderiam se sustentar com a música era algo que ninguém tinha considerado antes, mas, conforme alguns *promoters* continuavam a marcar bailes em clubes e halls pelo Merseyside, e se tornou possível tocar mais de duas noites por semana, a ideia ganhou espaço. Johnny Gustafson, o baixista de 17 anos que tocava com Cass and the Cassanovas, foi atingido em cheio pela ideia, no primeiro dia de 1960 – uma ocasião apropriada para marcar o momento em que a cena rock de Liverpool subiu de nível: "Um de nossos primeiros shows foi no Ano-Novo, no Tower Ballroom, em New Brighton. Eu trabalhava numa joalheria, Bagshaw's, como empacotador e faz-tudo, ganhando £ 2 10s por semana, mas, na Tower, ganhava £ 2 tocando por uma hora. Em três meses, eu estava ganhando mais que meu irmão, que trabalhava no comércio como contratado. Eu estava me divertindo, pegando garotas, passando o dia todo sem fazer nada, e eu não precisava dizer 'Sim, senhor' para ninguém".[17]

Nenhum dos grupos tinha empresário, mas Allan Williams, o proprietário animado do Jacaranda, estava começando a se interessar. Ele deixou Cass and the Cassanovas tocarem no porão nas segundas-feiras, quando o grupo de Lord Woodbine tinha uma noite de folga, e eles também apareceram numa lista de artistas que Williams representava, de certa forma, como agente. A lista continha artistas de todos os estilos de música; se Williams conseguia trabalho para eles, ganhava 10% de qualquer renda que recebessem.

Esse era apenas um dos vários interesses que Williams estava repentinamente levando adiante, em paralelo à cena noturna bem-sucedida do Jacaranda. Chegando ao seu 30º aniversário, ele estava contagiado pelo vírus do empreendedorismo e caoticamente expandia para vários negócios, de uma vez só. Estava de olho em um clube vazio na Seel Street, que ele pensava em transformar no primeiro clube noturno moderno de Liverpool, e também estava perto de se tornar sócio passivo do Cabaret Artists Social Club, uma casa de striptease aberta por Lord Woodbine em um porão sujo no meio dos bares ilícitos da Upper Parliament Street. Allan Williams amava clubes. Se havia algo que o animava mais do que analisar clubes e entender por que alguns davam certo e outros fracassavam, era observar locais vazios e considerar que tipo de clube poderiam ser. E foi com tudo isso em mente que ele e o honorável Woodbine ficaram sabendo de um anúncio de um fim de semana para "empresários" em Amsterdam, de 29 a 31 de janeiro. Era um negócio no qual apostariam tudo: 10 guinéus, incluindo hotel, voando desde Speke em um velho Dakota. "Veja a vida noturna continental", o anúncio dizia de maneira sugestiva – e certamente eles a veriam.[18]

Além de poderem aproveitar a vida noturna em Amsterdã, os dois tinham um plano próprio: em vez de retornar com o grupo, eles continuariam viajando, até a Alemanha, e voltariam depois. O motivo, como William recorda, é que alguns rapazes do grupo tinham simplesmente saído do Jacaranda, alguns dias antes, sem aviso; depois, enviaram a ele um cartão-postal de Hamburgo, contando sobre o quanto estavam se divertindo lá, tocando em um clube perto do Lago Alster. Parece que um alemão tinha entrado no Jac durante uma noite, gostou dos caribenhos do grupo e ofereceu a eles um trabalho em seu país. Williams esperava encontrá-los em Hamburgo – mas o que ele mais queria era ver os clubes da cidade. Sua mente desenfreada estava fazendo hora extra novamente, e ele imaginou se conseguiria fazer um acordo para enviar outros artistas de Liverpool para lá. Se eles queriam um grupo, por que não iriam querer outro? Com isso em mente, ele pediu para um rapaz com um gravador de fita de rolo ir até o Jac e gravar alguns dos artistas que ele teoricamente representava. Cass and the Cassanovas foram um desses; também havia a Leon Sait Dance Orchestra, o cantor Hal Graham e outros que não são mais lembrados.

A viagem foi previsivelmente cheia de acontecimentos. Tanto Williams quanto Woodbine gostavam de um drinque e passaram a maior parte do seu tempo em Amsterdã, embriagados e alvoroçados, fazendo deles mesmos um espetáculo público. Williams era pequeno (1,60 m), mas isso podia ser disfarçado com uma cartola preta. Ele começou a fazer isso no Jacaranda, como uma piada, mas, agora, raramente era visto sem o acessório. O efeito recebia um vigor simétrico, graças à espessa barba preta que ele recentemente tinha deixado crescer. Foi apenas após alguns episódios animados que a dupla chegou a Hamburgo, de trem, se hospedando em um quarto do Hotel Stein, na rua Reeperbahn. Eles estavam no coração de St. Pauli, o clássico "refúgio do prazer" para marinheiros ancorados na grande cidade portuária do noroeste alemão.

Para um bom frequentador de clubes, St. Pauli era o paraíso na Terra. Havia muitos lugares para se visitar, voltados a todo tipo de entretenimento. Nada assim existia na Inglaterra, nem mesmo no Soho – o covil da iniquidade em Londres –, que era um parquinho infantil, em comparação. Williams se familiarizou bem com o lugar e expandiu sua exploração para além da Reeperbahn, indo até a mais estreita Grosse Freiheit, iluminada por um lugar atraente atrás do outro. Não era, literalmente, o distrito da luz vermelha – as prostitutas ficavam em vitrines na Herbertstrasse, do outro lado da Reeperbahn –, mas Grosse Freiheit tinha os lugares marginais: casas de striptease, bares de travestis, clubes de acompanhantes e bares musicais. O som de música atraiu Williams, que desceu alguns degraus e chegou ao Kaiserkeller (porão do imperador), um porão na esquina de uma rua que, levando em consideração sua decoração náutica, era claramente voltado para uma clientela de marinheiros. Ele se sentou a uma mesa, pediu uma bebida e ficou de olhos abertos.

Um grupo estava no palco e, para os olhos e ouvidos de Williams, eles apenas tocavam o que tinham aprendido de discos, imitando as músicas, como papagaios. Clientes que desejavam dançar ficavam sentados, e só se levantavam (alguns deles) durante o intervalo, quando discos tocavam na *Musikbox* (jukebox). Aproveitando esse momento, Williams sinalizou a um garçom que gostaria de falar com o gerente, e foi levado ao escritório do dono do Kaiserkeller. Ele apertou a mão de Bruno Koschmider, um homem que tinha aproximadamente a mesma altura e idade dele – 33 anos, apesar de parecer muito mais velho. Ele era, aos olhos de um inglês, a caricatura de um alemão, com uma cabeça de batata quadrada, nariz bulboso e um *Klumpfuss* (pé torto) que o fazia mancar severamente: uma ferida da guerra, aparentemente. Ele não falava inglês – como Williams não falava alemão, chamaram um garçom para atuar como intérprete por um tempo. Williams recorda:

> Eu me apresentei e disse que era um agente de entretenimento da Inglaterra, e perguntei se ele já tinha considerado empregar grupos ingleses de rock'n'roll. Ele disse que não, e eu contei como os grupos eram incríveis e falei que ele poderia tê-los lá por £ 100 semanais, mais £ 10 de comissão para mim. Eu estava pedindo muito, mas ele não piscou, então eu disse: "Tenho um rolo de fita aqui, se você quiser ouvi-lo, talvez possamos fazer negócio". Eu estava fazendo um bom trabalho de venda. No entanto, quando ele colocou a fita para tocar em seu grande equipamento Grundig, só ouvimos sons incoerentes. Alguém tinha gravado por cima, ou algo do tipo, não sei, mas deu errado. Eu disse que a máquina devia estar *kaput*, mas ele colocou uma de suas próprias fitas e ela tocou normalmente. Foi uma decepção *muito* grande, senti que eu tinha estragado tudo.[19]

Não havia muito mais a ser dito, mas, antes de Williams se levantar para ir embora, ele viu outro aspecto vital da vida noturna de St. Pauli, um que o fez tremer. "Enquanto eu estava no escritório de *Herr* Koschmider, uma briga começou no clube. Ouvindo a confusão, ele pegou um grande cassetete em uma gaveta de sua escrivaninha, saiu mancando pelo clube e começou a espancar um pobre marinheiro que já estava caído. Aí ele voltou, limpou o cassetete e continuou a conversar comigo como se nada tivesse acontecido."

Por puro azar, as esperanças que Williams tinha de criar uma aliança entre clubes de Liverpool e Hamburgo não chegaram a lugar algum. Mas, que seja – ele foi para casa, se concentrou em outros negócios incríveis e não pensou mais em Hamburgo.

Paul McCartney estava na fase decisiva dos seus 13 anos de educação e a situação não estava nada boa. Ele faria seus exames de nível avançado em junho e, apesar de seu talento para a arte – o suficiente para ganhar um prêmio da escola no ano anterior –, ele estava perdendo o foco. Suas habilidades em literatura inglesa continuavam no caminho certo, graças a Dusty Durband, mas a atitude de Paul mudou outra vez. Distrações além da escola não estavam ajudando. Havia a gravidez de Dot e havia Stu. Como rival de Stu pela atenção de John, deixar a escola completamente para trás parecia interessante para Paul. De alguma forma, ele deixou de perceber que era necessário fazer sua inscrição em um curso na universidade, ou em uma faculdade de magistério, para começar em setembro. Seus contemporâneos estavam fazendo – e falando sobre – essas inscrições, mas Paul alegaria que não tinha percebido a necessidade.[20]

Em março, Paul se alinhou pela última vez com outros alunos para uma foto panorâmica do Liverpool Institute. Onde antes havia uma criança de 11 anos, agora estava um rapaz de quase 18 anos, com seu topete voando ao vento. De 17 a 20 de fevereiro, ele apareceu numa peça do Institute, a única de que fez parte: *Santa Joana* (*Saint Joan*), de Shaw. O sr. Durband, seu diretor, não achou que Paul era um ator bom o suficiente para ter falas na peça, então ele foi um dos figurantes, um monge dominicano que acenava com a cabeça e murmurava, aprovando as acusações contra Joana d'Arc. Com pouco a ser feito, e seis longas performances adiante, Paul ficou entediado, e Durband o pegou fumando atrás de um pilar. Sua caracterização como monge também foi comprometida por seu cabelo longo, causando algumas risadinhas na plateia em momentos inapropriados.[21]

John e Stu merecem crédito por não se incomodarem quando Paul e George se apegaram à vida social deles – uma generosidade que proporcionou aos mais jovens conhecimento e experiências que estavam além de seus anos. Eles puderam ir a suas primeiras festas que viravam a noite, planejadas para durarem tanto que, além de uma garrafa de vinho, os convidados precisavam levar um ovo para o café da manhã. Um evento desses foi na 22 Huskisson Street, a casa de Austin Davies, professor da faculdade de artes.* Era uma festa "dois-em-um", com músicos da

* John provavelmente não tinha ideia de que estava em uma festa na mesma casa onde sua mãe tinha morado quando se casou com Alf Lennon. Quanto a Alf, nada se sabe do que ele fez entre 1960 e 1962: são mais anos perdidos. A partir de 1960, a parte da árvore genealógica Lennon da qual John fazia parte já tinha deixado Liverpool: o registro eleitoral mostra novos moradores na 57 Copperfield Street, pela primeira vez em quase meio século.

Orquestra Filarmônica de Liverpool relaxando no andar de cima, com suas roupas formais, após uma apresentação, enquanto os estudantes maltrapilhos se divertiam no andar de baixo. Tony Carricker insistentemente tocou o single "What'd I Say", de Ray Charles, ambos os lados, um após o outro, por horas – George achou isso fantástico e estava cada vez mais bêbado. Ele quase entrou em uma briga quando os dois grupos da festa temporariamente se misturaram e George provocou o flautista Fritz Spiegl: "Ei, Geraldo, tem algum Elvis aí?". Isso foi, provavelmente, logo antes de ele balbuciar para Cynthia, "Eu queria ter uma garota legal como você", e vomitar.[22]

Paul estava perfeitamente ciente de que tinha se misturado com um grupo social mais velho que ele – "Estávamos tentando passar um tempo lá, e fingir que entendíamos o que estava acontecendo". Então, projetou uma imagem particular nessas festas, uma que ele esperava ser capaz de encorajar alguma moça inteligente de 20 e poucos anos a se interessar por aquele garoto de 17, que ainda frequentava a escola. Ele decidiu que fingiria ser um trovador francês, um músico metido a besta, com um suéter de gola rolê, um falso Jacques Brel no Liverpool 8, tocando seu violão e resmungando uma *chanson* romântica. "Era eu tentando ser enigmático", ele recordou, "tentando fazer as garotas pensarem, 'Quem é aquele cara francês muito interessante ali no canto?'. Eu literalmente usava isso, e John sabia que era uma das minhas táticas". Apesar do esforço, Paul nunca "convenceu" como um francês... mas a canção que ele tocou em seu Zenith foi interessante, no estilo de "Trambone", de Chet Atkins, porém original e memorável. Não tinha letra, e Paul (que não havia estudado francês na escola) não sabia o que cantar, então apenas murmurou "*rhubarbe*" com um sotaque galês para levar a canção adiante. Isso entrou para seu pequeno repertório de músicas que ele tocava em festas e continuou lá por anos.[23]

Em algumas sextas-feiras, e em muitos sábados, à noite, Paul e George ficavam com John e Stu, dormindo em qualquer espaço que estivesse disponível em meio à sujeira e aos detritos. Era duro, mas era parte de crescer. Em anos posteriores, quando Paul se referia à vida como estudante, de coisas que eram "estudantis", ele especificamente se referia a essas memórias. "Costumávamos ir à casa de John, e passávamos a noite lá. Achávamos que era bastante selvagem (mas era muito inocente)... Eu acho que não dormíamos muito, mas lembro de acordar de manhã, com um frio congelante, em alguma cadeira, com os olhos ardendo, e John se inclinando para fora de sua cama, alcançando seu toca-discos Dansette e colocando para tocar algo de Johnny Burnette."[24]

Johnny Burnette and the Rock'n Roll Trio, um disco de dez polegadas, lançado pelo selo Coral em 1957, que John tinha adquirido, de alguma forma se tornou um disco importante e influente para o grupo, e era um dos poucos discos que John conseguia ouvir do começo ao fim sem ficar inquieto. A situação era parte disso – a música ativa memórias, e o som de *reverb* de Nashville que Johnny Burnette tinha sempre trazia pensamentos de noites dormindo na Gambier Terrace –, mas as faixas também eram mágicas por conta própria, uma combinação de rock ousado, como a abertura, "Honey Hush", com sua guitarra distorcida, e o rockabilly no estilo da gravadora Sun, "Lonesome Tears In My Eyes". Além dos loucos gritos de "*Hi-yo, hi-yo Silver!*" (fala do caubói que era o herói da série *O Cavaleiro Solitário*, chamando seu cavalo, Silver), "Honey Hush" era uma canção verdadeiramente misógina, na qual um homem dava ordens à sua mulher, algo que confirmava suas atitudes chauvinistas, típicas do norte, e validavam a forma como John e Paul tratavam Cyn e Dot: "*Come on into this house, stop all that yakety yak*" (Entre nesta casa, pare com essa falação), "*Turn off the waterworks baby, they don't move me no more*" (Pare com essa choradeira, querida, isso não me afeta mais) e o assustador "*Don't make me nervous, I'm holding a baseball bat*" (Não me deixe nervoso, estou segurando um taco de beisebol).

Um segundo LP também estava firmemente gravado na memória de John, Paul e George naquela época: *Dance Album*, o primeiro LP britânico de Carl Perkins, que saiu logo antes do Natal de 1959. Todos eles admiravam sua gravação original de "Blue Suede Shoes", que competia com a cover de Elvis em 1956, mas a frequência de seus lançamentos britânicos tinha diminuído antes de *Dance Album* aparecer. Tendo como base seus singles, eles conheciam "Honey Don't", "Your True Love", "Matchbox", "Glad All Over" e "Lend Me Your Comb". Depois do lançamento do LP, eles ficaram impressionados com "Movie Magg", "Sure to Fall", "Tennessee", "Gone", "Wrong Yo Yo", "Boppin' the Blues" e "Everybody's Trying to Be My Baby". Era música country com uma batida forte, o genuíno som da gravadora Sun, de Memphis, algo que apelava diretamente ao gosto deles. Especialmente para George, havia um monte de solos de guitarra novos para ele adorar e aprender, para estudar cada gloriosa nota.

De repente, o rock'n'roll americano, o negócio de verdade, estava ao redor deles, por toda parte, e com uma sincronicidade ideal. Todos amaram (e Paul comprou) "Hallelujah, I Love Her So", de Eddie Cochran, uma canção de rock tão boa que até a *Melody Maker*, normalmente favorável ao jazz, teve que admitir: "Isso é um sucesso desde o primeiro compasso, e se destaca da mesmice deprimente dos lançamentos pop".[25] De fato, Eddie não era apenas *legal*, ele estava *lá*. O lançamento do disco coincidiu com sua primeira viagem atravessando o Atlântico: Jack Good o colocou no seu mais recente programa de TV, *Boy Meets Girls*, e Larry Parnes acrescentou esse segundo e ótimo artista de *Sabes o que quero* à turnê de Gene Vincent que ele estava promovendo – a primeira turnê 100% rock'n'roll feita na Inglaterra.

Foi uma turnê movimentada, para dizer o mínimo. Ciente do acidente de avião que tinha matado Buddy Holly, havia menos de um ano, Cochran estava relutante em viajar, e só cedeu quando seu empresário lhe garantiu que, com exceção do voo atravessando o Atlântico, o resto da viagem seria feito apenas de trem, ou pela estrada. De 14 a 19 de março, eles tocaram por seis noites (12 apresentações) no Liverpool Empire. Isso era tão irresistível que até John Lennon foi ao evento. Ele já tinha ido ao Empire para ver pantomimas, mas esse era seu primeiro show de rock. George já tinha visto um bom tanto, e Paul alguns, mas ver um artista ao vivo nunca tinha encantado John, nem antes nem depois dessa experiência – ele sempre foi, como o próprio disse, "um homem de discos".

John, Stu e Tony Carricker levaram suas namoradas (John foi com Cyn); Paul e George talvez estivessem com as suas, mas as memórias são vagas. Algumas garotas gritaram durante a performance de Cochran, e há relatos de que John ficou bravo com elas, gritando "cala a boca", para que ele pudesse ouvir a música.[26] Paul era um grande fã de Cochran e (como os outros) já tinha visto apresentações dele em *Boy Meets Girls*. Como ele recordou, "Muitos dos caras apenas ficavam lá mexendo suas guitarras, mas nós olhávamos para ver se conseguiam tocar de verdade. Quando olhávamos para Eddie, dava para ver que ele tocava mesmo. Ele tocava os solos, e sabíamos que ele compunha aquele material".[27] O arranjo de Cochran para "Sweet Little Sixteen", de Chuck Berry, instantaneamente se alojou na memória deles – apesar de Cochran nunca ter gravado a canção, e de eles nunca mais a terem ouvido na voz dele de novo, se tornou o arranjo que eles sempre tocariam.

Não ficou claro se Paul viu o show com Vincent e Cochran – em momentos diferentes, ele disse que estava lá, ou insistiu que não estava –, mas George certamente o viu. A noite em que ele se sentou a poucos metros de Eddie Cochran ficou gravada em sua mente para sempre, permitindo uma memória permanentemente clara do que o americano vestia – colete de couro preto, calças de couro pretas e uma camisa de cor de framboesa –, além do fato de que ele ficou de costas para a plateia antes de começar a canção de abertura, "What'd I Say", e como ele girou para mostrar a bela guitarra Gretsch, pela qual George babava em todas aquelas fotos, completa com captadores pretos da Gibson e uma alavanca Bigsby.[28]

> Eddie me impressionou demais. Ele tinha a terceira corda frouxa, estava com uma boa aparência, cantou bem e era mesmo um bom guitarrista... Um momento sempre representará Eddie para mim. Ele terminou uma canção, a plateia parou de gritar e aplaudir, ele foi ao microfone e, antes de dizer algo, ele ergueu as mãos, puxou o cabelo para trás, e uma garota, uma única voz na plateia, gritou "Eddie!", e ele disse, "Oi, querida!"... Eu pensei, "Sim! É isso – rock'n'roll!".[29]

Não se sabe se Ringo Starr viu o show, mas Johnny Guitar foi, assim como Pete Best e Neil Aspinall. A maioria dos roqueiros de Liverpool foi lá para ver seu ídolo e aprender novos truques. Apesar de o *Liverpool Echo* declarar que "Qualquer pessoa fora da adolescência não terá lugar no teatro esta semana", pelo menos uma pessoa mais velha estava presente, um homem que tinha acabado de completar 30 anos, cujos olhos se arregalavam a cada batida e grito. Allan Williams nunca tinha ido a um show de rock num teatro antes, mas, como alguém tinha dito a ele que poderia ser interessante, ele saiu do Jacaranda numa noite e foi lá. "Não era minha cena mesmo", Williams disse, "mas fiquei chocado de ver a reação favorável. Eu pensei, 'Isso é o futuro.'"[30]

Ninguém mais operava como Allan Williams. Eletrizado pelo entusiasmo e pelas possibilidades de negócio, ele instantaneamente decidiu promover algo similar. Na manhã seguinte, ele contatou Larry Parnes e perguntou se a turnê tinha alguma data em aberto. Parnes verificou e respondeu que sim: Gene e Eddie fariam uma viagem de volta para a América no meio de abril, mas retornariam à Inglaterra uma quinzena depois, e terça-feira, 3 de maio, estava livre. Williams checou com as casas de show locais e ligou para Parnes novamente, para confirmar: ele queria trazer o show a Liverpool por mais uma noite, no estádio de boxe. Concordaram em um contrato, pelo qual Williams pagaria a Parnes £ 475 por Vincent, Cochran e mais oito artistas, além de outros talentos locais de Merseyside que ele acrescentaria. Era uma grande aposta para um *promoter* de primeira viagem, mas Williams estava determinado a fazer o maior show de rock que Liverpool – ou qualquer lugar da Inglaterra – já tinha visto.

John Lennon compôs uma nova música por volta dessa época, sua primeira em um ano ou talvez mais. Era uma canção sobre trens, um rock altamente rítmico, a respeito de uma garota viajando no trem que viria depois do 9h09. Cyn tem uma clara memória de estar no Jacaranda ajudando-o com parte da letra daquela canção, que ele decidiu chamar de "One After 909" – e parece que John precisava do auxílio, porque, até para ele, a letra nunca fez muito sentido. Paul e George também não entenderam nada, e os três sempre a consideraram inacabada por conta disso; a música foi deixada daquele jeito.*

John, Paul e George (mas não Stu) levaram "One After 909" ao pequeno estúdio caseiro de Percy Phillips em Kensington e a gravaram como um disco. Era ali que eles tinham gravado "That'll Be the Day" e "In Spite of All the Danger" em 1958, mas, enquanto essa primeira gravação sobreviveu, o mesmo não ocorreu com "One After 909". Arthur Kelly estava presente na sessão: "Eram só os três, sem Stuart, e sem baterista, e eu também não toquei – eu era só o amigo deles, os acompanhando. Tenho 100% de certeza de que eles gravaram 'One After 909' e a colocaram num disco de acetato, de apenas um lado, porque eu fiquei com esse disco por um tempo. Eu tive permissão para pegá-lo emprestado e o toquei para meu pai e minha mãe".[31]

---

* Como toda viagem de Cynthia a Liverpool envolvia um trem de volta para Hoylake, e uma vez que ela estava envolvida na criação da canção, é possível supor que havia um trem às 9h09... mas a tabela de horário dos trens confirma que não havia um. A letra inclui a expressão "*cold as ice*" (fria como o gelo), que aparecia em "Treat Me Nice", cantada por Elvis em *O prisioneiro do rock*.

Por volta dessa mesma época, talvez um pouco antes, uma gravação doméstica em fita foi feita de John, Stu e Paul ensaiando (parece que só havia três músicos, talvez George estivesse no trabalho). Estabelecer uma data exata para essa sessão não é possível, mas ela aconteceu nas primeiras semanas ou meses de 1960, e talvez nem fossem mais os Quarrymen nessa época. A fita dura aproximadamente 40 minutos e tem oito canções, a maioria das quais eram divagações em formato de blues de 12 compassos, sem títulos, excepcionalmente difíceis de serem ouvidas. Stu é audivelmente um principiante no baixo, há pouca conexão entre os músicos e a quantidade de notas erradas é dolorosa. Apesar de eles terem acabado de completar uma residência de quatro meses no Casbah – na qual ficou claro que eles conseguiam cantar e tocar, e que eram especialmente bons em harmonias –, a fita é, inexplicavelmente, horrorosa, sugerindo que eles eram cronicamente ruins como um grupo, apesar dos testemunhos da época afirmarem que eles já eram mais que proficientes. A gravação tem apenas duas qualidades, que quase não a salvam: primeiro, uma canção que talvez fosse chamada "Well Darling", possivelmente uma Composição Original Lennon-McCartney, com harmonias decentes, chegando perto de ser audível; segundo, "Cayenne", uma instrumental de guitarra rockabilly, composta por Paul.[32]

Era um grupo que precisava sair e tocar. Sem um empresário e sem um agente para dar o empurrão necessário, a única forma de conseguir eventos era escrevendo cartas. Três exemplos destas sobrevivem, cujos rascunhos foram escritos nesse período, durante a primavera de 1960 (provavelmente, mas não necessariamente, resultando em cartas enviadas). Duas foram escritas por Paul, e uma, por Stu. Paul se orgulhava de sua caligrafia e parece que não tinha problema em ser econômico com a verdade, e generoso com as inverdades. Como veio a conceder: "Nós mentíamos até não poder mais, para fazer qualquer pessoa nos perceber". A primeira de suas cartas – endereçada a um sr. Low – é particularmente divertida, permitindo uma perspectiva ricamente detalhada sobre o curto período em que, como Paul hesitantemente expressa, o grupo "se chama *the* ....".[33]

Paul escreveu seu próprio nome primeiro, depois os de John, Stuart e George, e detalhou seus instrumentos como "guitarra", "guitarra", "baixo" e "outro guitarrista". Ele não conta que não têm baterista, não menciona baterista algum, apegando-se à esperança de que o destinatário (apesar de seu envolvimento no negócio) não perceberia esse detalhe. No entanto, caso percebesse, Paul contornava o problema de forma criativa:

> A princípio, essa formação pode parecer entediante, mas deve ser considerado o fato de que, como todos os rapazes têm habilidades instrumentais acima da média, eles conseguem ter efeitos surpreendentemente variados. Sua batida básica é a batida incomum, mas essa tem sido recentemente acompanhada por uma fraca batida no compasso; então, o som geral é um tanto similar às quatro batidas por compasso do jazz tradicional. Isso pode ser devido à influência do sr. McCartney no grupo, o homem que liderou uma das principais bandas de jazz locais (Jim Mac's Jazz Band) nos anos 1920.

O resto da carta era uma tagarelice esperta: Paul escreve que ele e John já tinham composto mais de 50 canções, algumas instrumentais, outras criadas "com a plateia moderna em mente", canções como "One After 909", "Years Roll Along", "Thinking of Linking" e "Keep Looking That Way".* Paul também nomeou os integrantes do grupo, começando por John; depois, alegou que ele mesmo já tinha 18 anos e que estava estudando literatura inglesa na Liverpool University. As minibiografias de George e Stuart foram suprimidas porque, nesse ponto, Paul já tinha chegado à margem inferior da folha, e nada mais da carta sobreviveu.**

Em 27 de março, Stuart escreveu uma carta, tentando conseguir para o grupo uma vaga em um acampamento... e, como se fosse uma competição, na qual ele estava mesmo, Paul também escreveu uma carta no mesmo dia, ou pouco tempo

---

* A carta fornece a única referência à canção "Keep Looking That Way", uma evidente Composição Original Lennon-McCartney, com letra e música. Não se sabe mais nada sobre ela.

** A referência ao som deles ser recentemente "acompanhado por uma fraca batida no compasso" pode ser uma alusão a Stu, uma tentativa de transformar em virtude o seu compasso instável. A sugestão de que o som deles era vagamente similar ao jazz era apenas um instrumento para mostrar uma conexão à Jim Mac's Band, uma forma de se vangloriar. Isso também sugere que John não viu esse rascunho, ou que, se o tivesse visto, a carta não continuaria dessa forma, porque ele abominava o jazz. Paul dizer que tinha 18 anos e que estava "estudando literatura inglesa na Liverpool University" era extravagante, mas era o que passava em sua cabeça. As cartas mostram *versatilidade*, mas o destinatário perceberia que eles não tinham um baterista, independentemente de quão bem escrito fosse o texto, ou de quão impressionante fosse o fato de que Paul e John já tinham composto 50 canções (30 seria um número mais próximo da realidade, mas, mesmo assim, era notável). De fato, caso tenha sido enviada, a carta não teve qualquer resultado discernível.

depois. Ambas indicam como eles estavam sem esperança, pois – como Rory Storm and the Hurricanes alegremente já sabiam – as temporadas de verão já estavam programadas havia um mês, ou até mais. Esse texto de Paul foi outra bela obra de ilusões: dessa vez, não mencionou quem estava no grupo, obscurecendo completamente a questão do baterista, e acrescentou um a todos os cálculos e números citados – os rapazes tinham "de 18 a 20 anos", e já estavam juntos havia quatro anos, tempo no qual eles tinham "adquirido três coisas muito importantes – competência, confiança e continuidade".[34]

A carta de Stuart também era prolixa e ainda mais intensa. O destinatário provavelmente não recebia muitas cartas de grupos de rock que começavam com "Prezado sr., como é sua política apresentar entretenimento aos *habitués* de seu estabelecimento...". Há quatro rascunhos da carta – encontrar o tom certo era claramente um problema. Em um deles, o grupo "promete"; em outro, "tem muita experiência"; em um texto, dizem que preferem rhythm & blues; em outro, rock'n'roll. Stuart assinou a carta como "Stu Sutcliffe (Empresário)", que era quase certamente apenas uma estratégia para causar uma boa impressão – apesar de *ser* possível que ele realmente tenha atuado como empresário do grupo por algumas horas, um momento que passou e foi esquecido por todos, com exceção do que ficou registrado no texto.[35]

A carta também capturou outra coisa – o momento de transição quando um nome morreu e outro nasceu:

"Gostaria de chamar sua ate~~nção para uma b~~anda pa~~ra os~~ Quar 'Beatals."

John e Stu criaram a nova identidade em uma noite na Gambier Terrace. Todos os quatro estavam desesperados para achar um nome novo para o grupo e não faltavam ideias: "Tínhamos cerca de dez ideias por semana", Paul disse, se referindo a nomes que não eram bons o suficiente para durar e que nunca foram utilizados, pois eles não tinham apresentações. A maioria vinha na forma de piadas, das quais apenas uma – Los Paranoias – ficou na memória deles.[36] No entanto, se queriam chegar a algum lugar, eles precisavam encontrar um nome bom e ficar com ele.

A influência, novamente, foi Buddy Holly. Além de fazer John e Paul começarem a compor, seu grupo agora tinha inspirado um novo nome, como John recordou: "Eu estava procurando um nome como Crickets, que significava duas coisas, e dos Crickets (grilos) eu cheguei aos Beetles (besouros). E eu mudei para B-E-A porque, com o B-E-E, não significava duas coisas por si só. Então eu troquei um E por A, e passou a significar duas coisas - quando você falava o nome, as pessoas pensavam em insetos rastejando, mas, quando o lia, pensava em música beat".[37] Não foi mais complicado que isso: Stu e John estavam conversando, o nome Beetles apareceu, e John, para quem os trocadilhos eram tão naturais, o transformou em Beatles; um processo rápido, concluído após dois passos.

Apesar de Stuart preferir escrever o nome com –als no fim, como *Beatals*, Paul e George pareceram instantaneamente preferir a versão de John. Paul tem uma memória clara de ouvir o nome enquanto estava andando pela Gambier Terrace, a caminho da Huskisson Street e da Upper Parliament Street. "John e Stu tinham saído do apartamento numa noite, e estávamos andando em direção a Dingle, só conversando, e eles disseram 'Ah, tivemos uma ideia para um nome - Beatles, com A'."[38] Parecia não haver possibilidade de mudá-lo novamente, e era um nome que teria o efeito mais desejado: quando as pessoas o ouvissem falado, iria irritá-las ou afastá-las - "Eca, Beatles?" - e, quando o vissem por escrito, ficariam curiosos. Assim, o nome se tornou uma extensão de John, Stu, Paul e George: com suas roupas, seus cabelos, suas atitudes e sua presença, eles faziam cabeças virarem por onde quer que passassem. Agora, seu nome coletivo fazia as pessoas pararem para prestar atenção.

O nome também se destacava por ir contra uma tendência. A maioria (porém não todos) dos outros grupos de Liverpool - em um nível diferente deles, em termos de proficiência e experiência no palco - seguia uma fórmula com seus nomes. Havia Cass and the Cassanovas, Rory Storm and the Hurricanes, Derry and the Seniors, Gerry and the Pacemakers, Ken Dallas and the Silhouettes, King-Size Taylor and the Dominoes, e outros. Como George disse, "Todos os grupos eram 'Harry e os Alguma Coisa' ou 'Charlie e os Alguma Coisa', então decidimos que seríamos apenas 'The _____', e foi isso. Em vez de colocar um dos rapazes como a estrela, com o restante no fundo, pensamos em ficar todos juntos".[39]

O primeiro lugar em que os Beatles tocaram foi na faculdade de artes, que, durante a primavera de 1960, forneceu os únicos eventos do grupo. Eles ainda não tinham baterista, embora não fosse assim que eles mencionassem a situação:

em seu próprio linguajar, eles não precisavam de um baterista, eles precisavam de *umaporradumbaterista*. Mas, enquanto eles continuavam presos aos seus quatro instrumentos de corda, conseguiram um segundo amplificador, que tinha as duas entradas necessárias. Este foi comprado pelo Sulca (o coletivo estudantil da instituição), a pedido de Bill Harry, amigo de Stuart, que agora estava mais próximo de John e dos outros. Bill estava no comitê e insistiu na compra, dizendo que o grupo tocaria nos bailes mensais de sábado à noite da faculdade, para os casais abraçadinhos na cantina do porão (onde, dois anos antes, Paul e George entravam escondidos, saindo do Institute). O amplificador não pertencia aos Beatles, era propriedade de Sulca, mas, sendo a "banda da faculdade", ninguém além deles o usava.

Jon Hague se lembra da primeira apresentação dos Beatles como "um fiasco total – não pegou embalo e a parte elétrica não funcionou".[40] Só é possível imaginar que tipo de som coletivo eles tinham – provavelmente uma bagunça. Ainda assim, após dois ou três meses de ensaio, era um grande momento para Stu, finalmente tocando ao vivo, no palco. Ele era um novato atrapalhado cercado de amigos, tocando para pessoas que gentilmente comentariam suas falhas, se comentassem. Seria pior em outros lugares. As insuficiências eram parcialmente ocultadas por sua aparência: o Stuart nos Beatles não era o Stuart que as pessoas viam todo dia, atrás do cavalete – era um rapaz com sapatos em solado de crepe, calças apertadas, uma leve barba, óculos escuros e um cabelo que, como carinhosamente lembrado por Arthur Kelly, tinha "trinta centímetros de altura". Os óculos criavam o efeito James Dean, ou, pelo menos, era isso que as pessoas pensavam – mas Bill Harry sabia a verdade. Ele gerenciava a sociedade de filmes da Sulca, agendando principalmente filmes continentais, e Stuart estava fascinado pelo ator polonês Zbigniew Cybulski, cujo uso de óculos escuros tinha dado a ele um título provavelmente indesejado: "o James Dean polonês". Os óculos de Stu não eram bem como pareciam ser, de qualquer forma: eram lentes escuras encaixadas sobre seus óculos de grau. Além de parecer legal, ele podia ver claramente, sem passar vergonha. Se John considerou fazer o mesmo (e provavelmente considerou), ele optou por continuar cego.

Apesar de sua influência provavelmente não ter sido Cybulski, Ringo Starr também tinha adotado o mesmo visual temperamental, causado por usar óculos de sol no palco. Isso aumentou ainda mais, de forma louca, a extravagância dos Hurricanes. O grupo de Rory Storm, com Cass and the Cassanovas, tinha sido convidado por Allan Williams para se unir aos grupos que se apresentariam com Gene Vincent e Eddie Cochran no Stadium. Rapazes da ralé de Liverpool, tocando no mesmo evento que *a porra do Gene Vincent e a porra do Eddie Cochran*! Eles até se juntariam aos dois nos bastidores. Era simplesmente incrível. Então, algo impensável aconteceu.

Na Páscoa, 16 de abril, após quase três meses inteiros na estrada, Vincent e Cochran tinham chegado aos dias de folga que eles tanto aguardavam. No almoço seguinte, estariam voando de volta para os EUA, e só apareceriam na Inglaterra quando a turnê continuasse, no dia 30. Durante aquela semana, eles tinham se apresentado em Bristol e iriam direto para Londres. Um homem da cidade, coincidentemente chamado George Martin, se ofereceu como motorista, a um preço baixo, e as duas estrelas, sua bagagem, Sharon Sheeley (namorada de Eddie e ocasional compositora) e um gerente de turnê se espremeram em um Ford Consul e partiram. Apesar de ter apenas 20 anos, Martin já tinha sido pego duas vezes andando acima da velocidade permitida. Quando entrou na cidade de Chippenham, ele estava a 130 km/h e perdeu o controle do carro, batendo em um poste de concreto. Em seu julgamento, a corte ficou sabendo como o teto do carro se rompeu, e como Cochran, Vincent e Sheeley foram arremessados para fora. Os dois últimos ficaram feridos, porém não gravemente. Cochran sofreu severos ferimentos na cabeça e faleceu em um hospital em Bath, na Páscoa, aos 21 anos de idade.

A notícia chegou a Liverpool como uma bomba. Todos aqueles roqueiros jovens, contando os dias até tocarem no mesmo show que Cochran, ficaram igualmente devastados. Ringo ainda sentia o impacto, 14 anos depois, quando disse, em uma entrevista: "Nunca o perdoarei [Cochran], mesmo ele estando morto".[41] A decepção poderia até, talvez, levar o baterista a tomar uma decisão vital, pois, perante as vociferantes objeções em sua casa, e de Gerry, bem como de seus tios e suas tias, ele disse que abandonaria tanto seu emprego e aprendizado quanto sua noiva, e tocaria no Butlin's com os Hurricanes. As paredes finas da casa número 10 na Admiral Grove não impediriam a vizinhança de ouvir todo o estardalhaço.

Quanto a Allan Williams, seu plano ambicioso para o show no Stadium parecia estar destruído. "Eu liguei para Larry Parnes para dizer, 'Presumo que tudo esteja cancelado', mas ele disse que não, que Gene Vincent estava OK e disposto a seguir em frente. Ele me deu a escolha, eu podia retirar a oferta, ou continuar com o show, então eu disse, 'Certo, vamos em frente'. Foi aí que tive a ideia de acrescentar ainda mais bandas de Liverpool ao evento."[42]

Descartando sua primeira leva de panfletos, Williams imprimiu uma segunda, sem Cochran. Nos dias que seguiram, acrescentou Jerry and the Pacemakers (Allan nunca foi muito bom com nomes), Mal Perry, Ricky Lea, Johnny and his Jets, os Connaughts com o comediante anão Nicky Cuff, e Derry and the Seniors. O evento agora contava com nove atrações "profissionais" e oito de Liverpool. Seria um show de três horas de duração, e Williams fez com que os ingressos fossem vendidos em lojas da cidade. Brian Epstein concordou em vendê-los no balcão da Nems, em troca da pequena comissão padrão, e de dois ingressos de cortesia. Enquanto Eddie Cochran, nas palavras de seu single póstumo, estava a Três Passos do Paraíso ("Three Steps to Heaven"), a morte nunca foi o suficiente para impedir Liverpool.

Se George Martin não estivesse andando a 130 km/h e não tivesse batido o Ford Consul, teria levado Cochran e Vincent pela cidade de Reading, em Berkshire – para onde, estranhamente, John Lennon e Paul McCartney também estavam indo. No feriado escolar da Páscoa, eles foram ao sul, para passar alguns dias com Bett e Mike Robbins e suas duas crianças pequenas.

Depois de seguir uma vida nômade, Mike tinha aposentado seu casaco vermelho do Butlin's para se tornar um locatário no pub Fox and Hounds, em Caversham, uma cidade ao lado do Rio Tâmisa e próxima a Reading. Ele e Bett convidaram Paul e um amigo para descerem até lá na Páscoa. Paul não levou Dot e, em vez disso, chamou John. Provavelmente não haveria vaga para mais de dois, então Stu não foi convidado e George não poderia ir, porque a Blackler's não lhe daria uma folga. A viagem proporcionou a Paul um tempo apenas com John (que, por sua vez, tinha ido sem Cyn).

Após ter viajado duas vezes com George, era a primeira vez que Paul viajava em um feriado com John – e era a primeira vez que John viajava com qualquer um dos dois. Eles pegaram caronas, porém com certa dificuldade: cada um tinha sua guitarra e Paul também levava o Elpico, então os motoristas não os queriam em seus veículos (guitarristas = delinquentes). Assim que perceberam o problema, esconderam seu equipamento em uma moita, até que alguém finalmente apareceu.[43] Eles tiveram que dividir uma cama de solteiro no pub, onde (apesar de suas idades) Mike gostava de entrar no quarto em que estavam hospedados e lhes dar boa-noite. Eles ajudavam atrás do bar, servindo drinques e consumindo alguns; em troca, Mike disse que, como eles tinham tido o trabalho de trazer suas guitarras, eles podiam entreter seus clientes no sábado à noite – 23 de abril, Dia de São Jorge. Eles não eram os Beatles dessa vez, nem os Quarrymen, nem Los Paranoias – adotaram o nome Nerk Twins. Mike achou que era um bom nome para eles, pois também tinha sido um apelido de quando Paul era mais jovem, usado para descrever ele e seu irmão. Mais que isso, era um nome tirado do *Goon Show*. Paul e John fizeram alguns pôsteres à mão para a divulgação de seu show.[44]

Eles se sentaram em banquinhos de bar na área comum do Fox and Hounds – o bar público, mais básico e mais barato que o lounge, sem carpete no piso. Paul recordou que a ideia era abrir com "Be-Bop-A-Lula", mas isso foi recusado por Mike; ele sugeriu algo mais rápido, então tocaram uma versão veloz da favorita do Butlin's, "The World Is Waiting For the Sunrise", o sucesso de Les Paul e Mary Ford. John tocou a base e Paul, a melodia, mas, é claro, não estavam equipados para produzir um show como a gravação de vários canais. Depois, tocaram uma segunda canção da mesma dupla, "How High the Moon", mas Paul não se lembra de nada mais dessa noite: por quanto tempo tocaram, que outras músicas cantaram, ou se conseguiram fazer as pessoas pararem de beber e conversar para prestar atenção neles. Mesmo assim, quase três anos após terem se conhecido, essa performance minimalista e especial foi a primeira e única vez que Lennon e McCartney se apresentaram em público como uma dupla. Foi nada mais que um momento, que veio e passou.* No dia seguinte, estavam pegando carona de volta para suas casas, uma vez que haveria aulas na escola e na faculdade na segunda-feira.

Mesmo que não se saiba com certeza, foi por volta dessa época que Dot teve um aborto espontâneo. As informações são inevitavelmente e apropriadamente

* Quando perguntaram a Mike Robbins sobre o ocorrido, mais de 20 anos depois, ele tentou se lembrar se os Nerk Twins não tinham tocado durante a rodada de bebidas que aconteceu no horário do almoço, no domingo, mas não tinha certeza.

escassas, mas Dot disse que estava aproximadamente no terceiro mês da gravidez quando aconteceu. Ela foi ao hospital. "Ele [Paul] parecia um pouco chateado, mas, no fundo, ele provavelmente estava aliviado", ela refletiu, e seria difícil imaginar outra conclusão. Ele tinha conseguido se livrar da obrigação. A ideia de se casarem, como a coisa honrosa a se fazer, foi descartada, mas o relacionamento continuou, de forma similar a como era antes.[45]

George, enquanto isso, viu seu segundo e seu terceiro shows de rock no Liverpool Empire, um próximo do outro. Dedicado a estudar todos os guitarristas ativos na época, especialmente os americanos, o primeiro que ele viu foi Duane Eddy; depois, no dia em que John e Paul estavam voltando de Caversham, ele viu os Everly Brothers, que tinham como banda de apoio ninguém menos que os Crickets. O single mais recente dos Everly Brothers, "Cathy's Clown", estava disparando pelas paradas no momento de sua primeira visita a Liverpool, e, após isso, passou nove semanas seguidas no topo, durante maio e junho de 1960. Foi outra combinação sublime de harmonia e melodia, de drama incrível expressado de maneira simples; todos os Beatles amaram a canção e queriam tocá-la.

George também retornou ao Casbah. Mona Best não teve problema algum em deixá-lo entrar; por mais que George tivesse participado da saída pouco amigável dos Quarrymen, quando eles a decepcionaram, ele era o mais quieto do grupo, com Paul e John falando tudo, como de costume (nunca faltavam palavras para aqueles dois). Sua visita coincidiu com o fim dos Blackjacks. Eles tinham tocado poucas vezes, e Pete Best deixou de lado sua bateria – e sua única experiência em um grupo –, ainda como um principiante.

A dissolução de seu grupo coincidiu com alguns eventos incomuns na 8 Hayman's Green. Em março de 1960, apenas três meses antes de fazer os exames de nível avançado, para os quais tinha passado 18 meses estudando, Pete subitamente largou a escola e nunca contou a ninguém por quê (apenas alegou que estava "de saco cheio").[46] Seus amigos sempre ficariam confusos com isso, mas talvez houvesse uma deterioração em sua motivação. Best era um jogador de rúgbi, vigoroso e veloz, jogando na ala esquerda para o Liverpool Collegiate XV. Em março de 1959, a revista escolar *Esmeduna* fez um perfil dele, chamando-o de "um ala poderoso, tenaz e agressivo: ele teve uma temporada esplêndida e está com uma ótima expectativa para a próxima temporada". Um ano depois, ele foi abertamente considerado um de apenas três jogadores "[que] nem chegou perto da performance da última temporada", além de ter causado ao time "prejuízo por muito tempo". Então, ele saiu do time. Os planos que Pete tinha de cursar o magistério – ele se tornaria professor de educação física – foram descartados. Ele não largou tudo por um emprego – apenas saiu e ficou em casa, quieto.

Outra coisa incomum aconteceu por volta da mesma época. Depois de sair do Liverpool Institute, Neil Aspinall tinha começado seu treinamento como contador. Sua mente era afiada como uma navalha, seus olhos eram atentos aos detalhes e ele conseguia fazer o trabalho sem dificuldade – mas o trabalho, bem como seus colegas sérios, todos de meia-idade, o entediava infinitamente. Como estava ganhando um salário semanal fixo, Neil comprou um belo carro, um Sunbeam Alpine, e passou boa parte de seu tempo com a família Best. Um dia, como Bill Barlow recorda, "fizemos uma grande viagem juntos, indo até Southport, em vários carros, e Neil acabou ficando com a sra. Best no fim do dia. Foi um grande choque, uma surpresa para todos nós, algo impressionante para jovens da nossa idade. Ficamos atordoados com aquilo".[47]

Neil não era o único jovem poderosamente atraído pela magnética Mona Best, mas isso foi além do esperado. Ela tinha 36 anos e era casada; ele tinha 18 anos e era o melhor amigo de seu filho mais velho, de quem ela era intensamente próxima. Neil e Mona compartilhavam algumas características: ambos eram inabaláveis, resolutos, mentalmente fortes como o ferro. Eles manteriam seu relacionamento o mais discreto possível, mas, se incomodasse alguém (o que aconteceu), isso não os impediria. Era outro segredo de família – outra coisa para Pete manter sua mãe próxima. Neil deixou seus pais e seus irmãos, e foi morar com Mona, Pete, Rory e Mary, a mãe de Mona, que estava morrendo de câncer de pulmão.[48] Johnny Best tinha partido. Pete e Neil continuavam tão próximos quanto antes, então Pete evidentemente aceitou o relacionamento de seu melhor amigo com sua amada "Mo", e o fato de que todos moravam juntos na grande e movimentada casa em West Derby. Como Pete apontou em 1965, numa entrevista com um advogado gravada em fita, em Nova York, "tínhamos virtualmente nos tornado irmãos".

Foi para o Liverpool Stadium de Johnny Best – a primeira construção feita especialmente para eventos de boxe da Inglaterra – que todos os olhos se voltaram, em 3 de maio, quando a organização Jacaranda Enterprises fez seu grande show de rock, estrelando Gene Vincent. Com um micro-ônibus Morris usado que Allan Williams recentemente tinha comprado, ele ilegalmente colava pôsteres do evento por toda a região de Merseyside e divulgava a disponibilidade de ingressos. O Stadium estava cheio de atividade, durante o dia todo: Larry Parnes estava na cidade e outras estrelas tinham vindo de Londres. Brian Epstein, elegantemente vestido, fez uma pausa no planejamento da iminente loja Nems em Whitechapel, para dar uma olhada no local, acompanhado por seu gerente júnior, Peter Brown. Brian estava mantendo sua política já estabelecida de verificar todos os shows que passavam por Liverpool. Brown se lembra, especificamente, de Epstein e Parnes se conhecendo, mas não sabe sobre o que falaram.

O palco era o ringue de boxe, as cordas tinham sido removidas e placas de madeira cobriam e estabilizavam a lona. Os músicos só podiam ficar voltados para um lado, então a plateia ocupava apenas metade da arena. Os ingressos não tinham esgotado e Williams não lucrou com o evento, mas todos tiveram uma noite memorável: acústica terrível, atmosfera eletrizante. Uma plateia do Empire saberia, instintivamente, como se comportar, mas o público do Stadium foi desordeiro desde o começo, e uma organização inadequada só agravou a situação.

Os grupos de Liverpool preencheram a primeira metade do evento, garotos roqueiros tentando se exibir. Inevitavelmente, os Hurricanes tiveram a apresentação mais chamativa. Já estavam tocando antes de Rory fazer sua grande entrada, correndo até o ringue, do vestiário dos boxeadores. Cheniston Roland, um fotógrafo amigo de Allan Williams e de Stuart Sutcliffe, tirou fotos durante o show. Rory é o principal integrante, na frente, com seus três guitarristas na segunda fileira, e Ringo no fundo, sentado atrás de sua bateria, em um par exagerado de paletó e gravata-borboleta pretos, com um topete volumoso acima de seus óculos de sol gigantes – uma pose de magnitude admirável. Oito anos depois, ele se lembrou da noite com um entusiasmo ilimitado: "Foi ótimo. Todos os Teds estavam jogando *pennies* em nossa direção".[49]

Novamente, não há como ter certeza de quais Beatles estavam lá. Paul e John nunca disseram que compareceram ao evento; como um deles tinha visto Gene Vincent apenas algumas semanas antes, talvez não tivessem se dado ao trabalho de ir de novo (se John *estava* lá, ele desceu a colina da faculdade de artes, porque foi em 3 de maio que ele refez uma parte essencial do exame de caligrafia, no qual tinha fracassado terrivelmente em 1959. Se ele não passasse dessa vez, não haveria lugar para ele no ano acadêmico seguinte). Sabe-se que Stuart estava presente nesse show, porque uma foto da plateia, registrada por Cheniston Roland, o incluiu por acaso. George estava presente, definitivamente. Ele sempre se recordou dessa noite com um pensamento específico que, embora fosse irracional, era comum a todos os Beatles:

> Não éramos nada, tínhamos acabado de sair da escola, e éramos amadores, sem esperança, então Rory Storm and the Hurricanes apareceram no Stadium, e ele já era grande. Ele foi incrível cantando "What'd I Say", e a banda estava ótima, todos fazendo os mesmos passos de dança, com seus ternos, e ele ficava pulando como um louco - e mesmo naquela época, eu lembro de pensar, "Bem, somos melhores que todos eles!", apesar de ainda não termos feito nada. E não era uma questão de ego, não era para desqualificar, mas havia uma parte de nós que era *metida*, que sabia que algo aconteceria. Eu lembro de pensar que tínhamos que juntar nossa banda.[50]

A segunda metade do show contou com os artistas profissionais, e, finalmente, lá estava Gene Vincent - barriga cheia de álcool, olhos repletos de loucura, corpo cheio de dor - se jogando pelo palco com uma rebeldia energética e psicótica, desafiando suas feridas e seu luto, apenas 17 noites após sobreviver àquele acidente de carro fatal. A compaixão da plateia virou um pandemônio, e, quando tentaram subir no ringue, Larry Parnes e Allan Williams - com sua cartola - rapidamente começaram a pisar em seus dedos para evitar que conseguissem.

Quando tudo acabou, os artistas e Parnes voltaram ao Jacaranda para alguns drinques. Tinha sido uma noite emocionante e cheia de aprendizados - nas palavras de Adrian Barber, o jovem magro de Yorkshire que tocava guitarra solo com Cass and the Cassanovas, o show de Vincent foi a força principal que uniu todos os ingredientes individuais da cena rock de Liverpool. "Nenhum de nós conhecia os outros grupos, até o show de Allan Williams no Stadium. Certamente tínhamos uma vaga ideia de que havia algo acontecendo na cidade, mas não éramos uma comunidade, de maneira alguma. Naquele show no Stadium, ficamos sabendo de todas as outras bandas em Liverpool, cerca de 12 no total."[51]

Parnes também ficou satisfeito. Ele percebeu que aquele homem, Williams, que ele nem conhecia um mês antes, era o guardião de um campo repleto de talentos que ainda não tinham sido colhidos – os quais, por sinal, eram baratos, porque a ideia de um bom salário em Liverpool era menor do que seria em Londres. Um problema de empresariar cantores solo era a contínua busca por músicos de apoio confiáveis. Dois de seus garotos, Duffy Power e Johnny Gentle, estavam – separadamente – agendados para tocar no circuito de bailes da Escócia, e ambos precisavam de um grupo de apoio.* Parnes tinha acabado de ver quatro no show do Stadium que se encaixariam no trabalho de forma admirável. Ele e Williams falaram sobre negócios até tarde da noite, explorando formas de trabalharem juntos.

Dois dias depois, Mark Forster, da empresa de Parnes, L. M. P. Entertainments, ligou para Williams informando que Larry tivera outra ideia. Como ele também precisava de um grupo de apoio para Billy Fury – para *Meet The Beat*, sua temporada de verão no píer Great Yarmouth –, ele queria voltar a Liverpool, levar Fury e ver, novamente, os mesmos quatro grupos, tendo em vista todas as três situações: Power, Gentle e Fury. Williams concordou em juntar todos para uma sessão de teste e, um dia depois, um plano foi elaborado via telefone: Parnes e Fury estariam em Liverpool na terça-feira seguinte, dia 10. Tudo estava acontecendo rápido.

Foi no Jacaranda, em 6 ou 7 de maio, que John Lennon disse algo que surpreendeu Allan Williams: "Allan, que tal você fazer algo por nós?". Williams não entendeu bem o que ele queria dizer. "Eu disse, 'Como assim, '*nós*'? Quem é *nós*?'. Então, ele explicou que tinha um grupo com Stuart, e perguntou, já que haveria um teste para Billy Fury, se eles não podiam fazer parte. Eu me sentia em dívida com Stuart, então respondi, 'Claro. Quem está no seu grupo?'. Ele me contou, e deixou de fora o baterista. Eu perguntei, 'Quem é o baterista?', e ele disse 'Não temos um'. Então eu disse que tentaria encontrar um para eles."[52]

Quando Williams se sentou ao lado de Brian "Cass" Cassar no Jac, ele perguntou se havia algum baterista procurando trabalho. Cass conhecia um,

* Em fevereiro de 1959, John Askew, um carpinteiro de navios de Litherland, tinha se tornado o segundo artista de Liverpool contratado por Parnes. Ele tinha uma boa aparência e sabia cantar; Parnes mudou seu nome para Johnny Gentle e conseguiu um contrato com a Philips Records para ele.

Tommy Moore, que tocava com uma banda de jazz moderna no Temple, na Dale Street, e cujo herói era Jack Parnell, o baterista e líder de banda cujos discos eram produzidos por George Martin para a Parlophone. Um homem mais velho, Moore tinha técnica de verdade, segurando suas baquetas entre os dedos, da forma convencional que era usada em bandas de baile. Ele também tinha um emprego, trabalhando com uma empilhadeira na fábrica da Garston Bottle Company. Ele concordou em tocar com os Beatles no teste, e – sem consultar Parnes, aparentemente – Williams foi adiante e os acrescentou, com mais dois grupos (os Pressmen e Cliff Roberts and the Rockers, ambos de Wallasey), aos quatro grupos principais.

Em 1960, Allan Williams era o homem que fazia as coisas acontecerem em Liverpool. Com um simples comentário de John, a sorte dos Beatles deu uma guinada decisiva para cima. Eles estavam à deriva havia meses, precisando de um forte impulso para colocá-los no caminho certo, e isso aconteceu graças a Williams. Antes, eram um grupo sem baterista, escrevendo cartas constrangedoras, que possivelmente nem foram enviadas, na esperança de conseguir agendar um evento; e naquele momento, estavam se preparando para um teste com *Larry Parnes*, a um passo do circuito de turnês, TV, fama e "fortuna". Era verdade que os Beatles não gostavam muito de Fury, mas a oportunidade era ótima, de qualquer forma. Cyn disse que John ficou "em êxtase" com a possibilidade, e ele certamente se sentia assim: ali estava uma chance de fugir dos empregos com horário fixo, do *brummer striving* que ele tanto temia, mas que estava cada vez mais próximo em sua vida. Eles se dedicaram e se concentraram nos ensaios.[53]

Eles também precisavam de roupas novas. Todo grupo tentava ter uma aparência uniforme e, nos três dias (aproximadamente) que tinham, apesar do dinheiro escasso, os quatro Beatles conseguiram camisas, calças e sapatos que combinavam, mais ou menos: camisas pretas com detalhes prateados, calças similares a jeans, com um detalhe branco na frente e bolsos atrás, e calçados de sola alta emborrachada, com cobertura de lona e detalhes em rede de arame. Como John recordou, o grupo saíra "diretamente da faculdade de artes. Parecíamos artistas comparados com os outros grupos, que pareciam balconistas ou trabalhadores da doca. Parecíamos estudantes... então desde o princípio tínhamos um toque de classe, que era algo diferente".[54]

O teste aconteceu na terça-feira, 10 de maio, começando por volta das dez da manhã. A maioria dos músicos recebeu uma folga de seus empregos para estar lá, fosse de forma honesta ou não; os Beatles eram os únicos estudantes de escola/faculdade no lugar, três deles mataram aula (George provavelmente alegou que estava doente para não ir à Blackler's). O local para todos aqueles sonhos e esperanças era o Wyvern Social Club, vazio no momento, no topo da Seel Street. Williams tinha arrendado aquele local para ser um clube noturno, o qual ele decidiu chamar de Blue Angel, inspirado no filme de Marlene Dietrich. O trabalho para converter o Wyvern em um novo e elegante clube foi suspenso por um dia; não havia palco, apenas um espaço no piso, próximo à porta, com algumas mesas e cadeiras.

Enquanto Mark Forster veio de Londres no trem da manhã, Parnes e Fury viajaram juntos, dormindo, no que chegou à noite – agora, lá estavam eles, o renomado empresário com um belo terno "pele de tubarão" e gravata; Billy fumando e parecendo legal com sua camisa aberta e o colarinho de seu casaco levantado. Ele era um deles mesmo, o garoto de Dingle, Ronnie Wycherley, primo de Arthur Kelly, da mesma turma que Richy Starkey na escola St. Silas. Mas, não, ele era *Billy Fury*, a imagem nos pôsteres para garotas, herói da TV, artista nas paradas, dono de carro esportivo, fonte de escândalos com suas "artimanhas sexuais revoltantes" no palco. Ele era um *pop star*, elevado – não era mais um deles, de forma alguma. Como Johnny Gustafson recordou, havia muita disputa por espaço na frente de Fury e Parnes, vindo dos roqueiros de Liverpool: "*Todos* nós tínhamos desejos loucos de fama e fortuna".[55]

O dia incluiu um bom tanto de espera, e foi nesse tempo que os Beatles interagiram com seus contemporâneos pela primeira vez, peixes pequenos tentando nadar com os grandes. Apesar de Rory Storm and the Hurricanes terem se retirado do teste – com a temporada no Butlin's se aproximando, não fazia sentido tentar conseguir um emprego para o qual não teriam tempo –, Rory e Johnny foram até lá apenas para parecerem legais, conhecerem Fury e darem uma olhada na concorrência. Tommy Moore chegaria mais tarde, após terminar seu trabalho; enquanto os Beatles esperavam lá, imaginando como ele era, começaram a conversar com o homem que o tinha indicado, o pequeno e esperto Brian Cassar. Seus Cassanovas eram todos grandes, mas Cass era um dínamo de bolso, com 1,55 m, um rapaz de 24 anos que tinha servido no National Service e nunca precisava pedir a opinião de ninguém. Quando perguntou a John qual era o nome de seu grupo, ele ouviu "Beatles" e logo disse que o achava uma porcaria. Não significava nada, e não era um nome de grupo *de verdade* – não era *Alguém and the Alguma Coisa.* Ninguém pediu nada para ele, mas Cass inventou e cedeu a eles um novo nome, ali mesmo. Considerando a posição subordinada do grupo, sendo os mais jovens ali, não rejeitaram a sugestão. Reconhecendo John como o líder e buscando inspiração em *A Ilha do Tesouro*, de Robert Louis Stevenson (como era comum para os homens britânicos), John se tornou Long John Silver, e o nome de seu grupo recebeu uma adaptação similar.

Aonde isso chegou, exatamente, varia de acordo com a memória. John se lembrava do nome como Long John and the Silvermen; Paul lembrava como Long John Silver and the Pieces of Eight, assim como Long John and the Silver Beatles; George se lembrava como Long John and the Pieces of Silver.[56] Não ficou claro qual nome eles concordaram em adotar para o teste, mas provavelmente foi Long John and the Silver Beatles. Qualquer que fosse o nome ou a forma como era escrito, eles ainda eram o único grupo de Liverpool esperto o suficiente para incluir a palavra "*beat*" (batida) em seu nome.

Quando não estava protegendo seus ouvidos dos sons amplificados que ecoavam por aquele lugar vazio, Cheniston Roland tirava fotos de todos os grupos enquanto tocavam. Um clique entre as apresentações capturou o momento em que John Lennon entregou a Billy Fury um desenho, e pediu que ele o autografasse. Durante todo aquele tempo, Long John and the Silver Beatles estavam implorando para tocar por último, porque Moore ainda não tinha chegado. No fim, quando Parnes não podia mais esperar, eles tiveram que negociar com Johnny Hutchinson – "Hutch", dos Cassanovas, com seu queixo entalhado –, pedindo a ele que tocasse bateria na apresentação do grupo. Ele concordou, mas não ficou muito feliz. Johnny Gustafson refletiu, "Hutch não gostava deles e deixou isso claro. Na verdade, ele os odiava e achava que só faziam pose".[57]

Um de seus olhares, imaculadamente repleto de tédio, se manifesta em uma das fotos de Roland, uma imagem que captura Hutch como um Silver Beatle temporário. As fotos seguintes – as primeiras tiradas do grupo em, talvez, oito meses, e a primeira dos Beatles, fosse lá como eles eram chamados no momento – provam que Moore chegou do trabalho, atrasado, sem o uniforme do grupo e desgrenhado; ele pegou emprestada a bateria de Hutch e tocou com os quatro rapazes, pela primeira vez. Cyn Powell também tinha chegado no Wyvern e estava assistindo, sentada, de uma distância discreta, com seus dedos, braços e pernas torcidos, para dar sorte. "Todos eles estavam nervosos, mas estavam tão bonitos", ela recordou, "todos limpos e se esforçando ao máximo. Foi maravilhoso".[58]

Os grupos que estavam sendo testados tocaram duas ou três músicas. As fotos de Roland mostram que, em uma canção, John tirou sua guitarra e pegou o microfone na mão, *à la* Elvis; Paul cantou outra canção; parece que tocaram mais uma, instrumental. As fotos também mostram, com clareza cômica, Stu Sutcliffe completamente de costas para Parnes, Fury e Forster enquanto tocava. Ouvir as notas de baixo erradas era uma coisa, mas seguir seus dedos onde não deveriam ir era outra. Paul assume a autoria da ideia de que Stu deveria disfarçar sua falta de habilidade fazendo o "tipo mal-humorado" – como se ele estivesse *de saco cheio*, a ponto de que nem se incomodava de olhar para a frente do palco; era como exibir a parte traseira de um quadro, e isso completava a imagem fria e desdenhosa, que já era acentuada por sua barba e seus óculos escuros.[59]

Long John and the Silver Beatles tocaram bem? Provavelmente não, tendo em vista que tinham um baixista novato e usaram dois bateristas, um dos quais não queria tocar com eles, e outro que nunca tinha tocado com eles, chegou atrasado e usou a bateria do primeiro. George recordou o evento como "uma bagunça, de certa forma... foi bem triste".[60] E Johnny Gustafson confirma que "eles fizeram uma baita barulheira, um agito sonoro. A habilidade de George na guitarra era ruim, travada – se tivesse que tocar qualquer coisa com uma escala, estava frito. Eles eram amadores, mas sabiam cantar. Os vocais de John e Paul foram bons o suficiente para eu notá-los, com os gritos agudos de Paul e a voz rouca de John para o R&B".[61]

A questão principal era o que Billy Fury e os homens de Londres achavam, e é nesse ponto que os fatos ficam especialmente obscuros, com relatos frequentes provavelmente afastando a história da realidade. A versão de Allan Williams é que Fury, com o apoio de Parnes, ignorou os grupos que sabiam tocar de verdade, e escolheu Long John and the Silver Beatles para apoiá-lo. O premiado contrato de Yarmouth era deles... desde que se livrassem do cara que não sabia tocar baixo. Perante esse dilema, entre tudo ou nada, John agiu como homem e defendeu seu amigo, recusando a oferta, dizendo "Você leva todos nós, ou nenhum de nós". Lennon certamente era um amigo leal, mas essa história parece improvável. John, Paul e George nunca a confirmaram, nem Fury ou Parnes, mas Williams sempre disse que era verdadeira, e foi apoiada por Millie Sutcliffe, que recordou: "Ele ficou bem chateado, o Stuart. Ele disse, 'Mãe, acho que eu decepcionei os rapazes'".[62]

Essa situação particular parece ainda menos provável diante do fato de que Cass and the Cassanovas foi o grupo escolhido por Parnes para os trabalhos escoceses, apoiando Duffy Power e Johnny Gentle. Será que Long John and the Silver Beatles eram mesmo bons demais para eles, merecedores apenas da melhor atração, um verão com Billy? Ninguém era, aparentemente. Parnes só teve mais uma ideia quanto a esses grupos: considerar Derry and the Seniors para uma vaga em *Idols On Parade*, seu show de verão repleto de atrações, em Blackpool.

John Lennon logo se livrou do "Long" no nome, mas eles continuaram como Silver Beatles, talvez por alguns dias, tempo suficiente para ficar guardado na mente de Allan Williams como o nome verdadeiro deles. Levou algum tempo para mudá-lo, e, como eles nunca explicaram a forma como o nome era escrito (ou, se explicaram, ele esqueceu), Williams passou a lembrar deles como Silver Beetles. Nomes eram a fraqueza de Williams: ele chamava Paul de *John*, John de *George* e George de *Paul*, além de outras variações disso, e os três sempre o provocavam por conta disso. "Costumavam fazer piadas sobre isso", ele admite. "John costumava dizer, 'Allan, eu sou o *Paul*!'".[63] O único que ele conhecia mesmo era Stuart, e foi essa amizade que garantiu a eles acesso para tocar no porão do Jacaranda; Williams deixou o grupo utilizar o espaço para que aperfeiçoassem sua apresentação. Não se sabe se Tommy Moore passou a ser o baterista deles, ou se aqueles poucos minutos no teste foram a última vez que o viram.

Como Cyn reconhece, a mágica do grupo quando eles tocavam no Jac era "tão indefinível que chegava a ser inexistente, às vezes".[64] O som deles era cru, assim como o lugar: não havia palco, apenas uma base de concreto, e não havia som da casa, porque a banda de tambores havaianos não precisava de um. Embora Williams tenha conseguido arranjar um microfone para eles, não havia pedestal. Um dia, George perguntou se podia pegar emprestada uma vassoura; quando Williams desceu as escadas, viu Cyn segurando a vassoura na frente do cantor, com o microfone amarrado na ponta do cabo.

Foi lá que Ringo Starr viu os Silver Beatles pela primeira vez. Ele foi até o Jac com Rory e Johnny, e prestou pouca atenção neles, apenas uma rápida olhada, o suficiente para perceber a aparência crua deles e o fato de que tinham apenas dois guitarristas tentando ensinar um baixista a tocar. O abismo entre os grupos parecia insuperável: Rory e seu grupo estavam prestes a embarcar em sua temporada de £ 100 por semana no Butlin's, profissionais afiados, enquanto os Silver Beatles eram, nas palavras de George Harrison, "amadores e sem esperança". Ringo já exibia seu carro, os Beatles esperavam pelo ônibus.

Da mesma forma, Ringo ainda estava prevaricando quanto ao trabalho no Butlin's. O registro no diário de Johnny Guitar, datado de 14 de maio, sábado, especificou o que parecia ser sua decisão final: "Ritchie [*sic*] disse que não vai mais tocar no Butlin's, vai se casar no próximo mês de junho".

Com tanta pressão de sua família imediata, parentes mais distantes, Gerry, seu chefe e seus colegas na H. Hunt & Son, Richy permitira que mudassem sua cabeça. Elsie estava forçando o mesmo argumento que sua mãe tinha usado com ela: "Se eu tivesse as chances que você teve... minha vida não foi tão fácil quanto a sua... vocês, jovens, não sabem a sorte que têm".[65] Tudo o que Elsie estava pedindo, implorando, era que ele terminasse seu aprendizado, que continuasse na H. Hunt & Son e que conseguisse o pedaço de papel atestando que ele era um profissional, como "garantia" de emprego, rompendo a tradição familiar de trabalhadores que sofreram para conseguir um salário. Ecoando as palavras que John ouviu de sua tia Mimi, Elsie disse a Richy que a bateria era boa como um hobby, mas que ele não ganharia a vida com aquilo.[66] Isso – e outros fatores – estava por trás de sua declaração para Johnny Guitar em 14 de maio... mas, enquanto isso, ele *ainda* estava pensando.

No mesmo sábado, os Silver Beatles fizeram sua primeira apresentação em uma casa de rock de Liverpool, um "baile dançante" no Lathom Hall, antigo cinema em Seaforth, ao norte das docas. Brian "Beekay" Kelly era o *promoter* lá, e os Silver Beatles mendigaram uma vaga em um teste, para o qual Cliff Roberts and the Rockers não apareceram. O Lathom era um lugar barra-pesada, como a maioria das casas de Kelly, apesar de essa apenas ter o azar de operar naquela área. Às vezes, a briga começava no palco: Bobby Thompson, guitarrista de King-Size Taylor and the Dominoes, se lembrou, com vergonha, de como eles achavam uma boa ideia procurar briga com o público, começando uma disputa no palco e pulando até a plateia para continuar.[67] É claro que eles levavam vantagem pelo fato de Ted "King-Size" ter 1,95 m e pesar 140 kg.

Foi para esse homem gigante que os Silver Beatles – aos olhos dele, fracotes – pediram emprestado o baterista dos Dominoes, Dave Lovelady, quando chegaram ao Lathom Hall. Tommy Moore não apareceu, ou talvez não o tivessem convidado. As opiniões variam quanto a eles serem bons ou ruins. Apesar de seu equipamento inadequado, Thompson achou que eles eram excitantes e impressionantes, mas Taylor insistiu que eram terríveis e que, mais tarde naquela noite, quando seu grupo estava tocando como atração principal, os Silver Beatles "se sentaram em uma fileira e anotaram versos das canções que cantávamos – 'Dizzy Miss Lizzy', 'Slow Down', 'Money', todas essas – e, da próxima vez que os vimos, estavam tocando todo o nosso material".[68]

Parece que Beekay também não gostou deles, mas ainda assim concordou em agendá-los para o sábado seguinte, talvez sob a condição de que o grupo teria um show completo e estaria tocando melhor. Ele entendeu o nome deles como Silver Beats, e foi assim que os divulgou na publicação *Bootle Times*, de 20 de maio de 1960, com um texto afirmando que seu teste foi uma "apresentação sensacional". Foi a primeira vez que o nome dos Beatles (ou algo parecido com isso) apareceu de forma impressa... mesmo assim, quando o sábado chegou, quando seu primeiro evento de verdade em Liverpool estava logo prestes a acontecer, eles não estavam em Seaforth, mas ao norte da Escócia, a 590 quilômetros de distância.

14
"Cadê o maldito dinheiro?"
(18 a 30 de maio de 1960)

Os Beatles agarraram sua primeira "experiência profissional" não por mérito, mas porque ninguém mais podia preencher a vaga e eles fizeram de tudo para que desse certo para o grupo.

Cass and the Cassanovas tinham ganhado um teste em 10 de maio, que determinaria quem tocaria na Escócia em junho, com dois dos cantores de Larry Parnes... Mas, sete dias depois, Parnes estava novamente ao telefone, esperando que Allan Williams o ajudasse com um problema. Johnny Gentle não estaria apenas trabalhando ao norte da fronteira no mês seguinte, mas permaneceria lá por nove dias seguidos, passando por alguns salões de baile, a partir da sexta-feira, dia 20, e não tinha músicos de apoio. Foi um pedido repentino, mas havia alguma chance de Williams conseguir um grupo para ele, o mais rápido possível?

Um mês antes, Williams tinha conseguido para os Cassanovas um típico agendamento de sábado à noite no New Brighton Pier, por 10 guinéus por evento. Sua apresentação no sábado seguinte tinha sido formalmente contratada e divulgada, e eles não poderiam cancelar a apresentação, da mesma maneira que não poderiam deixar de comparecer a seu evento no Cavern, que aconteceria na semana seguinte: tocariam com Rory Storm and the Hurricanes na primeira "Rock Night" (Noite do Rock) oficial do clube de jazz (os tempos estavam mudando mesmo). Rory e Johnny Guitar confirmaram esses fatos quando Williams foi falar com eles sobre tocar na Escócia. Gerry and the Pacemakers, sua terceira opção para o trabalho, também estavam indisponíveis: todos os integrantes tinham empregos e não conseguiriam uma folga. Assim como os rapazes do grupo Derry and the Seniors.

Foi assim que, na quarta-feira, dia 18, Allan Williams perguntou a Stuart Sutcliffe se "os Silver Beetles" poderiam tocar por uma semana na Escócia... e estar lá na sexta-feira à noite. Havia uma oferta de £ 75, caso eles conseguissem, £ 15 para cada um dos cinco integrantes, mas apenas *se fossem* cinco. Tommy Moore também precisava ser encontrado, imediatamente, e havia muitos outros obstáculos pela frente.

As 24 horas seguintes, de 18 a 19 de maio de 1960, mudaram suas vidas para sempre.

Parece que John nunca contou a Mimi sobre o ocorrido. Depois de se mudar para a Gambier Terrace, havia ainda mais coisas em sua vida sobre as quais ela não sabia nada. John não precisava ouvir a reação dela à sugestão de que ele largaria a faculdade durante as provas para "vagabundear" pelas Terras Altas da Escócia com sua guitarra, então ele nem contou a ela. Apesar de alguns trabalhos de seu curso ainda precisarem ser feitos, Cyn os faria em nome de John. Stuart estava se aproximando de seus exames finais, os últimos de um período estudantil de quatro anos, durante os quais ele tinha impressionado a todos. Logo, ele tinha uma decisão difícil a tomar. Millie ficou furiosa por ele considerar a ideia, apesar do fato de que o filho estaria tocando em sua terra natal, lugar do qual ela sentia muita falta. Charles Sutcliffe sentia o mesmo, rotulando o filho como "um trovador perambulante".[1] Mas Stuart também era um roqueiro agora. Decidindo que ele daria conta de tirar uma semana de folga e, ainda assim, passar nos testes, anunciou sua disponibilidade ao grupo.

O desafio de Paul era maior. Ele não perderia a viagem à Escócia, não tinha medo disso, mas estava a poucas semanas de seus exames de nível avançado, um período que, de acordo com a escola, deveria ser voltado à revisão concentrada. Mais que isso, um trabalho por escrito para seu exame de arte deveria ser entregue na semana seguinte e ele perderia esse prazo.[2] Há poucas ilustrações mais importantes daquilo que o grupo significava para Paul McCartney, do quão interessado ele era, de sua confiança no poder da persuasão e de seu instinto sobre como convenceria seu pai. Seu plano era complexo: primeiro, criar a mentira de que o Liverpool Institute tinha dado a todos os estudantes de nível avançado uma semana de folga, logo antes dos exames; depois, enaltecer os poderes restaurativos do ar fresco para a mente cansada.[3] Uma viagem faria muito bem aos seus exames, ele disse, e todos sabiam que não havia ar mais fresco que o das Terras Altas da Escócia. "Ah, vamos lá, pai, todos os outros vão tocar!" Jim McCartney só engoliria uma enganação dessas se fosse um tolo, e ele certamente não era. Mesmo assim, essa última batalha com o filho mais velho acabou rapidamente e, como a maioria das outras, com derrota para Jim e uma encolhida de ombros. Mary certamente negaria o pedido e a questão acabaria ali, mas Mary já tinha partido havia quase quatro anos.

O Institute era outra questão: Baz não cederia a qualquer tipo de tática e já tinha ouvido todo tipo de mentira em seus muitos anos como diretor. Não havia outra coisa que Paul podia fazer além de fingir uma doença na sexta-feira, durante toda a semana seguinte e, talvez, na segunda-feira – um golpe que poderia muito bem incluir uma doença complexa e ser concluído com a falsificação de uma carta manuscrita de seu pai. Mentir para a escola era algo apetitoso demais para Paul não compartilhar com seus colegas. Ivan Vaughan, que o tinha colocado no grupo de John, discutiu com ele, dizendo que os exames deveriam vir em primeiro lugar, que Paul não deveria jogar fora seu nível avançado em arte daquele jeito. Outro estudante, Ian Caulfield, disse: "O pensamento comum entre meus colegas era de que Paul era um estúpido, um idiota arruinando sua carreira".[4]

George tinha um problema igualmente significativo: Blackler's ou Beatles? Na verdade, *nem tinha comparação*. Não se sabe ao certo se ele pediu alguns dias de folga e teve seu pedido recusado, ou se ele nem tentou pedir, porque já sabia qual seria a resposta. De qualquer forma, ele tomou sua decisão com rapidez. Ao mesmo tempo que Richy Starkey quase largava seu aprendizado para tocar bateria no País de Gales, George largou seu aprendizado para tocar guitarra na Escócia.

A decisão não foi bem recebida em sua casa. Na Liverpool pós-guerra, onde a situação nunca deixou de ser difícil, se você tinha uma profissão, estava garantido; se você abandonava uma profissão, era louco. Não havia espaço para o derrotismo. Além disso, George tinha rígidos compromissos financeiros: como ele planejava pagar sua Futurama sem um maldito salário? Harry Harrison ficou muito chateado, mas, como de costume, não havia maneira de mudar a cabeça de George após ele decidir algo – um traço que ele herdou diretamente do pai. Como Harry recordou: "Eu falei para George que seria melhor se ele trabalhasse como profissional durante meio período, apenas, mas nosso George é um rapaz determinado".[5] Ele estava na Blackler's havia exatamente seis meses quando decidiu sair do emprego, avisando-os, no máximo, com uma hora de antecedência.

Tudo isso dependia de Allan Williams convencer Tommy Moore a viajar com eles, algo que estava longe de decidido. Moore não era "um deles", era um velho, de quase 29 anos, um trabalhador de fábrica, longe de ser o mais inteligente no meio daqueles alunos arrogantes de escolas de gramática. Mas, quase literalmente na véspera de partirem, eles simplesmente precisavam de Moore. Sem baterista, sem apresentação, então não era o momento de serem seletivos.

Moore teve que ser encorajado a implorar por uma folga da Garston Bottle Company, ou fingir estar doente, mas ele aceitou. A quantia de £ 15 era mais do que ele ganhava com a empilhadeira, e talvez ele apenas gostasse da ideia de tocar bateria por uma semana e observar as gloriosas paisagens escocesas em vez do relógio da fábrica. Sua esposa disse que ele era um tolo, mas Moore confirmou a Williams que topava. Por pelo menos uma semana, Tommy Moore foi um Silver Beatle.*

Mas será que foi mesmo? Foi nessa época, com um ou dois dias de diferença, que o nome evoluiu mais uma vez, quando eles largaram o Silver e se tornaram apenas os Beatles. Embora Stu ainda tenha tentado, por mais algum tempo, fazer que usassem Beatals, e Allan Williams tenha continuado chamando o grupo de Silver Beetles (e divulgando-os dessa maneira) durante boa parte do verão, eles eram, claramente, *os Beatles*.

O papel de Williams em colocá-los na turnê escocesa e a forma como ele aceitou uma comissão definem o momento em que ele se tornou o empresário dos Beatles.** Ele assumiu a função e passou a atuar de imediato: enquanto o grupo viajava, Williams arranjou para eles uma série de eventos locais, para quando voltassem. Isso não significa que ele estava convencido do grande potencial dos Beatles, nem que tinha grandes ideias sobre como torná-los em estrelas internacionais, mas sinalizava que havia uma situação a ser explorada, para benefício mútuo. Era, principalmente, um

* Thomas Henry Moore, nascido em 29 de setembro de 1931, em Liverpool. Ele morreu lá, no mês em que completou 50 anos, após conceder apenas algumas entrevistas, sem muita contestação, sobre seu tempo com o grupo.

** Allan Richard Williams, nascido em 21 de fevereiro de 1930, em Bootle, norte de Liverpool.

relacionamento baseado em sua amizade com Stuart, e na forma como ele apreciava as qualidades pessoais dos rapazes. Williams refletiu: "Eles ainda estavam crus, e eu provavelmente não teria aceitado ser seu empresário não fosse pela personalidade deles: eram um tanto mais inteligentes que outros grupos. Eles não eram os típicos bobões que tocavam rock para ganhar dinheiro".[6]

Os Beatles não eram o único grupo do qual Williams cuidava e ele não foi o primeiro empresário deles; aos olhos de John, Paul e George, ele era o terceiro, após Nigel Walley e Derek Hodkin, e os três mediram as habilidades de Williams com base em seus antecessores.

Eles tiveram, no máximo, a noite de quinta-feira, 19 de maio, para ensaiar. Rod Murray se lembra de ter havido uma sessão de ensaio na sala de entrada do apartamento na Gambier Terrace, com Tommy Moore tocando bateria, e pode muito bem ter sido nessa noite. Então, foram até suas casas para fazer as malas. Eles não tinham muito além da roupa que usaram no teste para tocar com Fury, e Tommy nem isso tinha. Eles se esqueceram de avisar Brian Kelly que não poderiam tocar no Lathom Hall; provavelmente tinham recebido de Allan Williams um pequeno adiantamento de seu pagamento, o suficiente para comprar os bilhetes do trem. Na sexta-feira de manhã, enquanto seus amigos estavam na escola ou no trabalho, eles foram para a Escócia, como músicos profissionais, o primeiro grupo de rock de Liverpool a sair em turnê.

Aonde vamos, Johnny?

Alloa, rapazes, para Alloa, a cidade no distante condado de Clackmannanshire.

Mas onde fica essa...?

Foi uma longa jornada, tempo suficiente para o entusiasmo aumentar e, em seguida, diminuir. Paul ainda estava com seu violão de 1957, o Zenith; George estava com a guitarra Futurama, que ele talvez precisasse devolver à Hessy's se ele não conseguisse pagar as parcelas restantes; John estava com sua Club Footy; Stu trazia seu baixo Hofner; as peças da bateria de Tommy foram divididas e carregadas por todos eles. Quanto à amplificação, eles não tinham o suficiente, provavelmente apenas o pequeno Elpico de Paul. "Na Escócia... não havia amplificadores", John escreveu, alguns meses depois, sugerindo que eles não tinham conseguido levar o amplificador da faculdade de artes. O empréstimo era uma prática recorrente daqueles jovens.

Eles praticamente não conheciam Johnny Gentle. Na repartição de Parnes, havia divisões extraoficiais, mas claramente eram A, B e C, e Gentle estava na última, às vezes nem era mencionado quando o empresário falava de seus artistas em entrevistas para a imprensa. Se os Beatles chegaram a ver Gentle cantando na TV, aconteceu apenas uma ou duas vezes, como um dos artistas menos importantes do programa, e é improvável que eles tenham conhecido seus discos no selo Philips, nenhum dos quais chegou às paradas da *NME* ou da *Record Retailer*; esses singles também eram o tipo de música melosa que eles repudiavam.[7] Será que os três tinham alguma ideia de que ele era John Askew, de Liverpool, nascido em 1936 perto da Scotland Road? "Nós achávamos que era uma pena estar em uma turnê com Gentle", Paul disse, "porque queríamos estar com Fury ou Eager". Ainda assim, a ideia de conseguir "sucesso" era inebriante, como Paul recorda:

> Todos pensamos, "É isso! Chegamos lá, somos pessoas do showbiz agora. Ele é Johnny Gentle, quem você quer ser?". Então, no estilo Larry Parnes, George se tornou Carl Harrison, inspirado por Carl Perkins, Stuart se tornou Stuart de Staël, homenageando seu pintor favorito, Nicolas de Staël, Tommy Moore virou Thomas Moore – ele autografava como "Thomas Moore, bateria" – e eu me tornei Paul Ramon, que parecia, para mim, um nome francês sexy. Isso nos fez parecer grandes caras do showbiz londrino. Quando estávamos em Fraserburgh, em vez de dizer "sou um garoto de Liverpool", esses nomes sugeriam que havia algo a mais por trás. É um truque antigo.[8]

A subsequente insistência de John para que mantivesse seu nome real ("porque eu nunca encontrei um nome de que gostasse mais do que meu próprio; foi a única coisa a que me apeguei, então nunca mudei meu nome") foi, em momentos diferentes, confirmada e refutada por Paul. A prova está em dois autógrafos dessa semana, em que ele assinou seu nome como *Johnny Lennon*. Era uma turnê com dois Johnnies.[9]

A primeira apresentação foi no baile de sexta à noite, no belo salão Alloa Town Hall, uma área com piso de madeira de bordo, grandes janelas e um mezanino com assentos. Além de seus eventos para Carroll Levis, John, Paul e George nunca tinham tocado em um lugar tão grande. Havia tempo apenas para um ensaio de 30 minutos... e, durante esse tempo, a bolha do entusiasmo estourou. Lá estavam eles, supostamente profissionais, prestes a subir no palco, diante de uma plateia que pagou para estar lá, e não sabiam tocar as músicas que Gentle queria cantar. Eles as *conheciam*, do rádio ou de discos, mas nunca as tinham tocado. Foi um desafio para todos os cinco, mas especialmente para o jovem De Staël, no baixo, que não tinha qualquer esperança de tocar músicas que alguém não tivesse cuidadosamente ensinado a ele. Foi um contratempo que eles não conseguiram superar de forma satisfatória no decorrer da turnê.

Apesar de ele não os conhecer, Gentle nem foi avisado sobre quem seria seu grupo – em parte porque o envolvimento deles começou muito tarde, e em parte porque essas coisas acabavam sendo desse jeito. Era comum para aqueles cantores solo, empurrados de hall a hall, com uma banda de apoio, e todo mundo era explorado no processo. Os Beatles, no entanto, eram piores do que tudo que Gentle já tinha visto. Eles tinham que pegar emprestado um amplificador, suas habilidades variavam e sua aparência era relaxada: as roupas de palco eram as mesmas que vestiam durante o dia e rapidamente exibiam sinais de uso. Como George recordou: "Éramos como órfãos. Nossos sapatos estavam cheios de furos e nossas calças eram uma porcaria, enquanto Johnny Gentle tinha um terno chique".[10] O assessor de Larry Parnes na Escócia era Duncan MacKinnon – ele foi o *promoter* que agendou o ciclo aparentemente infinito de visitas ao norte da fronteira, de artistas como os senhores Gentle, Power e Eager – e ele não gostou dos Beatles. De maneira alguma. MacKinnon logo telefonou para Londres, fazendo uma reclamação, que Allan Williams ouviu relatada por Parnes, afirmando que eles eram "um grupo relaxado e muito ruim".[11]

Uma vez que conseguiram o evento com tão pouca antecedência, os Beatles não tiveram seu nome impresso em nenhum anúncio de jornal divulgando as sete apresentações – sempre apareciam como "*Johnny Gentle and His Group*" (Johnny Gentle e Seu Grupo). E há apenas três fotografias conhecidas de toda essa semana, todas registradas na primeira noite, em Alloa.* Elas mostram Gentle, é claro – casaco esportivo branco e, miraculosamente, sapatos que quase combinavam com os dos Beatles. Felizmente, uma foto também mostra acidentalmente um integrante

* Parece que nenhum dos Beatles levou uma câmera para a Escócia.

de seu grupo de apoio. Ali está *Carl*, tocando sua Futurama, de cara fechada. Perto da beirada do palco, atrás das luzes inferiores, uma fileira de garotas admira a estrela... e apenas a estrela. Os Beatles são apenas "Seu Grupo". "Éramos ruins, horríveis, uma vergonha", George disse. "Não tínhamos amplificadores nem nada."[12]

Uma testemunha de um dos bailes que ocorreu no meio da semana disse que os Beatles tocaram três canções no palco antes de Gentle entrar, com John cantando todas, e também que Gentle cantou algumas músicas de uma cadeira que foi colocada no palco para ele. As canções que os Beatles tiveram que tocar nunca foram lembradas de forma convincente. John Askew gostava de Bobby Darin, Brook Benton, Perry Como e Dinah Washington, mas a carreira de Johnny Gentle tinha seguido por um caminho diferente: seus discos eram todos de "baladas *beat*", e as únicas canções mencionadas em resenhas de suas apresentações (nas ocasiões em que ele fazia turnês maiores) eram escritas para fazer as garotas suspirarem, sucessos das paradas como "Only Sixteen", "Living Doll" e "A Teenager in Love", e clássicos como "I'm Confessin'" e "Alright, Okay, You Win". "Johnny Gentle é da nova onda, bonito, quieto, tranquilo", Jack Good relatou em sua coluna semanal na publicação *Disc*. Embora seja possível que, na Escócia, longe da supervisão de Parnes, Gentle tenha tocado um pouco mais de rock – George se lembrou deles tocando "Teddy Bear" e "Wear My Ring Around Your Neck", de Elvis –, não havia muito o que fazer: ele tinha que dar às plateias o que seu nome sugeria e o que esperavam dele. Como pelo menos três das apresentações da semana foram chamadas de *The Beat Ballad Show*, isso era claramente o que estava no menu. No total, Gentle tocava por menos de uma hora e eles subiam ao palco em Alloa após um show de abertura, Alex Harvey and his Big Beat Band.[13]

Os Beatles não sabiam que aquela noite de abertura seria a maior apresentação deles. Era sexta-feira, dia de pagamento, havia um bom salão de baile em uma área populosa e o homem divulgado como "Estrela da TV e Famoso por Discos na Decca" tinha vindo à cidade.* Das sete apresentações, a noite em Alloa foi a única que recebeu um texto no jornal local: uma matéria com o título "ADMIRADORES DE GENTLE FORAM GENTIS", publicada com uma foto do garoto de Parnes, cercado de

* Decca, Philips... pouco importava que os anúncios estivessem errados, como todos estavam, durante a semana inteira. Larry Parnes não ligava muito para esses detalhes.

nove moças locais. A plateia foi "excepcionalmente grande" e a polícia impediu algumas jovens de subir ao palco e tocar a estrela. Mesmo assim, a plateia foi bem-educada nessa ocasião, mais do que em outras noites em que receberam artistas beat, com uma quantidade menor de "garotas adolescentes berrando", e a pessoa que jogou *pennies* durante a apresentação de Johnny foi rapidamente removida do hall. Não houve menção explícita ao grupo de apoio.[14]

Ruins, terríveis, vergonhosos no palco... foi uma experiência ruim, no geral, especialmente quando foram expostos à ausência de cuidado de Parnes e MacKinnon – ou então, Allan Williams. Eles tiveram que pagar por sua própria comida durante a semana e, em pelo menos duas ocasiões, achar suas próprias acomodações. Na maior parte do tempo, ficaram em um hotel pequeno e respeitável, ao lado do rio, em Inverness, mas passaram pelo menos uma noite em uma van Dormobile, e Paul voltou a Londres com histórias sobre ter dormido em um palheiro.[15] A van, fornecida por MacKinnon para levar músicos, seus equipamentos e sua bagagem entre as cidades, estava coberta de pôsteres promocionais, então todos sabiam que havia artistas ali.

Pouco se sabe de como o grupo passou as longas horas fora do palco, além do fato de que irritaram completamente uns aos outros. George recordou: "Não havia assentos o suficiente na van, e alguém precisava se sentar na parte interna do para-lamas da roda de trás – geralmente o Stu".[16] O desejo que De Staël tinha de ser uma estrela do rock foi severamente testado durante essa semana, quando todo mundo fez de sua vida um inferno. Paul usou uma mão mais aberta que o normal, dando tapinhas em Stu o tempo todo, enquanto George usava uma mão fechada, literalmente batendo nele: "Eu troquei socos várias vezes com Stuart. Na época, era uma briga por espaço. Eu suponho que o motivo pelo qual eu brigava era que, na hierarquia musical, ele não era um músico de verdade".[17] John também participava, é claro, falando mal de seu melhor amigo e colega de apartamento, o cara que, nem quatro meses antes, ele estava desesperadamente tentando colocar no grupo. "Éramos terríveis. Dizíamos a Stu que ele não podia sentar conosco, ou comer conosco. Falávamos para ele sair de perto, e ele saía. Foi assim que ele aprendeu a ficar conosco. Era tudo bobeira, mas era o nosso jeito." Em uma cidade, eles ouviram – ou imaginaram ter ouvido – que um circo tinha ido embora havia pouco tempo, e que um anão tinha dormido em uma cama específica do hotel. Eles insistiram que Stu dormiria nela; ninguém mais o faria, então teve que ser ele.[18]

No entanto, ainda mais que Stu, a maior vítima dos ataques verbais de John Lennon era Tommy Moore. Ali estava uma crueldade verbal que não conhecia limites, especialmente quando a fraqueza de seu alvo – e a improbabilidade de uma resposta física – já tinha sido avaliada. Ele detonou Tommy do começo ao fim, sem dó, até que o baterista (que gostava de jazz) já não aguentava mais os Beatles, a van, a turnê e aquela vida. Essa "fraqueza", de acordo com Allan Williams, não era algo que Moore podia mudar. "Tommy era um homem simples, não muito esperto, e também era muito mais velho que eles, então ele não tinha chance *alguma*: John Lennon não tinha tempo para alguém que não acompanhasse seu ritmo." Como George refletiu: "John era muito áspero. Ele tinha a habilidade de ser gentil, doce e amável, mas também era ácido. Ele era responsável pelo lado mais duro dos Beatles".[19]

Pouco desse comportamento foi modificado pela chegada de Margie. Johnny Gentle levou consigo sua namorada, uma loira de Berkshire que, eles descobriram, tinha feito trabalhos como modelo para as revistas *Spick* e *Span*. Com seus belos traços, vestido estiloso e personalidade animada, ela virava cabeças por onde passava na Escócia, um país que, para todos eles, parecia muitos anos atrasado. Como os quartos com camas de casal nos hotéis só podiam ser ocupados por pessoas oficialmente casadas, eles precisaram fingir ser marido e mulher, e os Beatles aparentemente foram incluídos na mentira. Apesar do comportamento terrível entre eles, demonstraram que conheciam o valor da boa educação, chamando-a de "sra. Gentle", para não chamar atenção.[20]

Alloa foi a única parada no sul da Escócia. Eles não desceram da van outra vez até estarem 240 quilômetros ao norte, passando pelas montanhas Cairngorms, até Inverness – George e John voltaram a uma cidade que eles visitaram quando crianças, em dias de folga. Apesar de os "Silver Beats" deverem se apresentar no Lathom Hall em Seaforth, eles passaram a noite de sábado tocando um *Beat Ballad Show* com Johnny Gentle, no andar de cima do Northern Meeting Ballroom. O gerente providenciou entretenimento alternativo no primeiro andar, onde o bom povo de Inverness – em seus kilts e vestidos com estampas em xadrez, e calçados *ghillies* – faziam danças tradicionais como *jigs*, *hornpipes*, *Gay Gordons* e *reels*, ao som de Lindsay Ross and his Famous Broadcasting Band. Esses músicos estavam celebrando o lançamento de seu primeiro disco, pela Parlophone, que ocorrera um dia antes. Tinha sido gravado três semanas antes por um jovem alto, de boa aparência e divertido, de Londres, chamado George Martin, que estava fazendo sua viagem anual à Escócia para capturar os sons mais recentes.

Os rapazes passaram o restante da semana na van, indo lentamente entre lá e Peterhead, dirigindo por cima das próprias marcas de pneu, feitas na ida, ao longo das estradas da costa ao nordeste. Depois de tocar na sexta-feira e no sábado, o próximo show de Gentle era na segunda-feira à noite, em Fraserburgh, e passaram a maior parte do domingo em Inverness. Paul mandou um cartão-postal para sua casa, dizendo que estavam "se saindo melhor que Vince Eager ou Duffy Power".[21] George e John relaxaram em seu hotel com Johnny Gentle. Ele era uma pessoa tranquila e um músico razoavelmente bom: tocava uma guitarra que tinha construído durante seus dias como carpinteiro naval, e compunha canções. Metade das canções em seus três singles eram de sua autoria, letra e música. Ele conta a história de como, ali em Inverness, mostrou a John e George uma canção que ele tinha composto, mas ainda não havia terminado, chamada "I've Just Fallen for Someone".

> Minha canção estava boa até o contraste: eu tinha um, mas não estava feliz com ele. John começou a me dizer o que eu precisava, e eu achei bem impertinente, porque eu já estava compondo canções havia um ano ou mais, e ele era um principiante qualquer, sem experiência profissional.
>
> Mas ele inventou algo, cantou para mim, e fiquei impressionado. "*We know that – we'll get by / Just wait and see / Just like the – song tells us / The best things in life are free*" [Sabemos que – ficaremos bem / Só espere e veja / É como a – canção nos diz / As melhores coisas da vida vêm de graça]. Aquilo fluía bem e achei que era ótimo. Eu usei o trecho na canção.[22]

Como Gentle mencionou, não havia qualquer chance de Lennon receber crédito por sua contribuição, que dirá pagamento. Foi só uma daquelas coisas, e o momento passou. John pode ter esquecido disso, porque nunca mencionou o fato.

Um claro destaque da semana foi a emoção de assinar autógrafos. Duas assinaturas ainda existentes dessa semana foram obtidas no mesmo lugar, ao mesmo tempo, quando o Dormobile colidiu com um carro no cume da colina que descia para Banff. Era noite de domingo e a comitiva, temporariamente saindo de Inverness, estava a caminho de Fraserburgh, tendo partido 24 horas antes. Gentle estava ao volante, mas o impacto não foi nada gentil: tudo dentro da van saiu voando, e a maioria dos passageiros apenas tomou um susto, mas Tommy Moore foi atingido diretamente na cara – ele perdeu alguns dentes e teve outros ferimentos. O som da colisão atraiu pessoas de suas casas, e, ao ver a decoração da van, duas garotas adolescentes perceberam que havia artistas entre os passageiros, e correram para pegar seus cadernos de autógrafos. Enquanto estavam esperando por uma ambulância para levar Tommy ao hospital, todos assinaram os cadernos. Essas são as primeiras assinaturas dos Beatles de que se tem registro, as primeiras de dezenas de milhares, talvez até mais. Um conjunto que se estendeu por cinco páginas.

> The Beatles. Paul Ramon. Johnny Lennon. Carl Harrison
> amor Stuart*
> Thomas Moore, Bateria
> Amor Johnny Gentle
> Felicidades, Margie xxxx

No outro caderno, os autógrafos estão espalhados em duas páginas. Sendo o astro principal, Johnny Gentle ficou com uma página só para si, e os cinco Beatals (como Stuart escreveu) se amontoaram na outra: Stuart, Johnny Lennon, Carl Harrison, Paul Ramon e Thomas Moore Bateria.

Isso era o estrelato. Eles tinham conseguido. "Oi, querida, quer meu autógrafo?" Apesar de não estar incapacitado demais para assinar seu nome, Moore estava vendo estrelas, de outra forma. A ambulância logo o levou colina abaixo, para o Chalmers Hospital, e os quatro tocadores de cordas dos Beatles acenaram para ele, sem saber quando o veriam novamente.**

---

* Em ambos os cadernos de autógrafos, Stuart colocou um monograma após sua assinatura. Apesar de ser difícil de discernir, não parece ser uma mistura de *d* e *s* para indicar "De Staël"; talvez seja *f*, *v* e *s*, de Fergusson Victor Sutcliffe.

** O acidente apareceu na imprensa local. Em meio a notícias de bazares da igreja e da Townswomen's Guild, havia uma descrição breve, porém detalhada, da colisão do Dormobile com um carro. O outro motorista era George Merson, um "*farm grieve*" (cuidador de propriedades rurais). O *Banffshire Journal* de 24 de maio de 1960 se tornou o primeiro jornal do mundo a falar dos Beatles... e não foi o último a escrever o nome como "Beetles".

No porto de pescadores de Fraserburgh, no nordeste de Aberdeenshire, eles fizeram check-in no Station Hotel para passar duas noites lá, sabendo que não teriam como pagar a conta. O adiantamento dado aos Beatles por Allan Williams tinha evaporado. A turnê foi planejada tão rapidamente que, aparentemente, eles não perceberam que só receberiam no fim da semana. Larry Parnes se divertiria relatando uma história (possivelmente, e parcialmente, verdadeira) de uma ligação a cobrar, recebida da Escócia, na segunda-feira de manhã – Johnny Lennon perguntando, "Cadê o maldito dinheiro?".[23]

Eles passaram o dia todo em Fraserburgh, antes de tocar à noite. Paul enviou outro cartão-postal para casa: "Deu certo. Pediram meu autógrafo".[24] Stuart enviou um para "Rod, Diz, Ducky" no apartamento da Gambier Terrace, omitindo qualquer menção ao bullying que estava sofrendo: "Estamos pegando fogo, amo cada minuto, Escócia linda, principalmente aqui. Te vejo segunda-feira, eu espero". No meio da tarde, quando parecia que eles teriam que tocar sem um baterista, alguém foi até Banff e buscou Tommy Moore do hospital. Naquela noite, ele se sentou atrás de sua bateria, cheio de hematomas, com o rosto inchado, o lábio suturado, a boca com alguns dentes a menos – e, como ele relatou, de tempos em tempos John olhava para trás e dava boas risadas do azar alheio. Moore *odiava* ele.[25]

Eles já estavam longe de casa havia quatro dias e a novidade de estar na estrada tinha desaparecido fazia tempo. Os Beatles sentiam falta dos confortos de seus lares e de um pouco de gentileza humana... mas acharam isso em Fraserbergh. Como resultado, foi o lugar do qual mais se lembraram. Situado próximo ao porto, o Dalrymple Hall – um salão de baile compacto, com assentos no mezanino – estava com apenas metade da capacidade, porque os jovens da cidade estavam no porto, mas havia algumas garotas particularmente entusiasmadas lá. Apesar de ter apenas 17 anos, Margaret Jack havia passado em seu exame de direção e podia usar o carro de seu pai; já tinha sido determinado que, durante o baile, ela cuidaria da senhorita Gentle – objeto de muita atenção – e, caso surgisse alguma histeria no fim, ela levaria todos, de carro, até um lugar seguro. No entanto, conforme a noite avançou, Margaret e seus amigos acharam que Johnny Gentle não era, nem de perto, tão ousado ou interessante quanto Seu Grupo.

Depois da apresentação, ela estava esperando, no volante, pelo sr. e pela sra. Gentle, quando, perseguidos por um grupo de garotas excitadas – e amando isso –

os Beatles vieram correndo pelas escadas nos fundos do Dalrymple e entraram no veículo. O Vauxhall Estate vermelho e marrom do sr. George Jack foi o primeiro passo de uma estrada que os levaria, cinco anos depois, até um carro-forte Wells Fargo. Margaret acabou levando todos para a casa de seus pais, na 145 Strichen Road. "Eles eram muito divertidos e encheram a casa de música, tocando piano e oferecendo autógrafos para toda a família. Eu gostei mais de Paul: ele se apresentou para mim como Paul Ramon, e foi adorável, uma pessoa muito simpática. Eu os levei de volta para seu hotel no fim da noite e fiz planos para encontrar Paul no dia seguinte."[26]

Enquanto Paul saía com Margaret Jack no carro do pai dela, John chamou a atenção de sua amiga, Margaret Gauld, de 15 anos de idade. Ela estava sentada em um monte de areia com outra amiga, que disse, de repente: "Olha, lá está o grupo que tocou ontem à noite". Elas tentaram se aproximar de uma forma que parecesse casual.

> Começamos a conversar e, após um tempo, nos perguntaram se havia um café por perto. Dissemos que poderíamos mostrar, então os rapazes nos pediram para que nos juntássemos a eles. Eu tomei um suco de laranja e Johnny Lennon também – era assim que ele se chamava –, e ele insistiu em pagar a minha parte, usando o que seria seu último xelim.
>
> Nós ficamos no café por muito tempo e foi muito divertido. Johnny era um tipo interessante, muito engraçado, me fazendo rir o tempo todo. Eu disse que ele parecia com "Sach", um dos Bowery Boys. Ele disse que sua camisa tinha sido rasgada na noite anterior por uma das garotas que agarraram ele, então levei a camisa para minha casa, para meu quarto, e a consertei. Depois, voltei com pães com geleia de morango, que eu fiz para eles. Eu estava *apaixonada*.[27]

Paul e Margaret Jack não tinham muito tempo juntos, mas ela mostrou a ele algumas vilas próximas, e eles foram dar uma olhada no Cairnbulg Castle. Lá estava o ar fresco que poderia restaurar sua mente cansada. Os dois tiveram um momento doce juntos, aproveitando a companhia um do outro, antes de se despedirem com um beijo inocente. "Ele foi um perfeito cavalheiro", disse Margaret, "e, quando o deixei de novo na cidade, ele perguntou se eu os veria em Peterhead no sábado. Eu disse que não podia, porque eu sabia que não estaria na cidade".

Até o fim da tarde, os Beatles já tinham sido expulsos do Station Hotel quando os funcionários perceberam que eles não tinham dinheiro. Os rapazes voltariam para Inverness. Margaret Gauld disse: "Minha amiga Alison e eu fomos vê-los quando estavam partindo de Fraserburgh em seu Dormobile. John veio até mim e implorou que eu fosse com eles, mas eu tinha apenas 15 anos, e não teria permissão para isso. Eles me deram seus autógrafos: '*Para Margaret, com amor, Johnny Lennon*' e '*Para Margaret, com amor, Paul Ramon*'".

A segunda metade da semana teve uma série de eventos: quarta-feira à noite em um pequeno hall de igreja em Keith, cidade onde havia uma destilaria; quinta-feira no considerável salão de baile da prefeitura de Forres; sexta-feira no grande Regal Ballroom em Nairn; e, finalmente, sábado, em Peterhead, passando novamente por Fraserburgh no caminho. Em Peterhead, eles tocaram no compacto Rescue Hall, que ficava em uma rua secundária. Nesse local, a mobília que fazia parte de uma exposição foi colocada em um canto a tempo de os jovens locais poderem dançar. Margaret Jack, em Fraserburgh, era uma exceção: os jovens daquela região não tinham carros, e como o transporte público não funcionava até tarde, os *promoters* conseguiam ônibus gratuitos que iam até as vilas mais distantes e moradias cinzentas que pontuavam as fazendas.[28] Para muitos, o ônibus para o baile era a parte mais animada da semana, quando se vestiam bem, eram buscados em seus pequenos vilarejos e levados a uma cidade apenas um pouco maior, onde um hall estava iluminado e cheio de vida. Os músicos passavam por lá, semana após semana, e, certa vez, eram os Beatles; foi um evento tão pequeno que é fácil entender por que não há mais fotos da apresentação. Como George recordou, com um pouco de exagero: "Até os pubs fecharem, estávamos tocando para ninguém naqueles halls pequenos, aí, uns cinco Teds escoceses entravam para nos assistir. Era só isso. Nada acontecia".[29]

O trem os levou de volta a Liverpool na segunda-feira, 30 de maio, dez dias após terem partido. Na maior parte do tempo, a turnê tinha sido simplesmente terrível: George nunca teve nada bom a dizer sobre ela. Mas, como Paul refletiu: "Foi uma experiência vital para nós, porque, depois daquilo, sabíamos que não era fácil, tínhamos que trabalhar duro e descobrir de onde o dinheiro estava vindo. Aquilo nos ensinou muito. Nos deu uma perspectiva de como poderia ser".[30]

Os Beatles tocaram sete vezes em oito dias – mais do que tinham tocado nos últimos cinco meses – e aprenderam bastante. Agora, se conheciam melhor, e embora Tommy tenha permanecido com eles por apenas mais uma ou duas semanas, os outros continuaram firmes. Quando a poeira baixou, eles sabiam quem eram e onde estavam.

Dois anos depois, a turnê foi descrita em um panfleto de divulgação dos Beatles como "um negócio duro e difícil, mas que levou a um princípio". Não tão poeticamente, aquele *era* o princípio. Ao contrário de outros grupos que fizeram seus testes para Allan Willians no clube Wyvern vazio, os Beatles tinham pouca experiência de palco, e como grupo de rock, como um quinteto com guitarras elétricas e bateria, eles não tinham nenhuma. A turnê aconteceu fora de ordem para eles: o grupo caiu na estrada e descobriu quem era quem, antes de tocar em eventos de sua própria cidade. Foi só após isso, na volta deles, que tocariam mais perto de seus próprios quintais.

15
Dirigir e bater
(31 de maio a 15 de agosto de 1960)

No dia em que os Beatles voltaram a Liverpool, o *Echo* trazia uma propaganda editorial de página inteira para a Nems. A loja na 12-14 Whitechapel era a primeira a ocupar uma nova construção, e Brian e Clive Epstein – sobretudo Brian – projetaram todos os aspectos do interior, em parceria com arquitetos. Um elevador e uma escadaria alcançavam "quatro andares de salas de exposição magníficas, contendo televisões, discos e eletrodomésticos"... mas a ênfase estava nos discos, o foco de Brian: clássicos no térreo, populares, jazz e "continentais" no porão. Como o *Echo* afirmou: "A ambição da Nems é fornecer QUALQUER disco que seja pedido – e oferecê-lo quase imediatamente". A Nems da Whitechapel prometia ser a melhor loja de discos do norte e, a partir do momento em que abriu, passou a ser. Agora com 25 anos de idade, Brian não estava interessado em ser o segundo melhor.

Não era apenas o fato de que ele sabia gerenciar a loja, era o gosto que ele tinha pelo negócio. O garoto que tinha sido um fracasso acadêmico tão deplorável agora estava de cabeça erguida, como qualquer pessoa que havia prosperado. O piso térreo tinha um balcão em formato de U, de 13 metros de comprimento, e um teto suspenso, coberto com mais de mil capas de LPs – foi a primeira vez na Inglaterra que um teto desse tipo foi criado, e logo foi copiado por outras lojas.

Delegar funções era sempre difícil, pois Brian não conseguia acomodar padrões que não se equiparassem ao seu próprio, mas ele era bom em escolher sua equipe. Ele manteve Peter Brown como gerente da filial na Great Charlotte Street e, entre os 30 (aproximadamente) novos empregados na Whitechapel, estava uma nova secretária em período integral, Beryl Adams. Todos aprenderam, da forma difícil, a viver com a insistência pela perfeição, e a reconhecer a volatilidade de seu humor. O comportamento do sr. Brian conquistou a lealdade deles, mas os mantinha receosos; arrogante e adorável, mordaz e encantador, imperfeito, porém justo, ele era um homem que podiam amar e odiar na mesma medida. Ele operava entre o andar da loja, um pequeno escritório no porão e um grande escritório acima da loja: ele também tinha se apropriado de um bom pedaço dos escritórios de desenvolvimento na parte superior da loja em Whitechapel, permitindo que acrescentasse o nome Nems em quatro letras enormes na fachada, enfatizando (com bom gosto, é claro) sua preeminência.

Nem todo mundo havia percebido que aquela voz londrina da RADA, de ar refinado, aparência imaculada, unhas feitas e perfume masculino (numa época em que quase nenhum homem de Liverpool chegava perto de fragrâncias) indicavam uma "bicha" – as pessoas simplesmente não estavam acostumadas a pensar daquela forma –, mas para *aqueles que sabiam*, ele era facilmente identificável. Foi precisamente dois anos após seu incidente angustiante em Sefton Park, nas mãos de um chantagista violento, que o agressor foi liberado da prisão. Yankel Feather, amigo de Brian, nunca esqueceria uma conversa que tiveram na loja: "Eu disse, 'Brian, queria que você olhasse para mim, e não por cima do meu ombro, quando conversamos'. Ele respondeu, 'Estou olhando para aquele rapaz no canto. Ele acabou de sair da prisão e é o homem que me atacou'. Eu disse, 'É melhor você chamar a polícia então', e ele falou, 'Ah, não, eu vou almoçar com ele'".[1]

A inauguração da nova Nems em 31 de maio fez o trânsito no centro de Liverpool parar. Brian tinha ótimas relações com as gravadoras (tanto a Decca quanto a EMI forneceram anúncios pagos na página especial do *Echo*), e ele fez um plano com a Decca para que o ator e músico Anthony Newley aparecesse para cortar a fita da loja. Um grande público, que se espalhou pela rua, compareceu ao evento. Brian já tinha conhecido diversas estrelas do pop, mas não era bem a sua cena: ele ficava tímido, corava na presença deles e era tomado pela ansiedade, temendo entediá-los. Mas ele famosamente estabeleceu um bom relacionamento com Newley, assim como Queenie e Harry, quando Brian levou o londrino à Queens Drive para tomar drinques e jantar com sua família. Brian achou ótimo que Newley era normal, natural e sem afetação, concluindo que era assim que "uma estrela de verdade deveria se comportar".[2]

Em seu primeiro mês de funcionamento, a Nems da Whitechapel teve um rendimento equivalente ao dobro da renda da loja da Walton Road em todo o ano de 1959. Tamanho poder comercial merecia um desconto especial, e Brian fez propostas à Decca, à EMI e outros dos principais fornecedores; como resultado, ele se tornou um dos primeiros a visitar a EMI House, o quartel-general da grande organização, recentemente construído em Londres. Uma discussão de negócios começou com R. N. (Ron) White, gerente de vendas da EMI Records, onde Brian pediu por um desconto de 2,5% caso a Nems conseguisse vender discos da EMI num valor total acima de £ 20.000 em um ano. White insistiu que essa não era a política da companhia, mas Brian ganhou o dia: White consultou os diretores da EMI e voltou com um estratagema conveniente – eles chamariam o acordo de "*Co-operative Advertising Allowance*" (Subsídio de Divulgação Cooperativa). Temendo que outros empresários do varejo ficassem sabendo disso, provocando uma enxurrada de pedidos similares, White fez uma solicitação especial a Brian: quando ele escrevesse a White sobre esse assunto, deveria marcar o envelope como "Estritamente Confidencial". O segredo estava seguro com Brian, cuja iniciativa e perseverança pessoais garantiram que a EMI preenchesse um cheque para a Nems no valor de £ 564, ao fim dos 12 primeiros meses.

Cinco anos após a EMI nomear (Sir) Joseph Lockwood como presidente, sua imagem tinha crescido paralelamente à sua fortuna: a empresa britânica tinha se tornado um agente global nas muitas áreas em que atuava. Localizada na 20 Manchester Square, próximo à Baker Street, a EMI House estava entre os primeiros edifícios de escritórios do pós-guerra, um prédio dos anos 1960, de cores claras, com características arquitetônicas atraentes, tal qual a sacada aberta em cada andar, que tinha uma vista para a entrada principal. Os empregados, que antes estavam espalhados, se uniram pela primeira vez nos escritórios. Os populares departamentos de A&R, anteriormente na Great Castle Street, ocupavam uma ala do quarto andar. A configuração da Parlophone era típica: George Martin e seu assistente, Ron Richards, estavam em escritórios externos separados (como era o chefe, George tinha o piano para trabalhar com arranjos musicais), e suas respectivas secretárias, Judy Lockhart Smith e Shirley Spence, compartilhavam um escritório no meio. George e Judy também mantiveram seu caso amoroso, que já durava quatro anos, aproximadamente; a maior discrição possível continuava sendo essencial, porque Sheena se recusava a conceder o divórcio a George.

O homem que entregava rock'n'roll à população tinha acabado de sair do exército, seu período de serviço militar estava encerrado. O jovem Elvis Presley, com sua pélvis pulsante, seus quadris requebrantes, seus lábios contraídos, que tinha sexualmente aterrorizado a América, agora era considerado como um patriota exemplar, tolerado – e, na maior parte do tempo, tolerável. Ele parecia mais magro, mais em forma, belíssimo, mas simplesmente não era o mesmo Elvis que tinha iniciado o serviço militar em 1958. Três semanas após voltar como uma superestrela civil, ele estava em Miami, usando um paletó e uma gravata-borboleta em um especial televisivo com Frank Sinatra, que, até então, não tinha nada de bom para falar sobre Elvis. Agora, tudo estava bem porque o rock estava domado... não estava?

Em Liverpool, os fãs mais ferrenhos estavam um tanto aflitos: seu novo single, "A Mess of Blues", era bom, no entanto não era nenhum "Heartbreak Hotel" ou "Baby Let's Play House", mas *certamente seu próximo será ótimo*. De qualquer forma, outros discos maravilhosos estavam vindo da América. O rock estava ausente no nível corporativo, mas os selos independentes, robustos e vitalmente não convencionais dos EUA – uma mistura corajosa de duas classes imigrantes, negros e judeus – continuavam a lançar ótimos discos de rock'n'roll, rhythm & blues, e mais. Discos valiosos foram levados à Inglaterra pelo selo London, da Decca, e acabaram chegando a Liverpool, onde grupos de rapazes os ouviam nas cabines de audição da Nems, bem como em outras lojas, absorvendo todas as notas antes de tocarem as canções nos clubes e nos salões de baile.

Parece que todo mundo ficou impressionado com "Money (That's What I Want)", de Barrett Strong. A resenha da *Disc* quase acertou: "Grupo de garotas e grupo de ritmo selvagem fazem muito barulho e, na metade do tempo, parece que Barrett está com dificuldades para se sobressair".[3] Porém, mais do que isso, havia empolgação, batidas, riffs, um arranjo irresistivelmente esparso, vocais comoventes e uma letra que anunciava que o cantor não queria sexo, ele queria *dinheiro*. O selo London atribuiu a origem da gravação a "Anna, Detroit", e levou tempo até as consequências disso serem percebidas: foi a primeira fagulha de uma nova via expressa musical, o momento em que o som negro e urbano de Detroit deu um solavanco do outro lado do Atlântico, uma linha de produção pulsante de ritmos e melodias da Motor City. "Money" era o segundo disco do selo Tamla (ou relacionado ao selo Tamla) lançado na Inglaterra; apesar de não ter sido um sucesso, foi *ouvido*, e as coisas nunca mais foram as mesmas.

"Money" se tornou a canção de John, uma que ele sempre cantava, um garoto cheio de cicatrizes emocionais, que desejava dinheiro *e* sexo, e que injetava paixão em cada performance. Foi, quase certamente, a letra de "Money", lançada em abril, que o fez dizer a frase "As melhores coisas da vida vêm de graça", quando Johnny Gentle precisava de ajuda com sua canção em Inverness.*

Todos os Beatles, especialmente George, eram fãs de Duane Eddy, e sua cativante "Shazam!" se alojou na mente deles, assim como "Road Runner", de Bo Diddley ("*I'm a rooooad-runner, honey!*"), e eles gostavam de "Only the Lonely", uma canção intensamente dramática de Roy Orbison, que era um nome novo para eles, embora o cantor já atuasse nos EUA havia alguns anos. "Cut Across Shorty", o lado B de "Three Steps to Heaven", do falecido Eddie Cochran, contava uma história e também foi um sucesso. Paul ficou especialmente encantado pela nova versão dos Coasters para a canção espanhola dos anos 1940 chamada "Besame Mucho", lançada na Inglaterra no final de abril.**

Outro single de sucesso foi o incomum "Alley Oop", dos Hollywood Argyles. Com certeza agradaria o público: parte falado, parte cantado e permitindo muita participação da plateia, ideal para alguém que conseguia cantar, mas não tinha muito alcance vocal, alguém que nunca havia cantado em um palco antes, mas precisava de experiência com um microfone. E foi assim com Ringo Starr, no

---

* Por sua vez, o verso em "Money" provavelmente veio da canção de 1927 "The Best Things in Life Are Free", um sucesso interpretado por muitos cantores e o título de um filme biográfico hollywoodiano sobre seus compositores, Lew Brown, Buddy DeSylva e Ray Henderson, lançado em 1956.

** O selo London sempre citava a fonte original dos EUA. "Besame Mucho", dos Coasters, estava no selo Atco (Nova York) da Atlantic; "Shazam!", de Duane Eddy, no selo Jamie (Filadélfia); "Road Runner", de Bo Diddley, no selo Checker (Chicago), da Chess; "Only the Lonely", de Roy Orbison, no selo Monument (Nashville); e "Cut Across Shorty", de Eddie Cochran, no selo Liberty (Hollywood) – todos os pontos de interesse da música produzida nos EUA abrangidos em uma compilação influente.

Butlin's, seis noites por semana, no Rock and Calypso Ballroom, no verão de 1960. Ele decidiu ir, e foi.*

De acordo com Iris Caldwell, o irmão dela ajudou Ringo a tomar a decisão. A poucos dias de ir para o País de Gales, os Hurricanes precisavam de Ringo ainda mais do que ele precisava deles. Então, Rory comprou para ele uma ou duas novas peças para sua bateria e deixou claro o quanto eles se divertiriam no Butlin's. Mais que isso, ele foi até Admiral Grove e implorou a Elsie e Harry que deixassem Richy ir. Por pelo menos um tempo depois, recorda Iris, "eles diziam que Rory tinha arruinado a vida de Richy".[4]

No entanto, a palavra final era de Richy, e, após ficar em cima do muro desde fevereiro, tinha tomado uma decisão. Ele ganhava £ 6 por semana na Hunt's, e cerca de £ 8 extras tocando em Liverpool com os Hurricanes, mas, no Butlin's, ele ganharia £ 16 por 25 horas de trabalho em uma semana. *Trabalho?* Era só tocar muita bateria e, ao mesmo tempo, se divertir como nunca. Ele tinha dito em 1958: "Esse é o trabalho para mim", e agora, dois anos depois, ali estava sua grande oportunidade, adiante e para cima, a caminho do London Palladium. Ele contou a Elsie e Harry a notícia que eles tanto temiam. "Eu disse que queria aproveitar a oportunidade – e, no final das contas, eles disseram, 'OK, a vida é sua, se você quiser estragá-la. Nós tentamos.'" Como eles contariam a jornalistas curiosos, três anos depois, "Sabíamos que era a única coisa que o faria feliz".[5]

Richy largou seu aprendizado faltando apenas um ano para concluí-lo. As pessoas que trabalhavam na H. Hunt & Son disseram a ele que estava sendo estúpido. Richy tinha começado na fábrica como um garoto doente, próximo dos 16 anos de idade; ele estava saindo de lá como um rapaz decidido, de quase 20. Na sexta-feira, 27 de maio, ele deu a Roy Trafford sua régua T, entregou sua carteirinha do sindicato e bateu o ponto pela última vez – e, enquanto os Beatles estavam

---

* Para Ringo e os outros Hurricanes, "Alley Oop" era apenas uma canção. Os americanos a conheciam como uma tirinha de quadrinhos, publicada em diversos jornais do país, que mostrava um homem das cavernas de um milhão de anos antes de Cristo vivendo desventuras com uma máquina do tempo. A tirinha levou à criação da canção inusitada, que chegou à primeira posição da *Billboard* e da *Cash Box* (e foi um sucesso menor na Inglaterra, onde foi lançada pelo selo London). A sessão de gravação foi alegre e embriagada, produzida em Los Angeles por Kim Fowley.

em Nairn, tocando com Johnny Gentle, Richy estava no bar com seus ex-colegas de trabalho, bebendo cervejas em sua despedida.

Enquanto isso, o que aconteceu com Gerry McGovern? O tempo todo em que estavam juntos, ela aturou a vida musical do noivo, e, recentemente, havia deixado bem clara sua posição: *ou eu, ou a bateria*. Richy foi curto e grosso: ela podia ficar lá e esperar por ele se quisesse, mas ele ia para o Butlin's e não voltaria por três meses.

Havia algumas coisas a serem feitas no que seria sua última semana em Liverpool antes de setembro. Após devolver sua carteirinha do sindicato de engenheiros, Richy foi direto ao sindicato dos músicos. Rory and the Hurricanes precisavam ser membros para tocar no Butlin's – a assinatura semanal era de um xelim, eles gostassem ou não. Eles também compraram ternos cinza e sapatos de rock'n'roll que combinavam, e tocaram na segunda Rock Night semanal do Cavern.

Sábado, 4 de junho, era o grande dia. Rory e Johnny Guitar conseguiram uma van, e Elsie e Harry se despediram de seu Richy no pub Empress. Às seis da tarde, os Hurricanes já tinham viajado por North Wales, até o acampamento Butlin's em Pwllhelli, e estavam descarregando seu equipamento. O diário de Johnny registra que, para começar, eles não ficaram no acampamento em si, mas numa área externa, e precisavam pegar um ônibus para chegar ao local do show. Johnny compartilhou um quarto com o baixista Wally; o guitarrista base, Chas, ficou no mesmo quarto que Ringo; e Rory tinha um quarto apenas para ele... só que esses não eram exatamente os nomes deles naquele momento: como Rory, Johnny e Ringo tinham nomes de caubói, Chas O'Brien mudou o seu para Ty Brian, e Wally Eymond para Lu Walters.

Sábado era o dia de troca de campistas no Butlin's, e a banda não tocou, mas lá estavam eles no Rock and Calypso, no domingo, às oito da noite. O fotógrafo oficial da Butlin's os arrumou para uma foto, os cinco com uma *ótima* aparência, com seus grandes topetes, sorrisos abertos, ternos cinza, lenços nos bolsos e sapatos bicolores, de bico fino, observados pelos jovens que eles estavam prestes a fazer dançar. Eles agitaram o lugar até as 23h15, e, então – antes de todos voltarem para os chalés, não necessariamente seus próprios – eles se juntaram aos Redcoats e aos campistas para cantar o hino noturno de encerramento das atividades do Butlin's (com a melodia de "Goodnight Sweetheart", de Ray Noble). Seria um verão longo, excelente, e muito britânico.

Em 4 de junho, no mesmo dia em que os Hurricanes estavam a caminho do País de Gales, um grupo *ad hoc* de roqueiros do 2i's chamado Jets estava a caminho de Hamburgo. Nos últimos dias de maio, um alemão de baixa estatura com um *Klumpfuss* tinha viajado à Inglaterra em busca de um grupo para tocar em seu bar. Era Bruno Koschmider, do Kaiserkeller. Apesar de ser impossível afirmar com certeza, ele provavelmente chegou lá procurando Allan Williams, o pequeno empreendedor que tinha visitado seu bar naquele mesmo ano, falando bonito, mas tocando uma fita *kaput.*[*] Aparentemente, Koschmider não sabia que Williams era de Liverpool, ou então tinha esquecido, ou decidiu ir a Londres antes. Qualquer que fosse a situação, ele mancou até o 2i's Coffee Bar, na 59 Old Compton Street, o único lugar onde seguramente encontraria rock'n'roll, onde o som de guitarras elétricas cortava o ar na aromática região do Soho, disparando do porão.

Falando por meio de um intérprete local, Koschmider começou a conversar com um habitante do lugar, Iain Hines, um pianista. A partir dali, as coisas progrediram rápido. Levou apenas algumas horas para que Hines montasse, do zero, um grupo de desajustados talentosos que ficariam felizes de ir para Hamburgo e tocar por um bom dinheiro – um deles era o guitarrista Tony Sheridan, tão inconstante e temperamental quanto era brilhante.[**] Cinco caras com seus equipamentos pegaram o trem e o barco, e, na noite de domingo, 5 de junho, quase no momento em que os Hurricanes chegavam ao Butlin's, os Jets tocaram pela primeira vez no Kaiserkeller, e um divertido rock'n'roll britânico ecoava pelo notório distrito da luz vermelha de Hamburgo. Ali estava um marco cultural de grandes proporções.

Naquele mesmo 4 de junho, os Beatles estavam em Merseyside – eles eram o grupo residente para o evento "Dances For Youth", organizado pelo governo local,

* Há tantos detalhes conflitantes (e insuficientes) sobre o motivo de Koschmider ir a Londres, que a verdade nunca será conhecida com certeza absoluta. Mesmo assim, é razoavelmente seguro presumir que, se Williams não tivesse instigado seu interesse, isso não aconteceria.

** Anthony Esmond Sheridan McGinnity, nascido no dia 21 de maio de 1940, em Norwich.

todo sábado, no Grosvenor Ballroom, um edifício atraente, de tijolos vermelhos, em Liscard, Wallasey. Foi um dos três bons contratos – espalhados por Liverpool – que Allan Williams conseguiu para eles enquanto estavam na Escócia. Também havia um acordo com um *promoter* de bailes local, pelo qual eles se apresentariam (assim como Gerry and the Pacemakers) na mesma casa de shows, no feriado "*Whitsun*" (Festa do Divino Espírito Santo), além de seis noites de quinta-feira consecutivas em um hall em Neston, na área rural de Wirral.*

Havia uma confusão constante quanto ao nome deles. Para Williams, eles eram os Silver Beetles e, como ele escreveu isso nos contratos, os *promoters* os anunciaram dessa maneira. O baile no feriado "*Whitsun*" também foi divulgado no *Liverpool Echo* – a primeira menção aos Beatles no grande jornal noturno de sua cidade; apesar de terem escrito "Silver Beetles", Paul (ou Mike) recortou o pequeno anúncio e o guardou para sempre. No entanto, quando eles tinham a oportunidade, sempre garantiam que o nome do grupo fosse escrito corretamente. Um repórter de jornal de Wirral falou com eles na noite de abertura, no Neston Institute, na quinta-feira, 2 de junho – a primeira apresentação dos Beatles como atração principal, e a primeira divulgada em qualquer parte –, e o artigo acertou: eram os Beatles, com um "A". Porém, quanto ao nome dos integrantes do grupo, o legado escocês ainda estava lá, na maior parte: "John Lennon, o líder, toca uma das três guitarras, e os outros guitarristas são Paul Ramon e Carl Harrison. Stuart Da Stael [*sic*] toca o baixo, e o baterista é Thomas Moore".[6]

Tommy ainda não tinha desistido de suas baquetas – ele continuava a pôr em risco o seu trabalho na fábrica, buscando uma renda extra. John e Stu voltaram à faculdade de artes após a Escócia, provavelmente sem consequências após tirar uma folga das aulas. Paul estava de volta ao seu uniforme escolar, um músico profissional mentindo para o Liverpool Institute, entregando a carta falsificada de seu pai e garantindo aos professores que estava muito melhor agora, muito obrigado, mas não, ele não sabia da prova escrita de arte, na qual ele certamente seria reprovado.

---

* O *promoter* de bailes local era Les Dodd, da Paramount Enterprises, com sede em Wallasey. Ele pagou aos Beatles £ 10 pelo evento na segunda-feira e £ 9 a cada apresentação de quinta-feira no Neston Institute. Levando em consideração os cachês em Liverpool naquela época, esses valores estavam acima da média, e Williams nem sempre recebia sua comissão de 10%.

Carl tinha a tarefa mais triste de todas. Voltar faminto e quebrado de uma turnê horrível já era ruim, ficar ocioso em casa era ainda pior. Ele tinha jogado fora seu aprendizado na Blackler's, e saiu sem uma carta de referência, então achar outro emprego seria difícil. Ele não tinha passado em nenhum exame e não tinha nada que sugerisse uma aptidão para qualquer coisa além do trabalho braçal. Em vez de contribuir para a renda de seu lar, ele estava de volta à mendicância. Além de tudo isso, havia atrasado o pagamento semanal de 16 xelins pela Futurama. Harry Harrison era um pai paciente e justo, mas ele sempre foi um trabalhador. Além disso, por meio de seu trabalho no comitê social dos trabalhadores do transporte, ele sabia o quão difícil era para um homem ganhar a vida com o entretenimento. Como George conseguiria sobreviver tocando sua guitarra?[7] Louise continuou a apoiar seu filho caçula de todas as formas que podia, mas ela também sempre trabalhou muito. Como nunca foi preguiçosa, ela não aprovava que George o fosse. Os Harrison sempre pagavam pelas coisas de forma honesta.

"Vá lá e ache um emprego, filho."

A princípio, George aceitou as críticas em silêncio. Ele abaixava a cabeça, ficava firme e mostrava os xelins que ganhara com os eventos agendados por Williams. Mesmo assim, as exigências de que ele fizesse *alguma coisa* se acumularam, até que, por volta da terceira semana de junho, George não aguentou mais a pressão e saiu. Ele se mudou da casa de sua família e foi morar no apartamento na Gambier Terrace.

Era um passo audacioso e de independência para um rapaz de 17 anos de idade, e John e Stuart foram amáveis e generosos o bastante para empurrar um pouco de lixo e sujeira para os cantos e abrir espaço para George. Apesar de o quarto de estúdio ser um chiqueiro, do ponto de vista de George, ali havia sanidade, espaço para pensar, fumar, tocar sua guitarra, estar com John e Stu. Ninguém ali o pressionaria para procurar um emprego, nem lhe diria o que fazer. Louise percebeu que a situação precisava ser abordada com cuidado; enquanto isso, George estava seguro com sua gangue, três Beatles em um cômodo.*

---

* Talvez fossem quatro. Irene, cunhada de George, afirmou: "A ideia era que todos morassem naquele apartamento" – o que sugere que Paul também tinha a opção de se juntar a eles. Paul já passava a maioria dos fins de semana lá, mas ficava em sua casa durante a semana. Não há mais informações sobre isso e não há conhecimento definitivo quanto ao momento em que George parou de morar lá e voltou para Speke, mas isso provavelmente aconteceu na primeira ou segunda semana de julho. Ele voltou à sua antiga rotina: de segunda a sexta-feira em casa, fins de semana no quarto de John e Stu com Paul e, às vezes, Cyn.

Eles estavam conseguindo cerca de seis horas no palco por semana. Depois das apresentações na Escócia, estavam aproveitando para consertar algumas falhas. Chris Huston, guitarrista solo do grupo Bob Evans and his Five Shillings, de Wallasey, ia ao Grosvenor toda semana e se lembra deles como "bagunceiros, um grupo de Liverpool saindo de seu território, indo a Wallasey. Os limites de nosso mundo eram muito pequenos, então, se você era um grupo de Liverpool tocando em Wirral, você sentia que precisava de um passaporte".

> A apresentação de palco deles não existia – eles apenas tocavam rock'n'roll com fúria. Stuart ficava ao lado e obviamente não conseguia acompanhá-los. Ele ainda não tinha uma imagem a projetar – na verdade, sua imagem era *não projetar*. Ele era muito pequeno, com um baixo Hofner enorme. A impressão duradoura que eu tenho deles no Grosvenor é de Stuart em um lado, meio que isolado, e os outros se divertindo muito tocando "Red Sails in the Sunset" e Chuck Berry, o bom e velho rock'n'roll.[8]

O esquema do Grosvenor era comum à maioria dos salões de baile da Inglaterra: garotas ficavam em um lado do hall, rapazes do outro. Os fregueses ("*patrons*", como os gerentes gostavam de chamá-los) talvez chegassem em grupos mistos, mas se separavam quando entravam, até casais. Garotas dançavam sozinhas, em duplas, ou em grupos, geralmente ao redor de suas bolsas, e, às vezes, iam para o outro lado e buscavam seus namorados para dançar com elas. Os rapazes ficavam em grupos, rindo, fumando, fazendo pose, dando uma olhada nas gatinhas e procurando a próxima briga. Músicos tinham que ser fortes para tocar nesses lugares – acabar em uma briga era sempre uma possibilidade, e meramente observar a violência já era o suficiente para revirar o estômago. Desentendimentos podiam começar em um instante. Paul recorda uma noite no Grosvenor em que uma briga enorme começou e ele acabou envolvido. "Eu tentei salvar meu amplificador Elpico, meu xodó na época, e um Ted me agarrou e disse, 'Não se mexa, garoto, senão você cai morto.'"[9]

A violência era comum na região verde de Neston, assim como na urbana Wallasey. Os Beatles viram muito disso quando tocaram no Institute durante aquelas seis quintas-feiras, de junho a julho. Em algumas semanas, foram antecedidos por uma apresentação do grupo Keith Rowlands and the Deesiders, de Heswall, e seu guitarrista, Pete Bolt, ainda lembra do impacto que John e Paul tiveram sobre ele, assim como a reação incomum que eles recebiam de garotas na pista de dança: "Foi a primeira vez que eu vi pessoas cantando em harmonia. Eles não eram só um grupo de apoio com um cantor na frente, eram os dois juntos no microfone – muito incomum, e bom. Eu também me impressionei com a forma como eles começavam e encerravam as canções, sempre com um som limpo, e como eles interagiam com a plateia, conversando com o público, especialmente com algumas garotas que ficavam perto do palco".[10]

A rotina dos Beatles nos sábados era se encontrar no Jacaranda e pegar uma carona até Liscard. Uma vez – talvez na segunda semana, 11 de junho – Tommy Moore não apareceu. Sua bateria estava lá, mas ele não. Alan Williams estava em casa quando Stuart ligou para dizer que eles ainda não tinham saído, apesar do horário da apresentação estar se aproximando. Williams tinha um Jaguar e era, por pura compulsão, um motorista letalmente veloz. Ele foi rapidamente ao Jac, pegou os quatro Beatles e dirigiu até a casa de Tommy, em Toxteth, que ficava perto. Sua batida na porta foi respondida por uma voz vinda da janela do andar de cima – era a esposa de Moore, gritando: "O que você quer?". Williams perguntou: "Onde está Tommy? Ele precisa tocar", e a mulher deu a eles uma resposta bem liverpudliana: "Vocês podem *vazar*, ele não vai mais tocar com vocês, chega, ele está na fábrica de garrafas". Williams e os Beatles foram rapidamente até Garston – na "rua Brummer Striving", uma fábrica atrás da outra, muitas em greve – e lá estava Moore, com seu macacão, trabalhando no turno das 15h às 23h. Eles imploraram a Tommy que fosse tocar com o grupo, mas não deu certo: ele estava preso no trabalho, e sua mulher tinha deixado claro – largue o grupo e fique com o emprego, ou eu vou embora.

Williams rapidamente levou os Beatles pelo Mersey Tunnel até Liscard, onde os deixou, e voltou para sua casa. Montar o palco era simples: colocavam os amplificadores, plugavam seus instrumentos e começavam a tocar. Passagens de som não existiam. Eles também montavam a bateria; antes da primeira canção, John perguntou se alguém queria ajudar. Ele não contava com um Ted gigante, o líder da gangue, subindo ao palco e fazendo arruaça, e ainda insistindo que ele fosse chamado para ajudar toda semana dali em diante, OK? Williams teve que dirigir rapidamente até o local no fim da noite, para acalmar a situação e tirar os rapazes da encrenca.

Não ter um baterista era o velho problema do grupo, mas as tentativas de achar uma solução não incluíram chamar Pete Best, o rapaz quieto, que eles sabiam que tinha uma bateria *e* estava ocioso no clube de sua mãe, o Casbah. "Uma série de baterias veio, e foi, e veio", John escreveu sobre esse período, alguns meses depois. A história não registrou todos os nomes, e os Beatles nunca lembrariam deles.

Com o dinheiro de seus eventos semanais do outro lado do rio, em 14 de junho, os Beatles compraram um amplificador na Hessy's. Parece ter sido uma compra em grupo, possivelmente envolvendo um subterfúgio. George fez a Hessy's acreditar que ele ainda tinha um emprego, então assinou o contrato como o nome principal. Incapaz de usar sua mãe como fiadora dessa vez, eles incluíram Glynne Trower, uma estudante veterana do Liverpool College of Art que tinha apoiado a compra do baixo de Stu. Mais que o pagamento integral de um de seus eventos em Wirral, £ 10, foi o valor depositado como entrada na compra de um Selmer Truvoice (15 watts, duas entradas e uma alça), o melhor amplificador que eles tinham, de longe, e foi utilizado quase imediatamente. Perto do 18º aniversário de Paul, em 18 de junho, e provavelmente em sua casa, os Beatles fizeram mais gravações amadoras da banda. Como Paul recorda: "Às vezes, eu pegava emprestado um gravador de fita – um Grundig, com uma luzinha verde – [ou] John conseguia arranjar um, e íamos até minha casa para tentar gravar algumas coisas. Eu acho que me lembro de ter gravado 'Hallelujah, I Love Her So', porque eu tinha o disco de Eddie Cochran. Eram demos caseiras mesmo, com péssima qualidade de som".[11]

Foi a segunda fita de 1960 a ter sobrevivido, e tem muito mais valor que a primeira. Sua duração é de aproximadamente 47 minutos, e contém 19 canções ou jams diferentes, oferecendo uma perspectiva mais clara das habilidades, das ideias e do humor dos Beatles, ilustrando em que eles eram bons e em que não eram. Não há baterista e George mal aparece – é possível que ele nem estivesse presente nessas sessões (aparentemente, houve mais de uma), ou apenas participou de maneira breve. Algumas canções trazem apenas John e Paul, mas, na maior parte do tempo, são John, Paul e Stu.

A performance não é muito refinada, mas há mais confiança e coesão do que antes, o resultado de seu tempo tocando no palco. A habilidade de Stu no baixo melhorou e, apesar de ele estar longe de ser proficiente, já não era mais um iniciante: alguns dedos achavam as notas certas, às vezes. Suas maiores dificuldades acontecem com as poucas jams, que não têm título e não impressionam, apesar de conterem uma estrutura de blues de 12 compassos, apropriada para músicos de baixo nível técnico. Nessas jams, os Beatles soam definitivamente mal.

É quando eles cantam que as coisas dão certo. Eles tocam várias canções "atuais". Paul canta "Hallelujah, I Love Her So" e duas boas versões de "Wild Cat" (canção de Gene Vincent lançada em 1959); ele também canta "The World Is Waiting For the Sunrise", de Les Paul e Mary Ford, que também foi apresentada pelos Nerk Twins na Páscoa. John canta "Matchbox" (de Carl Perkins) e duas canções antigas recentemente revividas, "That's When Your Heartaches Begin" (gravada por Elvis havia pouco tempo) e "I'll Always Be In Love With You" (por Michael Holliday, de Liverpool, que soava muito como Bing Crosby), e eles ainda tocam duas instrumentais de Duane Eddy, "Ramrod" e "Movin' and Groovin'".

O melhor conteúdo está nas seis Composições Originais Lennon-McCartney, incluindo três que eram possivelmente novas, e que nunca apareceriam de novo, aparentemente com os títulos "Some Days", "You Must Write Every Day" e "You'll Be Mine". Paul faz a voz principal em todas as três e foi o compositor principal, ou único. "You'll Be Mine" é particularmente divertida – Paul canta como Caruso, e John como um integrante dos Ink Spots, fazendo um discurso que era o ápice do amor que eles tinham pelas coisas absurdas e de sua própria paixão por trocadilhos. Também há as gravações mais antigas de "One After 909", "I'll Follow the Sun" e "Hello Little Girl". "One After 909" era claramente um diamante bruto, polido pelas harmonias atrativas de John e Paul. "I'll Follow the Sun" traz Paul sozinho, apenas voz e guitarra, com exceção de alguém (provavelmente John) batucando em um case de guitarra. "Hello Little Girl" é uma canção dos Nerk Twins que traz mais conhecimento sobre o que John sempre chamou de "sua primeira canção", composta aos 17 anos de idade, quando a influência de Buddy Holly era palpável.[12]

Com seu amplificador Truvoice, fitas e eventos regulares, os Beatles estavam começando a entrar no ritmo, uma situação que eles deviam completamente ao trabalho de um homem. Como Rod Murray observou: "Nenhum deles tinha qualquer senso de negócios e, sem Allan Williams, acho que eles nunca chegariam a lugar algum". Williams era a única pessoa que conseguia trabalho para eles: os outros *promoters* de Liverpool nem sabiam da existência deles, exceto Brian Kelly, que ficou irritado com sua ausência no Lathom Hall naquela semana e teria que ser persuadido para aceitá-los novamente. Também era muito conveniente o fato de eles serem gerenciados por um homem que era dono de um café e um clube – se tornou sua segunda casa, o lugar para passar um tempo livre; às vezes, eles tocavam lá, nas noites de segunda-feira, no porão que, antigamente, armazenava carvão. Namoradas podiam ir junto, desde que obedecessem às regras: Dot disse que ela e Cyn podiam se sentar com John e Paul quando eles falavam de música, mas precisavam ficar caladas – "Não tínhamos permissão para abrir a boca".[13]

Foi graças ao Jacaranda que os Beatles acharam outro baterista. Norman Chapman tinha 22 anos, era recém-casado e trabalhava fabricando molduras para quadros na Jackson's, a loja de arte que ficava em frente ao Jac (e que foi o local de muitos "saques rápidos" de John Lennon, desde 1957). Ele também tinha uma bateria de £ 20 e – impossibilitado de tocar em sua casa – havia garantido para si um sótão vazio na esquina das ruas Slater e Seel, para poder praticar sem perturbar ninguém. Uma noite, enquanto um Beatle ou outro estavam sentados no Jac, imaginando como eles iam encontrar mais *umaporradumbaterista*, o som da percussão de Chapman entrou pela porta. Paul foi até a Jackson's no dia seguinte e perguntou se Norman queria tocar com os Beatles naquela noite, já que eles tinham um evento marcado. Chapman aceitou e ficou com a vaga.*

Allan Williams se lembra do baterista dos Beatles naquela época como "um dos melhores que eles tiveram, um homem alto e muito amigável, um tanto quieto, mas tocava muito bem".[14] Chapman entrou para a banda na rodada semanal de apresentações em Neston e Liscard, e, ocasionalmente, no Jacaranda. Parece que ele se aproximou mais da banda que Tommy Moore, até passando um tempo com eles no apartamento da Gambier Terrace ("Eu ia lá de tempos em tempos. Era algo que você tinha que ver para crer: cinzas no meio do chão, latas e garrafas,

* Norman Chapman, nascido em 31 de dezembro de 1937, em Liverpool. Os Beatles nunca falaram publicamente dele e não há fotos de Chapman com os outros membros do grupo. Ele morreu aos 57 anos de idade e só foi entrevistado uma vez a respeito desse período, por Spencer Leigh, que é a fonte das citações e das informações utilizadas aqui.

desenhos por toda a parede"). Por mais que ele se divertisse, Chapman já sabia que seus dias com os Beatles estavam contados. Como nasceu em 1937, ele estava na penúltima remessa de jovens que seriam chamados para o National Service. Seu alistamento tinha sido adiado enquanto ele trabalhava em seu aprendizado de cinco anos, fabricando molduras, mas isso tinha acabado e um envelope alaranjado com as palavras "*On Her Majesty's Service*" (A Serviço de Sua Majestade) chegaria a qualquer momento.

Outro que frequentava o apartamento imundo na Gambier Street era Royston Ellis, "*King of the Beatniks*" (Rei dos Beatniks). O bardo barbudo, que aparecia em documentários televisivos e artigos na imprensa toda vez que precisavam da opinião excêntrica de um adolescente, estava em Liverpool para ler sua poesia, na universidade, em 24 e 25 de junho, e logo se viu atraído pela companhia dos Beatles. O responsável por esse encontro foi George, que não tinha nada para fazer enquanto John, Stu e Paul estavam na escola, e passava seu tempo no Jac, quando o poeta ambulante de cafés entrou lá, atraído por seu radar de "lugares do momento". Declaradamente disposto a "experimentar tudo", Ellis era ativamente bissexual nesse período de sua vida, e de imediato se sentiu atraído por George: "Ele tinha uma aparência fabulosa, com seu cabelo comprido e sua camisa listrada ao estilo *martelot*, muito moderna, o que me levou a falar com ele, deliberadamente. Eu tinha 19 anos, ele tinha 17, e nos entendemos na hora".[15] George levou Ellis, sua máquina de escrever e sua mochila de lona para Gambier Terrace, a fim de conhecer John e Stu. Um relacionamento de confiança foi rapidamente estabelecido e Ellis foi convidado a "passar uns dias" lá – mais um ocupante do imundo quarto dos fundos.

Nascido em fevereiro de 1941, Ellis era mais jovem que John e Stu, mas tinha uma experiência de vida mais ampla, pois viajara pelo país, aparecera na TV e no rádio, fora publicado como poeta e escritor e passara por experiências com sexo e drogas. Para o *Daily Mirror*, ele era "um esquisito da esquisitolândia", mas, para John Lennon, ele era "a versão inglesa de Allen Ginsberg", falando algo que parecia a linguagem deles.[16] Ellis disse que jovens que não procuravam trabalho não eram vagabundos, mas "garimpeiros", e que nenhum adolescente que se respeitasse deveria se casar com uma pessoa virgem ("Só esse comentário me rendeu dinheiro o suficiente para me sustentar por um ano", ele recorda). Além disso, ele era amigo de Cliff Richard e, em particular, do grupo de apoio de Cliff, os Shadows (antes chamados de Drifters). Eles forneciam uma trilha sonora de rock para Ellis quando ele fazia seus ocasionais recitais de poemas, sessões que ele chamava de "Rocketry", uma mistura de "*rock*" e "*poetry*".

Sua plateia na Liverpool University não gostou nem um pouco dele. Os Beatles eram muito mais similares a ele, e – em uma apresentação no Jac, que não foi divulgada – eles fizeram o papel dos Shadows e tocaram a música de fundo para outro evento de Rocketry. Paul gostou muito da experiência, mas ficou espantado com alguns dos versos, como esta estrofe do poema "Julian":

> "*Easy, easy,*
> *Break me in easy.*
>
> *Sure I'm big time,*
> *cock-sure and brash,*
> *but easy, easy,*
> *break me in easy.*"[17]
>
> (Calma, calma,
> me laceie com calma.
>
> Claro que sou importante,
> pintudo e prepotente,
> mas calma, calma,
> me laceie com calma.)

Obviamente ele estava falando de *sexo de bicha*! Paul se preocupou com o fato de que poderia ser sobre "marinheiros transando", enquanto tentava achar as notas certas na guitarra para criar um som apropriado.[18]

A bissexualidade de Ellis abriu os olhos dos Beatles, como ele mesmo recorda: "Havia uma expressão, 'Você ainda me ama?', e acho que eu devo ter dito isso a John, porque todas as sobrancelhas se ergueram... 'O quê?', aí eu dei um sermão neles, sobre a cena do Soho, e disse que eles não deveriam se preocupar, porque um de cada quatro homens era gay, apesar de eles provavelmente não saberem disso". O comentário teve um impacto profundo. Como Paul disse: "Olhamos um para o outro e imaginamos qual de nós era. 'Deve ser um de nós, porque somos quatro... Puta merda, não sou eu, né?'".[19]

Mais memorável foi o fato de que Royston Ellis deu aos Beatles sua primeira experiência com drogas. Pouco tempo depois, ele escreveu que ficou impressionado ao descobrir que eles não conheciam a prática de comprar um inalador nasal Vicks, retirar o papelão com benzedrina que ficava dobrado em seu interior e mastigá-lo, para ficar chapado.[20] Muitos estavam presentes no apartamento, incluindo John, Stu, George, Paul, Rod Murray e Bill Harry, mas a ideia de tomar algo para se sentir eufórico, ou alterado de alguma forma, atraiu especialmente John. Ele tinha a perspectiva mais similar à de Ellis: queria experimentar tudo o que a vida podia oferecer e, quem sabe, apenas quem sabe, fazer as perguntas depois.* Seu amigo da faculdade de artes, Jon Hague, vividamente se lembra de uma noite no Cracke, quando John engoliu cerveja após cerveja e comentou: "Seria tão bom se não tivéssemos que beber todo esse líquido" – em outros termos, "Não seria legal se houvesse uma forma mais rápida de sair da própria cabeça?".[21]

John sempre se lembrou do episódio da benzedrina com entusiasmo: "Todo mundo falou sem parar, a noite inteira, e pensávamos, 'Nossa, *o que é isso?*'". George também gostou da experiência: "Arrebentamos um inalador Vicks, comemos o interior e ficamos acordados a noite inteira, até cerca de nove da manhã, falando e arrotando com o gosto do remédio". Mas Paul estava relutante. "Provavelmente não me deram muito, eles ficaram com a maioria", ele disse, indicando que deixou passar a oportunidade... não totalmente, mas mais ou menos. Era típico de Paul ser mais cauteloso que George, e muito mais cauteloso que John, o grande experimentalista que sempre explorava qualquer coisa, sem medo algum ("Algo vai acontecer"). Paul sabia um pouco sobre drogas, porque sua mãe era enfermeira, e ele também estava ciente de sua idade naquela ocasião. Ellis,

---

* A primeira vez que John fumou maconha também foi nesse período. A única informação sobre isso é de uma entrevista que ele deu, 15 anos depois: "Um cara estava nos mostrando maconha em Liverpool, em 1960, com gravetos dentro, e nós fumamos – não sabíamos o que era, sabe, nós estávamos bêbados" (entrevista realizada por Jean-François Vallée para a TV francesa, 4 de abril de 1975). Não se sabe a quem John se referia com "nós", mas provavelmente não eram Paul e George, pois um deles – ou ambos – fumou maconha pela primeira vez com John em 1962.

apesar de ser apenas 16 meses mais velho que ele, parecia muito mais maduro; Stu não era mais um adolescente, pois tinha completado 20 anos uma semana antes; e John estava próximo disso. George nunca se preocupava com sua juventude, mas o mesmo não podia ser dito de Paul. "Eu ficava... pensando, 'Estou passando tempo com pessoas um pouco mais velhas aqui'. Então sempre fui cauteloso."[22]

A noite passou como um borrão de falação. Ellis disse que ele estabeleceu um diálogo ótimo com John e Stuart, e que os três discutiram poesia, arte e Londres. Quando Ellis se despediu para ir embora, eles falaram em repetir o encontro outro dia: "Estávamos falando sobre como eu queria que uma banda viesse a Londres e tocasse em minhas apresentações de Rocketry, e eles ficaram animados com a ideia". As aulas na faculdade de artes se encerrariam na sexta-feira seguinte, 1º de julho, marcando o fim do quarto ano de Stu, e o terceiro e último de John, porque a faculdade estava se despedindo dele. Quando os resultados dos exames chegaram, em 1º de agosto, foram exatamente o esperado: John tinha sido reprovado e estava fora; Stuart havia passado no NDD e recebeu um certificado por isso. A opção estava lá, para ele cursar um quinto ano e obter a qualificação mais alta que havia, o "*Art Teacher's Diploma*", ou ATD, permitindo que ele se tornasse professor... mas tanto ele quanto John estavam considerando passar um período como garimpeiros, e fazer algo com Ellis era, certamente, uma possibilidade.

Quanto a Ellis, ele ficou tão entusiasmado com a possibilidade de se apresentar novamente com o grupo que logo garantiu a primeira menção dos Beatles em uma publicação musical. Foi a edição de 9 de julho da *Record and Show Mirror*, em que um artigo desdenhoso sobre "o sabichão barbudo dos cafés" acabava com: "ele está pensando em trazer até Londres um grupo de Liverpool que considera muito apropriado para sua poesia. O nome do grupo? '*The Beetles!*'".[23]

O verão britânico de 1960 trouxe consigo chuvas intermináveis, mas isso incomodou poucos dos 600 mil campistas do Butlin's, porque a maioria de suas atividades ocorria em lugares fechados. Com precisão militar, vagões transportavam até 7 mil novos rostos até os portões do acampamento em Pwllheli, todo sábado, para substituir um número similar de pessoas que estavam voltando para suas casas. No estabelecimento, os Hurricanes tocavam uma sessão de três horas, seis noites por semana, além de uma hora por tarde, nos cinco dias da semana, no concurso

Player's Bachelor Starmaker Contest. Era ali que eles, os profissionais, tocavam como banda de apoio para os cantores amadores que tentavam atingir a fama pop em quatro rodadas diárias, e uma final a cada semana.

No Rock and Calypso, tornou-se comum, toda noite, Rory guardar seu pente de ouro, parar de pular do piano e anunciar "*Starrtime!*" – nesse momento, o baterista inclinava a cabeça em direção a um microfone posicionado sobre sua bateria, encontrava sua voz de canto (não era brilhante, mas era razoável e característica) e cantava "Alley Oop", enquanto a banda tocava e a plateia respondia com "*Alley oop, oop, oop, oop-oop*", rindo, batendo palmas e ovacionando. Como poucos bateristas cantavam, isso era algo original para os Hurricanes, e Rory saía do palco, ou tentava se mesclar ao fundo (o que nunca foi fácil para ele). Quando Ringo queria uma folga de "Alley Oop", ele cantava "Matchbox", o single de Carl Perkins. Como Johnny Guitar refletiu: "Ele tinha uma voz que passava como um rolo compressor e dava muito certo. Ele era um ótimo baterista, e sua personalidade surgia quando ele cantava".[24]

Ringo também deixou de ser um adolescente, pois completou 20 anos em 7 de julho, e estava tocando bateria havia três anos.* Ele já era bom o suficiente por ter tocado nos dois melhores grupos de skiffle de Liverpool, com Eddie Clayton e com o Darktown, e por ter sido escolhido pelo melhor grupo de rock, Rory and the Hurricanes. Mas foi no Butlin's que Ringo deu seus passos mais largos até então. Ele não era um baterista técnico, nenhum Buddy Rich ou Gene Krupa, nem conseguia fazer rulos apropriadamente, mas era o sonho de um guitarrista de rock. Apesar de ele se exibir visualmente, não o fazia com a música. Ele apenas tocava de uma forma estável, confiável, metronômica, em todos os estilos, andamentos e batidas que eram necessários, fazendo precisamente o que ele estava lá para fazer, e com a atitude que era 100% Richy Starkey.

Todos os Hurricanes assinavam autógrafos para os campistas. Aqueles que pediam pela assinatura de Ringo precisavam ser pacientes – ele sempre come-

* Rory Storm ficou triste por seu aniversário ser em 7 de janeiro e ele não poder celebrar no Butlin's, então resolveu mudar a data do aniversário para 7 de julho. Ringo não pôde ser o foco das atenções nem em seu dia especial, porque Rory decidiu compartilhar a data com ele. Rory também mudou o ano de seu nascimento, de 1938 para 1940, novamente para imitar Ringo. Como vingança, Ringo passou a contar ambos os aniversários de Rory, todo ano – foi por isso que, em uma entrevista para o rádio, em 1964, ele desejou a seu amigo "Parabéns pelos 29 anos".

çava escrevendo "*The Sensational*", depois escrevia "Ringo Starr", aí desenhava uma pequena estrela, sublinhava seus dois nomes, então, no espaço entre as duas linhas, para enfatizar que ele tocava um instrumento e também cantava, ele escrevia "*Vcl*" sob Ringo e "*Drums*" sob Starr. Finalmente, para não deixar o fã em dúvida sobre quem estava autografando, ele acrescentava "*Time*" após Starr, e "Rory Storm & the Hurricanes" abaixo de tudo, sublinhado. Esse homem era o perfeito profissional.

Dúvidas sobre seus anéis eram bem-vindas, perguntas sobre sua mecha cinzenta de cabelo eram irritantes: Lu Walters se lembra dele gritando, furioso: "É natural!".[25] Muitas garotas o achavam fascinante. E Ringo, ele amava todas elas... ou, pelo menos, as que ele conseguia dar conta. Uma jukebox tocava discos enquanto os Hurricanes tiravam uma folga, e ele era, tranquilamente, o melhor dançarino do grupo e nunca lhe faltavam parceiras para dançar. Margaret Douglas, de Liverpool, que estava passando as férias no Butlin's, disse: "Ringo era um dançarino de rock'n'roll *brilhante*. Ele sabia todos os passos".[26]

Ele sabia mesmo. O tempo no Butlin's significou sexo, sexo e ainda mais sexo, uma semana gloriosa após a outra, por três meses seguidos. O garoto que tinha perdido a virgindade no gramado do Sefton Park, que precisou trocar beijos dentro de seu Standard Vanguard pintado à mão, agora aproveitava a vida nos lençóis. Os Hurricanes logo se livraram do seu alojamento na área externa e se mudaram para os chalés do acampamento. Apesar de o sexo fora do casamento ser contra a lei, muitos o praticavam. Tudo ficava bem, desde que um dos envolvidos saísse do local antes de as responsáveis pela limpeza entrarem no chalé. Ringo se lembra das alegrias: "Um novo vagão de garotas chegava a cada semana, e nós falávamos, 'Oi, eu estou com a banda'. Era o paraíso para fazer aquilo. Havia lágrimas no fim da semana, mas aí chegava outro grupo. De certa forma, fazia parte dos atrativos do rock'n'roll. Eu acabei morando com uma cabeleireira em um trailer. Era uma forma de crescer".[27]

O Butlin's também significava muita bebida. A cultura do álcool era forte lá. Com tantos homens, e um bom número de mulheres, se embebedando toda noite, os músicos não perdiam a oportunidade de fazer o mesmo. Rory geralmente se continha, era atlético demais para se encantar pela bebida, mas Ringo bebia bastante. Além da cerveja, ele gostava de uísque com Coca – uma combinação extravagantemente moderna, que com frequência gerava dúvidas em suas companhias e nos barmen.

Os Beatles não tiveram férias em 1960. Tocando toda semana não havia tempo para uma folga, e aquilo era tudo o que eles queriam fazer. Em 30 de junho, um dia ou dois após a partida de Royston Ellis, Paul comprou uma guitarra para combinar com o novo e caro amplificador do grupo. Seu Zenith foi aposentado após três anos de serviço amável e seu lugar foi tomado pela primeira guitarra totalmente elétrica de Paul, uma Rosetti Solid 7; era um modelo padrão, para destros, então ele precisava tocá-la na orientação invertida e trocar as cordas de posição. O corpo vinha numa cor que o anúncio da fabricante na *Melody Maker* descrevia como "vermelho ardente", mas, além disso e de seu "Estilo americano!", não havia muito a se dizer da Solid 7 – não era uma guitarra muito boa. Como Paul afirmou: "Meu pai me ensinou a 'nunca contrair uma dívida muito alta', e, como resultado disso, comprei uma guitarra barata". Após uma pequena entrada, ele precisava fazer pagamentos semanais de 10 xelins, chegando ao preço total de £ 21.[28]

Paul estava consciente do fato de que os Beatles precisavam ter uma aparência melhor. As roupas de palco deles eram improvisadas desde o começo dos Quarry Men, mas agora, pela primeira vez, eles tinham encomendado algo sob medida. O vizinho de Paul – David Richards, que morava na casa número 22 da Forthlin Road – era alfaiate, e Paul comprou alguns metros de veludo de cor lilás para que Richards confeccionasse quatro paletós estilosos e claros para a banda. Paul disse que John, Stu e George não gostaram muito da ideia a princípio, mas, depois, foram à casa de Richards para tirar suas medidas.[29] Os paletós foram usados com as típicas calças pretas "*drainies*", além de camisas brancas ou pretas, e novos sapatos cinza de ponta fina, que pareciam ser feitos de pele de crocodilo. Eles também tinham um penteado semelhante, de certa forma – brilhantina na frente, para deixar bem alto o cabelo, e comprido e espesso atrás, quase passando do colarinho. Então, com tudo isso, os Beatles tinham um *look* definido... e não eram os Hurricanes.

Tais melhorias, e outras, ajudaram os Beatles a conquistar sua primeira fã. Pat Moran era uma garota inteligente de 16 anos, católica, de Wallasey, que ia ao

Grosvenor na maioria dos sábados. Sua mãe morrera quando ela tinha 9 anos e a garota foi criada apenas por seu pai, um irlandês rígido na disciplina. "Ele não me deixava usar maquiagem nenhuma, e eu não podia usar calças, apenas uma saia. Ele me dava uma surra se eu me comportasse mal. Uma vez, eu cheguei em casa tarde, após ter visto os Beatles, e ele me deixou trancada para fora. Ele ficou no banheiro, acima da porta de entrada, e gritou, 'Você está atrasada', e não me deixou entrar."[30] A paixão de Pat pelos Beatles era enorme, mas valeu a pena.

> Eu amava a música deles, e a forma como eles tocavam. Minhas favoritas eram "Tutti Frutti", "Long Tall Sally", "Cathy's Clown" e "Whole Lotta Shakin' Goin' On" – ah, e "Red Sails in the Sunset" era *linda*. Não posso afirmar que eles eram ótimos musicalmente, porque eu não sabia – naquela época, eu não tinha muita experiência com música –, mas eles certamente eram divertidos. Eles tocavam músicas que conhecíamos, que tínhamos ouvido no rádio, mas ouvir eles tocando ao vivo era *diferente*: quando John e Paul cantavam uma canção de rock'n'roll juntos, todos dançávamos. John era o líder. Ele costumava falar com Paul, então eles tocavam algo. Mas Paul também era o líder, de certa forma, porque ele era uma parte daquilo. Certamente a disputa era entre Paul e John quanto a quem ficava com a liderança.
>
> Paul era meu favorito. Ainda consigo imaginar ele na frente, com sua guitarra em posição invertida. Ele ficava à esquerda do palco, com George ao seu lado, depois John, e Stuart à direita.

Algo nos Beatles teve um impacto profundo em Pat Moran, de uma forma que ela nunca sentira ou esperara. Conversando com Paul no Grosvenor, ela ficou sabendo que eles mal tinham dinheiro e que passavam os fins de semana no apartamento de John, na Gambier Terrace, e não tinham muito o que comer. Ela estava empregada e queria retribuir, de alguma forma, todo o prazer que o grupo lhe havia proporcionado. Então, todo domingo de manhã, depois de ir à igreja, ela pegava a balsa que atravessava o rio Mersey e, em seguida, o ônibus no Pier Head, trazendo consigo uma cesta de palha cheia de comida para os Beatles.

> Meus amigos iam comigo, eu nem sonharia em ir sozinha, e chegávamos por volta do meio-dia. Os rapazes já estavam de pé – nunca os vimos acordando, sem

roupa –, mas o apartamento era terrível. Nem havia cadeiras para nos sentarmos, então nos sentávamos em uma cama, ou nos apoiávamos na janela. Conversávamos por um tempo, depois eu pegava a cesta vazia e voltava para minha casa, em Wallasey. Isso aconteceu uma meia dúzia de vezes, quem sabe.

Eles eram muito amigáveis e agradáveis, sem egos enormes. Stuart era adorável: muito quieto, gentil, um cara legal mesmo, pequeno, com óculos escuros e com cabelo mais claro que o de Paul. John era legal, mas *muito* diferente. Eu tinha a impressão de que ele não se daria ao trabalho de nos receber lá se Paul não fosse amigável comigo. Então John aceitou isso – ele abriu a porta e nos deixou entrar. Cynthia estava lá uma vez, mas não tenho certeza se ela falou conosco. George não disse nada mesmo. Ele não era desagradável, costumava dizer "Olá" e "O que achou de nós ontem à noite?", mas era só isso.

Eu passava a maior parte do tempo falando com Paul. Ele era amigável e não havia nada desagradável nele – ele não tinha um ar de confronto nem nada, era só um rapaz legal. Não houve um relacionamento sexual entre nós, éramos apenas amigos e eu era uma garota boa, me casei virgem, com vinte e poucos anos. Tenho certeza de que outras garotas estavam dispostas a se entregar para ele. Paul me dava um abraço quando nos encontrávamos, e ficávamos de mãos dadas quando caminhávamos, mas ele me tratava bem. De vez em quando, eu o encontrava no Jacaranda para tomar café. Eu pagava, e não havia problema nisso: eu tinha um emprego, e ele não.

Ele conversava bastante – me contou que seu nome de verdade era McCartney, e não Ramon. Ele falou sobre suas composições, e rimos, porque parecia "uma coisa tão adolescente". Ele falava muito sobre os Beatles: o quanto eles precisavam trabalhar para ganhar dinheiro, e como eles esperavam ficar famosos. Eu sempre achei que os Beatles eram *determinados*.

Paul chamou Pat Moran de "nossa fã número 1", aceitando-a como sua primeira, assim como sua maior, mas o entusiasmo da garota levou a algumas consequências desagradáveis em casa. O pai dela exigiu saber o que diabos uma boa garota católica como ela estava fazendo, perseguindo garotos que tocavam aquele rock'n'roll sujo. E quando esses garotos começaram a moldar o vocabulário dela – Pat passou a falar coisas como "*fab*" (ótimo) e "*gear*" (legal) porque eles as diziam –, seu pai quase caiu duro (mas antes conseguiu bater nela). No final das contas, ela o deixou tão louco com suas conversas sem fim – falava dos Beatles no café, almoço e jantar –, que ele declarou o grupo *um pecado* e mandou a primeira fã dos Beatles procurar o perdão de Deus todo-poderoso na confissão. "Eu tive que falar ao padre, 'Eu passo muito do meu tempo venerando os Beatles'. Ele só me ignorou e disse, como sempre fazia, 'Lembre-se de suas orações. Reze cinco ave-marias e quatro pais-nossos, e você será perdoada'."

Aquela primeira menção dos "Beetles" na *Record and Show Mirror* levou, uma semana depois, a uma segunda. Um publicista nato, Royston Ellis sabia como dar continuidade ao assunto escrevendo uma carta para a publicação, com a intenção de esclarecer algo dito na matéria original. Ele expressou sua intenção de achar um grupo que tocaria com ele na TV, com Bert Weedon and the Shadows, e reiterou: "Por algum tempo, eu tenho procurado um grupo para usar regularmente e sinto que os 'Beetles' (a maioria deles são ex-estudantes de arte de Liverpool) são perfeitos para isso".

Isso, aparentemente, foi o suficiente para fazer John e Stu agirem. Dos muitos episódios curiosos que pontuam a história dos Beatles nos anos 1960, essa é uma das mais fascinantes, mesmo que frustrantemente inconclusiva. É mais ou menos assim...

Em 10 de julho, no fim de suas férias após o terceiro ano da faculdade de artes, John tinha chegado a uma decisão crucial em sua vida: ele tentaria se sustentar financeiramente com a guitarra. "Eu me tornei um músico profissional no dia em que recebi uma carta vermelha da faculdade de artes, que dizia 'Não se dê ao trabalho de voltar em setembro'", ele declarou posteriormente.[31] Cyn recordou: "John decidiu que aquilo [a música] era, definitivamente, a vida para ele. Todas as ideias que outras pessoas tinham para ele, de causar impacto no mundo da arte, sumiram rapidamente, e quase sem arrependimento. Mimi ficou extremamente preocupada. A perspectiva que ela tinha do futuro do sobrinho não podia ser pior naquela época".[32]

Com a coincidência desses eventos, parece que John e Stu decidiram ir ao sul e passar um tempo com Royston Ellis. Allan Williams foi enfático em relação a esse assunto: ele disse que John e Stu "dividiram os Beatles e desceram para Londres".[33] Norman Chapman se lembra de Stu lhe pedir uma carona pelo Mersey Tunnel um dia, para que ele (ou ele e John) pudesse pegar caronas até Londres – "Eles queriam ir para Londres e se envolver naquela cena de música e poesia".

Poetas beat tinham uma vida nômade, por definição. Ellis passou períodos vivendo em todo tipo de lugar, mas sua base principal ainda era a casa de seus pais, em 31 Clonard Way, Hatch End, Pinner, Middlesex, uma chácara agradável, chamada Denecroft. Esse foi o endereço que ele deu a John quando estava no apartamento na Gambier Terrace. Um dia, quando Ellis chegou à casa dos pais, sua mãe lhe disse que ele havia perdido uma visita de seus "amigos beatnik de Londres". Ele nunca ficou sabendo quem veio, nem quantos, mas – por mais louco que isso pareça – John e Stu (e/ou George*, como Ellis sempre imaginou, ou gostaria que fosse) tinham pegado carona por quase 320 quilômetros, se deram ao trabalho de achar a casa de seus pais na região verde de Metroland, não ficaram por muito tempo, nem deixaram recado, e voltaram para Liverpool. Nunca retornaram, nem fizeram outro contato. Não faz sentido algum, mas esta é a história, ilógica e incompleta.

Allan Williams se lembra de eles estarem "de volta a Liverpool depois de uma semana, porque não tinha dado certo". Então, os Beatles se "reuniram", como se John e Stu nunca tivessem viajado. Com eventos apenas aos sábados, é possível que eles tenham feito tudo isso sem perder nenhuma apresentação, e, talvez, a intenção fosse justamente essa. No entanto, embora todas as três testemunhas independentes (Ellis, Williams e Chapman) se recordem de algo ter ocorrido, nenhum dos Beatles mencionou esse evento – apesar de eles falarem com franqueza sobre qualquer coisa em suas entrevistas. Então, essa história fica incerta, um enigma intrigante, que provavelmente nunca será resolvido.

Há duas curiosidades adicionais que podem, ou não, ser incidentais. Uma é que, nos últimos dias de julho, um grupo de estudantes de arte de Liverpool, aparentemente incluindo John e Stu, foram até Londres (ou tentaram ir) para ver uma exposição de Picasso na Tate Gallery.

A segunda, e mais fascinante, é a sequência de fotos capturadas nessa mesma época (meados de julho de 1960), no quarto-estúdio-favela de Stu e John, no apartamento na Gambier Terrace. As imagens incluem várias pessoas que eles co-

* Uma vez, George se referiu a Royston Ellis como "um cara barbudo de um subúrbio em Londres" (*Fifty Years Adrift*, p. 95), conhecimento que poderia indicar que ele também fez a longa jornada até Hatch End.

nheciam, mas não os próprios John e Stu – talvez porque eles estivessem fazendo a viagem para Hatch End. As imagens foram publicadas em 24 de julho, no tabloide nacional *People*, que saía aos domingos, e trazia uma manchete sensacionalista: "ESTE É O HORROR BEATNIK". É como se um homem sobre uma torta flamejante aparecesse do nada, apontando para o apartamento 3, Hillary Mansions, Gambier Terrace, Liverpool 1. Em seis meses, três Beatles tinham se mudado para lá, e o quarto costumava passar seu tempo no lugar; o poeta beat mais conhecido do país tinha ido até o apartamento e dado drogas para o grupo; agora, quando um jornalista e um fotógrafo da Fleet Street procuravam comprovar uma pilha de mentiras sobre os beatniks sujos – uma reportagem que poderia ser feita em qualquer lugar do país –, eles tinham ido parar no quarto de Stu e John.[34]

Apesar de ser muito divertida, a matéria teve um efeito colateral infeliz: como o endereço foi citado (um "apartamento de três quartos na decadente Gambier Terrace, em Liverpool), assim como os nomes de alguns moradores ("jovens com boa educação"), o proprietário deu ao inquilino, Rod Murray, uma notificação para deixar a propriedade. Em 15 de agosto, todos – Rod, Diz, Ducky, Stuart, John e outros corpos que tinham se juntado à pilha – estariam na rua.

Enquanto tudo isso acontecia, os Beatles perderam seu baterista. Para Norman Chapman, tinha chegado a hora do serviço militar, então ele partiu. E ele não iria servir em qualquer quartel: foi enviado ao Quênia, por dois anos, para ajudar a suprimir a Revolta dos Mau-Mau. "Poderia ter sido nós", os Beatles provavelmente disseram. Eles escaparam disso por alguns meses de diferença.

Dessa vez, o problema de procurar por um substituto não lhes incomodou: os Beatles encolheram, se tornando um quarteto, e Paul foi para a bateria, uma mudança que coincidiu com um momento delicado em sua vida. Ele tinha saído do Liverpool Institute no fim do período de verão, em 21 de julho, e estava incerto quanto a seu futuro. Ele não precisava sair – dentro de um mês, ele saberia o resultado de seus exames de nível avançado, e sempre havia a opção de tentar novamente alguma prova em que ele reprovasse, estudando por mais um ano. Ele não tinha descartado a opção, pelo menos não verbalmente... mas ele nunca faria isso, assim como ele negligenciou a oportunidade de procurar vagas de universidade para setembro. Ele não estava disposto a ser o único Beatle na escola. Jim *se agarrou* à esperança de que Paul faria a coisa certa e treinaria para se tornar um professor, mas tais planos já estavam frágeis como o papel naquele momento. Paul tinha seis semanas para decidir o que faria, ou começar a procurar um emprego.

Naquele momento, tocar bateria era sua única ocupação. Ele já tinha uma bateria (na verdade, era de seu irmão, Mike), que fora montada nos dias dos Quarry Men e Japage 3; às peças que já estavam lá, ele acrescentou uma ou duas da bateria de Tommy Moore, *imprudentemente* deixadas para trás no Jac. A bateria de Paul agora contava com um bumbo, uma caixa, dois tom-tons fixos, um surdo, dois pratos e um chimbal – a melhor bateria que o grupo já tivera. Sua aparência não era das melhores, mas Paul pegou um pedaço de cartolina, escreveu "*beatles.*" nele, em letras angulares e individuais, em caixa-baixa, e o colou na pele do bumbo.

Mas, por mais que Paul gostasse de exibir versatilidade, ele estava infeliz – sentia que tinha sido *forçado*, que sua habilidade de multi-instrumentista o estava amarrando a uma posição que ele não queria. Quem olhava para o baterista? Ele tinha o direito de ficar na frente, especialmente com sua nova guitarra. O ciúme que sentia em relação a Stu só piorou: Paul estava no fundo, enquanto o *baixista* continuava na frente (mesmo escondido por seus óculos escuros). Uma coisa era certa: Paul não desistiria de cantar. "Eu tocava com minhas mãos, usava meus pés para o chimbal e o bumbo, e tinha um cabo de vassoura preso entre minhas coxas, com um microfone na ponta, e eu cantava '*Tell me what'd I say...*'. Não era fácil!"[35]

Apesar de John e George se revezarem na bateria, permitindo a Paul, ocasionalmente, ir para a frente do palco, a bateria foi sua posição principal por aproximadamente três semanas, e ele certamente era proficiente nela. "Ele era bom na bateria", George disse. "Pelo menos parecia ser bom. Provavelmente éramos todos ruins naquela época."[36]

John, Stu, George e Paul tocaram no Grosvenor como um quarteto, provavelmente uma única vez, antes de os bailes semanais serem interrompidos por conta da violência. Apesar de a maioria dos adolescentes (aproximadamente 300, incluindo Pat Moran) não ter causado problemas, eles perderam seu programa de sábado à noite, assim como os Beatles. Agora, não tinham lugar algum para tocar.

Eles não eram o único grupo de Liverpool que repentinamente estava desesperado para que Allan Williams fizesse *alguma coisa*. Em meados de junho, ele assinou um contrato para que Derry and the Seniors se apresentassem em *Idols*

On Parade, a temporada de verão de Larry Parnes em Blackpool. Era um negócio relativamente justo, até seis semanas de apresentações, no valor de £ 75-90 semanais para o grupo, a partir de 17 de julho, algo sedutor o suficiente para fazer os músicos de Liverpool largarem seus empregos. Mas, então, no último momento possível, Parnes retirou a oferta. O relacionamento entre os dois empresários tinha entrado em um declínio tão severo que acabou se encerrando, e deixando Derry and the Seniors sem opção. Eles não perderam tempo e informaram Williams de que ele precisava ajudá-los – como não havia trabalho em qualquer parte de Liverpool, e como ele era Allan Williams, decidiu levá-los até Londres. Eles poderiam falar com seu amigo, Tom Littlewood, no 2i's.

Eles chegaram ao Soho com calor, fome e cansaço, e prestes a ter muita sorte. A primeira boa notícia foi que os artistas de rock que Littlewood gerenciava, e que normalmente se apresentavam no pequeno porão do 2i's, estavam todos em turnê. Com o palco praticamente vazio, Derry and the Seniors estavam livres para subir lá e tocar. Então, veio um segundo momento de sorte, que Williams apropriadamente chamou de "uma chance em um milhão". Numa coincidência tão extraordinária que parece difícil de acreditar, também sentado no 2i's naquele momento estava Bruno Koschmider. Ele estava de volta a Londres, para encontrar outro grupo inglês para o Kaiserkeller.* "Foi como Stanley conhecendo Livingstone", Williams disse, com lirismo compreensível ("*Herr* Koschmider!" "*Herr* Williams!"). O grande 2i's, uma fonte musical, primeiro do skiffle britânico, depois do rock'n'roll, completou a santíssima trindade ao ajudar grupos de Liverpool a tocar em Hamburgo. Assim que Derry and the Seniors tocaram sua primeira canção, os londrinos do lugar se admiraram, exatamente como Williams havia dito a Koschmider que aconteceria. Bruno gostou deles, *ja*.

Williams não conseguiria organizar um negócio rival dentro do clube de seu amigo, então ele levou Koschmider para fora do 2i's, e foram ao Act One –

---

* Koschmider estava procurando outro grupo porque os Jets o haviam abandonado. Eles consideravam o empresário um ditador intransigente, que os fazia dormir no Kaiserkeller, trancados em um pequeno escritório. Eles receberam uma oferta melhor, com um cachê maior e uma experiência mais agradável, de um empreendedor rival, Peter Eckhorn, um homem mais jovem, que fechara o Hippodrom, o antigo circo de sua família na rua Reeperbahn e, em 9 de julho, reinaugurara o lugar como um clube de rock, o Top Ten.

Scene 1, o café do outro lado da rua. Encontrar um intérprete no bairro mais cosmopolita de Londres não foi desafio algum, e os dois homens logo estavam apertando a mão um do outro, selando o negócio que eles tinham considerado no começo de fevereiro – Williams enviaria a Hamburgo qualquer artista inglês que interessasse Koschmider. Como tinha ido a Londres a fim de encontrar trabalho para os Seniors, Williams tirou de sua maleta um contrato em branco da Jacaranda Enterprises; tendo atuado como mágico antes de gerenciar bares, Koschmider tirou de seu bolso um carimbo da Kaiserkeller. Williams escreveu os termos, Koschmider carimbou, e os dois homens assinaram. Derry and the Seniors tocariam 30 horas por semana, durante dois meses, por £ 100 semanais, com 10% indo para Williams. Isso ocorreu em 24 de julho; sete noites depois, eles estavam em Hamburgo, prontos para tocar. Como o saxofonista Howie Casey recordou: "Da Central Station, pegamos táxis até Grosse Freiheit. Naquela época, Hamburgo parecia uma cidade qualquer – era outro país, mas ainda era uma cidade. Então, de repente, começamos a passar por uma região diferente, com luzes e clubes. Nosso grupo de rapazes ingênuos estava sendo levado para aquele inferninho de perversão – era *maravilhoso*".[37]

Allan Williams tinha conseguido um milagre para Derry e seu grupo, mas e os Beatles? Não havia nada, na verdade. Os eventos locais tinham evaporado. Ele contou a eles sobre Hamburgo, dizendo que sua associação com um dono de clubes da cidade poderia levar a alguma oportunidade para eles, mas era tudo o que ele tinha a dizer no momento. Com as dívidas se acumulando, e nenhum lugar para tocar, eles precisavam de algo *imediatamente*... e foi assim que Williams conseguiu o trabalho mais estranho do grupo até então: tocar a música de fundo para uma artista de striptease em seu outro (*outro*) negócio, o obscuro clube para "membros privados" no Liverpool 8, que ele tinha em sociedade com Harold Phillips, seu camarada do calipso, também conhecido como Lord Woodbine.

Em lugares maiores, strippers tiravam suas roupas ao som de música ao vivo; ali, isso acontecia ao som de discos. No entanto, nos primeiros dias de agosto, eles receberam uma garota de Manchester que só se apresentaria se tivesse uma banda ao vivo. Woodbine contou isso a Williams, então Williams disse aos Beatles que um pequeno pagamento estaria disponível se eles tocassem enquanto "Janice" fazia seu striptease.* Era uma indecência, mas os garotos tinham entre 17 e 20 anos de idade, então só havia uma resposta possível.

A formação da banda ainda era John, Stu, George e Paul, um quarteto com Paul na bateria, todos vestindo os paletós lilases do sr. Richards. Janice deu as partituras para eles, incluindo uma composição de Beethoven, e, para seu excitante *grand finale*, "España Cañí", conhecida na Inglaterra como "Spanish Gypsy Dance" (Dança Cigana Espanhola). Em um artigo que ele escreveu dois anos depois, Paul recordou: "Nós dissemos, 'Sentimos muito, não sabemos ler partituras, mas, em vez da 'Spanish Fire Dance' [*sic*] podemos tocar 'The Harry Lime Cha-Cha', que nós mesmos compusemos; em vez de Beethoven, podemos tocar 'Moonglow' ou 'September Song' - pode escolher... e, em vez de 'Sabre Dance', tocaremos 'Ramrod' para você'. Então, foi isso que ela recebeu. Ela pareceu bem satisfeita, de qualquer forma".[38]

O palco era tão pequeno que Janice tinha que dançar ao redor deles. Era uma apresentação que ela prolongava o máximo possível, com muito *tease* (provocação) e pouco *strip* (tirar a roupa). Mesmo assim, em algum momento, ela chegou lá, ficando com apenas um tapa-sexo. Os Beatles se deleitaram com aquele banquete visual e tocaram a música de encerramento, enquanto Janice voltava ao porão, cômodo onde o carvão era armazenado e que também servia como camarim.

Pat Moran, a fã número 1, estava triste de não poder mais ver os Beatles todo sábado à noite, mas sua preocupação principal era com os integrantes do grupo. "Eu sabia que eles estavam passando por dificuldades, que não estavam ganhando muito, nem tinham empregos. Como eu tinha um emprego de verdade, eu enviei dinheiro a eles. Dobrei as notas de libras de uma forma que não podiam ser vistas através do envelope, e também enviei envelopes prontos, com selos, para que Paul respondesse. Ele o fez, e escreveu *Beatles* à mão no verso dos envelopes." Pat tinha todo tipo de plano: ela se ofereceu para começar uma petição, com a intenção de conseguir mais eventos para os Beatles; ela iria falar com seu tio, Bill Gregson, que conduzia a orquestra de bailes do Tower Ballroom em New Brighton, e perguntaria se ele conseguia colocar os Beatles lá; ela até começou a organizar uma viagem

* O nome da stripper foi relatado como Janice, Janine e Shirley. Por conveniência, nesta obra ela será chamada de Janice.

para eles em um pequeno chalé em Rhyl, algo que precisava ser completamente ocultado de seu pai ("Ele provavelmente me daria uma surra se descobrisse").

Duas das cartas em resposta a Pat revelavam o que estava acontecendo com os Beatles naquele momento. A primeira foi escrita no domingo, 7 de agosto, e postada com atraso, no dia 8:

> Se não tiver problema, é possível que George (Carl) e eu consigamos ir – gostamos da ideia de tirar um tempo de folga.
>
> Ah, sim! Espero que seu tio consiga algo para nós, de qualquer forma, mesmo que ele não consiga, isso fará a gente se mexer e procurar eventos bons por conta própria – funcionará de qualquer jeito. Eu espero.
>
> Você já está com seu suéter bordado, fã número 1?*

A segunda carta chegou à caixa de correspondências logo após a primeira, no fim da segunda-feira:

> Este recado é para dizer que acho ótimo tudo isso que você está fazendo por nós. Eu vi John depois de ter escrito a primeira carta, e ele disse que também pode ir, se você não se importar. Isso é quase certo. Veja só, nos prometeram algumas turnês na Escócia, shows na estrada, viagens a Hamburgo e tudo mais, mas não acreditamos em nada disso, e algumas promessas já foram quebradas, então provavelmente conseguiremos ir; podemos pegar caronas até lá. Não é longe, né?
>
> Acho que a petição é uma ótima ideia.
>
> Você me perguntou se eu fiquei ofendido de você me dar todas essas coisas de equipamento; bem, não estou – fiquei lisonjeado, e não sei o que dizer! Eu não sei como você consegue fazer tudo isso por nós, você deve achar que não somos ruins, ou talvez você seja apenas uma pessoa muito gentil.

Tudo estava chegando a um ponto crítico. Individual e coletivamente, os Beatles tinham pagamentos parcelados de seus equipamentos, e não havia qualquer perspectiva de conseguir quitá-los, correndo o risco de a Hessy's reivindicar

---

* Pat gostava de bordados, e ela e Paul brincavam que ela poderia fazer um suéter com "*Beatles*" e "*No. 1 Fan*" costurado na frente (isso nunca aconteceu).

os itens. Paul estava sob pressão em casa por não ter feito nada a respeito da escola ou da faculdade – ele não queria nenhuma dessas coisas, mas a alternativa era ser forçado a achar um emprego. George estava aguentando sermões similares de seus pais. John tinha mortalmente ferido Mimi (e agravado sua úlcera, ela dizia), porque ele não era apto a achar um trabalho de verdade – além disso, tinha comprometido seu futuro seguindo uma carreira que ela odiava e que estava se esgotando antes mesmo de ter começado. Além de tudo isso, dentro de uma semana, John e Stu seriam despejados do apartamento na Gambier Terrace; não tinham nenhum lugar para ir e nenhum dinheiro para chegar lá. Eles estavam no limite.

Paul se lembra da atitude deles naquela época: "Tínhamos um jeito de superar nossos problemas. Alguém perguntava, 'Bem, o que vamos fazer agora?', e respondíamos, 'Bem, algo vai acontecer', e os quatro acreditavam nisso. Ninguém perguntava, 'Como assim, algo vai acontecer? Isso não é resposta!'. Dizíamos, 'É, algo vai acontecer'. Havia uma espécie de *fé*".[39]

Uma ligação da Alemanha chegou ao Jacaranda, para Allan Williams, quase no mesmo momento, na segunda-feira, 8 de agosto, ou algo perto disso. Bruno Koschmider (por meio de um tradutor) disse a Williams que os negócios estavam indo muito bem no Kaiserkeller, e que ele precisava de um grupo para o Indra, o segundo bar que ele gerenciava, na Grosse Freiheit, onde ele estava encerrando as atividades de cabaré travesti, e mudando para o rock. Ele queria reinaugurar em pouco mais de uma semana, no dia 17, então havia pouco tempo. Williams não era do tipo que dizia não. Ele falou para o alemão não se preocupar, pois enviaria um grupo. Koschmider disse que o compromisso seria de dois meses, e, como os Jets e os Seniors eram quintetos (este último, como grupo de apoio de Derry, o cantor), o novo grupo também deveria ser um quinteto. Ele era muito chato com esse tipo de detalhe.

Em circunstâncias idênticas à da turnê com Johnny Gentle, os Beatles não eram os primeiros na lista, mas conseguiram o trabalho. A ordem dos contatos não é conhecida, mas Williams falou com Rory Storm and the Hurricanes, Cass and the Cassanovas e Gerry and the Pacemakers, antes de contatar os Beatles. Todos tinham bateristas. Os Cassanovas não podiam aceitar o compromisso porque não queriam, preferiam continuar como um quarteto, e tinham eventos marcados na Escócia. Gerry recusou porque eles eram um quarteto e não queriam largar seus empregos diurnos. Rory and the Hurricanes não podiam porque estavam no Butlin's. Se a temporada britânica de férias terminasse no meio de agosto, em vez de setembro, ou se Koschmider estivesse disposto a esperar, o grupo de Rory iria para o Indra – mas não foi o que aconteceu. Ele queria o grupo para o dia 17. Novamente, os Beatles conseguiram uma oportunidade porque ninguém mais estava disponível. A oferta era de, aproximadamente, £ 18 por semana, mas eles provavelmente aceitariam tocar de graça.

A determinação do grupo era tão forte, e sua situação era tão desoladora, que os rapazes aceitaram de imediato, apesar de precisarem estar em Hamburgo em sete dias, e precisarem ser um quinteto. Se Koschmider não tivesse insistido tanto nisso, eles poderiam ter ido como John, Stu, George e Paul; mas, do jeito que as coisas eram, eles tinham que encontrar um quinto integrante – um baterista, obviamente –, e precisavam encontrar *naquele instante*. Sem baterista, sem Hamburgo, fim de papo. Então, foi com muita ansiedade que eles abocanharam um anúncio nos classificados do *Echo* de 10 de agosto, que dizia, com letras miúdas: "BATERISTA, jovem, livre – KP 60 Echo". Talvez eles só tenham visto o anúncio um ou dois dias depois (a resposta de Paul tem um selo do *Echo* do dia 12), mas pareceu ser a resposta a suas preces. Paul ofereceu ao baterista um teste com os Beatles, disse que ele precisaria estar "livre logo" para uma viagem de dois meses a Hamburgo, e que poderia contatar o grupo no clube Jacaranda.

Mas esse "logo" aconteceu *muito* logo. Allan Williams avisou aos Beatles que ele os levaria até Hamburgo em sua "van", que três outras pessoas os acompanhariam na viagem e que eles partiriam na segunda-feira seguinte, dia 15. Quando o baterista do anúncio no *Echo* finalmente recebeu a carta de Paul e ligou para o Jacaranda, já era tarde demais – disseram a ele que os Beatles tinham viajado para o exterior com outra pessoa aparentemente ocupando o posto de baterista.[40] Na ausência de uma resposta instantânea do baterista misterioso, os Beatles fizeram a ligação que, ao que tudo indica, eles tentavam evitar.

Pete Best não estava fazendo muita coisa desde que tinha saído da escola, silenciosa e prematuramente, em março. Ele não tocava sua bateria havia quatro meses, pelo menos não com outros músicos. Falar com ele significaria, dentre outras coisas, retomar o relacionamento com a mãe dele. Para John, Paul e George, ela era a mulher mandona que não pagara o que lhes devia no Casbah, sete meses antes (eles não esqueciam essas coisas); para Mona, eles eram os coitados ingratos que tinham abandonado seu clube após ela fazer tanto pelo grupo. Eles conheciam Pete apenas como o garoto que mantinha a cabeça abaixada e raramente abria a boca para falar algo.

Paul foi tão enfaticamente pragmático sobre colocá-lo no grupo que John e George deram a ele a tarefa de telefonar. Pete não estava em casa, mas a sra. Best confirmou que ele ainda tinha sua bateria e que não estava fazendo nada no momento. Quando Paul e Pete finalmente conversaram – mais tarde naquele dia, provavelmente sábado –, Paul disse que eles tinham recebido uma oferta para tocar por dois meses em Hamburgo, com um cachê de cerca de £ 18 por semana para cada um; disse que estavam partindo na segunda-feira e, caso Pete estivesse interessado, deveria levar sua bateria até Liverpool e fazer um teste. Pete disse que sim, ele iria.

No entanto, naquele momento, Paul não tinha certeza alguma de que ele mesmo conseguiria ir a Hamburgo, assim como os outros do grupo. Ele estava desesperado – £ 18 por semana era bastante dinheiro, 80% a mais do que seu pai recebia. No entanto, dois meses na Alemanha o fariam perder o começo do ano escolar. Para Paul, isso significava *problema resolvido*; para Jim, significava abandonar os últimos sonhos e esperanças de Mary. Era um grande negócio, então Paul chamou seu irmão para defendê-lo. Mike disse que Paul o deixou tão animado com todas as possibilidades excitantes – tocar em outro país! ficar famoso! comprar presentes pra ele! – que ele ficou desesperado para que desse certo. Então, Paul perguntou: "Mas você acha que o pai vai me deixar ir?".[41]

Jim se opôs fortemente à ideia, é claro, mas Paul insistiu e insistiu, foi enfático, foi alusivo, tentou vender a ideia de qualquer forma, fez Mike se juntar a ele, elaborou uma lista dos vários pontos a favor e dos pouquíssimos contra, até apelou para lembrar que seu pai já tinha sido líder de uma banda. Jim, um homem de apostas, sabia que tinha uma possível perda adiante. Quando ele disse a Paul que se encontraria com o empresário do grupo, para ouvi-lo explicar a situação, Paul viu uma vitória adiante. Sim, claro, ele faria Allan Williams ir até sua casa e garantir que tudo ficaria bem... e, enquanto isso, ele pediu sua certidão de nascimento, para fazer seu passaporte.

Nenhum dos Beatles tinha ido ao exterior – a não ser que contassem a Irlanda, que George visitou uma ou duas vezes quando era criança. Todos precisavam de passaportes, e tiveram sorte, pois Liverpool era um porto internacional e tinha um escritório de passaportes aberto para solicitações individuais, capaz de processar os pedidos rapidamente. Era necessário apresentar a certidão de nascimento com o pedido... e Mimi disse a John que não sabia onde estava a dele.

Agora, ele estava encrencado. Os Beatles partiriam na segunda-feira, dia 15, e, quando John descobriu que ninguém sabia onde estava sua certidão de nascimento, já era dia 10 ou 11. Um passaporte poderia ser obtido rapidamente, mas, se John precisasse tirar uma nova certidão de nascimento, não daria tempo.

Como Cyn afirmou, a perspectiva que Mimi tinha do futuro de John "não tinha como ser pior". Ela estava simplesmente *desesperada*, pensando que o sobrinho jogaria fora suas oportunidades ao viajar para tocar sua guitarra boba, e ela estava furiosa com John por ele ter sabotado de maneira irresponsável o curso de faculdade que ela tanto o encorajara e apoiara a fazer. Ele a levara ao limite, então, quando John fez o melhor que pôde para animá-la com a viagem a Hamburgo, se gabando, dizendo que sua guitarra lhe renderia "£ 100 por semana", Mimi não se deixou afetar pelas palavras do sobrinho e disse que sentia muito, mas que simplesmente não conseguia encontrar sua certidão de nascimento.[42] Enquanto John corria para tentar conseguir uma segunda via do documento, ele agravou a situação, subitamente, ao voltar a morar na casa em Mendips. É improvável que ele tenha contado a Mimi sobre o fato de ter sido despejado do apartamento na Gambier Terrace, e Rod Murray sabia pouco de sua saída apressada: John deixou a maioria de suas coisas no apartamento e várias semanas de aluguel não pago – aproximadamente £ 15. Ele simplesmente fugiu.

A situação foi muito mais fácil para George. Ele não estava fazendo nada em casa e não trabalhava; logo, sua viagem à Alemanha, que seria muito bem paga, não era problema algum. Ele tinha o apoio de sua mãe para superar qualquer oposição de seu pai, mas não houve um confronto – Harry também viajara ao exterior quando tinha 17 anos e havia mentido sobre sua idade para chegar lá, então ele compreendia. Embora Louise se preocupasse com o fato de George viajar para tão longe de casa (e ela tinha ouvido algumas coisas ruins sobre Hamburgo), ela não o impediria de ir.[43] A aquisição de seu passaporte aconteceu de vento em popa.

Para Stuart, Hamburgo era uma história completamente diferente. Quando ele se uniu aos Quarrymen em janeiro, não tinha ideia do que estava fazendo. Ele não tinha habilidades musicais e o grupo não tinha eventos marcados. Não havia qualquer indicação de que eles tocariam em outro país, apenas sete meses depois. Então, quando decidiu ir, como parte de sua jornada artística e de vida, Stuart deixou de lado o seu quinto ano de faculdade e o curso ATD. A escolha dele foi a mais definitiva de todos que estavam no grupo e talvez ele tenha passado mais tempo pensando que os outros: seu passaporte foi emitido pelo escritório de Liverpool no sábado, quando estava aberto "apenas para casos de emergência especial". Se demorasse um pouco mais, dificilmente conseguiria viajar... apesar de ser exatamente isso que John fez.

John conseguiu uma "cópia abreviada" de sua certidão de nascimento na sexta-feira – quando as coisas já estavam ficando traumáticas em Mendips. Tantas cenas, tanto barulho, tanta ferocidade deve ter ocorrido lá no fim de semana. O consentimento por escrito de um tutor legal era necessário para a emissão de um passaporte para um menor de idade, mas, não importava o quanto John implorasse ou exigisse, Mimi estava irredutível. Depois do jeito como ele a tinha tratado, e jogado fora todo o trabalho que ela tinha feito por ele? Agora, John não tinha ideia se conseguiria um passaporte e só descobriria isso na segunda de manhã, quando partiriam da cidade. Será que, depois de ter decidido tornar a guitarra a sua vida, ele estava prestes a observar, impotente, seu grupo partir sem a pessoa que o havia formado?

Enquanto isso, havia um trabalho sujo a ser feito. Eles decidiram que precisavam de três amplificadores para Hamburgo: o novo Truvoice, o Elpico de Paul e, se eles conseguissem, o Watkins Westminster que pertencia à Sulca, a união estudantil da faculdade de artes. John entrou em contato com uma integrante do comitê – sua amiga, June Harry – e a persuadiu a encontrá-lo na faculdade. Como ela recordou:

> Eu era a tola que tinha a chave do armário onde o amplificador estava guardado. John implorou para eu emprestar aquilo a ele, porque eles estavam indo para a Alemanha. Eu disse que não podia fazer isso, porque eu ficaria muito encrencada, mas ele falou, "Você não vai se encrencar, *Hairy June*. Eu o devolverei logo, antes

> que qualquer pessoa perceba". Ele sabia ser bem persuasivo. É claro que ele não devolveu o amplificador, e eu fui expulsa do comitê. Eles disseram que eu tinha sido "irresponsável". De fato, eu nunca vi John de novo. Deixei Liverpool em 1961 e obtive meu National Diploma em outro lugar.[44]

Esse "P.S." pouco digno para os anos de faculdade de John foi especialmente cruel com a mulher que – graças ao seu relacionamento com Philip Burnett, o professor de inglês de Quarry Bank – fora a responsável por colocá-lo na instituição... mas relacionamentos estavam sendo rompidos por toda parte, na pressa que os Beatles tinham de chegar a Hamburgo. Paul deixaria Dot para trás, e John (se ele fosse) deixaria Cyn. Se Dot não tivesse perdido o bebê, ela estaria perto de dar à luz, e Paul poderia estar casado e incapacitado de viajar; da forma como as coisas estavam, os dois se despediram com promessas de cartas frequentes e, talvez, fidelidade.

John e Cyn também se despediriam em breve, talvez. Eles disseram que escreveriam todos os dias, e, de alguma forma, Cyn acreditou que John seria fiel. No entanto, a Alemanha parecia ser tão distante que qualquer coisa era possível – e, com John, as possibilidades eram certezas. Cyn ficaria na faculdade de artes para fazer o segundo ano de seu curso NDD, e Lil Powell esperava, sinceramente, que um tempo longe de John seria o suficiente para acabar com a paixão da filha por aquele palhaço de Liverpool, e que ela nunca mais o veria ou ouviria seu nome de novo.[45]

Agora, eles precisavam de um baterista. O "teste" de Pete Best aconteceu na noite de sábado, 13 de agosto, em um dos clubes de Allan Williams – o porão do Jacaranda, ou do Wyvern (o futuro e inacabado Blue Angel). Williams disse que foi o responsável pela seleção: "Eu não sabia o que um bom baterista era, então eu só pedi para ele rufar um tambor, e disse, 'OK, você passou'".[46] Pete disse que todos os Beatles estavam presentes, exceto, talvez, George. Neil Aspinall, amigo próximo de Pete (que não estava lá), sempre disse que Paul foi o responsável por conduzir o teste, pois ele era o principal responsável por colocar Pete no grupo. Neil também afirmou que o teste foi "apenas uma formalidade, eles queriam ir a Hamburgo e precisavam dele".[47] Pete não reprovaria no teste nem que segurasse as baquetas com os pés. Ele era o vital quinto elemento, o baterista com uma bateria, um passaporte e nenhum motivo para continuar em Liverpool. O fato de que ele era virtualmente um principiante, e muito quieto, não alteraria isso. Como John comentou, de forma direta, 15 anos depois: "O motivo de sua entrada no grupo foi que era a única forma de irmos a Hamburgo, nós precisávamos de um baterista. Conhecíamos um cara que estava morando na casa da mãe, que tinha um clube lá, e ele tinha uma bateria. Simplesmente pegamos ele, fizemos um teste, e ele conseguia levar uma batida pelo tempo suficiente, então o levamos para a Alemanha".[48]

Só faltava decidir a roupa que ele usaria no palco. John, Stu, Paul e George tinham seus paletós lilases feitos sob medida, camisas pretas, calças *drainies* pretas e sapatos de pele de crocodilo, de ponta fina. O que Pete tinha que poderia fazê-lo parecer um integrante do grupo? Ele disse que tinha uma camisa preta e calças pretas e, apesar de não ter nada lilás, ele poderia usar um paletó com estampa em "*blue Italian*" – mesmo nunca tendo tocado com um paletó antes e sem saber como seria isso. Ele não tinha sapatos de pele de crocodilo, mas tinha outros de ponta fina que poderia levar consigo.[49] "Esteja no Jacaranda segunda-feira de manhã", disseram a ele, e foram embora.

Ao contrário de Tommy Moore e Norman Chapman, o baterista que eles estavam levando dessa vez tinha uma aparência similar ao resto do grupo. Pete Best tinha 18 anos (mais jovem que Stu e John, mais velho que Paul e George), era da altura deles, tinha um físico melhor (magro como eles, porém mais forte), era esperto (o quinto ex-estudante de escola de gramática no grupo), tinha atitude, era bonito, tinha pose, elegância e um cabelo ao estilo Tony Curtis... e estava nos Beatles.

A segunda-feira em Liverpool estava úmida, gelada e com muito vento, como um dia qualquer.

Na 3 Gambier Terrace, Rod Murray e seus colegas artesãos se isolaram no apartamento de primeiro andar e se recusaram a serem despejados.

Em Woolton, na 251 Menlove Avenue, Mimi estava de joelhos, fisicamente tentando impedir seu sobrinho de sair da casa. Tudo pelo que ela tinha lutado – pelo bem dele, e dela – estava prestes a sair pela porta. O jovem apenas se desvencilhou, pegou sua mala e sua guitarra e saiu rapidamente, desafiando sua tia em um nível recorde...[50] mas ele ainda imaginava se aquela fuga inglória acabaria em um retorno desonroso. Tudo ficaria claro após ele correr até Water Street, chegar ao escritório de passaportes que ficava no quinto andar do India Buildings e esperar da forma mais paciente que um jovem impaciente e apressado podia, rezando para que os "*brummercrats*" (mistura de "*brummer striving*" com "*bureaucrats*") entendessem sua situação: mãe morta, pai ausente, então, como ele poderia apresentar consentimento de um adulto responsável?

Em Allerton, na 20 Forthlin Road, Jim Mac garantiu que seu filho tivesse uma quantidade suficiente de cápsulas de óleo de fígado de bacalhau para dois meses e perguntou (como ele fazia quase todas as manhãs) se o intestino do rapaz tinha funcionado. Então, deu a ele um típico discurso inglês, com a intenção de encorajá-lo, fazendo-o prometer que seria um bom rapaz, ficaria longe de encrenca, comeria refeições apropriadas e escreveria cartas com frequência.[51]

Em Speke, na 25 Upton Green, Louise se agitava ao redor do garoto com penteado alto, fazendo-o prometer que comeria de forma responsável e que escreveria cartas com frequência, então deu a ele uma lata de *scones* que ela tinha preparado para a viagem e que deveriam ser compartilhados com seus amigos.[52] Esse sempre foi o jeito de Louise.

Em Huyton, na 22 Sandiway, o trovador viajante, o pintor brilhante, com pose indiferente *à la* James Dean, colocou alguns materiais de arte na mala, guardou seus óculos escuros no bolso, pegou seu baixo, se despediu de suas irmãs e de sua mãe nervosa e foi embora, para bosques frescos e pastos novos.

Finalmente, em West Derby, na 8 Hayman's Green, Mona Best dizia a seu filho mais velho que Hamburgo era um lugar selvagem e que lá, provavelmente, ele aprenderia mais do que qualquer coisa que o Collegiate já tinha lhe ensinado. Ele refletiu, mais tarde, que Mo era "uma mulher que me apoiava maravilhosamente e deixou que eu escolhesse meu próprio caminho na vida, e me sustentou como um pilar, não importava se era uma época boa ou ruim".[53]

Cada um fez sua jornada até o Jacaranda, onde Allan Williams tinha estacionado aquilo que ele chamava de sua van – o Morris J2 Minibus. Era uma velharia caindo aos pedaços, creme e verde, coberta de papéis descascados que divulgavam o show de Gene Vincent em maio: ele tinha feito uma "cagada" e usado o tipo errado de cola, então os pôsteres estavam descolando por conta própria. Sua esposa, Beryl, o acompanhava, além do irmão dela, Barry Chang, que era muito mais novo, e, para uma companhia nobre, Lord Woodbine.* Beryl, uma professora de economia doméstica, preparara comida e frascos com bebida. Enquanto eles esperavam John chegar – para descobrir se ele iria –, Allan deu um adiantamento aos Beatles de £ 15, que seria descontado de seus primeiros pagamentos em Hamburgo, fazendo Stuart e Paul assinarem um recibo. Além disso, fez um acordo verbal com eles, de que cada um pagaria £ 10 para cobrir os custos de combustível, passagens de barco e comida.

Para o eterno alívio de John, seu pedido de passaporte foi processado assim que o escritório abriu, às 9h30. Um funcionário público foi flexível ao considerar as circunstâncias e concedeu uma dispensa do consentimento do tutor legal naquela ocasião, emitindo um passaporte de cinco anos, o padrão, porém com uma restrição: ele expiraria em seis meses, em fevereiro de 1961, caso o documento requerido não fosse apresentado.[54] John entregou suas fotos, assinou onde precisava, pegou o precioso documento azul e preto, correu para o elevador, disparou pela Water Street e se sentiu mais alto que o Liver Building enquanto subia a colina para a Slater Street.

Williams queria pegar a balsa noturna de Harwich até Hoek van Holland, e ele havia concordado em pegar outro passageiro em Londres, no meio do caminho, então eles precisavam sair *mesmo*. Havia a bagagem de nove pessoas, além das guitarras, bateria e amplificadores, e eles empilharam o máximo possível no rack em cima do veículo. Williams tirou sua cartola, deu uma volta na quadra para ver se tudo estava equilibrado, e os oito entraram na van – um na frente, sete atrás, em assentos que ficavam frente a frente, um de cada lado do veículo, com ainda mais equipamento entre eles. Puxado por um motor de apenas 1500cc, o J2 carregaria todo aquele peso por mil quilômetros, percorrendo três países. Mona Best estava lá para se despedir de Peter e, sem que ninguém percebesse, Millie Sutcliffe estava escondida em uma entrada da mesma rua, observando e chorando, enquanto seu pequeno Stuart ia embora para sabe-se-lá-o-quê.

* Barry Chang estudava no Institute, um ano à frente de Paul e dois anos à frente de George.

Nenhum deles sabia. Os Beatles queriam tocar rock'n'roll, eles estavam famintos para ir adiante e tentar coisas novas, todos precisavam de uma forma de escapar, todos queriam *viver* e amavam a ideia de viajar para outro país... entretanto, quando a van saiu do Mersey Tunnel, e Williams pegou a longa A41 em direção ao sul, ninguém fazia ideia do que havia pela frente.

16
"Mach Schau!"
(15 de agosto a 30 de setembro de 1960)

Além da A41, a rota deles era a A5. Quando podia, Allan Williams enfiava o pé no acelerador e chegava a 90 km/h com o veículo lotado, mas não era com frequência, considerando todos os semáforos, rotatórias e centros de cidade que faziam parte da rota para o sul. Essa era a antiga estrada romana, construída há 700 anos, antes dos carros motorizados; logo ficou aparente que o país derrotado na Segunda Guerra Mundial tinha estradas muito superiores às do vitorioso.

O passaporte de John Lennon, emitido naquela segunda-feira de manhã, 15 de agosto de 1960, passou pelas mãos de todos na van, assim como os documentos dos outros integrantes, cujas fotos foram motivo de riso.

> John Winston Lennon, estudante, nascido em Liverpool, 9 de outubro de 1940.
> James Paul McCartney, estudante, nascido em Liverpool, 18 de junho de 1942.
> George Harrison, estudante, nascido em Liverpool, 25 de fevereiro de 1943.
> Stuart Fergusson Victor Sutcliffe, estudante, nascido em Edimburgo, 23 de junho de 1940.
> Randolph Peter Best, anteriormente Randolph Peter Scanland, estudante, nascido em Madras, 24 de novembro de 1941.

Pete Best relatou como tiraram sarro de seu nome.[1] O garoto era "*Randy*" (excitado), e não era exatamente "*Best*" (o melhor). Era uma informação que ele nunca forneceu, e os outros já tinham descoberto... mas aquele não era um grupo para segredos, muito menos para alguém sensível demais para aguentar piadas. John tinha infernizado Tommy Moore, como seria desta vez? Avaliando as personalidades que saltitavam perante seus olhos, Pete deve ter percebido que era bom ser cauteloso; mesmo assim, ele estava longe de ser um peso leve.

"*Aonde vamos, Johnny?*" Além de Hamburgo, John anunciou, eles iriam até "*the toppermost of the poppermost!*" (o topíssimo dos popíssimos!). A viagem coincidiu perfeitamente com a chegada desse novo lema para complementar o seu bordão, que já era repetido havia dois anos. A frase foi criada pelo produtor Dick Rowe e seus colegas da Top Rank Records, que, a partir de 5 de agosto, começaram a divulgar uma série de LPs chamada *Toppermost* com o mesmo slogan: "*Toppermost of the poppermost*". John e os outros viram isso como seu destino divino, e não acreditavam em quão estúpida a frase soava, um slogan bobo criado em Londres por algum executivo besta, com seu terno e gravata, que, tipicamente, não tinha ideia de quão ridículo soava.

Os Beatles estavam próximos daquele mundo londrino pela primeira vez, dando (metaforicamente) seu "*hello*" e seu "*goodbye*" enquanto passavam pela cidade. A estrada A5 encaminhava o tráfego ao sul pela Edgware Road, e, conforme Williams levava o grupo por Maida Vale, eles passaram, sem saber, a 640 metros de Abbey Road. Nos estúdios da EMI, na tarde seguinte, Cliff Richard (*topíssimo*, sem dúvida nenhuma) tinha uma sessão marcada com os Shadows, os quatro jovens talentosos e bem-vestidos do 2i's, que estavam subitamente saindo de baixo das asas de Cliff: "Apache", seu primeiro hit, chegou ao número 1 da parada da *NME* logo que foi lançado. O single se tornaria o som do fim do verão e do começo do outono, inspirando uma abundância de grupos a tocar instrumentais precisos, apontar suas guitarras para cima e para a frente em uníssono, e fazer passos coreografados – esquerda, para, direita, para. Esse era o Reino Unido que receberia os Beatles de volta após o grupo tocar rock'n'roll 30 horas por semana em Hamburgo. Essa foi a moda que, por acaso, eles não viram surgir.

Os Beatles tiveram seu primeiro vislumbre do 2i's e do Soho quando Williams levou a van até a Old Compton Street e, de alguma forma, colocou outro passageiro a bordo, o garçom bilíngue (provavelmente chamado Steiner) do café Act One – Scene 1.* Todos desceram para esticar as pernas, mas não havia tempo

* Pouco se sabe dessa pessoa que viajou com os Beatles até Hamburgo, exceto que, após ter traduzido o contrato de Derry and the Seniors, três semanas antes, Bruno Koschmider ofereceu a ele um emprego em Hamburgo, então fizeram planos para ele pegar carona na van de Allan Williams.

para ficar lá, se planejavam pegar a balsa noturna que saía de Harwich, ainda a 13 quilômetros de distância.

Eles tiveram um contratempo no cais. A balsa "Ro-Ro", que permitia que os veículos entrassem e saíssem da embarcação por seus próprios meios, ainda era uma invenção recente nos anos 1960, pouco utilizada até então. A maioria dos barcos não contava com uma plataforma de acesso direto para os veículos; logo, os carros precisavam ter seus tanques de combustível esvaziados, e sua bateria desconectada, antes de serem elevados por um guindaste e colocados no compartimento de carga. Allan Williams disse que o estivador se recusou a carregar sua van. "Eles disseram que o guindaste não poderia erguer o veículo com tanto equipamento em cima. Eu tive que *implorar* para eles. Se não desse certo, estaríamos na merda."[2]

Williams era um bom *Spieler*. Ele fez os homens que estavam lá tentarem erguer a van, porém por sua própria conta e risco. Barry Chang tirou algumas fotos da operação delicada: uma, por acaso, mostra John Lennon, de óculos, observando os trabalhadores da doca manobrando o veículo – com suas preciosas guitarras, amplificadores e bateria a bordo – para cima, suspendê-lo no ar, passá-lo sobre a lateral da balsa e levá-lo para baixo. O guindaste aguentou bem e também funcionou em Hoek van Holland, mas houve uma irritante espera de quatro horas enquanto a imigração holandesa fazia perguntas sobre os instrumentos musicais. Os oficiais acreditavam que o equipamento estava sendo levado ao país para revenda e insistiam que deveria ser cobrado um imposto de importação – se não fosse pago, tudo seria confiscado. Novamente, Allan Williams foi o herói deles, insistindo que aqueles garotos loucos eram estudantes, exatamente como seus passaportes indicavam: eles iam passar as férias na Alemanha e simplesmente *amavam* tocar.

O perigo de dirigir em mão "invertida" na estrada só acrescentava confusão ao deslocamento, e eles pegaram o caminho errado quase que instantaneamente. Com a intenção de ir ao norte, rumo a Amsterdã, eles se dirigiram ao leste, diretamente pelo centro de Roterdã. Essa viagem os levou para Arnhem, que fora o palco – 16 verões antes, em setembro de 1944 – de uma das últimas grandes batalhas da Segunda Guerra. Williams tinha um primo que fora ferido lá e que frequentemente falava de seus camaradas que morreram, então ele quis prestar-lhes uma homenagem em nome do primo.

O cemitério dos Aliados era em Oosterbeek, perto de onde estavam. Em um bosque, um lugar silencioso onde o vento passava pelas árvores, uma clareira levava aos túmulos de mais de 1.750 soldados que morreram no conflito. Barry Chang pegou sua câmera e tirou uma foto quando os turistas de Liverpool pararam diante da placa principal do memorial. A imagem registra um momento vital e marcante: são os Beatles, a caminho de Hamburgo – e, como num passe de mágica, uma legenda aparece no centro: "*THEIR NAME LIVETH FOR EVERMORE*"* (O NOME DELES VIVERÁ ATRAVÉS DAS GERAÇÕES).

A foto de Chang mostra George particularmente bem: seu rosto está cheio de caráter, ele está vestindo a camiseta *matelot* que chamou a atenção de Royston Ellis, e seu topete está *topíssimo*, especialmente levando em consideração as 27 horas que já tinham passado na estrada. Pete Best parece feliz e confortável, um bom rapaz, um encaixe visualmente perfeito. Paul está fumando e comendo algo, provavelmente um lanche preparado por Beryl; seu topete, começando a cair, não sobreviveu tão bem quanto o de George. Eles parecem animados. Stuart – magro, agora barbeado e com óculos escuros – é evidentemente mais adulto que Pete, Paul ou George. Ele está em um grupo ao lado, com Allan, Beryl e Woody. Allan, com seu cabelo escuro e barba espessa, traz uma braçadeira elástica sobre a manga de sua camisa, provavelmente fazendo as vezes de uma braçadeira de luto.

Assim como Barry Chang, dois outros passageiros não estão na foto: *Herr* Steiner, que talvez não se sentisse confortável em Arnhen, e John Lennon. Ele nunca explicou sua ausência e ninguém nunca lhe perguntou sobre isso, então não pode ser confirmado se Allan Williams estava correto quando afirmou que John ficou na van porque ver tantos túmulos, tantas pessoas de sua idade que morreram em combate, o deixava muito mal.

Mesmo assim, ali estavam os homens que haviam lutado por outros como eles; ali estava o destino que os Beatles tiveram a sorte de, até então, evitar; e ali estava, novamente um lembrete dos caminhos da vida: entre fileiras e mais fileiras de pequenas lápides brancas, uma dizia: "*Private Peter Best, aged 19*".

---

* Eclesiástico 44:14 – "Seus corpos foram sepultados em paz, e o nome deles viverá através das gerações".

Em seguida, eles dirigiram até Arnhem, para dar uma olhada no lugar. Passeando pelas ruas da cidade, a primeira vez dos Beatles em outro país, eles acharam uma loja de música, e logo entraram, ansiosos para ver as guitarras... e, enquanto estavam lá, John fez um "saque rápido" de uma gaita. Ele a colocou em seu bolso e a mostrou para todos no lado de fora; Allan Williams ficou completamente chocado: "Eu pensei, 'Que tipo de *malucos* temos aqui? Nem vamos *chegar* a Hamburgo!'". Três deles – Paul, George e Stu – sabiam exatamente que tipo de malucos eles tinham lá, e foi outra oportunidade para Peter descobrir com quem estava viajando. Ele lembra de John ser "extremamente confiante... ele sabia o que estava fazendo", e disse que Lennon alegremente tocou seu novo instrumento – e fez caretas – enquanto o veículo se movia.[3]

Finalmente, após a meia-noite, mais de 36 horas depois de partirem de Liverpool, os viajantes felizes chegaram a Hamburgo, acharam St. Pauli e a Reeperbahn e chegaram à Grosse Freiheit.*

A rua estreita de paralelepípedos talvez os lembrasse de Liverpool, mas apenas por um segundo. Striptease. Sexo. Bares. Clubes. Toda a vida neon estava lá. Os olhos se arregalaram, observando pelas janelas sujas do Morris J2. E lá, no canto, estava o Kaiserkeller de que tinham ouvido falar. Seus batimentos ficaram ainda mais acelerados. Eles estacionaram, desceram as escadas e cumprimentaram Derry and the Seniors, também de Liverpool... que foram nitidamente antipáticos. Tudo o que eles sabiam dos Beatles era o que eles tinham visto no teste para tocar com Billy Fury, quando sua performance causou uma péssima impressão. Eles tinham certeza de que a chegada dos Beatles estragaria a cena legal que eles estavam criando.

Em seguida, os Beatles conheceram Bruno Koschmider. Ele subiu as escadas com o grupo, para mostrar onde *eles* tocariam – descendo a rua, um pouco adiante. Muito adiante. A Grosse Freiheit ficava mais escura, os lugares de entretenimento sumiam aos poucos, o som da *ação* virava um eco distante, até que chegavam ao número 64, o Indra. Um elefante indiano de neon e as palavras

* Guia de pronúncia local – St Pauli: *Zankt Pauli*; Grosse Freiheit (também escrito como Große Freiheit): *Groza Frairrait*; e Reeperbahn: *Reiperban.*

"INDRA CABARET" indicavam o lugar, numa placa que ocupava um espaço considerável e impressionante da rua, grande o suficiente para ser visto de longe – o que era necessário. O clube estava fechado, escuro, quieto. Estavam, efetivamente, na região *off-Broadway*.

O intérprete de Bruno explicou: no dia seguinte, o clube abriria e eles tocariam. Enquanto Allan, Beryl, Barry e Woody se dirigiram até seu hotel, os cinco Beatles foram deixados aos cuidados de Koschmider. Estranhamente, não se sabe ao certo onde eles passaram sua primeira noite. Paul disse que foi dentro do Indra, encolhidos "nas pequenas cabines, sobre assentos de couro vermelho". George disse que foi no apartamento de Koschmider – "todos em uma cama", surpreendentemente. De qualquer forma, eles tinham chegado e estavam lá para provar.[4]

Antes de tocar, precisavam tratar de negócios. Todos os cinco Beatles assinaram contratos em alemão e inglês – o primeiro contrato que assinavam. Como Hamburgo não era lugar para Ramon, De Staël e outras coisas do tipo, usaram seus nomes verdadeiros. Aquilo era Sucesso, *mesmo*, e eles concordaram em tocar nos seguintes horários:

> **Terça a sexta, 4 horas e meia.** 20h00-21h30, intervalo de meia hora, 22h00-23h00, intervalo de meia hora, 23h30-0h30, intervalo de meia hora, 1h00-2h00.
>
> **Sábado, 6 horas.** 19h00-20h30, intervalo de meia hora, 21h00-22h00, intervalo de meia hora, 22h30-23h30, intervalo de meia hora, 0h-1h00, intervalo de meia hora, 1h30-3h00.
>
> **Domingo, 6 horas.** 17h00-18h00, intervalo de meia hora, 18h30-19h30, intervalo de meia hora, 20h00-21h00, intervalo de meia hora, 21h30-22h30, intervalo de meia hora, 23h00-0h, intervalo de meia hora, 0h30-1h30.

O contrato era de dois meses, 17 de agosto a 16 de outubro, com segundas-feiras de folga, e cada um deles receberia DM 30 (30 marcos alemães) a cada noite de trabalho. O documento definia os Beatles como um quinteto e estipulava que eles não poderiam tocar em qualquer estabelecimento concorrente em Hamburgo por 30 semanas após o fim do contrato. Ambas as partes garantiram que, se uma rompesse os termos, compensaria a outra na totalidade do valor do contrato, e Koschmider concordou em obter autorizações de trabalho para os Beatles.*

Havia muitos formulários burocráticos a serem preenchidos – o que não era fácil, pois estavam em alemão. John tinha trazido consigo um dicionário de bolso alemão-inglês, mas nunca se deu ao trabalho de abri-lo; Stuart não falava alemão; e Paul e George tinham aprendido um pouco na escola (o que "não era exatamente útil", de acordo com Paul).[5] Pete era o mais apto, pois tinha passado no exame de nível básico de alemão. Koschmider anotou os detalhes dos Beatles, inclusive suas idades, e notificou sua presença aos *Fremdenpolizei* (polícia de estrangeiros). Uma coisa que ele não fez foi obter autorizações de trabalho.

O contrato não mencionava suas acomodações, e isso logo se tornou uma fonte de problemas entre os Beatles e Koschmider. Ele não estava obrigado a fornecer nada para eles, e pagar por um abrigo os deixaria com quase nenhum dinheiro para se sustentar. Com *ein bisschen* (um fénigue, ou centavo alemão) de pena, Koschmider ofereceu uma solução que, para ele, soava mais do que generosa: os Beatles poderiam ficar, gratuitamente, em quartos nos fundos de um pequeno cinema que ele locava, o Bambi. Eles podiam entrar e sair por sua própria porta dos fundos, logo em frente ao Indra (como ele tinha feito com os Jets, Koschmider deixou Derry and the Seniors se abrigarem no Kaiserkeller, trancados em um escritório, por medo de que eles roubassem do bar. Seu lavabo era um penico compartilhado).

---

* Incluindo as pausas, os Beatles permaneciam no Indra durante seis horas de terça a sexta, oito horas no sábado e oito horas e meia no domingo. A taxa de conversão era DM 11.70 por libra, então DM 30 por noite correspondiam a £ 2 11s (ou £ 2.55, em valores atuais). Após seis noites, de segunda a sábado, o pagamento semanal era pouco mais que £ 15 por integrante (£ 3 a menos do que o esperado, possivelmente porque eles tinham presumido que trabalhariam sete dias por semana). O pagamento era feito todo sábado, no escritório de Koschmider no Kaiserkeller – muitas vezes, era a única ocasião em que o viam –, e era livre de impostos; cabia aos Beatles declarar sua renda para fins tributários quando voltassem à Inglaterra.

O contrato determinava que uma quantia de £ 10 fosse paga a Allan Williams toda semana, aparentemente por Koschmider. No entanto, em outro acordo assinado pelos dois homens, seis dias depois, Koschmider concordou que a comissão de Williams seria de 10% do que os Beatles receberiam, deduzidos de seus salários e pagos em uma conta que Williams abriu em St. Pauli com o Commerzbank. Isso significava que cada Beatle recebia DM 162 por semana, ao invés de DM 180 – pouco menos de £ 14.

Naquele mesmo contrato de 23 de agosto – escrito logo antes de Williams voltar à Inglaterra com Beryl e os outros –, os dois empresários também concordaram que teriam um vínculo exclusivo por cinco anos, por meio do qual Williams forneceria qualquer entretenimento de que Koschmider precisasse da Inglaterra.

O Bambi era uma pocilga. Eles tinham dois quartos que não passavam de almoxarifados: um pequeno, que acomodava três pessoas e tinha uma lâmpada, e – anexado ao primeiro – outro menor, que acomodava duas pessoas e não tinha eletricidade. Ambos fediam por causa dos banheiros adjacentes, que os clientes do cinema utilizavam e que também serviam como os banheiros dos Beatles. Não havia outro tipo de encanamento, nenhum aquecimento e nenhuma decoração, apenas paredes de concreto, sem tinta e cobertas de poeira, e o teto era tão baixo que eles precisavam abaixar a cabeça. Não havia armários, então eles tinham que deixar as roupas nas próprias malas. O lugar contava com apenas uma pequena janela, muito alta (de frente para um pátio), então os quartos eram escuros. Koschmider forneceu duas pequenas camas de acampamento para o quarto minúsculo, e duas camas pequenas e um sofá diminuto para o quarto um pouco maior, e poucas cobertas. Como ninguém entrava no lugar para limpá-lo, logo ficou parecendo o estúdio de Stu e John na Gambier Terrace.

Foi particularmente ruim para Paul. Como de costume com os Beatles, quem chegava primeiro decidia, e John tinha os ombros maiores e os cotovelos mais pontiagudos. O líder pegou para si a melhor cama no quarto ligeiramente melhor, logo seguido por Stu e George, dando continuidade ao grupo que morava na Gambier Terrace. Quando Paul entrou – talvez apenas segundos depois –, ele e Pete tiveram que ir para o segundo quarto. Foram três derrotas para Paul: ele estava em uma pocilga, tinha a sensação horrível de ficar de fora da diversão e estava preso com o cara novo, *Pete, o quieto*, que nunca foi antipático ou desagradável, mas era tímido e monossilábico. Era uma situação muito incômoda e foi motivo de um ciúme prolongado em Hamburgo, frequentemente expressado (algo que irritava os outros), mas nunca resolvido.

Bambi-Filmkunsttheater era o nome verdadeiro do lugar, mas os Beatles o chamavam de "Bambi Kino", e "o buraco", e o *odiaram* desde o princípio. Apesar de fechar à meia-noite, o Bambi exibia filmes às 16h, 18h30 e 21h – o som do filme das 16h atrapalhava seu sono tardio, e o das 18h30 os irritava de terça a sexta, quando só começavam a tocar às 20h. Eles também tinham que aguentar o barulho de pessoas passando por seus quartos quando saíam do cinema pela porta dos fundos, além de clientes usando o banheiro.[6]

Foi nesse ponto que as horas de trabalho e lazer dos Beatles viraram de cabeça para baixo e permaneceram assim. Sua jornada de trabalho só acabava às três da madrugada, e seu momento de descontração e interação social só começava ali – então, o dia virou noite, e a noite virou dia. Como Paul explicou em uma carta a seu pai e seu irmão (como todos os outros, escrevia aos familiares com frequência): "Estou escrevendo agora, às 10h30, prestes a ir dormir" – eram 10h30 da manhã.[7]

Com seu lavabo inadequado, suas roupas sujas e seu tabagismo pesado – cigarros eram baratos lá e eles fumavam até 40 por dia –, o lugar *fedia*, assim como eles, certamente. Ainda assim, estavam naquilo juntos, e, pelo menos, tinham um inimigo em comum: Koschmider. Isso forneceu uma mudança-chave em seu slogan, para um que perduraria, e serviria a muitos outros propósitos nos meses e anos adiante. Em vez de Paul e George perguntarem "*Aonde vamos, Johnny?*", John fazia a pergunta a sua gangue, e todos adotavam um sotaque americano falso, como se estivessem num filme barato e apelativo de Hollywood:

> Quando estávamos deprimidos – pensando que o grupo não estava indo a lugar algum e que estávamos num acordo ruim, em um camarim ruim – eu perguntava, "Aonde vamos, meus caros?", e eles respondiam, "Ao topo, Johnny!", em vozes pseudoamericanas. E eu perguntava, "Onde é isso, meus caros?", e eles respondiam, "Ao topíssimo dos popíssimos, Johnny!". Eu dizia, "*Ceeeerto!*" e ficávamos animados. Era o pequeno mantra que nos ajudou a superar aquilo tudo.[8]

Aquele movimentado primeiro dia em Hamburgo terminou com quatro horas e meia no pequeno palco em formato de pódio do Indra, em frente às cortinas de cabaré, que abafavam tanto o som do grupo que eles foram obrigados a aumentar o volume dos amplificadores ao máximo. Koschmider encomendou fotos publicitárias de sua nova atração – as primeiras fotos dos Beatles como John, Paul, George, Stu e Pete, cinco garotos de Liverpool, quatro instrumentos ainda sendo pagos, três amplificadores e duas baquetas nas mãos de Pete Best, o garoto com a bateria comprada por sua mãe, Mo, um investimento esperançoso dominado por um bumbo de proporção exagerada. Ele está vestindo seu paletó escuro, os outros quatro estão com os paletós lilases confeccionados pelo sr. Richards. Paul atrai atenção ao fazer uma careta, e Stu, de óculos, repete o gesto. Eles estão bonitos e prontos para tocar rock.

A primeira noite dos Beatles em Hamburgo, 17 de agosto de 1960, ocorreu 20 anos após os alemães realizarem seu primeiro ataque sobre Liverpool, quando aviões nazistas soltaram suas bombas sobre as docas de Toxteth, em 17 de agosto de 1940. O rock'n'roll foi levado a Hamburgo pelos filhos dos sobreviventes e seria ouvido por jovens que tinham sobrevivido ao ataque de retaliação dos Aliados, em 1943. Desprezada pela sociedade adulta como uma força maligna e influência diabólica, a música rítmica dos negros da América – que antes veio, é claro, da África – estava trazendo harmonia a um lugar onde outrora havia ódio.

Howie Casey, dos Seniors, disse que conseguiu escapar do Kaiserkeller por alguns minutos para ver os recém-chegados de Liverpool. Ele foi com a intenção de zombar, mas, desde o teste para Billy Fury, eles tinham feito a turnê com Johnny Gentle e tocado 16 bons shows em Wirral. "Meu queixo caiu até o chão. Havia tanta diferença do que eu tinha visto no teste. Havia alguma coisa, uma fagulha, algo especial. Nós cantávamos um pouco em harmonia, mas eles eram maravilhosos nisso. Eram incríveis. Dava para ver que eles iriam longe."[9]

Aquelas vozes, John, Paul e, às vezes, George e Stu, em combinações diferentes, impulsionavam os Beatles. Essa já era a principal qualidade deles, havia tempos, uma que era única entre os grupos. Para começar, no entanto, não importava quão interessantes suas harmonias fossem, eles simplesmente não tinham o repertório. O máximo que já tinham tocado em uma apresentação era cerca de duas horas; agora, precisavam alcançar seis horas. Eles eram uma *banda de bar*, e, apesar de nenhum cliente ficar lá a noite toda, os Beatles aceitaram o desafio de não se repetirem. O resultado foi uma intensa ampliação de seu rendimento, como se dissessem "O que mais podemos fazer? O que mais conhecemos?". Então, tocaram todo o primeiro LP de Carl Perkins, todo o primeiro LP de Johnny Burnette, todo o primeiro LP de Buddy Holly and the Crickets, todo o primeiro LP de Elvis Presley, além de *Elvis's Golden Records*, e o primeiro LP de Gene Vincent (uma das canções favoritas do grupo era a cover de "Wedding Bells Are Breaking Up that Old Gang of Mine"). As canções também eram estendidas – Paul conseguia fazer "What'd I Say", de Ray Charles, durar 15 minutos, sem dificuldade, e John fazia algo similar com "Baby Let's Play House", de Elvis: "Fazíamos a canção durar cerca de dez minutos, cantando a mesma estrofe, repetidamente".[10] Paul cantava "Summertime" e "Over the Rainbow" (ambas por causa de Gene Vincent); eles tocavam "To Know Her Is to Love Her", de Phil Spector; tocavam todas as canções de Chuck Berry que conheciam; tudo de Little Richard, Buddy Holly, Coasters, Eddie Cochran, Fats Domino e Larry Williams. John cantava canções country de Hank Williams, como "Honky Tonk Blues"; tocavam clássicas como "Moonglow" e "The Harry Lime Theme"; e canções novas como "Money", "Besame Mucho", "Shakin' All Over" e "Apache" (porém sem os passos de dança dos Apaches). "Tivemos que aprender milhões de canções", George disse, "porque tocávamos por horas. Hamburgo foi nosso aprendizado de verdade, aprendendo a tocar na frente das pessoas".[11]

Com pouco, ou nenhum ensaio dessas canções, havia muitas versões cruas. George era o tipo de guitarrista que aperfeiçoava as coisas com o tempo, metodicamente. Improvisar um solo estonteante não era seu estilo, e, quando forçado a fazer isso, ele podia tocar mal. Paul ainda tinha uma guitarra barata, com a qual não estava familiarizado, e seu papel exato era um "meio-termo" – George tocava guitarra solo, John tocava guitarra base... e Paul também tocava base, mas ele preenchia espaços de solo quando podia. John estava a caminho de se tornar um guitarrista base proficiente, mas provavelmente ainda não tinha chegado lá. Na maior parte do tempo, ele apenas tocava instintivamente; com material que ele ainda não tinha praticado, muitas vezes apenas acompanhava o ritmo. Por fim, havia Stu: um baixista havia apenas sete meses, não estava muito além de um principiante. Era a combinação dos talentos que dava aos Beatles sua faísca: seu som, sua aparência, além de suas personalidades. De um lado ao outro, e até o fundo do palco, eles eram *interessantes*.

A primeira noite no Indra também foi a primeira noite dos Beatles com Pete Best, pelo menos o quarto baterista que tiveram em 13 semanas. Apesar de ele ter o visual correto e projetar o ar sombrio que eles tinham visto no Casbah, Pete ainda era um novato, com pouquíssimo tempo de experiência com grupos e apenas uma fração do tempo no palco que Stu tivera até então. Nada disso surpreendia John, Paul e George – eles sempre souberam que Pete era um principiante, e que teriam de carregá-lo e mostrar o caminho a ele.

Logo ficou aparente que Pete tinha problemas para manter um andamento contínuo – um problema comum para bateristas, acelerar e diminuir, geralmente sem perceber a diferença. Na prática, Stuart ajudava pouco: a base de um grupo de rock é, tipicamente, a combinação do baixo e da bateria, e ambos eram instáveis. No entanto, quando encontraram uma solução, também encontraram um estilo para os Beatles. Como George disse: "Frequentemente nos virávamos e batíamos o pé no palco, para manter o andamento certo".[12] Eles ativamente encorajavam Pete a continuar batendo no pedal daquele grande bumbo, *bum-bum-bum-bum*, porque era a única coisa que ele conseguia fazer sem perder o ritmo. Dessa forma, quase que desde o princípio, os Beatles em Hamburgo se baseavam em bater pés e palmas, para gerar barulho e animação, e para se manterem musicalmente unidos. "Nós mantínhamos aquela batida grande e pesada, compasso 4/4, a noite inteira", disse George.

Para Bruno Koschmider, isso causou um problema inesperado. Havia uma senhora idosa que morava acima do Indra; não se sabia se ela se sentia incomodada pelo cabaré travesti, mas esse tipo de espetáculo pelo menos não atrapalhava seu sono. Os Beatles tinham três amplificadores e faziam toda aquela bateção de pés até tarde da noite. Ela reclamou. O *Geschäftsführer* de Koschmider – o gerente responsável por questões do dia a dia do Indra – era um homem mais velho chamado Wilhelm "Willi" Limpinsel, e ele disse aos Beatles para abaixar o volume. Considerando as condições deles no Bambi, sua resposta veio na forma de duas curtas palavras.

Apesar do *bum-bum-bum-bum* ser adequado a muitas das canções, dificuldades surgiram quando os Beatles tentaram variar. John, Paul e George viram como Pete tinha dificuldade com outros estilos e andamentos; eles só podiam esperar que o baterista melhorasse com o tempo. Naquele momento, no Indra, eles conseguiriam se virar. Estavam longe de casa, e tocando rock como nunca tinham feito na vida.

Toda noite, às 21h45, o som da casa interrompia qualquer coisa que estivesse acontecendo, mesmo que fosse no meio de uma canção, para anunciar: "*Wir machen darauf aufmerksam, dass um zehn Uhr alle Jugendlichen unter achtzehn Jahren das Lokal verlassen haben müssen!*". Na primeira noite, os Beatles olharam uns para os outros, imaginaram o que poderia significar e continuaram com sua apresentação; 15 minutos depois, às dez da noite, todos os jovens precisaram mostrar identificação, e aqueles com menos de 18 anos tiveram que sair. Era o

Ausweskontrolle, o controle de identificação, e não demorou para a ficha cair: jovens com menos de 18 anos eram forçados a sair, e George tinha apenas 17. Ele fez o melhor possível para não levantar suspeitas, até os *Piedels* gritarem "*one-two--three-four!*", e continuarem batendo os pés.*

Como ficariam em Hamburgo por um longo tempo, eles conheceram a região de St. Pauli como a palma da mão. A rua mais movimentada era a Reeperbahn (literalmente, "via do fabricante de cordas"), onde estava a maioria dos clubes noturnos, bares, lanchonetes e o recentemente inaugurado Top Ten Club; a maioria das casas tinha um funcionário que ficava do lado de fora, anunciando as atrações e tentando chamar clientes para dentro, e os homens dificilmente resistiam. A principal parte de Hamburgo tinha sobrados, lojas finas e os grandes lagos Alster, mas St. Pauli, o distrito ao lado do porto, era barra-pesada, da classe trabalhadora, cosmopolita, o refúgio de gângsteres, ladrões, prostitutas e cafetões, fornecendo entretenimento para marinheiros com seus pagamentos guardados nos bolsos de suas calças boca de sino.

Apesar de ser considerado o apêndice da Reeperbahn, Grosse Freiheit (Grande Liberdade) tinha sua própria ação e, um pouco mais para baixo, na esquina com o Kaiserkeller, estava Schmuckstrasse, onde prostitutas travestis esperavam nas portas de edifícios que continuavam destruídos pelas bombas da guerra. Todo esse comportamento era tolerado em Hamburgo, contanto que acontecesse estritamente em St. Pauli. Era como uma sociedade separada. Cidadãos decentes de Hamburgo ficavam longe, e insistiam que suas crianças fizessem o mesmo; notícias nos jornais explicitavam os perigos. Em 20 de setembro, quando os Beatles já estavam lá havia um mês, um barman da Grosse Freiheit matou um capitão de navio norueguês ao atacá-lo repetidas vezes com um cinzeiro, e a corte não o penalizou de nenhuma forma, porque ele alegou que foi autodefesa, e que o cliente o havia atacado com uma garrafa.[13]

---

* Alemães de certa idade, que não estavam acostumados à língua inglesa, tendiam a pronunciar os *B*s ingleses como *P*s, então "Beatle" soava, a alguns ouvidos, similar a *piedel*, uma palavra antiga e infantil que significava "pinto" ou "piu-piu", mais boba que rude, apesar de compor uma das muitas gírias alemãs para camisinha, *piedeltüte* (literalmente, "sacola de piu-piu"). A noção comum de que "os Beatles" significava "os pintos" em alemão é notadamente exagerada, e *piedel* é tão pouco utilizada hoje em dia que nem aparece no principal dicionário alemão, o *Duden*.

Era violento assim. Os descontentes, os raivosos, os sádicos e os cruéis eram atraídos por St. Pauli, assim como os boxeadores, os fisiculturistas e os nazistas amargos, com cicatrizes da guerra, muitos dos quais se tornariam garçons, com paletós brancos, apenas esperando a primeira oportunidade de largar sua bandeja de drinques e partir para a briga. "Encrenqueiros" eram atacados com grande brutalidade, e na frente de todos: não havia qualquer tentativa de mascarar o que acontecia. Uma causa comum dos problemas era o *Nepp*. Esse era o processo em que uma pessoa tola perdia seu dinheiro por meio de uma comanda muito mais cara do que os drinques que ela tinha realmente consumido. A maioria dos clubes e dos bares praticava isso, e todo tipo de truque era usado para aperfeiçoar o golpe. As "acompanhantes" garantiam que o alvo fosse enganado... caso ele reclamasse, apanhava. Os Beatles achavam que Wilson Hall e Grosvenor Ballroom eram lugares ruins, mas ambos eram festas infantis em comparação àquilo, como George recordou:

> Todos os proprietários de clubes eram gângsteres, e todos os garçons tinham gás lacrimogêneo, cassetetes, socos-ingleses. Eles eram pesos-pesados. Todos naquele distrito eram homossexuais, cafetões ou prostitutas. Estar no meio daquilo quando eu tinha 17 anos [risos] foi muito divertido... [Quando] os marinheiros e os soldados vinham à cidade, eles ficavam bêbados, e inevitavelmente tudo acabava em sangue e lágrimas. E lágrimas para a banda, também, com o gás nas nossas caras.[14]

O sexo estava por toda parte e era uma prioridade no menu dos Beatles. Não havia qualquer chance de eles manterem a fidelidade que suas namoradas haviam exigido. E, mesmo assim, como tanta coisa aconteceu com os Beatles em Hamburgo – e uma vez que, supostamente, todo aquele excesso estava tão facilmente disponível –, separar o fato da ficção é simplesmente impossível. Como John refletiu em 1980: "Havia muita *diversão masculina* quando estávamos em Hamburgo, mas as histórias são desproporcionais, no decorrer dos anos, se transformaram em *lendas*".[15] E, após 1980, essas lendas cresceram exponencialmente. Para dar apenas um exemplo, Pete Best – um homem honesto, que provavelmente subestimava as coisas, em vez de exagerar – falou que todos os Beatles fizeram sexo, simultaneamente, no Bambi Kino; enquanto isso, George, falando da ocasião inesquecível em que ele perdeu sua virgindade, claramente descreveu John, Paul e Pete estando no mesmo quarto, ao mesmo tempo, em seus beliches, algo que aconteceu em 1961. Ou seja, por mais improvável que isso seja, George conseguiu passar toda aquela estadia extraordinária em Hamburgo, em 1960, sem sexo, apesar das muitas oportunidades, de seu forte apetite sexual, e de Stu o descrever como um "Casanova" em um texto.[16]

Embora seja aconselhável ter cuidado com as lendas, é claro que houve muito sexo – especialmente com garçonetes de bar, e às vezes com strippers. Em suas próprias palavras, Paul se tornou músico "para não ter que trabalhar, e para pegar gatinhas"; ali, em Hamburgo, ele realizou os dois sonhos, de uma forma que nem imaginava.[17]

Os Beatles já eram chegados em Liverpool, mas ficaram mais próximos que nunca em Hamburgo. Não havia privacidade alguma, e todos testemunharam situações íntimas dos outros. Como Paul disse: "Eu ia falar com John, e via sua bunda subindo e descendo, com uma garota debaixo dele. Era perfeitamente normal: você dizia, 'Puta merda, desculpa', e saía do quarto".[18]

Também havia a Herbertstrasse, onde as prostitutas se exibiam em vitrines. A lei de Hamburgo estipulava que a rua precisava ser fechada para transeuntes, com placas proibindo a entrada de qualquer pessoa abaixo de 18 anos: toda vez que os Beatles iam até lá, George tinha que aguentar provocações. Não se sabe com certeza quais deles utilizaram prostitutas, mas todo tipo de história foi escrita como fato, e algumas delas provavelmente são reais.[19]

Por todos esses motivos, St. Pauli era o lugar perfeito para um evangelista ambicioso pregar alguns sermões fervorosos, para salvar almas com as palavras de Jesus. Billy Graham chegou a Hamburgo em setembro de 1960, um americano que fazia parte da Convenção Batista do Sul, e estava fazendo uma de suas típicas cruzadas internacionais. No fim de uma de suas manifestações, ele conduziu uma carreata do tamanho da Reeperbahn, e parou no topo da Grosse Freiheit. Ele subiu em um palanque, olhou para aquela rua de pecado, com seus convites em neon (enxergando até aquele grande elefante), observando seus clubes de striptease, os bêbados beligerantes nos bares e os músicos de rock'n'roll que tocavam para eles. "Arrependei-vos de vossos pecados!", Graham ordenou, "Arrependei-vos de vossos pecados!". Uma banda de metais tocou, e todo mundo cantou "*Ein feste Burg ist unser Gott*". Os

Beatles provavelmente estavam dentro do Indra, e perderam tudo isso (eles nunca mencionaram ter visto Billy Graham lá), mas não é impossível que eles estivessem no meio da plateia descrita na reportagem do *Hamburger Echo*, que também contava com "casais levemente estremecidos, jovens com cortes de cabelo ao estilo César, devotos de uniforme e capacete militar, e muitos marinheiros alegres".[20]

Na outra ponta do espectro das prostitutas e das strippers, os Beatles também começaram a chamar a atenção de algumas jovens comuns de Hamburgo, que se sentiam atraídas por aqueles roqueiros exóticos e estrangeiros, e se tornaram suas primeiras fãs no local. Eram garotas simpáticas que, por algum motivo ou outro, estavam em St. Pauli, apesar de a maioria delas preferir ficar longe: elas passaram a adorar ver os Beatles no Indra, apesar de precisarem ir embora após o toque de recolher das 22h, o *Ausweiskontrolle*. Nenhum outro artista lá tinha esse tipo de seguidoras, apenas os Beatles; as garotas ofereciam um pouco de romance e carinho, sem se entregarem por completo. Uma delas, Corri, cuja família era proprietária do restaurante Blockhütte, ao lado do Indra, começou a sair com Paul. Uma garota chamada Monika Paulsen gostava de George, e disse que John era amigável com uma garota chamada Renate, e Pete, com uma loira chamada Helga. "Quando os músicos queriam sexo – ou, pelo menos, mais que beijos e carinho –, eles conseguiam isso em outro lugar", disse Monika, "e nunca tínhamos ciúmes".[21] Stuart recusou várias que se insinuaram para ele, e contou a uma antiga namorada que ele considerava as garotas de Hamburgo "lindas e graciosas, mas de qualidade insuficiente".

Stuart escreveu prolificamente em Hamburgo. Em uma carta a Liverpool, datada de 22 de setembro, ele sinalizou que os Beatles poderiam ficar lá até depois de outubro ("Espero voltar para casa perto do Natal"), e disse que planejava deixar o grupo para fazer seu curso ATD em Liverpool, em 1961. De sua posição atual, ele escreveu: "Eu suponho que muitos me consideram um tolo, mas esta foi uma fuga pessoal, que eu sentia ser necessária, para me libertar de boa parte da inquietitude [*sic*]*...". Alguém que certamente o considerava um tolo, e até o informou disso, era

* No texto original, Stuart grafou incorretamente a palavra *uneasiness* como "*uneasyness*". [N.T.]

seu tutor, Arthur Ballard, indignado ao ver um artista tão brilhante desistir dos estudos, mesmo que temporariamente, para tocar um rock'n'roll bobo ganhando £ 15 por semana. Os dois se correspondiam regularmente.[22]

Quando os Beatles não estavam trabalhando – nas segundas-feiras e nas horas após eles terminarem de tocar (1h30, 2h ou 3h da manhã) –, eles geralmente comiam, bebiam e conversavam, ou viam música ao vivo. Para começar, nas primeiras semanas, os cinco saíam juntos, mas Pete logo seguiu seu próprio caminho. Presumiram que ele estava saindo com uma namorada – ele teve um longo relacionamento com uma stripper – e, na maior parte do tempo, o grupo socializava sem ele por perto. A verdadeira proximidade nos Beatles era sentida pelos quatro amigos de Liverpool, não cinco, como acontecia na faculdade de artes e no Institute. Em vez do Cracke, era o Gretel und Alfons; em vez de serem enxotados às dez e meia da noite, o lugar só começava a ficar animado após a meia-noite; em vez de algum senhor mais velho pedindo para você parar de gritar, ali você apenas gritava mais alto.

A bebida era abundante e funcionava como a principal fonte de renda em St. Pauli, onde muitos clientes queriam sair de suas próprias cabeças o mais rápido possível. Cerveja espumante saía das torneiras e era bebida das garrafas, em tavernas rústicas repletas de bêbados rudes. Os Beatles se surpreenderam, mas logo se acostumaram, com a ideia de receber drinques de graça enquanto tocavam. Uma bandeja com doses de Schnaps, ou uma caixa de cerveja ou champanhe *ersatz*, chegavam ao pequeno palco do Indra, geralmente acompanhados de um pedido para tocar uma canção específica. Eles geralmente tinham que fazer um brinde ao seu benfeitor com um "*Prost*". Tocar embriagados, arrotando, peidando, mascando, xingando, fumando, bebendo e fazendo sinais obscenos com as mãos – isso logo se tornou a forma normal de se apresentar, durante seis longas noites por semana. Rapidamente, eles equipararam todo o tempo de palco que haviam tido até então, e o multiplicaram.

Eles ainda tinham o problema persistente do volume, mas, toda vez que Limpinsel pedia que os Beatles tocassem mais baixo, eles imaginavam (ou mostravam) dois dedos. Quando se sentiam particularmente injustiçados, adotavam uma operação-tartaruga: se o Indra tivesse clientes, os Beatles ficavam parados e mal se mexiam; quando o lugar ficava vazio, eles pulavam.

Koschmider enviou uma carta urgente a Allan Williams pedindo que ele fizesse o grupo entender a gravidade da situação, senão poderiam ser demitidos. Ao mesmo tempo, Limpinsel fazia o possível para fazê-los agir apropriadamente: "*Mach Schau!*", ele gritava. Os Beatles podiam ter escapado do serviço militar e dos discursos maldosos de sargentos, mas ali estavam eles, na Alemanha, recebendo ordens de um ex-nazista (eles não sabiam disso, mas poderia muito bem ser). *Mach Schau! Façam alguma coisa!* Façam um show, *vamos lá!** Em momentos decisivos como esse, todos olhavam para John:

> Quando nada estava acontecendo, eles [os outros Beatles] diziam, "Não tem líder, foda-se", mas, quando algo acontecia, em qualquer situação em que havia alguma pressão, eu tinha que tirar o grupo da enrascada. [Quando] diziam "*mach Schau*", eu largava minha guitarra e imitava Gene Vincent a noite toda, deitado e batendo no chão, jogando o microfone pra lá e pra cá, fingindo que eu tinha uma perna manca. Foi uma experiência e tanto. Então os alemães continuavam dizendo: "*Mach Schau! Mach Schau!*".[23]

Todos os Beatles eram capazes de "*mach Schau*", mas John era o original e o melhor, indo muitos passos largos além dos outros. E, como ele estava frequentemente embriagado e fora de si, qualquer coisa podia acontecer – e acontecia.

Toda aquela ação de rock, batidas e *mach Schau* acabou avariando seus equipamentos. Os paletós lilases do sr. Richards "derreteram" (usando a mesma expressão que George), e aqueles sapatos, de pele de crocodilo? Eram de papelão e deixavam a água entrar. Sempre o integrante mais bem-vestido do grupo, George foi o primeiro a adquirir roupas novas – ele comprou uma jaqueta de couro de um garçom, por 5 libras, e a peça logo foi invejada pelos outros. John e Pete logo o imitaram, comprando novas jaquetas de couro com um colarinho interno de pele, enquanto Paul e Stuart aguardaram mais um pouco. George também comprou uma nova calça jeans ao estilo *drainies*, e conseguiu achar sapatos pretos de ponta fina para completar um novo look completo, novamente imitado por John

* Em alemão, "*mach Schau*" literalmente significa "faça um show", e é similar a "*mach schnell*", que significa apressar-se, fazer agora.

e Pete. Essas roupas não eram apenas para uso externo, elas serviam para o palco; por um tempo, os Beatles voltaram a deixar de lado sua aparência uniforme – algo incomum para eles. Outro equipamento também estava apanhando: a nova guitarra Rosetti Solid 7, de Paul. Por baixo de todo o brilho, era apenas "um pedaço de madeira com cordas",[24] que estava constantemente deixando na mão seu dono e seus colegas de banda.

Um dos primeiros roqueiros do Soho a tocar rock britânico em Hamburgo, Peter Wharton, dos Jets, enfatiza que seu colega, Tony Sheridan, foi indispensável no desenvolvimento da cena. "Na primeira noite em que tocamos lá, em junho de 1960, havia 20 ou 30 pessoas no Kaiserkeller; porém, até o fim daquela semana, o lugar estava lotado. Tony Sheridan fez isso. Ele era o chefe. Sem Sheridan, a cena em Hamburgo não teria acontecido."

Sheridan foi a primeira estrela a fazer amizade com os Beatles, e eles ficaram animadíssimos de ocasionalmente dividir o palco com ele. Os rapazes frequentemente o viam no programa *Oh Boy!*, quando Jack Good fez dele o primeiro homem na TV britânica a cantar e tocar a guitarra elétrica ao mesmo tempo, e ele abriu o show de Cochran e Vincent no Liverpool Empire, no meio de março. Ele era o músico dos músicos, e todos aprenderam com ele. Sheridan tinha uma forma particular de se posicionar em frente ao microfone, com atitude, pernas separadas e vibrando; ele não sorria como uma estrela, mas cantava como um *roqueiro*, e tocava guitarra bem. George ficou muito feliz por Sheridan ter compartilhado algumas das técnicas que ele tinha aprendido seis meses antes, de Eddie Cochran. Foi como uma rápida lição vinda do além, Eddie para Tony, Tony para George, a três passos do paraíso. Como Sheridan recorda:

> George se apegou a mim assim que nos conhecemos, e perguntava, "Por que esse acorde, e não aquele?". Éramos obcecados pelo que fazíamos, entusiasmo *muito* exagerado em comparação ao tamanho do show. Era bom ter interesse pelo instrumento, mas George não era nenhum virtuoso, e nunca foi um "roqueiro pesado". Quando ele tocava "Honey Don't", ele era Carl Perkins, um cantor country que fazia um pouco de rock, e eu sempre tentava convencê-lo a tocar notas que tendiam mais para o blues. Eu dizia para ele, "Mesmo que seja uma canção pop, George, faça parecer *do sul dos EUA*".[25]

Depois de começar com os Jets no Kaiserkeller, Sheridan tinha se mudado para o novo Top Ten Club, e estava prestes a sair de lá para tocar em outro lugar, uma casa de striptease chamada Studio X, ao lado do Kaiserkeller. O rock'n'roll era o novo negócio em St. Pauli; seguindo o exemplo de Koschmider, outros donos de clubes e bares estavam de olho no novo estilo. O homem por trás da maioria dessas ações (ou todas elas) era um dos pequenos durões, Horst Fascher. Campeão do boxe amador, ele foi banido dos ringues em 1959, após matar um homem numa briga de rua em St. Pauli, e passou nove meses na cadeia por "dano corporal doloso resultando em morte". Nascido em 1936, Fascher amava a rebelião do rock'n'roll e a companhia de músicos britânicos. Ele tinha um inglês básico, falava como uma metralhadora e lentamente fazia seu caminho até o centro da ação. Era alguém que movia e abalava a situação, um protetor e amigo dos músicos. Em St. Pauli, era bom ter alguém assim por perto.

Destaques selecionados desses eventos em Hamburgo apareceram nas cartas enviadas a Liverpool. George escreveu para sua família e para Arthur Kelly. Seu melhor amigo, que ganhava £ 4 por semana na Cunard, ficou muito impressionado quando, em um cartão-postal enviado em 25 de agosto, George disse que os Beatles ganhavam "£ 18 por semana, cada, e com uma cama de graça!".

Qualquer que fosse a taxa de conversão do marco alemão para a libra esterlina, o total impressionava. Logo após chegar a Hamburgo, Paul recebeu uma carta de seu pai, dando notícias sobre os resultados de seus exames de nível avançado: como era esperado, ele foi reprovado em arte, mas passou em literatura inglesa. Certo, tudo bem, mas o que Paul queria fazer não exigia exames de nível avançado. Depois de oficialmente deixar sua educação em um limbo, ele se deleitou ao escrever sua carta para o Baz, na qual ele tranquilamente informou ao diretor que ele tinha formalmente saído do Institute e que não iria para uma faculdade ou universidade. Foi uma carta que Paul parafraseou em entrevistas como: "Querido senhor, estou certo de que entenderá, mas estou em Hamburgo tocando com um grupo, e recebemos £ 15 por semana, então vá pastar".[26]

Dot escrevia com frequência para Paul, e ele respondia com frequência. Paul enviou para ela cópias das fotos publicitárias que tiraram na primeira noite deles no Indra, com uma mensagem carinhosa no verso. Sozinhas em Liverpool, sem seus namorados, Dot e Cyn se encontraram, se emperiquitaram, foram até uma cabine fotográfica, fizeram poses sedutoras e enviaram as fotos aos rapazes. John também enviou a Cyn uma sequência de fotos de cabine, fazendo sua pose de Quasímodo. O presente dele no 21º aniversário dela, em 10 de setembro, foi uma ligação de telefone, de Hamburgo para Hoylake – cara e difícil de conseguir. Cyn disse que John manteve sua promessa de escrever todo dia – "ele honrou sua palavra, e não me decepcionou uma vez sequer". Ele cobria os envelopes com corações e beijos e escrevia: "*Postman, postman, don't be slow, I'm in love with Cyn so go man go*" (Carteiro, carteiro, não seja lento, estou apaixonado por Cyn, então vai, cara, vai). Eram cartas ardentes, cheias de sexo, paixão e referências a pessoas aleijadas. Ele disse que tinha comprado algo de couro para ela colocar em suas pernas, e acrescentou "não é uma calça, é roupa íntima". Algo que ele aproveitaria em seu retorno.[27]

Todos os cinco Beatles enviaram dinheiro a suas famílias, o suficiente para fazer os eventuais pagamentos pelas guitarras e pelo amplificador, e talvez um pouco além disso. Documentos provam que Mimi foi até a Hessy's para fazer um pagamento da Club 40 de John. Ela ainda estava furiosa com o sobrinho, mas ele sempre sabia como acalmá-la. Ele enviou um cartão-postal, endereçado a "Mimi Mendip", que dizia: "Não se preocupe comigo, estou comendo e dormindo bem, e fico longe de encrenca". Ela também recebeu uma foto de cabine fotográfica – a cabeça de John inclinada ao lado e para trás, seus olhos olhando fixamente para a lente. No verso, ele escreveu uma legenda, explicando que aquele era o seu "olhar de vem aqui".

Muito se dizia nessas cartas sobre comida, expressando quão *estrangeira* era a culinária alemã. *Cornflakes mit Milch* (flocos de milho com leite) eram a comida básica deles em Hamburgo, ocasionalmente consumida diversas vezes ao dia, sobretudo por Paul (Pete recorda que, se um deles reclamava de ter ficado exausto durante o sexo, o conselho era "coma mais flocos de milho").[28] Seu café favorito era o Harald's, na Grosse Freiheit – ali, assim como em outros lugares, eles pegaram o mau hábito de apagar cigarros em sua comida. Eles também iam ao Chug-ou, um restaurante chinês muito barato na Schmuckstrasse 9, que fazia *Pfannkuchen* (panquecas). Lá, os Beatles tinham que ficar atentos aos travestis e aos veteranos de guerra, que não tinham alguns membros – o legado de Hitler, homens sem braços ou pernas, cegos ou surdos, pessoas no fundo do poço, em algum uniforme sujo. Até John Lennon tinha pena de tirar sarro daquelas pessoas.

Foi um alívio quando os Beatles ficaram sabendo da British Sailors' Society, a sociedade de marinheiros britânicos, na 20 Johannesbollwerk, perto do píer. Apesar de terem pouca religião, era essencialmente uma casa de acolhida, um abrigo para marinheiros e qualquer outra pessoa britânica que estivesse passando por lá. Não era apenas um pedacinho da Inglaterra ali em Hamburgo, mas uma grande fatia de Liverpool: o edifício ficava logo abaixo de um trilho elevado, com a vibração de seus trens abafando o som das gaivotas e as marteladas das docas, ainda danificadas pelos bombardeios, com um rio sujo correndo ali perto... mas era o Elba, e não o Mersey. Apenas a alguns minutos a pé da Grosse Freiheit, eles podiam comer cafés da manhã britânicos completos, com fritura e tudo, ler os jornais, ouvir sotaques familiares e jogar jogos. A Society até fornecia uma acomodação barata, DM 4 por noite, mas os Beatles – por mais que odiassem o Bambi Kino – não queriam pagar, e não seria tão útil quanto "o buraco" para dar uma escapada com uma *Fräulein* durante seus intervalos de meia hora no Indra.

Na maior parte do tempo, os Beatles se davam bem. Apesar de estarem cheios de álcool e exaustos, eles conseguiam falar sobre qualquer assunto. O cuidado de Paul com o dinheiro foi notado – Pete disse que, enquanto todos passavam seus cigarros uns aos outros, Paul "pegava um escondido para si próprio" –, e ele ainda reclamava para todo mundo sobre a divisão dos cômodos no Bambi, algo que estava ainda pior agora, porque ele tinha inveja de Pete, que conseguia as melhores garotas. George teve que engolir mais alguns lembretes de ser "nove meses mais jovem" e Paul ainda não suportava Stuart. Ele "o odiava", de acordo com John.[29] Ainda assim, Paul não era o único que tirava sarro de Stu. Ele foi atacado por todos eles durante a maior parte do tempo que passaram na Escócia, e continuou assim em Hamburgo. John ainda provocava e desvalorizava seu grande amigo. Todos eles também riam de Pete.

Quando não estava com sua namorada, Pete parecia gostar da companhia dos Beatles, mas eles combinavam como água e óleo em termos de personalidade. Eles não calavam a boca, e ele não abria a dele. Cinco anos depois, quando perguntaram a ele se tinha entrado em alguma briga com os outros Beatles, Pete respondeu: "Não havia violência, mas costumávamos ter nossas 'sessões de duelo', eram briguinhas entre nós, mas era uma diversão bem-humorada"; quando perguntaram sobre o que discutiam, Pete mencionou garotas ("Parece que eu era muito popular com as garotas; se tinha alguma interessada em sair com alguém, eu era o primeiro a atraí-las") e "andamentos com números".[30]

E, é claro, de terça a domingo, não importava o que mais estivesse acontecendo com eles, faziam seu *bum-bum-bum-bum* a noite toda, ficando mais afiados a cada sessão, atrasados apenas por aquilo que eles chamavam de "garganta de Hamburgo", quando as muitas horas cantando faziam suas vozes sumirem.

Três notícias chegaram aos Beatles perto do fim de setembro. A primeira foi que sua recusa de abaixar o volume no Indra estava obrigando Koschmider a cortar o rock. A senhora idosa tinha ganhado a noite. A última performance dos Beatles no Indra seria no domingo, 2 de outubro, e a última quinzena de seu contrato seria cumprida no Kaiserkeller – efetivamente, *na Broadway.*

A segunda foi que haveria um novo contrato – sua experiência em Hamburgo seria estendida. Apesar da relação turbulenta com Koschmider, os Beatles passaram a ser uma atração de verdade para ele, chamando clientes, especialmente jovens, os roqueiros de Hamburgo, com couro cravejado e seus zíperes. Allan Williams voltaria para fechar o acordo, mas ficou claro, em cartas para Liverpool, que os Beatles já sabiam que teriam a chance de ficar lá por mais tempo, e que tinham decidido aceitar o acordo.

A terceira notícia foi confirmada em uma carta que Williams enviou aos Beatles em 21 de setembro: Derry and the Seniors estavam voltando para casa ao fim de seu contrato, e ele estava enviando outro grupo para substituí-los. A partir de 4 de outubro, os Beatles tocariam em turnos alternados no Kaiserkeller, revezando com o grupo Rory Storm and the Hurricanes.

Alley Oop!

O tempo no Butlin's foi muito divertido: três meses repletos de rock, e tudo o que estava relacionado a essa experiência. Uma semana antes do fim da temporada, uma entrevista com Ringo foi publicada no *Liverpool Weekly News*, um jornal local – sua primeira matéria de verdade na imprensa. "RICHARD REALIZA SONHO DE INFÂNCIA" era a manchete, e certamente era verdadeira. O jovem que tinha passado por "doze cirurgias, muitas das quais foram complexas", estava se divertindo como nunca. "'É tão bom quanto estar de férias, e somos pagos para fazer isso', disse Richard Starkey, de 20 anos de idade – ele mora na Admiral Grove, em Dingle. Seu rosto bronzeado abriu um sorriso quando ele disse, 'É fabuloso'."[31] O artigo terminava com a notícia de que, após o fim do verão no Butlin's, os Hurricanes esperavam tocar no continente. Na opinião ponderada de Ringo, essa era a coisa certa a se fazer. "Há muita concorrência aqui. O rock'n'roll está começando a minguar aqui. Mas eu gosto dessa vida. Eu certamente não quero desistir dela."

Essa segunda frase demonstrava como as coisas estavam na Inglaterra – em retrospectiva, é fácil rir de quão equivocada estava a sua fala. A quarta frase deixava claro o fim de seu noivado com Gerry McGovern. O relacionamento já estava por um fio desde o fim de maio e, logo após Richy voltar a Liverpool, em 4 de setembro, finalmente acabou, "Goodnight Vienna". Os planos do casamento foram abandonados, assim como a ideia de ele se converter ao catolicismo. Richy ficou com o anel de noivado que tinha ajudado a criar seu nome artístico, mas passou a usá-lo em outro dedo.

Gerry perderia uma época boa, porque Richy tinha voltado para casa cheio de dinheiro. A primeira coisa que ele fez foi passar na Hessy's e dar a entrada em uma bela e cara bateria Premier, custando £ 125 – ato de quem certamente passou a considerar a bateria uma *profissão*. A segunda coisa foi se livrar de seu antigo carro feito à mão e comprar um Ford Zephyr Zodiac, com três anos de uso, nas cores creme e *eau-de-nil*. Sua poupança do Butlin's foi ampliada pelo dinheiro que Richy tinha guardado para o casamento, e ele esbanjou tudo na máquina dos sonhos. Ainda tinha a coragem de dirigir sem carteira de motorista e sem um seguro para o carro. Ele dirigiu seu veículo até Speke, o estacionou na frente da Hunt's e exibiu seu símbolo de *status*, de dar água na boca, para seus antigos colegas e chefes da fábrica, os rapazes de macacões cobertos de óleo, que acharam que ele estava louco. Rapazes legais, a maioria deles, mas *olha só isso aqui*![32]

Pós-Butlin's e pré-Hamburgo, Rory and the Hurricanes tiraram férias juntos, uma semana "na fumaça". Foi a primeira vez de Ringo em Londres desde seus 15 anos de idade; agora, ele podia aproveitar a cidade como um adulto. A divisão norte/sul – sempre evidente na Inglaterra – era sentida com frequência, mas pareceu mais abrupta quando eles foram a um baile no Lyceum Ballroom, próximo ao Strand. "Ninguém dançava conosco", disse Ringo. "Assim que convidávamos, com nosso sotaque de Liverpool, a garota dizia 'Vaza daqui!'. A única com quem conseguimos dançar era francesa."[33]

Ao voltar para casa, os Hurricanes tocaram em dois eventos locais, e obtiveram seus passaportes – Ringo ficou muito feliz ao ver sua ocupação descrita como "músico". Em 29 de setembro, após ele guardar seu carro em uma garagem segura e trancada, todos saíram da estação Lime Street em direção a Hamburgo. Além de achar seu próprio caminho até lá, eles tiveram que pagar por suas passagens – algo que levou Allan Williams a criticar Bruno Koschmider em uma carta posterior. Após apenas um mês, o acordo de negócios entre os empresários, que duraria cinco anos, já estava começando a desmoronar.

No Natal de 1956, Harry Graves tinha se esforçado para carregar uma antiga bateria usada, da estação Liverpool Street, em Londres, até Euston, a fim de encorajar o repentino hábito de seu enteado, Richy, de batucar em tudo. A consequência de seus esforços foi a jornada no sentido contrário, feita por "Ringo Starr", menos de quatro anos depois, levando sua nova bateria, a melhor até então, de Euston até Liverpool Street, com uma ajudinha de seus Hurricanes (que também estavam carregados de guitarras, amplificadores, malas e o pente dourado de Rory). Eles pegaram o trem para Harwich, a balsa noturna para a Holanda e o trem expresso para Hamburgo, chegando em 30 de setembro. No dia seguinte, eles também começaram a se divertir na Grosse Freiheit.

17
Um porão de arruaceiros
(1° de outubro a 31 de dezembro de 1960)

Os Beatles sabiam tudo sobre os Hurricanes, mas os Hurricanes nem tinham pensado nos Beatles, ainda. "Tocávamos em um clube, e eles tocavam em outro", Ringo recorda. "Foi um 'oi', só isso. Não os conhecíamos. Foi apenas 'Oi, vocês são de Liverpool?'."[1] Depois de se cumprimentarem, o primeiro Beatle com quem Ringo passou algum tempo foi Stuart: eles se encontraram por acaso na Grosse Freiheit, quando Ringo, ainda pouco acostumado à região, e descontente com a aparência da comida local, procurava por algo que não atacasse seu estômago delicado. Stuart o levou ao Chug-ou para comer *Pfannkuchen*, o que significava passar por uma ou outra travesti oferecendo sexo na Schmuckstrasse. Eles não tinham isso em Pwllheli.

Ofereceram aos Hurricanes a mesma acomodação horrorosa que Derry and the Seniors tiveram: ficarem trancados em um escritório do Kaiserkeller, usando bandeiras do Reino Unido como lençóis, e um pinico para terminarem de filtrar toda aquela comida e bebida alemã (eles já achavam isso ruim o suficiente, mas ficaram chocados ao descobrir que os Beatles viviam como homens das cavernas no Bambi). Apontando para os belos trajes que usavam no palco, os Hurricanes exigiram que Bruno Koschmider encontrasse algo melhor para eles; os cinco acabaram ficando em um quarto da British Sailors' Society. Eles não podiam levar garotas lá, então a luxúria teria que ser consumada em qualquer outro lugar que fosse apropriado ao momento.

Na terça-feira, 4 de outubro, os Beatles se uniram a eles no Kaiserkeller, o porão de Koschmider, o *Tanzpalast der Jugend* (palácio de dança dos jovens). O contrato dos Hurricanes era similar (ou até idêntico) ao dos Beatles em termos de horários de apresentações, mas agora estavam entrelaçados, fazendo-os começar ainda mais cedo e terminar ainda mais tarde: cada grupo tocava por quatro horas e meia de terça a sexta-feira, o que significava nove horas no total; e as sessões de seis horas nos fins de semana se tornaram de 12 horas, com performances normalmente divididas em uma hora ou 90 minutos para cada grupo. Como Koschmider era exigente e não queria que eles saíssem do bar entre as apresentações, as noites e os dias estavam prestes a ficar ainda mais longos.

No Indra, os Beatles sentiam que estavam em uma disputa com Derry and the Seniors. No entanto, enfiados no fim escuro da rua, eles tinham pouca chance de competir. Ali, no Kaiserkeller, em um palco frágil que quase certamente não aguentaria muito tempo, eles se esforçaram para ser os imperadores, e logo garantiram sua supremacia. Isso foi apenas cinco meses após George ir ao Stadium e ver Rory e seu grupo abrindo para Gene Vincent; eles eram o melhor grupo de Liverpool, e os Beatles não chegavam nem aos pés deles, mas George ainda sentia que "Somos melhores que eles!". Ali, naquele momento, estavam provando isso.

Fazer o *mach Schau* se tornou essencial para os Beatles no Kaiserkeller: eles batiam os pés sem parar, tocavam o compasso 4/4 sem parar, rock'n'roll puro sem parar, comédia sem parar, piadas e imitações de aleijados sem parar, saudações nazistas sem parar, rolando no chão sem parar, alegria sem parar, atletismo insano sem parar. Eles eram um show completo, tudo em um, liderados por John, que, de acordo com Pete, "pulava do piano e fazia um *split*".[2] Como John recordou:

> Paul cantava "What'd I Say" por uma hora e meia, e nós ficávamos deitados no chão, batendo nossas guitarras e chutando coisas, sempre bêbados. E um monte de gângsteres entrava lá, como a máfia local, e enviavam uma caixa de champanhe para o palco, uma imitação alemã de champanhe, e tínhamos que beber tudo, ou nos matavam. Eles diziam, "Beba e toque 'What'd I Say'". Mesmo se eles entrassem às cinco da madrugada e estivéssemos tocando há sete horas, eles nos davam uma caixa de champanhe, e precisávamos continuar tocando. Eu ficava tão bêbado... eu deitava no chão do palco, atrás do piano, bêbado, enquanto o resto do grupo continuava tocando.[3]

Em sete semanas no Indra, os Beatles acumularam 205 horas de palco – o equivalente a 136 shows de 90 minutos em Liverpool. Eles foram transformados. A fagulha tinha se tornado uma chama. Confiança, carisma, dinamismo e uma imprevisibilidade fantástica *explodiam* deles. Não havia outro grupo como os Beatles em Hamburgo, Liverpool ou qualquer outro lugar do mundo. Os Hurricanes eram marginalmente (porém decisivamente) mais velhos, e logo foram expostos como músicos da primeira geração do rock'n'roll, com seus lenços e suas gravatas combinando, completamente destruídos no palco.

Três anos depois, quando Paul, George e Ringo preencheram os questionários que perguntavam qual tinha sido a primeira impressão que um teve do outro, Ringo disse que achou que todos os Beatles eram "bons músicos"; Paul achou que Ringo era "um ótimo baterista"; e George disse que Ringo "parecia rabugento, mas descobri que ele era diferente, assim que o conheci melhor". Posteriormente, ele comentou mais sobre isso: "Eu não gostava da aparência do baterista de Rory, ele parecia ser o mais desagradável, com aquela mecha de cabelo grisalho. Mas esse desagradável acabou sendo Ringo, que era o mais agradável deles, na verdade".[4]

Os Beatles foram um choque completo para os Hurricanes. A única outra vez que Ringo os tinha visto fora em maio, quando ele deu uma olhada nos três guitarristas ensaiando aos tropeços no porão do Jacaranda. Desde então, eles tinham passado por uma revolução. "Eles eram *ótimos* em Hamburgo. Bons mesmo, rock de qualidade. Foi ali que a batalha começou. Nós tocávamos 12 horas numa noite de fim de semana, divididas entre as duas bandas. É muito tempo, especialmente quando usávamos cada apresentação para tentar impedi-los de nos superar."[5]

Liverpool competia em St. Pauli, toda noite, com exceção de segunda-feira. Rapazes de Allerton, Huyton, West Derby, Speke, Woolton, Broad Green e Dingle se esticando para serem vistos e ouvidos. Paul sabia tocar rock e encantava; Stu era o cara parecido com James Dean, com óculos escuros; Pete fazia uma festa com sua batida; George dava seu sorriso com o canto da boca e timidamente falava alemão com a plateia; John os chamava de "*Krauts*" e "malditos nazistas", e machucava sua garganta tentando imitar Chuck Berry; Rory dançava e penteava sua juba loira para trás; Johnny, Lu e Ty tocavam suas guitarras; e Ringo fazia seu "*alley oop*" durante seu "*Starrtime!*" – e tudo acontecia no Kaiserkeller, uma suja e violenta *Bierhaus*, abaixo do nível da rua, decorada com parafernália de navios.

Quinhentas pessoas podiam se espremer lá. No meio de toda aquela espessa neblina de tabaco, os garçons, com seus paletós brancos, conseguiam atacar os marinheiros bêbados com gás lacrimogêneo, socos-ingleses e cassetetes com um mecanismo de mola. Os Beatles tinham uma política: quando uma briga começava, eles tocavam e batiam seus pés ainda mais alto.[6] A atmosfera nunca era mais volátil do que quando os grandes navios estavam no porto. Na noite em que os Beatles começaram no Kaiserkeller, duas grandes embarcações americanas estavam atracadas em Hamburgo – o cargueiro USS *Antares* e o contratorpedeiro USS *Fiske* –, e o impacto disso em St. Pauli foi tremendo. O *Fiske*, por si só, dispensou mais de 300 rapazes da marinha, cheios de dólares, para os bares e clubes de strip-tease – e, com seu tema náutico, o Kaiserkeller era um chamariz. Quando ainda eram os Japage 3, um ano antes, três dos Beatles quase tinham tocado para uma plateia americana; agora, encontravam uma pela primeira vez – outro tipo de tabaco estrangeiro para preencher suas gargantas enquanto faziam seu *mach Schau*.

Allan Williams, de volta a Hamburgo em meados de outubro, estava impressionado com o quanto eles tinham melhorado, e disse que, agora, os Beatles eram os melhores, que não havia ninguém como eles em Liverpool.[7] Ele viu o *mach Schau* do grupo e amou a forma como eles foram um passo além, só porque ele estava lá. "Agora, os Beatles estavam ficando bêbados no palco, agindo de forma escandalosa, xingando, gritando 'Ganhamos a guerra!' e outras coisas do tipo. Eu não encorajava nem desencorajava esse comportamento deles, só achava que era parte da diversão de estar lá. Eu vi John mostrar sua bunda no palco, algo que os alemães acharam hilário."[8]

Muito infeliz – de fato, moralmente ofendido – diante de tais artimanhas, Bruno Koschmider começou a fazer um registro de maus comportamentos (que, infelizmente, foi perdido com o tempo), um documento que poderia ser usado contra aqueles malcriados de Liverpool, caso as coisas saíssem muito de controle. Ainda assim, o contrato que os Beatles tinham foi estendido durante a visita de Williams e seu término foi estipulado para "o fim deste ano", algo que os Beatles entenderam literalmente. Também havia uma discussão sobre o grupo se mudar para Berlim em janeiro de 1961 – tanto George quanto Stu mencionaram isso em cartas que escreveram na época: eles entenderam que ficariam lá mais dois meses, até o fim de fevereiro, e ganhariam DM 60 cada, por noite.[9]

Williams, sempre atento a oportunidades, teve uma bela ideia enquanto estava em Hamburgo. Como era um tenor de ópera, ele apreciava uma voz profunda e forte – e Lu "Wally" Walters (o segundo vocalista dos Hurricanes) tinha uma voz que, na opinião de Williams, poderia ser um sucesso em clubes noturnos, como cantor romântico, ou *crooner*. Ele sugeriu que gravassem a voz dele, e ele levaria um disco ou dois às agências de talentos de Londres. Lu concordou e Williams encontrou o Akustik Studio, no sétimo andar de um prédio de escritórios, em frente à Hauptbahnhof (estação central) – o equivalente ao lugar que Percy Philips tinha em Liverpool, onde um pequeno grupo poderia gravar uma performance rapidamente. Lu disse que queria Ringo como seu baterista, porque trabalhavam bem juntos, mas que, além disso, os Beatles, em vez dos Hurricanes, podiam tocar com ele.[10]

A sessão aconteceu no sábado, 15 de outubro, no entanto uma observação crítica é impossível, porque os discos estão desaparecidos. É o Cálice Sagrado de gravações em áudio dos Beatles: um registro de 1960 com John, Paul, George e Ringo, além de Lu; Pete e Stu não estavam envolvidos. Não se sabe ao certo quais canções gravaram, apesar de que, como Williams queria divulgar Lu como um cantor romântico, provavelmente não foram canções de rock'n'roll. Uma foto de um lado de um dos discos mostra o título "Summertime", a canção de *Porgy and Bess*; Williams disse que também gravaram "Fever", o sucesso de Peggy Lee, que era a canção de Lu para estalar os dedos no Kaiserkeller, e o próprio Lu mencionou uma terceira canção, "September Song".[11] Uma semana depois, voltando de Hamburgo a Liverpool, Williams parou em Londres e levou pelo menos um dos discos para a Regent Street, no quartel-general da Grade Organisation, o novo nome da antiga agência Lew & Leslie Grade, os gigantes do showbiz britânico. Apesar do foco ser Lu Walters, não o grupo de apoio, ali estavam todos os Beatles, sendo ouvidos por Lew Grade por, talvez, cinco minutos, e ninguém queria saber disso.

O relacionamento de Williams com Koschmider se deteriorou severamente quando ele estava de volta a Hamburgo. Williams não gostou de ter que rebater a sugestão do alemão de que ele deveria reduzir sua comissão de 10% (apesar de essa quantia ser deduzida dos salários dos Beatles), nem da forma como Koschmider estava reduzindo a frequência dos pagamentos semanais, e às vezes nem pagando. Nas palavras de Williams, Koschmider estava "cagando" para ele. Ele não sentiria qualquer remorso de levar seu negócio para outra parte, e começou a conversar com Peter Eckhorn, dono do Top Ten Club. Williams disse que os grupos de Liverpool poderiam ficar com eles, em vez de Koschmider, começando com Gerry and the Pacemakers. Eles estavam batendo à sua porta, lamentando ter desperdiçado a chance de tocar no Indra – a vaga que os Beatles conseguiram; agora, estavam preparados para largar seus empregos e participar da cena liverpudliana em Hamburgo.

Além disso, Williams tinha outra ideia, típica de sua imaginação fértil: ele abriria um Top Ten Club em sua cidade, e os dois, Hamburgo e Liverpool, poderiam dividir talentos. De volta ao lar, depois de passar pela Alemanha e, rapidamente, por Londres, ele começou a procurar lugares vagos. Williams pretendia – dentro de seis semanas – abrir a primeira casa 100% rock no centro de Liverpool, um lugar para os Beatles, Derry, Gerry, Rory, Cass *et al.* chamarem de casa.

Ainda faltavam dois meses, pelo menos, para os Beatles poderem voltar às suas casas. Seu relacionamento em Hamburgo era de amor e ódio: era maravilhoso e terrível, ótimo e péssimo, satisfatório e nauseante. Uma vantagem era a quantidade de instrumentos musicais nas lojas. Todos os Beatles eram apaixonados por guitarras americanas, e lá estavam aqueles objetos de beleza. Stu se tornou o primeiro dos Beatles a comprar algo feito na América, um amplificador Gibson Les Paul de 16 watts que, em uma carta para Arthur Kelly, George brincou que era maior que o próprio Stu. Os outros esperavam que Stu comprasse um amplificador para eles no começo do ano, e ele cumpriu a expectativa em alguns meses, apesar do preço: £ 120.[12] De alguma forma, apesar de ser um estrangeiro, e apesar de *Herr* Koschmider se recusar a servir como fiador, Stu conseguiu comprá-lo em prestações (*Ratenzahlung*), pagando cerca de £ 7 por semana.

Quando os liverpudlianos do Kaiserkeller ficaram sabendo que a Steinway & Sons tinha uma guitarra Fender Stratocaster azul, houve uma erupção. Relatos do que aconteceu em seguida são contraditórios, mas Johnny Guitar se lembra de John Lennon e Rory Storm brigarem, literalmente, dentro da loja, para decidir quem ficaria com o instrumento. Rory tinha o dinheiro e havia concordado em emprestá-lo a John, mas, no último instante, fez o empréstimo a Ty Brian, e John ficou louco. Integrantes de ambos os grupos acabaram discutindo e ficaram sem se falar por uma semana ou duas. Os fatos ficam confusos quando é levada em consideração a memória de Ringo: ele disse que foi George, e não John, quem perdeu para Ty, e George posteriormente contou como ele estava perto de comprar a preciosa Strat em Hamburgo. Ele estava determinado a fazer a compra e, quando a guitarra foi vendida a outra pessoa, George ficou destruído. "Quando eu cheguei lá, já a tinham vendido. Eu fiquei *tão* decepcionado, aquilo me traumatizou pelo resto da vida."[13] Mas é possível que aquilo tenha acontecido por um bom motivo: às vezes, George tinha a permissão para tocar a Fender de Tony Sheridan, assim como a de Ty, e ele optou por esperar pela guitarra americana que ele queria *mesmo*, uma Gretsch.

Quaisquer que fossem as circunstâncias, John comprou uma nova guitarra americana dessa vez. Ele gostava da aparência da Rickenbacker em uma foto que tinha visto em um LP e – quando viu o instrumento numa loja de música em Hamburgo – sabia que precisava tê-la. A Rickenbacker 325 tinha três quartos do tamanho normal, com um braço reduzido, em um acabamento louro natural. O preço era £ 90-100, "muito dinheiro pra mim naquela época", e ele sempre citou a guitarra como uma de suas posses mais estimadas, sempre a mantendo, e consertando quando necessário. Novamente, assim como Stu, ele conseguiu dar um jeito de comprá-la pelo método *Ratenzahlung*, o que fez George imaginar se o pagamento foi concluído algum dia. Além disso, John também comprou um novo amplificador, um Fender Deluxe de 18 watts, custando cerca de £ 80, então ele passou a ter uma guitarra *e* um amplificador americanos. Aqueles dois preciosos pedaços de Los Angeles causariam um grande impacto quando ele voltasse a Liverpool.[14]

Paul, que precisava de uma guitarra nova mais que os outros integrantes, ficou com as mãos nos bolsos. John deixou seu parceiro dos Nerk Twins usar a sua Club 40, e até permitiu que ele trocasse as cordas para adaptá-la ao uso canhoto; mas, quando teve a chance de comprá-la de John, Paul recusou, assim como não tinha comprado a Club 40 de George, que também estava sem uso. John vendeu sua antiga guitarra para outra pessoa, em Hamburgo mesmo, e ainda disse que conseguiu lucrar com o negócio.[15]

Progressos como esse, e outros, continuaram a ser relatados para Liverpool pelos correios. Parece que a maioria das cartas que sobreviveram são de Stuart, que frequentemente roubava papel e outros materiais da escrivaninha da *Betriebe* (empresa) de Bruno Koschmider. Ele escrevia para atualizar sua mãe, pai, irmãs, ex-namoradas, amigos e professores. Para Ken Horton, amigo de Stuart na faculdade de artes, ele contou um pouco do estilo de vida que tinha na época:

> Esta é minha sétima semana aqui. Eu vim por um motivo que desconheço. Não tenho dinheiro, nem recursos, nem esperanças, não sou o homem mais feliz do mundo. Seis meses atrás, eu achava que era um artista. Eu não penso mais nisso. Tudo que era Arte saiu de mim, não há mais pinturas, graças a Deus.
>
> Na última segunda-feira à noite, minha noite de folga, eu passeei pelas ruas aqui, ficando louco com a beleza, apenas passeando e passeando pelas docas... Mendigos dormindo debaixo de portas, inconscientemente coçando seus corpos infestados de piolhos. Prostitutas bêbadas deitadas sobre jornais, nas sarjetas escorregadias, repletas de lixo e excremento dos navios...[16]

Poucos dias após escrever essas palavras dolorosas, o mundo de Stuart Sutcliffe virou de ponta-cabeça, graças a uma injeção de beleza, amor e arte – e, através dele, o mesmo ocorreu com os Beatles.

Foi a consequência de uma discussão. Em uma noite de outubro, provavelmente no dia 20, Klaus Voorman, de 22 anos, formado no instituto de arte de Hamburgo, teve uma briga com sua namorada e foi embora sozinho. Ele foi ao cinema e deu uma longa e silenciosa caminhada pelo porto; na sua volta, passou pela Grosse Freiheit. Ele resistiu aos insistentes convites de funcionários para entrar nos clubes, pois não tinha intenção de parar em lugar algum, mas seus passos foram interrompidos pelo som do rock'n'roll cru. Aquilo o agarrou pelos tornozelos, vindo da pequena janela de um porão, na altura da rua. Sua compulsão por descer lá e investigar foi dispersada por alguns roqueiros durões que estavam ao redor da porta. Ele se afastou, mas não foi longe; em algum momento, criou coragem para voltar lá e entrar naquele lugar intenso e violento, o Kaiserkeller, para ver o que estava criando aquele som.

> A primeira banda que eu vi, pela janela, tocando rock'n'roll ao vivo foram os Beatles. Quando eu criei coragem para descer as escadas e entrar naquele calabouço, Rory Storm and the Hurricanes estavam no palco. Depois eu descobri que eles estavam fazendo a mesma apresentação do acampamento Butlin's, com coreografias e passos ensaiados, usando suas pernas e tal. A primeira coisa que

me impressionou foi que eles tinham um baterista fantástico. Ele tocava bem pra caralho. Simplesmente incrível.[17]

Klaus ficou preso a seu assento e assistiu enquanto o primeiro grupo saía, e outro entrava para substituí-lo. Esse segundo grupo causou uma impressão completamente diferente; apesar de naquele momento Klaus não conhecer seus integrantes, ele posteriormente conseguiu aplicar nomes àquela primeira impressão:

> Stuart foi o primeiro a aparecer. Seu cabelo estava arrumado em um topete muito alto e ele usava óculos escuros, então eu pensei, "Por que ele está usando óculos escuros em um porão?" – mas foi uma entrada brilhante, de todos eles. Eles tocaram "Sweet Little Sixteen", com John no vocal, e aquilo me impressionou ainda mais que Rory. George foi até o microfone e falou em alemão. Paul também falou algumas palavras em alemão no microfone, e os outros faziam piadas sobre ele e seus pequenos anúncios entre as músicas. Então, George começou a cantar uma canção de Eddie Cochran, e foi ótimo. O som dele era tão *refrescante*. Eles eram como garotinhos tocando rock, sorrindo, tão animados e felizes! Os rapazes tinham uma comunicação incrível entre si. Era muito interessante, e eu não conseguia tirar meus olhos deles.

Klaus voltou direto para sua namorada. "Ela disse, 'Você está louco, tocando minha campainha tão tarde?'. Então fomos até a cozinha, silenciosamente, ela fez chá para mim e eu contei sobre o que tinha visto. Eu disse, 'Você *tem* que ver aquilo, é simplesmente fantástico, eu nunca vi nada igual!'"

Astrid Kirchherr, a namorada de Klaus Voorman, também de 22 anos, havia estudado no mesmo instituto de arte de Hamburgo. Ela passara dois anos estudando design de moda e subitamente se transferira para o curso de fotografia, no qual foi aprovada com nota máxima. Agora, trabalhava como uma das duas assistentes de Reinhart Wolf, um respeitado fotógrafo de moda e retratos.[18] "Klaus é um homem solitário, meio mal-humorado, e só algo muito especial o deixava animado", ela disse, "mas, após ver os Beatles, ele me contou sobre como eles eram *maravilhosos* e *ótimos*, e era raro vê-lo daquele jeito. Klaus me convenceu a ir com ele e ver o grupo tocando".[19]

No dia seguinte, quando Klaus visitou Astrid no estúdio de Wolf, seu entusiasmo pelo grupo de rock'n'roll inglês acabou interessando Jürgen Vollmer, outro amigo do instituto, também assistente de Wolf.* Jürgen disse que também iria ver os Beatles.

Todos eram impressionantemente belos: Astrid tinha um cabelo claro, quase loiro; Jürgen também tinha cabelo claro; Klaus tinha cabelo escuro. Eram crianças durante o período do Terceiro Reich e carregavam muita culpa por aquele tremendo crime contra a humanidade; portanto, repudiavam tudo que seu próprio país tinha a oferecer. Eles se voltaram para o exterior, especialmente a França, para obter sua nutrição intelectual e sua direção artística. Jürgen abriu o caminho: foi ele que visitou Paris, diversas vezes, e modelou toda a sua aparência com base nisso. De sua roupa íntima até seus suéteres de gola polo, tudo foi comprado no mercado de pulgas ("O mercado de pulgas em Paris era enorme, e eles tinham coisas novas, não era só velharia"). Jürgen era o *Monsieur Paris* em Hamburgo. Expulso do instituto de arte por, dentre outros motivos, desenhar corpos nus com uma única linha, *à la* Cocteau, ele era um rapaz de 21 anos que já conhecia bem "os atos de rebeldia contra os caretas". Um deles era estilizar seu cabelo de forma diferente dos outros, copiando o estilo dos estudantes parisienses, penteado para baixo e um pouco ao lado. "Chamávamos aquilo de corte de cabelo César. Eu sempre cortava meu próprio cabelo, porque os barbeiros em Hamburgo eram uns caretas."[20] Astrid e Klaus logo o imitaram.

Os três amigos encontraram força em meio à solidariedade, quando chegou a hora de se aventurar na Grosse Freiheit. Jürgen recorda a primeira noite:

> Fui ao Kaiserkeller apreensivo, porque eu sempre evitava aquela região – eu tinha medo daqueles *Halbstarke* [como eram chamados os Teds alemães] – mas fiquei fascinado de imediato. Não foram os Beatles por si sós que me cativaram, mas a atmosfera, a energia sexual. O povo de Hamburgo sempre pareceu reprimido para mim. Mas lá, no Kaiserkeller, os garotos e as garotas eram sexuais: meninas femininas, meninos machões. Eu nunca tinha visto uma banda de rock'n'roll antes, e a música me deslumbrou. Rory Storm and the Hurricanes estavam de

* Guia de pronúncia local – Voormann: *Foourmun*; Kirchherr: *Kirichhair* (o "R" rolado na parte de trás da garganta, e o "CH" pronunciado suavemente); Vollmer: *Follmer*.

terno e gravata – eles eram bonitos no palco, mas não eram a mesma coisa que os Beatles, que pareciam *roqueiros*.

Jürgen foi fisgado, Klaus ficou tão impressionado pela segunda apresentação dos Beatles quanto pela primeira, e então havia a questão de Astrid.

> Era um lugar escuro e perturbador para eu frequentar, um ambiente muito hostil. A atmosfera ao nosso redor era terrível, a típica plateia da Reeperbahn – arruaceiros e marginais com narizes quebrados. Aí tinha aquela música alta, e todas as pessoas de pé, falando, bebendo e gritando uns com os outros. Primeiro, eu vi George, depois Paul, depois John, e, após John, eu pensei "Chega, não aguento mais". Pete estava sentado no fundo, e mal dava para ver ele. De repente, descobri outro garoto no canto, e era Stuart. Ele nem se mexia em comparação com os outros, que pulavam e cantavam sem parar. Ele parecia delicado e me fascinou – eu me apaixonei por ele à primeira vista.[21]

Os três estavam perigosamente deslocados lá – boêmios em um porão cheio de arruaceiros, beleza no meio da brutalidade, sensibilidade no meio do perigo, cabelos limpos e modelados com secador no meio de sebosos. Em St. Pauli, assim como em Liverpool, ter uma aparência diferente era o suficiente para garantir uma surra, e eles sentiam isso. Enquanto os outros dançavam, lutavam, jogavam cerveja ou gritavam para serem ouvidos acima da música (com seus novos amplificadores, os Beatles ficavam mais altos, o tempo todo), Astrid, Klaus e Jürgen se sentaram a uma mesa no canto, que eles julgaram ser a mais segura do local, e olharam apenas para o palco, absorvendo todas as nuances artísticas. Quando os Beatles acabavam uma canção, eles sentiam o impulso de *aplaudir*. Não tinha como os Beatles não repararem neles.*

---

* Sempre foi dito que Klaus, Astrid e Jürgen eram "*exis*" (abreviação de existencialistas). Jürgen definitivamente se apoiava mais no existencialismo que os outros dois, mas nenhum deles o seguia como uma doutrina filosófica. Era mais um rótulo conveniente e apropriado (principalmente por outras pessoas) para explicar por que eles tinham uma aparência diferente da dos roqueiros e dos alemães comuns. Klaus enfatiza que superestimaram o conceito deles como existencialistas. "É sempre completamente exagerado. Não éramos existencialistas, de jeito nenhum. Não tínhamos qualquer envolvimento político, nenhuma demonstração. Apenas tínhamos uma aparência similar à deles, mas isso vinha do fato de que tínhamos analisado a vanguarda francesa e que trabalhávamos com Reinhart Wolf."

Klaus e Jürgen falavam um inglês básico, não era nada brilhante, mas era o suficiente para serem compreendidos; Astrid quase não falava inglês. Stuart era o alvo deles. Klaus tentou se aproximar de John: ele mostrou um rascunho em preto e branco que tinha desenhado para uma capa de disco e instantaneamente foi redirecionado a Stu, "o artístico". Então eles conversaram e estabeleceram um laço de confiança. "Os Beatles nos chamavam de 'os *Krauts*'", disse Jürgen, "e Stuart sempre me perguntava sobre Astrid, porque eles não sabiam falar muito alemão." Aqueles *Krauts* estavam viciados nos Beatles e eles gostavam sobretudo de Stuart. Após isso, eles passaram a frequentar o Kaiserkeller quase todas as noites.[22]

É provável que a primeira menção de Stuart sobre seus novos amigos tenha acontecido em uma carta enviada à sua ex-namorada, Susan Williams, perto do fim de outubro, páginas que também continham uma notícia fundamental:

> Eu decidi que, definitivamente, sairei da banda no começo de janeiro. Minha curiosidade está saciada, pelo menos no que diz respeito ao rock'n'roll.
>
> Recentemente, fiz uma amizade maravilhosa com três jovens artistas daqui, uma garota e dois garotos. No entanto, o que me intriga é o fato de que eles me encontraram, em vez de eu encontrá-los. Eles pareciam boêmios típicos, usando jaquetas de camurça "de verdade" e jeans, e entraram no clube, cerca de uma semana atrás... Eles me perguntaram por que eu estava tocando em uma banda de rock, já que eu obviamente não fazia o tipo. Lá estava eu, me sentindo como o integrante de aparência mais insípida do grupo, ouvindo aquelas pessoas dizendo como eu parecia superior – mesmo estando ao lado do grande Romeu John Lennon e seus dois comparsas robustos, Paul e George, os Casanovas de Hamburgo! Um pouco embriagado por seus elogios, eu fui instigado a mostrar a eles alguns dos desenhos que eu tinha feito na minha estadia... a garota achou que eu era o mais bonito do grupo e implorou para que eu a deixasse me fotografar, e ela fez isso hoje. Eu tive tanta vergonha do prazer que senti, do desprezo que senti de meus belos companheiros do rock – eles que, ao meu lado, tinham comentado, unanimemente, sobre a beleza única dela, enquanto eu, arrogantemente satisfeito, sabia do desprezo que ela sentia por eles... De certa forma, é como se tudo isso fosse um sonho...

Astrid fez duas sessões fotográficas com Stuart, com resultados soberbos. Com talento para a fotografia, ela usava uma Rolleicord e um tripé, sabia avaliar a luz, pensava no fundo e amava a pessoa que seria fotografada. Stuart, que fazia poses toda noite no palco, apenas fez algumas poses a mais, sem sorrir, com seus óculos escuros, seu baixo, seu topete fantasticamente empinado, o cachecol tricotado à mão pela fotógrafa adornando seu pescoço. Em outra carta, logo antes da segunda sessão, Stuart escreveu o seguinte sobre Astrid: "Descobri que a amo muito... Mesmo assim, depois de amanhã, saberei com certeza, pois, após um dia inteiro na companhia dela, algo deve acontecer...".[23]

Aconteceu, e foi amor, mutuamente fascinante, artisticamente glorioso, e expressado sem palavras. A única coisa em inglês que ela comunicou a ele foi "Sinto muito por nunca conseguir falar nada para você" – palavras ensinadas a ela por Klaus ou Jürgen, que ela escreveu no verso da própria foto e ofereceu a ele. É a imagem definitiva de Astrid Kirchherr – um autorretrato cativante, básico, estiloso, tirado na frente de um espelho ornamentado, com galhos de uma árvore (secos, porém suspensos e alguns com brotos) apontados para baixo, ao lado de um rosto pálido e lindo.

Astrid e Klaus não existiria mais, e passaria a ser Astrid e Stuart. Tudo aconteceu muito rápido. Stuart se preocupou com a possível reação de Klaus, e se sentiu culpado com isso, mesmo após Klaus aceitar a situação. Isso levou várias semanas, um período pontuado por momentos dramáticos, mas, como Klaus refletiu posteriormente, "eu me senti feliz por ela ter encontrado Stuart, como um irmão fica quando sua irmã finalmente acha um namorado. Eu era amigo dos dois, e eles eram meus amigos, então tudo bem".

Quando John não estava chamando Astrid, Klaus e Jürgen de "os *Krauts*", ele os chamava de "amigos angelicais do Stuart", e Paul estava no ápice de seu ciúme de Stuart. Astrid era artística, atraente, culta, intelectual, de uma família rica de classe média de Hamburgo; ela tinha até seu próprio carro, um Fusca conversível. O relacionamento, como Paul expressou em sua perspectiva pessoal, "nos irritava, nos deixava loucos, que ela não tinha se apaixonado por nenhum de nós. [E] era algo que nenhum de nós tinha visto até então. Nenhum de nossos pais tinha aquele tipo de relacionamento. Era uma cena louca para nós".[24]

Enquanto a viagem a Hamburgo foi pontuada por momentos memoráveis e divertidos, a verdade pessoal para Paul era que pouco tinha dado certo para ele. George e Stu ainda estavam com John no Bambi, e ele não – ele tinha que compartilhar seu quarto com um cara que mal falava, mas pegava as garotas mais bonitas; sua guitarra o decepcionava no palco; e, agora, Stu tinha entrado no tipo de relacionamento que ele invejava. Pior ainda, como ele "odiava" Stu, era inevitável que os três novos amigos de Stu ficassem contra ele, ou, pelo menos, se sentissem menos confortáveis perto dele do que dos outros. Paul admitiu, penosamente, que Astrid, Klaus e Jürgen viam "John como um número dois, algo que é compreensível; George era um número três, o que era um pouco irritante, porque eu esperava ficar, pelo menos, com a terceira posição. Eu fiquei com a quarta, um pouco antes de Pete Best".[25] E nem era assim. Astrid disse: "Em ordem, eu gostava de Stuart, John, George, Pete e Paul. Eu gostava de Pete, mas ele era tão, tão tímido, que era fácil esquecê-lo. Ele estava por conta própria mesmo. Paul era tão 'legal' que não tinha como chegar perto dele. Ele era como um diplomata: tudo tinha que ser legal e tranquilo. Eu nunca tive um relacionamento próximo com Paul, não da mesma forma que tinha com John e George".

Era ruim demais, e Paul continuava a deixar isso bem claro para todos. Em uma carta a Rod Murray, enviada perto do fim de outubro, Stuart detalhou, precisamente, a verdade: "O engraçado é que Paul acabou sendo a ovelha negra da viagem. Todo mundo o odeia e eu só sinto pena dele".

Talvez isso tenha contribuído para que John e Paul não compusessem qualquer canção lá, apesar dos meses oportunos. Na verdade, a situação já estava assim havia algum tempo, desde que Stu entrara para o grupo, e talvez até antes disso. A maré de sorte criativa que gerara todas aquelas Composições Originais Lennon-McCartney em 1958, quando a colaboração entre os dois se iniciara, já tinha esfriado havia tempo. Agora, eles raramente compunham. Não que eles precisassem de novas canções no Kaiserkeller: como uma banda de bar, era importante que os Beatles tocassem canções que as pessoas conhecessem, ou pudessem identificar. Até chegou um ponto em que, toda noite, Stu ia ao microfone e cantava "Love Me Tender", romanticamente. Às vezes o Kaiserkeller até ficava quieto para ouvi-lo, e ele recebia aplausos.

No entanto, os Beatles estavam longe da perfeição. Tony Sheridan podia ver quão longe eles tinham chegado, em um período tão curto, mas ele também identificava algumas insuficiências: "Stuart podia ser bonito, mas o cara não sabia tocar baixo nem que a vida dele dependesse disso. Ele era 90% imagem, e o máximo aceitável disso é 50%, porque os outros 50% precisam ser talento musical. Os Beatles não eram um grupo bom por ter uma baixista que não tocava baixo, assim como não eram um grupo bom com Pete".[26]

O timing errático de Pete não tinha melhorado, ou melhorado o suficiente, e isso ficava evidente toda vez que John e Paul queriam variar do 4/4. Ringo tinha certeza absoluta de que ele possuía, de sobra, aquilo que faltava aos Beatles – "Eu sabia que eu era melhor que o baterista deles na época"[27] –, mas isso era esperado, considerando o abismo de experiência entre eles.

Quanto a Stuart, Klaus insistiu que ele era bom o suficiente no baixo para os Beatles, mas Paul achava o mesmo que Sheridan: "Eu sempre fui prático, achando que nossa banda seria ótima, mas que, com ele no baixo, sempre haveria algo nos atrasando".[28] Por outro lado, Paul também se preocupava com a possibilidade de que, com Stuart saindo da banda, a posição de baixista sobrasse para ele, e Paul não gostava da ideia, da mesma forma como não havia gostado de ser baterista três meses antes: "Nós sempre consideramos o baixo 'o instrumento do gordo', o instrumento tocado por quem ficava no fundo, e eu gostava mais da ideia de ficar na frente".[29]

Acabou que os Beatles não eram mestres de seus próprios destinos. No primeiro dia de novembro, Bruno Koschmider deu a eles um aviso prévio de 30 dias, para se retirarem de lá. Ele estava encerrando o contrato, antes de seu fim previsto, na véspera de Ano-Novo. "Este aviso é dado por ordem das Autoridades Públicas, que descobriram que o sr. George Harrison tem apenas 17 (dezessete) anos de idade", o documento dizia, mas os Beatles sabiam que havia mais por trás disso. Koschmider tinha notificado a *Fremdenpolizei* de suas datas de nascimento em agosto – se as autoridades demoraram 11 semanas para processar o documento, isso representava um nível de ineficácia ímpar. Eles o irritavam (e ele tinha o mesmo efeito sobre o grupo) desde que tinham chegado, e a situação só estava piorando. Ele também alegou que o desrespeito do grupo diante dos pedidos para tocarem mais baixo no Indra tinha feito as autoridades revogarem a licença de seu estabelecimento, algo que lhe custaria, pessoalmente, DM 100.000.[30] Também havia o comportamento dos Beatles no Kaiserkeller. Ele registrou façanhas tão extravagantes que chegou a suspender o pagamento do grupo por um tempo. Koschmider até alegou que os Beatles estavam atraindo um público desordeiro a seu bar. "Tínhamos brigas acontecendo a cada dez minutos por conta dos Beatles", ele disse, e até podia ser verdade, mas culpar os Beatles por começar brigas de bar na Grosse Freiheit seria como culpar os poloneses pela Segunda Guerra Mundial.

Koschmider também queria se livrar dos Beatles porque eles desprezaram abertamente sua regra de não ir a clubes rivais. Essa regra existia (mas era verbal, não constava no contrato), e eles a ignoraram. Tony Sheridan estava de volta à residência no Top Ten Club, a partir de 28 de outubro, tocando com alguns dos Jets, e os Beatles saíam da Grosse Freiheit durante seus intervalos para ver as apresentações – e, talvez, brevemente tocar com Sheridan no palco. Eles gostavam do Top Ten porque era menos violento, e porque Peter Eckhorn havia instalado um sistema de som fantástico, o melhor que eles já tinham ouvido. Era como um clube de rock de verdade, e não um bar com música. Como seus instrumentos ainda estavam no Kaiserkeller, as performances dos Beatles no Top Ten não resultavam em grande coisa, mas Koschmider certamente estava furioso com o grupo.

Vendo por outra perspectiva, a decisão de Koschmider de apresentar o aviso prévio aos Beatles, citando a idade de George, quando é provável que as autoridades já soubessem disso, sugere que era ele quem estava impedindo que o grupo fosse expulso de lá, até o momento que isso fosse conveniente para ele. A verdade do contrato é que Koschmider o estava violando desde o princípio: foi definido que ele precisava conseguir autorizações de trabalho para os Beatles, algo que ele nunca fez.

Outro fator que certamente teve influência era o estado do relacionamento empresarial entre Koschmider e Allan Williams. Ele tinha interrompido todos os pagamentos de comissões, e era apenas uma questão de tempo até o liverpudliano descobrir. Em 11 de novembro, o dia após Williams formalmente oferecer Gerry and the Pacemakers a Eckhorn, para uma temporada no Top Ten, em dezembro, e menos de três semanas antes de ele abrir seu próprio Top Ten Club em Liverpool, Williams escreveu uma carta para Koschmider, cancelando o acordo de cinco anos que se iniciara nem três meses antes. No momento em que os Beatles poderiam ter seu empresário discutindo urgentemente sua situação com Koschmider, ele nem tinha como agir.

Isso se os Beatles quisessem continuar com Koschmider, o que não era o caso. Se ele quisesse acabar o acordo antes da hora, que acabasse. *Ele que se foda*. "Algo vai acontecer." Não foi coincidência que, em uma carta para sua mãe, sem data, mas escrita em novembro, Stuart explicou: "Vamos a Munique na quarta que vem, por um mês - mais dinheiro, acho que 20 marcos a mais por semana". Como o plano de Berlim (que não estava mais sendo discutido), esse parecia ser outro dos planos infrutíferos do grupo. Eles também imaginaram que poderiam ficar em Hamburgo e tocar no Top Ten - infringindo o contrato com Koschmider, mas ele que tentasse impedi-los.

O fato é que, onde quer que eles trabalhassem, as autoridades saberiam da idade de George, e isso significava que ele não poderia participar, e que teria que voltar para casa.* O mesmo tipo de confusão que tinha trazido Pete aos Beatles três meses antes, agora os obrigava a pensar em quem poderia substituir o guitarrista solo. Apesar de Paul estar com a Club 40 de John disponível, e talvez a Futurama de George, ele não quis assumir a posição, e eles acabaram tentando trazer alguém da Inglaterra. Pete sugeriu seu amigo Chas Newby, que tocava guitarra base com os Blackjacks. Concordaram que Pete deveria escrever para ele e convidá-lo para tocar com o grupo. Newby respondeu dizendo que não podia, mas que, se eles ainda precisassem dele durante as férias do Natal - em Hamburgo ou qualquer outra parte -, ele forneceria com prazer duas semanas de seu tempo.

Um último mês com Koschmider significava um último mês no "buraco". O tempo não tinha feito eles apreciarem as qualidades do Bambi Kino, já que o lugar não tinha qualidade alguma, e as condições estavam ainda piores, porque o tempo havia mudado. Os Beatles tinham chegado a Hamburgo no fim do verão, em meados de agosto, e esperavam ficar lá por um mês, talvez dois; e era para aquele tipo de clima que tinham trazido roupas. Agora, estavam passando pelo outono e entrando no inverno. Outubro de 1960 foi um mês amargamente frio naquela região do norte europeu, onde a temperatura média de um dia caía para 4,8 °C, e foi apenas um pouco melhor em novembro. As paredes de concreto do Bambi, sem aquecimento, *congelavam*, e Koschmider não forneceu cobertores adicionais; eles tremiam até dormir, toda noite. "Lembra do meu suéter cinza? Bem, eu o uso para dormir, minhas meias também", Stuart escreveu. Ainda pior, os quartos eram úmidos, com água pingando sobre suas camas.

---

* Um pouco antes de partir, parece que George teve um breve período em que só tocava com os Beatles até as dez da noite. Após esse horário, o grupo tinha que continuar sem ele.

Estava um frio de rachar na noite em que John Lennon posou para fotos na Grosse Freiheit vestindo apenas sua cueca. Como todos os bons ingleses que viajavam, ele trazia consigo um generoso par de cuecas *slip*, meias, um par de sandálias, um pulôver, óculos, uma cópia importada do *Daily Express* e um boné em sua cabeça. Pelo menos duas fotos foram tiradas dele, em frente à porta dos fundos do Bambi Kino – em uma delas, John tirou seu suéter e seus óculos, para ficar lá, praticamente nu, com exceção da cueca, fingindo ler as letras miúdas do *Express*.[31]

Ele estava vestido, alguns dias depois, quando os Beatles se espremeram para caber no Fusca de Astrid. Ela os levou para uma sessão fotográfica – a primeira deles, assim como dela. "Eles nem acreditaram quando eu sugeri, e eu nem acreditei quando vi como eles ficaram felizes", Astrid disse. "Eles até se lavaram para a sessão!" O local que ela escolheu como cenário para as fotos foi Heiligengeistfeld (o campo do Espírito Santo), na Feldstrasse, orla de St. Pauli, onde o grande parque de diversões Hamburger Dom tinha acabado de iniciar sua residência de um mês, que acontecia três vezes ao ano.[32]

Astrid tirou 12 fotos quase idênticas de John, Paul, George, Stu e Pete – com suas três guitarras, seu baixo e uma caixa de bateria – na frente de um caminhão de caçamba aberta e das vigas da grande montanha-russa.* A foto que ela escolheu como a "melhor" é a mais duradoura dos Beatles em Hamburgo e a imagem definitiva do grupo antes de atingir a fama. "Eu gostei dos arredores ásperos, do metal enferrujado, dos pedaços de ferro e dos caminhões. Aquele visual se encaixava com a aparência crua dos Beatles; mas, quando você olha para seus rostos, em comparação ao cenário acidentado, *aquele* era o contraste que eu buscava."

Antes da sessão, os Beatles tiveram, talvez, quatro horas de sono desde que tinham saído do palco do Kaiserkeller. Com o aviso prévio de Koschmider, sua experiência em Hamburgo estava se desfazendo. Tudo isso, e mais, aparece em seus rostos. Aquela foto, por conta própria, definiu a imagem de bandas de rock: jovens rebeldes que pensam, se vestem e agem diferente do resto, que têm ego e ambição de sobra, mas nenhum plano para o futuro.

---

* John estava com sua Rickenbacker, e Paul estava com a Club 40, antiga guitarra de John, com as cordas ajustadas para serem tocadas na orientação canhota.

As outras fotos de Astrid no Dom são igualmente boas. John aparece sozinho com sua Rickenbacker, sentado na frente de um grande caminhão, depois John faz pose com George e Stu, também trazendo suas guitarras. Há lindas fotos de George; e, o melhor de tudo, algumas fotos extraordinárias de Paul e John, individualmente, com Stu fora de foco, ao fundo. São retratos íntimos de altíssima qualidade, sem artifícios, fotos que se alojam na memória. "Eu não precisei pedir para eles não sorrirem, eles apenas sabiam. Eles só precisavam olhar diretamente para a câmera. Foram totalmente profissionais, mesmo quando eu demorava para ajeitar tudo. Ninguém ficou bravo, ou disse que não queria continuar."

Astrid fotografou George de perfil, ciente de que ele era sensível quanto ao tamanho de suas orelhas, algo que seus amigos angelicais chamavam carinhosamente de *Segelohren* ("Eu tentei capturar os aspectos infantis e ingênuos de George"). Paul aparece de forma natural, sem caretas dessa vez; ele não demonstra qualquer traço de seu relacionamento constrangedor com a fotógrafa, mas uma sobrancelha está levemente mais erguida, fascinante, questionadora ("Eu tentei trazer a esperteza e a leveza de Paul"). John não imitou uma pessoa aleijada e deixou Astrid chegar perto, bem na cara dele, registrando a profundidade de seu olhar, atrás das barreiras contra a tristeza e a vulnerabilidade ("Eu tentei capturar a esperteza e a sensibilidade de John").

Pete foi embora após as fotos em grupo e não aparece em outras imagens, Astrid nunca tirou outra foto dele. Ele não estava com os Beatles quando, após a sessão, ela os levou até sua casa para comer – e outro mundo se abriu. Stu já tinha visitado a 45a Eimsbütteler Strasse, mas essa era a primeira visita de John, Paul e George, a primeira saída verdadeira (e abençoada) de St. Pauli, para as árvores e ruas mais quietas da região residencial de Hamburgo, e para o mundo artístico de Astrid. Eles amaram tudo aquilo, instantaneamente.

A casa de Astrid, na região de Altona, era espaçosa, de quatro andares, e pertencia à sua família materna – os Bergmann.* Três gerações moravam lá, em apartamentos espaçosos e separados: seus avós, no primeiro andar; sua tia, no segundo; e Astrid, com sua mãe, Nielsa, no terceiro. Outros parentes já tinham

* A família viera da Suécia. Astrid é um nome sueco, Kirchherr é alemão e significa "lorde da igreja".

morado no sótão, e Klaus Voormann – que não possuía família em Hamburgo, pois era de Berlim – também já havia morado lá. O pai de Astrid, Emil Kirchherr, falecido em 1958, tinha um bom emprego, como vendedor sênior da empresa automotiva Ford, e Nielsa também tinha sua riqueza pessoal, proveniente de seu pai, cuja empresa (Theodor Bergmann) fabricava jukeboxes. Havia bom gosto, elegância, cultura e um asseio particular na casa, que era cuidada por uma faxineira. Nielsa era uma cozinheira gourmet e só comprava as melhores carnes e peixes, então a refeição que ela serviu aos Beatles foi a melhor que eles tinham comido em meses – talvez em toda a sua vida. Eles tiveram que esperar todos estarem prontos para começar a refeição, resistir à vontade de comer tudo de uma vez, como faziam em St. Pauli, e evitar apagar seus cigarros no prato ao fim da refeição.

Privados do conforto de seus lares desde agosto, os Beatles utilizaram tudo o que a casa tinha a oferecer: tomaram banhos, tiveram suas roupas lavadas, talvez até passadas, e desfrutaram daquele ambiente aconchegante e culto. "Paul sempre costumava olhar meus LPs – apesar de eu apenas ter música clássica e jazz – e John sempre ia direto para os livros."

Stu já havia falado para o grupo sobre o quarto de Astrid, e agora eles podiam vê-lo de perto. Nenhuma garota em Liverpool tinha um quarto daquele jeito. Era *preto*. Carpete preto, com um grande cobertor de veludo preto na cama preta, paredes pretas sobre as quais ela e Klaus tinham colado papel-alumínio prateado, e havia um candelabro prateado em cima de uma mesa. "Era minha fase Jean Cocteau", ela disse. "Eles ficaram impressionados." Klaus disse que Nielsa não queria que Astrid decorasse seu quarto daquele jeito, "mas qualquer coisa que Astrid quisesse fazer, ela acabaria fazendo; era filha única, mimada e conseguia tudo o que queria".

Astrid teve pouca dificuldade em persuadir Nielsa a deixar Stuart escapar do frio e da sujeira do Bambi e se mudar para o apartamento.* Não era dificuldade alguma para Nielsa – ela gostava do jovem. Ela também não se incomodou quando,

* George deixou o sofá do Bambi e passou a dormir na antiga cama de Stu; Paul e Pete continuaram no segundo quarto. Todos os dias, ao sair do Kaiserkeller nas primeiras horas da manhã, Stu ia para o conforto e o calor da classe média, enquanto seus colegas voltavam ao gélido Kino, para a experiência definitiva de um grupo "topíssimo do popíssimo"... um detalhe que eles não deixariam Stu esquecer.

no meio de novembro, Astrid falou da possibilidade de se casar com ele. Stuart não esperaria aquela reação nem de sua própria mãe. Ele sabia, assim como Allan Williams, que "a opinião de Millie Sutcliffe era a mesma que muitos britânicos tinham após a guerra: o único alemão bom é o alemão morto".

Em uma carta sem data, enviada em novembro para sua casa em Liverpool, Stuart escreveu:

> Eu quero sua permissão, e a do meu pai, para ficar noivo de Astrid quando eu voltar à Inglaterra. Planejo me casar com ela daqui a um ou dois anos... Eu já amei antes, mas nunca de forma tão carinhosa e intensa. As últimas três semanas foram um sonho, mas eu me sinto tranquilo quanto a isso. Ela sabe que eu preciso voltar à faculdade por um ano e aceita isso.* Por favor, responda rapidamente e me diga o que acha, mas, de qualquer forma, eu já me decidi.

As últimas noites com Koschmider foram amargas. Uma das missões principais dos Beatles era destruir o palco do Kaiserkeller. A poucos centímetros do chão, a estrutura não passava de algumas placas de madeira empilhadas sobre caixas de cerveja, como o bar nas festas de Ano-Novo da família McCartney. Eles tiveram problemas com o palco desde o princípio, mas Koschmider ignorou todas as suas reclamações. Eles fariam uma demonstração para ele. Hora após hora, os Beatles e os Hurricanes realizaram um verdadeiro festival de pisoteio. A plateia do Kaiserkeller animadamente encorajou essa atividade, provavelmente sem saber do motivo por trás. Foi Rory quem, por fim, conseguiu o feito, ao pular do piano e cair como chumbo durante "Whole Lotta Shakin' Goin' On", com seus pés atravessando a madeira. Com o negócio feito, os outros Hurricanes e os Beatles acidentalmente se uniram a ele, aumentando o problema e destruindo o palco um pouco mais. Koschmider ficou indignado. Rory primeiro recebeu uma multa, depois foi demitido, e os Hurricanes também foram colocados em aviso prévio. Koschmider não aguentava mais. O homem que tinha trazido o rock britânico a Hamburgo estava, após seis meses, levantando a bandeira branca – *er hat kapituliert* – e voltando a formas de entretenimento mais fáceis de se gerenciar.

---

* No original, Stuart grafa, incorretamente, a palavra *accepts* (aceita) como *excepts* (exclui). [N.T.]

Quando não estavam discutindo inutilmente sobre guitarras, os Beatles e os Hurricanes se aproximavam, ao longo daqueles dois meses juntos. Toda manhã de domingo, por hábito, eles cambaleavam exaustos do Kaiserkeller, severamente bêbados após 12 horas de *Schau*, comiam um jantar tardio ou café da manhã adiantado, talvez completado com um pouco mais de bebida, e andavam até o porto, para perambular, de olhos vidrados, pelo *Fischmarkt* (mercado de peixes) semanal. Só depois disso, eles finalmente caíam em suas camas, na Sailors' Society e no Kino.

Foi Rory que inspirou a única nova composição dos Beatles a surgir durante aqueles meses em Hamburgo. Depois de conseguir sucesso local tocando "Apache", dos Shadows, os Beatles queriam aprender "Man of Mystery", que foi lançada em seguida, e também foi um grande sucesso na Inglaterra. Os Beatles nunca tinham ouvido a canção, mas Rory tinha, de alguma forma, e os rapazes tentaram fazê-lo cantar as notas. Ele assobiou ou cantou os primeiros compassos, e eles tentaram tocar, mas Rory não se lembrava de nada depois disso, e a canção se dissolveu quando ele voltou à sua gagueira crônica. John e George continuaram, imaginando como seria o resto da música, a Rickenbacker e a Futurama juntas, e a primeira composição Harrison-Lennon surgiu. A principal intenção era imitar Rory, mas, no fim daquele exercício, tinham criado sua própria instrumental *à la* Shadows, que eles chamaram de "Beatle Bop".[33]

A primeira impressão que George teve de Ringo – a de que ele parecia ser "desagradável" – foi compartilhada pelos outros Beatles, mas conhecê-lo melhor significava gostar dele; no fim, acabaram se divertindo muito. A cultura de bebedeira do Butlin's era apenas um aperitivo para o que aconteceria em Hamburgo e, nas primeiras horas de toda manhã – quando o último grupo estava tocando a última sessão para os últimos clientes de St. Pauli, e a música estava ficando lenta, *mais lenta* – os Beatles e os Hurricanes se uniam, todos bêbados, e começavam a pedir canções. Se os Beatles estivessem tocando, Ringo se sentava à frente e pedia canções lúgubres. "Moonglow" era uma delas, e Paul carinhosamente lembra como ele pediu uma instrumental emotiva de Duane Eddy: "Ringo costumava pedir para nós, com sua voz bêbada e arrastada, a música '3.30 Blues'".[34]

Eles não o conheciam bem o suficiente para chamá-lo de Richy, mas John, Paul e George formaram um laço com Ringo no Kaiserkeller. Klaus testemunhou isso:

> Ele frequentemente ia até a mesa dos Beatles e sempre tinha uma piada, e a sua piada fazia outra pessoa contar outra piada – então, toda vez que Ringo chegava perto dos Beatles, era só alegria.
>
> Eu sei que os três falaram sobre trocar de baterista enquanto estavam em Hamburgo, porque ouvi essa conversa. Não foi dito de uma forma muito explícita, porque não dá para simplesmente roubar o baterista de outro grupo, mas eles *sempre* gostaram de Ringo.

Quatro anos depois, John relembrou e resumiu a posição do grupo naquela época: "Conhecemos Ringo em Hamburgo e gostamos do estilo dele, mas tínhamos acabado de arranjar um baterista novo, então não podíamos fazer nada a respeito".[35]

De todos os Beatles, Pete era mais próximo de John, e foi essa dupla que protagonizou o ato mais notório da estadia em Hamburgo. John estava aproveitando alguns "saques rápidos" por lá – Astrid lembra como ele "subitamente esfregava as mãos e dizia, 'Já sei, vamos roubar alguma coisa!'. Era uma diversão, não ficávamos chocados com aquilo".[36] Em St. Pauli, o costume era roubar de marinheiros bêbados. Isso acontecia por toda parte. O termo, em inglês, era "*roll*" (rolar) alguém.

Uma vez, John falou sobre isso com um jornalista, dizendo que seu alvo era um marinheiro britânico; eles o entupiram de bebidas, prometendo que teria um encontro interessante com algumas gatinhas, até eles perceberem que estava bêbado o suficiente para ser nocauteado – mas, após bater duas vezes nele, desistiram. Pete disse que quatro deles (não Stu) estavam envolvidos no plano, e o marinheiro era um alemão gordo; eles se ofereceram para levá-lo pela Reeperbahn, com a intenção de roubá-lo em uma das esquinas menos movimentadas. Apesar de Paul e George desistirem, John e Pete continuaram. Após derrubarem o homem com um ataque de rúgbi, eles agarraram sua carteira, saíram correndo... e derrubaram a carteira quando a vítima atirou com uma pistola a gás na direção deles. Os dois voaram até o Bambi, bateram a porta atrás deles e, pelas noites seguintes, observaram cuidadosamente, do palco do Kaiserkeller, para o caso de o marinheiro voltar para se vingar – John, no caso, observou com olhos míopes que mal enxergavam.[37]

Um desfile de identidades seria interessante. Em Hamburgo, da forma como eles se vestiam, os Beatles sempre faziam cabeças virarem por onde passavam. Uma pessoa em St. Pauli os chamou de *beknackt* – literalmente "rachados", e figurativamente "loucos". A vestimenta de palco deles, que também era sua vestimenta durante o dia, e frequentemente sua vestimenta de dormir, ganhou mais uniformidade em novembro, quando Paul comprou uma jaqueta de couro para combinar com as de George, John e Pete. Outra nova adição ao uniforme de palco foi um quepe de topo achatado, como os quepes azuis usados pelo grupo de Gene Vincent em *Sabes o que quero*, mas na cor rosa. Como eram rapazes de Liverpool, celebrando a cor, chamaram os quepes de "*twat'ats*", chapéus *twat*. Então, deram ainda outro passo adiante, e compraram botas de caubói, de couro, em múltiplas cores, que iam até suas panturrilhas. Eles colocaram seus jeans por dentro das botas e os saltos de madeira fizeram ainda mais barulho no palco remendado do Kaiserkeller.

O primeiro a comprar uma jaqueta, George, também foi o primeiro a comprar as botas, adquiridas na Erdmann, loja de artigos de couro. John e Pete logo o imitaram, seguidos por Paul, algumas semanas depois (Stuart não participou da compra de botas ou quepes). Vestidos com seus chapéus *twat* rosa, jaquetas de couro pretas, jeans *drainpipe* pretos e botas texanas chamativas, eles eram *uma visão e tanto*, completamente diferentes dos Beatles que tinham saído de Liverpool e chegado a Hamburgo, meses antes. Klaus achou que eles eram *incríveis*, poeticamente descrevendo John como "Cabelo rock, botas rock, roupas rock e jargão rock. Rock'n'roll em seus dedos, do topo até a ponta de seus pés, no estômago e, acima de tudo, em sua garganta".[38]

Em 28 de novembro, Stu e Astrid trocaram alianças e anunciaram seu noivado. Ainda não havia notícias de casa. O pedido de Stuart, referente à permissão de seus pais, ainda não tinha rendido uma resposta. "Eu presumo que vocês estejam bem irritados com a situação toda", ele escreveu novamente, em 2 de dezembro. "Não sei o que você ou meu pai fariam se estivessem na minha situação, mas eu não acho que os decepcionei..."

Naquele momento, tudo tinha mudado, porque as 14 semanas sensacionais dos Beatles com Bruno Koschmider tinham chegado a um fim ainda mais abrupto do que era esperado. De acordo com depoimentos escritos para a polícia em janeiro de 1961, por Paul e Pete, o grupo teve uma entrevista, que não estava agendada, com Koschmider (e seu intérprete) em seu escritório no Kaiserkeller, à uma e meia de uma madrugada. Nesse caso, "entrevista" significava "confronto". Suas esperanças de tocar em Berlim não tinham resultado em nada concreto, apesar de Munique continuar sendo uma possibilidade após o Natal. Enquanto isso, Koschmider ficou sabendo do plano dos Beatles de permanecerem em Hamburgo e se juntarem a Tony Sheridan no Top Ten. Em uma rápida discussão ao estilo "olho por olho, dente por dente", Koschmider tentou fazer os rapazes assinarem um documento, concordando que não trabalhariam em nenhuma outra casa de shows de Hamburgo em dezembro; quando eles se recusaram, Koschmider os ameaçou com violência física (dedos quebrados, como Pete se recorda), e disse que não pagaria por sua viagem de volta à Inglaterra.* Foi outro daqueles momentos em que todos os olhos se voltaram para Lennon, o líder. John disse a Koschmider que o grupo nunca tocaria para ele de novo e que ele podia *enfiar* naquele lugar o período de aviso prévio. Koschmider gritou que não pagaria seus últimos salários – aí, a discussão ficou tão acalorada que ele encerrou a reunião e mandou os seguranças retirarem os rapazes de seu escritório. Os Beatles mal podiam esperar para levar seus equipamentos ao Top Ten e mudar suas acomodações, fazendo o maior "V" com os dedos para o nariz gordo de Koschmider.

George, por sua vez, estava voltando para casa. Uma noite antes, ele se sentou com John e ensinou as linhas de guitarra solo que ele precisava aprender (presume-se, porém não necessariamente, que Paul estava mudando para a guitarra base). Era um tormento para George – ele estava sendo expulso do país no momento em que tinham conseguido um novo evento; se o acordo com o Top Ten se estendesse até o Natal, e o grupo acabasse indo a Munique, quando ele os veria de novo? Alguém tomaria o lugar dele? Seria o fim de George Harrison com os Beatles? Ele certamente achava isso. "Eu me sentia muito mal... Eu tinha visões da banda continuando a se apresentar por lá, enquanto eu estava preso em Liverpool, e que acabaria assim."[39]

---

* A não ser que houvesse um contrato substituto (e nada se sabe a respeito disso), os Beatles já tinham concordado que não tocariam em nenhum outro lugar de Hamburgo (apesar de eles planejarem desconsiderar essa cláusula), e Koschmider não era obrigado a pagar pela viagem de volta do grupo. Muitas informações desse período são nebulosas. Apesar de Pete alegar que os Beatles exigiram sua saída adiantada do contrato com o Kaiserkeller alguns dias antes de efetivamente pararem, ainda sobrevive um documento que indica que eles já tinham sido notificados do fim de seu contrato – apesar de o documento não mencionar a necessidade desse aviso.

Astrid e Stu o levaram, de carro, até a Hauptbanhof e o colocaram no trem expresso para Hoek van Holland. "Ele estava parado lá, o pequeno George, perdido", disse Astrid. "Eu dei um grande pacote de doces para ele, e algumas maçãs. Ele colocou seus braços ao redor de mim e de Stu – era o tipo de demonstração de afeto que eles nunca faziam."[40] A jornada de volta para casa foi solitária e árdua, 24 horas carregando sua guitarra, um amplificador e várias malas, enquanto estava deprimido por conta de Hamburgo e temia a vergonha de estar de volta a Liverpool sem os outros. Ele sabia que haveria uma pressão renovada de seu pai para "achar um emprego de verdade", e, se os Beatles levassem semanas ou meses para voltar, seria mais difícil ainda fincar suas botas de caubói no chão e resistir.

É possível que tenham apaziguado George, de certa forma, quando incluíram seu nome em um acordo por escrito, de que os Beatles tocariam no Top Ten por pelo menos um mês, a partir de abril de 1961 – um documento básico, feito à mão por Peter Eckhorn, datado de 30 de novembro –, mas esse acordo também mencionava Stuart e ele já tinha deixado claro que sairia do grupo. Enquanto isso, os outros quatro podiam começar a tocar lá e se mudar para a acomodação com beliches no último andar do edifício.* Tony Sheridan já estava no local, possivelmente na companhia de outros, e os Beatles foram convidados a se acomodar lá. Não era um hotel Ritz, mas também não era "o buraco". John foi o primeiro a se mudar. Depois, Paul e Pete voltaram ao Bambi para pegar seu equipamento.

O lugar estava quase completamente escuro, como de costume. Eles tiveram que acender um fósforo para enxergar seu caminho... então, decidiram deixar um pequeno presente para Koschmider. Pete tinha algumas camisinhas, e ele e Paul

---

* A família Eckhorn era dona da propriedade situada na 136 Reeperbahn. O Top Ten ficava no piso térreo, nos fundos, e seus banheiros ficavam no porão, que ainda tinham estábulos, da época em que o Hippodrom era um circo com cavalos. A frente do edifício era uma casa de quatro andares, com empena; duas gerações da família Eckhorn haviam morado lá e o espaço no sótão tinha um pequeno quarto extra com beliches.

Nunca foi explicado por que um acordo para abril de 1961 foi escrito, mesmo que provisoriamente, em 30 de novembro, quando se esperava que os Beatles tocassem lá até o Natal – um compromisso para o qual parece não haver qualquer documento (embora o acordo redigido em novembro provavelmente seja legítimo, é possível que ele tenha sido escrito "após o fato", em 1961, numa tentativa de enganar as autoridades). Também não se sabe por que Eckhorn queria os Beatles no Top Ten no último mês de 1960: Tony Sheridan era o artista residente lá e Gerry and the Pacemakers já estavam agendados para tocar lá por oito semanas a partir de 9 de dezembro.

tiveram a ideia de fixá-las na parede, com pregos, pelo longo corredor de concreto, e atear fogo nelas. "O lugar estava úmido e escuro", disse Pete. "Elas crepitaram, elas federam, e OK, talvez elas tenham chamuscado um pouco da tapeçaria na parede. Só causaram um pouco de fumaça e algumas marcas de queimado, depois se apagaram."[41] Era a melhor forma de dizer "Vai se foder, Bruno", ou pelo menos era isso que achavam.

Eles conseguiram tocar uma noite no Top Ten, e parece que foi boa, atraindo clientes do Kaiserkeller, mas foi só aquela noite. Como ele já tinha sido enganado por Eckhorn uma vez, quando este roubou os Jets e Tony Sheridan do Kaiserkeller, Koschmider não ficaria sentado enquanto via a mesma coisa acontecer de novo. É possível que ele também tivesse adivinhado que os Beatles fariam alguma "homenagem" em sua despedida – talvez os próprios tivessem dado alguma dica disso –, porque foi realizada, rapidamente, uma inspeção dos quartos do Bambi. Quando as *stinkende qualmende Piedeltüten* foram encontradas, ele decidiu considerar aquilo uma tentativa de incendiar o seu cinema e informou a polícia.

A ordem cronológica dos eventos que ocorreram nas 24 horas seguintes é cheia de confusão e contradições. Mas, talvez, tenha ocorrido da seguinte forma. Paul foi pego pela polícia enquanto andava pela Reeperbahn, levado de carro até a delegacia Davidwache (a 200 metros do Top Ten), e confinado em uma cela. Pete e John também foram presos. Koschmider não sabia qual deles fora o responsável pela "tentativa de incêndio doloso", então a *Polizei* prendeu todos. Como Stuart escreveu em uma carta a Liverpool, alguns dias depois:

> Estou morando no luxo e na alegria. Melhor que a cela em que eu passei uma noite na semana passada. Eu sou inocente dessa vez, mas fui acusado de incêndio doloso – ou seja, botar fogo no Kino (o cinema) onde dormíamos. Eu cheguei ao clube e fui informado de que toda a polícia de Hamburgo estava procurando por mim. O resto do grupo já estava preso, então, sorridente e muito corajoso, segurando o braço de Astrid, eu decidi me entregar. Naquele momento, eu não tinha conhecimento da acusação. Todos os meus pertences, incluindo meus óculos, foram tirados de mim e fui levado a uma cela sem comida ou bebida, onde fiquei sentado, por seis horas, em um banco de madeira, com a porta trancada. Eu peguei no sono às duas da madrugada. Assinei uma declaração, escrita em alemão, dizendo que eu não sabia nada a respeito de um incêndio e me deixaram ir.[42]

Também liberaram John. Já estava claro quem tinha cometido o crime – para os dois acusados, a agonia continuou; Paul sempre se lembraria do pequeno olho mágico na porta da sala em que estavam detidos, pelo qual ele sentia que estavam sendo observados. Parece que ele e Pete tiveram permissão para partir, mas, algumas horas depois – no começo da manhã seguinte –, eles foram arrastados para fora de seus beliches no Top Ten e entrevistados pela segunda vez. Pete sugeriu que eles foram levados à principal prisão de Hamburgo, em Fühlsbuttel, e Paul se lembra do lugar "ser chamado *Rathaus*... não era uma casa de ratos, mas eu me sentia em uma". Eles foram entrevistados por *Herr* Gerkins, um oficial da Bundeskriminalamt (polícia federal), e definitivamente não era aconselhável fazer piadinhas. Em vez disso, pediram permissão para contatar a embaixada britânica, como as pessoas faziam nos filmes, e seu pedido foi recusado; então, foram levados para um passeio de carro. "Tentamos persuadi-lo de que não tinha sido nada de mais", Paul disse, "e ele respondeu, 'OK, tudo bem, agora vocês vão com esses homens aqui'. E foi a última vez que ouvimos falar daquilo. Apenas saímos de lá com dois policiais. E começamos a pensar, 'Minha nossa, podem estar nos levando para os campos de concentração' – nunca se sabe. Não tinha se passado tanto tempo assim [desde a guerra]."[43]

Não prestaram queixa criminal contra eles, mas Koschmider, inevitavelmente, riu por último. Paul e Pete não foram levados a um campo, mas ao aeroporto – e algemados, de acordo com Stuart. Eles estavam sendo deportados e banidos de entrar novamente na Alemanha, a não ser que entrassem com um recurso dentro de um mês. *Auf Wiedersehen, Piedels!* Receberam seus passaportes no portão e foram colocados num avião para Londres, o primeiro voo de suas vidas. Aí, Koschmider pôde se deliciar ainda mais, porque Eckhorn teve que pagar pelas passagens de avião, pelo menos parcialmente. Bruno devia estar esfregando as mãos, contente.

Enquanto tudo isso acontecia, George estava navegando, de Hoek van Holland até Harwich, rezando para que tivesse dinheiro suficiente para o trem até Londres, para pagar os carregadores (algo necessário), um táxi até Euston, um trem até Liverpool e outro táxi até Speke. "Eu tinha muitas coisas para carregar, e estava no corredor do trem, com meus pertences ao meu redor, e havia muitos soldados no trem, bebendo. Eu finalmente cheguei a Liverpool e peguei um táxi até minha casa – quase não consegui. Cheguei em casa sem um trocado sequer. Usei tudo o que tinha para voltar. Eu senti vergonha, após o tanto que falamos quando partimos para Hamburgo."[44]

Paul e Pete chegaram a Liverpool aproximadamente ao mesmo tempo. Eles viajaram sem dinheiro algum e sem posses. Tudo ainda estava na 136 Reeperbahn – equipamento musical, bagagem, compras, dinheiro. Eles só estavam com a roupa que vestiam quando a polícia entrou lá. Do London Airport, eles pegaram um ônibus gratuito até o West London Air Terminal, em Kensington; depois, o metrô até Euston, talvez evitando pagar. Sem dinheiro para as passagens até Liverpool, Pete ligou para casa e Mona disse que faria uma transferência de dinheiro para a agência postal da estação. Eles tiveram que permanecer em Euston por várias horas, e foi só no começo da manhã seguinte que Pete finalmente chegou de volta a West Derby, e Paul a Allerton. Assim como George, eles sentiram a vergonha de um retorno tão desonroso.

Mike se lembra de Paul cheio de palavras rápidas sobre como eles tinham se divertido muito e como tinha comprado coisas maravilhosas para eles... então, ele se sentou no sofá e o irmão pôde ver que suas pernas estavam "tão finas e brancas quanto os limpadores de cachimbo do pai". Jim achou que Paul parecia meio morto, um esqueleto, desesperadamente necessitando de nutrição e descanso. "Que obra de arte!", exclamou Mona quando viu Pete com sua jaqueta de couro, jeans rasgados e botas de caubói.[45] Louise não estava em casa para receber George – ela tinha pegado um navio para Ontário, Canadá, a fim de visitar sua filha, seu genro, seus netos e um de seus irmãos, e só retornaria dali a cinco meses. Harry ficou muito feliz de receber seu filho caçula de volta – e imaginou, assim como os outros, se finalmente tinha chegado a hora de aquele jovem "se aquietar", pois certamente ele já tinha feito o que precisava com aquela música rock'n'roll.

John e Stu ainda estavam em Hamburgo. No mesmo dia em que Paul e Pete foram enviados para casa, 1º de dezembro, eles precisaram preencher formulários para autorizações de trabalho e residência; Stu planejava ficar lá até janeiro e não se sabe o que John tinha em mente. De qualquer forma, era irrelevante: quando os dois tiveram outra entrevista, no dia 6, lhes disseram que eles não podiam trabalhar. Enquanto Stu podia ficar lá temporariamente, John precisava sair da Alemanha até o dia 10. Ele passou alguns desses dias com Stu, Astrid e Nielsa, na

45a Eimsbütteler Strasse, e tocou com Tony Sheridan em uma sessão ou outra do Top Ten, onde Rory Storm – demitido do Kaiserkeller – também cantou.

Tudo acabou no dia 7 de dezembro, quando John se tornou o quarto Beatle a voltar para casa, após vender suas roupas para conseguir pagar pela viagem. Sua jornada foi a mesma que George fez – trem, barco, dois ou três outros trens, talvez táxis – e ele estava terrivelmente carregado, obrigado a se curvar como o corcunda que ele imitou no palco durante aqueles meses. "Foi terrível viajar para casa por conta própria. Eu estava com meu amplificador nas minhas costas, morrendo de medo de perdê-lo. Eu nem tinha pagado por ele. Estava certo de que nunca chegaria à Inglaterra."[46] Ele chegou a Liverpool em 8 de dezembro de 1960, no meio da noite. O único lugar que lhe restava ir era Mendips, e John sabia muito bem como aquele retorno humilhante seria recepcionado por Mimi. Ela o fez esperar. Ele teve que jogar pedras na janela do quarto da tia para que ela descesse e abrisse a porta.

"Bem!" Mimi nunca-tinha-visto-coisa-igual-em-toda-a-sua-vida.

Como Paul tinha desafiado o pai na maneira como deixara a escola e rompido sua resistência contra a viagem para Hamburgo, Jim sentiu que estava na hora de criar algumas regras. Paul estava de volta em casa no meio do ano acadêmico, então qualquer retorno aos estudos – se ele fosse persuadido, o que não parecia provável – teria que esperar até setembro de 1961. Jim viu meses de ociosidade pela frente e estava determinado a evitar isso. "Mãos ociosas são a oficina do diabo", ele repetia.[47]

Paul foi até a Labour Exchange no Renshall Hall e conseguiu um emprego temporário, durante o período do Natal, a £ 10 por semana, com a SPD Ltd., Speedy Prompt Deliveries, uma empresa de logística. Ele era o "segundo encarregado" de um caminhão, descendo do veículo para entregar encomendas, enquanto o motorista esperava, com o motor ligado. O armazém ficava na 51 Sefton Street, perto de Bally, um terreno acidentado e deserto situado nas ruas próximas às docas. Paul tinha que estar lá cinco manhãs por semana, às 6h30, então pegava o ônibus cedo, na escuridão úmida do inverno, com outros trabalhadores. Ele passou a parecer um deles, vestindo uma jaqueta *donkey*, típica daquele mundo, e até comprava o jornal *Daily Mirror*, atípico para ele.[48] Era como se Hamburgo nunca tivesse acontecido.

Paul e Dot continuaram seu relacionamento de onde tinham parado. Se ela o pressionasse quanto à sua fidelidade, ele tinha a melhor resposta possível, um anel para o dedo dela... só que o tal anel ainda estava em Hamburgo. George, que não tinha namorada, foi visitar Arthur Kelly e eles tomaram uma cerveja ou duas. Como Arthur recorda: "Ele veio até minha casa vestindo botas de caubói e jeans apertados. Sair daquele jeito era arriscado – podíamos apanhar muito por causa daquelas roupas, mas eu ainda sentia muita inveja daquilo".[49] Depois de ruminar com todos aqueles pensamentos sombrios sobre seu lugar nos Beatles, George ficou tremendamente aliviado ao descobrir que Paul e Pete também estavam em casa. Ele não havia perdido nada, e isso significava que ele provavelmente conseguiria resistir à pressão de seu pai para arranjar um emprego. Não importava o que eles fariam em seguida, fariam juntos. Tudo o que eles precisavam fazer era esperar o retorno de John para descobrir qual era o plano.

Eles não tinham ideia de que John já estava em Liverpool, porque ele estava escondido. Estava em uma encruzilhada. Para ele, era uma raridade considerar uma escolha com tanto cuidado, mas, cinco meses após decidir que se sustentaria com a guitarra, John começou a reavaliar sua situação. "Eu tinha que pensar sobre aquilo. Foi uma experiência arrasadora, estar em outro país. Éramos bem jovens. Eu tinha voltado para casa sozinho, sem dinheiro, trazendo comigo apenas amplificadores e guitarras. Eu pensava, 'É isso que eu quero fazer? É só isso? Clubes noturnos? Lugares duvidosos? Ser deportado? Pessoas esquisitas nos clubes?'. Eu pensei muito sobre aquilo. 'Será que devo continuar fazendo isso?'".[50]

Foi naqueles dias que Mimi deve ter sentido uma ponta de esperança, algo a que podia se apegar, de que John ainda podia deixar de lado aquelas tolices e focar seus talentos em algo útil, como *um emprego*. A decisão que ele tomaria acabaria com essa esperança de uma vez por todas. Pelo menos John tinha Cyn para confortá-lo, e eles se consumiram, novamente. O último dia de aulas na faculdade de artes antes do recesso de fim de ano foi 16 de dezembro, e John via a namorada nos horários de almoço e à noite.

Pete e Mona já estavam em contato com Pete Eckhorn, planejando o transporte do equipamento que ele e Paul tinham deixado para trás. John e George estavam com suas guitarras e seus amplificadores, mas a Solid 7 de Paul (que não tinha nada de sólida) ainda estava em Hamburgo, com seu amplificador Elpico, e a bateria de

Pete ainda estava no palco do Top Ten. Pete tinha recentemente escrito "BEATLES ROCK COMBO" no bumbo da bateria, o nome que ele preferia para o grupo. Se eles tocariam de novo – e o Casbah era o lugar óbvio para recomeçar –, precisavam recuperar seu equipamento. Eckhorn foi tão cooperativo quanto Koschmider tinha sido obstrutivo, e conseguiu enviar tudo em uma carga que chegaria a Liverpool antes do Natal.

Na ausência dos Beatles – que não foi percebida –, a cena rock em Liverpool continuava a crescer. O indivíduo mais ocupado era Bob Wooler, cuja inteligência guiava o movimento. Ele disse aos seus colegas, "Esta não é minha estação na vida", e largou seu emprego estável como funcionário ferroviário em Garston Docks, tornando-se um professor e incentivador do rock'n'roll em tempo integral. Foi uma mudança corajosa para um homem de quase 35 anos (apesar de ele nunca admitir sua idade), mas Allan Williams foi excepcionalmente persuasivo e lhe ofereceu o cargo mais importante do Top Ten: gerente, DJ e mestre de cerimônias. Williams não desperdiçou um momento sequer para apressar o lançamento do primeiro club de rock aberto sete dias por semana no centro de Liverpool... Porém, sua pressa voltou para assombrá-lo. O clube abriu em 1º de dezembro (no mesmo momento que George, Paul e Pete sofriam para voltar de Hamburgo), mas sua localização era péssima. Uma ponta da Soho Street acabava em Islington, que não era tão longe da Lime Street, mas o número 100 ficava na outra ponta, mais perto de Everton. Era difícil chegar lá do centro da cidade e o clube ficava em uma região de Liverpool que tinha *uma reputação*. Williams sabia, desde o princípio, que tinha se equivocado – quando ele dirigiu pela área com sua van, anunciando a inauguração do clube, algumas pessoas começaram a jogar pedras nele.[51]

Era tarde demais para voltar atrás, então ele decidiu prosseguir. Além de contratar Wooler, Williams agendou bons artistas de uma agência londrina para se apresentarem ao lado dos grupos de Liverpool, comprou uma luz ultravioleta que fazia todo mundo parecer estar coberto de caspa e adquiriu a jukebox suíça mais extraordinária que qualquer pessoa já tinha visto. O edifício também atraiu muitos comentários: era uma antiga fábrica, uma construção de madeira, com vigas baixas. "Até eu batia minha cabeça nelas", disse o empreendedor, que tinha 1,60 m de altura. "Eu tive que colocar placas por toda parte, avisando que as pessoas precisavam abaixar a cabeça."

Desde o princípio, tiveram problemas com os valentões locais, e Wooler também se preocupou com os equipamentos elétricos – e tantas pessoas fumando – no andar de cima de uma construção de madeira. Como previsto, após apenas seis noites, meia hora após o clube fechar, ele incendiou. Desapareceu em questão de minutos. "Alguém se descuidou com seus fósforos Bryant & May", Wooler sempre disse, um dos muitos a achar que foi um incêndio intencional, ou uma fraude de seguro cometida por Williams. No entanto, uma investigação concluiu que a causa foi um problema elétrico.

Paul e George foram até a Soho Street no dia seguinte. O fantástico clube novo, que estabeleceria os Beatles em sua cidade natal, tinha virado uma pilha de madeira queimada. Foi muito curioso que, após dois deles serem deportados por tentar queimar o Bambi – nas palavras brincalhonas de John, a ordem oficial foi, "Beatles Malvados, vocês precisam voltar para casa e queimar seus próprios cinemas ingleses"[52] –, a versão liverpudliana de seu clube favorito de Hamburgo tinha queimado antes mesmo de eles entrarem lá. *Herr* Koschmider adoraria essa notícia.

A destruição do Top Ten (que Wooler já estava chamando de "o lugar mais quente da Soho Street") causou úlceras em Allan Williams e ele foi parar no hospital. Além da perda de seu negócio, ele se sentiu mal de ter encorajado Wooler a largar seu emprego por um que acabou em cinzas. Williams também tinha pedido para ele "cuidar dos Beatles, achar algum trabalho para eles".

George foi apresentado a Wooler no Jac, em 15 de dezembro, quando foi pegar uma carta que Stuart lhe enviara – e ficou muito surpreso ao descobrir que John também estava lá. Ele tinha voltado! Em uma resposta longa e amigável postada no dia seguinte, quatro páginas que diziam muito sobre sua amizade, George contou a Stu sobre as últimas notícias e perspectivas dos Beatles. Eles tinham eventos marcados para a véspera de Natal, o *Boxing Day* e a véspera de Ano-Novo, e um homem que ele chamava de "um cara esquisito" estava particularmente feliz de arranjar trabalho para o grupo. George implorou a Stu para voltar logo a Liverpool, porque Paul seria um baixista "ruinzão" – mesmo se ele tivesse um baixo e um amplificador para usar –, e George queria que os Beatles tocassem o melhor possível: "Eu gostaria de ter o grupo inteiro tocando em nossos primeiros eventos, pelo menos para tudo ir bem desde o começo.

Então, que tal voltar para casa, rapaz? Não seria legal, o primeiro Natal de Astrid na Inglaterra?".*

O "cara esquisito" da carta de George certamente era Wooler – e "esquisito", nesse caso, significava "único". Wooler era homossexual, mas isso, assim como sua idade, era um segredo que ele escondia cuidadosamente e não dava pista alguma – seria surpreendente se George já tivesse descoberto. A vontade que Wooler tinha de arranjar trabalho para os Beatles foi colocada em prática de boa-fé: ele mal (ou nunca) os tinha visto tocando, e aceitou a garantia de Williams, de que Hamburgo tinha aperfeiçoado o grupo. Apesar de eles não terem feito nada por conta própria para ajudar esses planos, os Beatles teriam benefícios enormes ao serem acolhidos por Bob Wooler. Ele era astuto, ele encorajava, era respeitado por todo mundo e mantinha sua palavra.

Após o incêndio no Top Ten, Wooler foi contatado por Brian Kelly. "Beekay" (BK) estava completamente voltado ao rock, promovendo bailes dançantes na região norte, duas ou três vezes por semana, e ofereceu a Wooler o comando geral: a gerência de agendamentos, gerência de palco, *compère* e DJ. Kelly era responsável pelo melhor circuito de Liverpool e, como os Beatles não queriam mais tocar no depósito de carvão do Jacaranda, eles eram o grupo ideal para Wooler levar aos eventos. Mas Kelly também era o homem que eles tinham decepcionado, sete meses antes, quando ele tinha divulgado os Beatles como a atração de um baile de sábado, em Seaforth, e o grupo foi para a Escócia, sem avisá-lo. Ele jurou que nunca mais os colocaria em outro evento, e foi apenas por causa da respeitabilidade de Wooler, e por conta da persuasão de Williams, que Kelly concordou, relutante, e os agendou para um baile na prefeitura de Litherland, no dia 27. Ele fez isso mesmo após ficar ofendido pelo valor de £ 8 que Wooler pediu para eles. Kelly ofereceu £ 4 e eles fecharam em £ 6. Wooler não recebeu comissão.

---

* Em outras páginas, George gentilmente sugeriu que Stu lhe enviasse algum dinheiro, porque queria comprar um equipamento de efeito de eco para sua guitarra, por £ 34, ou "uma entrada de £ 6, e o resto quando o Frank [Hessy] me 'pegar'". Apesar de ser citado em outros lugares que George não tinha dinheiro, ele mencionou ter comprado o LP *Singin' to My Baby*, de Eddie Cochran, e vários outros singles: "Lucille" e "Like Strangers", dos Everly Brothers; "Only the Lonely", de Roy Orbison; e as instrumentais "Man of Mystery", dos Shadows, e "Perfidia", dos Ventures. Ele também estava pensando em comprar "Chariot", de Rhet Stoller. Como George disse, "Estou aprendendo tudo o que eu consigo adquirir no momento!".

"Quando George e Paul descobriram [que eu estava em casa], eles ficaram bravos comigo, porque acharam que já poderíamos estar trabalhando", John disse. Fazia apenas uma semana para ele, mas eles já estavam em casa havia duas. Assim como George, Paul estava "imaginando se aquilo continuaria, ou se já tinha acabado".[53] Agora, com John decidido, e apontando *adiante*, era para lá que iriam.

Ainda assim, eles precisavam ajeitar as coisas, rapidamente. Johnny Gustafson ficou espantado de ver George no Jacaranda, e ainda mais surpreso quando pediram que ele se juntasse aos Beatles, como seu novo (ou temporário, pelo menos) baixista. Ele estava contente nos Cassanovas, então recusou.[54] Os Beatles acabaram colocando Chas Newby no grupo, como uma solução temporária. O amigo de Pete já tinha se oferecido para a folga de duas semanas que teria da faculdade, durante o Natal, na expectativa de substituir George em Hamburgo; em vez disso, ele substituiu Stu em Liverpool.

Seu primeiro evento foi para os membros do Casbah Coffee Club, no sábado, dia 17. Os Quarrymen tinham tocado lá em janeiro; agora, eles voltavam como os Beatles, e o clube pertencia ao seu baterista. Enquanto Pete estivesse no grupo, a 8 Hayman's Green seria uma base útil e Mona Best seria uma aliada indomável. John, Paul, George, Chas e Pete fizeram um ensaio rápido, o baixista e o baterista usando equipamento emprestado do grupo local Gene Day and the Jango Beats, Paul talvez tocando sua antiga Zenith. Chas, canhoto, era novato no baixo, e como ele não teve permissão para trocar a posição das cordas do baixo Hofner President de Tommy McGuirk (que era destro), precisou tocá-lo invertido. McGuirk também emprestou uma jaqueta de couro para ele, e, apesar de ter uma gola felpuda, a aparência era boa o suficiente. Newby se lembra de ter que aprender "Wooden Heart" (de Elvis, que ainda não tinha sido lançada na Inglaterra), "Red Sails in the Sunset" e "Hallelujah, I Love Her So".

As frequentes cartas que Pete enviava de Hamburgo garantiam a Neil Aspinall, seu melhor amigo e companheiro de lar, que os Beatles tinham passado por uma melhoria gigantesca em Hamburgo. Neil acreditou na notícia e fez um pôster anunciando "*Return of the Fabulous Beatles*" (O Retorno dos Fabulosos Beatles), e o colocou na parede do clube. Quando a noite chegou, ele viu que a hipérbole usada no pôster era totalmente válida. "Eu não sabia como eles tocariam, poderiam até ser terríveis. Eu estava no andar de cima quando começaram a tocar, aí Rory

[Best] veio e me achou – 'Ei, venha ver eles!'. E, nossa, eles eram bons *pra caralho*. A música deles era *muito* diferente, e eles estavam mais mal-encarados que nunca, com seus chapéus *twat*, botas de caubói e couro."[55]

De sua forma particular e direta, Aspinall se tornou um fã dos Beatles naquele momento... assim como todas as outras pessoas no Casbah. Pete recordou: "Nós tocamos exatamente como fazíamos em Hamburgo, e dava para sentir, fisicamente, a plateia suspirando. Aquilo simplesmente os deixou sem fôlego. Quando terminamos a primeira canção, o lugar entrou em êxtase, simplesmente explodiu". Os Beatles não tinham avisado a Chas que sua apresentação envolveria muitos pés batendo e, até o fim da noite – eles encerraram com uma desenfreada "What'd I Say" –, seus pés já estavam amortecidos. "Só fazia um ano desde a última vez que eu tinha visto os Quarrymen, e eles estavam muito melhores. Estavam muito mais profissionais, e seu som estava bem robusto. Eu morria de medo de cometer erros."[56]

Entre essa apresentação e a seguinte, na véspera de Natal – de volta ao antigo e familiar Grosvenor Ballroom, em Liscard –, o navio com a carga dos Beatles chegou. Pete e Mo foram até o galpão da alfândega para recuperar o equipamento que eles tinham deixado em Hamburgo. Não conseguiram colocar a caixa no táxi, então tiveram que abri-la e separar seu conteúdo no cais, sob um vento terrivelmente gelado. Graças aos seus esforços, os Beatles estavam prontos para arrasar.[57]

O ano que tinha começado sem esperanças estava acabando de forma explosiva. Eles tocaram no Casbah, na véspera de Ano-Novo, no porão da casa em West Derby,* mas o momento em que as coisas realmente despontaram para os Beatles em Liverpool, a noite que foi o presságio do sucesso, foi o evento que Bob Wooler conseguiu para eles, em um acordo com Beekay, no salão de bailes da prefeitura de Litherland, na terça-feira, 27 de dezembro.

Ali, a 1,6 quilômetro das docas do Mersey, em um subúrbio da classe trabalhadora, no norte da cidade, os garçons ferozes e os amigos angelicais de St. Pauli estavam a meio mundo de distância. Nenhum neon indecente ou funcionário de voz estridente pontuava a noite escura e silenciosa, apenas os 200 ou 300 jovens

---

* Paul, talvez pela primeira vez, não pôde comparecer à festa anual de sua família.

liverpudlianos, andando até o salão de bailes público, garotas de vestido, garotos de terno, gravata e topete, alguns procurando uma briga. Estavam em casa.

Pagavam 3 xelins para entrar, por meio de uma portinhola, a uma senhora de meia-idade que cuidava do caixa; havia chapelarias de senhoras e senhores à esquerda e à direita, casacos trocados por um tíquete numerado. Ao empurrar as portas basculantes duplas, entravam no hall, construído para bailes da prefeitura e de empresas; o cheiro da pista de dança polida (madeira reforçada por molas) e da fumaça de cigarro; seis grandes janelas arqueadas; assentos nas laterais e abaixo do palco, que era alto; um par de guardiões, prontos para expulsar os encrenqueiros; grupos de garotas já estavam dançando ao redor de suas bolsas. Refrescos no andar de cima, no mezanino, servidos pela sra. Morris, a grande esposa do zelador, que era o portador de bastão da prefeitura, a autoridade presente; chá e café em xícaras e pires, garrafas de Coca com canudos, sanduíches, conselhos maternos para jovens com problemas. Bob Wooler de terno e gravata, tocando discos de um deck na lateral do palco, enquanto o primeiro grupo montava seu equipamento, atrás das cortinas pesadas. Os outros dois grupos da noite, quase todos rapazes adolescentes, davam risada e se arrumavam nos bastidores, em dois camarins escuros...

Era o quinto de oito bailes dançantes promovidos por Beekay durante a semana de festas, e ninguém esperava encontrar mágica lá. Visual e musicalmente apresentáveis, os grupos mencionados no anúncio da imprensa local – os Deltones e os Del Renas – tocaram, principalmente, canções das paradas, com muita influência dos passinhos de dança de Cliff Richard and the Shadows, e sons de guitarra belamente modificados com um efeito de eco. Então, chegou a vez dos Beatles. Confiando em seu instinto, Wooler lhes deu o principal horário da noite, e eles tinham menos de meia hora até começar. Wooler discutiu questões de apresentação com o grupo, algo que apenas ele, de toda a cena rock em Liverpool, sabia como era importante. Ele usou aliterações e sacudiu seu dedo para se fazer entender: o que importava era "Impacto! Imediato! Impressão!". Ele anunciaria os Beatles com as cortinas fechadas, mas, no momento em que ouvissem seu nome, deveriam começar a tocar; então, as cortinas se abririam, e eles já estariam com a primeira canção em execução.

"Direto de Hamburgo – os sensacionais BEATLES!"

"*Gonna tell Aunt Mary,'bout Uncle John! He claim he has the misery but he's havin' a lot of fun!*"

(Vou contar para a tia Mary sobre o tio John! Ele diz que está triste, mas está se divertindo muito!)

Paul arregaçou "Long Tall Sally" e atingiu as notas de Little Richard logo de cara, com os outros atrás dele; as cortinas se abriram, e lá estavam eles: roqueiros aperfeiçoados por Hamburgo, com seu uniforme de jaquetas de couro pretas, calças jeans *drainpipe* pretas, dentro de suas botas de caubói douradas e prateadas, chapéus *twat* rosa sobre seus grandes topetes. Ali estavam a guitarra e o amplificador americanos de John; não um, mas três cantores diferentes na linha de frente. Versões puras de Chuck Berry, Elvis Presley, Eddie Cochran, Gene Vincent, as primeiras movimentações da Motown e uma balada ou duas. Ali estavam personalidades e harmonias atraentes, *bum-bum-bum-bum* no grande bumbo, e o pisoteio dos saltos de madeira duros sobre o palco de uma prefeitura. Eram cinco: John, roqueiro e chocante; Paul, roqueiro e encantador; George, roqueiro e sorridente; Pete, roqueiro e relutante; Chas, roqueiro e *de olhos arregalados*.

Era para ser um baile, mas a pista de dança se esvaziou. Todos correram para a frente e se amontoaram diante do palco. Como Bob Wooler recordou:

> Eles estavam atônitos. Eles olhavam para cima e eu olhava para baixo, para aquele mar de rostos. Eles nunca tinham visto ou ouvido nada como aquilo. Eu nunca tinha visto nada assim. Os Beatles eram sensacionais... Eles tinham uma influência tão mágica nas pessoas. Eles colocavam tudo na performance deles.
>
> As pessoas enlouqueceram com a última canção deles, "What'd I Say". Paul tirou o microfone do pedestal, deixou sua guitarra de lado e fez acrobacias fantásticas pelo palco todo. Eles estavam batendo os pés como loucos e a plateia *enlouqueceu.*[58]

Enlouqueceu por *alemães*, o que era ainda mais incrível. Como John recordou: "Todos acharam que éramos alemães. Fomos anunciados como 'de Hamburgo', e todo mundo dizia, 'Vocês falam inglês bem'".[59]

Dave Forshaw, a única concorrência local de Brian Kelly, era um jovem fã de rock que promovia noites de beat em Bootle e ficou impressionado não apenas com o magnetismo e a confiança dos Beatles, mas com suas roupas. Homens tinham permissão para entrar em poucos lugares sem gravata e em lugar nenhum com jeans de trabalho – mas lá, pela primeira vez, estava um grupo *no palco* com jaquetas de couro, jeans e sem gravata. Era alucinante. Forshaw entrou no camarim deles após a apresentação e os agendou para três apresentações. "Eu organizei os detalhes dos eventos com Pete Best, mas era Lennon quem respondia."[60]

Com sua mente afiada, Kelly disse aos guardiões que não deveriam permitir que ninguém chegasse perto deles. Apenas alguns dias antes, ele precisou de toda a persuasão de Wooler para agendar os Beatles, quando seu instinto era bani-los do negócio; agora, ele era o *promoter* mais sortudo de Liverpool. "Eu fiquei completamente nocauteado com a apresentação deles. Eles tinham uma batida pulsante, que eu sabia que faria muito sucesso."[61] Kelly queria tanto ficar com a banda para si que ignorou seu próprio gerente de eventos: Wooler foi afastado do grupo nessa noite, por conta de sua associação com outros *promoters*.

Quando todo mundo tinha ido embora, Kelly convidou os Beatles para o andar de cima, para refrescos. Ele pegou seu diário de 1961 e começou a falar de eventos. John, Paul e George, que nunca tiveram aptidão para se organizar, alegremente incumbiram Pete dessa tarefa. Ele sabia como fazer aquilo, pois estava familiarizado com aquele tipo de negócio graças à sua experiência no Casbah, de Mona, e aos eventos de boxe de Johnny Best. Naquele instante, Pete se tornou o Beatle que cuidava da agenda. Era outra qualidade a seu favor, fixando sua posição que, em outros aspectos, era menos segura.

Kelly os encheu de apresentações, em quase todos os seus bailes dançantes, pelos próximos três meses, por £ 6 a £ 8 cada. Era dinheiro na conta. Como ele sabia muito bem, uma pessoa só teria sorte de encontrar algo como os Beatles uma vez na vida.

Notas

PRÓLOGO: **Outra Composição Original Lennon-McCartney** (janeiro de 1958)

1 Declaração feita por Paul McCartney para Hunter Davies, 3 de maio de 1981 (Hunter Davies, *The Beatles*. Londres, Jonathan Cape, 1985, p. 471).

2 Hunter Davies, *The Beatles* (Londres, William Heinemann, 1968), p. 35. Com exceção de casos assinalados diferentemente, todas as atribuições a Hunter Davies neste livro se referem à edição britânica original de sua obra, em capa dura, publicada em 1968.

3 Entrevista realizada por Alan Rowett e Geoff Barker para *Paul McCartney's Routes Of Rock*, BBC World Service, outubro-novembro de 1999.

4 Entrevista de John Lennon para Howard Smith, WPLJ-FM, Nova York, 23 de janeiro de 1972. John mencionou "Baby Let's Play House", mas, embora haja uma pequena risada no fim dessa música, ele talvez quisesse se referir a "Mystery Train", em que Elvis praticamente cai na gargalhada – algo que causou muita especulação e discussão entre os fãs de Presley.

5 Barry Miles, *Paul McCartney: Many Years From Now* (Londres, Secker & Warburg, 1997), p. 46.

6 Entrevista concedida a Jean-François Vallée e transmitida pela televisão francesa em 4 de abril de 1975.

7 Entrevista concedida ao autor e a Kevin Howlett, 6 de junho de 1990.

8 Estes versos são de uma gravação simples, em tom de piada, feita 11 anos depois e que rapidamente desandou para algo sem sentido. A ausência de rima provavelmente fazia parte da brincadeira, mas a letra original não é conhecida.

9 Uma gravação de improviso, realizada em 3 de janeiro de 1969, com John e Paul cantando "Because I Know You Love Me So", foi incluída em *Fly On the Wall*, segundo disco da coletânea *Let It Be... Naked*, lançada em 2003.

10 Conversa filmada no Twickenham Studios, em 6 de janeiro de 1969.

11 Entrevista concedida ao autor e a Kevin Howlett, 6 de junho de 1990. Apesar de John e Paul serem inspirados pelo conhecimento de que Buddy Holly compunha suas próprias

músicas, muitos nomes foram listados como sendo de compositores sem um parceiro consistente: o próprio Holly, Petty, Allison, Hardin (um pseudônimo de Holly, apesar de, naquela época, esse fato ainda não ser conhecido), entre outros. Os créditos de compositores em discos de Elvis também variavam de acordo com as músicas.

12 Entrevista concedida ao autor e a Kevin Howlett, 6 de junho de 1990.

13 Ibid.

14 A declaração de Paul consta em *The Beatles Anthology* (Londres, Cassell & Co, 2000), p. 23; a declaração de John foi feita em uma entrevista para Andy Peebles, 6 de dezembro de 1980, transmitida pela BBC Radio 1.

15 Entrevista concedida a Sandra Shevey, *The Hartford Courant*, 26 de novembro de 1972.

16 Entrevista concedida ao Earth News Radio, julho de 1976.

17 Entrevista concedida a Chris Hutchins, *NME*, 25 de setembro de 1964.

18 Entrevista concedida a Mike Read, 13 de outubro de 1987, transmitida pela BBC Radio 1.

19 Entrevista concedida ao autor e a Kevin Howlett, 6 de junho de 1990.

20 A varanda mede 1,65 metro por 1,17 metro, totalizando uma área de 1,9 metro quadrado, com o telhado a uma altura de 2,34 metros.

21 A forma como "Love Me Do" foi criada – se a letra ou a música veio antes, ou se foram compostas juntas – nunca foi lembrada. O título pode ter sido inspirado no filme *Ama-me com ternura* (*Love Me Tender*), de Elvis (exibido em Liverpool em janeiro de 1957), ou em anúncios na imprensa musical para um disco chamado *Love Me Do*, lançado na Inglaterra em fevereiro de 1957. Tais influências talvez tenham sido apenas subliminares; Paul provavelmente criou o título, assim como a maior parte da letra.

22 Entrevista concedida a David Sheff, 24 de setembro de 1980, para a *Playboy*. A melhor versão disponível dessa entrevista foi publicada em *Last Interview: All we are saying – John Lennon and Yoko Ono* (Londres, Sidgwick & Jackson, 2000).

23 Sua máquina de escrever era uma Imperial Good Companion Model T.

24 Entrevista concedida ao autor e a Kevin Howlett, 6 de junho de 1990. Nessa entrevista, assim como em outras, Paul alinhou a menção a Edimburgo e a "um dentista" com outra indicação de John ser da classe média: alguém em sua família "trabalhava para a BBC". Nos registros de funcionários da BBC não consta nenhum parente de John Lennon, e membros vivos da família Stanley não sabem a quem Paul quis se referir com esse comentário. (O dentista era o tio de John, Bert, segundo marido de sua tia Elizabeth, conhecida como "Mater".)

25 Entrevista concedida a Mike Read, 13 de outubro de 1987, e transmitida pela BBC Radio 1.

26 Entrevista concedida a Peter McCabe e Robert D. Schonfeld, setembro de 1971. A melhor versão disponível dessa entrevista foi publicada em McCabe e Schonfeld, *John Lennon: For the Record* (Nova York, Bantam Books, 1984).

1: **Na minha casa em Liverpool** (1845-1945)

1 Entrevista ao autor, 6 de abril de 2009.

2 Pauline Lennon, *Daddy, Come Home* (Londres, Angus & Robertson, 1990), p. 29.

3 Carta de Mimi Smith para Kathy Burns, 31 de outubro de 1986.

4 O estilo de música de Joe McCartney foi carinhosamente recriado por seu neto Paul em músicas como "Thingumybob" (1968).

5 *Ghosts of the Past*, BBC1, 8 de outubro de 1991, incluído no DVD *Paul McCartney's Liverpool Oratorio*, lançado em 2004.

6 Paul gravou/lançou uma versão de "Eloise" - com o título "Walking in the Park With Eloise" - em 1974. Em um aglomerado de prédios na West 28th Street, na cidade de Nova York, imigrantes ou filhos de imigrantes do Leste Europeu, majoritariamente judeus, se sentavam em pequenos cubículos de escritório com pianos, compondo os ritmos e as rimas que teriam supremacia indisputável no mundo das músicas populares. O nome coletivo dessa área e empreitada era Tin Pan Alley.

7 Entrevista ao autor, 23 de outubro de 1987.

8 Penny Lane em si era uma via sem nada de muito especial, uma de várias que levavam à via principal, onde ônibus e bondes terminavam suas rotas. Seu nome remete ao passado desonroso de Liverpool: o capitão de navio James Penny foi um dos principais responsáveis por propor o comércio de escravos no século XVIII.

9 *Daddy, Come Home*, p. 33.

10 *The Beatles Anthology*, p. 33.

11 Ambas as Louises, mãe e irmã de George, citaram a data do nascimento como sendo 25 de fevereiro de 1943, tendo sido registrado dessa forma na certidão de nascimento e no certificado de batismo. Esse evento sempre foi celebrado nessa data... até a década de 1990, quando George decidiu anunciar que ele tinha nascido no dia 24 de fevereiro.

12 Hunter Davies, *The Beatles* (Londres, William Heinermann, 1968), p. 38-39.

13 Hunter Davies, *The Beatles*, p. 149.

14 Entrevista ao autor, 11 de abril de 2007.

15 Uma foto de George, aos 2 anos de idade, em uma comemoração do "VE Day", com seus três irmãos mais velhos, encontra-se em Olivia Harrison, *George Harrison: Living in the Material World* (Nova York, Abrams, 2011), p. 14.

2: Garotos (1945-54)

1 *The Beatles Anthology*, p. 34.

2 Houve um pequeno erro de cronologia aqui. Ele também lembrou de seu primeiro dia na escola, que aconteceu antes de sua mudança para a Admiral Grove. O registro de matrículas da St. Silas mostra que ele ainda morava na 9 Madryn Street quando começou a estudar. A data exata de sua mudança para a 10 Admiral Grove não está registrada, mas aconteceu logo em seguida. "Condemned", *The Beatles Anthology*, p. 33; felizmente, a construção ainda está lá, preservando um autêntico exemplar de moradia vitoriana da classe trabalhadora e o lar onde Richy passou a infância.

3 *The Beatles Anthology*, p. 33. A letra V ainda está na porta da casa na 10 Admiral Grove, apesar de tudo o que aconteceu lá desde então.

4 Mike McCartney, *Thank U Very Much* (Londres, Arthur Barker, 1981), p. 24.

5 Entrevista concedida ao autor por Louise, filha de Harry Harrison, 30 de janeiro de 2007.

6 Citado no fanzine estadunidense *George Gernal*, edição 2, 1967. As informações familiares nesses parágrafos são da entrevista concedida ao autor por Louise Harrison, filha de Harry Harrison, 30 de janeiro de 2007.

7 Julia Baird, *John Lennon, My Brother* (Londres, Grafton Boooks, 1988), p. 11. Os locais pronunciavam Gateacre como "Gattaker".

8 O anúncio apareceu na coluna "Pessoal" da primeira página, segunda-feira, 5 de abril de 1946.

9 Entrevista ao autor, 6 de abril de 2009.

10 *Record Mirror*, 6 de março de 1971. Quando Mimi mencionou "Smith's", ela se referia à franquia inglesa de livrarias chamada W. H. Smith & Son.

11 Davies, *The Beatles*, p. 9. John pode ser visto dançando uma rápida versão de Charleston em muitos vídeos dos Beatles.

12 Informações retiradas de várias entrevistas.

13 Davies, *The Beatles*, p. 24.

14 *Thank U Very Much*, p. 29.

15 Entrevista concedida a Mike Read, 12 de outubro de 1987, e transmitida pela BBC Radio 1.

16 Prefácio de Paul McCartney para o livro *Liverpool: Wondrous Place*, de Paul Du Noyer (Londres, Virgin Books, 2002).

17 Entrevista concedida a Alan Freeman em *Rock Around the World*, programa de rádio sindicalizado dos EUA, 11 de abril de 1976.

18 As músicas podem ser duas destas três mencionadas por John em uma entrevista conduzida por Mike Hennessey, *Record Mirror*, 2 de outubro de 1971: "Swedish

Rhapsody" (de Hugo Alfvén), "Moulin Rouge" (de Georges Auric) e "Greensleeves" (tradicional). Todas eram tocadas regularmente no Light Programme da BBC.

19 Entrevista concedida a Ken Zelig, 27 de novembro de 1969. Harold Philips se tornou um professor; ele morreu muitos anos atrás.

20 A Cast Iron Shore ficava em St. Michael, no Hamlet, situada um pouco além de Dingle, em direção a Aigburth. Uma colina íngreme levava as crianças às margens da barragem Mersey, um playground perigoso, porém popular, por mais de um século. As pessoas presumiam que seu nome se devia aos resíduos de barcos que acabavam aparecendo por ali, mas, na verdade, tinha relação com a igreja da paróquia de St. Michael, parcialmente construída de ferro fundido ("*cast iron*"). Hoje, o Otterspool Promenade e o local do International Garden Festival de Liverpool em 1984 ocultam a história do "*Cazzy*", mas a igreja ainda está aberta.

21 Entrevista concedida a Elliot Mintz, 18 de abril de 1976. "Um piano em casa" veio de uma mesa-redonda com a imprensa, EUA, abril de 1977 (não ficou claro onde ficava esse piano). Steble se pronuncia de forma a rimar com "*pebble*". A casa de banhos – agora um centro esportivo – é um dos poucos locais da infância de Richy em Dingle/ Toxteth que ainda está de pé no século XXI.

22 Entrevista para a revista *Jet*, 11 de maio de 1972 (apesar de essa parte não ter sido incluída na matéria publicada). Em outra entrevista (concedida a Jann S. Wenner, 8 de dezembro de 1970, para a *Rolling Stone*), John descreveu seu instrumento como "um Dobro". O músico que ele viu talvez fosse Jim Gretty, que ainda aparecerá em outro momento desta história.

23 Entrevista concedida a Russell Davies, 3 de março de 1991; *George On George*, BBC Radio 4, 25 de maio de 2004.

24 John estava respondendo a um questionário para a organização National Book League, para ser usado na primeira National Library Week, em março de 1966.

25 A primeira era uma música de 14 versos chamada "The Land of the Lunapots", publicada na *Mersey Beat*, 27 de fevereiro de 1964. Começa com "*T'was custard time and as I/ Snuffed at the haggie pie pie/ The noodles ran about my plunk/ Which rode my wrytle uncle drunk...*".

26 Entrevista ao autor, 5 de fevereiro de 2008.

27 Davies, *The Beatles*, p. 39.

28 *John Lennon, My Brother*, p. 16. Esta é uma rara declaração da prima de John, Liela Birch (1937-2002), nascida Hafez.

29 O nome oficial da casa era Strawberry Field, mas, em geral, era chamada de Strawberry Fields, no plural. A casa acomodava cerca de 48 crianças, entre 3 e 16 anos de idade – ao completar 16 anos, os jovens voltavam para a casa de seus pais ou

a instituição os ajudava a conseguir um emprego. As crianças chamavam a si mesmas de "Strawbs". Uma ex-Strawb, Carol Rigg, afirma: "Todo mundo tem a impressão de que éramos crianças ruins. Isso é completamente falso. Todas as crianças estavam lá por conta de erros de seus pais. Então nunca éramos trancados lá: os portões para a rua sempre estavam abertos, e todo mundo frequentava uma escola normal, todo dia, e voltava por conta própria". (Entrevista ao autor, 14 de fevereiro de 2007.)

O primeiro abrigo para crianças chamado Strawberry Field foi demolido em 1975 e substituído por um prédio moderno (que foi desativado em 2005). Uma impressão aproximada da estrutura original pode ser obtida ao visitar outra mansão gótica de arenito em Woolton, o antigo Liverpool Convalescent Home, que ainda está de pé. Sua longa via de entrada fica quase oposta à 120a Allerton Road, a casa que George e Mimi tiveram por anos e onde o pequeno John viveu por um tempo com seus pais. Mimi trabalhou nessa casa de reabilitação no fim dos anos 1920.

Por décadas, turistas buscando os Strawberry Fields de John Lennon têm fotografado os antigos portões do abrigo na Beaconsfield Road: é o último resquício que sobrevive do prédio original, e o único lugar onde o nome ainda está visível. John raramente via esses portões, porque sua forma de entrar no lugar era pulando o muro que dava para a Vale Road e atravessando o bosque que agora abriga um condomínio.

30 Peter Claughton, Leaves From a Liverpolitan's Log Book, *Liverpolitan*, janeiro de 1949.

31 *City of Departures* (Londres, Collins, 1946), p. 36.

32 Novembro de 1949.

33 Davies, *The Beatles*, p. 39-40.

34 De transcrição de entrevista dos anos 1970, origem desconhecida.

35 O roubo foi relatado no *Evening News* de Londres (9 de janeiro), mas o nome de Lennon não foi mencionado. A loja era Jane Lanwin Ltd., na 265-7 Oxford Street, parte do pequeno trecho entre Oxford Circus e Harewood Place. A corte de Marlborough Street e os registros da prisão em Wormwood Scrubs estão nos London Metropolitan Archives.

36 Entrevista realizada pelo autor com Billy Hall, 6 de abril de 2009.

37 Entrevista ao autor, 5 de fevereiro de 2008.

38 Paul descreveu esse incidente como se ele o tivesse testemunhado, declarando que aconteceu no Liverpool Institute, mas George sempre disse que foi enquanto ele estava em Dovedale Road, e deu o nome do professor. John também o mencionou em uma de suas últimas entrevistas, porque também teve aula com o sr. Lyon em Dovedale.

39 *The Beatles Anthology*, p. 35.

40 *Liverpool Weekly News*, 26 de julho de 1962.

41 Davies, *The Beatles*, p. 151.

42 Davies, *The Beatles*, p. 153.

43 Entrevista realizada por Dave Stewart, *Off the Record*, HBO, 2 de maio de 2008.

44 Entrevista realizada por Krista Bradford, *The Reporters*, Fox, 22 de julho de 1989 (com "meus pais", ele quis dizer Elsie e Harry); "... uma garrafa de gim e outra de cerveja", de entrevista com Tony Prince, Radio Luxembourg, 7 de outubro de 1976.

"Nobody's Child" foi gravada por Hank Snow e lançada nos EUA no fim de 1949, autêntico country & western com guitarra havaiana. Richy quase certamente a ouviu graças a um "Cunard Yank" que trouxe o disco dos EUA. Sua outra canção de festa foi mencionada em uma entrevista, e o título dado foi "It's Someone Like You". A canção mais provável é "Someone Like You", interpretada por Doris Day no filme *Meus sonhos te pertencem*, de 1949, e gravada, entre outros, por Peggy Lee. O pub Empress aparece na capa do álbum de 1970, *Sentimental Journey*, cujo conteúdo trazia homenagens puras a esse período da infância de Richy, especialmente as canções que Harry Graves cantava. Fotos de Elsie e Harry aparecem no disco.

45 Da resenha que John Lennon fez do livro *The Goon Show Scripts* no *New York Times*, 30 de setembro de 1973. "Minhas influências para escrever...", de entrevista realizada por David Sheff, 24 de setembro de 1980, para a *Playboy*.

46 Entrevista realizada por Dennis Elsas, WNEW-FM, 28 de setembro de 1974.

47 Shotton, no CD incluído em *John, Paul & Me: Before the Beatles*, por Len Garry (Londres, CG Publishing, 1997); Hill, de entrevista ao autor, 1º de junho de 2005.

48 Diário em áudio de John Lennon, gravado em 5 de setembro de 1979.

49 John, de Davies, *The Beatles*, p. 13-14; Hill, de entrevista ao autor, 26 de maio de 2005.

50 John, de entrevista realizada por David Skan, *Record Mirror*, 11 de outubro de 1969; Richy, de *The Beatles Anthology*, p. 36; George, de *I Me Mine* (Guildford, Genesis Publications, 1980), p. 24-25; Paul, de *Many Many Years From Now*, p. 10-11.

51 "Tinha cheiro de gente velha", de *The Beatles Anthology*, p. 18-19. Citação de Jim McCartney de "Young Paul", revista *Beatles Book*, edição 27 (outubro de 1965).

52 Jim McCartney, de Davies, *The Beatles*, p. 31. Um fotógrafo do *Liverpool Echo* estava, por acaso, presente no dia que Paul foi à catedral e fez o teste para o coral: é um dos 11 garotos em uma foto publicada em 17 de abril de 1953, a primeira vez que uma foto sua apareceu em um jornal.

53 O texto manuscrito original de Paul é mantido no Liverpool Record Office e foi publicado de maneira fac-similar em *The McCartneys: in the Town Where They Were Born*, por Kevin Roach (Liverpool, Trinity Mirror, 2009). A citação dos joelhos "moles" é de *Many Years From Now* (p. 7); "tremia feito gelatina" é de um discurso que ele fez no mesmo local, em 28 de novembro de 1984 (transmitido pela BBC Radio Merseyside).

54 Abril de 1961.

55 Não é claro por que o diretor era apelidado de The Baz. Ian James, contemporâneo de Paul McCartney no Institute (e, a partir de 1957, seu amigo), diz: "Havia todo tipo de teoria sobre isso, e não tenho como dizer se alguma delas estava correta. Eu acho que ele também tinha outro apelido – The Jack? – mas ele era conhecido como The Baz por todo mundo" (entrevista ao autor, 18 de julho de 2006).

56 *The Beatles Anthology*, p. 18.

57 Ibid., p. 26.

58 "Red Lion" e "sofrendo para subir a colina", de entrevista realizada por Nicky Horne, Capital Radio (Londres), 13 de setembro de 1974; "é uma dissimulada", de entrevista realizada por Ray Coleman, *Melody Maker*, 6 de setembro de 1975. Outras citações de *The Beatles Anthology*, p. 26.

3: **"Tá olhando o quê?"** (1954-55)

1 O caso de Derek Bentley e seu parceiro no crime, Christopher Craig, tornou-se um *cause célèbre*, relatado em canções, filmes, livros e documentários de TV.

2 Citação de George, de *Earth News Radio*, dezembro de 1975; Paul, de entrevista realizada por Janice Long, em *Listen to What the Man Says*, BBC Radio 1, 22 de dezembro de 1985.

3 Entrevista realizada por Howard Cosell, em *Speaking of Everything*, rádio estadunidense, outubro de 1974. John quis dizer "49º estado", não 59º. Até janeiro de 1959, os EUA tinham 48 estados – o que gerou a expressão (majoritariamente negativa) usada na Inglaterra pós-guerra.

4 *In My Life*, por Pete Shotton e Nicholas Schaffner (Nova York, Stein & Day, 1983), p. 47. John começou a fumar aos 13 anos.

5 A influência de "Cool Water" pode ser ouvida em "Old Dirt Road", no álbum de John Lennon chamado *Walls and Bridges*, gravado e lançado em 1974.

6 A percepção geral é que John não viu Julia por alguns anos, mas isso contradiz o que ele afirmou a David Sheff (na revista *Playboy*) em 24 de setembro de 1980: "Minha mãe estava viva, e morava a 15 minutos a pé de mim, durante toda a minha vida. E eu a via esporadicamente, de vez em quando. Eu apenas não morava com ela".

7 Davies, *The Beatles*, p. 16.

8 *The Beatles Anthology*, p. 35.

9 O relato é ilustrado em Davies, *The Beatles*, p. 152.

10 Entrevista realizada por Elliot Mintz, 18 de abril de 1976. A loja era Park Music & Radio Company, na 271 Park Road, que já foi demolida.

11 Ibid. Richy se lembra da bateria à venda por £ 26.

12 É uma história que foi contada muitas vezes; as cores dos instrumentos compreensivelmente variam cada vez que é contada.

13 Davies, *The Beatles*, p. 40.

14 *Rockline*, entrevista por telefone para rádio estadunidense, 10 de fevereiro de 1988.

15 De transcrição de entrevista dos anos 1970, origem desconhecida.

16 Entrevista ao autor, 21 de junho de 2007.

17 Entrevista ao autor, 14 de dezembro de 2004.

18 Questionários preenchidos à mão no começo do verão de 1963, vendidos em um leilão da Christie's, Londres, 5 de maio de 2004. Citação de Paul em *The Beatles Anthology*, p. 21.

19 *Thank U Very Much*, p. 37.

20 Pwllheli pronuncia-se "pull-helly", mas os ingleses tinham tanta dificuldade de pronunciar palavras galesas que o nome era frequentemente mencionado como "peely--weely", na forma de uma piada. A foto de Mike está exposta da melhor maneira em seu livro, *Mike Mac's White and Blacks Plus One Colour* (Londres, Aurum Press, 1986), p. 9.

21 *The Beatles Anthology*, p. 18.

22 Ibid., p. 35.

23 Entrevista com Horst Königstein, Hamburgo, 29 de setembro de 1976, para *Ringo und die Stadt am Ende des Regenbogen* (Ringo e a Cidade no Fim do Arco-íris), Alemanha Ocidental, NDR-TV, 9 e 16 de junho de 1977 – a melhor entrevista de Ringo para a TV, de longe. *Jigsaw* era exibido em sábados alternados a partir de janeiro de 1955. George Fierstone (1916-1984), que tocou com seu quinteto nesses programas de TV, era um baterista de óculos, ativo desde sua infância em bailes e bandas de swing; no pós-guerra, ele tocou por sete anos nos Skyrockets, a banda da casa do London Palladium.

24 Entrevista ao autor, 27 de abril de 2007.

25 John e Mimi, de Davies, *The Beatles*, p. 15; Liela, de *John Lennon, My Brother*, p. 23; Paul, de entrevista realizada por Sir David Frost, Channel 5, 28 de dezembro de 1997.

26 Manuscrito de John ilustrando um artigo sobre Mimi em *Fabulous*, 27 de novembro de 1965. Ele levemente anglicizou a letra original de Carolyn Leigh: "*And if you should survive, to a hundred and five*".

27 Entrevista realizada por Diane Sawyer, *Good Morning America*, ABC-TV, 30 de abril a 3 de maio de 2001.

28 Entrevista ao autor, 12 de março de 2007; "o jovem Casanova de Speke", de "Portrait of Paul", por Mike McCartney, revista *Woman*, 21 de agosto de 1965.

29 Não foi definitivamente estabelecido em qual aniversário Paul recebeu o trompete. Em geral, ele diz que foi em seu 14º, mas outros eventos e situações tornam mais provável que tenha sido em seu 13º, em junho de 1955. "Eu consigo cantar melhor que Frank Sinatra", de entrevista realizada por Alan Freeman, *Rock Around the World*, programa de rádio sindicalizado dos EUA, 11 de abril de 1976. Ian, primo de Paul, era Henry Ian Harris (n. 1938), filho mais velho da tia Gin e do tio Harry. O nome Huyton deve ser pronunciado como a palavra "*heighten*".

30 Entrevista realizada por Tony Webster, *Beat Instrumental*, setembro de 1964.

31 Ilustrado em *The Beatles Anthology*, p. 27, e em outros lugares.

32 Entrevista ao autor, 22 de março de 2007.

33 Ilustrado em *The Beatles Anthology*, p. 39. O endereço em Romford era 86 George Street.

34 *Liverpool Echo*, 3 de novembro de 1994.

35 Entrevista realizada por Brian Matthew, *Pop Profile*, BBC Transcription Service, 2 de maio de 1966.

36 *The Beatles Anthology*, p. 28.

37 Ilustrado em *Harrison*, pelos editores da *Rolling Stone* (Nova York, Simon & Schuster, 2002), p. 19, além de inúmeros outros livros. Em junho de 2009, no *Observer Music Monthly*, a foto recebeu uma data pela primeira vez: 19 de abril de 1956. Nenhuma explicação foi dada para a súbita descoberta desse detalhe.

38 Entrevista realizada por Charlie Gillet e Johnny Beerling, 14 de novembro de 1973, para a BBC Radio 1. A identidade da pessoa amiga de John é desconhecida.

39 Notas sobre as canções, datilografadas por John para seu LP *Rock'n'Roll*, primavera de 1975.

40 Citações de Pete Shotton, e informação histórica nesses parágrafos de *In My Life*, p. 37 e seguintes. O livro é recomendado para aqueles que buscam conhecimento mais profundo sobre a juventude de John Lennon.

41 Entrevista realizada por David Sheff, 12 de setembro de 1980, para a *Playboy*. "Eu bebo desde os 15 anos de idade".

42 Entrevista realizada por Peter Lewis, para *Release*, BBC2, 6 de junho de 1968.

43 Entrevista realizada por David Sheff, 15 de setembro de 1980, para a *Playboy*.

4: Dos socos ao skiffle (1956)

1 Baseada em vendas locais, atacado e varejo (a loja Nems em Walton estava entre os lugares pesquisados), a parada *"Liverpool's Own Top 3"* aparecia na *Echo* todo sábado, compilada por "Disker", além de sua coluna semanal com resenhas de discos. Disker era Anthony F. J. "Tony" Barrow (n. 1936), um jovem empreendedor de Crosby (pouco ao norte de Liverpool) que terá um papel importante nesta história. Ele começou sua coluna no *Echo* em 1954, quando tinha 17 anos, e ainda estava na escola; em 1956-57 ele promoveu diversos bailes com discos e música ao vivo (skiffle, jazz etc.) na região norte.

2 Entrevista em *The Weekender*, BBC Radio 2, 18 de janeiro de 2008.

3 Entrevista realizada por Elliot Mintz, 18 de abril de 1976. É uma das melhores entrevistas que Ringo já deu, e é a principal fonte de conhecimento para essa citação.

4 Entrevista realizada por Jonathan Cott para a *Rolling Stone*, 5 de dezembro de 1980.

5 A parte principal da citação vem de entrevista realizada por Howard Smith, WPLJ-FM, Nova York, 10 de setembro de 1971; a segunda parte vem do programa de rádio *Pop Goes the Bulldog*, dezembro de 1969; a terceira parte foi tirada de uma entrevista para *Record Mirror* (por Mike Hennessey), 2 de outubro de 1971; a quarta parte vem de entrevista realizada por Alan Smith para a *NME*, 30 de agosto de 1963. Antes de tudo isso, John já conhecia o nome Elvis Presley. Um garoto de Quarry Bank, Don Beattie, tinha apontado isso na *NME*, mostrando como "Heartbreak Hotel" estava subindo na parada estadunidense. John tinha acabado de descobrir a existência das paradas, ainda não estava familiarizado com noticiários musicais e não ligava muito para o nome Elvis, que o lembrou de nomes como Perry Como e Frank Sinatra. Ele também achou "Heartbreak Hotel" um título cafona. Mas, quando ele a ouviu...

6 A primeira parte vem de entrevista realizada por Andrew Tyler, *Disc*, 16 de dezembro de 1972; a segunda parte foi tirada de entrevista realizada por Brant Mewborn, *Rolling Stone*, 30 de abril de 1981.

7 *The Beatles Anthology*, série de TV. Tais anúncios apareceram na *NME* em 30 de março e em 4 de maio de 1956, o primeiro numa página interna, o segundo ocupando a primeira página.

8 Entrevista realizada por Joe Brown, *Let It Rock*, BBC Radio 2, 5 de julho de 1999.

9 Entrevista ao autor, 26 de maio de 2005. Hill morava na 69 Dovedale Road.

10 De John Lennon para Maureen Cleave, com citação em *John Lennon 1940-1980*, por Ray Connolly (Londres, Fontana, 1981), p. 32. O disco em 78 rpm de Little Richard era o lançamento Ronnex 1142, com um selo amarelo-claro; "Heartbreak Hotel", de Elvis Presley, era o lançamento HMV POP 182, selo azul.

11 Entrevista realizada por Elly de Waard, *Vrij Nederland*, 28 de março de 1969.

12 Primeira e terceira citações de entrevista realizada por Jann S. Wenner, 8 de dezembro de 1970, para a *Rolling Stone*; segunda citação de entrevista realizada por Jean-François Vallée, para a TV francesa, 4 de abril de 1975. A melhor publicação disponível da entrevista para a *Rolling Stone* está em *Lennon Remember*, por Jann S. Wenner (Londres, Verso, 2000).

13 Entrevista realizada por Alan Smith, *NME*, 30 de agosto de 1963.

14 Entrevista realizada por Bob Rogers, Dunedin, 26 de junho de 1964.

15 Entrevista realizada por Jerry G. Bishop, 13-24 de agosto de 1965.

16 Determinar a cronologia correta das primeiras aventuras de Paul McCartney pela composição musical é uma tarefa complicada. *Many Years From Now* (p. 182-183) confirma que "Suicide" (supostamente chamada assim) foi composta na 20 Forthlin Road, e Paul afirmou que essa canção, e a que se tornou "When I'm Sixty-Four", foram compostas no piano, e pré-datam a explosão do rock'n'roll: "O rock'n'roll estava prestes a acontecer naquele ano, estava prestes a ficar grande, [então] eu ainda estava com minha cabeça no cabaré" (entrevista realizada por Mike Read, 12 de outubro de 1987). "O rock'n'roll não tinha acontecido ainda" (entrevista ao autor, 6 de junho de 1990). "Eu compus um monte de coisas achando que eu iria para o cabaré, sem perceber que o rock'n'roll se tornaria tão grande. Quando eu tinha 14 anos, não havia muitas pistas de que isso iria acontecer" (da narração de Paul para um filme que nunca foi lançado, *One Hand Clapping*, agosto de 1974). Paul nunca mencionou ter composto canções enquanto morava em Speke, e – como "Heartbreak Hotel" entrou em seu mundo em, no máximo, maio de 1956 – elas provavelmente foram compostas após a mudança para Allerton, em 30 de abril de 1956.

O título já foi mencionado como "Suicide", "Call It Suicide" e "I Call It Suicide": quando os direitos autorais foram registrados pela primeira vez, em 1970, foi como "Suicide"; quando foram registrados novamente em 1977, foi como "Call It Suicide", com o título alternativo "I Call It Suicide" (em conversas, Paul ocasionalmente se referia a ela como "I Call It Suicide"). Quatro gravações diferentes dos anos 1970 da canção estão em circulação extraoficial, e cerca de oito segundos de outra, anterior a essas, foram incluídos no álbum *McCartney*, em 1970.

17 *The Beatles Anthology*, p. 18.

18 "Turbante", recordado por Paul McCartney no filme de 2011, *George Harrison: Living in the Material World*. A foto escolar também mostra Ivan Vaughan, Neil Aspinall, Mike McCartney e outros nomes que logo entram nesta história (Len Garry, John Duff Lowe, entre outros). George a adaptou para a capa de um disco seu (*Dark Horse*, 1974), mas fez várias alterações à imagem. Posicionado logo abaixo dele está o odiado "Baz" – o diretor do Liverpool Institute, J. R. Edwards –, com o logo da

Capitol Records em seu paletó, indicando como George se sentia quanto ao seu selo americano na época. O professor favorito de George, Stan Reed, que ensinava arte, recebeu o sinal positivo "OM".

19 *Going Home*, Disney Channel, 18 de abril de 1993 (majoritariamente filmado em Liverpool, em 1992). Há uma cena no filme *That'll Be the Day*, de 1973, em que Richy atua como um garçom de bar. Imagine-o em um barco e o filme se torna um retrato da realidade.

20 Entrevista realizada por Tom Snyder, *Good Morning America*, ABC-TV, 25 de novembro de 1981.

21 Entrevista realizada por Barry Miles, 23-24 de setembro de 1969, parcialmente publicada em *Fusion* e *Oz*.

22 Entrevista realizada por Jean-François Vallée para a TV francesa, 4 de abril de 1975.

23 Citações de entrevistas ao autor, 2 de maio de 1991, e Alan Rowett e Geoff Barker para *Paul McCartney's Routes of Rock*, BBC World Service, outubro-novembro de 1999.

24 Entrevista ao autor, 22 de março de 2007.

25 Davies, *The Beatles*, p. 45-46.

26 Entrevista ao autor, 28 de maio de 2004.

27 *The Beatles Anthology*, p. 36.

28 *Love Me Do! The Beatles' Progress*, por Michael Braun (Londres, Penguin, 1964), p. 35.

29 Referência a uma canção de 1936 de Stuff Smith, "If You're a Viper": "*I dreamed about a reefer five feet long...*" (Sonhei com um beck de um metro e meio...). O grupo do 2i's deliberadamente escolheu o nome Vipers por esse motivo, apesar de seus integrantes não fumarem nada mais pesado que tabaco da Virginia.

30 Entrevista realizada pelo rev. Wayne Clarke, BBC Radio Merseyside, 28 de setembro de 2009.

31 *Yesterday & Today*, por Ray Coleman (Londres, Boxtree, 1995), p. 28.

32 A missa de Mary McCartney foi na igreja St. Bernadette, na Mather Avenue, próximo à casa da família na Forthlin Road. A última despedida aconteceu em Yew Tree, o cemitério católico em Knotty Ash, entre West Derby e Huyton. Ela foi enterrada no mesmo lote que sua mãe (que faleceu em 1919), sua irmã mais jovem, Agnes (1918) e a segunda esposa de seu pai, Rose (1948), a madrasta de quem ela queria escapar, o que a levou a fugir de casa.

33 "Portrait of Paul", por Mike McCartney, revista *Woman*, 21 de agosto de 1965.

34 *The Beatles Anthology*, p. 19.

35 A primeira parte da citação ("Nunca tínhamos ouvido alguém cantar...") é de fonte desconhecida, citada em *The Beatles Anthology*, p. 11; a segunda parte ("A coisa mais

excitante...") vem de entrevista realizada por Barry Miles, 23-24 de setembro de 1969, parcialmente publicada em *Fusion* e *Oz*.

36 Entrevista realizada por Johnnie Walker, BBC Radio 2, 11 de maio de 2001.

37 Conforme contado por Maureen Cleave, *Daily Telegraph*, 14 de dezembro de 2009.

38 Entrevista realizada por Jerry G. Bishop, 13-24 de agosto de 1965.

39 Entrevista realizada por Timothy White, *Billboard*, 5 de dezembro de 1992. As listas telefônicas de Liverpool daquela época traziam os nomes dos "sem licença", vendedores de cerveja, vinho e outras bebidas alcoólicas, mas não há qualquer registro de alguém chamado Houghton, ou Horton, ou qualquer outro nome com som similar. Aparentemente não relacionado a isso está o fato de que Arthur Kelly, amigo de George, se lembra de ir com Harrison para aprender a tocar violão com um homem em um pub de Edge Hill, que eles apelidaram de "The Cat" – na verdade, era o Botanic Hotel na Wavertree Road (cruzamento com a Byford Street): "Havia um cara local – de raça mista, meio negro – que costumava dar aulas. Ele tinha uma guitarra enorme, provavelmente uma Gibson, com um captador e um amplificador. Ele nos ensinou algumas músicas country de Hank Williams, como "Your Cheatin' Heart".

40 Entrevista ao autor, 27 de outubro de 2009.

41 Entrevista ao autor, 5 de fevereiro de 2008.

42 Entrevista realizada por Spencer Leigh.

43 A história varia um pouco conforme a pessoa que a conta, mas essa veio do próprio James Graves, citado no *Evening Standard* (Londres), 25 de fevereiro de 1964. Graves foi descrito como "um empacotador aposentado, que já jogou futebol pelo Romford United". Um artigo no *Romford Recorder* (21 de fevereiro de 1964) afirma que Graves falava "sem traços de qualquer tipo de sotaque" – ou seja, ele não falava como o típico londrino do East End.

44 Entrevista realizada por Elliot Mintz, 18 de abril de 1976.

5: **Garantia contra rachaduras** (janeiro a junho de 1957)

1 Entrevista realizada por David Sheiff, 24 de setembro de 1980, para a *Playboy*.

2 Ibid. Um erro de transcrição no livro dessa entrevista transformou "Pessoas metidas a artistas eram desprezadas" em "Pessoas metidas a artistas eram espiãs", que até parecia algo lógico. Também aparece dessa maneira em *The Beatles Anthology*, p. 9.

3 Entrevista realizada por Spencer Leigh.

4 Entrevista realizada por B. P. Fallon para a RTE2 (Irlanda), por volta de 20 de outubro de 1987.

5 Vic Lewis aparecerá novamente nesta história, em outros volumes, como um empresário. O baterista de sua orquestra na turnê de Haley, Andy White, também reaparecerá.

6 Entrevista ao autor, 2 de maio de 1991.

7 Entrevista realizada por Spencer Leigh.

8 Citação não publicada de entrevista de setembro de 1971, realizada por Mike Hennessey para *Record Mirror*. Nada se sabe desse professor de violão – nem John, nem Eric, conseguiram se lembrar do nome ou do endereço do homem.

9 Entrevista realizada por Brian Matthew, *Pop Profile*, BBC Transcription Service, 2 de maio de 1966. Nada se sabe desse professor de bateria.

10 Entrevista realizada por John Wilson, *Front Row*, BBC Radio 4, 18 de janeiro de 2008.

11 Entrevista ao autor, 28 de maio de 2004.

12 *The Beatles Anthology*, p. 102. *Sunday Night at the London Palladium* estava na rede ITV, lançada no fim de 1955 como alternativa à BBC, que não tinha intervalos.

13 Essa citação, assim como a seguinte, é de uma entrevista com Robert W. Morgan, rádio estadunidense, 20-21 de março de 1982.

14 George descreve seu violão caseiro com certo detalhe em *The Beatles Anthology*, p. 28. Não se sabe qual manual George e Paul estavam lendo. Paul posteriormente disse (e George deixou vagamente implícito) que era *Play In a Day*, de Bert Weedon, um manual tão conhecido entre os músicos britânicos que é citado até por quem não o usa. Esse pode ser o caso aqui: foi publicado pela primeira vez em setembro de 1957, certamente após a experiência de George e Paul.

15 Entrevista ao autor, 18 de julho de 2006.

16 Entrevista realizada por Ray Coleman, *Melody Maker*, 24 de outubro de 1964. O anúncio de violão dizia: "Tamanho normal, estilo popular de palheta, acabamento bonito em tom de mogno, altamente polido. Sons agudos potentes e baixo completo, respostas acolhedoras. Apropriado para tocar sozinho ou com banda, por favor toque, não nos deixe tentar descrever uma joia".

17 Entrevista realizada por Howard Smith, WPLJ-FM, Nova York, 23 de janeiro de 1972.

18 "Calypso Rock" é mencionada em entrevista realizada por Mike Hennessey (*Record Mirror*, 2 de outubro de 1971). Na transcrição completa, John disse "Calypso/Rock, Rock/Calypso, não conseguia decidir qual" – que está aberto a interpretações. Cinco meses antes, ele tinha dito a Raoul Pantin (*Trinidad Express*, 4 de maio de 1971): "A primeira música que eu tentei chamava-se 'Calypso Rock', porque a grande dúvida na época era se o calipso assumiria o lugar do rock'n'roll". (A citação "O que eu precisava fazer..." é da entrevista realizada por Hennessey que foi publicada.)

19 Entrevista realizada por Spencer Leigh.

20 Davies, *The Beatles*, p. 54.

21 *NME*, 18 de janeiro de 1957.

22 Entrevista realizada por Alan Rowett e Geoff Barker para *Paul McCartney's Routes of Rock*, BBC World Service, outubro-novembro de 1999.

23 A Radio Luxembourg passou a adotar uma espécie de sistema de jabá admissível, no qual (além dos programas e anúncios normais) sua programação incluía "programas patrocinados", em que gravadoras fonográficas compravam tempo de ar exclusivo, como vitrines para seus produtos, contratando DJs para tocar todos os seus discos mais recentes e, dessa forma, encorajando as pessoas a comprá-los. Apesar de o sinal ainda chegar de forma intermitente, como ondas do mar, a estação a 208 metros continuava sendo o único lugar para adolescentes jovens ouvirem o tipo de música ao qual a BBC não dava destaque, e às vezes nem queria tocar. Além disso, enquanto a BBC estava rigidamente submetida às restrições do *Needletime* (veja a nota de rodapé na p. 108), a Luxembourg operava livre desse tipo de controle externo. A EMI e a Decca patrocinaram diversos programas, e, como a Decca tinha Elvis, e seu selo London escolhia os mestres americanos, seus programas eram os essenciais. O melhor era apresentado por Tony Hall; os programas eram curtos, às vezes com apenas 30 minutos, e os DJs paravam de tocar os discos antes de a música acabar, para desencorajar gravações caseiras. Historicamente, a Radio Luxembourg sempre foi mais popular no norte da Inglaterra que no sul, e entre seus ouvintes em Liverpool estavam Richy Starkey, John Lennon, Paul McCartney e George Harrison.

24 "Young Paul", revista *Beatles Book*, edição 27 (outubro de 1965).

25 Dois singles de Berry foram lançados simultaneamente na Inglaterra, no fim de maio de 1957: "School Day" e "Roll Over Beethoven". O anúncio da Columbia para o primeiro deles dizia: "Ele canta! Ele toca! Ele compôs!". Isso não impediu que surgisse uma versão cover para disputar o sucesso nas paradas, feita pelo cantor e trombonista britânico Don Lang, presença frequente no *Six-Five Special*. Berry chegou à 24ª posição nas paradas da *NME*, Lang alcançou a 26ª. "Roll Over Beethoven" não apareceu nas paradas.

26 A íngreme Elswick Street tem vista para o Herculaneum Dock, o rio Mersey e, num dia claro, as distantes colinas galesas. A série humorística de TV *Bread*, da BBC, foi filmada lá entre 1986 e 1991, em uma casa do outro lado da rua onde Ian James morava com seus avós. Quando Paul McCartney fez uma aparição como convidado no programa em 1988, ele bateu na porta e disse aos moradores que tinha aprendido a tocar violão em sua casa.

27 Dezessete anos depois, no verão de 1974, Paul McCartney estava trabalhando com um operador de câmera e um diretor no estúdio Abbey Road, quando sugeriu que o filmassem em um pequeno trecho deserto atrás da câmara de ressonância do estúdio

Number 2. O resultado foi um curta-metragem de nove minutos ao qual ele deu o nome de *The Backyard*, mas que poderia muito bem ser chamado *Elswick Street*, com Paul sentado em uma cadeira ao sol, tocando um violão em posição invertida e cantando canções de rock'n'roll dos anos 1950 – incluindo "Twenty Flight Rock". O curta-metragem nunca foi lançado.

28 Davies, *The Beatles*, p. 46. Em 1957, a Speke British Legion usava uma construção temporária, demolida em 1962, quando as instalações permanentes foram erguidas no mesmo local. As caravanas de turistas que chegam a esse lugar pouco agradável são sempre levadas para o prédio errado. Estranhamente, o diretor do clube na época que os Rebels tocavam lá era G. Harrison.

29 Entrevista ao autor, 11 de novembro de 2004.

30 A fotógrafa era Leslie Kearney, de 29 anos, uma engenheira de design de Allerton, que adotou a fotografia como hobby e foi chamada por Charlie McBain para tirar fotos em seus bailes.

31 Entrevista realizada por Barry Miles, 23-24 de setembro de 1969, parcialmente publicada em *Fusion* e *Oz*.

32 Entrevista realizada por Jon Wilde, *Uncut*, julho de 2004.

33 3 de abril de 1957.

34 Entrevista realizada por Alan Rowett e Geoff Barker para *Paul McCartney's Routes of Rock*, BBC World Service, outubro-novembro de 1999. Paul gravou uma versão de "Fabulous" naquele ano.

35 *McCartney Rocks!*, kit eletrônico de imprensa, 1999. A loja era Wood Brothers, na 225 Park Road (uma combinação bastante improvável: uma loja de bicicletas que também vendia discos, e ocasionalmente contribuía divulgando seus dados de vendas para a *Record Mirror*), ou então Park Music & Radio Company, na 271 Park Road, onde Richy Starkey tinha se apaixonado pela ideia de tocar bateria após ver um tom-tom na vitrine, por volta de 1954.

36 *The Beatles Anthology*, p. 36.

37 Fotos por Charles Roberts, um amigo de Colin Hanton que tinha pedido aos Quarry Men que tocassem na festa e escreveu as palavras no bumbo da bateria ("COLIN HANTON. THE QUARRY MEN."). Os esforços de sua mãe foram essenciais para a Rosebery Street receber o prêmio em uma competição de decoração de rua da Liverpool Corporation, comemorando o 750º aniversário da ocasião em que o rei João concedeu a carta real a Liverpool, em 1207. A festa foi para celebrar esse prêmio. Toxteth não era a parte da cidade de onde os Quarry Men tinham vindo, mas Rosebery Street ficava perto de onde as famílias Lennon e Stanley viviam, no começo do século.

38 Entrevista realizada por Andy Peebles, 6 de dezembro de 1980, para a BBC Radio 1.

39 De entrevistas e cartas ao autor, janeiro e fevereiro de 2006. Philip Burnett viveu de 1930 a 1995.

6: **Vem comigo** (6 de julho de 1957)

1 Matéria no *Observer* ("*skiffle inteligentsia*"), por Hugh Latimer, 16 de junho de 1957; matéria em *The World's Fair*, por Don Anthony, 29 de junho de 1957.

2 Entrevista realizada por Stuart Colman, *Echoes*, BBC Radio, Londres, 17 de junho de 1984. O verso que John cantou sobre ir "até a penitenciária" era, na verdade, "*don't let me pray beyond the sea*" (não me deixe rezar além do mar), parcialmente oculto pelos vocais de fundo na gravação original.

3 Davies, *The Beatles*, p. 471.

4 Davies, *The Beatles*, p. 21.

5 "... uma espécie de confronto", de *In My Life*, p. 55. A cabana dos escoteiros foi clara e consistentemente lembrada como o local de encontro por Colin Hanton – por exemplo, em *The Day John Met Paul*, BBC Radio 2, 26 de junho de 2007.

6 Entrevista realizada por Mike Read, 23 de fevereiro de 1989, para a BBC Radio 1. A primeira metade da citação seguinte é de uma entrevista realizada por Julia Baird, em 1988, o restante é de *The Beatles Anthology*, p. 20.

7 A primeira metade da citação é de uma entrevista realizada por Jann S. Wenner, 8 de dezembro de 1970, para a *Rolling Stone*, o restante é de Davies, *The Beatles*, p. 35.

8 Entrevista realizada por Dave Sholin, Ron Hummel e Laurie Kaye, RKO, 8 de dezembro de 1980.

9 Do CD incluído em *John, Paul & Me: Before the Beatles*, por Len Garry.

7: **"Ele vai te meter em encrenca, filho"** (julho a dezembro de 1957)

1 Entrevista realizada por Joan Goodman, para a *Playboy*, dezembro de 1984.

2 Entrevista realizada por Anthony Cherry, BBC Radio 2, 28 de junho de 1982. O preço do violão era 14 guinéus (£ 14 14s). Paul nunca mencionou especificamente que George o acompanhava quando ele comprou o Zenith, então a anedota do "acorde de jazz" de Jim Gretty pode pertencer a uma ocasião subsequente. Em seu livro *Many Years From Now*, Paul disse que trocou o trompete pelo violão na Rushworth & Dreaper; a Hessy's seria mais provável, e era lá que Gretty trabalhava.

3 Entrevista ao autor, 19 de maio de 1987. Nascido na Polônia, Mairants (1908-1998) se mudou para a Inglaterra aos 5 anos de idade. Ele teve sua própria loja de instrumentos musicais em Londres a partir de 1962. Restrições a importações eram evidentes nos anos 1950, conforme os países tentavam revitalizar suas economias no

pós-guerra. Uma dessas proibições impedia a importação para a Inglaterra de instrumentos musicais feitos na América (foi revogada em 1959). O governo conservador também instituiu um imposto de 30% na compra de instrumentos, e 60% na compra de discos.

4 Entrevista realizada por Anthony Cherry, BBC Radio 2, 28 de junho de 1992; Mike, de *Thank U Very Much*, p. 65.

5 Entrevista ao autor, 30 de setembro de 1987.

6 "Portrait of Paul", de Mike McCartney, revista *Woman*, 28 de agosto de 1965.

7 Entrevista realizada por Alan Rowett e Geoff Barker para *Paul McCartney's Routes of Rock*, BBC World Service, outubro-novembro de 1999.

8 George vendeu o Egmond por £ 1 ou £ 2, para o filho de um homem que trabalhava com seu pai na garagem de ônibus em Speke. Foi vendido novamente em um leilão, em 2003, por £ 276.000. A data em que George comprou o Hofner é desconhecida.

9 *The David Frost Show* (TV americana), 3 de dezembro de 1971.

10 *Lennon*, por Ray Coleman (Londres, Pan, 2000), p. 138; Mimi, por Davis, *The Beatles*, p. 17.

11 A primeira metade da citação de John é de entrevista realizada por Alan Smith, *NME*, 30 de agosto de 1963, o restante é de *The Beatles Anthology*, p. 13.

12 *The Beatles Anthology*, p. 36. No documentário de TV *Going Home* (Disney Channel, 18 de abril de 1993), ele diz que tocou no Cavern pela primeira vez como baterista do grupo Darktown. Como ele se uniu a eles depois de sair do grupo de Eddie Clayton, e esse grupo se apresentou lá em oito ocasiões divulgadas, e provavelmente muitas outras que não foram divulgadas, isso é questionável. Um artigo bem escrito do *Liverpool Echo* (16 de setembro de 1957) sobre a explosão dos violões em Merseyside concluiu com um professor de música declarando: "Liverpool foi a primeira cidade a começar a moda do skiffle". É provável, mas difícil de se comprovar.

13 Entrevista realizada por Patrick Humphries, revista *Beatles Book*, edição 283 (novembro de 1999).

14 A foto pode ser vista em dois dos livros de arquivos fotográficos de Mike, reproduzidos particularmente bem em *Remember: The Recollections and Photographs of Michael McCartney* (Londres, Merehurst, 1992). Também foi a capa de um CD de Paul McCartney lançado em 1999. O primo de segundo grau de Paul e Mike, Edward "Ted" Robbins (n. 1955) é um famoso comediante da TV britânica, assim como sua irmã Kate (n. 1958). Amy (n. 1971), a mais jovem de três outras irmãs, é uma atriz aclamada.

15 *Remember*, p. 23.

16 Paul McCartney uma vez refutou uma afirmação minha sobre sua estreia nos palcos ter acontecido no acampamento Butlin's em Filey, insistindo que tinha sido

em Pwlhelli. "Por que as pessoas ficam dizendo que foi em Filey?", ele perguntou, aparentemente sem saber que seu irmão Mike tinha situado essas atividades de 1957 naquele local quando escreveu sobre elas, de forma extensiva, em seu primeiro livro, *Thank U Very Much* (p. 61-63). A prova conclusiva é a programação de entretenimento impressa pelo acampamento Butlin's para a semana em Filey, que traz uma foto de Mike Robbins como "produtor e mestre de cerimônias".

17 Davies, *The Beatles*, p. 26.

18 "Horrível", de *Many Years From Now*, p. 40.

19 Entrevista ao autor, 18 de julho de 2006.

20 Entrevista ao autor, 11 de novembro de 2004.

21 *Observer Music Monthly*, 18 de setembro de 2005. "Dar cabeçada é, normalmente, o primeiro ataque usado por um brutamontes de Liverpool", John Lennon recordou. "Eu só tentei uma vez, mas meu oponente se mexeu, e eu quase abri minha cabeça ao meio" (*Love Me Do! The Beatles' Progress*, p. 37). No mesmo livro, Ringo Starr disse que, em anos anteriores, seu avô Starkey tinha ameaçado dar uma cabeçada nele "se eu fosse mal-educado".

22 Entrevista realizada por Melvyn Bragg, *The South Bank Show*, LWT, 14 de janeiro de 1978.

23 *Many Years From Now*, p. 30.

24 *The John Lennon Story*, documentário da TV australiana realizado por John Torv. Em 1971, John anexou informações biográficas sobre ele em um livreto publicitário; na seção sobre sua educação, deletou "Nenhuma aprovação no exame GCE" e escreveu "½". Não se sabe ao certo o que ele quis dizer com isso. John pode ter mantido seus resultados em segredo porque ele deveria ter passado em pelo menos um exame de nível básico como condição para entrar na faculdade. O prospecto de 1957-58 é claro quanto a isso, estipulando, também, que o aluno precisaria passar por um exame de admissão. Se John fez isso, ele nunca o mencionou em anos posteriores.

25 Jeans, de Davies, *The Beatles*, p. 51; blazer, de entrevista realizada pelo autor com Pat Jourdan, 10 de novembro de 2005.

26 Entrevista realizada por Kevin Howlett, 6 de abril de 1990. Bill Harry era primo de primeiro grau de June Harry, que teve um papel vital em colocar John na faculdade; ambos eram estudantes lá.

27 Muitas ruas em Liverpool têm o prefixo "*Back*" e estão situadas atrás de uma rua maior com o mesmo nome. Back Broadway é literalmente atrás da Broadway (menos glamorosa que até as piores partes da rua de mesmo nome em Nova York). Liverpool tem nomes de rua estranhamente distintos. Uma colina é geralmente chamada de "*brow*", e algumas vias curtas têm o sufixo "*Hey*", da palavra francesa "*haie*", que significa terra delimitada por cercas vivas. Hackins Hey, que soa como um problema cardíaco, é uma via interessante no centro da cidade.

28 A primeira parte da citação vem de entrevista ao autor, 3 de novembro de 1994; a citação do meio é de *The Beatles Anthology*, p. 21; a seção final foi tirada de entrevista realizada por Roger Scott, Capital Radio (Londres), 17 de novembro de 1983.

29 A fotógrafa era Leslie Kearney.

30 *Evening Express*, 28 de agosto, 3 e 5 de setembro de 1957.

31 21 de setembro de 1957.

32 Carta enviada por John em setembro de 1974, em resposta a uma questão de um fã de Holly, Jim Dawson, que perguntou a ele do que gostava em Holly. Ilustrado em *Memories of Buddy Holly*, compilado por Jim Dawson e Spencer Leigh (Milford, NH, Big Nickel Publications, 1996), p. 101; também na revista *Record Collector*, edição 234 (fevereiro de 1999).

33 2 de novembro de 1957.

34 Entrevista ao autor, 3 de novembro de 1994. "Preto ou branco", de *Arena: The Buddy Holly Story*, BBC2, 12 de setembro de 1985.

35 Fonte desconhecida, citada sem atribuição em *The John Lennon Encyclopedia*, por Bill Harry (Londres, Virgin Publishing, 2000), p. 904. O trecho completo sugere que pode ser devido ao tipo de revistas de fãs nas quais citações eram rotineiramente inventadas. John nunca mencionou isso em qualquer outro momento, então, sem qualquer outra prova, é desaconselhável dar muito crédito.

36 *Many Years From Now*, p. 30; "nem eram acordes de banjo" (John) - de entrevista realizada por Mike Hennessey, *Record Mirror*, 2 de outubro de 1971.

37 *The Day John Met Paul*, BBC Radio 2, 26 de junho de 2007.

38 *Thank U Very Much*, p. 53; também, "Portrait of Paul", por Mike McCartney, revista *Woman*, 28 de agosto de 1965, e entrevista com Paul McCartney por Sir David Frost, Channel 5, 28 de dezembro de 1997.

39 John, de entrevista realizada por Peter McCabe e Robert D. Schonfeld, setembro de 1971; Paul, de entrevista ao autor, 7 de novembro de 1995.

40 Era confuso: Holly tinha discos lançados com seu nome, claramente usando os Crickets, apesar de eles não serem mencionados, enquanto os Crickets tinham discos lançados com seu nome sem mencionar Holly, que era claramente o vocalista. "Quando começávamos a gravar algo, não sabíamos se seria uma canção dos Crickets ou um disco do Buddy Holly", recordou Jerry Allison (baterista dos Crickets e coautor de "Peggy Sue") em *Remembering Buddy*, por John Goldrosen e John Beecher (Londres, Omnibus Press, 1996), p. 59. O mesmo livro (p. 53) tem uma citação longa do guitarrista base Niki Sullivan falando sobre como eles chegaram ao nome Crickets, dizendo que, ao passar por uma longa lista de nomes de inseto, eles brevemente consideraram Beetles.

41 Entrevista realizada por Alan Freeman, BBC Radio 1, 6 de dezembro de 1974.

42 Entrevista realizada por Spencer Leigh. O tio era provavelmente Eddie French, que emigrou para o Canadá no começo dos anos 1950.

43 Entrevista realizada por John Wilson, *Front Row Special*, BBC Radio 4, 29 de agosto de 2005. "Bourrée" era do quinto movimento da "Suíte em Mi Menor para Alaúde (BWV 996)".

44 Entrevista ao autor, 2 de maio de 1991. A música frequentemente chamada de "Pink Champagne" foi composta como uma leve peça orquestral chamada "Bubble" (ou "Bubble, Bubble, Bubble") por George Forrest e Robert Wright. A versão vocal, "Pink Champagne", foi publicada em 1950.

45 Entrevistas realizadas por Russel Harty, BBC1, 26 de novembro de 1984, e Janice Long, para *Listen to What the Man Says*, BBC Radio 1, 22 de dezembro de 1985.

46 Entrevista ao autor, 5 de fevereiro de 2008.

47 Não é relacionado a isso – e John Lennon não saberia –, mas uma canção chamada "Hello Little Girl" foi lançada nos EUA em outubro de 1957, por Lloyd Price, na KRC, subsidiária da Atlantic. Anúncios publicitários diziam "Ele canta com uma batida de mambo agitada". A letra inclui o verso "*I wanna hold your hand*".

48 *Paul McCartney In His Own Words*, por Paul Gambaccini (Londres, Omnibus Press, 1976), p. 17.

49 A partir de 1977, Paul ocasionalmente tocava essa música em rádio, TV e shows. Está em seu álbum *Unplugged: The Official Bootleg*, gravado e lançado em 1991. Mesmo com uma ponte nova acrescentada (cantando duas vezes "*Well gather round people, let me tell you the story of the very first song I wrote*" [Juntem-se, pessoal, deixe-me contar a história da primeira canção que eu compus]), tem apenas 1 minuto e 14 segundos. Além da clara influência musical de Buddy Holly, o vocal de Paul inclui um soluço de Holly, marcando sua criação em um período pós-setembro de 1957. Como foi composta no violão, que ele só começou a tocar após a explosão do rock, e como ele sempre disse que compôs as duas outras canções no piano ("Call It Suicide" e o que seria "When I'm Sixty-Four"), antes de o rock chegar, "I Lost My Little Girl" não foi sua primeira canção, mas sua primeira canção no *violão* – uma distinção que Paul, sendo o compositor, tinha o direito de fazer.

50 Entrevista para *Friends of the Earth*, 15 de dezembro de 1989.

51 Entrevista ao autor, 18 de julho de 2006.

8: "Aonde vamos, Johnny?" (janeiro a maio de 1958)

1 Davies, *The Beatles*, p. 47.

2 Entrevista realizada por Anthony Cherry, BBC Radio 2, 28 de junho de 1992.

3 Provas fornecidas judicialmente na Royal Courts of Justice, Londres, 6 de maio de 1998; George Harrison, James Paul McCartney, Richard Starkey, Yoko Ono Lennon (testamenteira de John Winston Ono Lennon [falecido]) *vs* Lingasong Music Ltd. Citação de John em entrevista realizada por Ray Coleman, *Melody Maker*, 24 de outubro de 1964.

4 A primeira e a terceira seções são da entrevista realizada por Jann S. Wenner, 8 de dezembro de 1970, para a *Rolling Stone*; a segunda seção vem de Davies, *The Beatles*, p. 48.

5 Dito em *George Harrison: Living in the Material World*, filme de 2011.

6 Davies, *The Beatles*, p. 48.

7 *The Beatles Anthology*, p. 142.

8 Davies, *The Beatles*, p. 471.

9 Entrevista ao autor, 11 de novembro de 2004. *Scallops* (pronuncia-se "*scollops*") são fatias de batata, finas e redondas, mergulhadas em uma massa líquida, fritadas no óleo e desfrutadas com muito sal e vinagre. Situada no lado oposto do Liverpool Institute High School for Girls em Blackburne House, a lanchonete Vaughan's ficava na 5 Falkner Street (agora, é um café). Um perfil de George na primeira edição da revista *Beatles Book* (agosto de 1963) dizia que a primeira vez que ele encontrou John foi "na loja de *fish and chips* perto de sua escola". Era a Vaughan's, e esta ocasião pode ser anterior a qualquer outro encontro deles.

10 Entrevista ao autor, 14 de dezembro de 2004.

11 Entrevista ao autor, 2 de maio de 1991. Como sempre, não há informações confirmadas sobre chegadas e partidas dos Quarry Men. A adição de Lowe ao grupo pode ter ocorrido em fevereiro de 1958, ou em qualquer momento das semanas que seguiram.

12 Entrevista realizada por Spencer Leigh.

13 Entrevista realizada por Peter McCabe e Robert D. Schonfeld, setembro de 1971.

14 Mike McCartney deu o título de *John, Paul, George and Dennis* para a foto, pois o jovem ao lado do cotovelo esquerdo de Paul, segurando um copo de cerveja, era o irmão de Ian, Dennis Littler.

15 *17 Watts? The Birth of British Rock Guitar*, por Mo Foster (Londres, Sanctuary Publishing, 2000), p. 184.

16 A primeira e a última seções vêm de transcrição de entrevista dos anos 1970, origem desconhecida; a seção do meio foi tirada de *The Beatles Anthology*, p. 30.

17 Eric Griffiths entrou para a marinha mercante e ficou no mar de 1958 a 1964. O problema de colocar a cronologia dos Quarry Men em ordem, com tantas anedotas e memórias contraditórias, é novamente destacado pela descoberta, em 2010, de um documento mostrando que Griffiths zarpou para sua primeira viagem em 14 de fevereiro de 1958.

Isso significa que não poderia ser ele segurando um violão na foto em cores tirada um mês depois... e, mesmo assim, George Harrison se lembra de ter instigado a demissão de Eric, e Nigel Walley se lembra da angústia de Eric quando ele foi informado disso. A única forma de essas peças se encaixarem seria se George tivesse entrado no grupo consideravelmente antes de fevereiro, mas todos os relatos dizem que ele não o fez, e que sua "música de teste", "Raunchy", era pouco conhecida antes dessa época – além disso, Eric teria sido informado dessa viagem inaugural com algumas semanas de antecedência, e não teria ficado chateado com a probabilidade de sair do grupo. Talvez o registro de navegação esteja incorreto, e realmente *seja* Eric Griffiths segurando um violão na foto de 1958; mas, se não for, não há qualquer pista quanto a quem seria.

18 Entrevista ao autor, 4 de outubro de 2004.

19 *The Beatles Anthology*, p. 30. George também expressou seu descontentamento com refeições do Institute em uma entrevista realizada por Sarah Dickinson, em 1975, para a rádio LBC (Londres), refletindo sobre "aquele tipo de repolho velho do Liverpool Council".

20 Citação de Paul de seu prefácio para *The Cavern: The Most Famous Club in the World*, por Spencer Leigh (Londres, SAF Publishing, 2008); George, de Earth News Radio, dezembro de 1975; John, de *Pop Goes the Bulldog*, dezembro de 1969.

21 Entrevista realizada por Spencer Leigh.

22 Já se tornou parte do folclore que George fez um "teste" para os Quarry Men no Morgue, e ainda não era parte do grupo quando tocaram lá, e/ou que sua versão vital de "Raunchy" tinha sido executada no andar de cima de um ônibus após uma noite no Morgue. Ambas as histórias parecem plausíveis, exceto pelo fato de que o clube abriu numa quinta-feira, 13 de março, e, no sábado anterior, dia 8, George foi fotografado tocando com John e Paul na festa da família McCartney.

23 *Arena: The Buddy Holly Story*, BBC2, 12 de setembro de 1985.

24 Carta datilografada e enviada por John Lennon para Jim Dawson, setembro de 1974. *Memories of Buddy Holly*, p. 101.

25 *Guitar Player*, novembro de 1987.

26 Entrevista realizada por Alan Rowett e Geoff Barker para *Paul McCartney's Routes of Rock*, BBC World Service, outubro a novembro de 1999.

27 A citação de Paul é de entrevista realizada por Chris Welch, *Melody Maker*, 1º de dezembro de 1973; a de George foi tirada de entrevista realizada por Joe Brown, *Let It Rock*, BBC Radio 2, 5 de julho de 1999. George disse que gostava, especialmente, da guitarra slide de Chuck na faixa de blues "Deep Feeling", lado B do single "School Day", de 1957 (não ficou claro se George sentia isso naquela época, ou passou a apreciar a música posteriormente).

28 A primeira metade da citação é de uma entrevista realizada por Jann S. Wenner, 8 de dezembro de 1970, para a *Rolling Stone*; o restante foi tirado de *The Mike Douglas Show*, programa de TV dos EUA, 16 de fevereiro de 1972, quando John tocou com Chuck Berry pela primeira e única vez (tocaram "Memphis, Tennessee" e "Johnny B. Goode").

29 *The Songwriter - Paul McCartney*, PPM RadioWaves, primavera de 1990.

30 Do show de abertura em *Ringo's Yellow Submarine*, série de rádio americana, 1983, entrevista realizada por Dave Herman.

31 Entrevista realizada por Michael Watts, *Melody Maker*, 7 de agosto de 1971.

32 "Pensamos, 'ei, essas são boas'", George recordou em *The Beatles Anthology*, p. 28.

33 Entrevista ao autor, 28 de maio de 2004.

34 Eddie Clayton (Eddie Myles), em entrevista realizada por Spencer Leigh.

35 Entrevista ao autor, 10 de abril de 2007.

36 John Lennon, em Davies, *The Beatles*, p. 48.

37 Entrevista ao autor, 30 de setembro de 1987. Um pouco mais das letras é conhecido: "*Well I've been thinking of linking my life with you/ Thinking of linking a love so true/ Thinking of linking can only be done by two*" (Bem, estou pensando em ligar minha vida com você/ Pensando em ligar um amor tão verdadeiro/ Pensar em ligar só pode ser feito por dois). Como a maioria das Composições Originais Lennon-McCartney desse período, foi fortemente influenciada pelo som de Buddy Holly and the Crickets.

38 Davies, *The Beatles*, p. 53. As citações de Paul são de entrevista realizada por Julia Baird, filha de Julia, 1988; *The Beatles Anthology*, p. 20; *Many Years From Now*, p. 48.

39 Entrevista realizada por Kevin Howlett, 6 de abril de 1990.

40 Entrevista ao autor, 9 de outubro de 2010.

41 Entrevista ao autor, 17 de dezembro de 2004.

42 Todos os detalhes sobre o estilo de vida e o caráter de Jeff Mahomed presentes nesses parágrafos foram extraídos de entrevistas com Ann Mason, Tony Carricker, Pay Jourdan e Thelma Pickles.

43 Entrevista ao autor, 27 de maio de 2004.

44 Entrevista realizada por Leonard Gross, revista *Look*, 13 de dezembro de 1966.

45 Entrevista realizada por Paul Drew, rádio estadunidense, abril de 1975.

46 Phillips, de 62 anos, e seu filho mais velho, Frank, de 32 anos, gerenciavam o estúdio juntos e boa parte de seu trabalho estava relacionada a saudações personalizadas. Um artigo de jornal contemporâneo (*Evening Express*, de Liverpool, 15 de junho de 1957) deliciou-se ao notar como um homem gravou um disco implorando para

sua esposa voltar para ele. E, é claro, desde a explosão do skiffle, muitos grupos apareciam na 38 Kensington, arrastando suas *washboards* e seus baixos de caixa de chá pela porta da frente. O disco Byrne/Murphy continha "Butterfly" c/w "She's Got It", "Charlie Gracie" c/w "Little Richard". A última música foi incluída no álbum *Unearthed Merseybeat* (Viper CD016).

47 Entrevista realizada por Paul Drew, rádio estadunidense, abril de 1975.

48 Todos os singles novos na parada da *NME* de 1958 foram compilados em duas coletâneas de quatro CDs, chamadas *1958 British Hit Parade* e lançadas em 2009 (Fantastic Voyage FVQD001 e 002). Das 200 faixas dessas coletâneas, apenas duas eram mais longas que os três minutos e meio de "In Spite of All the Danger". Graças ao iTunes, é possível ver, em um instante, que a duração média de uma música de sucesso de 1958 era dois minutos e 25 segundos (essas coletâneas fazem parte de uma série anual inestimável que começou com os singles de 1952 e cuja intenção é se estender conforme a regra de extinção de direitos autorais, após 50 anos do lançamento, permitir).

49 *Liverpool Echo*, 24 de dezembro de 1977 (Phillips, nascido em dezembro de 1895, era, na época, um idoso de 82 anos). Um retorno com dinheiro extra poderia explicar a referência a Arthur Kelly no livro de registros. Com exceção de Duff Lowe, os Quarry Men moravam longe de Kensington, mas Kelly estava por perto. A citação de Paul foi tirada de entrevista ao autor, 30 de setembro de 1987.

50 Ele o guardou até 1981, depois o vendeu para Paul McCartney. Ambas as faixas aparecem em *The Beatles Anthology 1*, apesar de "In Spite of All the Danger" aparecer editada, com 45 segundos de diferença.

9: **"Esta é minha vida"** (junho a dezembro de 1958)

1 *Liverpool Weekly News*, 26 de junho de 1958. O palavrão deletado é deles (naquela época, os jornais podiam optar por não imprimir palavrões).

2 *Evening Express* e *Echo*, 21 de junho de 1958; *Liverpool Weekly News*, 26 de junho e 3 de julho de 1958. O último desses dizia que Dykins foi impedido de dirigir por três meses, mas o registro da corte especifica um ano.

3 Essa explicação da visita de Julia, crível por si só, e ainda mais devido às circunstâncias, está contida em um documento original escrito por Mimi, de propriedade particular.

4 Entrevista ao autor, 5 de fevereiro de 2008.

5 Entrevista ao autor, 27 de abril de 2007. A certidão de óbito registra o lugar de morte como "a caminho do Sefton General Hospital", e a causa como "lacerações e hemorragia cerebral devido a uma fratura no crânio". Michael Fishwick não estava mais morando na casa de Mimi em Mendips, mas tinha voltado a Liverpool para supervisionar a impressão de sua tese.

6 Davies, *The Beatles*, p. 52.

7 Ibid.

8 Ibid.

9 *John Lennon, My Brother*, p. 46.

10 17 e 24 de julho de 1958.

11 Entrevista realizada por Mike Tomkies, *Tit-Bits*, 20 de junho de 1964.

12 "... o enganado e tirado seu dinheiro", de *Daddy, Come Home*, p. 99-100; "... heroicamente recusou tudo...", de *Tit-Bits*, 27 de junho de 1964. A filha de Julia, também chamada Julia, acredita que ela, sua irmã Jacqui e John receberam uma parcela do dinheiro do seguro de sua mãe – elas receberam algum tempo depois de John, que teria recebido logo em 1958 ou 1959. Considerando seu estado de penúria permanente, e o fato de nenhum amigo da faculdade de artes se lembrar de Lennon ter recebido qualquer quantia, isso permanece sem provas (e John *certamente* não herdou £ 530 no seu aniversário de 21 anos, em 1961).

13 Entrevista realizada por David Sheff, 24 de setembro de 1980, para a *Playboy*.

14 *Fifty Years Adrift*, por Derek Taylor (Guildford, Genesis Publications, 1984), p. 181.

15 Entrevista conduzida por Nick Logan, *NME*, 29 de março de 1969; "*nasceu feliz*", de entrevista realizada por Michael Aspel, *Aspel & Company*, LWT, 5 de março de 1988.

16 Entrevista realizada por Garvin Rutherford, Sydney, 14 de junho de 1964.

17 Entrevista ao autor, 28 de maio de 2004. Geraldine, de *Rave*, edição 7, agosto de 1964.

18 *Aspel & Company*, LWT, 5 de março de 1988.

19 Davies, *The Beatles*, p. 155.

20 Davies, *The Beatles*, p. 53.

21 A primeira frase é de entrevista realizada por Sir David Frost, Channel 5, 28 de dezembro de 1997; o restante vem de entrevista ao autor e a Kevin Howlett, 6 de junho de 1990.

22 Entrevista ao autor, 25 de abril de 2005.

23 *A Private View*, por Robert Freeman (Londres, Pyramid Books, 1990), p. 155.

24 Havia quatro outros Vikings além de Brierley: Glyn "Gwndwn" Williams (violão/vocal), Bernard Lee (violão), Aneurin Thomas (baixo de caixa de chá) e John Diggle (caixa da bateria). O pai de Aneurin gerenciava o Queens Hotel e, de tempos em tempos, os Vikings tocavam no bar do local, geralmente nas noites de sábado. Em *George Harrison: Living in the Material World* (p. 42), Paul recordou os nomes John e Aniron [*sic*] – "um cara galês grande" – e de "[tocar] com a banda deles numa noite de embriaguez, em um pub galês". George nunca mencionou isso em qualquer entrevista.

25 *Many Years From Now*, p. 41-42.

26 De transcrição de entrevista dos anos 1970, origem desconhecida.

27 Entrevista ao autor, 17 de dezembro de 2004.

28 Entrevista ao autor, 10 de agosto de 2004.

29 Entrevista realizada por Kevin Howlett, 6 de abril de 1990.

30 *Observer*, 13 de dezembro de 2009.

31 Entrevista ao autor, 6 de setembro de 2010.

32 De entrevista com Paul McCartney, realizada por Paul du Noyer, para o programa *World Tour* (1989-1990), p. 9. Esses apelidos foram utilizados brevemente, apesar de George também ser "Hazza" para alguns amigos do Liverpool Institute.

33 *A Twist of Lennon*, por Cynthia Lennon (Londres, W. H. Allen, 1978), p. 26-7 (Cyn também visitou a casa). Entrevista com Paul McCartney realizada por Julia Baird, 1988; *John Lennon, My Brother*, p. 49. George: "Quando ele [Bobby Dykins] já estava distante na rua, a caminho do pub local, nós entrávamos escondidos na casa para poder ligar nossos instrumentos em seu rádio", *17 Watts?*, p. 184.

34 Entrevista ao autor, 15 de abril de 2010. *The Adult Beginner's Guide to Musical Notation* era um manual de instruções criado por Dawson Freer (1953).

35 A primeira parte da citação é de entrevista realizada por Edward Seckerson, *Kaleidoscope*, BBC Radio 4, 4 de outubro de 1997; a parte do meio foi tirada de entrevista realizada por Ed Stewart, BBC Radio 2, 14 de dezembro de 1991; e a parte final é de entrevista realizada por Melvyn Bragg, *The South Bank Show*, LWT, 14 de janeiro de 1978.

36 Davies, *The Beatles*, p. 33. Paul, de entrevista realizada por Janice Long, para *Listen to What the Man Says*, BBC Radio 1, 22 de dezembro de 1985.

37 "On Safairy With Whide Hunter" pode ser um caso especial entre as obras publicadas de John, no sentido de que foi submetida a revisão. Quando publicada pela primeira vez (em *Mersey Beat*, 6 de setembro de 1962), seu primeiro parágrafo era uma adição recente à versão original, de 1958, como uma paródia da letra de "The Lion Sleeps Tonight" (também conhecida como "Wimoweh"), um single de sucesso no início de 1962. (A revisão pode ter sido incitada por reprises da série televisiva *White Hunter*, transmitida regionalmente pela Granada TV na época.) Apesar de John sempre ter dito que ele nunca voltava a uma obra após ela estar concluída, essa foi claramente uma exceção: ele datilografou a versão revisada no verso de um documento, datado de meados de julho de 1962 (atualmente em posse de um colecionador particular). A obra apareceu pela primeira vez em um livro em 1964: *In His Own Write* (Londres, Jonathan Cape), p. 62-63.

Durante entrevistas naquela época, John disse que o livro também continha uma segunda obra "escrita com Paul", mas que, devido a um erro, isso não foi impresso. A identidade dessa obra ainda é desconhecida.

38 O registro mais completo da peça de Pilchard, que talvez nunca tenha tido um título oficial, aparece em *Many Years From Now*, p. 39. As páginas do livro de exercícios de Paul nunca foram vistas e acredita-se que tenham sido perdidas. A matéria do *Daily Mail* é de 1º de fevereiro de 1963: Paul disse a Adrian Mitchell, "Escrevemos algumas peças juntos", mas, a não ser que tenha sido uma brincadeira, não se sabe nada sobre uma segunda peça deles.

39 Uma gravação improvisada, de 24 de janeiro de 1969, de Paul e John cantando "I Fancy Me Chances", aparece no álbum *Let It Be... Naked*, de 2003, no segundo disco, *Fly On the Wall*; a música teve seus direitos autorais registrados por conta disso, porém com o título "Fancy Me Chances With You". Um verso rima "*frock*" com "*Loc*" (de "Locarno Ballroom"), mas não se sabe ao certo se Paul improvisou isso no momento que tocavam, ou se já fazia parte da letra em 1958.

40 A origem do nome Johnny and the Moondogs não é clara. A palavra "*Moondog*" provavelmente chamou a atenção deles depois de ter sido usada por Alan Freed, DJ de rock'n'roll cujo programa foi transmitido pela Radio Luxembourg durante um tempo. O programa terminou no fim de 1958, mas a palavra talvez tenha ficado em suas mentes, e também é possível que eles a tenham ouvido nos filmes de Freed. Há uma explicação alternativa, que George Harrison recordou poucos anos depois: "Acho que Moondog era o nome de um grande *Red Indian* (índio vermelho) na TV da época". A TV britânica certamente estava lotada de programas de caubói estadunidenses no outono de 1958: a BBC tinha três, a ITV exibia um programa importado diferente na maioria dos dias da semana. Ao verificar descrições de episódios e nomes de personagens, não foi possível encontrar um Moondog, mas essa possibilidade não pode ser descartada.

41 Entrevista ao autor, 11 de novembro de 2004. "Quebrado no meio", de entrevista realizada por John Peel, *Night Ride*, BBC Radio 1 e 2, 11 de dezembro de 1968.

42 Davies, *The Beatles*, p. 63.

43 *Beatles Gear*, por Andy Babiuk (Londres e São Francisco, Backbeat Books, 2001), p. 26. Clarke e Nash passaram a ser integrantes dos Hollies; Nash também integrou o grupo Crosby, Stills, Nash & Young. Resenha no *Manchester Evening News*, 25 de novembro de 1958.

44 *The Beatles Anthology*, p. 31. Graham Nash diz que ele e Allan Clarke, como Ricky & Dane, ganharam o concurso em Manchester cantando "It's Only Make Believe", sucesso de Conway Twitty à época, e que eles posteriormente foram tocar em Blackpool como resultado da vitória.

45 Entrevista realizada por Spencer Leigh.

46 Entrevista realizada por Charlie Gillet e Johnny Beerling, 14 de novembro de 1973, para a BBC Radio 1.

47 "... a primeira harmonia em três partes que fizemos", de entrevista ao autor, 30 de setembro de 1987; ajuda de Jim, de *The Beatles Anthology*, p. 96. Todos esses discos foram lançados na Inglaterra pelo selo London da Decca. Ao mesmo tempo, Richy Starkey obteve o único disco de um baterista que ele comprou em sua vida, "Topsy", de Cozy Cole, baterista de jazz negro.

48 Entrevista ao autor, 20 de janeiro de 2005.

49 *Remember*, p. 28.

50 A lembrança de Hodkin parece sugerir que John não tinha um violão nessa gravação, mas essa recordação não tem qualquer nível de precisão. No entanto, é claro que ele não estava tocando um violão em eventos logo antes ou depois disso.

51 Lembrado por Harry Harrison no filme *George Harrison: Living in the Material World*. Recordação de George, de eles estarem bêbados, de *The Beatles Anthology*, p. 30. Preservado quase da mesma forma que era em 1958, o Childwall Abbey Hotel é, hoje, um dos melhores lugares relacionados aos Beatles em Liverpool, o único local sobrevivente onde os Japage 3 tocaram.

52 Davies, *The Beatles*, p. 61.

53 "Eu costumava tomar black velvet – cerveja Guinness e sidra – e vomitar muito", Paul contou a Russell Harty, ao falar sobre essas festas (BBC1, 26 de novembro de 1984).

10: **"Um Teddy Boy meio violento"** (janeiro a julho de 1959)

1 Entrevista realizada por Ed Stewart, BBC Radio 2, 14 de dezembro de 1991.

2 Entrevista ao autor, 17 de dezembro de 2004. Se havia um quarto integrante, não há qualquer indicação de quem seria.

3 Entrevista ao autor, 20 de janeiro de 2005.

4 Entrevista realizada por Alan Smith, *NME*, 30 de agosto de 1963: "Eu fiz um pouco de trabalho freelance por um tempo. De fato, em um só palco, acho que participei de todos os três grupos". O Les Stewart Quartet e os Japage 3 eram dois destes – se havia um terceiro, nada se sabe a respeito dele.

5 Entrevista ao autor, 6 de janeiro de 2005.

6 Entrevista ao autor, 11 de novembro de 2004.

7 *I Me Mine*, p. 26. Irene teve o primeiro filho dela com Harry, Paul Harrison, em 15 de janeiro de 1960 – George se tornou tio pela terceira vez, e pela primeira vez em sua cidade.

8 Entrevista ao autor, 6 de setembro de 2010.

9 Entrevista realizada por David Sheff, 24 de setembro de 1980, para a *Playboy*.

10 Davies, *The Beatles*, p. 56-57. A letra da canção "Getting Better" (1967): "*I used to be cruel to my woman/ I beat her and kept her apart from the things that she loved*" (Eu costumava ser cruel com minha mulher/ Eu batia nela e a afastava das coisas que ela amava).

11 Entrevista realizada por Sandra Shevey, *Hartford Courant*, 26 de novembro de 1972.

12 "Teddy Boy... era minha cena, mas era apenas um clube...", entrevista realizada por David Skan, *Record Mirror*, 11 de outubro de 1969.

13 *Many Years From Now*, p. 49/33.

14 *The Beatles Anthology*, p. 31.

15 Um dos muitos segredos era que seu nome de verdade não era Bob ou Robert. Ele nasceu Frederick James Wooler. Esse fato não surgiu até sua morte, em 2002. Seu primeiro envolvimento com música adolescente foi quando ele empresariou o Kingstrums, grupo de skiffle de Garston, em 1957.

16 *Disc*, 18 de abril de 1959. A revista foi lançada em 8 de fevereiro de 1958. Rápida, boa, informativa e bem ilustrada, ela cobria todos os tipos de música popular, e confortavelmente encontrou seu nicho: não era a musicalidade, como a *Melody Maker*, nem continha tantos fatos como a *NME*; ela competia principalmente com *The Record Mirror*.

17 Entrevista realizada por Ray Connolly, *Evening Standard* (Londres), 9 de setembro de 1972.

18 Informação recebida de entrevista realizada com Roy Trafford, 9 de julho de 2010. O local de ensaio era, possivelmente, o Mount Carmel RC Boys' Club.

19 John escreveu isso em 1971, quando estava incluindo um texto em um livro publicitário.

20 Entrevista realizada por Elliot Mintz, 18 de abril de 1976.

21 *The Beatles Anthology*, p. 38. Richy Starkey viu Sister Rosetta Tharpe em Liverpool, provavelmente no Cavern, em 12 de abril de 1958, e achou que ela era maravilhosa na guitarra.

22 Entrevista realizada por Tom Snyder, *Good Morning America*, ABC-TV, 25 de novembro de 1981.

23 Entrevista realizada por Alan Rowett e Geoff Barker, para *Paul McCartney's Routes of Rock*, BBC World Service, outubro-novembro de 1999.

24 5 de junho de 1959.

25 Entrevista realizada por Tony Webster, *Beat Instrumental*, novembro de 1964.

26 Mimi Smith, entrevistada pela TVS, dezembro de 1981.

27 Entrevista realizada por Mike Hennessey, *Record Mirror*, 2 de outubro de 1971.

28 "Escutem esta música...", de coletiva de imprensa, 4 de setembro de 1964; "Sim, OK", de *Many Years From Now*, p. 112.

29 *The Beatles Anthology*, p. 18.

30 Entrevista realizada por Alan Freeman, BBC Radio 1, 6 de dezembro de 1974.

31 Davies, *The Beatles*, p. 56. Thelma Pickles confirma a zombaria de John ("Lá vem a senhorita Primm", "Bons modos, a Cynthia está aqui"), mas reconhece que John já gostava dela havia tempo. "Eu sempre senti isso, e eu era muito sensitiva a essas coisas, mas eu deixei de lado, porque achei que ela seria boa demais para ele. Ela era doce e adorável, uma garota simpática e quieta, que corava e ficava envergonhada" (entrevista ao autor, 6 de setembro de 2010).

32 Davies, *The Beatles*, p. 51.

33 Entrevista realizada por Tony Wilson, *Granada Weekend*, Granada TV, 26 de outubro de 1984.

34 *A Twist of Lennon*, p. 19. A resposta de Cynthia foi nervosa. Ela noivou com um Romeu de Hoylake (um limpador de janelas chamado Barry), mas o noivado acabou.

35 *The Beatles Anthology*, p. 103.

36 Essa é a mais provável cronologia do período em que Paul trabalhou na Lewis's, mas não é definitivamente correta. Ele esperava ganhar os ocasionais 10 xelins como *caddie* no campo de golfe, mas sempre havia outros rapazes à frente dele (*Many Years From Now*, p. 43).

11: **"Vem comigo pro Casbah"** (julho a dezembro de 1959)

1 Entrevista ao autor, 17 de dezembro de 2004.

2 Entrevista ao autor, 7 de fevereiro de 2005.

3 Entrevista realizada pelo autor e por Kevin Howlett, 6 de junho de 1990.

4 Entrevista realizada por Alan Rowett e Geoff Barker, para *Paul McCartney's Routes of Rock*, BBC World Service, outubro-novembro de 1999.

5 Louise lembrava de George ter levado um violão. Como não havia sentido em levar sua guitarra Club 40 sem o amplificador, provavelmente foi o antigo Hofner President.

6 *The Beatles Anthology*, p. 29. George colocou o nome de Oxo Whitney em um trecho da prosa de John Lennon, escrita em 1964 – "The Singularge Experience of Miss Anne Duffield", de *A Spaniard in the Works* (Londres, Jonathan Cape, 1965), p. 24-33.

7 Entrevista ao autor, 6 de janeiro de 2005. Ken Brown se lembrava disso tudo de forma bem diferente; especificamente, ele não lembrava de não ter aparecido em um show. No máximo (como ele me contou em maio de 2010), ele pode ter perdido um ensaio.

8 Rory Best acha que George e Ken tocaram como uma dupla – ele disse que os dois realizaram pelo menos uma performance no clube da British Legion em Old Roan, próximo a Aintree. Como George nunca mencionou isso e Ken não lembrava do evento, é registrado como algo não comprovado.

9 Davies, *The Beatles*, p. 74, e *Beatle! The Pete Best Story*, por Pete Best e Patrick Doncaster (Londres, Plexus, 1985), p. 20.

10 *The Beatles Anthology*, p. 45. Conforme os anos passaram, mais alegações foram feitas de que várias partes da decoração do Casbah foram pintadas por John, Paul ou George – notavelmente no livro *The Beatles – The True Beginnings*, por Roag Best, com Pete e Rory Best (Ipswich, Screenpress Publishing, 2002). Essas alegações podem estar corretas, mas é válido dizer que algumas pessoas podem tê-las questionado, incluindo Neil Aspinall, amigo próximo dos Best por 50 anos e residente de longa data da casa, que me disse: "O único ambiente que John, Paul ou George pintaram no Casbah foi aquele com as listras. Eles não fizeram nenhum outro. As pessoas não estão lembrando certo das coisas".

11 *Beatle!*, p. 20.

12 Kenneth Alan Brown, nascido em 30 de maio de 1940, em Enfield, Middlesex, se mudou, com seus pais, para Liverpool aos 9 meses de idade. Ele frequentou a escola Stonebridge Lane, em Norris Green; em 1959, já era um aprendiz com os fornecedores de ferramentas Robert Kelly & Sons. Ele morreu em 14 de junho de 2010, aos 70 anos.

13 John, Paul e George utilizavam guitarras europeias naquela época, mas isso mudaria no início dos anos 1960, após a Inglaterra suspender a proibição da importação de instrumentos e discos americanos, em junho de 1959 – a medida era para conservar dólares.

14 Foi assim que John Lennon lembrou da fala, durante uma entrevista com Brian Matthew, na *Pop Profile*, BBC Transcription Service, 30 de novembro de 1965. Também foi dito de outras maneiras, como "A guitarra é boa, John, mas você nunca vai se sustentar com isso", "Isso é muito bom, mas nunca vai se sustentar assim" e "A guitarra é boa como um hobby, John, mas você nunca vai se sustentar com isso".

15 Entrevista ao autor, 8 de dezembro de 2004.

16 Registros indianos de batismo (nascimento), morte e casamento, de antes de 1948, quando o país se tornou independente do Império Britânico, são mantidos na coleção Asian & African Studies, da Biblioteca Britânica, em Londres. O casamento Shaw-Best tinha uma mescla de religião e de cor: ela era anglicana, ele era católico.

17 *The Beatles – The True Beginnings*, p. 161.

18 Entrevista ao autor, 10 de novembro de 2005.

19 Entrevista realizada por Peter McCabe e Robert D. Schonfeld, setembro de 1971.

20 *The Real John Lennon*, Channel 4, 30 de setembro de 2000.

21 *John*, por Cynthia Lennon (Londres, Hodder & Stoughton, 2005), p. 38-39.

22 *A Twist of Lennon*, p. 25.

23 *A Twist of Lennon*, p. 35.

24 Entrevista realizada por David Sheff, 24 de setembro de 1980, para a *Playboy*.

25 Entrevista ao autor, 10 de novembro de 2005. Referência a "17 pintores contemporâneos americanos", exibição de arte moderna americana realizada na Embaixada dos Estados Unidos, Grosvenor Square, com início em 31 de outubro de 1958.

26 *John*, p. 45.

27 *Many Years From Now*, p. 42. "Eu fiz a maioria das minhas leituras...", de entrevista realizada por Melvyn Bragg, *The South Bank Show*, LWT, 14 de janeiro de 1978; "boa imagem", de entrevista realizada por Janice Long, para *Listen to What the Man Says*, BBC Radio 1, 22 de dezembro de 1985; "na universidade", de entrevista realizada por Richard Williams, para *The Times*, 16 de dezembro de 1981. "Eu gostava de ficar por conta própria. Eu costumava pegar o ônibus e ir a algum lugar, para variar, em vez de ficar com as pessoas", entrevista na rádio WBZ, de Boston, Londres, 30 de maio de 1964.

28 Davies, *The Beatles*, p. 77.

29 *The Beatles Anthology*, p. 31.

30 Davies, *The Beatles*, p. 60. A irmã de George estava no Canadá. Louise emigrou para Ontário em 1956, com seu marido, Gordon Caldwell, saindo de Liverpool. Todos os Harrison, incluindo George, se despediram deles no navio. Ele se tornou "tio George" para um garoto (Gordon) que nasceu em abril de 1957 e uma garota (Leslie) nascida em setembro de 1959, mas ainda levaria anos para se conhecerem pessoalmente.

31 Entrevista realizada por David Sheff, 24 de setembro de 1980, para a *Playboy*.

32 *The Beatles Anthology*, p. 38.

33 5 de dezembro de 1959.

34 *I Me Mine*, p. 29; "dardos", de Davies, *The Beatles*, p. 60.

35 *The Beatles Anthology*, p. 81.

36 A primeira parte da citação é de *The Beatles – The True Beginnings*, p. 29; a segunda é de entrevista realizada por Roger Scott, Capital Radio (Londres), 17 de novembro de 1983.

37 Entrevista ao autor, 14 de dezembro de 2004.

38 Entrevista ao autor, 4 de outubro de 2004.

39 Entrevista ao autor, 17 de dezembro de 2004.

40 Entrevista ao autor, 11 de novembro de 2004.

41 *A Twist of Lennon*, p. 28.

42 Entrevista ao autor, 10 de agosto de 2004.

43 *Shout!*, por Philip Norman (Londres, Hamish Hamilton, 1981), p. 53.

44 Entrevista ao autor, 11 de dezembro de 2004.

45 Entrevista ao autor, 25 de abril de 2005.

46 *The Beatles Anthology*, p. 53.

47 Citado no website "It's Only Love" (http://sentstarr.tripod.com./beatgirls/girl/html). Dorothy Rhone morava na 39 Beauclair Drive, Liverpool 15, próximo a Mosspits Lane Primary, primeira escola de John Lennon.

48 *The Beatles Anthology*, p. 39. O primeiro bumbo de bateria personalizado de Ringo tinha apenas as iniciais R. S., muito práticas, por servirem tanto para Ringo Starr quanto para Rory Storm.

49 A quantia mais frequentemente citada é £ 50, mas ele mencionou £ 75 em uma entrevista realizada por Roderick Mann, *Sunday Express*, 9 de março de 1969, e em uma conversa em 1994, filmada para *The Beatles Anthology*.

50 *The Beatles Anthology*, p. 38.

51 *The Real John Lennon*, Channel 4, 30 de setembro de 2000.

52 Davies, *The Beatles*, p. 56-57.

53 *John*, p. 51.

54 Entrevista realizada por Peter Lewis, 6 de junho de 1968, para o programa *Release*, da BBC2. "Henry and Harry" foi publicado em 1964, *In His Own Write*, p. 66-67; "espantalhado" ("*astoundagasted*") era uma invenção de Lennon, usada tanto na forma falada quanto escrita, em um de seus primeiros poemas, "The Land of the Lunapots".

55 *The Beatles Anthology*, p. 31.

12: O abrir da cortina

1 A informação nestes parágrafos veio de fontes variadas, incluindo documentos de naturalização (dos National Archives da Inglaterra); certidões de nascimento, casamento e óbito; jornais locais do início do século XX; registros empresariais; e discussões com a família Epstein.

2 Leslie Epstein morreu em 1946. Isaac e Dinah tiveram seis crianças no total. Como o único outro filho homem, Harry gerenciava o negócio.

3 Davies, *The Beatles*, p. 116.

4 Ibid.

5 George gravou "The Spider's Dance" para ser incluída em um CD que vinha com sua autobiografia, *Playback* (Guildford, Genesis Publications, 2002).

6 A não ser que estejam atribuídas de outra maneira, as citações de George Martin neste capítulo são de uma entrevista ao autor, 31 de agosto de 2000. Shearing era o pianista cego, nascido em Londres, que tocava jazz; Lewis era o músico de boogie-woogie, nascido em Chicago.

7 *All You Need Is Ears*, por George Martin, com Jeremy Hornsby (Londres, Macmillan, 1979), p. 27.

8 Diários de Brian Epstein e documentos pessoais vendidos em leilão da Christie's, Londres, 27 de abril de 2000; anotações feitas pelo autor antes da venda. Atividade homossexual em Wrekin recordada em *Brian Epstein*, por Ray Coleman (Londres, Viking Penguin, 1989), p. 28.

9 10 de novembro de 1950. *Accordion Times and Musical Express* tinha se tornado apenas *Musical Express* em 6 de fevereiro de 1948. Tornou-se *New Musical Express* em 7 março de 1952.

10 Entrevista realizada por Bill Grundy, 7 de março de 1964, para *Frankly Speaking* (BBC North of England Home Service, 23 de março de 1964).

11 Nestes parágrafos, as citações e informações sobre Epstein foram retiradas de transcrições brutas de entrevistas para sua autobiografia *A Cellarfull of Noise*, anotada e datilografada por Derek Taylor em abril de 1964, impressa de forma fac-similar em sua obra *Fifty Years Adrift*, p. 128-141.

12 *A Cellarful of Noise*, por Brian Epstein (Londres, Souvenir Press, 1964), p. 32.

13 Davies, *The Beatles*, p. 119.

14 *The Brian Epstein Story*, compilado por Deborah Geller (Londres, Faber and Faber, 2000), p. 8.

15 Entrevista ao autor, 15 de junho de 1992.

16 Ibid.

17 *Melody Maker*, *Billboard*, 22 de janeiro de 1955; *NME*, 21 de janeiro de 1955.

18 12 de abril de 1955. O *Hoylake & West Kirby Advertiser* foi onde Derek Taylor começou sua carreira no jornalismo, em 1949. Ele cresceu em West Kirby. Derek saiu do jornal em 1955, após completar seu serviço militar para o National Service, e assumiu um emprego melhor no *Liverpool Echo*.

19 O documento foi publicado (composição tipográfica, não fac-similar) em *The Brian Epstein Story*, p. 9-10.

20 Entrevista ao autor, 15 de junho de 1992. Rodas dentro de rodas: a produção de George Martin em que Dick James cantou, a qual ele elevou às paradas, era o tema de

uma série que marcou as estreias na TV de Peter Asher e sua irmã, Jane, aos 11 e 10 anos de idade, respectivamente. Até apareceram juntos em um episódio, "Children of the Greenwood" (ITV de Londres, em 29 de abril de 1956). William Walton fez a trilha sonora para *Henrique V* (1944), o filme de Laurence Olivier inspirado na obra de Shakespeare, cuja cena de batalha mais marcante tinha um som impressionante de milhares de flechas voando.

21 Entrevista ao autor, 11 de janeiro de 1985.

22 *A Cellarful of Noise*, p. 40.

23 *Brian Epstein* (Coleman), p. 41-42.

24 Notas da declaração manuscrita de Brian Epstein feitas pelo autor antes de sua venda na Christie's, Londres, 27 de abril de 2000. Foi transcrita (parcialmente) no catálogo daquele leilão, bem como em *The Brian Epstein Story*, p. 18-21.

25 Citado integralmente na *NME*, 15 de fevereiro de 1957.

26 *A Cellarful of Noise*, p. 40.

27 Ibid., p. 41.

28 Entrevista ao autor, 12 de dezembro de 2005.

29 De transcrições brutas de entrevistas para sua autobiografia, *A Cellarful of Noise*.

30 *Playback*, por Dave Dexter Jr. (Nova York, Billboard Publications, 1976), p. 157.

31 Entrevista ao autor, 8 de abril de 2005.

32 *All You Need Is Ears*, p. 144.

33 Esse relato das ações de Brian Epstein após o ataque foi considerado como prova na corte, em 21 de maio de 1958. Uma versão alternativa foi relatada por seu amigo, Joe Flannery (por exemplo, em *The Brian Epstein Story*, p. 26): ele disse que Brian saiu de sua casa antes do ataque e voltou lá depois, porém sem seu carro, e que ele (Flannery) cuidou de suas feridas.

34 De acordo com o biógrafo Ray Coleman, Brian Epstein revelou sua sexualidade para sua família após um jantar de sabá, numa noite de sexta-feira. Seu pai e seu irmão ficaram chocados e, a princípio, não aceitaram, mas Queenie entendeu, pois já pressentia a possibilidade havia algum tempo. Ela se tornou sua confidente, a integrante da família com quem ele podia se abrir (*Brian Epstein*, p. 34-35). Isso talvez não esteja correto – mas, mesmo que esteja, não se sabe quando aconteceu.

35 *Evening Express*, Liverpool, 21 e 29 de maio de 1958.

36 *Brian Epstein* (Coleman), p. 50-55.

37 *News of the World*, 10 de setembro de 1967. Esse artigo não é tão obsceno quanto a fonte sugere: é um exemplo de jornalismo justo, citando as cartas de maneira sóbria e fornecendo datas e contexto.

38 Entrevista ao autor, 12 de dezembro de 2005.

39 Davies, *The Beatles*, p. 123.

40 Entrevista ao autor, 10 de abril de 2005.

41 2 de janeiro de 1959.

42 15 de maio de 1959.

13: "*Hi-yo, hi-yo Silver – away!*" (janeiro a maio de 1960)

1 Entrevista realizada por Spencer Leigh.

2 A quantia de £ 90 foi o valor declarado pelo próprio Sutcliffe em um currículo de sua carreira artística, manuscrito, um ano depois. Esse é o único registro exato do valor pago por Moores.

3 Davies, *The Beatles*, p. 65.

4 *The Beatles – The True Beginnings*, p. 54.

5 Entrevista ao autor, 25 de agosto de 2005.

6 *Beatles Gear*, p. 29-31. O livro de Andy Babiuk é a obra de referência sobre os equipamentos musicais dos Beatles.

7 *The Beatles Anthology*, p. 23.

8 Entrevista ao autor, 10 de agosto de 2004.

9 *A Twist of Lennon*, p. 38.

10 Cyn, em *A Twist of Lennon*, p. 29; George, em *The Beatles Anthology*, p. 41. O outro baixo caseiro, cuja construção foi iniciada por Rod Murray em 1959, para que ele pudesse se juntar aos Quarrymen, nunca foi terminado. Progrediu apenas até um estado artisticamente agradável, belamente aplainado, mas longe de terminado. Murray ainda o tem.

11 *The Beatles Anthology*, a série de TV.

12 Uma situação real, não apenas uma metáfora; dita por Paul em *The Beatles Anthology*, versão do diretor (um lançamento extraoficial).

13 Entrevista realizada por Michael Parkinson, *Parkinson's Sunday Supplement*, BBC Radio 2, 12 de outubro de 1997.

14 Do site "It's Only Love", que convenientemente reúne em um só lugar as citações publicadas e o conhecimento sobre as namoradas que os Beatles tiveram em suas vidas.

15 *West Derby Reporter* (e outros), 22 de janeiro de 1960.

16 De entrevista com Johnny "Guitar" Byrne, realizada por Bob Hardy, maio de 1999.

17 Entrevista ao autor, 4 de março de 2008.

18 Anúncio no *Liverpool Echo*, 22 de janeiro de 1960.

19 Entrevista ao autor, 11 de agosto de 2004.

20 *Many Years From Now*, p. 40. A lembrança de Paul é contestada por seus colegas de turma, que se recordam de ele fazer, ao menos, uma inscrição preliminar para um curso de magistério na Liverpool University. Seus estudos demandariam uma longa viagem diária até Cheshire, onde estudaria na afiliada Chester Training College for Schoolmasters.

21 *Daily Mirror*, 24 de maio de 1985. Se John, Stuart e George foram ver Paul na peça de teatro, eles nunca mencionaram isso. Apenas sete meses depois de sair do Institute, George não estaria ansioso para voltar lá, e John só teria causado confusão.

22 A esposa de Austin Davies era Beryl Bainbridge (1932-2010), que trabalhou como atriz por um tempo e, a partir de 1967, se tornou escritora de romances comercialmente bem-sucedidos e vencedores de prêmios. Fritz Spiegl (1926-2003) era um flautista, apresentador, humorista e autor. Outras fontes: *The Beatles Anthology*, p. 31, 198; e entrevista de Tony Carricker ao autor, 17 de dezembro de 2004.

23 A música francesa de Paul incluía o acorde especial que Jim Gretty tinha mostrado a ele e George na Hessy's. "Trambone" era outra que eles haviam ensaiado como uma música tocada por ambos, como a interpretação de Atkins para "Bourrée", de Bach. "... uma das minhas táticas", de *Many Years From Now*, p. 273, em que o anfitrião da festa, Austin Davies, é erroneamente nomeado como Austin Mitchell; "Estávamos tentando passar um tempo...", de *The Beatles Anthology*, p. 198. Paul ocasionalmente diz "nós" em entrevistas, mas, na verdade, quer dizer "eu".

24 A primeira parte da citação é de entrevista ao autor, 30 de setembro de 1987; a segunda parte é de entrevista realizada por Alan Rowett e Geoff Barker, para *Paul McCartney's Routes of Rock*, BBC World Service, outubro-novembro de 1999.

25 2 de janeiro de 1960.

26 Recordado por Veronica Johnson, namorada de Stuart na época, em *Stuart: The Life and Art of Stuart Sutcliffe*, por Kay Williams e Pauline Sutcliffe (Guildford, Genesis Publications, 1996), p. 99.

27 Entrevista realizada por Alan Rowett e Geoff Barker, para *Paul McCartney's Routes of Rock*, BBC World Service, outubro-novembro de 1999.

28 *The Beatles Anthology*, p. 28. Em 1963, Paul disse a Michael Braun (*Love Me Do! The Beatles' Progress*, p. 34-35): "Eu lembro de pensar, antes do show [de Eddie Cochran], que eu estava *lá* de verdade" (então, ele começou a relatar as artimanhas de um artista negro que se apresentou no evento, apesar de não haver nenhum). Vinte e cinco anos depois, Spencer Leigh, apresentador da BBC Radio de Merseyside, que tem um profundo conhecimento a respeito da turnê Vincent-Cochran, perguntou a

Paul sobre ter visto o show em Liverpool, e Paul disse que ele não tinha ido, e não conseguia mais se lembrar por que não foi.

29 A primeira parte da citação é de entrevista realizada por B. P. Fallon para a RTE2 (Irlanda), por volta de 20 de outubro de 1987; a segunda parte da citação é de entrevista realizada por Joe Brown, *Let It Rock*, BBC Radio 2, 5 de julho de 1999; última fala de *The Beatles Anthology*, p. 28. Cochran substituiu sua tipicamente pesada terceira corda da guitarra (uma corda de aço, revestida por outra corda de níquel e aço, bobinada), pela segunda corda, mais leve, de apenas aço (não bobinada), o que tornava mais fácil fazer *bends* nas cordas, enquanto tocava seus famosos solos. George não percebeu isso no Empire, mas ouviu a história anos depois, de Joe Brown, que teve a oportunidade de observar Cochran de perto durante a turnê.

30 Entrevista ao autor, 20 de julho de 2006; resenha no *Echo*, 15 de março de 1960.

31 Entrevista ao autor, 10 de maio de 2010. Em 1970, quando Kelly ouviu "One After 909" no disco *Let It Be*, dos Beatles, ele instantaneamente a reconheceu como a canção que tinham gravado dez anos antes.

32 Uma versão de "Cayenne" foi lançada em *The Beatles Anthology 1*; nenhuma outra canção da fita está legalmente disponível, mas as faixas circulam extraoficialmente. Outra canção pode ser chamada "I Don't Know", e talvez seja uma composição Lennon-McCartney. O lugar da gravação é desconhecido: pode ter sido a sala de desenho anatômico na faculdade de artes, ou o apartamento na Gambier Terrace. Rod Murray trouxe um gravador de fita que tinha comprado em prestações em janeiro de 1960, e se lembra de gravar o grupo, mas acredita que as fitas foram perdidas ou apagadas quase imediatamente (no entanto, ainda podem ser essas fitas).

33 "Nós mentíamos até não poder mais...", de *The Beatles Anthology*, p. 23. "Sr. Low" era, possivelmente, o agente e *promoter* Harry Lowe, que morava em Londres, mas tinha nascido em Liverpool, e ainda era visivelmente ativo lá. Ele era, na verdade, Harry Swerdlow, e seu sobrinho, Alan Swerdlow, era um amigo de Brian Epstein e um estudante na Liverpool College of Art na mesma época que John, e esta pode ter sido a conexão que levou à carta. Aparece reproduzida em fac-símile em Davies, p. 69. Novamente evidenciando os poucos graus de separação em Liverpool, a caligrafia da qual Paul tanto se orgulhava foi ensinada a ele no Institute por "Cissy" Smith, irmão de George, o falecido tio de John.

34 Reproduzido em fac-símile em *Thank U Very Much*, p. 70. "Competência, confiança e continuidade" parece algo que Jim Mac diria.

35 Carta vendida em um leilão da Sotheby's, Londres, em 1º de setembro de 1983, reproduzida no catálogo do leilão, assim como em meu livro *The Complete Beatles Chronicle* (Londres, Pyramid Books, 1992), p. 18.

36 "Los Paranoias" mencionado por John em uma entrevista realizada por Tony MacArthur, Radio Luxembourg, meados de setembro de 1969. Um ano antes, uma jam de estúdio dos Beatles (lançada em *Anthology 3*) evoluiu, conscientemente, para uma canção improvisada chamada "Los Paranoias". "Tínhamos cerca de dez ideias por semana", de entrevista realizada por Dibbs Mather, para *Dateline London*, BBC Transcription Service, 10 de dezembro de 1963.

37 Entrevista realizada por Jim Steck, 26 de agosto de 1964.

38 Entrevista ao autor, 13 de fevereiro de 1997.

39 Entrevista realizada por Fred Robbins para *Assignment: Hollywood*, Radio Luxembourg, 10 de fevereiro de 1964.

Em meados dos anos 1970, George Harrison ficou sabendo que uma cena no filme de Marlon Brando chamado *O selvagem* (*The wild one*) trazia o astro Lee Marvin gritando, "Johnny, estávamos procurando por você. Os Beetles sentiram sua falta. Todos os Beetles sentiram sua falta". Ao lembrar que Stuart Sutcliffe era um fã de Brando, George sugeriu que essa poderia ser a fonte do nome do grupo, e ele também especulou que o personagem Johnny pode ter influenciado John Lennon. Como resultado, a hipótese ganhou notoriedade, especialmente após George a discutir na série de TV *The Beatles Anthology* (1995).

George aparentemente não sabia que *O selvagem* foi banido pela British Board of Film Censors, uma organização censora, em razão do temor de que o filme poderia incitar a delinquência, e que não foi exibido em cinemas públicos até 1968. Há apenas uma chance de Sutcliffe ter visto o filme antes de 1960: em 24 de novembro de 1956, a Merseyside Film Institute Society (um clube privado, cujo objetivo era elevar o padrão e a apreciação de filmes) fez uma exibição única, exclusiva para membros, no Philharmonic Hall. Para George estar certo, Stuart teria que ter lembrado daquele diálogo inconsequente por mais de três anos (e, ainda assim, não o sugerir na ocasião anterior em que a banda estava procurando por um nome); ele também precisaria ter conseguido acesso à exibição do filme, apesar de ser jovem demais na época, com apenas 16 anos; e teria que ter sido membro da MFIS, algo que ele não era.

O selvagem provavelmente não teve mais influência na escolha do nome Beatles (ou Beatals) do que, por exemplo, o verso "*Do the beetle-bop right, side by side*" (Faça o passo do besouro certo, lado a lado) em "Rock This Joint", de Bill Haley, que estava nas paradas da *NME* em fevereiro de 1957, quando Paul McCartney os viu ao vivo.

40 Entrevista ao autor, 4 de outubro de 2004.

41 Entrevista realizada por Brian Matthew, para *My Top 12*, BBC Radio 1, 6 de fevereiro de 1974.

42 Entrevista ao autor, 20 de julho de 2006.

43 *Disc*, 27 de abril de 1963.

44 Na edição 27 da revista *Beatles Book* (outubro de 1965), Jim McCartney falou de Paul e Mike quando eram crianças: "Entre seus amigos, eram conhecidos como os Nurk Twins, mas eu nunca descobri o porquê". Fred Nurke era um personagem de pouca importância em *The Goon Show*, cuja voz era feita por Peter Sellers, e que apareceu em apenas três episódios. Sempre foi escrito como Nurke nos roteiros, mas, como o programa era transmitido via rádio, os ouvintes não saberiam a grafia ao certo. A grafia Nerk prevalece porque foi usada por Paul em um cartão-postal enviado de Caversham para seu irmão, então provavelmente foi assim que o nome foi escrito em seus pôsteres feitos à mão. Informação histórica sobre a visita de John e Paul a Caversham vem de uma entrevista realizada pelo autor, em 1983, com Mike Robbins (um bom homem, 1928-2009).

45 Novamente, todas as informações foram retiradas do site "It's Only Love".

46 Davies, *The Beatles*, p. 75, com base nos registros escolares da Liverpool Collegiate, que confirma sua partida em 11 de março de 1969. Ninguém mais saiu da escola naquele dia, e não era o fim do período.

47 Entrevista ao autor, 25 de abril de 2005.

48 O lar da família Aspinall era na 43 Liddell Road, virando a esquina.

49 Entrevista realizada por Alan Smith, *NME*, 23 de julho de 1968. Rory cantou três canções: "What'd I Say", "Honey, Don't" e "Willie and the Hand Jive". Ringo não mencionou ter falado com Pete na ocasião, mas Pete afirma isso em *Beatle!*, p. 47.

50 Entrevista realizada por Alan Freeman, BBC Radio 1, 6 de dezembro de 1974. Última frase retirada de *The Beatles Anthology*, p. 41.

51 Entrevista realizada por Spencer Leigh.

52 Entrevista ao autor, 20 de julho de 2006.

53 *A Twist of Lennon*, p. 42.

54 Entrevista realizada por Peter McCabe e Robert D. Schonfeld, setembro de 1971.

55 Entrevista ao autor, 4 de março de 2008.

56 John, de carta publicada em *The Beatles: An Illustrated Record*, por Roy Carr e Tony Tyler (Londres, NEL, edições de 1978 em diante), p. 3; a primeira citação de Paul é de entrevista realizada por Alan Smith, *NME*, 9 de agosto de 1963 e a segunda é de entrevista realizada por Mike Read, 13 de outubro de 1987, para a BBC Radio 1; George, de *The Beatles Anthology*, p. 41.

57 Entrevista ao autor, 4 de março de 2008.

58 *The Real John Lennon*, Channel 4, 30 de setembro de 2000.

59 Uma boa seleção das fotos que Cheninston Roland tirou do teste para tocar com Billy Fury aparece em *How They Became the Beatles – a Definitive History of the Early Years: 1960-1964*, por Gareth L. Pawlowski (Nova York, E. P. Dutton, 1989), p. 13-22.

60 *The Beatles Anthology*, p. 44.

61 Entrevista ao autor, 4 de março de 2008.

62 Millie Sutcliffe, de *The Beatles: The Days in Their Life*, série de rádio canadense de 1981. Williams primeiro disse isso publicamente em seu perfil na *Record Mirror*, por Bill Harry (22 de outubro de 1966): "Os grupos foram eliminados aos poucos, e ficaram Cass and the Cassanovas e os Beatles. Billy [Fury] queria os Beatles, e Larry Parnes pendeu para os Cassanovas. Foi decidido que, se os Beatles largassem Stu, eles se tornariam o grupo de apoio de Billy. Mas eles se recusaram".

63 Entrevista ao autor, 27 de maio de 2004.

64 *A Twist of Lennon*, p. 37.

65 Estendido de entrevista realizada por Larry Kane, 13 de setembro de 1964.

66 De entrevistas com Ringo Starr realizadas por Phil Donahue, 1978 e 1995.

67 Entrevista realizada por Spencer Leigh.

68 Entrevista ao autor, 26 de novembro de 2005.

14: **"Cadê o maldito dinheiro?"** (18 a 30 de maio de 1960)

1 Recordado por Millie Sutcliffe (entrevista realizada por Nik Cohn), *Observer*, 8 de setembro de 1968.

2 "Eu não percebi que haveria um exame por escrito", Paul em *Many Years From Now*, p. 42.

3 Davies, *The Beatles*, p. 70.

4 *Coventry Evening Telegraph*, 29 de julho de 2005.

5 *Weekly News*, 4 de janeiro de 1964.

6 Entrevista ao autor, 27 de maio de 2004.

7 Lançada em março de 1960, a *Record Retailer* era a primeira revista especializada no mercado fonográfico. Seu top 50 semanal era a maior parada de sucessos da nação, cujo número de posições só foi superado pelo top 100 de músicas tocadas em jukeboxes, pela *The World's Fair*.

8 Entrevista ao autor, 2 de maio de 1991. Citação anterior ("queríamos estar com Fury ou Eager") da mesma fonte, assim como a explicação de Paul a respeito de como a sílaba tônica de Ramon era a segunda, ao estilo francês. "Paul Ramon: só Deus sabe de onde Paul tirou aquele nome!", John Lennon comentou em uma entrevista, em 1975. Nicolas de Staël (1914-1955), nascido na Rússia, com

nacionalidade francesa, trabalhou com colagens, ilustrações e têxteis, mas era mais conhecido por suas paisagens abstratas. A habilidade que Stuart tinha de se adaptar a uma variedade de métodos de pintura fez com que algumas pessoas da Liverpool College of Art o chamassem de "*Stu the Style*" (Stu, o Estilo), cuja pronúncia similar a Staël pode, ou não, ser uma coincidência.

9 Citação de John de uma entrevista realizada por Paul Drew, rádio estadunidense, abril de 1975. Paul McCartney: "Não havia mais a necessidade de John ser Long John, porque estávamos em turnê com Johnny Gentle, então o nome Long John foi abandonado, graças a Deus (entrevista ao autor, 2 de maio de 1991). "Depois, as pessoas disseram, 'Ah, John não mudou seu nome, que cara elegante'. Vou te contar: ele era Long John! Não tinha essa história de 'ele não mudou seu nome': *todos* mudamos nossos nomes" (*The Beatles Anthology*, p. 44).

10 *The Beatles Anthology*, p. 44.

11 Entrevista ao autor, 28 de agosto de 2006.

12 *The Beatles Anthology*, p. 44.

13 A testemunha ocular era Leslie Bisset, que estava em Keith na quarta-feira, 25 de maio.

"Darin, Benton, Como, Washington", da *New Record Mirror*, 23 de junho de 1962 (*The Record Mirror* tornou-se *Record and Show Mirror* a partir de 22 de agosto de 1959, e *New Record Mirror* a partir de 18 de março de 1961). "Alright, Okay, You Win" era apenas relativamente uma canção antiga (1955), recentemente revivida por Peggy Lee. Matéria na *Disc*, janeiro de 1960.

No documentário da BBC Radio 2, *The Beatles in Scotland* (24 de setembro de 1996), Johnny Gentle disse que sua apresentação contava com "apenas seis ou sete canções, depois eles [os Beatles] tocavam por cerca de uma hora". Isso é altamente improvável, tendo em vista que ele era a atração principal. Falando sobre a turnê, 11 anos depois, John Lennon recordou: "Só tocávamos [sozinhos] por cerca de 20 minutos, e ele ficava no palco em seguida, durante a maior parte do tempo" (entrevista realizada por Peter McCabe e Robert D. Schonfeld, setembro de 1971). Mesmo 20 minutos parece ser tempo demais – seriam dez minutos, no máximo.

Alex Harvey (1935-1982) foi anunciado como "o Tommy Steele da Escócia". Ele liderou a Alex Harvey's Soul Band e, nos anos 1970, notavelmente, a Sensational Alex Harvey Band.

14 *The Alloa Circular and Hillfoots Record*, 25 de maio de 1960.

15 A noite na van foi recordada por George em *The Beatles Anthology*, p. 44. Anedota sobre palheiro por Colin Manley, dos Remo Four, que conhecia Paul (e George) do Liverpool Institute.

16 *The Beatles Anthology*, p. 44.

17 *Fifty Years Adrift*, p. 95.

18 Davies, *The Beatles*, p. 71.

19 Entrevista no programa *Good Morning Australia* (Channel 10), primavera de 1982. Citação de Williams de entrevista ao autor, 27 de maio de 2004.

20 Entrevista do autor com Paul McCartney, 2 de maio de 1991. Margie era Marjorie A. Overall (nascida Maidenhead, 1940). Como uma testemunha de primeira mão da turnê dos Beatles com Johnny Gentle, ela talvez tenha memórias interessantes para relatar, mas não pôde ser encontrada.

21 *Thank U Very Much*, p. 70.

22 Entrevista realizada por Spencer Leigh.

23 Entrevista realizada por Johnny Beerling, início de 1972, para a BBC Radio 1.

24 Davies, *The Beatles*, p. 71.

25 *The Man Who Gave The Beatles Away*, por Allan Williams e William Marshall (Londres, Elm Tree Books, 1975), p. 53-54. É claro que John não conseguiria ver os detalhes sem seus óculos.

26 Entrevista ao autor, 20 de junho de 2005.

27 Ibid. Sach foi interpretado por Huntz Hall – sua foto aparece na capa de *Sgt. Pepper's Lonely Hearts Club Band*. Peter Blake, que idealizou e montou o design da capa, disse que acrescentou Hall à galeria, mas um ou dois livros (embora alheios a qualquer conexão) cogitam se John Lennon foi responsável pela escolha.

28 Os *promoters* em Fraserburgh, Keith, Nairn e Peterhead eram Bert Ewen e Hilda May, um casal de Inverurie, que operava sob o nome North-East Dances.

29 *The Beatles Anthology*, p. 44.

30 *The Beatles in Scotland*, BBC Radio 2, 24 de setembro de 1996.

15: **Dirigir e bater** (31 de maio a 15 de agosto de 1960)

1 Entrevista realizada por Spencer Leigh. Feather era um artista judeu homossexual que era proprietário do clube noturno Basement, localizado na 62 Mount Pleasant.

2 *A Cellarful of Noise*, p. 43. Newley era a atração principal naquela semana, no Liverpool Empire.

3 2 de abril de 1960, resenha por Don Nicholl.

4 Entrevista ao autor, 24 de julho de 2004.

5 *Weekly News*, 11 de janeiro de 1964. Ringo, de entrevista realizada por Jerry G. Bishop, 13-24 de agosto de 1965.

6 *Birkenhead News and Advertiser* (edição Heswall e Neston), 11 de junho de 1960. Quinze anos depois, John Lennon – que recebeu uma cópia do recorte em 1964, e o exibia com entusiasmo – chamou o texto de "possivelmente a primeira resenha escrita sobre os Beatles" (veja *The Beatles: An Illustrated Record* [edição de 1978 em diante], p. 3). Definitivamente foi o caso.

7 Com base nos comentários de Harry Harrison para Davies, *The Beatles*, p. 59.

8 Entrevista ao autor, 15 de março de 2007.

9 Davies, *The Beatles*, p. 101.

10 Entrevista ao autor, 12 de agosto de 2010.

11 Entrevista ao autor, 3 de novembro de 1994; áudio lançado no álbum *The Beatles Anthology 1*, de 1995.

12 "You'll Be Mine" e uma edição de "Hallelujah, I Love Her So" foram lançados em *The Beatles Anthology 1*. Nada mais dessa fita está legalmente disponível, mas as faixas circulam extraoficialmente.

13 Dot Rhone, entrevistada por Bob Spitz, *The Globe and Mail*, Toronto, 15 de novembro de 2005. Margaret Kelly, viúva de Brian, que trabalhava com ele nos bailes, se lembra de ele ter dito: "Eles não vieram e não me avisaram, *chega*" (entrevista ao autor, 25 de novembro de 2005). Rod Murray, de entrevista ao autor, 10 de agosto de 2004.

14 Entrevista ao autor, 28 de agosto de 2006.

15 Entrevista ao autor, 7 de outubro de 2004. Todas as citações subsequentes de Ellis também são dessa fonte.

16 Carta escrita para a publicação *IT*, edição 155 (31 de maio-14 de junho de 1973). Matéria no *Daily Mirror*, 26 de novembro de 1959.

17 *Rave*, por Royston Ellis (Northwood, Middlesex, Scorpion Press, maio de 1960), p. 17.

18 *Many Years From Now*, p. 88.

19 A primeira parte é de *Stuart: The Life and Art of Stuart Sutcliffe*, p. 107; a última parte é de *Many Years From Now*, p. 88.

20 Inaladores Vicks deixaram de conter benzedrina.

"... eles nem sabiam ficar altos com as tiras de benzedrina dos inaladores nasais!", de artigo sobre Royston Ellis em *Generation X* (por Charles Hamblett e Jane Deverson, Londres, Anthony Gibbs & Phillips, 1964), p. 143, 148-9. Ellis também fez uma versão fictícia de suas experiências em Liverpool com os Beatles, em seu romance *Myself For Fame* (Londres, World Distributors, 1964), p. 42-49, em que eles apareciam com o nome Rhythmettes, e o café Jacaranda da Slater Street aparecia como o café Panda da Tater Street. A exposição factual que Ellis fez do rock britânico, *The Big Beat Scene* (Londres, Four Square Books, 1961), não menciona os Beatles, mas ele diz que uma referência aos "Blanks" (p. 76) trata deles. O livro foi publicado novamente em 2010; em um novo posfácio, Ellis relatou como esteve com os Beatles em Liverpool, em junho de 1960, repetindo a alegação (veja abaixo) de que ele foi o responsável pelo nome deles.

21 Entrevista ao autor, 4 de outubro de 2004.

22 Paul, de *Many Years From Now*, p. 50; George, de *Fifty Years Adrift*, p. 95; John, de entrevista realizada por Paul Drew, rádio estadunidense, abril de 1975.

23 Tinha "P. H." como autor – abreviação de Paul Heppel, que redigia o resumo semanal do showbiz chamado "Show Pieces". Royston Ellis alega que ele inventou, ou confirmou de alguma forma, o nome Beatles para o grupo, mas isso não é verdade. Eles estavam usando o nome, e ele apareceu por impresso, um mês antes de o conhecerem. Se Ellis disse a eles que "Beatles" era uma boa maneira de escrever o nome, e que deveriam continuar assim, ele estava correto – era boa mesmo, e eles continuaram usando o nome. Em uma carta publicada, Ellis escreveu sobre eles três semanas após sua viagem a Liverpool e grafou o nome do grupo como "Beetles".

24 Entrevista realizada por Spencer Leigh.

25 Lembrado por Lu Walters, *Mersey Beat*, 18 de julho de 1963.

26 Entrevista ao autor, 27 de agosto de 2005.

27 *The Beatles Anthology*, p. 39.

28 Entrevista realizada por Roger Scott, Capital Radio (Londres), 17 de novembro de 1983. O anúncio na *Melody Maker* era de 5 de março de 1960, e houve outro em 25 de junho, a edição mais recente quando Paul fez sua compra. O preço em espécie era 18 guinéus, um valor bem baixo para uma guitarra.

29 "A princípio, nenhum deles ficou impressionado", Paul disse a Russell Harty (BBC1, 26 de novembro de 1984), se referindo aos outros Beatles. Não se sabe mais nada sobre isso.

30 Entrevista ao autor, 17 de julho de 2006. Todas as citações subsequentes são dessa fonte.

31 Entrevista realizada por Lisa Robinson, 29 de setembro de 1980.

32 *A Twist of Lennon*, p. 40.

33 Entrevista ao autor, 11 de agosto de 2004.

34 O repórter era Peter Forbes, e o fotógrafo, Harold Chapman – ele também tirou fotos importantes de Ginsberg, Burroughs, Corso e outros, no que era conhecido como o Beat Hotel, em Paris.

35 Anedota de Paul McCartney contada ao autor, durante tour em seu estúdio de gravação, 17 de dezembro de 1996.

36 *The Beatles Anthology*, p. 44. A revista *Beatles Book*, edição 3 (outubro de 1963), p. 9, fez uma breve observação sobre a situação com bateristas dos Beatles naquele período, como foi explicado ao jornalista "Billy Shepherd" (Peter Jones) por Paul. O texto diz que ele, John e George aprenderam a tocar bateria "razoavelmente bem". Todos continuariam a tocar bateria, de tempos em tempos, nos anos seguintes.

37 Entrevista realizada por Spencer Leigh.

38 "A Little Bare", *Mersey Beat*, 6 de setembro de 1962.

39 Entrevista realizada pelo autor e por Kevin Howlett, 6 de junho de 1990. A ideia de que "Algo vai acontecer", ou palavras similares, era a forma que John Lennon tinha de pensar (talvez inspirado por Micawber em *David Copperfield*, obra que ele tinha lido). O líder liderava, os outros adotavam sua atitude.

40 Essa informação foi lembrada pela pessoa que postou o anúncio no *Echo*, que prefere permanecer anônima, apesar de já ter contado sua história para um jornal.

41 Davies, *The Beatles*, p. 77. A história também é bem contada por Mike McCartney em *Thank U Very Much*, p. 70.

42 Davies, *The Beatles*, p. 79.

43 Davies, *The Beatles*, p. 76.

44 Entrevista ao autor, 6 de fevereiro de 2006. June Harry morreu em 2010, aos 73 anos, enquanto esta passagem estava sendo escrita.

45 *A Twist of Lennon*, p. 49.

46 Entrevista ao autor, 20 de julho de 2006.

47 Entrevista ao autor, 21 de junho de 2007.

48 Entrevista realizada por Paul Drew, rádio estadunidense, abril de 1975.

49 *The Best Years of the Beatles*, por Pete Best com Bill Harry (Londres, Headline, 1996), p. 48.

50 Cena descrita ao autor por Cynthia, 4 de junho de 2006 (ela ouviu a história de John, mas não a utilizou em seus livros).

51 Davies, *The Beatles*, p. 77.

52 Ibid.

53 *Beatle!*, p. 29, 13.

54 Cortesia de Yoko Ono Lennon, uma reprodução em fac-símile do primeiro passaporte de John está exposta em Mendips (agora aberta ao público, como propriedade do National Trust), fielmente iluminando esse fato, além de outros.

16: *"Mach Schau!"* (15 de agosto a 30 de setembro de 1960)

1 *Beatle Pete, Time Traveller*, por Mallory Curley (EUA, Randy Press, 2004), p. 22.

2 Entrevista ao autor, 11 de agosto de 2004. Exceto onde especificado de outra maneira, todas as citações de Williams neste capítulo são dessa fonte.

3 *Beatle!*, p. 32, e *The Best Years of the Beatles*, p. 40.

4 Recordações de Paul e George em *The Beatles Anthology*, p. 45. Koschmider vivia a três quilômetros de distância, na 14 Eimsbütteler Chaussee. Allan Williams também acha que os Beatles passaram a primeira noite no apartamento de Koschmider.

5 Entrevista realizada por Russell Harty, BBC1, 26 de novembro de 1984.

6 A entrada do Bambi era dobrando a esquina, na 33 Paul-Roosen-Strasse. Não era um cinema pornográfico (como muitas vezes foi afirmado), e essa rua ficava longe do distrito da luz vermelha. Assim como outros pequenos cinemas escondidos em cidades pelo mundo afora, ele exibia filmes velhos: muitos melodramas e alguns filmes infantis.

7 Carta reproduzida em fac-símile em *Thank U Very Much*, p. 91.

8 Entrevista realizada por David Sheff, 24 de setembro de 1980, para a *Playboy*.

9 Entrevista realizada por Spencer Leigh.

10 Entrevista realizada por Ray Connolly, *Radio Times*, 18 de maio de 1972. George: "Apesar de nos repetirmos, tentávamos evitar isso" (*Fifty Years Adrift*, p. 169).

11 *The Beatles Anthology*, p. 49.

12 Revista *Beatles Book*, edição 3 (outubro de 1963).

13 *Bild-Zeitung*, 29 de setembro de 1960.

14 Primeira parte de entrevista realizada por Mitchell Glazer, *Crawdaddy*, fevereiro de 1977; segunda de *The Beatles Anthology*, p. 53.

15 Entrevista realizada por David Sheff, 12 de setembro de 1980, para a *Playboy*.

16 As alegações de Pete aparecem em *Beatle!*, p. 53; outro relato na p. 54 descreve como quatro dos Beatles (Stu não participou) tinham oito mulheres entre eles – o que era mais que duas para cada, porque as garotas se revezavam. Tais descrições não se encaixam com o relato de que George continuou virgem até 1961, mas não há dúvida de que algo parecido com isso aconteceu. George descreve sua "primeira transa" em *The Beatles Anthology*, p. 54.

17 Entrevista realizada por Paul du Noyer, programa da *Paul McCartney World Tour* (1989-1990), p. 86.

18 *The Beatles Anthology*, p. 54.

19 A dimensão do entretenimento que estava disponível em clubes de sexo e striptease também fazia parte do aspecto lendário de Hamburgo. A verdade é mais parecida

com o que George Harrison afirmou: "Havia lugares em que dava para ver jumentos transando com mulheres ou algo assim - dizem, eu nunca vi" (*The Beatles Anthology*, p. 54). Embora os relatos do que ocorreu ficassem mais obscenos cada vez que eram repetidos, vale notar que a lei alemã proibia mulheres de ficarem completamente nuas: elas precisavam usar um tapa-sexo, ou calcinha. Quanto aos shows de sexo ao vivo, era tudo sugestão e simulação, e não havia jumentos envolvidos.

20 *Hamburger Echo*, 19 e 24 de setembro de 1960.

21 *"Mach Schau!" - Die Beatles In Hamburg*, por Thomas Rehwagen e Thorsten Schmidt (Braunschweig, EinfallsReich, 1992), p. 92, 94 (um livro recomendado, apesar de estar disponível apenas em alemão; não há edição em inglês). Monika Paulsen teve o apoio de seus pais para convidar os Beatles até sua casa, para comer comida de verdade e ter uma boa noite de sono (eles ficaram todos em um quarto, mas estavam confortáveis; ela e seus amigos dormiram em outro); sua mãe também cozinhou uma refeição para eles no dia seguinte, antes de voltarem ao palco (veja *"Mach Schau!"*, p. 92, 94).

22 *Stuart: The Life and Art of Stuart Sutcliffe*, p. 112-13. As correspondências de Stuart frequentemente aparecem em leilões (vendidas por sua irmã, Pauline, e por outros), e vários exemplos foram publicados.

23 Entrevista realizada por Peter McCabe e Robert D. Schonfeld, setembro de 1971.

24 Entrevista realizada por Chris Welch, *Melody Maker*, 20 de setembro de 1975.

25 Entrevista ao autor, 18 de março de 2006.

26 Entrevista realizada por Terry Wogan, BBC1, 20 de novembro de 1987.

27 Cartas diárias de *A Twist of Lennon*, p. 49; fotos como Quasímodo, p. 50-51; roupa íntima de couro, de *The Real John Lennon*, Channel 4, 30 de setembro de 2000. Cyn acabou destruindo as cartas.

28 *Beatle!*, p. 55.

29 Entrevista realizada por Peter McCabe e Robert D. Schonfeld, setembro de 1971; "... pegava um escondido", de *Beatle!*, p. 66, 94.

30 De gravação de entrevista judicial com Pete Best, Nova York, 1965.

31 25 de agosto de 1960. O artigo, que não trazia assinatura, foi escrito por Roy Corlett, que estava um ano à frente de Paul McCartney no Liverpool Institute e, na época, atuava como jornalista trainee.

32 *The Beatles Anthology*, p. 39.

33 Entrevista realizada por Chris Evans, *TFI Friday*, Channel 4, 26 de junho de 1998.

17: **Um porão de arruaceiros** (1º de outubro a 31 de dezembro de 1960)

1 Entrevista realizada por Elliot Mintz, 18 de abril de 1976.

2 DVD *Best of the Beatles* (Best Wishes Productions, 2005).

3 Entrevista realizada por Peter McCabe e Robert D. Schonfeld, setembro de 1971.

4 Davies, *The Beatles*, p. 86.

5 *The Beatles Anthology*, p. 49.

6 De entrevista com Pete Best, realizada por Spencer Leigh.

7 De carta de Stuart Sutcliffe para sua irmã, Pauline, escrita em meados de outubro de 1960.

8 Entrevista ao autor, 20 de julho de 2006.

9 Não se sabe mais a respeito disso. Allan Williams deveria estar cuidando das negociações, mas não se recorda de nada disso. Bruno Koschmider não operava em Berlim, então é possível que os Beatles estivessem fazendo o acordo por conta própria, com outro proprietário de clube. O negócio nunca se concretizou.

10 Akustik era a divisão fonográfica de uma empresa de divulgação de filmes, Ernst Breuel Verlag, e seu estúdio profissionalmente equipado ficava no edifício Klockmann, na 57 Kirchenallee. Apesar de Ringo lembrar dessas gravações sendo feitas diretamente em acetato, a multiplicidade de discos (veja a seguir) indicava que foram gravadas primeiro em fita.

11 Um artigo no *Mersey Beat* (19 de dezembro de 1963), com informação cedida por Lu Walters, afirmou que os Beatles tocaram "Fever", "Summertime" e "September Song", e que "os discos ainda estão disponíveis em Liverpool, e são tocados com frequência". Vários foram feitos, ao que parece: Williams se lembra de "cinco ou seis". Na *Disc* de 13 de agosto de 1966, ele alegou ter dois em sua posse; no entanto, dentro de cinco anos, ele já tinha perdido ambos.

Apesar de falar para o *Mersey Beat* que tinha gravado três canções com os Beatles, Lu Walters me contou, em 1983, que eles tocaram em apenas uma, e que "Fever" e "September Song" tinham os Hurricanes tocando com ele. Walters também disse que nove discos foram feitos, mas que ele sabia de apenas um que ainda existia, nas mãos de um parente, na Austrália. Ainda não apareceu. Quando voltei a perguntar sobre isso, em 2012, ele me disse que não sabia de qualquer cópia que ainda existisse. É o disco perdido número 1 para Ringo, que menciona com frequência como ele amaria ouvi-lo novamente.

12 Stuart disse isso em uma carta a Susan Williams; era o equivalente a DM 1.400.

13 *The Story of the Fender Stratocaster*, por Ray Minhinnet e Bob Young (Londres, Carlton, 1995), citado em *Beatles Gear*, p. 38. A loja Steinway ficava na 29 Colonnaden, próximo ao Lago Binnenalster.

14 A foto de LP que John viu era de *Shearing On Stage!*, do George Shearing Quintet, gravado pela Capitol em 1958 e lançado na Alemanha em 1960 (a guitarra era tocada por Toots Thielemans). A Rickenbacker 325 é geralmente descrita como tendo uma escala de três quartos do tamanho normal, mas alguns experts em guitarra dizem que é, na verdade, cinco oitavos. Há informação conflitante sobre qual loja vendeu a guitarra a John; o valor, £ 90-100, foi relatado por John em um documento que detalhou suas despesas em Hamburgo; "... muito dinheiro", de entrevista realizada por Ray Coleman, *Disc Weekly*, 26 de março de 1966. Não se sabe se John ou Stu se voluntariaram para pagar impostos ao passar pela alfândega com essas compras quando voltaram à Inglaterra, mas não é provável. O risco era receber uma vultosa multa de cerca de £ 60.

15 De entrevista (provavelmente realizada por Tony Webster) para a *Beat Instrumental*, dezembro de 1964. John pagou a última parcela da Club 40 na Hessy's em 31 de julho de 1961.

16 Carta sem data, iniciada no fim de setembro e completada no meio de outubro. Em outra carta dessa época, enviada a Rod Murray, Stuart escreveu: "Eu não bebo, exceto pela ocasional Coca-Cola". Ninguém se lembra de ele ser abstêmio, mas, se era verdade, ele era o único Beatle sóbrio no palco do Kaiserkeller.

17 Entrevista ao autor, 29 de março de 2006. Exceto quando assinalado de maneira diferente, todas as citações de Klaus Voormann nesse capítulo são dessa entrevista.

18 Reinhart Wolf (nasceu em Berlim, 1930; faleceu em Hamburgo, 1988) era um fotógrafo esperto, estiloso e talentoso, internacionalmente ativo com fotografia de publicidade, retratos e arquitetura. Seu estúdio ficava na 3 Rothenbaumchaussee. O instituto de arte era o Meisterchule für Mode, Werkkunstchule für Textil, Werbung und Grafik (Faculdade Vocacional para Escola de Artes de Moda e Comércio para Têxteis, Publicidade e Design Gráfico).

19 Entrevista ao autor, 11 de março de 2006. Exceto quando assinalado de maneira diferente, todas as citações de Astrid Kirchherr neste capítulo são dessa entrevista.

20 Entrevista ao autor, 12 de março de 2006. Todas as citações de Jürgen Vollmer neste capítulo são dessa entrevista.

21 Entrevista ao autor, 3 de maio de 1994.

22 Voormann, Kirchherr e Vollmer deram, individualmente, seus relatos desses eventos, mais vezes do que conseguem lembrar. As mesmas verdades essenciais estão sempre presentes, mas alguns dos detalhes menores diferem um pouco. O disco era uma versão cover de "Walk Don't Run", sucesso instrumental originalmente gravado pelos Ventures, na versão dos Typhoons, no selo Heliodor.

23 Astrid não mantinha um diário de suas fotografias e a cronologia dos eventos foi contada de formas diferentes, nos muitos relatos dados em décadas subsequentes,

então a sequência refletida neste capítulo talvez não seja definitivamente correta. Se sua primeira sessão foi, de fato, com Stuart, e não com os Beatles como um grupo, é provável que fosse a sessão no Krameramtsstuben – um pátio do século XVII, não muito distante da outra ponta da Reeperbahn – e, talvez no mesmo dia, em Wohlwillstrasse (uma foto atmosférica de dupla exposição de Stuart em frente a uma porta é, provavelmente, a mais famosa dessas imagens). Sua segunda sessão solo com Stuart (*provavelmente* após sua sessão com os Beatles) foi em uma segunda-feira chuvosa, na primeira metade de novembro, em meio às árvores de uma floresta ao lado do Rio Elba.

24 *Stuart: The Life and Art of Stuart Sutcliffe*, p. 131.

25 *Many Years From Now*, p. 64.

26 Entrevista ao autor, 18 de março de 2006.

27 *The Beatles Anthology*, p. 49.

28 *Many Years From Now*, p. 65.

29 Entrevista ao autor, 3 de novembro de 1994.

30 DM 100.000 era o equivalente a £ 8.550 – uma quantia estranhamente grande em 1960. Koschmider disse isso na única entrevista gravada que ele deu sobre os Beatles de que se tem conhecimento (para a rádio BBC, 1972).

31 Alguns anos depois, John deu uma cópia original da foto ao biógrafo dos Beatles, Hunter Davies, e escreveu as seguintes legendas no verso: "Eu vendo Hamburgo, nov. 1960" e "UMA FOTO GIGANTE, SAINDO".

32 *Abendblatt*, 4 de novembro de 1960. O Hamburger Dom ainda opera nas mesmas três épocas do ano.

33 Anedota contada por Pete Best em *Beatle!*, p. 104, no entanto ele diz que a canção dos Shadows que Rory demonstrou era "Frightened City". O título "Beatle Bop" provavelmente foi inspirado pela dança com esse nome, como citada por Bill Haley em "Rock This Joint".

34 Entrevista ao autor, 7 de novembro de 1995.

35 Entrevista realizada por Malcolm Searle, Melbourne, 15 de junho de 1964.

36 Davies, *The Beatles*, p. 106.

37 Pete Best contou a história em dois de seus livros: *Beatle!* (p. 58-62) e *The Best Years of the Beatles* (p. 75-76). A arma a gás aparece em ambas, mas John não a mencionou em Davies, p. 84-85.

38 *Four Track Stories*, por Klaus Voormann (Munique, autopublicado, 2005). Erdmann-Lederbekleidung ficava na 155 Reeperbahn, em frente ao Top Ten Club. Pode ser que John, Pete e Paul tenham comprado suas jaquetas de couro lá também.

39 A primeira parte é de Davies, *The Beatles*, p. 92; o restante é de *The Beatles Anthology*, p. 55.

40 Davies, *The Beatles*, p. 93. Monika Paulsen disse que ela e sua amiga Helga levaram George à estação para começar a jornada para casa, dando a ele uma refeição embalada, preparada por sua mãe ("*Mach Schau!*", p. 94).

41 Entrevista ao autor, 7 de março de 1985. Pete disse (*Beatle!*, p. 72) que havia quatro camisinhas e sempre se referiu a elas no plural. Paul falou que era uma.

42 12 de dezembro de 1960, enviada a Ken Horton. Essa carta fornece a única sugestão de que John foi preso na batida; ele não foi mencionado em outros relatos.

43 Entrevista realizada por Paul Gambaccini, *Rolling Stone*, 12 de junho de 1979. *Rathaus* significa "prefeitura". Em vez da prisão principal em Fühlsbuttel, é mais provável que Paul e Pete tenham sido levados à prisão provisória, perto de St. Pauli, chamada Untersuchungsgefängnis (mais fácil feito do que dito).

44 *The Beatles Anthology*, p. 55; a última frase é de Davies, *The Beatles*, p. 95.

45 *Beatle!*, p. 76. Mike em *Thank U Very Much*, p. 72.

46 Davies, *The Beatles*, p. 93.

47 Ibid.

48 Davies, *The Beatles*, p. 96. Renshaw Hall era um grande hall adjacente à Benson Street, com abertura para a 63 Renshaw Street.

49 Entrevista ao autor, 14 de dezembro de 2004.

50 Entrevista realizada por Elliot Mintz, 1º de janeiro de 1976.

51 Entrevista ao autor, 11 de agosto de 2004.

52 "Being a Short Diversion on the Dubious Origins of the Beatles", *Mersey Beat*, 6 de julho de 1961.

53 Paul, em *The Beatles Anthology*, p. 56; John, em entrevista realizada por Barbara Graustark, para *Newsweek*, setembro de 1980.

54 Entrevista ao autor, com Johnny Gustafson, 4 de março de 2008.

55 Entrevista ao autor, 21 de junho de 2007.

56 Chas, em entrevista ao autor, 8 de dezembro de 2004; Pete, em *The Best Years of the Beatles*, p. 107.

57 *Beatle!*, p. 82.

58 A primeira parte é de *The Beatles: The Days in Their Life*, série de rádio canadense de 1981; a segunda parte é de *The Best of Fellas (The Story of Bob Wooler, Liverpool's First D.J.)*, por Spencer Leigh (Liverpool, Drivegreen Publications, 2002), p. 70. Esse é o único relato publicado da vida de Wooler, baseado em meses de entrevistas

exclusivas que Leigh conduziu com a personalidade reticente e repleto de suas perspectivas e seus trocadilhos sagazes. Exceto quando assinalado de outra maneira, todas as citações de Wooler aqui são dessa fonte e publicadas com gentil permissão.

59 Entrevista de 28 de agosto de 1963, para *The Mersey Sound* (BBC-TV, 9 de outubro de 1963).

60 Ibid.

61 *Mersey Beat*, 4 de julho de 1963.

Créditos das imagens: consultar volume 2.

Outras obras de Mark Lewisohn:

The Beatles Live! (1986), *The Beatles: 25 Years In The Life* (1987), *The [Complete] Beatles Recording Sessions* (1988), **In My Life: John Lennon Remembered* (1990), *The Complete Beatles Chronicle* (1992), **The Beatles' London* (1994), *Radio Times Guide To TV Comedy* (1998), *Funny, Peculiar: The True Story Of Benny Hill* (2002), *Radio Times Guide To TV Comedy* (2ª edição, 2003), **The Beatles' London* (2nd edition, 2008).

*coautor

SAIBA MAIS

O clube de livros dos
apaixonados por música.

www.somnacaixaclub.com.br

Este livro foi composto em Adobe Arabic e impresso em polén natural 70g pela gráfica BMF em novembro de 2022,
nos 60 anos de gravação do single "Please Please Me"/"Ask Me Why".

THE BEATLES TUNE IN